Dinero, posesiones y eternidad *ha afectado mi vida y mi ministerio más que cualquier otro libro aparte de la Biblia. El deseo de mi corazón es que cada creyente lea y relea lo que Dios ha puesto en el corazón de Randy. Si eso sucediera, ya no habría problemas de finanzas en ningún ministerio legítimo en ningún lugar del mundo. Conociendo a Randy como lo conozco, sé que este mensaje es su vida y su vida es este mensaje. Es un privilegio respaldar este libro.*

RONALD W. BLUE, FUNDADOR Y GERENTE GENERAL, RON BLUE AND COMPANY

Durante décadas, ***Dinero, posesiones y eternidad*** *ha sido mi libro de texto sobre cómo debo gestionar mis finanzas y mis ofrendas. Este libro me ha ayudado a determinar cuál es la mejor manera de ayudar a los pobres, cómo evitar el acaparamiento, cómo mantener las prioridades correctas y cómo entender lo que dice la Biblia sobre las recompensas eternas. Randy Alcorn es un guía muy perspicaz. Recibo con alegría esta nueva revisión de un libro transformador.*

HUGH MACLELLAN JR, PRESIDENTE, THE MACLELLAN FOUNDATION

Dinero, posesiones y eternidad *es un libro destinado a impactar generaciones. Es un estudio clásico de lo que Dios quiere que sepamos sobre el manejo del dinero con la eternidad en mente. Lo recomiendo de todo corazón.*

HOWARD DAYTON, GERENTE GENERAL, CROWN FINANCIAL MINISTRIES

Dinero, posesiones y eternidad

RANDY ALCORN

B&H
ESPAÑOL®
BRENTWOOD, TENNESSEE

Dinero, posesiones y eternidad

B&H Publishing Group
Brentwood TN, 37027

Diseño de portada: Stevens Brand LLC-Matthew John Stevens

Clasificación decimal Dewey: 332.024
Clasifíquese: MATERIALISMO \ ADMINISTRACIÓN \ DINERO

ISBN: 979-8-3845-0560-0

Impreso en EE. UU.
1 2 3 4 5 * 28 27 26 25

Para nuestras preciosas hijas
Karina Elizabeth Alcorn y Angela Marie Alcorn,
con la oración y la esperanza
de que sus sueños no sean los sueños fugaces
de una cultura materialista,
sino los sueños eternos de Cristo resucitado.

Escribí la dedicatoria anterior en 1988, cuando nuestras hijas tenían siete y nueve años. Desde entonces, las he llevado al altar y las he entregado en matrimonio. Dios ha respondido con gracia a nuestras oraciones para que sus sueños sean los de Cristo. Estamos muy orgullosos de ellas, y encantados de verlas en su nueva etapa de la vida. Nanci y yo queremos ampliar esta dedicatoria para incluir a sus maridos:

A nuestros maravillosos hijos,
Dan Franklin y Dan Stump:
Que continúen siguiendo al Señor de todo corazón,
amando a nuestras hijas como Cristo ama a Su iglesia,
y amándolo a Él por encima de todo.
Damos gracias a Dios —y a sus padres— por ustedes.

Contenido

Reconocimientos *ix*

Prefacio a la edición revisada y actualizada *xi*

Introducción *xv*

Primera parte: El desafío del dinero y las posesiones

1. El dinero: ¿Por qué es tan importante para Dios? *3*
2. La debilidad del ascetismo *17*
3. La naturaleza del materialismo *33*
4. Los peligros del materialismo *45*
5. El materialismo en la Iglesia *65*
6. La teoría de la prosperidad: El evangelio de la riqueza *83*

Segunda parte: Una mirada al dinero y las posesiones a la luz de la eternidad

7. Dos tesoros, dos perspectivas, dos amos *103*
8. El destino eterno del mayordomo *119*
9. Las recompensas eternas del mayordomo *137*
10. El mayordomo y el amo *155*
11. La mentalidad de peregrino *179*

Tercera parte: Dar y compartir nuestro dinero y nuestras posesiones

12. El diezmo: Las ruedas de entrenamiento para ofrendar *195*
13. Ofrendar: Corresponder a la gracia de Dios *221*
14. Ayudar a los pobres y alcanzar a los perdidos *253*
15. Las finanzas del ministerio y la recaudación de fondos: Cuestiones éticas especiales *277*

Cuarta parte: El manejo de nuestro dinero y de nuestras posesiones

16. Ganar dinero, poseer bienes y elegir un estilo de vida *321*
17. Las deudas: Pedir prestado y prestar *347*
18. Los ahorros, la jubilación y los seguros *373*

19. Las apuestas, las inversiones y las herencias *403*
20. La lucha contra el materialismo en la familia cristiana *435*
21. Cómo enseñar a los hijos sobre el dinero y las posesiones *449*

Conclusión: ¿Cómo seguimos? *465*

Apéndices

A. Integridad y responsabilidad financiera en iglesias y ministerios *485*
B. El uso de fondos del ministerio para edificios *491*
C. Prestar dinero, cobrar intereses y firmar un préstamo como garante *497*
D. Pautas prácticas para controlar el gasto *501*
E. ¿Hay que mantener siempre en secreto las donaciones? *507*

Guía de estudio *513*
Notas *541*
Índice de referencias bíblicas *553*
Índice temático *565*
Sobre el autor *573*

Reconocimientos

Quiero expresar mi más profundo agradecimiento a algunas personas que influyeron significativamente en este libro. Cuando escribí la obra original, recibí la amable ayuda de Wendell Hawley y Ken Petersen, de Tyndale House. Doy gracias a Ken Taylor por compartir palabras alentadoras sobre el impacto del libro. Para esta nueva edición, estoy agradecido al editor de Tyndale, Ron Beers, que me pidió que hiciera la actualización y revisión para que pudiera volver a imprimirse y llegar a muchas manos nuevas.

Gracias a Dave Lindstedt y MaryLynn Layman, de la editorial Tyndale House, por afinar el manuscrito revisado y prepararlo para su publicación.

Gracias a los grandes conocimientos que he obtenido de mis muchos amigos de la generosa comunidad, como Hugh Maclellan, Howard Dayton, Darryl Heald, Todd Harper, Tony Cimmarrusti, David Wills y Ron Blue. Gracias en particular a Ron por compartir sus conocimientos sobre la transferencia de riqueza.

Gracias también a mi amigo y pastor Barry Arnold, especialmente por nuestras largas conversaciones sobre la ética en la recaudación de fondos para el ministerio, así como por sus ideas sobre la deuda en la iglesia y las apuestas. Gracias también a mi mejor amigo Steve Keels, que en realidad no ha hecho nada relacionado con este libro, pero a quien le encanta ver su nombre impreso.

Hace años, Rod Morris me animó a escribir sobre este tema. Larry Gadbaugh ofreció útiles sugerencias sobre los primeros borradores de ese manuscrito. Gracias a Bruce Wilkinson por compartir sus ideas sobre las recompensas eternas hace quince años en el Seminario Occidental.

Kathy Norquist, la mejor asistente ministerial del mundo, y nuestras excelentes empleadas de EPM, Bonnie Hiestand y Janet Albers, son de gran ayuda en todo lo que hago. Gracias a la junta de EPM por su colaboración y su aliento.

Un agradecimiento especial para mi maravillosa esposa, Nanci, mi leal compañera en la aventura de vivir y dar. Gracias, cariño, por tener un corazón tan abierto a dar.

Por último, ofrezco mi más sincero agradecimiento a mi amado Salvador, Jesucristo. Él es la Audiencia de Uno, cuya opinión sobre este libro —y sobre todo lo demás— es la única que importa en última instancia.

Prefacio a la edición revisada y actualizada

Mucho ha cambiado desde 1988, cuando terminé la edición original de este libro. Por ejemplo, ¡tuve que suprimir las referencias en tiempo presente a la Cortina de Hierro! Lo que no ha cambiado es que la riqueza ha seguido aumentando en el mundo occidental, a pesar de algunas recesiones económicas, mientras que, al mismo tiempo, la pobreza ha aumentado en las naciones subdesarrolladas. Mientras tanto, en Estados Unidos, ver a otros competir para ganar dinero se ha convertido en un pasatiempo nacional. El programa de televisión *¿Quién quiere ser millonario?* batió récords de audiencia, seguido de cerca por las diversas entregas de *Sobreviviente* (una especie de mezcla entre *La isla de Gilligan* y *El millonario*) y docenas de otros programas. Durante décadas, las loterías estatales han recaudado miles de millones de dólares de ciudadanos que buscaban un gran premio.

Otra cosa que no ha cambiado es la necesidad entre los cristianos de una perspectiva bíblica sobre el dinero y las posesiones a la luz de la eternidad. El Barna Research Group informó que el donativo medio per cápita a las iglesias descendió un 19 % en un año, de 806 a 649 dólares. El 17 % de los adultos estadounidenses afirma diezmar, pero solo el 6 % lo hace realmente. Un tercio de los adultos que afirmaron haber nacido de nuevo también dijeron que diezmaban, pero una comparación entre los ingresos familiares y las donaciones reales reveló que solo uno de cada ocho —es decir, el 12 % de los cristianos nacidos de nuevo— lo hacía realmente. Los adultos más jóvenes eran aún menos propensos a dar dinero a una iglesia. De hecho, el 23 % de los cristianos no dio *nada*, lo que supone un aumento del 44 % en los que no ofrendan ni diezman.[1]

Pero si tenía alguna duda sobre si la gente está realmente interesada en conocer y aplicar la perspectiva de Dios sobre las finanzas, se acabó a finales de 2001, cuando se publicó mi librito *El principio del tesoro: Descubra el secreto del dador alegre*. Inmediatamente, se hicieron cinco tiradas y se vendieron 100 000 ejemplares en cinco meses.[2] Los asombrados observadores se preguntaban: «¿De verdad a la gente le interesa tanto dar?».

La respuesta es sí.

El principio del tesoro solo aborda un aspecto de la mayordomía (que trataré en este libro, junto con muchos otros), pero necesitamos desesperadamente ver la imagen bíblica completa para informar y corregir nuestra visión defectuosa del mundo. *Dinero, posesiones y eternidad* intenta lo que ningún libro breve podría lograr: presentar un tratamiento bíblico y práctico exhaustivo de la mayordomía cristiana.

La asombrosa respuesta a la primera edición ha sido un estímulo continuo. He recibido innumerables cartas y correos electrónicos contándome cómo la gente se ha visto liberada a una nueva alegría en su vida cristiana. Un hombre me dijo que el libro le ayudó a decidir dejar su puesto como director general de una gran empresa para trabajar en una organización misionera. Otro hombre me dijo que ha donado millones de dólares al reino de Dios como resultado de que Dios le hablara a través del libro. Algunos pastores me han escrito para contarme cómo han cambiado sus vidas y sus iglesias. Esto es un tributo no a mi perspicacia, sino al poder de las Escrituras, que son la piedra angular de este libro.

Algunas iglesias han utilizado el libro para estudiarlo en grupo. Varias lo utilizan para formar a nuevos miembros de la iglesia. Sin embargo, a pesar de la disponibilidad de excelentes materiales de estudio sobre la mayordomía —incluidas las publicaciones de Crown Financial Ministries—,[3] solo el 10 % de las iglesias tienen programas activos para enseñar los principios bíblicos de las finanzas y la mayordomía. Solo el 15 % de los pastores afirman haber sido equipados por su denominación o seminario para enseñar principios financieros bíblicos. Solo el 2-4 % de los seminarios ofrecen cursos, seminarios o estudios bíblicos para enseñar principios de mayordomía, y solo el 1-2 % de las universidades cristianas ofrecen dicha formación.[4]

Es sorprendente que algo tan central en la enseñanza de las Escrituras esté tan descuidado por las escuelas dedicadas a enseñar la Palabra y a preparar a los estudiantes para formar a otros. Espero que esta nueva edición pueda servir como libro de texto para ayudar en tan vital formación.

Se trata de una revisión exhaustiva. No se ha dejado sin modificar ni una sola página del original. La gente lo ha utilizado como referencia de escritorio a lo largo de los años, pero se ha visto obstaculizada por la falta de un índice. Hemos añadido tanto un índice escritural como uno temático, haciéndolo mucho más accesible como referencia. La guía de estudio revisada de trece semanas que figura al final facilitará la discusión en grupo.

Hay mucho que me gustaría haber incluido y que no he podido. Parte de ese material está disponible en el sitio web de Eternal Perspective Ministries, www.epm.org, y animo a los lectores a que lo utilicen libremente.

En estos últimos treinta años he aprendido mucho más de lo que sabía cuando escribí el original. Pero lo más importante no ha cambiado en absoluto: Dios y Su Palabra, que tienen un poder y una autoridad muy superiores a los míos. Cito a menudo las Escrituras a lo largo del libro, para que, aunque mis opiniones sean incorrectas, los lectores puedan sacar sus propias conclusiones de la verdad misma. No puedo estar seguro de todas mis apreciaciones, pero estoy absolutamente seguro de las de Dios.

Mi revisión incluye la actualización de ilustraciones adaptadas al tiempo, la adición de nuevas percepciones y el ajuste —en algunos casos, la corrección— de cosas que escribí hace años. La Palabra de Dios no requiere actualizaciones ni ajustes, a diferencia de lo que escribí en la edición original. Creo que mis experiencias de vida y las interacciones que he tenido con muchas personas a lo largo de los años han contribuido a hacer de este un libro mejor.

Cuando escribí el libro original, era pastor de una iglesia local, pero durante los últimos treinta años he dirigido un ministerio paraeclesiástico. En 1988, sabía que este tema me había cautivado y había cambiado la vida de mi familia, pero no tenía ni idea de lo que ocurriría menos de un año después de la publicación del libro. Nuestra fe en las verdades presentadas en el libro se puso a prueba de un modo que nunca hubiéramos podido predecir. Más adelante hablaremos de ello, pero por ahora basta decir que esas verdades resultaron ser sólidas como una roca.

Oro para que tu corazón se conmueva y tu vida cambie para siempre, como lo ha hecho la mía, al estudiar y aplicar las apasionantes perspectivas de las Escrituras sobre el dinero, las posesiones y la eternidad.

Introducción

El hombre de pseudofé luchará por su credo verbal, pero se negará rotundamente a permitirse entrar en un aprieto en el que su futuro deba depender de que ese credo sea cierto. Siempre se dota de vías de escape secundarias para tener una salida si se derrumba el techo. Lo que necesitamos urgentemente en estos días es una compañía de cristianos dispuestos a confiar en Dios tan plenamente ahora como saben que deben hacerlo en el último día.

A. W. TOZER

ESTE LIBRO INVADE territorio enemigo. Invade el territorio de un poderoso adversario, intentando cruzar una zona de guerra sembrada de minas. Trata de recuperar un territorio estratégico que pertenece por derecho al verdadero Rey.

Satanás es el señor del materialismo. «Mamón» no es más que un alias del príncipe de las tinieblas, que tiene un gran interés en nuestra comprensión y obediencia de los mandamientos de Cristo relativos al dinero y las posesiones. El enemigo no cederá terreno sin luchar. Debido a la guerra espiritual que rodea a este gran tema del dinero y las posesiones, para que este libro se lea con provecho eterno, debe leerse en oración. Nuestro uso del dinero y las posesiones es una declaración decisiva de nuestros valores eternos. Lo que hacemos con nuestro dinero afirma en voz alta a qué reino pertenecemos. Siempre que damos de nuestros recursos para promover el reino de Dios, votamos a favor de Cristo y en contra de Satanás, a favor del cielo y en contra del infierno. Cuando utilizamos nuestros recursos de forma egoísta e indiferente, fomentamos los objetivos de Satanás.

La clave para un uso correcto del dinero y las posesiones es una perspectiva correcta: una perspectiva eterna. Cada una de nuestras vidas está colocada como un arco, tensado sobre las cuerdas de un violín cósmico, que produce vibraciones que resuenan por toda la eternidad. La más leve acción del arco produce un sonido, uno que nunca se pierde. Lo que hago hoy tiene una enorme influencia en la eternidad. De hecho, es la materia de que está hecha la eternidad. Las decisiones cotidianas que tomo respecto al dinero y las posesiones tienen consecuencias eternas.

El juego solo se vuelve más serio a medida que aumentan las apuestas, o cuando empezamos a darnos cuenta de lo mucho que ya está en juego. Demasiados cristianos evangélicos han sucumbido a la herejía de que esta vida presente puede vivirse desobedientemente sin graves efectos sobre su estado eterno. Nunca tantos cristianos han creído la mentira de que su dinero y sus posesiones son suyos para hacer con ellos lo que les plazca. Nunca tantos han pensado que mientras afirmen con los labios una determinada declaración doctrinal, pueden vivir sus vidas indiferentes a la necesidad humana y al mandato divino, y todo saldrá bien al final.

En este libro, habrá algo que ofenda a todo el mundo. Algunas cosas me ofenden a mí, que las escribí. Por favor, comprende que no es mi intención insultar o irritar a nadie. Cualquier ofensa es simplemente el resultado de intentar ser fiel a los principios de las Escrituras, que tienen una molesta tendencia a discrepar de la forma en que preferimos pensar y vivir.

Sin duda, me he equivocado en algunas de mis conclusiones. Te invito a examinar detenidamente los cientos de pasajes citados, escudriñando las Escrituras como los bereanos, para ver si estas palabras son ciertas (Hech. 17:11).

La Palabra de Dios es grano; nuestra palabra es paja. Su Palabra es el fuego que consume y el martillo que quebranta (Jer. 23:28-29). Este libro no debe juzgarse a la luz de la opinión dominante, sino a la luz de la Palabra de Dios. A. W. Tozer dijo: «No escuches a nadie que no haya escuchado a Dios». En la medida en que mis palabras no coincidan con las Escrituras, carecen de valor. En la medida en que resistan el escrutinio de la Palabra de Dios, habrá que tomarlas en serio.

La mejor manera de comprobar la actitud de nuestro corazón respecto a las posesiones materiales es permitir que todos los principios de la Palabra de Dios penetren en lo más íntimo de nuestro ser. «Porque la palabra de Dios es viva y eficaz, y más cortante que cualquier espada de dos filos. Penetra hasta la división del alma y del espíritu, de las coyunturas y los tuétanos, y es poderosa para discernir los pensamientos y las intenciones del corazón» (Heb. 4:12).

PRIMERA PARTE

El desafío del dinero y las posesiones

CAPÍTULO 1

El dinero: ¿Por qué es tan importante para Dios?

El que tiene a Dios y tiene todo no tiene más que el que solo tiene a Dios.

C. S. LEWIS

Jesucristo dijo más sobre el dinero que sobre cualquier otra cosa, porque, cuando se trata de la verdadera naturaleza de un hombre, el dinero es de suma importancia. El dinero es un índice exacto del verdadero carácter de un hombre. A lo largo de toda la Escritura hay una íntima correlación entre el desarrollo del carácter de un hombre y cómo maneja su dinero.

RICHARD HALVERSON

Si fuéramos los editores de la Biblia, nos veríamos tentados a recortar gran parte de lo que dice sobre el dinero y las posesiones. Cualquiera puede ver que dedica una cantidad desproporcionada de espacio al tema, ¿verdad? Cuando se trata del dinero y las posesiones, la Biblia es a veces redundante, a menudo extrema y en ocasiones chocante. Rechaza a muchos lectores, por lo que resulta difícil de vender en el mercado actual. Interfiere en nuestras vidas y comete el pecado imperdonable: nos hace sentir culpables. Si queremos evitar los sentimientos de culpa, nos obliga a inventar interpretaciones extravagantes para eludir su significado evidente.

Si la Biblia se escribiera hoy y se juzgara por lo que dice sobre el dinero y las posesiones, nunca se publicaría. Si se publicara, los críticos la destrozarían sin piedad, y no volvería a imprimirse.

Acudimos a la Biblia en busca de consuelo, no de instrucción financiera. Si queremos saber algo sobre el dinero, es más fácil que tomemos el *Wall Street Journal*, las revistas *Fortune* o *Forbes*. Las Escrituras deberían ocuparse de lo que es espiritual y celestial. El dinero es físico y terrenal. La Biblia es religiosa; el dinero es secular. Que Dios hable de amor, gracia y fraternidad; muchas gracias. Que los demás hablemos de dinero y posesiones, y que hagamos lo que queramos con ellos.

¿Cómo pudo el Autor y Editor de la Biblia justificar que se dedicaran al dinero el doble de versículos (unos 2350) que a la fe y la oración juntas? ¿Cómo pudo Jesús decir más sobre el dinero que sobre el cielo y el infierno? ¿Acaso no sabía lo que era realmente importante?

Cuando era pastor, planifiqué una serie de sermones de tres semanas sobre el dinero. Empecé recopilando una sección transversal de pasajes bíblicos. Le dediqué semanas. Cada pasaje llevaba a otro y a otro. Cuando terminé, tenía ante mí un libro hecho y derecho, un libro dentro del Libro. Resulta que la Biblia tenía una cantidad asombrosa de cosas que decir sobre el dinero, cómo debemos verlo y qué debemos hacer con él. ¿Por qué no me había dado cuenta? Quizá porque nunca había recibido un solo curso sobre este tema en la universidad bíblica o en el seminario, aunque sí había recibido cursos sobre temas sobre los que la Biblia tiene mucho menos para decir. Mientras investigaba esa serie de mensajes, me convencí de que a Dios le importa mucho nuestro dinero, mucho más de lo que la mayoría de nosotros imagina.

La mera enormidad de las enseñanzas de las Escrituras sobre este tema reclama a gritos nuestra atención. Y la pregunta inquietante es esta: *¿por qué?* ¿Por qué nos da Dios tanta instrucción sobre el dinero y las posesiones? Teniendo en cuenta todo lo demás que podría habernos dicho y que realmente queremos saber, ¿por qué el Salvador del mundo dedicó el 15 % de Sus palabras registradas a este tema? ¿Por qué dijo más sobre cómo debemos ver y manejar el dinero y las posesiones que sobre cualquier otra cosa?

¿Por qué? ¿Qué sabía sobre el dinero y las posesiones que nosotros no sabemos?

El dinero y la salvación

Cuando Zaqueo dijo que daría la mitad de su dinero a los pobres y devolvería el cuádruple a los que había estafado, Jesús no se limitó a decir: «Buena idea». Dijo: «Hoy ha venido la salvación a esta casa» (Luc. 19:9). Esto es asombroso. Jesús juzgó la realidad de la salvación de este hombre basándose en su voluntad —no, en su alegre afán— de desprenderse de su dinero para la gloria de Dios y el bien de los demás.

Luego está la contrapartida de Zaqueo: el joven rico (Mat. 19:16-30; Luc. 18:18-30). Este joven profesional serio, decente y trabajador preguntó a Jesús qué cosa buena podía hacer para conseguir la vida eterna. Cuando Jesús recitó los mandamientos de Dios, el hombre dijo que los había cumplido todos. Entonces, el Señor le dio Su conclusión: «Ve y vende lo que posees y da a los pobres, y tendrás tesoro en los cielos; y ven, sé Mi discípulo» (Mat. 19:21).

Sin duda, ¡nosotros manejaríamos la situación de forma diferente! En primer lugar, probablemente elogiaríamos al joven rico por su interés en las cosas espirituales. Luego le diríamos: «Cree, eso es todo; pide a Dios que entre en tu vida; en realidad, no tienes que hacer nada».

Cuando él dijera: «De acuerdo, creo» (lo que sin duda haría, puesto que no costaba nada), lo consideraríamos un seguidor de Cristo. Piensa en lo bienaventurados que nos sentiríamos, ¡sabiendo que el reino de Dios había mejorado mucho gracias a la conversión de este conocido hombre rico! Pronto habría artículos y libros sobre él. Saldría en programas de televisión y radio. Lo pondrían en juntas de misiones e iglesias, hablaría en asambleas y recibiría invitaciones para compartir su testimonio en iglesias y conferencias de todo el país, lo que probablemente lo convertiría en un joven *más rico*.

Sin nuestros sofisticados conocimientos del siglo XXI sobre cómo cerrar una conversión, Jesús dijo algo que le costó un valioso converso: «Vende lo que posees, dáselo a los pobres y sígueme». Por los resultados, podríamos suponer que fue un error: «Pero al oír el joven estas palabras, se fue triste, porque era dueño de muchos bienes» (Mat. 19:22).

Después de perder a este posible seguidor, un hombre tan sincero que se fue tan triste, Jesús dijo a Sus discípulos: «En verdad les digo que es difícil que un rico entre en el reino de los cielos» (Mat. 19:23). Dijo que era más difícil para un camello pasar por el ojo de una aguja (lo cual, contrariamente a algunas interpretaciones modernas, no era más fácil entonces que ahora). Esta afirmación dejó a los discípulos «llenos de asombro» (Mat. 19:23-25). No comprendían la barrera que supone la riqueza para el auténtico nacimiento y crecimiento espirituales. Al parecer, nosotros tampoco.

Fíjate que Jesús no le dijo al joven que diera el 10 % a los pobres. (Si de verdad era un judío obediente, ya lo hacía). Tampoco le dijo: «Crea un fondo fiduciario, mantén intacto el capital y da los intereses a los pobres». El joven lo habría hecho con gusto. En cambio, Jesús lo paró en seco diciéndole que dejara todo y lo siguiera.

Como veremos en un capítulo posterior, Jesús no llamó ni llama a todos Sus discípulos a liquidar sus posesiones, regalar todo su dinero y marcharse de casa. Pero Jesús sabía que el dinero era el dios del joven rico. También sabía que ninguno de nosotros puede entronizar al Dios verdadero a menos que, en el proceso, destrone a sus otros dioses. Si Cristo no es Señor de nuestro dinero y nuestras posesiones, entonces no es nuestro Señor. Así como Jesús midió la verdadera condición espiritual de Zaqueo por su disposición a desprenderse de su dinero, también midió la verdadera condición espiritual del joven rico por su falta de disposición a desprenderse de su dinero. Jesús ve nuestros corazones y nuestras almas, y nos conoce tan bien como conocía a aquellos dos hombres. Nos llamará a tomar medidas que

Ninguno de nosotros puede entronizar al Dios verdadero a menos que, en el proceso, destrone a sus otros dioses.

rompan nuestra esclavitud al dinero y a las posesiones y nos liberen para vivir bajo Su exclusivo señorío.

El principio es atemporal: existe una poderosa relación entre nuestra verdadera condición espiritual y nuestra actitud y forma de actuar respecto al dinero y las posesiones.

Zaqueo y el joven rico no son casos aislados. Cuando la gente preguntó a Juan el Bautista qué debía hacer para mostrar el fruto del arrepentimiento, este les dijo primero que compartieran su ropa y su comida con los pobres. Luego, les dijo a los recaudadores de impuestos que no cobraran ni se embolsaran dinero de más. Por último, dijo a los soldados que no extorsionaran y que se conformaran con su salario (Luc. 3:7-14).

Nadie le preguntó a Juan por el dinero y las posesiones. Tan solo le preguntaron qué debían hacer para mostrar el fruto de la transformación espiritual. Sin embargo, todas sus respuestas se refirieron al dinero y a las posesiones. Esas dos cosas tenían tanta prioridad, estaban tan cerca del corazón de lo que supone seguir a Dios, que Juan no podía hablar de espiritualidad sin hablar en términos de cómo manejamos nuestro dinero y nuestras posesiones.

En la historia relatada en Hechos 19:18-20, los ocultistas efesios demostraron la realidad de sus conversiones espirituales con su voluntad de quemar sus libros de magia, que valían la inmensa suma de 50 000 jornales, el equivalente quizá a seis millones de dólares en la economía actual. La profundidad de la transformación en la vida de los primeros cristianos se puso claramente de manifiesto en su voluntad de renunciar a su dinero y posesiones para satisfacer las necesidades de los demás (Hech. 2:44-45; 4:32-35).

> Existe una poderosa relación entre nuestra verdadera condición espiritual y nuestra actitud y forma de actuar respecto al dinero y las posesiones.

No era más natural para los cristianos del libro de los Hechos liquidar y desembolsar alegremente los bienes que se habían pasado la vida acumulando de lo que sería hoy para nosotros. Y de eso se trata. La conversión y la llenura del Espíritu Santo son experiencias *sobre*naturales que producen respuestas sobrenaturales, ya sea en el siglo I o en el XXI. Aunque los primeros cristianos seguían practicando la propiedad privada, darla y compartirla con alegría se convirtió en la nueva norma de la vida sobrenatural.

Si Juan el Bautista (o un cristiano del primer siglo) nos visitara hoy y midiera nuestra condición espiritual por nuestras actitudes y acciones respecto al dinero y las posesiones, ¿a qué conclusiones llegaría?

Cuando miras a tu alrededor en nuestras comunidades cristianas de hoy, ¿qué ves en nuestro manejo del dinero y las posesiones que solo pueda explicarse por la obra sobrenatural de Dios?

Una mujer pobre y un hombre rico

Interpreta el papel de un consejero financiero. Hoy tienes dos citas: primero, una mujer anciana y luego, un hombre de mediana edad.

El marido de la mujer murió hace seis años. Ella dice: «Me quedan tan solo dos dólares. No tengo más dinero. Los armarios están vacíos. Estos dos dólares son todo lo que tengo para vivir y, sin embargo, siento que Dios quiere que los ponga en la ofrenda. ¿Qué te parece?».

¿Qué le dirías? (No sigas leyendo hasta que lo pienses).

Probablemente, dirías algo como esto: «Es muy generoso de tu parte, querida, pero Dios te dio sentido común. Él conoce tu corazón —que quieres dar—, pero quiere que te cuides. Sabe que necesitas comer. Seguro que Dios quiere que guardes esos dos dólares y compres comida para mañana. Quiere que tus necesidades estén cubiertas. No puedes esperar que te envíe comida del cielo si renuncias al poco dinero que ya te ha proporcionado, ¿verdad? Dios quiere que hagamos lo más sensato».

Tu siguiente cita es con un agricultor exitoso, trabajador y de mediana edad, cuya cosecha ha sido excelente. Te dice: «Estoy planeando derribar mis viejos graneros para construir otros más grandes, de modo que pueda almacenar más cosechas y bienes y tener mucho ahorrado para el futuro. Entonces podré tomármelo con calma, jubilarme pronto y tal vez viajar y jugar al golf. ¿Qué te parece?».

¿Cuál es tu respuesta?

Quizá algo así: «¡Me parece bien! Has trabajado duro y el Señor te ha bendecido con buenas cosechas. Es tu negocio, tus cosechas y tu dinero. Si puedes ahorrar lo suficiente para cuidarte el resto de tu vida, adelante. ¡Quizá algún día yo pueda hacer lo mismo!».

¿No parecen razonables nuestros consejos a esta pobre viuda y a este hombre rico? Pero ¿qué diría Dios? No necesitamos especular: las Escrituras nos lo dicen exactamente.

En Marcos 12, nos encontramos con una viuda pobre que puso dos pequeñas monedas de cobre en la caja de ofrendas del templo. Era el único dinero que tenía. Jesús reunió a Sus discípulos para darles una lección. ¿Cuestionó la sabiduría de la mujer? ¿Le dijo que debería haber sido más sensata y no entregar los únicos recursos que le quedaban? No. La elogió sin reservas: «En verdad les digo, que esta viuda pobre echó más que todos los contribuyentes al tesoro; porque todos ellos echaron de lo que les sobra, pero ella, de su pobreza, echó todo lo que poseía, todo lo que tenía para vivir» (Mar. 12:43-44).

Jesús consideró sabia a aquella mujer. La puso como ejemplo a seguir para Sus discípulos. Consagró su ejemplo en la Palabra de Dios para que las generaciones futuras pudieran emular su fe y su generosidad sacrificada.

(Y, sin embargo, si hubiera acudido a nosotros en busca de consejo, habríamos intentado disuadirla de hacer aquello por lo que Jesús la elogió).

En Lucas 12, nos encontramos con un hombre rico. No se nos dice que obtuviera su riqueza deshonestamente ni que no fuera religioso. Probablemente asistía semanalmente a la sinagoga, visitaba el templo tres veces al año, diezmaba y oraba, como hacía la mayoría de los judíos. Trabajó diligentemente para construir su negocio. Ahora, como cualquier buen hombre de negocios, quería expandirse construyendo graneros más grandes. Su propósito era acumular riqueza suficiente para jubilarse pronto y pasarla bien. Parece el sueño americano, ¿verdad?

¿Qué le dijo Dios a este hombre? «¡Necio! Esta misma noche te reclaman el alma; y ahora, ¿para quién será lo que has provisto?».

Y Jesús añadió: «Así es el que acumula tesoro para sí, y no es rico para con Dios» (Luc. 12:20-21).

Según nuestros criterios, tanto fuera como dentro de la Iglesia, las acciones de la viuda parecen insensatas y las del hombre rico, sabias. Pero Dios, que conoce el corazón de ambos y ve desde la eternidad, considera a la mujer pobre eternamente sabia y al rico eternamente insensato.

Esto demuestra que nuestras creencias sobre el dinero no solo son radicalmente distintas de las de Dios, sino diametralmente opuestas a ellas.

Si nos tomamos en serio estos pasajes, debemos hacernos algunas preguntas de sondeo. ¿Quiénes aparecen con más frecuencia en las revistas y tertulias cristianas: las viudas pobres o los ricos insensatos? ¿Quién recibe más respeto y atención en muchas organizaciones cristianas? ¿Quién es más estimado en la mayoría de las iglesias? ¿Quién suele formar parte de nuestras juntas directivas y determina la dirección de nuestros ministerios? Hoy en día, ¿no tenemos escasez de viudas pobres y un excedente de ricos insensatos?

La historia que cuenta el dinero

El estudio de Zaqueo, el joven rico, la viuda pobre, el rico insensato y muchos otros personajes bíblicos demuestra que nuestro manejo del dinero es una prueba de fuego de nuestro verdadero carácter. Es un índice de nuestra vida espiritual. La administración de nuestro dinero y nuestras posesiones se convierte en la historia de nuestras vidas.

Si esto es cierto para todas las personas de todas las épocas, ¿no tiene una aplicación especial para nosotros, que vivimos en una época y un lugar de riqueza sin parangón; que vivimos en una sociedad en la que casi todo el mundo disfruta de comodidades y conveniencias con las que el rey Salomón nunca soñó; que vivimos en un país en el que el «nivel de pobreza» supera el nivel de vida medio de casi todas las demás sociedades de la historia de la humanidad, pasadas o presentes?

Tomemos, por ejemplo, a un hombre o una mujer que trabaja de los veinticinco a los sesenta y cinco años y gana «solo» 25 000 dólares al año. Olvida por el momento el enorme valor adicional de las prestaciones sanitarias y de jubilación, los intereses, los aumentos de sueldo y otras fuentes de ingresos, como las herencias o la seguridad social. Incluso sin estos extras, esta persona de ingresos modestos (según nuestros estándares) recibirá un millón de dólares. Gestionará una fortuna. Dado que todos acabaremos dando cuenta de nuestras vidas a Dios (Rom. 14:12; 2 Cor. 5:10), algún día todos deberemos responder a estas preguntas: ¿Adónde fue todo? ¿En qué lo gasté? ¿Qué se ha conseguido para la eternidad con el uso que he hecho de toda esta riqueza?

En el relato de la viuda pobre, Marcos escribe: «Jesús se sentó frente al arca del tesoro, y observaba cómo la multitud echaba dinero en el arca del tesoro» (Mar. 12:41). Observa que no dice: «Jesús vio por casualidad...». No, miró deliberadamente para observar lo que la gente daba.

¿Cuán cerca estaba Jesús de la caja de las ofrendas? Lo bastante cerca como para ver que algunos echaban grandes cantidades. Lo bastante cerca incluso para ver dos monedas diminutas en una mano vieja y arrugada e identificarlas como cobre (Mar. 12:41-42).

Jesús se interesó lo suficiente por lo que daba la gente como para dar una lección objetiva a Sus discípulos (Mar. 12:43-44).

Este pasaje debería hacernos sentir terriblemente incómodos a todos los que suponemos que lo que hacemos con nuestro dinero es asunto nuestro. Es dolorosamente evidente que Dios lo considera asunto suyo. No se disculpa por observar con intenso interés lo que hacemos con el dinero que nos ha confiado. Si usamos nuestra imaginación, podríamos incluso asomarnos al reino invisible para verlo reuniendo a algunos de Sus súbditos en este mismo momento. Quizás puedas oírlo utilizar tu manejo de las finanzas como lección objetiva.

La pregunta es la siguiente: ¿Qué clase de ejemplo eres?

Algo que nos pega de cerca

¿Podemos poner a Cristo por encima de todo, negarnos a nosotros mismos, tomar nuestras cruces y seguirlo (Mat. 10:38; Mar. 8:34; Luc. 14:27), sin ningún efecto aparente en lo que hacemos con nuestro dinero y nuestras posesiones?

¿Qué debemos pensar de toda la enseñanza actual sobre el dinero y las posesiones que hacen hincapié en lo que *no* se aplica a nosotros? Voces muy confiadas nos aseguran que la práctica veterotestamentaria del diezmo no se aplica a nosotros, que la práctica neotestamentaria del sacrificio mediante la liquidación de bienes y la donación a los pobres no se aplica a nosotros, que las prohibiciones bíblicas del interés y la restricción de la deuda no se aplican a nosotros, que los mandamientos de no atesorar ni acumular bienes no se aplican a nosotros, etc. Es hora de preguntarnos: «¿Qué *sí* se aplica a nosotros?».

No solo está en juego nuestra vida espiritual, sino también la integridad de nuestras familias. La mitad de los matrimonios acaban en divorcio, y el 80 % de los divorciados indican que las cuestiones económicas desempeñaron un papel primordial en el final de su matrimonio.[1] Si pudiéramos hacer las cosas bien en lo que se refiere al dinero, ¿cuántas otras áreas de nuestra vida encajarían en su sitio?

A veces, se puede aprender más de los pasajes de las Escrituras que ignoramos que de los que subrayamos. La Biblia contiene un arsenal de versículos de este tipo sobre el tema del dinero y las posesiones, y no dejan de dispararnos. No es de extrañar que C. S. Lewis llamara a Dios «El Entrometido trascendental». Dios tiene la molesta costumbre de meterse en nuestras vidas incluso cuando hemos retirado la alfombra de bienvenida y cerrado la puerta con llave. Puede organizar una gran fiesta, pero también sabe cómo estropearla.

Cuanto más nos permitimos lidiar con estos pasajes inquietantes, más nos traspasan. Jesús nos hiere con Sus palabras sobre el dinero. Luego, justo cuando creemos que estamos curados, nos topamos con otro pasaje punzante, y la Palabra de Dios vuelve a traspasarnos. Nuestras únicas opciones, al parecer, son dejar que Jesús nos hiera hasta que consiga lo que desea, o evitar por completo Sus palabras y Su mirada manteniéndonos alejados de Su Palabra. Esta última opción es más fácil a corto plazo. Pero ningún verdadero discípulo puede contentarse con ella.

A estas alturas, algunos lectores hace tiempo que se han ido y otros que quedan se sienten incómodos. Debo admitir que comparto su incomodidad. Puede que pienses: *Preferiría no ocuparme de estos temas; estoy contento con lo que hago.* Pero ¿estás *realmente* contento? ¿Estamos nosotros, que conocemos a Cristo, que tenemos Su Espíritu viviendo en nosotros, realmente satisfechos cuando no hemos considerado plenamente las palabras de nuestro Salvador? ¿Cuando no nos hemos abierto completamente a lo que Él tiene para nosotros? Cómodos, tal vez. Indulgentes, sin duda. Pero no contentos.

Yo, por mi parte, detesto vivir con ese sentimiento persistente en mi interior de que, cuando Jesús llamó a la gente a seguirlo, tenía en mente algo más de lo que yo estoy experimentando. No quiero perderme lo que Él tiene para mí. Y si realmente ha tocado tu vida, creo que tú tampoco.

El miedo a afrontar lo que Dios espera que haga con mi dinero es superado por el miedo a no afrontarlo. No quiero presentarme ante Él un día e intentar dar una respuesta de cómo pude llamarme discípulo sin siquiera abordar el dinero y las posesiones. No cuando incluso una lectura superficial del Nuevo Testamento muestra que esta cuestión está justo en el corazón del discipulado.

Podría sentirme un poco mejor intentando escabullirme de la responsabilidad alegando alguna enseñanza menor u oscura de las Escrituras. «Es que no lo entendí, Señor. No estaba claro. Realmente no nos diste mucho en qué basarnos». Pero no puedo evitar la sensación de que, si alego ignorancia respecto al dinero y las posesiones, Dios podría decir: «¿Qué más querías que dijera? ¿Tu problema era que estos pasajes no eran claros... o que eran demasiado claros?».

Puede que pienses: *Preferiría no ocuparme de estos temas; estoy contento con lo que hago.* Pero ¿estás *realmente* contento?

Debo añadir rápidamente que, para mí, el proceso de descubrir la voluntad de Dios sobre el dinero y las posesiones ha sido emocionante y liberador. Mi crecimiento en la administración financiera ha sido paralelo a mi crecimiento espiritual general. De hecho, lo ha impulsado. He aprendido más sobre la fe, la confianza, la gracia, el compromiso y la provisión de Dios en este ámbito que en ningún otro.

También he aprendido por qué Pablo dijo: «Dios ama al que da con alegría» (2 Cor. 9:7). He descubierto que los dadores alegres aman a Dios y lo aman más profundamente cada vez que dan. Para mí, una de las pocas experiencias comparables a la alegría de llevar a alguien a Cristo es la alegría de hacer elecciones sabias y generosas con mi dinero y mis posesiones. Ambos son actos supremos de adoración. Ambos son estimulantes. Ambos son aquello para lo que fuimos creados.

No escribo este libro como crítico, sino como aprendiz entusiasmado. Me siento como un niño que ha encontrado un sendero maravilloso escondido en el bosque. Innumerables otros han ido antes y han abierto el camino, pero para el niño es tan nuevo y fresco como si nunca se hubiera recorrido. El niño está invariablemente ansioso por que los demás se unan a la gran aventura. Es algo que solo puede comprenderse mediante la experiencia real. Quienes hayan iniciado el viaje —y, desde luego, quienes hayan llegado más lejos que yo—, comprenderán fácilmente lo que digo.

Mi esperanza es que, aunque hayas llegado a este libro como espectador, lo termines como participante. Oro para que te unas a una multitud del pueblo de Dios, pasado y presente, y no te limites a hablar de la gracia de Dios, sino que la experimentes en lo más profundo de tu corazón.

Mi trasfondo y mi perspectiva

No soy un asesor financiero profesional, y este no es un libro típico sobre el dinero.

Durante catorce años, fui pastor. Durante los últimos treinta años, he sido director de un ministerio. Mi formación no es en economía, inversiones ni contabilidad. Es en estudios bíblicos, teología, enseñanza, asesoramiento bíblico y escritura. Escribí este libro porque he descubierto que la Biblia, mis interacciones con los demás y mi experiencia personal hablan con una sola voz para afirmar algo profundo y revolucionario. Confirman lo que el más grande Teólogo, Maestro y Consejero sabía demasiado bien: que la cuestión del dinero y las posesiones está en el corazón mismo de la vida cristiana.

Cómo vemos nuestro dinero y nuestras posesiones es de suma importancia. Lo que hagamos con nuestro dinero —y elijo estas palabras deliberadamente— influirá en el curso mismo de la eternidad.

Mi estudio de este tema ha reforzado la realidad de que fuimos hechos solo para una persona y un lugar. Jesús es la persona y el cielo es el lugar. Nuestro propósito debe impregnar nuestro enfoque del dinero. Si es así, se abrirá la puerta a un discipulado cristiano estimulante, en el que «seguir a Cristo» no es un mero cliché reconfortante pero sin sentido, sino una realidad electrizante que cambia la vida.

Este libro no te dirá cómo alcanzar tus objetivos financieros. Pero te proporcionará la luz en la que deben fijarse tus objetivos financieros. Sentará las bases sobre las que deben construirse. Y establecerá los principios que deben regir tus intentos de alcanzar tus objetivos.

Desconfío de la mayoría de los libros que nos dicen cómo alcanzar nuestros objetivos financieros. Tales consejos solo son valiosos si los objetivos que nos fijamos son correctos, solo si tienen una base bíblica y están centrados en Cristo. Muchos consejos financieros, procedentes de fuentes seculares y a veces cristianas, sirven para lo mismo que las instrucciones sobre cómo maniobrar una canoa en dirección a una catarata. No solo es importante saber cómo hacer descender la canoa por el río; también es esencial saber adónde te lleva el río.

Antes de aprender el fino arte de construir una embarcación resistente o la destreza de permanecer en ella mientras descendemos por los rápidos, debemos asegurarnos de que nuestro destino deseado es realmente río abajo y no río arriba. Porque si es río arriba, haríamos mejor en salir del río por completo, olvidarnos de la barca y trazar nuestro rumbo por tierra. Puede que sea un viaje más duro, pero ¿no se trata de llegar al destino correcto?

Creo que la mayoría de los asuntos financieros que solemos discutir están al margen de lo importante, a años luz del núcleo de la cuestión. Tendemos a centrarnos en cosas que pertenecen al final de los debates sobre la administración, no al principio. En efecto, intentamos instalar los canalones antes de haber puesto los cimientos y comenzado el entramado. Debemos darnos cuenta de que muchas de las cosas que nuestra sociedad considera el núcleo de la planificación financiera (cosas como los seguros, la bolsa y la jubilación, por ejemplo) no existían antes de la era moderna y siguen sin existir en gran parte del mundo. Eso no significa que estén equivocados, solo que son secundarios.

Un amigo que dirigió durante años una revista cristiana en Kenia me dijo que la mayor parte del material sobre finanzas procedente de Estados Unidos, tanto cristiano como laico, es irrelevante para la mayoría de los africanos, porque gran parte de nuestra estructura económica estadounidense es exclusiva de nuestro segmento aislado de la civilización occidental del siglo XXI. Podemos hablar todo el día de lo que consideramos los grandes temas financieros de nuestro tiempo sin tocar nunca los principios financieros atemporales que la Biblia considera importantes.

Mis interacciones con la gente como pastor, profesor, consejero e investigador —así como la observación de mis propias tendencias— me han convencido de que en la comunidad cristiana actual hay más ceguera, racionalización y pensamientos poco claros sobre el dinero que sobre cualquier otra cosa.

«Y no se adapten a este mundo, sino transfórmense mediante la renovación de su mente» (Rom. 12:2). Si preferimos pensar como piensa el mundo sobre el dinero y las posesiones, no necesitamos cambiar nada. El conformismo es tan natural como nadar río abajo. Pero si nos comprometemos a pensar sobre el dinero y las posesiones como lo hace Dios, la cosa cambia. Tenemos que dejar a un lado las estanterías y los revisteros llenos de consejos sobre cómo ganar, gastar e invertir nuestro dinero, y quitar el polvo de nuestras Biblias. La Biblia es el único libro digno del título elegido por un popular asesor financiero para su propio libro: *La única guía de inversión que necesitarás jamás*.

Empezar desde abajo

Para construir los cimientos adecuados, debemos comprender las siguientes cosas sobre el dinero:

- qué es (es más que monedas y divisas)
- de quién es
- cómo lo ve Dios
- su uso potencial para dos reinos diferentes

De estas cuatro cuestiones trata este libro.

Te sorprenderá descubrir que varios capítulos no tratan exclusivamente del dinero, sino que abordan la cuestión más amplia de lo que nos depara la eternidad y cómo se relaciona con nuestro dinero. Creo que este es el principal ingrediente que falta en la mayoría de los libros cristianos sobre finanzas. Cuando consideramos el dinero solo como dinero, y no a la luz de su impacto en la eternidad, nos alejamos con una visión turbia y miope que da lugar a decisiones financieras y estilos de vida turbios y miopes.

Por eso el tema central de este libro no son los seguros sino la *seguridad*, no las carteras de valores sino los *valores*, no los fideicomisos sino la *confianza*, no los créditos sino nuestro *crédito* como personas, no los bienes raíces sino nuestras raíces *reales*. En estas páginas no encontrarás cálculos de patrimonio neto (que confundimos fácilmente con cálculos de autoestima), pero verás cómo Dios mide el valor de tu vida sobre otra base. Aquí no aprenderás sobre los peligros de la inflación, pero verás los peligros de un enemigo mucho más verdadero de la administración financiera, un león que pretende devorarnos.

No encontrarás en este libro consejos sobre planificación fiscal, dónde colocar tu cuenta de jubilación o si conviene contratar un seguro a plazo o de vida entera. Hay un lugar para esas cosas, pero solo después de una mirada atenta y cuidadosa a lo que Dios tiene para decir sobre el dinero.

En estas páginas, no encontrarás hojas de presupuesto, listas de gastos ni números de teléfono que te ayuden a hacer un pedido de lingotes de oro. Pero encontrarás muchas ayudas prácticas que se relacionan directamente con principios bíblicos. Estas incluyen aplicaciones tan variadas como transferir la propiedad a Dios, elegir un estilo de vida estratégico, evaluar las técnicas de recaudación de fondos del ministerio y examinar el papel del cristiano en el *marketing* multinivel.

Encontrarás un análisis del materialismo religioso y de los escándalos que ha generado, así como una crítica de la doctrina cristiana de la prosperidad: el evangelio de la salud y la riqueza que tan ampliamente se ha adoptado. Consideraremos la pregunta de si el capitalismo es más o menos cristiano que el socialismo, qué dicen las Escrituras sobre la propiedad privada, cómo podemos ayudar realmente a los pobres y llegar a los perdidos con nuestro dinero, si el diezmo es para nosotros hoy, y cuánto y a quién nos llama la Biblia a dar.

> Cuando consideramos el dinero solo como dinero, y no a la luz de su impacto en la eternidad, nos alejamos con una visión turbia y miope.

Veremos lo que dice la Biblia sobre prestar y pedir prestado, y exploraremos la alarmante filosofía que a menudo subyace a nuestras decisiones de asumir deudas. Examinaremos las implicaciones del uso de las tarjetas de crédito para los cristianos y de la deuda hipotecaria para las iglesias. Abordaremos la verdadera satisfacción y cómo mantener centradas nuestras necesidades en una economía basada en los deseos. Y descubriremos algunos de los mitos más persistentes sobre el gasto que nos permiten racionalizar una mala administración financiera.

Discutiremos la importancia de un consejo sabio, si es correcto tener ciertos tipos de seguros y si es apropiado que los cristianos arriesguen dinero en inversiones. Examinaremos la diferencia entre los mandatos de las Escrituras de ahorrar y sus advertencias contra la acumulación. También estudiaremos la administración de nuestro dinero y posesiones al morir: ¿Qué debemos dejar a nuestros hijos y qué no? Y hablando de nuestros hijos: ¿Cómo podemos educarlos para que vean el dinero y las posesiones como instrumentos de valor eterno y no como sustitutos? ¿Qué medidas prácticas podemos tomar los padres para criar administradores financieros sabios y generosos en lugar de materialistas egoístas? En todo momento, trataremos de examinar estas cosas bajo el sol brillante de nuestro futuro eterno, no a la luz mortecina de nuestro presente pasajero.

En nuestra búsqueda de la verdad bíblica sobre el dinero, volveremos una y otra vez a los aspectos prácticos del presente. Pero espero que volvamos armados con convicciones que nos ayuden a dar los duros pasos del verdadero discipulado, que conducen a recompensas incomparables.

Mientras exploramos juntos las apasionantes cuestiones que nos aguardan, decidámonos a no ser ricos insensatos disfrazados de discípulos. En cambio, comprometámonos a desarrollar el corazón de la viuda pobre, aprendiendo a poner audazmente todos nuestros recursos a disposición de Dios, como Él ha puesto todos los suyos a nuestra disposición.

Que aprendamos juntos la verdad que Martín Lutero reconoció cuando dijo que para cada uno de nosotros no solo debe producirse la conversión del corazón y de la mente, sino también la conversión del bolsillo.

CAPÍTULO 2

La debilidad del ascetismo

Si la plata y el oro son cosas malas en sí mismas, entonces quienes se mantienen alejados de ellas merecen ser alabados. Pero si son creaciones buenas de Dios, que podemos utilizar tanto para las necesidades de nuestro prójimo como para la gloria de Dios, ¿no es una persona tonta, sí, incluso desagradecida con Dios, si se abstiene de ellas como si fueran malas?

MARTÍN LUTERO

Fuera, pues, con esa filosofía inhumana que, concediendo solo un uso necesario de las criaturas, no solo nos priva malignamente del fruto lícito de la beneficencia de Dios, sino que no puede practicarse si no despoja al hombre de todos sus sentidos y lo degrada a un bloque.

JUAN CALVINO

A veces, anhelo una voz audible del cielo que me diga exactamente lo que debo hacer con mi dinero y mis posesiones. Philip Yancey expresa mi propio dilema cuando se trata del dinero:

> Muchos cristianos tienen una cuestión que los atormenta y nunca se calla: para algunos, tiene que ver con la identidad sexual; para otros, con una batalla permanente contra la duda. Para mí, el problema es el dinero. Se cierne sobre mí, manteniéndome desequilibrado, inquieto, incómodo, nervioso.
>
> Me siento arrastrado en direcciones opuestas por el tema del dinero. A veces, quiero vender todo lo que poseo, unirme a una comuna cristiana y vivir mis días en la pobreza intencionada. Otras veces, quiero librarme de la culpa y disfrutar de los frutos de la prosperidad de nuestra nación. Sobre todo, desearía no tener que pensar en el dinero en absoluto. Pero de algún modo debo aceptar las afirmaciones tan rotundas de la Biblia sobre el dinero.[1]

Dios nos da principios en Su Palabra, principios que nos cambiarán si los creemos. Sin embargo, nos deja mucha libertad. Aprecio la libertad, pero plantea muchas preguntas. A la luz de las necesidades mundiales y de la tendencia a distraernos de las cosas de Dios, ¿debería tener una casa?, ¿un coche?, ¿dos coches? Si es así, ¿qué tipo de casa o de coche? ¿Está bien tener un buen traje? ¿Puedo tener uno, pero no dos o tres? ¿Cuántos pares de zapatos son demasiados? ¿Está bien jugar al golf de vez en cuando, pero es demasiado extravagante pertenecer a un club? ¿Puedo salir a cenar? Si es así, ¿dónde y con qué frecuencia? ¿Debo tomarme unas vacaciones que cuesten trescientos dólares, pero no unas que cuesten tres mil? ¿Cómo puedo estar seguro de que complazco a Dios en mis decisiones financieras?

El materialismo se centra en el dinero y en las cosas, no en Dios. No tiene cabida en la vida cristiana. Pero ¿existe un extremo opuesto? ¿Puede el péndulo alejarse del materialismo e ir demasiado lejos en la otra dirección? Creo que la respuesta es sí. Ese otro extremo es el *ascetismo*. El ascetismo es una forma de pensar que ve el dinero y las cosas como algo malo. Para el asceta, cuanto menos posees, más espiritual eres. Si algo no es esencial, no debes tenerlo.

El materialismo y el ascetismo tienen sus raíces en opiniones igualmente erróneas sobre el dinero y las posesiones. En capítulos posteriores, examinaremos detenidamente el materialismo, incluido el materialismo en la Iglesia. En este capítulo, consideraremos la cuestión de si el dinero es malo o bueno. Luego examinaremos el ascetismo a la luz de la historia y de las Escrituras.

Comprendamos la naturaleza del dinero

Si queremos comprender nuestra relación adecuada con el dinero, primero debemos entender qué es el dinero.

El dinero es algo más que discos de metal o papeles de colores. Es una herramienta que simplifica el comercio. El granjero necesita madera más que carne, leche y huevos. De esas cosas, tiene de sobra. El leñador necesita carne, leche y huevos más que sus muchas pilas de tablas. Intercambiando sus bienes, ambos obtienen lo que desean.

El dinero es una herramienta que puede agilizar ese intercambio y ampliar su círculo para incluir a otros. En vez de intercambiar dos cerdos por un arado y tres sacos de grano, una persona puede dar a otra el valor acordado de los dos cerdos en forma de dinero. Esto ahorra tiempo y energía. ¿Quién quiere cargar con cerdos y arados por ahí?

Dios animó al pueblo de Israel a aprovechar la conveniencia del dinero. Les dijo que si su lugar de culto estaba demasiado lejos de su casa, debían cambiar los diezmos de sus cosechas y ganado por plata, y luego volver a convertirla en los bienes de su elección una vez que llegaran (Deut. 14:24-26).

El dinero permite mucha más flexibilidad que un intercambio directo de bienes. Si recibo cincuenta dólares por mis cerdos, puedo utilizar el dinero para comprar el arado exacto que quiero, dos sacos de grano en lugar de tres, o lo que prefiera y pueda permitirme. En lugar de grano, puedo comprar café, una silla de montar, una lámpara o libros.

El dinero es la promesa de una persona de bienes o servicios, concedida a cambio de bienes o servicios reales. En cierto sentido, el dinero no es más que un pagaré ampliamente reconocido. Al darse cuenta de su conveniencia, la gente consiente en participar en un sistema económico en el que el dinero es el objeto transferible que lo hace todo posible. Por supuesto, solo la participación generalizada de otros en este mismo sistema da sentido al dinero. Sin el acuerdo mutuo de que el dinero significa algo, el dinero no significa nada.

Como no tiene un valor inherente, solo un valor atribuido, el dinero no es riqueza. Sencillamente, simboliza la riqueza. No puedes comer dinero ni arar un campo con él. Puedes utilizar un billete de cien dólares para encender un puro o arrojar tu chicle, pero eso es todo. En la práctica, el oro es mucho menos valioso que otros metales. En sí mismo, es poco más que un bonito pisapapeles o un tope de puerta. El oro, la plata, el platino, las monedas y el dinero solo tienen valor en una sociedad en que otras personas han acordado atribuirles determinado valor. Esto se demuestra en su disposición a dar bienes y servicios a cambio de ellos.

El dinero no es más que una prenda de bienes, un medio de pago, un medio de cambio. Es moralmente neutro. El puritano William Ames lo expresó de esta manera: «Las riquezas [...] no son moralmente buenas ni malas, sino cosas indiferentes que los hombres pueden utilizar bien o mal».[2]

Las dos caras del dinero

El dinero tiene beneficios sociales y económicos que pueden utilizarse para mejorar a las personas. Igual que un arado puede utilizarse para un trabajo honrado y un saco de grano para alimentar a una familia, el dinero, que simplemente representa su valor, puede utilizarse para el bien. Si se quema el granero de mi vecino, puedo darle grano por compasión por su pérdida. O puedo vender el grano y darle dinero para que lo utilice como desee; quizá para comprar carne, madera o herramientas. El grano y el dinero equivalen a lo mismo, salvo que el dinero puede utilizarse para otros bienes además del grano.

La compasión cristiana puede hacer un gran bien dando grano, madera o dinero para aliviar el sufrimiento. El dinero puede utilizarse para alimentar, vestir y dar cobijo. Puede financiar la traducción e impresión de Biblias, mantener a los misioneros o construir lugares de culto. En este sentido, el dinero puede parecer bueno. Pero, en realidad, es el dador quien está haciendo el bien. Las personas pueden ser morales o inmorales, pero las *cosas* son moralmente neutras. El dinero es un instrumento del bien, no el bien en sí. El dinero no es más responsable de hacer el bien de lo que un ordenador es responsable de escribir un libro o un bate de béisbol de hacer un jonrón.

> El dinero no es más que una prenda de bienes, un medio de pago, un medio de cambio. Es moralmente neutro.

El dinero puede utilizarse para comprar un esclavo o un látigo para utilizarlo con un esclavo. El dinero puede comprar sexo, sobornar a un juez, comprar cocaína y financiar actos terroristas. Pero en cada caso, el mal reside en las personas, no en el dinero, del mismo modo que en otros casos el bien reside en las personas, no en el dinero.

El agua es un don de Dios. Bien utilizada, da vida. Fuera de control, inunda, ahoga y destruye. El fuego es un don de Dios. Fuera de control, provoca una horrible destrucción y muerte. Cuanto mayor es el potencial de una cosa para el bien al utilizarla correctamente, mayor es su potencial para el mal cuando se utiliza incorrectamente. Lo mismo ocurre con el dinero: tiene un enorme potencial para ser utilizado para el bien o para el mal.

Si este fuera un mundo moralmente neutral, esperaríamos que el dinero se utilizara de forma moralmente neutral. Pero el mundo no es neutral: es pecaminoso y está bajo maldición (Rom. 8:20-22). Este es el problema del dinero. En un mundo pecaminoso, el dinero se convierte en algo distinto de un medio neutral de trueque. Se convierte en un instrumento de poder. En manos de personas pecadoras, el poder se pervierte en opresión, y el dinero se convierte en objeto de culto, en un falso dios. Al rechazar a un Dios al que no desean servir, las personas pecadoras pasan a servir —y servirse— del dios dinero.

Aunque no hay nada inherentemente malo en el dinero, hay algo desesperadamente malo en la devoción al dinero. «Pero los que quieren enriquecerse caen en tentación y lazo y en muchos deseos necios y dañosos que hunden a los hombres en la ruina y en la perdición. Porque la raíz de todos los males es el amor al dinero» (1 Tim. 6:9-10).

Dado todo el error, el engaño y el abuso del dinero, Richard Foster sostiene que el dinero no es neutral, sino «un "poder" de carácter demoníaco».[3] Creo que se trata de una exageración que conduce lógicamente al ascetismo o incluso al dualismo, aunque sin duda es cierto que el dinero puede utilizarse con fines demoníacos.

Puesto que el dinero puede utilizarse para el bien o para el mal, si quienes lo utilizan son más malos que buenos, la mayoría de las veces se utilizará para el mal. El problema es la pecaminosidad humana, y así será hasta que Cristo vuelva y vivamos en la tierra nueva, donde ya no habrá maldición ni maldad (Apoc. 21:1-5).

Utilizar el dinero con buenos fines

Jesús dijo a Sus discípulos: «Pero Yo les digo: háganse amigos por medio de las riquezas injustas, para que cuando les falten, los reciban en las moradas eternas» (Luc. 16:9).

Más adelante me ocuparé del significado preciso de estas palabras, pero lo que quiero decir ahora es sencillamente que Jesús nos dice que hagamos algo bueno con las «riquezas injustas» (literalmente, «el mamón de la injusticia»). Es como si dijera: «Toma esto que se utiliza habitualmente para el mal y utilízalo para el bien. Mira esta moneda gastada; huele en ella los sucios fines para los que se utilizó: quizá para comprar drogas o sexo o injusticia. Puede que una vez te la robaran, puede que incluso mataran por ella. Pero ahora que está en *tus* manos, úsala sabiamente y bien; úsala para fines eternos».

Jesús dijo claramente que podemos y debemos utilizar el dinero para buenos fines, tanto para esta vida como para la venidera. Los corazones humanos pueden ser redimidos por Cristo, y en manos de los redimidos, el dinero puede servir a fines redentores.

Pero para que no olvidemos los peligros del dinero, Jesús también dijo: «Ningún siervo puede servir a dos señores, porque o aborrecerá a uno y amará al otro, o se apegará a uno y despreciará al otro. No pueden servir a Dios y a las riquezas» (Luc. 16:13).

Una vez que permitimos que el dinero tenga señorío sobre nuestras vidas, se convierte en Dinero con *D* mayúscula, un dios que destrona celosamente a todo lo demás. El dinero es un amo terrible, pero es un buen siervo para quienes tienen el amo adecuado: Dios.

Una vez que permitimos que el dinero tenga señorío sobre nuestras vidas, se convierte en Dinero con *D* mayúscula, un dios que destrona celosamente a todo lo demás.

Considerar que el dinero es malo y, por tanto, inútil para los fines de la justicia, es una insensatez. Considerarlo bueno y, por tanto, pasar por alto su potencial de desastre espiritual, es igualmente insensato. Úsalo, dijo Jesús, pero no le sirvas.

El objetivo, pues, no es que el dinero muera, sino que se entrene y se maneje con disciplina, como un león al que intentamos domar. El dinero puede estar temporalmente bajo nuestro control, pero debemos considerarlo siempre como una bestia salvaje, con poder para volverse contra nosotros y los demás si bajamos la guardia.

El dinero no debe llevar la batuta. Puede que tengamos dinero de sobra para comprar un coche nuevo, pero no debemos dejar que el dinero nos dirija. Si servimos a Dios, compraremos el coche solo si creemos que Él quiere que lo hagamos, y debemos basar esa creencia en algo más que una preferencia.

Del mismo modo, si creemos que Dios nos lleva a ir al campo misionero o a ayudar a un hermano necesitado, no diremos: «No hay dinero, así que no puedo». Eso también sería servir al Dinero. Si Dios es nuestro amo, todo el dinero está a Su disposición. No debemos preocuparnos por lo que dice el Dinero, sino por lo que dice Dios. La necesidad de dinero puede ser un factor en nuestras decisiones, pero nunca es *el* factor principal. Dios, no el Dinero, es soberano. El dinero —ya sea por su presencia o por su ausencia— nunca debe gobernar nuestras vidas.

El dinero no es ni una enfermedad ni una cura. Es lo que es, ni más ni menos. Podemos utilizarlo bien o mal. En cualquier caso, la forma en que utilizamos el dinero tiene siempre una importancia decisiva para nuestra vida espiritual. Tiene un impacto duradero en dos mundos: este y el siguiente.

Dos respuestas al dinero y las posesiones

Dos creencias igualmente incorrectas sobre el dinero son que siempre es malo, o que siempre es bueno. Ambos puntos de vista tienen la ventaja de todas las posturas desequilibradas: no requieren discernimiento. Desgraciadamente, también dan lugar a excesos que socavan los propósitos del reino en lugar de favorecerlos.

Dos filosofías y estilos de vida extremos que se derivan de estas dos creencias incorrectas sobre el dinero son el ascetismo y el materialismo. Martín Lutero comparó a la humanidad con un borracho que se cae del caballo hacia la derecha, luego vuelve a subirse y se cae hacia la izquierda. El ascetismo es caerse del caballo para un lado y el materialismo para el otro.

Algunos, como Eugene Peterson y Dallas Willard, utilizan el término «ascetismo» de forma positiva, vinculándolo a disciplinas espirituales, como la meditación, la oración y el ayuno.[4] Sin duda estoy de acuerdo con su énfasis en estas disciplinas espirituales y creo que la Iglesia necesita revivirlas desesperadamente. Lo que yo llamo ascetismo, siguiendo el uso más popular del término, es lo que podría considerarse ascetismo extremo, falso o dualista.

> Los judíos veían las cosas materiales como regalos de la mano de Dios, como la amorosa provisión de un Padre para Sus hijos.

Los ascetas practican una abnegación estricta, privándose de todo, excepto de lo esencial del mundo material. A menudo, el ascetismo tiene sus raíces en el concepto de dualismo, una filosofía defendida por Platón que ve el mundo espiritual como bueno, pero el mundo físico como malo.

Es fácil ver por qué los dualistas que valoran las cosas espirituales se convertirían en ascetas. Al evitar los placeres y las comodidades físicas, creen que evitan el pecado. Los ascetas de la historia de la Iglesia se han negado a sí mismos casi todas las posesiones y placeres. San Francisco de Asís se opuso a que los frailes tuvieran libros aparte de las Escrituras, porque eran innecesarios. En marcado contraste, Pablo valoraba no solo las Escrituras, sino también sus otros libros, y pidió que se los llevaran a la cárcel (2 Tim. 4:13). Francisco enseñó que había que rechazar el dinero como al mismísimo diablo. Él y sus discípulos se negaban incluso a tocar el dinero. Glorificaban la pobreza y consideraban que mendigar comida era una virtud, una forma de ganar méritos ante Dios.

Muchos ascetas de la historia de la Iglesia se abstuvieron de casarse, y algunos de los que se casaron se abstuvieron de mantener relaciones sexuales con su cónyuge, creyendo que la abstinencia los hacía más espirituales. Otros, incluido Orígenes, uno de los padres de la Iglesia, tratando de obedecer las palabras de Cristo en Mateo 5:29-30 y 19:12, se castraron para evitar los males de la lujuria, la fornicación y el adulterio. Algunos se golpeaban el cuerpo; otros pasaban la mayor parte de su vida en lo alto de las torres, tratando de evitar las contaminaciones del mundo.

Las Escrituras y el ascetismo

Todo el tejido de la enseñanza del Antiguo Testamento y del pensamiento hebreo argumenta contra el dualismo y el ascetismo, por inferencia y ejemplo. No hay dos dioses, un dios de lo espiritual y un dios de lo físico. Hay un Dios que es Dios de ambas cosas. El mismo Dios creó el mundo espiritual y el físico, y creó ambos para que los disfrutáramos.

Salvo una pequeña secta —los esenios—, los judíos no tenían la idea de que el mundo físico fuera malo. Al contrario, veían las cosas materiales como regalos de la mano de Dios, como la amorosa provisión de un Padre para Sus hijos. Veían a Dios como el Señor de la cosecha. Como hijos agradecidos, celebraban fiestas nacionales para reconocer y alegrarse de Su provisión material (Deut. 16:15). Estas fiestas eran verdaderos festejos. Por orden de Dios, se reservaba una parte de los diezmos sagrados para financiar estas celebraciones (Deut. 14:22-27). Los israelitas adoraban, confraternizaban y celebraban, y en el proceso se divertían mucho.

Del mismo modo, los judíos entendían el sexo como un don de Dios, que debía evitarse fuera del matrimonio pero disfrutarse plenamente dentro de él (Prov. 5:18-19). De hecho, gran parte del Cantar de los Cantares —tan inspirado por Dios como el libro de Romanos— es una celebración del placer sexual de una pareja casada. Pablo, el rabino convertido en apóstol, no solo ordenó a los materialistas corintios que evitaran la inmoralidad, sino que también ordenó a los ascetas de la iglesia que dejaran de abstenerse de mantener relaciones sexuales con sus cónyuges (1 Cor. 7:3-5). Satanás es el maestro de los extremos. Como dijo Lutero, a Satanás le da igual de qué lado del caballo nos caigamos, con tal de que no nos quedemos en la silla.

Las Escrituras describen la relación entre lo material y lo espiritual no como algo excluyente, sino como algo integrado. Lo material no debe primar sobre lo espiritual, pero es, no obstante, una parte necesaria y legítima de nuestra existencia, destinada a que disfrutemos de ella.

Tim Hansel aborda la lectura errónea que el cristiano ascético hace de las Escrituras:

> Ironía de las ironías, su compromiso con Jesucristo se ha convertido en una prisión más que en una bendición. Tan cegado por observaciones y reservas religiosas, no ve la festividad que fue tan central en la vida de Jesús. Olvida que Jesús, a pesar del triste mundo que habitaba, era el principal anfitrión y el principal invitado de la fiesta. Jesús se dejó rociar con perfume. Se ocupó del vino de la boda y de la vestimenta de boda. La Biblia está llena de alegría. El banquete supera al ayuno. Vemos abundancia de cabritos asados, corderos y terneros cebados, uvas, granadas, aceitunas, dátiles, leche y miel.[5]

Pablo advirtió a Timoteo de que habría quienes «se apartarán de la fe, prestando atención a espíritus engañadores y a doctrinas de demonios» (1 Tim. 4:1). A los responsables de estas enseñanzas los describe como «embusteros hipócritas, que tienen la conciencia endurecida» (1 Tim. 4:2, NVI). Pablo publicó un «cartel de "se busca"» sobre estos criminales teológicos. Así los describe:

> Esos prohibirán casarse y mandarán abstenerse de algunos alimentos, que Dios los ha creado para que con acción de gracias participen de ellos los que creen y que han conocido la verdad. Porque todo lo creado por Dios es bueno y nada se debe rechazar si se recibe con acción de gracias; porque es santificado mediante la palabra de Dios y la oración. (1 Tim. 4:3-5)

La frase «todo lo creado por Dios» es la sentencia de muerte teológica del ascetismo. Desde una perspectiva bíblica, todo está permitido para tener y disfrutar, siempre que lo hagamos con gratitud y oración; a menos, claro está, que lo que hagamos quebrante la Palabra de Dios.

El Edén era el paraíso, y los nuevos cielos y la nueva tierra serán un paraíso aún mayor, con mucho para disfrutar (Apoc. 21–22). En mis novelas, intento dar una visión con base bíblica de cómo puede ser el cielo. Mi libro de no ficción *In Light of Eternity: Perspectives on Heaven* [A la luz de la eternidad: Perspectivas sobre el cielo], explora los placeres tangibles que las Escrituras enseñan directamente o dan a entender que serán nuestros en el cielo.[6] En nuestros cuerpos nuevos, sin pecado que nos retuerza y deforme, disfrutaremos de las provisiones de Dios y nos deleitaremos plenamente en Él y en Sus dones. Las delicias del cielo —incluidos los banquetes (Mat. 8:11)— son la prueba de que el mundo material y los placeres físicos son buenos, no malos.

El lado bueno del ascetismo

Sería un error presentar a todos los ascetas bajo el mismo prisma. Richard Foster nos ha mostrado la otra cara de algunos de estos ascetas.[7] Algunos eran muy piadosos, profundamente devotos del Señor. San Francisco y los suyos estaban llenos de amor por la vida. Bullían de humor y humanidad, cantando alegremente mientras realizaban sus sencillas tareas. Aunque algunos ascetas antiguos eran taciturnos y consideraban el placer un pecado, como algunos hacen hoy, otros se deleitaban aún más en lo poco que tenían. Disfrutaban de trozos de pan y vasos de agua fría como si fueran banquetes.

Es difícil saber qué pensar de los santos que se retiraban al desierto para encontrarse con Dios cuando tantos de los que hoy nos retiramos al desierto no vamos sin aceite bronceador y palos de golf. De hecho, a los occidentales nos resulta difícil imaginar un buen rato sin botellas descorchadas, bandas que tocan música o —en los círculos cristianos— sin comida, ponche y galletas. Pero algunos de estos seguidores de Cristo encontraban más alegría en sus sencillas celebraciones de la vida ante delicias como el pan fresco y el agua clara y fría que nosotros con todas nuestras comodidades y placeres modernos que embotan nuestros sentidos.

Debemos tener cuidado de no descartar las lecciones que podríamos aprender observando a los ascetas que caminaron antes que nosotros en la historia de la Iglesia. Al fin y al cabo, la búsqueda del materialismo seguramente ha llevado a más personas a la oscuridad que la práctica del ascetismo.

El modelo de la Madre Teresa

No hace falta que nos remontemos a la antigüedad para encontrar ejemplos de personas que han elegido un estilo de vida ascético. La Madre Teresa de Calcuta, fallecida en 1997, y su orden, las Misioneras de la Caridad, son quizá los ejemplos modernos más conocidos. Mediante su voto de pobreza, tratan de identificarse con los pobres, los sin techo, los enfermos y los moribundos a los que atienden. He visto su trabajo de primera mano y las elogio por ello. Las hermanas, que siguen trabajando en todo el mundo, son un ejemplo de lo que significa servir.

Sin embargo, con todo el respeto que merecen la Madre Teresa y sus colaboradores, su visión de las cosas materiales puede no ser del todo bíblica. En un conmovedor documental sobre su vida y obra, se muestra a la Madre Teresa dando instrucciones a los trabajadores para que degradaran una modesta instalación que había sido donada a la misión. Les ordenó que quitaran las alfombras y la conexión de agua caliente que ya estaban instaladas. No había ninguna indicación de que la alfombra se vendiera y los beneficios se distribuyeran entre los pobres. Parecía solo que, puesto que *podían* prescindir de la alfombra, *debían* prescindir de ella, aunque nadie más se beneficiara de su sacrificio.

Este gesto desinteresado puede parecer espiritual precisamente por su desinterés. Pero ¿realmente cuadra con la enseñanza bíblica sobre las cosas materiales? ¿No podría haber sido inmensamente útil disponer de agua caliente para atender a los numerosos enfermos del centro? ¿No habría ayudado la alfombra a mantener caliente el edificio y a reconfortar a los que sufrían? Al elegir renunciar a lo que ya se les había proporcionado, los trabajadores tuvieron que prescindir de las ventajas del agua caliente o dedicar tiempo y esfuerzo a calentar el agua en estufas o sobre un fuego de leña. ¿Qué daño hacía la alfombra en el edificio? ¿De qué sirvió una vez que la arrojaron a la calle?

¿Son malos todas las comodidades y los servicios modernos? Si las alfombras y el agua caliente deben evitarse como lujos, ¿por qué las Misioneras de la Caridad utilizan medicamentos para atender a los enfermos? ¿Por qué la Madre Teresa viajaba en camiones y volaba en aviones? Si la tecnología es indeseable, ¿por qué muchas de las hermanas de la orden llevan gafas? Seguramente, podrían arreglárselas sin ellas, igual que las instalaciones podrían arreglárselas sin agua caliente ni alfombras.

Mi intención no es criticar tal devoción y sacrificio, sino solo señalar la necesaria incoherencia del ascetismo. En última instancia, toda forma de ascetismo es selectiva y arbitraria. Los *amish*, por ejemplo, que renuncian a la electricidad, utilizan sin embargo motores de gas, poleas, ruedas y otras tecnologías que en su día fueron tan modernas como la electricidad. ¿Es más espiritual una lámpara de aceite que una encendida con electricidad? ¿Es una u otra lámpara menos espiritual que una vela, una cerilla o ninguna luz? Si los placeres no son espirituales, siempre podemos comer un poco menos y arreglárnoslas durmiendo un poco menos. Si las cosas materiales fueran realmente malas, no tendríamos que comer, beber ni vestir nada, para no contaminarnos. Dado que el propio cuerpo es material, tanto el masoquismo como el suicidio son conclusiones lógicas del ascetismo puro. Sin comprometer diariamente la propia posición, la vida de un verdadero asceta sería realmente corta.

Las insuficiencias del ascetismo

Los reformadores, incluido Lutero, rechazaron el ascetismo tal como lo enseñaba la Iglesia católica. Los puritanos, que a menudo —pero erróneamente— son considerados ascetas, hicieron declaraciones como estas:

> Estas cosas terrenales son los buenos dones de Dios, que ningún hombre puede condenar sin más, sin perjuicio de la mano disponedora y la providencia de Dios, que las ha ordenado para la vida natural.[8]

> Las riquezas son compatibles con la piedad, y cuanto más tiene un hombre, más ventaja tiene para hacer el bien con ellas, si Dios le da un corazón para ello.[9]

El puritano William Ames rechazó el voto de pobreza de los monjes por considerarlo «una locura, una presunción supersticiosa y perversa, ya que venden esta pobreza por una obra de perfección [...] que prevalecerá mucho por satisfacción y mérito ante Dios».[10]

Estas son algunas perspectivas que debemos aportar a nuestra comprensión del ascetismo:

Debemos tener cuidado de no estereotipar la santidad ni juzgar la rectitud por las apariencias externas.

La pobreza no equivale a piedad. La Escritura no considera en ninguna parte que la pobreza sea inherentemente virtuosa. Ciertamente, Dios cuida de los pobres, pero por compasión, no por méritos. Es tan erróneo considerar la pobreza como un signo de espiritualidad como considerar así la riqueza. «El Señor empobrece y enriquece; humilla y también exalta» (1 Sam. 2:7).

La Escritura dice que el estado ideal está entre la pobreza y la riqueza: «No me des pobreza ni riqueza; dame a comer mi porción de pan, no sea que me sacie y te niegue, y diga: "¿Quién es el Señor?". O que sea menesteroso y robe, y profane el nombre de mi Dios» (Prov. 30:8-9).

Tanto la riqueza como la pobreza pueden tentarnos a pecar. Richard Baxter, pastor del siglo XVII, escribió: «La pobreza también tiene sus tentaciones. [...] Porque incluso los pobres pueden deshacerse por el amor a esa riqueza y abundancia que nunca consiguen; y pueden perecer por amar en exceso al mundo, a pesar de no haber nunca prosperado en el mundo».[11]

La espiritualidad es una cuestión del corazón, no de las circunstancias materiales. Alguien puede tener pocas posesiones y seguir siendo materialista de corazón, igual que se puede ser alcohólico sin una botella en la mano. Los ascetas pueden confiar más en su abnegación que en Cristo. Los pobres pueden estar tan orgullosos de no tener cosas como los ricos de sus posesiones. El que tiene poco puede no orar en absoluto, mientras que el que tiene mucho puede orar con fervor. (El sentido común y la experiencia, sin embargo, sugieren que más a menudo es al revés).

Debemos tener cuidado de no estereotipar la santidad ni juzgar la rectitud por las apariencias externas. Al oír la palabra *santo*, nuestra mente no debe ser tan estrecha como para imaginar solo a san Francisco viviendo en austeridad. Nuestra perspectiva debe ser lo suficientemente amplia como para incluir a C. S. Lewis debatiendo una cuestión con sus colegas mientras fumaba su pipa y bebía su cerveza en el bar Eagle and Child de Oxford, o a R. G. LeTourneau soñando despierto con el diseño de su próxima excavadora. Los santos tienen muchas formas distintas. Nos equivocamos cuando sacamos demasiadas conclusiones de las formas en sí.

El ascetismo puede ser un intento de ganarse el favor de Dios o de los hombres. Una cosa es desear agradar a Dios y otra intentar ganarse una posición ante Él mediante la abnegación. El estilo de vida ascético puede ser un intento de impresionar a Dios y a los demás con nuestra espiritualidad. Cristo condenó a los fariseos por intentar impresionar a la gente con su abnegación pública de dar, orar y ayunar (Mat. 6:1-18). Los motivos impuros pueden impulsar a los ascetas con tanta fuerza como a los materialistas.

Algunos ascetas eligen sufrir para lidiar con sentimientos de culpa. Pueden sentirse culpables por sus propios pecados o porque otros han vivido en la pobreza mientras que ellos no. Pero debemos darnos cuenta de que solo el sufrimiento divinamente ordenado —y, por tanto, con un propósito— es piadoso, no el sufrimiento en sí. Dios es glorificado cuando nuestro sufrimiento surge por nuestra fidelidad a Cristo (1 Ped. 2:20), no cuando lo provocamos nosotros mismos al intentar parecer fieles. Dios es glorificado por la abnegación exterior por el bien de los demás, no por la privación interior en nuestro propio beneficio (incluidos los intentos de eliminar nuestros sentimientos de culpa). Dios busca a quienes estén dispuestos a convertirse en mártires por Sus propósitos, no a quienes estén deseosos de ser mártires por sus propios propósitos.

Una visión sacramental del sufrimiento pondría a Dios en deuda con nosotros, de modo que nos bendeciría con la salvación o salvaría a otros mediante nuestro sufrimiento y no el de Cristo. Sin embargo, ni el sufrimiento en general ni la pobreza en particular tienen ningún mérito intrínseco ni poder expiatorio. Aunque Satanás, los demás ángeles caídos y la humanidad no redimida sufrirán en el infierno por toda la eternidad, su sufrimiento no tendrá ningún valor expiatorio. Dios puede utilizar nuestro sufrimiento para extender Su gracia y forjar nuestro carácter, y en ese sentido purificarnos (Rom. 5:3-4), pero no para expiar nuestra culpa.

El concepto católico romano del purgatorio se infiltra en el pensamiento de muchos ascetas cristianos. Pero el castigo autoinfligido no solo es antibíblico, sino también orgulloso y farisaico. Qué opinión tan inflada debo tener de mí mismo para creer que mi sufrimiento puede eliminar mi culpa ante un Dios santo. Solo el sufrimiento de Cristo tiene valor redentor. Dios me llama a *aceptar* la expiación, no a repetirla.

El ascetismo puede llevar a condenar injustamente a otros que eligen un estilo de vida diferente. Nuestro nivel de vida puede convertirse en una vara de medir a los demás. Podemos ver a los demás como poco espirituales si poseen una casa y nosotros no, o si su casa es más grande que la nuestra, o si su coche es más nuevo que el nuestro. (Un hombre me escribió una carta condenando la elección de un amigo de frecuentar una cafetería local, mientras que al mismo tiempo no veía ningún problema en su propia decisión de gastar dinero en esquiar. Ninguna de las dos elecciones es intrínsecamente errónea, y sería igualmente injusto que el amante del café criticara al esquiador basándose únicamente en sus preferencias personales). Los intentos de un asceta por negar la carne a menudo se convierten en otra forma de alimentarla y complacerla. Estamos llamados a buscar a Dios, no la canonización... o la apariencia de santidad.

Las comodidades modernas pueden liberar tiempo para perseguir objetivos espirituales y mejorar el ministerio. Dado que en los tiempos bíblicos la mayor parte del día se dedicaba a cuidar las cosechas o los rebaños, ganar dinero y preparar las comidas, algunos sugieren que deberíamos evitar el uso de las comodidades modernas. Pero ¿no puede un horno microondas o un lavavajillas ser una provisión de Dios para liberar tiempo para la oración, la hospitalidad y una variedad de ministerios en el hogar, el vecindario y la iglesia?

¿Nos imaginamos a Jesús utilizando Sus propias manos para cortar madera, o podemos suponer que utilizaba las mejores herramientas asequibles en Su carpintería? Y si nuestro Señor viviera en la sociedad actual, ¿no aprovecharía la tecnología actual en Su oficio? ¿Se abstendría de utilizar sierras mecánicas, creyendo que las de mano son más espirituales? ¿Dudaría más de viajar en coche que en barco? ¿Evitaría utilizar un micrófono aunque ello permitiera a las multitudes oírle mejor?

Sería desastroso que todos los creyentes abandonaran la sociedad y dejaran de ganar dinero. Si todos hicieran voto de pobreza, ¿quién mantendría a las Misioneras de la Caridad? ¿Quién proporcionaría los avances médicos que utilizan sus ministerios, o fabricaría las gafas que llevan, o construiría los camiones y repararía los aviones utilizados para entregar sus suministros? San Francisco y su banda se negaban a tocar el dinero y a menudo mendigaban comida, pero *alguien* tenía que ganar el dinero necesario para atenderlos. Generar ingresos es una parte necesaria de la vida, no algo poco espiritual. Sería incoherente describir a los que producen bienes materiales como «mundanos» o «seculares», mientras se espiritualiza a los que no producen nada pero dependen de los que sí lo hacen.

Deberíamos elogiar a quienes eligen vivir de forma sencilla o estratégica y dedican la mayor parte de sus ingresos a ayudar a los necesitados. Pero no debemos llegar al extremo de desdeñar la producción de ingresos o de apartarnos del «sistema», como si la economía fuera pecado, y acabar contribuyendo a la pobreza en lugar de ayudar a aliviarla.

Muchas formas de ascetismo no favorecen la evangelización. Si todos los cristianos adoptaran la práctica monástica de retirarse de la sociedad para escapar de las tentaciones materiales, ¿cómo se llegaría a la gente de la mayoría de los ámbitos de la vida con el evangelio? La Madre Teresa sirvió en medio de una ciudad abarrotada, pero muchos ascetas se retiran de la sociedad y disminuyen así sus oportunidades de ministrar a los demás.

Pablo deja claro que parte de nuestra vocación en este mundo es codearnos con los no cristianos, independientemente de sus pecados y estilos de vida. Debemos participar activamente en la vida de los demás y, por tanto, estar presentes en su mundo (1 Cor. 5:9-10). Como dijo Jesús, debemos permanecer en el mundo, pero al mismo tiempo no ser *de* él (Juan 17:15-16).

Retirarse regularmente del mundo tiene muchos beneficios. Pero el propósito de estos tiempos debe ser acercarse a Dios y luego volver a nuestra atribulada sociedad materialista y tender la mano a esos atribulados materialistas por los que murió Cristo. Todos debemos luchar contra el materialismo. Pero la batalla más difícil y gratificante no consiste en retirarse de la sociedad, sino en servir fielmente a Dios dentro de ella.

El ascetismo no cumple lo que promete. Muchas personas esperan encontrar paz, pureza y santidad en un estilo de vida ascético. Sin embargo, Pablo advirtió contra las suposiciones inexactas que subyacen en el ascetismo y los abusos que fomenta (1 Tim. 4:1-5). También advirtió que el ascetismo no cumple su propósito: «Tales cosas tienen a la verdad, la apariencia de sabiduría en una religión humana, en la humillación de sí mismo y en el trato severo del cuerpo, pero carecen de valor alguno contra los apetitos de la carne» (Col. 2:23). La unión con Cristo, y no la privación de uno mismo, es el fundamento de la santidad (Col. 3:1-17).

La historia confirma que retirarse de la sociedad no elimina, ni siquiera frena, nuestra naturaleza pecaminosa. Según un escritor, «las órdenes monásticas [...] no escaparon realmente al problema de una actitud cristiana hacia el manejo de la riqueza. Los miembros de estas órdenes no poseían bienes como individuos. Pero las órdenes entraron enseguida en el campo de la creación y acumulación de riquezas. En muchos casos, los monjes, en sus relaciones de grupo, cayeron en todos los pecados de avaricia que antes habían caracterizado a los individuos dominados por la codicia».[12]

Nuestro Señor vivía con sencillez, pero no era un asceta. De hecho, algunas personas condenaron a Jesús por relacionarse con glotones y borrachos (Mat. 11:19; Luc. 7:34). No solo bebía vino, sino que *hizo* vino para la celebración de una boda (Juan 2:1-11). Se movía con igual soltura entre los pobres, como Juan el Bautista y Bartimeo, y los ricos, como María, Marta, Lázaro, Nicodemo, Zaqueo y José de Arimatea (Mat. 27:57-61; Juan 19:38-42). Jesús aceptó el apoyo material de mujeres ricas (Luc. 8:2-3), y aceptó agradecido la unción extravagante de Su cuerpo con un perfume caro (Mat. 26:6-12; Luc. 7:36-50; Juan 12:1-8).

El nacimiento de Cristo atrajo a pastores pobres y a reyes ricos. Un ladrón pobre (en una cruz adyacente) y un hombre rico (que donó una tumba para Su sepultura) asistieron a Su muerte. Su vida en la tierra atrajo a muchos, tanto pobres como ricos. E, independientemente de lo que ellos tuvieran, Jesús se complació en aceptar en Su reino a todos los que doblaran la rodilla ante el Mesías.

Preguntas para reflexionar

¿Es posible aprender de quienes han elegido el ascetismo sin adoptar su estilo de vida? ¿Podemos seguir el ejemplo de muchos cristianos, tanto del pasado como del presente, que han elegido un estilo de vida más sencillo y despojado que el nuestro? ¿Consideraríamos renunciar a suficiente cantidad de nuestras cosas como para desprendernos de las que tenemos, pero conservar lo suficiente para utilizarlo para nuestro bien y el de los demás? ¿Podemos hacer lo que Jesús nos ordenó: *utilizar* el dinero, pero no *servirle*? ¿Podemos descubrir lo que significa invertir el dinero con fines eternos? ¿Es posible vivir en una cultura materialista sin estar contaminados por el materialismo? Estos son algunos de los retos y oportunidades que se nos presentan cuando intentamos seguir al galileo de ideas claras y vida sencilla que era y es el Hijo de Dios.

CAPÍTULO 3

La naturaleza del materialismo

Durante más de cien años, una gran parte del pueblo estadounidense ha imaginado que el sentido virtual de la vida reside en la adquisición de un estatus, ingresos y una autoridad cada vez mayores.

ROBERT BELLAH

El ansia de opulencia de la sociedad contemporánea se ha vuelto psicótica; ha perdido completamente el contacto con la realidad.

RICHARD FOSTER

Allí donde las riquezas dominan el corazón, Dios ha perdido Su autoridad.

JUAN CALVINO

La tira cómica «Cathy» mostraba a un hombre y una mujer jóvenes discutiendo sobre diversos objetos que habían adquirido:

«Ropa de safari que nunca estará cerca de una selva».

«Calzado aeróbico que nunca pisará una clase de aeróbic».

«Reloj de buceo que nunca se humedecerá».

«Llaves de un todoterreno que nunca subirá por una colina».

«Revistas de arquitectura que no leemos, llenas de fotos de muebles que no nos gustan».

«*Software* de estrategia financiera con la clave de un talonario de cheques que está perdido en algún lugar bajo un ordenador que nadie sabe cómo funciona».

«Cartel de arte de una exposición a la que nunca fuimos, de un artista del que nunca oímos hablar».

Finalmente, mientras ambos personajes permanecen con la mirada perdida, uno le dice al otro: «Ha llegado el materialismo abstracto». A lo que el otro responde: «Hemos dejado atrás las cosas que queremos y necesitamos y estamos comprando esas cosas que no tienen nada que ver con nuestras vidas».

Ir de compras se ha convertido en nuestro entretenimiento fuera del hogar más popular de la semana. En Estados Unidos, hay 1,5 metros cuadrados de centro comercial por cada hombre, mujer y niño. Cada año, más personas visitan el centro comercial Mall of America, en Minnesota, que Disneylandia, el Gran Cañón y el Grand Ole Opry juntos.[1] Pero ya ni es necesario abrirse paso entre las multitudes del centro comercial, ni siquiera tomar un catálogo. Hoy en día, lo único que necesitas para «comprar hasta reventar» es una tarjeta de crédito, un teléfono y acceso al canal televisivo de ventas. O puedes ofertar día y noche en eBay. Muchos de nosotros actuamos como si creyéramos las palabras de la vieja pegatina: «Gana el que muere con más juguetes».

Un estudio sobre el materialismo

En 1955, la revista *Fortune* entrevistó a un gran número de jóvenes de veinticinco años que empezaban a forjar sus carreras. El estudio describía al grupo como dedicado a la familia y al servicio a la comunidad. En 1980, *Fortune* repitió el mismo ejercicio con una nueva cosecha de jóvenes de veinticinco años. Esta vez, sin embargo, los resultados fueron sorprendentemente distintos. En el transcurso de veinticinco años, el materialismo había avanzado notablemente. La escritora Gwen Kinkead resumió las actitudes de los entrevistados:

> Creen que los negocios ofrecen el medio más rápido de gratificar sus exigencias francamente materialistas. El éxito diferido, la base tradicional de la ética del trabajo, tiene poco atractivo. Esperan disfrutar inmediatamente de un nivel relativamente alto de confort material. Terry Michel, aprendiz de dirección en la empresa de seguros de vida Connecticut General Life Insurance Company, se hace eco del consenso: «Me gusta gastar dinero. No me apetece renunciar a ningún lujo. Crecí con muchas tierras, colegios privados, caballos, perros, un coche a los dieciséis años».
>
> Para un extraño de otra generación, a veces parecen un grupo de codiciosos.
>
> Parece que, casi sin principios, esta clase de gente hace alarde de sus ambiciones. ¿Por qué molestarse en tener metas, se preguntan, si no se aspira a lo más alto?
>
> La preocupación por la comerciabilidad ha convertido a este grupo en vigilantes congénitos de las escalas, que evalúan sus posibilidades de ascenso, comparan sus salarios con los del mercado y nunca, nunca hacen nada que no mejore su currículum. [...]
>
> Dwight Billingsly, consultor de servicios públicos en una empresa de Washington D.C., expresa una idea común: «Pienso montar mi propio negocio, ser independiente, no rendir cuentas a

> nadie», dice. «Aunque ahora tengo más dinero del que nunca creí posible, me gustaría tener todo el dinero del mundo y ser dueño de un equipo de béisbol o de fútbol americano de las grandes ligas». [...]
>
> Son materialistas descarados que ansían lo último en equipos electrónicos y de ahorro de trabajo, además de entretenerse y viajar con frecuencia. En la actualidad, la mayoría de los veinteañeros no tienen hijos. La mayoría de los que dudan de que vayan a ser padres alguna vez dicen que no tienen tiempo. Edward Beam, responsable de planificación de Chicago Northern Trust Company, explica: «Me encantan los niños, pero no quiero tener ninguno. Soy demasiado egoísta para dar lo necesario para criarlos como es debido. Con el tiempo, me molestaría que me alejaran de mis intereses, igual que me molestaría no dedicarles suficiente atención».
>
> Algunos ya consideran que tener una casa (y dos ingresos para cubrir la hipoteca) es más deseable que tener hijos. Más adelante, la elección puede estar entre tener hijos y un nivel de vida aún más alto, o una mayor movilidad laboral.
>
> Una mujer del grupo declaró: «Con nuestro estilo de vida, no podemos permitirnos una buena guardería y todas las cosas que nos gustan».
>
> Pocos dedican tiempo al servicio público o al voluntariado, o expresan preocupación por los problemas sociales. La religión organizada, favorecida por el grupo de 1955 como adhesivo social y familiar, parece demasiado prescriptiva o irrelevante para los veinteañeros seculares de hoy. La mayoría se consideran agnósticos o con una espiritualidad privada.[2]

En las más de cuatro décadas transcurridas desde las entrevistas de *Fortune* de 1980, EE. UU. ha seguido bebiendo profundamente del materialismo. Sin embargo, hemos empezado a ver una reacción en contra, tipificada por el especial de televisión de la PBS *Affluenza*, que abordaba lo que denominaba la «plaga moderna del materialismo». El programa destacaba varios síntomas de esta nueva «plaga», incluidas las siguientes estadísticas:

- El estadounidense promedio va de compras seis horas a la semana, pero solo dedica cuarenta minutos a jugar con sus hijos.
- A los veinte años, el telespectador promedio ha visto un millón de anuncios.
- Recientemente, más estadounidenses se declararon en quiebra que los que se licenciaron en la universidad.
- En el 90 % de los casos de divorcio, las discusiones sobre dinero desempeñan un papel destacado.[3]

Lo destacable de este programa de la televisión pública es que no argumenta contra el materialismo sobre una base moral, sino pragmática. La principal objeción de los productores al materialismo es simplemente que *la riqueza material no nos hace felices*.

El origen del materialismo

Un vistazo a los tesoros del rey Tut debería convencernos de que el materialismo no surgió por primera vez a finales del siglo XX, ni siquiera con la revolución industrial o el establecimiento del capitalismo occidental. El materialismo proliferaba en la época de Cristo, pero tampoco empezó allí. La génesis del materialismo tuvo lugar en el Jardín del Edén, cuando el primer hombre y la primera mujer eligieron seguir sus apetitos en lugar de a Dios, buscando la plenitud en la única cosa que Él les había dicho que estaba prohibida. A. W. Tozer describe los continuos resultados de su pecado y del nuestro:

> Antes de que el Señor Dios hiciera al hombre sobre la tierra, le preparó primero un mundo de cosas útiles y agradables para su sustento y deleite. [...] Fueron hechas para uso del hombre, pero estaban destinadas a ser siempre externas al hombre y supeditadas a él. En el corazón profundo del hombre, había un santuario al que solo Dios era digno de acudir. Dentro del hombre estaba Dios; fuera, mil dones que Dios había derramado sobre él.
>
> Pero el pecado ha introducido complicaciones y ha hecho de esos mismos dones de Dios una fuente potencial de ruina para el alma.
>
> Nuestros males comenzaron cuando Dios fue obligado a salir de Su santuario central y se permitió que entraran las cosas. Dentro del corazón humano, las cosas han tomado el control. Los hombres ya no tienen paz naturalmente dentro de su corazón, pues Dios ya no está coronado allí, sino que ahí, en el crepúsculo moral, usurpadores obstinados y agresivos luchan entre sí por el primer puesto en el trono. Esto no es una mera metáfora, sino un análisis exacto de nuestro verdadero problema espiritual. Hay en el corazón humano una raíz dura y fibrosa de vida caída cuya naturaleza es poseer, siempre poseer. Codicia las cosas con una pasión profunda y feroz. Los posesivos *mi* y *mío* parecen bastante inocentes en letra impresa, pero su uso constante y universal es significativo. Expresan la naturaleza real del viejo hombre adámico mejor de lo que podrían hacerlo mil volúmenes de teología. Son síntomas verbales de nuestra profunda enfermedad. Las raíces de nuestros corazones han crecido hacia las cosas, y no nos atrevemos a arrancar ni una sola, no vaya a

> ser que muramos. Las cosas se han vuelto necesarias para nosotros, un desarrollo nunca previsto originalmente. Los dones de Dios ocupan ahora el lugar de Dios, y todo el curso de la naturaleza se ve trastornado por la monstruosa sustitución.[4]

¿Qué es el materialismo?

El Nuevo Diccionario *Webster Collegiate* define el materialismo como «una teoría según la cual la materia física es la realidad única o fundamental, y todo ser, proceso y fenómeno puede explicarse como manifestaciones o resultados de la materia». De la primera se derivan otras dos definiciones: «Doctrina según la cual el único o el más elevado valor u objetivo reside en el bienestar material y en el fomento del progreso material», y «preocupación o énfasis en las cosas materiales más que en las intelectuales o espirituales».[5] En resumen, un materialista pone etiquetas de precio equivocadas a las cosas de este mundo y a las cosas de Dios.

El materialismo comienza con nuestras creencias. No solo en lo que *decimos* creer —no en nuestra declaración doctrinal—, sino en la filosofía de vida según la cual vivimos realmente. Así pues, aunque los verdaderos cristianos negarían creer en los fundamentos filosóficos del materialismo (no podrían ser cristianos si no lo hicieran), pueden, no obstante, estar preocupados por las cosas materiales. El materialismo es, ante todo, una cuestión del corazón.

Dios nos creó para amar a las personas y utilizar las cosas, pero los materialistas aman las cosas y utilizan a las personas. Tomemos como ejemplo la tendencia de nuestra sociedad a tratar a las personas como objetos. En el mercado nos referimos a los *consumidores*, unidades económicas que solo tienen valor para una empresa en la medida en que contribuyen a sus beneficios. Los productos se comercializan a los «consumidores» sin tener en cuenta que estos pueden volverse adictos, depresivos, obesos o enfermos —quitándoles años de vida— como consecuencia del consumo de esos productos.

Tenemos motivos para alarmarnos por el materialismo de nuestro país, pero no para sorprendernos. No podemos rechazar al Creador y Su verdad sin rechazar el respeto a la dignidad humana que se deriva naturalmente de ello. No podemos enseñar y creer que los seres humanos no son más que el producto del tiempo, el azar y las fuerzas naturales sin que, en última instancia, nos tratemos unos a otros de esa manera. Cuando se enseña a los jóvenes que no son diferentes en especie de los animales, no debería sorprendernos que se comporten como los animales que les hemos dicho que son.

El materialismo impulsa no solo a las «manzanas podridas» de la sociedad, no solo a los niños abandonados de la calle o a los que crecieron en un reformatorio. Impulsa a «los mejores y los más brillantes», a los que proceden de los mejores hogares y escuelas, a los que se convierten en líderes gubernamentales y empresariales, médicos y abogados. Los materialistas simplemente viven lo que han aprendido en casa, en la escuela, de los medios de comunicación, de sus amigos... y a veces, por desgracia, incluso de nuestras iglesias.

Cada persona valora algo. ¿Qué otros valores, aparte de los materialistas, podríamos esperar de una generación de materialistas? Como sociedad, estamos cosechando exactamente lo que hemos sembrado.

La génesis del materialismo tuvo lugar en el Jardín del Edén, cuando el primer hombre y la primera mujer eligieron seguir sus apetitos en lugar de a Dios.

El materialismo nunca podrá corregirse con cursos de ética altisonantes ni con discursos de campaña de políticos que nos pidan que restablezcamos la fibra moral de nuestra nación. La fibra moral debe venir de alguna parte. No se puede tomar simplemente del cielo en medio de un vacío moral. El materialismo solo puede corregirse cambiando nuestra visión de Dios. Este cambio, a su vez, solo puede venir de la creencia y el estudio de las Escrituras, que nos hablan de Dios, y que son las únicas que nos dan el contexto para comprendernos a nosotros mismos y entender el lugar adecuado del dinero y las posesiones.

El materialismo es el resultado de no darnos cuenta de que fuimos hechos solo para una persona (Jesús) y un lugar (el cielo). Los que conocemos a Cristo estaremos un día con Él en el cielo. Hasta entonces, nada más puede satisfacernos. El materialismo es una mentira que Satanás nos susurra al oído: «Si tuvieras esta cosa o esta persona, por fin serías feliz». Mientras vivamos de acuerdo con esa mentira, independientemente de lo que digamos creer, seremos materialistas practicantes.

Advertencias de la Palabra

El materialismo llena las páginas de las Escrituras. La codicia de Acán por el dinero y las posesiones le acarreó la muerte a él, a su familia y a decenas de hombres en la batalla (Jos. 7). El profeta Balaam maldijo al pueblo de Dios a cambio del pago de Balac (Núm. 22:4-35). Dalila traicionó a Sansón ante los filisteos a cambio de un pago (Jue. 16). El ansia de Salomón por conseguir más y más riqueza lo llevó a desobedecer flagrantemente las prohibiciones de Dios de acumular grandes cantidades de caballos, oro, plata y esposas (Deut. 17:16-17). Para enriquecerse, Giezi mintió a Naamán y luego a Eliseo, por lo que fue afligido por la lepra (2 Rey. 5:20-27). En el acto supremo de traición, Judas preguntó a los sumos sacerdotes: «¿Qué están dispuestos a darme para que yo les entregue a Jesús?». Judas traicionó entonces al Hijo de Dios por treinta monedas de plata (Mat. 26:14-16, 47-50; 27:3-10).

En medio de la poderosa obra de Dios, justo después de que naciera la Iglesia, Ananías y Safira retuvieron un dinero que decían que se había dado al Señor y murieron por ello (Hech. 5:1-11). No es casualidad que esto ocurriera tan pronto en la historia de la Iglesia y que Dios actuara de un modo tan poderoso y memorable. Fue como si dijera: «La Iglesia no será inmune al materialismo, la codicia y el engaño, pero traeré un fuerte juicio sobre los que envenenan mi Iglesia con ellos». La historia posterior de Simón el Mago transmite el mismo mensaje (Hech. 8:18-21).

Jesucristo lanzó una sobria advertencia contra el materialismo en cualquiera de sus formas y en cualquier época: «Estén atentos y cuídense de toda forma de avaricia; porque aun cuando alguien tenga abundancia, su vida no consiste en sus bienes» (Luc. 12:15).

La avaricia aflora en la posesividad y la codicia. La posesividad se refiere a lo que tenemos, la codicia a lo que queremos. La posesividad es ser egoísta con lo que poseemos, no estar dispuesto a compartir. Codiciar es anhelar y preocuparse por tener lo que Dios no nos ha dado. Es la pasión por poseer lo que no es nuestro.

La codicia no es un pasatiempo inofensivo, sino una grave ofensa a Dios. Así como el que mira con lujuria es adúltero (Mat. 5:28) y el que odia es homicida (1 Jn. 3:15), el avaro es idólatra (Col. 3:5). La avaricia es adoración al dinero, una violación del primer y más fundamental mandamiento: «Yo soy el Señor tu Dios [...]. No tendrás otros dioses delante de Mí» (Ex. 20:2-3). El octavo mandamiento es una prohibición contra el robo (Ex. 20:15), otro producto de la avaricia, y el décimo mandamiento es una advertencia contra la codicia (Ex. 20:17). Sorprendentemente, las diez grandes leyes de Dios, escritas en piedra, contienen tres prohibiciones contra el materialismo.

La codicia se considera la fuente de casi todas las fuerzas destructivas imaginables, incluida la guerra (Sant. 4:1-3). El ansia de dinero y posesiones se considera la raíz de mil males sociales, el más básico de los cuales es la apostasía, el alejamiento del Dios verdadero (1 Tim. 6:10).

Los materialistas proceden de todos los ámbitos de la vida. Hay materialistas comunistas igual que hay materialistas capitalistas; materialistas republicanos y materialistas demócratas; materialistas en la gerencia y en el sector obrero; materialistas laicos y religiosos. La codicia trasciende todas las filosofías económicas, sistemas sociales, partidos políticos, religiones y situaciones financieras. Forma parte de nuestra naturaleza pecaminosa básica.

> Debemos comprender que el materialismo no es simplemente erróneo. Es insensato.

¿Qué le ocurrirá a la persona o sociedad acomodada que no rectifique su materialismo? Las leyes básicas de la física nos dan la respuesta. Cuanto mayor es la masa, mayor es la fuerza que ejerce esa masa. Esto explica por qué los planetas más grandes son capaces de mantener tantos satélites en órbita. Del mismo modo, cuantas más cosas poseemos —cuanto mayor es su masa total—, más nos agarran, nos sujetan, nos ponen en órbita a su alrededor. Finalmente, como un agujero negro, una colosal aspiradora cósmica, nos succionan sin piedad hacia sí, hasta que nos volvemos indistinguibles de nuestras cosas, entregándonos a los dioses inhumanos que hemos idolatrado. Este es el fin último del materialismo.

Ante este sombrío pronóstico, Jesucristo nos trae buenas noticias. Nos llama a adoptar una mentalidad de donación generosa, un hábito de vida que cambia la ecuación de nuestras vidas. Dar generosamente nos libera de las garras de nuestras posesiones, y nos saca de su órbita. Mediante la ofrenda generosa, podemos escapar de la gravedad de las cosas de la tierra, estableciendo una nueva órbita en torno a los tesoros que almacenamos en el cielo.

La insensatez del materialismo

Debemos comprender que el materialismo no es simplemente erróneo. Es insensato. Como Jesús preguntó una vez a su audiencia, tan preocupada por los beneficios: «Pues ¿qué provecho obtendrá un hombre si gana el mundo entero, pero pierde su alma? O ¿qué dará un hombre a cambio de su alma?» (Mat. 16:26).

La parábola del rico insensato retrata a un hombre que se consideraba un exitoso empresario (Luc. 12:16-21). La esencia de la necedad es que, o bien no reconocemos la verdad, o decidimos ignorarla. El rico insensato de la parábola se creía capitán de su destino. Hizo sus planes sin tener en cuenta los planes de Dios. No entendía tres hechos fundamentales: la mortalidad de su vida presente, la eternidad de su vida futura y la realidad de que las elecciones de hoy estaban forjando su vida futura.

El rico insensato era un materialista. Actuó irracionalmente, como si pudiera escapar de la muerte o retrasarla *sine die*. Descuidó el cómputo de sus días y, por tanto, no adquirió un corazón sabio (Sal. 90:12).

La Escritura describe nuestras vidas «como la hierba» y nuestros logros «como la flor del campo». La hierba se marchita y las flores se caen; a los ojos de la eternidad, esta vida terrenal llega y se va en un abrir y cerrar de ojos (Isa. 40:6-8). «Pero el hombre, en su vanagloria, no permanecerá; es como las bestias que perecen» (Sal. 49:12). «Sí, como una sombra anda el hombre; ciertamente en vano se afana; acumula riquezas, y no sabe quién las recogerá» (Sal. 39:6).

Un filósofo griego dijo: «Todos los hombres piensan que solo el otro es mortal». La forma en que nos apresuramos a acumular cosas es testimonio de nuestra doctrina tácita de que somos excepciones a la ley de la muerte. Los acontecimientos del 11 de septiembre de 2001 fueron un espantoso recordatorio para millones de estadounidenses de algo que ya deberíamos haber comprendido: nuestra mortalidad.

El rico insensato no era «rico para con Dios» (Luc. 12:21); es decir, no manejaba el dinero de un modo centrado en Dios. Estaba centrado en sí mismo, acaparando y acumulando dinero y posesiones en lugar de liberarlos para servir a Dios y satisfacer las necesidades de los demás. Era demasiado autosuficiente e independiente como para pedir consejo a Dios sobre cuánto conservar y cuánto dar, demasiado preocupado por el negocio del «éxito» como para abrir su corazón con amor a las necesidades de los que lo rodeaban.

El Talmud dice: «El hombre nace con el puño cerrado, pero muere con las manos abiertas». Las Escrituras dicen: «Como salió del vientre de su madre, desnudo, así volverá, yéndose tal como vino. Nada saca del fruto de su trabajo que pueda llevarse en la mano» (Ecl. 5:15). Pero el rico insensato estaba demasiado ocupado en tener «éxito» como para preocuparse.

Cuando murió uno de los hombres más ricos de la historia, John D. Rockefeller, preguntaron a su contador: «¿Cuánto dejó John D.?».

La respuesta de su contador es un clásico: «Dejó todo».

No puedes llevártelo contigo. O como alguien dijo: «Nunca verás un coche fúnebre arrastrando un remolque».

Quizás necesitemos leer los obituarios para recordarnos lo breve que es nuestro tiempo en la tierra. Tal vez necesitemos visitar un desguace para recordarnos dónde acabarán algún día todas las cosas por las que trabajamos y que perseguimos. El hombre sabio piensa en el futuro. El necio actúa como si no hubiera un mañana eterno.

La doctrina de la inversión

Lucas 16:19-31 nos cuenta la historia de otro hombre rico y un pobre llamado Lázaro. El hombre rico vestía bien, vivía en el lujo y estaba aparentemente sano. Lázaro era un mendigo, enfermo, sucio y «ansiaba saciarse de las migajas que caían de la mesa del rico» (Luc. 16:21). Si te preguntara: «¿Quién preferirías ser, el hombre rico o Lázaro?», es de suponer que responderías: «El hombre rico, por supuesto».

No se nos dice que este hombre rico fuera deshonesto o irreligioso o que fuera peor que una persona promedio. No sabemos que despreciara al pobre Lázaro; solo sabemos que lo ignoró. Vivió su vida como si el pobre no existiera. No utilizó la riqueza que Dios le había proporcionado para cuidar de otro hombre necesitado.

Ambos hombres mueren. Lázaro va al cielo y el rico al infierno. Cuando el hombre rico suplica a Abraham desde el otro lado del abismo que envíe a Lázaro para aliviar su sufrimiento, Abraham le responde: «Hijo, recuerda que durante tu vida recibiste tus bienes, y Lázaro, igualmente, males; pero ahora él es consolado aquí, y tú estás en agonía» (Luc. 16:25).

Ahora que has oído el resto de la historia, ¿quién preferirías ser, el rico o Lázaro? Probablemente te gustaría cambiar de lugar, ¿verdad? Pero ese es el punto de Abraham: Después de la muerte, es demasiado tarde para cambiar.

Esta parábola representa una enseñanza sólida y a menudo pasada por alto del Nuevo Testamento, que podríamos llamar «la doctrina de la inversión». Enseña que en la eternidad muchos de nosotros nos encontraremos en condiciones opuestas a nuestra situación actual en la tierra.

En esta vida, el hombre rico vivía en el lujo cada día, mientras que Lázaro mendigaba a su puerta, viviendo en la miseria. En el momento de la muerte, sus situaciones se invirtieron: el rico estaba en el tormento del infierno y el pobre en la comodidad del cielo.

Sería simplista y teológicamente inexacto concluir que el cielo se gana con la pobreza y el infierno con la riqueza. Pero esta parábola no está aislada: corrobora otras muchas enseñanzas de Jesús, así como las de los apóstoles.

En la canción que compuso en previsión del nacimiento de Cristo, María dijo: «A los hambrientos ha colmado de bienes y ha despedido a los ricos con las manos vacías» (Luc. 1:53).

«Bienaventurados ustedes los pobres», dijo Jesús, y «¡Ay de ustedes, los que ahora están saciados», precisamente porque su estado un día sería invertido (Luc. 6:20, 25). Los pobres en espíritu, los que lloran, los mansos, los que tienen hambre y sed de justicia y son perseguidos serán aliviados y colmados y tendrán una gran recompensa en el cielo (Mat. 5:3-12). Los que son alabados en este mundo no serán muy apreciados en el otro, y viceversa (Mat. 6:1-4, 16-18). Los que son exaltados en esta vida a menudo serán humillados en la otra; los que son humillados aquí en la tierra serán exaltados en el cielo (Mat. 23:12).

En la eternidad, muchos de nosotros nos encontraremos en condiciones opuestas a nuestra situación actual en la tierra.

Los que son pobres en este mundo a menudo serán ricos en el otro, y los que son ricos en este mundo a menudo serán pobres en el otro (Sant. 1:9-12). Se tranquiliza a los pobres diciéndoles que los ricos acaparadores y opresores serán castigados algún día y los pobres honrados serán aliviados (Sant. 5:1-6). En Apocalipsis 18:7, una voz del cielo dice de la Babilonia materialista: «Cuanto ella se glorificó a sí misma y vivió sensualmente, así denle tormento y duelo».

Algunos de estos pasajes pueden plantearnos dificultades teológicas, pero todos ellos nos recuerdan que los sacrificios temporales tendrán su ganancia en la eternidad y las indulgencias temporales nos costarán en la eternidad. Estos son los versículos que animaban a los esclavos cristianos y que deberían haber servido de advertencia a los dueños de las plantaciones que se beneficiaban de la esclavitud. La doctrina de la inversión es reconfortante para los pobres y débiles, y amenazadora para los ricos y poderosos. Pero es una enseñanza coherente del Nuevo Testamento, que confirma la premisa de que el materialismo no solo es erróneo, sino también insensato. Por el contrario, confiar en Dios, dar, cuidar y compartir no solo es correcto, sino inteligente.

Algún día, este mundo al revés se dará vuelta. Nada en toda la eternidad volverá a ponerlo en su estado anterior. Si somos sabios, pasaremos nuestras breves vidas en la tierra posicionándonos para el giro.

Reconocer el materialismo

John Wesley dijo:

> Dondequiera que se extienda el verdadero cristianismo, debe causar diligencia y frugalidad, las cuales, en el curso natural de las cosas, ¡deben engendrar riquezas! Y las riquezas engendran naturalmente el orgullo, el amor al mundo y todo temperamento destructivo del cristianismo. Ahora bien, si no hay manera de impedir esto, el cristianismo es inconsecuente consigo mismo y, por lo tanto, no puede sostenerse, no puede continuar por mucho tiempo entre ningún pueblo; ya que, dondequiera que generalmente prevalezca, socava sus propios cimientos.[6]

Cuando uno de los misioneros de nuestra iglesia se quedó un mes en casa, dijo: «Me ha abrumado el materialismo de aquí». Cuando otro misionero regresaba al campo tras un año de permiso, le preguntamos: «¿Qué es lo que más te ha impresionado del tiempo que has estado en casa con nosotros?». Su respuesta fue aleccionadora: «Lo que más me impresionó fue cómo la gente utiliza sus casas para declarar algo a los demás; sus casas no son solo lugares donde mantenerse calientes y secos, sino escaparates para exhibir su riqueza e impresionarse mutuamente».

Ambos hombres procedían de otras culturas. Lo triste es que si cualquiera de los dos hubiera permanecido en Estados Unidos uno o dos años más, quizás ya no se habría dado cuenta de esto. Como la rana que murió hervida grado a grado, tendemos a aclimatarnos gradualmente a nuestro materialismo, volviéndonos insensibles a él. Finalmente, lo consideramos normal y no una aberración.

Lo más difícil de enfrentarse a nuestro materialismo es que se ha convertido en parte de nosotros. Como las personas que han vivido en la oscuridad durante años, hemos estado alejados de la luz tanto tiempo que no sabemos lo oscura que es en realidad. Muchos de nosotros nunca hemos sabido lo que es no ser materialista. Por eso necesitamos tan desesperadamente leer las Escrituras, lidiar con estas cuestiones, llevarlas a Dios en oración, discutirlas con nuestros hermanos y buscar y aprender de esos raros modelos de vida no materialista en nuestras comunidades cristianas.

Si tuviéramos la perspectiva de Dios, aunque solo fuera por un momento, y observáramos cómo vamos por la vida acumulando, atesorando y exhibiendo nuestras cosas, tendríamos los mismos sentimientos de horror y lástima que cualquier persona cuerda tiene cuando ve a la gente en un manicomio golpeándose sin cesar la cabeza contra la pared.

Durante años, el argumento contra el materialismo, entre los cristianos, ha sido que el materialismo está mal. El materialismo *está* mal, pero dado que esta línea de argumentación ha demostrado ser ineficaz, quizás sea hora de adoptar un nuevo enfoque: «El materialismo es insensato; de hecho, el materialismo es una locura».

Buscar la satisfacción en el dinero, la tierra, las casas, los coches, la ropa, los barcos, los vehículos de excursionismo, los *jacuzzis*, los viajes por el mundo y los cruceros nos ha dejado atados y amordazados por el materialismo, y como los drogadictos, pensamos patéticamente que nuestra única esperanza reside en conseguir más de lo mismo. Mientras tanto, la voz de Dios —que no se oye en medio del clamor de nuestras posesiones— nos dice que, aunque el materialismo trajera la felicidad en esta vida, cosa que evidentemente no hace, nos dejaría lamentablemente mal preparados para la venidera.

CAPÍTULO 4

Los peligros del materialismo

El alma es algo espiritual, las riquezas son de extracción terrenal, y ¿cómo pueden estas colmar una sustancia espiritual? El hombre tiene sed del mundo, pero, por desgracia, este no llega a colmar sus expectativas. No puede colmar el vacío y el anhelo de su alma.

THOMAS WATSON

El tipo de hombre con más probabilidades de hacerse muy muy rico es el que tiene menos probabilidades de disfrutarlo.

MAX GUNTHER

El hombre más pobre que conozco es el que solo tiene dinero.

JOHN D. ROCKEFELLER

Rodeada de acaudalados miembros de la alta sociedad, una hermosa joven estaba sentada en una cena en un barco de lujo. Para su sorpresa, un millonario sentado cerca de ella le pasó una nota preguntándole: «¿Te acostarías conmigo esta noche por diez mil dólares?».

Sonrojada, la mujer se detuvo un momento y luego contestó: «Sí».

Unos minutos después, los dos abandonaron la fiesta. Cuando se quedaron solos, el hombre preguntó a la mujer: «¿Te acostarías conmigo por diez dólares?».

Indignada, ella replicó: «¿Qué clase de mujer te crees que soy?».

Con toda naturalidad, él respondió: «Ya hemos determinado qué clase de mujer eres. Ahora solo tratamos de encontrar tu precio».

Idolatría y adulterio

Satanás parte del supuesto de que cada persona tiene un precio. A menudo, por desgracia, tiene razón. Muchas personas están dispuestas a entregarse a sí mismas y a sus principios a cualquier dios que les proporcione el mayor beneficio a corto plazo.

El Antiguo Testamento describe a Israel como una novia que se ha convertido en prostituta. Abandona a su legítimo esposo, Dios, y se vende al mejor postor. Los profetas desarrollan esta metáfora hasta extremos vergonzosos (Isa. 57:3-9; Jer. 3:1-10; Ezeq. 16:1-48). Las nauseabundas descripciones del descarrío de Israel ejemplifican el dolor y el horror de Dios ante el adulterio espiritual de Su pueblo, que va tras otros dioses.

El Nuevo Testamento nos dice que «la avaricia [...] es idolatría» (Col. 3:5). Idolatría es adorar y servir a cualquier cosa que no sea el único Dios verdadero. Todo lo material que tenemos, incluido el dinero, es una herramienta o un ídolo. Si no lo utilizamos como herramienta para los fines previstos por Dios, se convierte en un ídolo. Para la Iglesia, la esposa de Cristo, la idolatría es lo mismo que el adulterio: una traición libertina a un esposo que nos ama lo suficiente como para morir por nosotros.

Herbert Schlossberg aborda la naturaleza idólatra del materialismo:

> La expresión común que describe tal sistema de valores como «la búsqueda del dólar todopoderoso» está sólidamente basada en el reconocimiento de que la exaltación de las posesiones al nivel de ultimidad es el fin de una búsqueda religiosa, que busca y atribuye un significado último. Como todas las idolatrías, encuentra el sentido último en un aspecto de la creación y no en el Creador. Y, como todas las idolatrías, encuentra salida en patologías destructivas que destrozan vidas humanas.[1]

La Escritura habla de estas patologías destructivas:

> Pero los que quieren enriquecerse caen en tentación y lazo y en muchos deseos necios y dañosos que hunden a los hombres en la ruina y en la perdición. Porque la raíz de todos los males es el amor al dinero, por el cual, codiciándolo algunos, se extraviaron de la fe y se torturaron con muchos dolores. (1 Tim. 6:9-10)

Observa la naturaleza autodestructiva del amor al dinero. Es una vida de automutilación en la que nos perforamos repetidamente con una pena tras otra. El bien que buscamos nos destruye. Cargamos a nuestros ídolos con expectativas que no pueden cumplir. La felicidad que intentamos arrancarles solo puede encontrarse en otra parte.

Jesús dijo que los ricos están en desventaja espiritual (Mat. 19:23-24). El problema, por supuesto, no es que Dios no ame a los ricos. El problema es que los ricos no aman a Dios. Sencillamente, tienen demasiadas otras cosas que amar. *¿Quién necesita a Dios,* pensamos, *cuando lo tenemos todo?* Por eso Jesús no dijo: «Ustedes *no deberían* servir a Dios y a las riquezas», sino «Ustedes *no pueden* servir a Dios y a las riquezas» (Mat. 6:24, cursiva añadida). ¿Por qué? Por la misma razón que una mujer no puede tener dos maridos. Cuando mantenemos una relación amorosa con el mundo, cometemos adulterio espiritual. Colocamos a Dios en el papel del marido despechado. Nos ama y anhela nuestro regreso, pero no nos permitirá entrar en Sus aposentos íntimos cuando nos prostituimos con otro. Dios no será un marido a medias. No lo consolará que lo llamemos «Salvador» cuando nos negamos a seguirlo como Señor.

El materialismo consiste en las dos cosas que Dios más odia: la idolatría y el adulterio. La magnitud del aborrecimiento de Dios por el materialismo aflora en el acto final previo al retorno de Cristo: la destrucción del sistema de este mundo, amante del dinero, llamado «Babilonia la Grande». Se dice de esta Babilonia: «los reyes de la tierra han cometido actos inmorales con ella, y los mercaderes de la tierra se han enriquecido con la riqueza de su sensualidad». Una voz del cielo suplica al pueblo de Dios: una voz que hoy haríamos bien en escuchar:

> Salgan de ella, pueblo mío, para que no participen de sus pecados y para que no reciban de sus plagas. Porque sus pecados se han amontonado hasta el cielo, y Dios se ha acordado de sus iniquidades. Páguenle tal como ella ha pagado, y devuélvanle doble según sus obras. En la copa que ella ha preparado, preparen el doble para ella. Cuanto ella se glorificó a sí misma y vivió sensualmente. (Apoc. 18:4-7)

Para los que estábamos vivos en 2001, las imágenes del World Trade Center —ese altísimo símbolo de nuestra prosperidad financiera— derrumbándose están grabadas para siempre en nuestra memoria. Por terrible que fuera la tragedia, el derrumbamiento fue un recordatorio de la verdad de que, un día, Dios, en Su justicia, derribará todos los centros de logro y prosperidad humanos que no se humillen ante Él. Cuando caiga la Babilonia financiera, los mercaderes que obtuvieron su riqueza de esta filosofía materialista corrupta dirán: «¡Ay, ay, la gran ciudad, que estaba vestida de lino fino, púrpura y escarlata, y adornada de oro, piedras preciosas y perlas! En una hora ha sido arrasada tanta riqueza» (Apoc. 18:16-17).

El materialismo consiste en las dos cosas que Dios más odia: la idolatría y el adulterio.

Podríamos esperar que todo el cielo se lamentara por esta devastación. Pero, de hecho, todo el cielo se alegrará por la destrucción de la fortaleza del materialismo: «Regocíjate sobre ella, cielo, y también ustedes, santos, apóstoles y profetas, porque Dios ha pronunciado juicio contra ella por ustedes» (Apoc. 18:20). Dios acabará rompiendo la fortaleza del materialismo, pero debemos procurar que se rompa ahora.

Estaba previsto que predicara sobre la ofrenda en mi iglesia. Me abrumaba la sensación de que muchas personas no estarían preparadas para escuchar el mensaje debido al dominio de Mamón sobre sus vidas. Tenía previsto empezar esta serie la semana siguiente al Domingo de Pascua, cuando más de cien personas habían venido a Cristo en nuestros servicios. Durante uno de los servicios de Pascua, Nanci y yo habíamos formado parte de un grupo de oración en una salita apartada de la parte delantera del auditorio. Experimentamos el poder de Dios a través de la oración. Aprendimos cómo las oraciones de aquella mañana afectaban dramáticamente a lo que sucedía en los corazones de las personas. Una semana después, no podía imaginarme levantarme a predicar sin saber que habría gente orando en aquella pequeña habitación. Un amigo reclutó a cincuenta y cinco personas para orar, repartidas entre los seis servicios que yo predicaría.

¿Por qué la oración era tan importante aquel fin de semana como el anterior cuando se predicó el evangelio? Porque hay una batalla por la propiedad y el señorío de nuestras vidas que es tan intensa como la batalla por la salvación. La gracia que nos salva es también la gracia que nos santifica y nos da poder. El poder de Dios no solo lo necesitan los incrédulos para convertirse. Lo necesitan los creyentes para ser obedientes y gozosos. La gracia que nos ha liberado de la esclavitud al pecado es desesperadamente necesaria para liberarnos de nuestra esclavitud al materialismo.

Lo que verdaderamente anhelamos

No podremos liberarnos del materialismo ni de ninguna otra idolatría hasta que podamos responder con precisión a estas preguntas: «¿Qué es lo que verdaderamente anhelamos? ¿Cuáles son el deseo y la necesidad más profundos de nuestro corazón?». Las Escrituras nos dan una respuesta clara:

> Como el ciervo anhela las corrientes de agua, así suspira por Ti, oh Dios, el alma mía. Mi alma tiene sed de Dios, del Dios viviente... (Sal. 42:1-2)
>
> ... Mi alma tiene sed de Ti, mi carne te anhela cual tierra seca y árida donde no hay agua. (Sal. 63:1)
>
> ¡Cuán preciosa es, oh Dios, Tu misericordia! Por eso los hijos de los hombres se refugian a la sombra de Tus alas. Se sacian de la abundancia de Tu casa, y les das a beber del río de Tus delicias. Porque en Ti está la fuente de la vida; en Tu luz vemos la luz. (Sal. 36:7-9)
>
> Prueben y vean que el Señor es bueno... (Sal. 34:8)
>
> Bienaventurados los que tienen hambre y sed de justicia, pues ellos serán saciados. (Mat. 5:6)
>
> ... Jesús puesto en pie, exclamó en alta voz: «Si alguien tiene sed, que venga a Mí y beba. El que cree en Mí, como ha dicho la Escritura: "De lo más profundo de su ser brotarán ríos de agua viva"». (Juan 7:37-38)

> ... Yo soy el Alfa y la Omega, el Principio y el Fin. Al que tiene sed, Yo le daré gratuitamente de la fuente del agua de la vida. (Apoc. 21:6)
>
> El Espíritu y la esposa dicen: «Ven». Y el que oye, diga: «Ven». Y el que tiene sed, venga; y el que desee, que tome gratuitamente del agua de la vida. (Apoc. 22:17)

El Catecismo Menor de Westminster, de 1647, declara: «el propósito fundamental del hombre es glorificar a Dios y disfrutar de Él para siempre». Dios nos llama a encontrar nuestra alegría primordial en Él. Cuando intentamos encontrar nuestra alegría primordial en cualquier otra cosa o persona, cometemos idolatría. La idolatría no solo es un error, sino que siempre fracasa. Sencillamente, no funciona. Nada ni nadie, salvo Dios, puede soportar el peso de nuestra adoración ni proporcionarnos una alegría duradera.

San Agustín, reflexionando sobre su anterior vida de inmoralidad y materialismo, oró:

> ¡Qué dulce fue para mí librarme de una vez de aquellas alegrías infructuosas que antes temía perder! Tú las alejaste de mí, Tú, que eres el gozo verdadero y soberano. Tú las alejaste de mí y ocupaste su lugar, Tú que eres más dulce que todo placer.[2]

Cómo el materialismo nos lleva a la ruina

¿Qué nos hace realmente el materialismo? El resto de este capítulo ofrece diez respuestas a esa pregunta.

1. El materialismo impide o destruye nuestra vida espiritual.

Jesús reprendió a los cristianos de Laodicea porque, aunque eran materialmente ricos, eran desesperadamente pobres en las cosas de Dios (Apoc. 3:17-18). El materialismo nos ciega ante nuestra propia pobreza espiritual. El puritano Richard Baxter afirmó: «Cuando los hombres prosperan en el mundo, sus mentes se enaltecen con sus bienes, y apenas pueden creer que estén tan enfermos, mientras se sienten tan bien».[3]

En sus *Confesiones*, Agustín escribe: «Nos has hecho para ti, oh Dios, y el corazón del hombre está inquieto hasta que encuentra su descanso en ti». En la misma línea, el filósofo Blaise Pascal hizo la siguiente observación:

> Hubo una vez en el hombre una verdadera felicidad de la que ahora solo le queda la huella y el rastro vacío, que en vano intenta llenar con todo lo que lo rodea, buscando en las cosas ausentes la ayuda que no obtiene en las cosas presentes. Pero todo esto es inadecuado, porque el abismo infinito solo puede ser llenado por un objeto infinito e inmutable, es decir, solo por Dios mismo.[4]

El materialismo es un intento infructuoso de encontrar sentido fuera de Dios. Cuando intentamos encontrar la realización suprema en una persona distinta de Cristo o en un lugar distinto del cielo, nos convertimos en idólatras. Según las Escrituras, el materialismo no solo es malo; es trágico y patético:

> «¿Ha cambiado alguna nación sus dioses, aunque esos no son dioses? Pues Mi pueblo ha cambiado su gloria por lo que no aprovecha. Espántense, oh cielos, por esto, y tiemblen, queden en extremo desolados», declara el Señor. «Porque dos males ha hecho Mi pueblo: Me han abandonado a Mí, fuente de aguas vivas, y han cavado para sí cisternas, cisternas agrietadas que no retienen el agua». (Jer. 2:11-13)

Imagina a personas que se mueren de sed y cavan frenéticamente cisternas que no pueden contener agua. En sus últimos intentos desesperados por saciar la sed, enloquecidos por el sol abrasador, se meten arena en la boca, ahogándose y teniendo arcadas mientras los alcanza la muerte. Imagina que mientras tanto, a tiro de piedra, hay un manantial de agua fresca, pura y vivificante. Este es el cuadro que Dios pinta a través del profeta Jeremías. Todo intento de encontrar vida en alguien o en algo que no sea Dios es vano. El materialismo es un callejón sin salida. No solo es erróneo, sino totalmente autodestructivo.

2. El materialismo nos ciega a las maldiciones de la riqueza.

John Steinbeck escribió una carta a Adlai Stevenson, que se publicó en la edición del 28 de enero de 1960 del *Washington Post*. «Somos una especie extraña», decía Steinbeck. «Podemos soportar cualquier cosa que Dios y la naturaleza puedan arrojarnos, salvo la abundancia. Si quisiera destruir a una nación, le daría demasiado, y la tendría de rodillas, miserable, codiciosa, enferma».[5]

Durante los días de la Cortina de Hierro, un pastor rumano perseguido nos dijo a un grupo de nosotros: «Según mi experiencia, el 95 % de los creyentes que se enfrentan a la prueba de la persecución la supera, mientras que el 95 % que se enfrenta a la prueba de la prosperidad no la supera». A esto se refería Thomas Carlyle cuando dijo: «La adversidad es a veces dura para un hombre, pero por un hombre que soporta la prosperidad, hay cien que soportarán la adversidad».[6]

Ezequiel dice: «Con tu sabiduría y tu entendimiento has adquirido riquezas para ti, y has adquirido oro y plata para tus tesoros. Con tu gran sabiduría, con tu comercio, has aumentado tus riquezas, y se ha enaltecido tu corazón a causa de tus riquezas» (Ezeq. 28:4-5). Cometemos orgullo o envanecimiento—el pecado del diablo (1 Tim. 3:6)— cuando empezamos a atribuirnos habilidades, oportunidades y bendiciones providenciales que en realidad son dones de Dios, infundados e inmerecidos. Dios lo expresó así: «Cuando comían sus pastos, se saciaron, y al estar saciados, se ensoberbeció su corazón; por tanto, se olvidaron de Mí» (Os. 13:6).

Una de las grandes ironías de la vida es el cambio que se produce cuando una persona pobre y humilde que camina con Dios es recompensada con prosperidad. A menudo, la atención de la persona se aleja gradualmente del Señor. A menos que se corrija, el creyente acabará transformándose en una persona rica y orgullosa que caerá bajo el juicio de Dios. Algunos se preguntan por qué Dios sigue bendiciendo con riquezas a muchas de las naciones occidentales que se han apartado de su herencia piadosa. Quizás la «bendición» ya no sea una verdadera bendición, sino una maldición disfrazada. La mayor bendición sería la que nos llevara a seguir a Dios de todo corazón, y nuestro enredo con la riqueza ciertamente no lo está consiguiendo. En medio de la prosperidad, el reto para los creyentes es manejar la riqueza de modo que actúe como una bendición, no como una maldición.

Las Escrituras sugieren que la posesión de riquezas es casi siempre un lastre espiritual.

Las Escrituras sugieren que la posesión de riquezas es casi siempre un lastre espiritual (Mar. 10:23-25). Si Jesús hablaba en serio cuando dijo lo difícil que es para un rico entrar en el reino de Dios, y si formar parte del reino de los cielos es la mayor bendición que puede recibir una persona, ¿cómo podemos imaginar que tener riquezas sea siempre una bendición de Dios? ¿Bendecía Dios al rico insensato? ¿Al rico que descuidó a Lázaro? ¿A los reyes ricos y malvados de Israel, a Babilonia y Asiria? ¿Está bendiciendo realmente a los ricos gobernantes de las naciones modernas que saquean sus tesoros nacionales mientras su pueblo vive en la miseria?

Tras el éxodo de Egipto, Dios envió codornices como amorosa provisión para los hijos de Israel. Pero después de que refunfuñaran y se quejaran de sus circunstancias, dijo que volvería a enviar codornices, «hasta que les salga por las narices y les sea aborrecible» (Núm. 11:18-20). La prosperidad material puede empezar como una bendición de Dios, pero cuando la tratamos como un sustituto de Dios, se convierte en una maldición. Dadas las lecciones de las Escrituras y de la historia, si Dios fuera a maldecir a alguien, ¿qué medio más eficaz podría utilizar que amontonar riquezas?

3. El materialismo nos trae infelicidad y ansiedad.

Muchas vidas son una cadena interminable de «si tan solo» materialistas. Si tan solo me aumentaran el sueldo; si tan solo pudiera conseguir un trabajo mejor pagado; si tan solo pudiera comprar un coche nuevo; si tan solo pudiera conseguir ese barco, esa casa de campo, ese vestido, ese rifle o juguete, entonces sería feliz. He aquí otra versión del mismo tema: «Si tan solo tuviera más dinero, daría más». Por desgracia, los que dan poco cuando tienen poco casi nunca aumentan su porcentaje de ofrendas cuando se vuelven ricos.

En *El león, la bruja y el armario*, C. S. Lewis habla del joven Edmund, que probó las delicias turcas de la bruja y sacrificó su integridad para conseguir más, solo para descubrir que, cuanto más se atiborraba de ellas, más enfermo y menos satisfecho se sentía. Del mismo modo, el cebo de la riqueza esconde el anzuelo de la adicción y la esclavitud.

¿A quién deseamos parecernos? ¿Realmente queremos ser como los ricos que hemos observado? La cadena de familias rotas y vidas destrozadas entre los ricos debería decirnos algo. Considera la lamentable vida de Howard Hughes, que con todo su dinero y poder se volvió miserable y enloquecido. Mira los testimonios de otros cinco hombres ricos:

> John D. Rockefeller: «He ganado muchos millones, pero no me han traído felicidad».
>
> W. H. Vanderbilt: «El cuidado de 200 millones de dólares es suficiente para matar a cualquiera. No hay placer en ello».
>
> John Jacob Astor: «Soy el hombre más miserable de la tierra».
>
> Henry Ford: «Era más feliz cuando hacía el trabajo de un mecánico».
>
> Andrew Carnegie: «Los millonarios rara vez sonríen».[7]

El Dr. Aaron Beck realizó un estudio de diez años sobre pacientes hospitalizados con intenciones suicidas. Publicó los resultados en *The American Journal of Psychiatry*. Uno de los quince principales factores de riesgo que contribuyen a un estado de ánimo suicida se enumeraba simplemente como «recursos económicos». El escueto comentario del médico fue el siguiente: «El riesgo aumenta con los recursos».[8] El riesgo de los recursos económicos queda bien ilustrado por los suicidios y las crisis emocionales que suelen producirse durante las caídas significativas del mercado de valores. También se demuestra en los niveles epidémicos de hipertensión arterial entre los profesionales «exitosos» de hoy en día.

Una vez hice un test diseñado para predecir la esperanza de vida de una persona (salvo accidentes). Se basaba en probabilidades estadísticas e incluía instrucciones para sumar determinada cantidad de años si hacía ejercicio regularmente, restar tantos años si fumaba, etc. Una afirmación era especialmente llamativa: «Resta dos años a tu vida si tus ingresos familiares superan los 50 000 dólares al año».[9]

El materialismo es la madre de la ansiedad. No es de extrañar que el discurso de Cristo sobre los tesoros terrenales y celestiales vaya seguido inmediatamente de Sus advertencias de no preocuparse por las cosas materiales

(Mat. 6:25-34). La gente acumula tesoros en la tierra en vez de en el cielo, no solo por avaricia y egoísmo, sino también por miedo e inseguridad. Sin embargo, poner nuestra esperanza en los tesoros terrenales no hace más que multiplicar la ansiedad. ¿Por qué? Porque los tesoros terrenales son sumamente temporales e inciertos.

Las esperanzas de una persona con inversiones primarias en el mercado de valores subirán y bajarán con el mercado. Aquel cuyas mayores riquezas estén depositadas en el banco será destruido cuando los bancos quiebren, al igual que el agricultor cuyo mayor activo esté en las cosechas cuando estas fracasen o cuando caigan los mercados de materias primas. En cambio, aquel cuya esperanza está en Dios quedará devastado solo si Dios fracasa, y nunca lo hace.

Poner nuestro corazón en las riquezas terrenales no solo priva a Dios de gloria, a los demás de ayuda y a nosotros mismos de recompensa, sino que también nos destina a una inseguridad perpetua. El materialismo no tiene ventajas.

Pablo dijo a los ricos que no «pongan su esperanza en la incertidumbre de las riquezas, sino en Dios, el cual nos da abundantemente» (1 Tim. 6:17). Salomón hizo una profunda observación cuando señaló: «Dulce es el sueño del trabajador, coma mucho o coma poco; pero la hartura del rico no le permite dormir» (Ecl. 5:12). Cuanto más tenemos, más tenemos de qué preocuparnos.

4. *El materialismo acaba en la inutilidad final.*

El libro del Eclesiastés es la más poderosa denuncia del materialismo jamás escrita. Salomón relata sus intentos de encontrar sentido en el placer, la risa, el alcohol, la locura, los proyectos de construcción y la búsqueda de intereses personales, así como en la acumulación de esclavos, oro y plata, cantantes y un enorme harén para satisfacer sus deseos sexuales (Ecl. 2:1-11). Alcanzó el máximo éxito material y fama internacional viviendo según esta filosofía: «Y de todo cuanto mis ojos deseaban, nada les negué, ni privé a mi corazón de ningún placer» (Ecl. 2:10). Cuanto más tenía Salomón, más tentado estaba de gratificarse. Su indulgencia lo llevó al pecado, y su pecado le trajo la miseria.

Lo que sigue son las afirmaciones de Salomón en Eclesiastés 5:10-15. Las paráfrasis en cursiva después de cada afirmación son mías.

> «El que ama el dinero no se saciará de dinero».
>
> *Cuanto más tienes, más quieres.*
>
> «Y el que ama la abundancia no se saciará de ganancias».
>
> *Cuanto más tienes, menos satisfecho estás.*
>
> «Cuando aumentan los bienes, aumentan también los que los consumen».
>
> *Cuanto más tienes, más personas (incluido el gobierno) te persiguen por ello.*

«Así, pues, ¿cuál es la ventaja para sus dueños, sino verlos con sus ojos?».

Cuanto más tienes, más te das cuenta de que eso no suple tus verdaderas necesidades.

«Dulce es el sueño del trabajador, coma mucho o coma poco; pero la hartura del rico no le permite dormir».

Cuanto más tienes, más aumentan tus preocupaciones.

«Hay un grave mal que he visto bajo el sol: las riquezas guardadas por su dueño para su mal».

Cuanto más tienes, más puedes dañarte al aferrarte a ello.

«Cuando esas riquezas se pierden por un mal negocio...».

Cuanto más tienes, más tienes para perder.

«Como salió del vientre de su madre, desnudo, así volverá, yéndose tal como vino. Nada saca del fruto de su trabajo que pueda llevarse en la mano».

Cuanto más tienes, más dejarás atrás.

Después de sus años como el hombre más rico del mundo, Salomón declaró: «Consideré luego todas las obras que mis manos habían hecho y el trabajo en que me había empeñado, y resultó que todo era vanidad y correr tras el viento, y sin provecho bajo el sol» (Ecl. 2:11). Cuanto más tenía Salomón, más sin sentido se volvía su vida. La mayoría de la gente persigue sus espejismos con dinero, pero se quedan sin dinero antes de quedarse sin espejismos. Así que siguen creyendo la mentira de que «si tan solo tuviera más dinero, entonces sería feliz». Pero Salomón lo tenía todo. Tenía más dinero del que podía gastar. Persiguió todos los espejismos. Se quedó sin espejismos antes de quedarse sin dinero.

Considera su declaración: «Quien ama el dinero, jamás tiene suficiente. Quien ama las riquezas, nunca recibe bastante» (Ecl. 5:10, RVC). Las palabras *jamás* y *nunca* son enfáticas: no hay excepciones. Hay un corolario tácito en esta afirmación: *Para sentirte satisfecho, debes cambiar tu actitud hacia la riqueza.*

El dinero en sí mismo nunca es la respuesta. Lo que necesitamos es una perspectiva radicalmente distinta del dinero y una auténtica oportunidad de hacer algo con él que haga que nuestras vidas tengan sentido en lugar de carecer de él. Como veremos en el capítulo 7, eso es exactamente lo que nos ofrece Jesús.

5. *El materialismo oscurece muchas de las mejores cosas de la vida, que son gratuitas, incluido el don de la salvación.*

Algunas de las mayores bendiciones de la vida están tan al alcance de los pobres como de los ricos, y a menudo son mucho más apreciadas por los pobres, cuyas vidas están menos atestadas y distraídas por la riqueza material. La mayor bendición que Dios ofrece está disponible para todos: «Todos los sedientos, vengan a las aguas; y los que no tengan dinero, vengan, compren y coman. Vengan, compren vino y leche sin dinero y sin costo alguno» (Isa. 55:1). La misma invitación se repite en el último capítulo de la Biblia: «el que tiene sed, venga; y el que desee, que tome gratuitamente del agua de la vida» (Apoc. 22:17). La única cosa que merece la pena no puede comprarse con dinero. El Hijo de Dios compró nuestra salvación, y la entrega gratuitamente a todos los que lo buscan. El dinero no puede comprar la salvación, ni puede comprar el rescate del juicio. «De nada sirven las riquezas el día de la ira» (Prov. 11:4). Como dijo Tertuliano en el año 200 d. C.: «Nada de lo que es de Dios se puede obtener con dinero».

John Piper nos ayuda a vislumbrar la ironía final del materialismo:

> Imagínate a 269 personas que entran en la eternidad en un accidente aéreo sobre el Mar de Japón. Antes del accidente, hay un político famoso, un ejecutivo millonario, un donjuán con su compañera más reciente, y un joven misionero que vuelve de visitar a sus abuelos. Tras el accidente, se presentan ante Dios totalmente despojados de tarjetas de crédito, talonarios de cheques, líneas de crédito, ropa costosa, libros sobre cómo triunfar y reservas en hoteles de lujo. Aquí están el político, el ejecutivo, el donjuán y el joven misionero, todos en el mismo nivel, sin nada, absolutamente nada en sus manos, poseyendo solo lo que traían en el corazón. Qué absurdo y trágico se verá ese día el amante del dinero, como un hombre que se pasa la vida coleccionando billetes de tren y al final está tan agobiado por la colección que pierde el último tren.[10]

6. *El materialismo engendra independencia y autosuficiencia, que son mortales para la fe.*

¿Por qué tener fe en Dios cuando tienes fe en ti mismo? ¿Por qué confiar en Dios cuando no tienes ningún problema? ¿Por qué orar cuando lo tienes todo bajo control? ¿Por qué pedir el pan de cada día si eres el dueño de la panadería? La autosuficiencia es la gran enemiga de la fe y la oración, que son el latido de la vida cristiana. Nos enorgullecemos de nuestra «independencia económica», pero ¿dónde estaríamos sin Dios, que nos regala cada aliento? La propia expresión «independencia económica» puede ser una blasfemia.

Alexander Maclaren escribe sobre el cuidado providencial de Dios en términos que pueden resultarnos inquietantes a aquellos que nos enorgullecemos de nuestra independencia:

> Somos llevados hasta el borde mismo antes de que Él extienda Su mano para ayudarnos. Es mejor para nosotros que seamos llevados

> a la desesperación, que digamos: «Mi pie resbala» y entonces, justo cuando nuestros dedos sienten el hielo, llega la ayuda y Su misericordia nos sostiene. En el último momento —nunca antes, nunca hasta que hayamos descubierto cuánto lo necesitamos, y nunca demasiado tarde— llega el Ayudador.
>
> Si queremos que nuestras necesidades sean suplidas, nuestra debilidad fortalecida y que la sabiduría disipe nuestra perplejidad, debemos estar donde se almacena toda la provisión. Si un hombre elige sentarse fuera de la tienda de provisiones, puede morir de hambre en su umbral. Si una mujer no va al banco, sus bolsillos permanecerán vacíos aunque haya bóvedas repletas a las que tenga derecho. Si no ascendemos al monte del Señor y permanecemos en Su lugar santo por simple fe, la más amplia provisión de Dios no será nada para nosotros, y estaremos vacíos en medio de la opulencia.[11]

¿Qué es lo que nos aleja de estas «bóvedas repletas» y de la «fe sencilla» necesaria para acceder a ellas? La prosperidad, o la ilusión de prosperidad. La riqueza nos aísla de nuestra necesidad. Más exactamente, nos aísla de discernir la verdadera profundidad de nuestra necesidad.

7. El materialismo conduce al orgullo y al elitismo.

La Biblia está llena de referencias que demuestran que nuestra tendencia en la prosperidad es creer que merecemos el mérito de lo que tenemos y volvernos orgullosos e ingratos (Deut. 6:1-15; 31:20; 32:15-18; 2 Crón. 26:6-16; Sal. 49:5-6; 52:7; Prov. 30:8-9; Os. 13:4-6). Pablo pregunta a los cristianos orgullosos de Corinto: «Porque ¿quién te distingue? ¿Qué tienes que no recibiste? Y si lo recibiste, ¿por qué te jactas como si no lo hubieras recibido?» (1 Cor. 4:7). Pablo le dice a Timoteo: «A los ricos en este mundo, enséñales que no sean altaneros» (1 Tim. 6:17). Al fin y al cabo, Dios es quien nos ha dado nuestro intelecto (Dan. 2:21), nuestras habilidades (Rom. 12:6) y nuestra capacidad de ganar dinero (Deut. 8:18).

> La riqueza nos aísla de discernir la verdadera profundidad de nuestra necesidad.

Una de las manifestaciones más desagradables del orgullo es el elitismo, una ilusión de superioridad sobre los demás que ostenta una clase privilegiada. El elitismo está en el corazón del racismo, el nacionalismo y el confesionalismo. A veces, es la fuerza motriz de clubes privados, restaurantes, hoteles, escuelas, fraternidades, hermandades, ciertas iglesias e innumerables afiliaciones.

Mientras esperaba en la consulta de un médico, hojeé una hermosa publicación que se describía a sí misma como «una revista como ninguna otra, destinada a un grupo selecto de suscriptores». Luego decía: «Para mantener la alta calidad de nuestra revista, debemos limitar su tirada. No podemos aceptar más de 100 000 suscriptores».

¿Por qué aceptar más suscriptores disminuiría la calidad de la revista, ya que los siguientes 100 000 ejemplares se imprimirían y enviarían exactamente igual que los primeros? La idea, por supuesto, es el elitismo. Un atractivo esnob. *Yo soy uno de los privilegiados que recibe esta revista, y tú no. (¡Ahí tienes!).*

Jesús vino a morir por todas las personas de todos los niveles sociales y económicos. Pablo recordó a los orgullosos corintios que la Iglesia está formada por la escoria de este mundo (1 Cor. 1:26-31). El elitismo eleva nuestro ego haciéndonos creer que, de algún modo, somos más dignos que los demás. Pocas cosas repugnan más al Señor que el desprecio del rico hacia el pobre (Job 12:5). Sin embargo, nuestros clubes y círculos sociales, a veces incluso nuestras iglesias, fomentan esta misma actitud.

8. El materialismo fomenta la injusticia y la explotación.

El dinero es poder. El poder no es intrínsecamente malo, por supuesto, pero es intrínsecamente peligroso. Solo Dios es todopoderoso, y solo nuestro Dios todopoderoso puede permitírselo. Entre los seres humanos pecadores, una cadena interminable de déspotas ha dado la razón al viejo adagio: El poder corrompe y el poder absoluto corrompe absolutamente.

Santiago condena a los ricos, dando prácticamente por sentado que todo el que es rico practica la injusticia con los pobres y, como consecuencia, caerá bajo el juicio de Dios (Sant. 5:1-6). Los profetas del Antiguo Testamento se pronunciaron tan constantemente contra la opresión de los pobres por parte de los ricos, que dejaron la clara impresión de que un rico justo es algo inusual (Isa. 10:1-3; Jer. 5:27-28; 15:13; Os. 12:8; Amós 5:11, 24; Miq. 6:12).

El hombre rico suele ser materialista. El hombre materialista siempre será injusto. Cuanto más rico sea el hombre, mayor será su oportunidad de cometer injusticias. Por supuesto, el hombre rico no es intrínsecamente más pecador que el pobre: sencillamente, tiene más medios y oportunidades para subvencionar e imponer sus pecados a los demás.

En Filipos, a Pablo se le permitió predicar el evangelio abiertamente, hasta que expulsó de una sufrida esclava a un demonio que predecía el futuro, que «daba grandes ganancias a sus amos, adivinando» (Hech. 16:16). La muchacha fue liberada de una carga horrible, pero sus dueños no se preocuparon por ella. Habían perdido su fuente de ingresos: «Pero cuando sus amos vieron que se les había ido la esperanza de ganancia para ellos, prendieron a Pablo y a Silas, y los arrastraron hasta la plaza, ante las autoridades» (Hech. 16:19).

Antes de denunciar esta injusticia con pretensiones de superioridad moral, no debemos olvidar que hace solo poco tiempo la esclavitud era una práctica habitual en Estados Unidos, y que tanto en el norte como en el sur había gente que se beneficiaba de ella. Pero no hace falta retroceder 150 años para encontrar ejemplos notorios de explotación. Pensemos en el negocio actual del aborto con ánimo de lucro, que es lucrativo para el abortista y ventajoso económicamente para los padres que no desean interrumpir sus carreras, poner en peligro los pagos de su casa y su coche, o disipar sus ingresos para cuidar de un hijo. Es un hecho trágico que muchos abortos sean provocados por parejas casadas por motivos puramente económicos. Una joven pareja de nuestra iglesia estuvo a punto de matar a su hijo antes de que naciera porque necesitaban los ingresos de ambos para pagar la casa. En aras de tener una hermosa casa familiar, estuvieron a punto de matar a un miembro de la familia.

Consideremos también las industrias del alcohol, las drogas, la pornografía, la prostitución, el periodismo sensacionalista y, hasta cierto punto, la televisión y el cine, ninguna de las cuales duda en explotar a seres humanos para obtener beneficios económicos. Aunque creo en la legitimidad de una defensa militar fuerte, ciertas empresas se benefician inmensamente de la producción de armas. Algunas de estas empresas acogen las guerras en cualquier parte del mundo para obtener beneficios y están dispuestas a producir y vender armas indiscriminadamente a costa de vidas humanas.

Tal vez los ejemplos más evidentes de la explotación de las personas para obtener beneficios económicos en Estados Unidos sean las empresas tabacaleras. Llevan cincuenta años defendiendo su industria multimillonaria ante la evidencia incontrovertible de que millones de personas padecen terribles enfermedades y mueren a causa del tabaco. La tenacidad con la que la industria tabacalera contrata a grupos de presión y propagandistas para hacer malabarismos y explicar la investigación y las estadísticas y defender lo indefendible, a costa de un sufrimiento humano incalculable, es un claro sacrificio de los principios morales en el altar del todopoderoso dólar. Que los dirigentes de esta industria vayan o no a la iglesia y diezmen no es relevante. Encarnan claramente el materialismo, con su elevación del beneficio financiero por encima del bienestar humano.

Tal vez los ejemplos más evidentes de la explotación de las personas para obtener beneficios económicos en Estados Unidos sean las empresas tabacaleras.

9. El materialismo fomenta la inmoralidad y el deterioro de la familia.

«Las motivaciones que tienen que ver con el dinero o el sexo representan el 99 % de los delitos cometidos en Estados Unidos, pero los que tienen el dinero como objeto superan a los delitos sexuales en una proporción de cuatro a uno».[12]

El materialismo subyace en la inmensa mayoría de las actividades ilegales. Pero la mayoría de las formas de materialismo son perfectamente legales, y muchas gozan del más alto estatus, suscitando admiración y envidia.

En Deuteronomio 17:14-20, se advierte específicamente a los futuros reyes de Israel que no acumulen caballos (poder), esposas (placer) y oro (posesiones). ¿Por qué? Porque estos se convertirían entonces en el centro de gravedad del rey. En cambio, se les ordenó que inauguraran su reinado escribiendo con su propia mano (sin delegar la tarea a un escriba) todas las palabras de la ley, familiarizándose íntimamente con ella. Debían colocarse bajo la ley sin privilegios especiales de rango. Debían ser tan siervos de la ley como el ciudadano más pobre y humilde. El rey Salomón violó todas estas advertencias, y él y su país pagaron el precio. La mayor tentación de los líderes, ya sean empresariales, políticos o espirituales, es creerse una excepción a la regla, que tienen derecho a ciertos privilegios.

Los que gozan de prosperidad, poder y privilegios también suelen entregarse a la inmoralidad sexual. Salomón había visto el mal ejemplo de su padre. El próspero rey David, mimado por conseguir todo lo que quería, no se privó de una posesión más: la mujer de otro hombre (2 Sam. 11). Durante años, los estudios han demostrado que «tanto entre los hombres como entre las mujeres, la incidencia de la infidelidad conyugal aumenta junto con el incremento de los ingresos». De hecho, de los hombres cuyos ingresos no superan por mucho el salario mínimo, el 31 % mantienen relaciones adúlteras, pero de los que tienen el triple de esos ingresos, el número de los que cometen adulterio aumenta hasta el 70 %.[13]

La cuestión no son los ingresos en sí, sino el estilo de vida que sustentan. Un cristiano puede ganar un millón de dólares al año, dar generosamente, vivir modestamente y evitar gran parte de la tentación añadida de la inmoralidad. Lo que importa no es cuánto ganamos. Es cuánto conservamos. A la luz de tales estadísticas, no debería sorprendernos la frecuencia de la inmoralidad entre los cristianos —incluidos los líderes cristianos— que viven en la riqueza. Al fin y al cabo, no es probable que quienes satisfacen sus apetitos materiales frenen sus apetitos sexuales.

Un vistazo a las personas que ocupan nuestra atención a través de los medios de comunicación nos dice algo de la conexión entre el materialismo y la inmoralidad sexual:

> Se puede determinar mucho sobre los ideales y el bienestar futuro de una nación por el carácter de sus modelos. ¿Quiénes son las personas más admiradas en Estados Unidos? ¿Líderes espirituales, líderes civiles, reformadores sociales altruistas? Difícilmente.

> Los héroes e ídolos de Estados Unidos son actores y actrices, miembros de la alta sociedad y propietarios de yates, artistas y estrellas del rock. Con un vaso de vino o un porro en una mano y la pareja ajena en la otra, brincan, se contonean, maldicen y se abren camino hasta el corazón de los estadounidenses. Nuestro homenaje a estas celebridades nos dice tanto de nosotros —y de nuestro probable destino— como de ellas.[14]

Una repercusión del adulterio suele ser el divorcio, y las consecuencias del divorcio en la vida de los hijos son inestimables. Incluso cuando el adulterio no desemboca en divorcio, destruye el tejido del matrimonio e impide que el hogar sea un santuario moral frente a la corrupción del mundo. Cualquier cosa que contribuya a aumentar la inmoralidad, como hace claramente el materialismo, contribuye directamente a la desintegración de las familias y al deterioro de la sociedad.

John Piper vuelve a dar en el blanco cuando señala la vacuidad del materialismo y la inmoralidad que fomenta:

> ¿Quién crees que tiene la alegría más profunda y satisfactoria de la vida, el hombre que paga 140 dólares por una suite en el piso 40 del centro y pasa la noche en el salón lleno de humo y a media luz impresionando a mujeres extrañas con cócteles de 10 dólares, o el hombre que elige el Motel 6 junto a un solar vacío de girasoles y pasa la noche contemplando la puesta de sol y escribiendo una carta de amor a su esposa?[15]

El mismo principio que relaciona la riqueza con la inmoralidad sexual la relaciona con casi cualquier tentación. A un deportista famoso le preguntaron por qué había recurrido a las drogas. Su respuesta fue sencilla: «Porque tenía tanto dinero que no sabía qué hacer con él». Su dinero, aunque no era pecaminoso en sí mismo, le proporcionaba una mayor tentación y oportunidad de pecar.

10. El materialismo nos distrae de nuestro propósito central.

John Wesley se quejaba de que muy pocos predicaban contra el pecado de amar el dinero, algo que él creía que obstaculizaba el avivamiento:

> Wesley observó que en los viejos tiempos del metodismo, la gente era pobre. Sin embargo, observó que muchos metodistas se habían vuelto veinte, treinta o incluso cien veces más ricos de lo que eran al principio. Con este aumento de la riqueza había llegado una disminución de la piedad. Le parecía que cuanto más dinero tenían los metodistas, menos amaban al Señor.[16]

Cuando Jesús describió los distintos tipos de personas que responden al evangelio, dijo que una parte de las semillas «cayó entre espinos; y los espinos crecieron y la ahogaron» (Mat. 13:7). Más adelante, les explicó a los discípulos: «Y aquel en quien se sembró la semilla entre espinos, este es el que oye la palabra, pero las preocupaciones del mundo y el engaño de las riquezas ahogan la palabra, y se queda sin fruto» (Mat. 13:22). Observa la clara relación entre riqueza y preocupación.

Mi esposa y yo vivimos en la misma casa desde hace veinticinco años. Durante los primeros nueve años, tuvimos una alfombra fea, vieja y naranja. Nos daba igual lo que pasara con ella. Al final, se desgastó hasta el suelo, así que la cambiamos. El primer día que tuvimos la alfombra nueva, hubo un accidente que le hizo un agujero. Cualquier día anterior a ese no nos habría importado. Pero ahora nuestra energía emocional se volcó en el reproche y la ansiedad por la alfombra. Se necesita tiempo para preocuparse por las cosas, y ese tiempo debe proceder de otra parte: del tiempo que podríamos dedicar a cultivar la intimidad con Dios, del tiempo en Su Palabra y en la oración, del tiempo con la familia, del tiempo visitando a los necesitados, del tiempo con personas que necesitan a Cristo. Cada objeto que añado a mis posesiones es una cosa más en la que pensar, sobre la cual hablar, y que debo limpiar, reparar, exponer, reorganizar y sustituir cuando se estropea.

No puedo comprar un televisor sin más. Tengo que conectar una antena o, lo que es más probable, abonarme a un servicio de cable. Entonces, empiezo a pagar para acceder a las películas. Después, consigo altavoces con sonido envolvente y un sillón reclinable para poder verlo todo cómodamente. Para entonces, mi vecino se ha comprado un televisor de pantalla más grande, así que me toca a mí actualizarme. Todo esto cuesta dinero y también requiere inmensas cantidades de tiempo, energía y atención. No son solo los malos programas de televisión los que interfieren en la voluntad de Dios para mi vida. Aunque solo pudiera encontrar buenos programas para ver, el tiempo que dedico a mi televisor y sus accesorios significa menos tiempo para comunicarme con mi familia, leer la Palabra, orar, abrir nuestra casa o ministrar a los necesitados.

Adquirir una posesión también puede empujarme a redefinir mis prioridades y hacer que no esté disponible para el ministerio. Si compro un barco, el problema no es solo el dinero. Ahora debo justificar mi compra *utilizando* el barco, lo que puede significar ausentarme con frecuencia de la iglesia los fines de semana, dejándome sin disponibilidad para dar una clase de escuela dominical, trabajar en la guardería, dirigir un grupo pequeño, o... rellena el espacio en blanco. Como dijo Jesús, las preocupaciones y las riquezas pueden ahogarme, haciéndome infructuoso.

Supongamos que compro una vivienda para alquilar. Primero, hay que hacer un gran pago inicial, y luego pagos mensuales que siguen y siguen. Hay facturas que pagar, impuestos que siempre suben y reparaciones que hay que hacer. La sangría económica es considerable, pero la sangría de mi energía mental y mi tiempo puede ser aún mayor. Está la molestia de encontrar a los inquilinos adecuados, la ansiedad de que puedan maltratar la casa, las preocupaciones cuando se retrasan en los pagos, la inquietud por el posible vandalismo y los daños causados por el tiempo, la compulsión de pasar en coche solo para asegurarme de que todo está bien. Luego, cada algunos años, tengo que entrar, limpiar la casa y volver a empezar a buscar inquilinos. Y cuando oigo que hay una autovía que puede pasar y reducir el valor de mi propiedad, de repente estoy haciendo circular peticiones y asistiendo a reuniones para persuadir al ayuntamiento de que la construya cerca de la propiedad de otra persona. ¡Todo esto además de las interminables preocupaciones relacionadas con la casa en la que vivo!

Desde luego, no estoy sugiriendo que esté mal que los cristianos posean propiedades de alquiler. La cuestión es si yo poseo la propiedad o si ella me posee.

En el aeropuerto, Hugh Maclellan Jr. vio a un conocido que parecía preocupado. «¿Qué te pasa?», preguntó Hugh.

El hombre suspiró. «Pensaba que por fin iba a tener un fin de semana para mí. Pero ahora tengo que ir a supervisar las reparaciones de mi casa en Florida». Abatido, se sentó a esperar para despegar en su avión privado.[17]

He aquí un hombre con todo lo que necesita y con unos recursos con los que la mayoría de la gente solo sueña, pero que ni siquiera puede disfrutar de su fin de semana porque está esclavizado por sus posesiones.

Lo que es cierto de una propiedad de alquiler o de una segunda vivienda es cierto de todo lo que poseemos, en mayor o menor medida. Lo que señalo es una ley de la vida: la tiranía de las cosas. La cuestión central no son las cosas en sí, sino el agotamiento de los recursos de tiempo, energía, entusiasmo y dinero que, de otro modo, podrían haberse invertido en el reino de Dios. La pregunta clave no es: «¿Debe un cristiano poseer esto o aquello?», sino: «¿Quiere Dios que posea esto o aquello a la luz del agotamiento de mis recursos que eso creará?». ¿Poseer esta cosa nueva me impedirá hacer otras cosas que Dios quiere que haga? ¿Los beneficios para el reino de Dios superan a los inconvenientes que siempre conlleva la propiedad? ¿Este compromiso de mis recursos —los recursos *de Dios*— contribuirá o restará valor a mi devoción y servicio a mi Señor? La respuesta a estas preguntas puede ser distinta para dos creyentes diferentes. Pero en todos los casos, deben plantearse las preguntas antes de tomar las decisiones.

¿Poseer esta cosa nueva me impedirá hacer otras cosas que Dios quiere que haga?

Como el que gira los platos en el circo, que corre frenético de un plato a otro, girando rápidamente cada uno de nuevo antes de que pueda caer y estrellarse, muchos de nosotros centramos nuestras vidas en torno a posesiones, preocupaciones y actividades que exigen nuestra atención constante y, por tanto, desvían la atención de lo que Dios nos ha llamado a ser y hacer.

Pablo le dijo a Timoteo: «El soldado en servicio activo no se enreda en los negocios de la vida diaria, a fin de poder agradar al que lo reclutó como soldado» (2 Tim. 2:4). Fíjate que Pablo no ha dicho que las preocupaciones civiles sean erróneas, solo que distraen. El creyente vive para complacer a su Comandante. Reconoce que la implicación en cosas periféricas está destinada a agotar recursos que deben dedicarse por completo a la causa primordial, la batalla espiritual por el reino de Dios. Si uno quiere ser un verdadero soldado, y no solo presentarse a un ejercicio ocasional de fin de semana, es importante evitar no solo los enredos del pecado, sino también los enredos en «cosas legítimas» que dan lugar a la preocupación por lo periférico. Todo lo acumulado es una cosa más que potencialmente puede apartar nuestra atención de Dios.

En la parábola del gran banquete, Jesús describe las invitaciones que recibieron tres hombres (Luc. 14:16-24). Los tres declinaron. Uno dijo que tenía que ir a ver su terreno recién comprado. Otro acababa de casarse y no tenía tiempo. El tercero acababa de comprar cinco yuntas de bueyes y estaba ansioso por probarlos. El amo se enfadó por estas excusas, y ordenó a su siervo: «Sal enseguida por las calles y callejones de la ciudad, y trae acá a los pobres, los mancos, los ciegos y los cojos». Hablando de los que habían sido invitados originalmente, que estaban preocupados con otras cosas, Jesús dijo: «les digo que ninguno de aquellos hombres que fueron invitados probará mi cena» (Luc. 14:24).

No había nada malo en lo que hacía ninguno de los tres hombres. No se alejaron del banquete porque estuvieran robando o cometiendo adulterio. Se alejaron porque tenían preocupaciones más acuciantes: un nuevo campo, una nueva esposa, un nuevo rebaño. Pero independientemente de sus razones —buenas o malas—, el resultado final era el mismo: estaban tan preocupados por sus nuevos tesoros que dijeron «no» al dador del banquete y se perdieron el banquete. Significativamente, los que carecían de recursos materiales pudieron aceptar la invitación.

¿Por qué razones aparentemente buenas, legítimas y convincentes le estás diciendo no a Dios? ¿Tus posesiones y otras preocupaciones acuciantes te hacen perderte el banquete? ¿En qué te beneficiarías, y cómo avanzaría el reino de Dios, si te desprendieras de esas posesiones?

¿Por qué razones aparentemente buenas, legítimas y convincentes le estás diciendo no a Dios?

Tras encontrar un gran yacimiento de oro, dos mineros de la fiebre del oro de Klondike estaban tan entusiasmados por desenterrar más y más oro cada día que se olvidaron de almacenar provisiones para el invierno. Entonces, llegó la primera ventisca. Casi congelado, uno de los mineros garabateó una nota explicando su insensatez. Luego se tumbó a morir, pues había entrado en razón demasiado tarde. Meses después, un grupo de buscadores descubrió la nota y los cuerpos congelados de los mineros encima de una enorme pila de oro.

Obsesionados con su tesoro, estos hombres no habían tenido en cuenta que el buen tiempo no duraría y que se acercaba el invierno. Hipnotizados por su riqueza, no se prepararon para el futuro inminente. El oro que parecía una bendición resultó ser una maldición mortal.

Deslumbrados por las riquezas y la perspectiva de tener más, los materialistas viven su vida en la tierra como si esto fuera todo lo que hay. No se preparan para la larga vida que les espera. Un día, antes de lo esperado, los materialistas descubrirán que estaban equivocados. Descubrirán la verdad de que toda la riqueza del mundo no puede hacer nada por ellos. Si no hacen ese descubrimiento hasta que mueran, será demasiado tarde para volver atrás y cambiar su forma de vivir.

CAPÍTULO 5

El materialismo en la Iglesia

La experiencia demuestra que en medio de los negocios mundanos es fácil perder la vida y el poder de la religión, que no quede nada de ella, sino solo la forma externa, como si fuera el cadáver o la cáscara, habiéndose comido la mundanidad el núcleo y consumido el alma misma de la vida y la piedad.

RICHARD MATHER

Siempre pagamos caro por ir en pos de aquello que es barato.

ALEKSANDR SOLZHENITSYN

«Dios te ama y tiene un plan maravilloso para tu cuenta bancaria», rezaba el título en negrita de un anuncio en una revista cristiana. En otro anuncio de varias revistas cristianas, aparecía un hombre elegantemente vestido, de pie delante de una hermosa casa, apoyado en un flamante y reluciente automóvil. El texto del anuncio les decía a los lectores cómo ellos también podían hacerse ricos en su tiempo libre mediante una oportunidad de ministerio cristiano. Cuando se trata de materialismo, cada vez es más difícil saber dónde acaba el mundo y dónde empieza la Iglesia.

El materialismo religioso en la Escritura y la historia

El padre del materialismo «cristiano» fue Simón el Mago (Hech. 8:18-21). Cuando vio el poder del Espíritu Santo, vio signos de dólar. Quiso embotellar al Espíritu Santo y venderlo para obtener beneficios. Si Simón estuviera con nosotros hoy, sin duda estaría comercializando el Espíritu a través de la radio, la televisión, Internet y el correo directo.

Cuando Simón empezó a perder seguidores en favor de Felipe, se interesó por «comprar» la fe cristiana, lo que parecía una empresa prometedora. Aunque al principio parecía un auténtico converso, la actitud de Simón hacia Dios y el dinero lo delataron. Pedro le dijo a Simón: «Que tu plata perezca contigo, porque pensaste que podías obtener el don de Dios con dinero» (Hech. 8:20). El mensaje era claro: Dios no vende nada, y Él mismo no está en venta.

En todas las épocas se han infiltrado en la Iglesia enjambres de «Simones». A principios del siglo XVI, el papa León X recaudó fondos vendiendo el perdón de los pecados en forma de indulgencias. Por un precio, una persona podía supuestamente librar del purgatorio a un ser querido fallecido, o incluso pagar por sus propios pecados futuros. Para comprar al papa el cargo de arzobispo de Maguncia, Alberto de Brandeburgo pidió prestada al banco una enorme suma de dinero y, con la autorización de León, empezó a vender indulgencias en Alemania para pagar la deuda.

El principal vendedor de Alberto era Johann Tetzel, que viajaba de ciudad en ciudad vendiendo el perdón como si fuera un saco de patatas. El pegadizo cántico de Tetzel decía así: «Cuando una moneda en el cofre suena, un alma del Purgatorio rompe su cadena». Cuando Tetzel llevó su acto a Wittenberg, un sacerdote alemán llamado Martín Lutero se indignó. Respondió con sus noventa y cinco tesis, que clavó en la puerta de la iglesia de Wittenberg el 31 de octubre de 1517. Esto marcó el comienzo de la Reforma Protestante, con su retorno a la autoridad de las Escrituras y a la doctrina de la salvación por la fe. Todo surgió porque un hombre se levantó para oponerse a la marea creciente del materialismo religioso.

El materialismo religioso en la actualidad

La riqueza no es sinónimo de materialismo, pero siempre constituye una tentación para el materialismo. Aunque el movimiento evangélico comenzó cuando algunos creyentes se alejaron de las principales denominaciones liberales y dejaron atrás tierras y edificios y toda una vida de inversiones financieras, hoy el evangelicalismo ha entrado en la prosperidad, mientras que muchas denominaciones liberales están en declive. Hace décadas, Michael Hamilton detalló esta sorprendente evolución en *Christianity Today*:

> Hoy en día, en la mayoría de los barrios estadounidenses, casi todos los nuevos grandes edificios eclesiásticos han sido construidos por evangélicos. La nueva riqueza del evangelicalismo es aún más pronunciada en el mundo paraeclesiástico. La mayor organización caritativa del país —con un presupuesto anual de más de 2000 millones de dólares— es el Ejército de Salvación, una combinación única de denominación sagrada y agencia paraeclesiástica dedicada a los servicios humanitarios. De las nueve mayores organizaciones paraeclesiásticas de EE. UU. dedicadas a difundir el evangelio, ocho son evangélicas, con presupuestos combinados en 1998 de 729 millones de dólares. De las siete mayores agencias de medios de comunicación, seis son evangélicas, con

> presupuestos totales de 625 millones de dólares. En ministerio exterior y misiones, las agencias evangélicas paraeclesiásticas recaudan 1500 millones de dólares al año, mientras que las denominaciones evangélicas recaudan otros 1000 millones. Las principales denominaciones y las agencias independientes asociadas a ellas recaudan en conjunto menos de 500 millones de dólares.[1]

En los últimos treinta años, una asombrosa variedad de novedades y baratijas ha inundado el mercado religioso. Joyas con motivos de Jesús, pulseras, camisetas, pegatinas para el parachoques, estatuillas de ángeles, pesebres, llaveros con aceite de la unción, té de las Escrituras, galletas de las Escrituras, jabón de las Escrituras, hebillas de cinturón bíblicas, ollas de oración y alabanza, muñecas cristianas e incluso un juguete de plástico blando llamado Chivo Expiatorio en el que los cristianos pueden descargar físicamente sus frustraciones. Estas cosas no son necesariamente malas, pero reflejan nuestra tendencia a sustituir lo secular por lo religioso. En lugar de rechazar el materialismo del mundo, la Iglesia crea su propia versión «espiritualizada». Si la piedad es popular, alguien encontrará la forma de comercializarla.

Tras el fenomenal éxito de *La oración de Jabes* a principios de la década de 2000, un anuncio de página completa en revistas cristianas anunciaba joyas de la oración de Jabes. Se trataba de un ostentoso despliegue de «seis magníficos medallones» en forma de «pulsera enchapada en oro de catorce quilates con dos micras completas de oro auténtico». El anuncio decía: «Dios desea darte más de lo que jamás podrías atreverte a soñar o imaginar y la extraordinaria Oración de Jabes no solo te muestra cómo liberar las bendiciones de Dios, sino también Su poder y protección en tu vida».

Este anuncio no era del editor del libro *La oración de Jabes*. Era un caso de empresarios cristianos que aprovechaban la popularidad del libro. El problema fundamental no era que el anuncio y las joyas dieran dinero. El problema era que pervertían una oración de las Escrituras, convirtiéndola en una fórmula mágica para asegurar la prosperidad personal, simbolizada por las joyas.

Cada día, los buzones y las bandejas de entrada de millones de cristianos están llenos de peticiones de dinero. He recibido cartas de organizaciones cristianas etiquetadas como «personal» y «confidencial» que se envían como correo masivo, lo que significa que miles de personas han recibido la misma carta «confidencial», pidiéndoles «personalmente» que envíen su donativo «esencial» para mantener a flote ese ministerio «vital».

Sabiendo que muchos no se molestan en abrir ese correo, algunas organizaciones religiosas ya no se identifican en el sobre. Otros empaquetan sus envíos para que parezcan cheques, notificaciones de premios de sorteos o avisos importantes de Hacienda: cualquier cosa para engañar al destinatario y hacer que abra la carta.

Un evangelista escribió pidiendo 27 dólares a todos los de su lista de correo. Prometió orar por todas las cartas que acompañaran a sus cheques, vendiendo así sus oraciones y las respuestas de Dios. Decía que los 27 dólares tenían que estar en sus manos en una fecha determinada y prometía revelar a los donantes el secreto de por qué el Señor había elegido la extraña cantidad de 27 dólares.

A los que enviaron sus 27 dólares, respondió pidiendo una ofrenda especial de 48 dólares para pagar sus facturas de televisión. Solo puedo adivinar cuánto dinero más pidió a los que enviaron los 48 dólares. El mismo evangelista prometió que por 100 dólares bordaría el nombre del donante en la funda de su almohada.

Una mujer se emocionó al recibir una carta «personal» de un líder cristiano, en la que le indicaba que su rostro le había venido a la mente en una visión. Contó que Dios le había dicho que le escribiera personalmente y le pidiera dinero. No mencionó a los miles de personas que también habían sido llamadas «personalmente» —no por Dios, sino por la computadora de la organización— y habían recibido la misma carta. Creyendo que la carta estaba escrita solo para ella y que Dios la había inspirado, envió dinero al líder. Nunca explicó cómo, tras ver su rostro en la visión, había conseguido dar con su nombre y dirección.

> Cada día, los buzones de correo de un millón de cristianos se llenan de peticiones de dinero.

Algunos ministerios cristianos de radio y televisión venden sus folletos y bendiciones a 25 dólares cada uno. Otros envían agua bendita, talismanes, cruces sagradas y pañuelos curativos tocados por sus evangelistas. En un período de seis meses, un evangelista envió a todos los de su lista de correo un paquete de agua del Mar de Galilea, un «paño sagrado» mojado en agua del río Jordán, dos monedas de Jerusalén y «zumo de uva de Tierra Santa para la Cena del Señor». También les envió a todos un grano de mostaza recubierto de plástico, diciéndoles que lo llevaran consigo dondequiera que fueran porque «hará que reciban bendición en todo lo que emprendan».

Adjuntando un paño de oración con una imagen de Jesús, el mismo evangelista pidió a los destinatarios que cortaran la parte inferior del paño (en la línea de puntos) y lo enviaran de vuelta con una ofrenda, prometiendo que tocaría su paño con sus propias manos y oraría por ellos individualmente. Algunos correos de «ministerios» dan a entender la promesa de asegurar en oración la salvación de los seres queridos si se envía cierta cantidad de dinero (¡una sombra de Johann Tetzel!).

Un evangelista escribió: «El Señor me dijo que cortara setenta de mis corbatas que he usado en mis cruzadas de milagros, y enviara los paños a 300 de mis amigos más íntimos». En otra carta, afirmaba que necesitaba 300 000 dólares más para llegar a fin de mes y decía que iba a pedir prestados personalmente 100 dólares para dárselos a su ministerio. Sugirió a sus seguidores que hicieran lo mismo. Otro correo procedía de la madre del hombre, que decía lo buen muchacho que era realmente y explicaba por qué todos debían enviarle dinero.

Otra táctica, utilizada por varias organizaciones, es una carta que dice: «Satanás está atacando nuestro ministerio a través del sistema postal y, al parecer, nos están robando los envíos. Debemos saber si has recibido este correo. Por favor, notifícanoslo devolviéndonos el sobre adjunto con tu ofrenda».

El materialismo se manifiesta de otras formas, además del dinero. El liberalismo teológico, por ejemplo, es un sistema centrado en el hombre y en la tierra que niega las realidades eternas. La «buena nueva» es que, de algún modo, un Dios sin santidad ayuda a un hombre sin pecado mediante un Cristo sin cruz. No se toma en serio a Dios, sino que simplemente se utiliza para promover una agenda humana. Que esta agenda pueda incluir algunas causas benévolas no elimina su enfoque exclusivo en la vida presente y el consiguiente enfoque materialista. Al negar el corazón y el alma del evangelio, los intentos del liberalismo de ayudar al mundo sin abordar su problema espiritual último tienen el mismo efecto que reordenar los muebles del Titanic.

El materialismo y el líder cristiano

Con solo unos cientos de dólares, los individuos emprendedores pueden producir un folleto, papel con membrete y tarjetas de visita, poner un sitio *web* y, de repente, ser un «ministerio». Pueden comprar una lista de correo a otro ministerio, y ya están en marcha, sin rendir cuentas a nadie, y libres para aprovechar y disipar los recursos que Dios ha confiado a Su Iglesia. Pueden atribuir su éxito al Espíritu Santo, pero a menudo su verdadero poder procede de sus listas de correo y de las donaciones de personas sinceras pero crédulas.

Algunas celebridades cristianas de renombre vuelan en primera clase por todo el país cobrando 30 000 dólares por cada discurso o actuación musical. Algunos tienen un ego incluso mayor que sus cuentas bancarias y son más respetados por quienes menos los conocen. Algunos de los que se dedican a hablar y cantar son buenos hombres y mujeres de Dios, pero otros lamentablemente carecen de carácter. Se imponen a una comunidad cristiana que no discierne, sin más mérito que su capacidad para hablar o actuar, su apretada agenda, un CD que han grabado o un libro que han escrito (a menudo un libro que *no* escribieron, pero que lleva su nombre).

En algunos círculos, los pastores suelen tener un doctorado *honoris causa* obtenido por correo y colgado en sus paredes, y les encanta que se dirijan a ellos como «Doctor». He visto un catálogo de un seminario no acreditado en el que los profesores tienen una media de cuatro «doctorados» cada uno.

Algunos pastores juegan a los números exagerando groseramente la asistencia a su iglesia. Otros cuelgan fotos enormes de sí mismos en el vestíbulo de la iglesia y ponen sus nombres en letra grande y negrita en todos los materiales impresos de la iglesia.

Una revista anunciaba una próxima reunión en el sur de Estados Unidos. La revista prometía que la mujer que llevara más visitantes sería coronada reina. Junto con sus diez «princesas» finalistas, se haría una foto con un conocido predicador evangélico. Otro predicador estaba disponible después de un discurso para estrechar la mano de cualquiera que estuviera dispuesto a pagar 100 dólares a su ministerio. Esta descarada apelación al ego y su elevación de los siervos de Dios a la categoría de celebridades es solo una forma más de materialismo religioso.

¿A cuántos pastores principales se ha puesto en un pedestal, adulado y exaltado como si la iglesia les perteneciera a ellos, y no a Cristo? ¿Cuántos pastores de grandes iglesias reciben periódicamente «ofrendas de amor», a pesar de que sus salarios ya son cinco veces superiores a los del pobre pastor de jóvenes? ¿No es de extrañar que estos hombres empiecen a creerse algo especial, que se vuelvan arrogantes y caigan en la inmoralidad y la desgracia?

Como antiguo pastor y como persona que mantiene relaciones muy estrechas con otros pastores, puedo decirte que Satanás está encantado cuando los pastores están mal pagados y poco valorados, y está igual de encantado cuando están sobrepagados y sobrevalorados. Lo que al diablo más le gusta es que los pastores sean crucificados o adorados. Solo se estremece cuando se les da el respeto que merecen y la responsabilidad que necesitan, ni más ni menos.

¿A cuántos pastores principales se ha puesto en un pedestal, adulado y exaltado como si la iglesia les perteneciera a ellos, y no a Cristo?

Un líder cristiano habló de un pastor que le ofreció 1000 dólares para que se reuniera con su junta y compartiera algunos principios bíblicos. Cuando se negó, alegando que necesitaba pasar más tiempo con su familia, el pastor respondió: «Te pagaremos 2000 dólares». Cuando volvió a negarse y la apuesta subió a 3000 dólares, el líder dejó claro que no le gustaba que alguien intentara comprarlo para que se alejara de su familia.

¿Con qué frecuencia ocurre lo mismo cuando los comités de púlpito se acercan a un pastor potencial? Este tal vez diga: «Gracias por preguntar, pero he orado al respecto y creo que Dios quiere que permanezca en mi ministerio actual». Entonces el comité del púlpito vuelve con una oferta mejor, con un sueldo adicional de 10 000 dólares y promesas de un coche nuevo y otros beneficios.

Puesto que se trata de utilizar dinero para persuadir a un hombre de que viole su convicción declarada, ¿cómo puede llamarse sino soborno? Que esto ocurra entre el pueblo de Dios no lo hace mejor, sino peor.

Podemos dar gracias a Dios por tener innumerables siervos fieles en el ministerio, algunos en la radio y la televisión y en otros ministerios muy visibles. Pero su trabajo se ve dificultado por los materialistas religiosos, que ensombrecen su profesión y suscitan dudas sobre su credibilidad.

Varias organizaciones cristianas han tenido que rendir cuentas por sus incorrecciones financieras y sus ingresos no declarados o exagerados. Estas infracciones resultan especialmente inquietantes si se tiene en cuenta que el primer acto disciplinario de Dios en la historia de la Iglesia fue dar muerte a Ananías y Safira por distorsionar deliberadamente sus transacciones financieras (Hech. 5:1-11). Aunque debemos estar agradecidos de que Dios no esté matando a grandes segmentos de Su Iglesia hoy en día, no debemos pensar que ha rebajado Sus normas de integridad financiera.

Al observar ejemplos de abusos ministeriales, debemos tener cuidado de no pasar por alto el potencial de corrupción de nuestras propias vidas. Nuestro propósito no es señalar con el dedo acusador a los demás, sino comprender nuestro propio materialismo, con vistas a cambiar nuestra forma de pensar y nuestro comportamiento. La verdad es que, si nuestros corazones no estuvieran cautivos del materialismo, no subvencionaríamos ni toleraríamos el materialismo en las iglesias, los ministerios sin fines de lucro y las empresas comerciales.

Materialismo multinivel

Estoy a punto de pisar terreno delicado y de herir susceptibilidades. Muchos lectores se sintieron ofendidos por esta sección en la edición anterior del libro, y sin duda algunos también se sentirán ofendidos esta vez. No obstante, te pido que consideres lo que tengo que decir con una mente abierta y evalúes mis palabras por sus méritos.[2]

Muchas empresas de *marketing* multinivel son un ejemplo de cómo una gran organización puede fomentar el materialismo en la vida de las personas, las familias y las iglesias. Cientos de miles de cristianos han formado parte en algún momento de organizaciones de ventas multinivel, algunas de las cuales afirman explícitamente ser cristianas.[3]

En primer lugar, conviene hacer algunas aclaraciones. No tiene absolutamente nada de malo vender productos u obtener beneficios. Todo cristiano necesita trabajar para ganarse la vida, y la venta es una profesión legítima y respetable. Algunas organizaciones de ventas multinivel, tanto cristianas como laicas, ofrecen buenos productos a un precio justo. Además, reconozco que muchos buenos cristianos solo participan nominalmente en las ventas multinivel y no reclutan agresivamente a otros. Algunos de los que están muy implicados son inocentes de los tipos de actitudes y acciones que voy a abordar. Sin embargo, insto a esas personas a que consideren si pueden estar contribuyendo inconscientemente a graves problemas en la vida de otras personas.

He aquí un escenario común: A alguien se le acercan afectuosamente compañeros cristianos que parecen estar genuinamente interesados en la amistad. Lo normal es que estas personas incluyan algo en la conversación sobre su participación en una línea concreta de productos de limpieza, vitaminas o cosméticos, y luego hagan un discurso para conseguir la participación de la otra persona. O puede que llamen y digan: «Tenemos una tremenda oportunidad de ganar dinero que compartir contigo y queremos que vengas a hablar de ella», pero se niegan a revelar exactamente de qué oportunidad se trata. En varios casos que conozco, los que llaman han mentido en lugar de revelar su verdadero propósito.

A lo largo de los años, muchas personas me han contado historias similares de sus experiencias con vendedores multinivel, con distintos grados de dolor o enfado. Yo mismo lo he experimentado suficientes veces como para saber que ocurre de verdad. He recibido «la llamada» de un antiguo alumno de la universidad bíblica o del seminario. Primero me pregunta por mí y por mi familia, diciéndome cosas agradables y halagadoras, antes de pasar finalmente a su verdadero motivo para llamar. Cuando le digo educadamente que no a su propuesta, a veces insiste y tengo que ponerme más firme. De repente, todo su interés por mi familia y por mí se traslada a la siguiente persona de su lista de contactos, que consiste en todas las personas que ha conocido y cuyo nombre puede recordar.

Con la inspiración de oradores elocuentes, gurús del pensamiento positivo, psicólogos pop y teólogos pop cuyo repertorio de versículos de las Escrituras se limita a los pasajes de la prosperidad, algunas organizaciones de ventas multinivel están tan orientadas al materialismo que harían sonrojar a un secularista. Por supuesto, entremezclados con la promesa de coches de lujo y viajes alrededor del mundo, hay recordatorios tranquilizadores para el espíritu de que el cristiano podrá dar más que nunca a Dios y a los demás. A menudo, los llamamientos más eficaces a la carne se hacen bajo la apariencia del Espíritu.

El elemento distintivo de las ventas multinivel es que las personas no son solo clientes potenciales, sino también distribuidores potenciales que se pondrían «por debajo» de su reclutador (que a partir de ese momento recibiría un porcentaje de sus beneficios). No solo cada ocasión es un argumento de venta potencial y cada persona una venta potencial, sino que cada persona es un vendedor potencial, que gana dinero para la «línea ascendente». Si trabajo para establecer una red multinivel, las personas se convierten de forma natural en objetos de interés, no en sujetos. Su bienestar personal puede preocuparme, pero no es la preocupación principal. Por mucho que lo niegue, mi interés por ellas es principalmente utilitario: ¿qué pueden hacer por *mí*? Al fin y al cabo, ¿hasta qué punto me interesaban antes de que formaran parte del proyecto de mi prosperidad? ¿Y qué interés tendré si rechazan de plano mi propuesta de negocio?

Conozco a un hombre y una mujer que fueron invitados a cenar por dos amigos íntimos que se habían dedicado recientemente a las ventas multinivel. Antes de que se sirviera la cena, el hombre se dio cuenta por el rabillo del ojo de que su anfitrión había volcado deliberadamente la salsera, derramándola sobre el mantel. Diciendo algo así como «Ay, torpe de mí», se marchó a la cocina y reapareció con una botella de líquido limpiador. Procedió a demostrar su asombrosa capacidad para quitar las manchas de salsa de los manteles y luego se lanzó a vender sus maravillosos productos. La pareja visitante se sintió profundamente herida y conmocionada por este engaño y esta manipulación. No fue solo el final de la velada, sino el final de una larga amistad. El hombre me dijo: «No pasa nada si alguien me pide que compre algo; puedo decir que sí o que no. Pero cuando la gente te tiende una trampa así, y especialmente los buenos amigos cristianos... algo está realmente mal».

A menudo, los llamamientos más eficaces a la carne se hacen bajo la apariencia del Espíritu.

Algo *está* muy mal. Se trata del mismo enfoque explotador y manipulador que identificamos en el capítulo anterior como una de las características principales del materialismo. Lamentablemente, es mucho más común en la comunidad cristiana de lo que a muchos les gustaría creer.

Una mujer visitó nuestra iglesia un domingo, tomó un directorio de la iglesia e inmediatamente empezó a llamar a la gente de la lista, ofreciendo sus servicios en una determinada empresa de ventas multinivel. Cuando llamó a mi esposa, esta mujer le contó lo mucho que le gustaba nuestra comunión y le dijo que su familia había decidido que la nuestra sería su nueva iglesia. Después de algunos cumplidos, intentó vender su producto. Cuando mi esposa le dijo educadamente que no estaba interesada, el tono dulce de la mujer cambió. Preguntó si había otras personas en la iglesia que ya vendieran su producto. Cuando mi mujer dijo: «Sí, hay varias», se oyó un discreto «Ah», y la conversación terminó. Lo mismo ocurrió con la relación con nuestra iglesia: ella no volvió, y se marchó a «pastos más verdes» en una iglesia con menos competencia en ventas y más potencial de beneficios.

Por desgracia, el *marketing* multinivel se presta a motivaciones escondidas. Dado que un enfoque de ventas directo y franco puede ser rápidamente rechazado, a menudo se adoptan estrategias más encubiertas. En lugar de relacionarse abiertamente como hermanos en Cristo, la gente acude con agendas ocultas y propósitos tácitos, calculando cómo producir una respuesta deseada. Las personas se convierten en objetivos. Se desarrollan estrategias para superar la resistencia a las ventas, incluida la de mantener a los posibles clientes en la ignorancia para conseguir que acudan a una reunión a la que, de otro modo, nunca asistirían.

Cuando la gente empieza a darse cuenta de estas estrategias de venta indirecta, se produce una pérdida de confianza. A nadie le gusta descubrir que una aparente amistad no es más que una estrategia de reclutamiento. ¿Cuántos de nosotros, debido a nuestras experiencias pasadas con esas personas, nos preguntamos ahora instintivamente: «¿Por qué está siendo tan amable conmigo? ¿Qué pretende? ¿Adónde quiere llegar?». Que tengamos que hacernos esas preguntas en la sociedad ya es bastante triste. Que tengamos que hacerlas dentro de la Iglesia es trágico.

Es especialmente lamentable cuando pastores y líderes laicos utilizan sus contactos con la gente como plataforma para su crecimiento económico personal. Cuando un líder llama o va a tu casa, la gente no sabe si está allí para ministrar o para hacer una venta (o contratar a un vendedor). A veces, ni siquiera la persona que llama lo sabe. Estos conflictos de intereses pueden socavar la integridad de todo un ministerio.

¿Cómo funciona el fenómeno del *marketing* multinivel en la Iglesia? A veces, sin duda, funciona bien. Pero a veces produce personas que *utilizan* el cuerpo de Cristo y cuyo «ministerio» es su devoción a las ventas y el reclutamiento. A veces, produce personas que parecen capaces de no pensar ni hablar de otra cosa que de su lucrativo negocio y de cómo pronto podrán dejar su otro trabajo, comprar la casa de sus sueños y jubilarse en el paraíso. A veces, produce personas que utilizan las reuniones sociales de la iglesia y los estudios bíblicos en casa para compartir sus «testimonios» de cómo esta empresa o aquel producto ha transformado sus vidas. (Yo mismo he oído esos testimonios). A veces, produce personas que pasan de una iglesia a otra para conseguir más clientes, que exageran o mienten sobre sus beneficios y que se endeudan para perseguir estilos de vida materialistas como prueba de su éxito y de la bendición de Dios: el enfoque de «fingir hasta conseguirlo».

Muchas de estas organizaciones atraen a nuevos clientes ofreciendo ingresos extravagantes. Pero las estadísticas refutan sus afirmaciones. En su libro *Amway Motivational Organizations: Behind the Smoke and Mirrors* [Organizaciones motivadoras estilo Amway: Detrás de la cortina de humo], Ruth Carter sostiene que de los aproximadamente cinco millones de estadounidenses que han participado en esta empresa a lo largo de sus cuarenta años de historia, menos del 1 % ha obtenido beneficios, y menos de una décima parte del 1 % ha establecido los grandes ingresos que la empresa afirma que todos pueden conseguir.[4]Además, los pocos que tienen éxito —y Ruth Carter fue una de ellos— suelen pagar un terrible precio personal y relacional.

Aunque sé que ofenderá a algunos lectores, debo decir lo que creo que es cierto: Involucrarse a fondo en las ventas multinivel cambia a las personas y, a menudo, no para bien. Algunos acaban alimentando la codicia de sus hermanos en Cristo, alterando sus prioridades y animándolos a seguir un camino de materialismo. Otros llegan a restringir sus amistades a quienes trabajan a sus órdenes o por encima de ellos, compran sus productos o son útiles de algún otro modo. Hay quienes se convierten en evangelistas que difunden videos y literatura por todas partes, ansiosos por transmitir «la buena nueva» de su maravillosa organización y su oportunidad de ganar dinero. A veces, su «evangelio» se convierte en un sustituto barato del verdadero evangelio. La mayoría de nosotros solo podemos manejar un evangelio; cuando hay dos, acabamos compartiendo el que más nos beneficia inmediatamente.

Involucrarse a fondo en las ventas multinivel cambia a las personas y, a menudo, no para bien.

Además de las conocidas grandes organizaciones de ventas multinivel, hay muchas más pequeñas que han ido y venido a lo largo de los años. Algunos garajes están llenos cinco años después de productos que se suponía que «se vendían solos».

Pero, antes que nada, ¿por qué los planes de ventas multinivel tienen tanta presencia en la comunidad cristiana? La iglesia es un clima ideal para un sistema de este tipo porque ya presenta un nivel de confianza establecido —«Es un buen feligrés y mi hermano en Cristo»— y una red bien establecida de personas (a veces conocidas como contactos) que ya están vinculadas por tener algo importante en común (Cristo y la Iglesia).

Aunque no hay nada malo en que los empresarios tengan clientes de su propia iglesia —esto es natural y saludable cuando se desarrolla por sí solo—, otra cosa es que los vendedores utilicen los contactos de la iglesia para captar clientes activamente. Cuando eso ocurre, empieza a suceder algo feo con las personas y su visión de los demás. Empiezan a utilizar el cuerpo de Cristo para promover sus propios objetivos con fines lucrativos. Los que no ven ningún peligro en esto son, por su propia incapacidad para verlo, la prueba viviente de lo peligroso que es en realidad.

Los cambistas modernos y un Carpintero enfadado

Cuando Cristo caminaba por la tierra, la religión se había convertido en un gran negocio en Jerusalén gracias a los cambistas, que obtenían sus beneficios cambiando moneda y vendiendo animales «de conveniencia» para el sacrificio en el templo. Cobraban un precio excesivo y probablemente se dedicaban a un ruidoso regateo que destruía el clima de culto (Juan 2:13-17).

A Jesús le indignaba que la gente viera en la comunidad de los santos una oportunidad para lucrarse. Tras expulsar a los vendedores y a sus animales con un látigo y volcar las mesas del dinero, el fornido carpintero de Galilea reprendió a los atónitos materialistas con palabras que pudieron oírse en las calles: «Quiten esto de aquí; no hagan de la casa de Mi Padre una casa de comercio» (Juan 2:16).

¿Acaso el materialismo en la Iglesia de hoy indigna menos a Cristo? ¿Merecemos menos Su ira que aquellos de hace dos mil años? ¿Dudará Dios en volver el látigo contra nosotros más de lo que lo hizo contra ellos? Cristo es celoso de Su esposa. La Iglesia es suya, no nuestra. Los que quieren explotar a la esposa de Cristo con fines materiales lo hacen bajo su responsabilidad y corren un riesgo.

En la década de 1990 y principios de la de 2000, muchos ministerios e iglesias se vieron sacudidos por escándalos morales. Pero fue en 1987 y 1988 cuando el público obtuvo una visión sin precedentes del funcionamiento interno de tres de los principales ministerios cristianos de televisión. Lo que ocurrió entonces aún tiene mucho que enseñarnos. Estos escándalos pueden representar el látigo del indignado Hijo de Dios disciplinando y purgando a la comunidad cristiana moderna por nuestro materialismo.

En cada uno de los tres escándalos a los que voy a referirme, creo que los líderes cristianos implicados eran originalmente sinceros, honrados y devotos al Señor. Pero eso no resta fuerza a lo que les ocurrió ni a la gravedad del pensamiento erróneo que caracterizó sus vidas y ministerios. Si sus actitudes y acciones ya no formaran parte del paisaje cristiano actual, con mucho gusto dejaría sin mencionar esos escándalos. Desgraciadamente, las mismas semillas de autodestrucción que los llevaron a la ruina se siguen plantando sin medida hoy en día.

Durante años, la red PTL, dirigida por Jim y Tammy Faye Bakker, mantuvo un énfasis superficial orientado a la riqueza, repleto de maquillaje exagerado, grandes joyas llamativas, ropa cara y mención frecuente de viajes a lugares exóticos. Los Bakker tenían sus lujosas casas, limusinas y un sinfín de beneficios adicionales gracias a las contribuciones de los telespectadores, incluida una caseta para el perro con calefacción y aire acondicionado, y lámparas de araña en sus vestidores. Sin embargo, todo el tiempo hacían frecuentes súplicas, a veces llorando: «Por favor, envíen más dinero para nuestro ministerio».

El mensaje era evangélico, pero el estilo de vida y los valores eran hollywoodienses: un Hollywood bautizado y vestido con traje de domingo. Muchos observadores no podían evitar creer que, bajo la superficie de esta opulencia y ostentación que alimentaban el ego, había una grave erosión espiritual y moral esperando a ser revelada. En una historia que implicaba adulterio, sobornos, adicciones, luchas de poder y una opulencia incluso superior a lo imaginado, todo salió a la luz.

Todo esto es el material del que están hechas las telenovelas, pero esta vez la telenovela estaba patrocinada y financiada por la comunidad evangélica, que vertía 100 millones de dólares al año en la red PTL, sin incluir los ingresos del parque temático Heritage, «una Disneylandia cristiana», y los libros y discos de Tammy Faye.

Mientras tanto, el evangelista de televisión Oral Roberts intervino en el programa, defendiendo a los Bakker, diciendo al público cristiano que «enviara más dinero que nunca a PTL» y reprendiendo a un tercer evangelista de televisión por tramar supuestamente la absorción de PTL. (Curiosamente, cuando Oral Roberts salió en televisión para defender a Jim Bakker, una tormenta eléctrica interrumpió de repente la transmisión. ¿Acaso Dios quería decir algo?).

El hombre que reveló las hazañas de Jim Bakker a los funcionarios de la Asamblea de Dios fue el conocido televangelista Jimmy Swaggart. Esto fue significativo por varias razones; entre ellas, que un año antes, Swaggart había desenmascarado de forma similar al prominente pastor y televangelista de Nueva Orleans Martin Gorman, quien admitió una aventura adúltera pero presentó una demanda contra Swaggart por acusarlo de otras relaciones inmorales (esto se convirtió en un factor importante más adelante en la historia). Swaggart, acusado de intentar eliminar a sus competidores televisivos y apoderarse del imperio PTL, denunció públicamente las perversiones de Bakker y declaró: «Jim Bakker es un cáncer para el cuerpo de Cristo».

Solo unos días antes de su cuestionable intervención en este escándalo, Oral Roberts había recibido un regalo de 1,3 millones de dólares de un adinerado corredor de perros (que había amasado su fortuna en el mismo terreno de juego al que Roberts se opuso públicamente durante años). Este extraño benefactor dijo entonces a la prensa que Roberts «necesita ayuda psiquiátrica».

En un sistema materialista, si «funciona», si da dinero, entonces está bien.

El «salvavidas» de 1,3 millones de dólares del corredor de perros culminó lo que podría ser el intento de recaudación de fondos más extraño de la historia de la televisión (que no es poco). Oral Roberts había anunciado públicamente que Dios le había dicho que se quitara la vida a menos que en una fecha determinada pudiera recaudar ocho millones de dólares para un programa de becas médicas.

Las implicaciones de este escenario de recaudación de fondos fueron de gran alcance. Ante la mirada de un mundo sin Cristo, Dios se veía en el papel de un despiadado mafioso amante del dinero, que pedía rescate por Oral Roberts y amenazaba con matarlo si alguien no soltaba la pasta. Dios

Padre (¿o era el Padrino?), un usurero celestial, fue presentado como aún más caprichoso y vengativo que la mafia, ya que Oral Roberts, presumiblemente, no era una comadreja traidora, sino uno de los fieles «chicos» de Dios, ¡uno de Su propia banda!

Lo único que puede decirse de esta técnica de recaudación de fondos es que, por desgracia, funcionó. Y eso es lo que más asusta de todo; porque en un sistema materialista, si «funciona», si da dinero, entonces está bien.

Por desgracia, la historia de Oral Roberts no acabó ahí. Menos de un año después, Roberts canceló el programa de becas médicas por el que había estado dispuesto a morir. Al parecer, Dios u Oral habían cambiado de opinión. Tras la mala publicidad que esto generó, Oral —¿o fue Dios?— volvió a cambiar de opinión y dijo que Dios había llamado a 80 000 seguidores a que dieran 100 dólares cada uno para recaudar los 8 millones de dólares anuales que requería el programa. Las finanzas acabaron tan mal que Roberts tuvo que vender su mansión de Beverly Hills, valorada en 3,25 millones de dólares.

Mientras tanto, tras recibir una pista anónima, el expastor y televangelista Martin Gorman, todavía indignado con Swaggart por haber sacado a la luz su adulterio, contrató a un detective privado para que lo siguiera. Swaggart, con su censura de las perversiones de Jim Bakker aún fresca en la mente del público, fue confrontado entonces con fotos de él mismo con una prostituta. Swaggart confesó que le había pagado para que realizara actos pornográficos y que tenía una obsesión con la pornografía que se remontaba a su infancia. En un ejemplar que se agotó en cinco días, una prostituta posó para *Penthouse* y habló de su obscena relación con Swaggart. Swaggart pareció expresar un arrepentimiento genuino, pero desafió los intentos de disciplina de su denominación, y solo tres meses después volvió al ministerio televisivo. (Oral Roberts aseguró al público que había curado —por teléfono— a Swaggart de su problema de lujuria).

Para entonces, era difícil distinguir entre los ministerios y las miniseries. Para quienes comprenden los ingredientes del materialismo desenfrenado, tales escándalos eran previsibles, si no inevitables, mucho antes de que salieran a la superficie. La combinación de la depravación humana, los abrumadores ingresos financieros y la falta de responsabilidad de estos ministerios no significaban más que tentación y no podía producir más que desastre.

¿Acaso nosotros también tenemos la culpa?

No quiero decir que todos los ministerios mediáticos sean malos. El mundo editorial cristiano es un ministerio mediático con su propia cuota de logros y escándalos espirituales. Pero sin él, este libro no estaría en tus manos. De hecho, ni siquiera tendrías una Biblia. También hay muchos ministerios buenos en la televisión y la radio. De ninguna manera pretendo meterlos a todos en el mismo saco ni desechar lo bueno junto con lo malo. Aun así, sigue planteándose una cuestión fundamental. De los «ministerios» más obviamente superficiales, egocéntricos y materialistas, muchos de los cuales siguen funcionando, debemos preguntarnos: «¿Por qué los apoyó la comunidad cristiana en primer lugar? ¿Y por qué seguimos apoyándolos?».

Parte de la respuesta puede ser que hay muchos contribuyentes no cristianos que intentan «comprar» la salvación como se compra un negocio inmobiliario. Pero la gran mayoría son, al menos, cristianos profesantes. Esto nos obliga a llegar a una conclusión aleccionadora: no es que estas personas sean superficiales y materialistas y nosotros no. Es que nosotros también somos superficiales y materialistas y *ellos nos están dando precisamente lo que queremos*. Al fin y al cabo, son principalmente las donaciones de los cristianos las que subvencionan este materialismo desenfrenado y este fracaso moral. Si los simpatizantes se negaran a tolerar el comportamiento incorrecto, estos ministerios dejarían de existir, porque se acabaría el dinero.

¿Por qué la gente no se ha dado cuenta lo que había detrás de estas organizaciones, y en cambio ha invertido su dinero, tiempo y oraciones en los muchos siervos fieles de Dios que elevan el nombre de Cristo en lugar del suyo propio?

> ¿Cómo se resiste mi vida al materialismo en la Iglesia en lugar de contribuir a él?

«Pero yo no apoyo esos ministerios y nunca lo he hecho», puede decir alguien. La Escritura no nos libera tan fácilmente de la responsabilidad. Hay un solo cuerpo de Cristo, y todos somos miembros de él. No puedo separarme del resto de la Iglesia. Debo preguntarme: ¿de qué manera mi vida resiste el materialismo en la Iglesia en lugar de contribuir a él? ¿Cómo estoy proporcionando un modelo que sea una alternativa clara al materialismo que socava la integridad de la comunidad cristiana?

Como permitimos (en el mejor de los casos) y respaldamos (en el peor) una forma falsa o superficial de fe cristiana, las personas sin Cristo juzgan a la Iglesia por el circo que ven en la televisión y se alejan con una de dos respuestas. O bien se sienten peor («Es evidente que estos cristianos no tienen la respuesta, y yo esperaba que sí la tuvieran porque realmente necesito una respuesta»), o se sienten mejor («Tal como sospechaba, de todas formas son todos una banda de hipócritas, y yo debería sentirme bien porque soy tan bueno o mejor que ellos»). En cualquier caso, la insensatez de la Iglesia es la perdición del mundo.

Solo vale la pena falsificar lo que es valioso. La gente falsifica moneda y joyas, no tapas de botellas o basura. Puesto que la verdad del evangelio no tiene precio, debemos esperar que sea falsificada continuamente. A los empleados de los bancos se les enseña a identificar los billetes falsos manipulando los auténticos, no estudiando todas las falsificaciones posibles. Si no conoces el original, es fácil que te engañe una imitación. Pero una vez que estés familiarizado con el artículo auténtico, podrás detectar una falsificación. Aun así, por muchos billetes falsos que alguien se encuentre, nunca debería llegar a la conclusión de que el dinero auténtico no existe. Lo que el mundo necesita es el evangelio auténtico, vivido y proclamado por una Iglesia auténtica. Entonces revelará las falsificaciones por lo que son.

La prosperidad, la Iglesia y sus líderes

La gente se asombraba de que los apóstoles fueran hombres sencillos y corrientes, sin gran educación ni estatus social (Hech. 4:13). Pedro le dijo a un hombre cojo: «No tengo plata ni oro, pero lo que tengo te doy: en el nombre de Jesucristo el Nazareno, ¡anda!» (Hech. 3:6). Ver el poder y la verdad de Dios a través de hombres incultos que no eran ricos desafiaba las creencias más básicas de los observadores. Gene Getz señala:

> Los líderes religiosos de Jerusalén eran los ricos. En muchos casos, su riqueza era abrumadora. Y muchos de los pobres pensaban que esta riqueza era el resultado de la bendición especial de Dios sobre sus líderes.
>
> En cambio, aquí había dos antiguos pescadores con muy poco, pero que tenían el poder de sanar y el mensaje de salvación que podía dar la vida eterna. El contraste tuvo que ser asombroso a los ojos de los que observaron este acontecimiento. Por primera vez, muchos pasaron de una perspectiva puramente humana de la religión a una perspectiva divina y respondieron al evangelio. Es comprensible entender por qué esto contrarió a los líderes religiosos de Jerusalén.[5]

Aunque los líderes de la Iglesia primitiva y muchos de sus primeros miembros eran incultos y pobres, o quizá de clase media, al poco tiempo algunas iglesias se hicieron ricas y sus pastores se educaron y pasaron al estatus socioeconómico antes reservado para los fariseos. La educación y el dinero no tienen nada de malo, pero ciertas tentaciones acompañan al estatus que conllevan ambos. Cuanto más elevada sea nuestra posición social y más plata y oro tengamos, más difícil les resultará a los demás (y a veces a nosotros mismos) creer nuestro mensaje de que Cristo es nuestro mayor activo y el centro de nuestras vidas.

Para muchos cristianos evangélicos es fácil tachar el materialismo religioso de algo característico de otros grupos, denominaciones, hermandades y tradiciones, pero no como algo *nuestro*. Sin embargo, muchos ministerios evangélicos de enseñanza de la Biblia patrocinan una serie de eventos caros para sus donantes, incluidos cruceros de lujo. El objetivo es recaudar fondos para su ministerio, pero ¿es realmente un entorno lujoso el contexto que más honra a Dios para recaudar dinero para un ministerio? ¿Qué habrían pensado de esto los evangélicos de hace incluso una generación?

Una vez, recibí una invitación de un buen ministerio de enseñanza bíblica, centrado en Cristo, que realiza trabajo misionero en algunos países muy pobres. La invitación empezaba compartiendo la «buena noticia» de la oportunidad de escuchar una enseñanza bíblica maravillosa, y la «noticia aún mejor» de que la conferencia se celebraría en un exclusivo complejo turístico de primera categoría en las Bahamas. A continuación, se describía el lujoso alojamiento. Lo único que había que hacer era pagar el billete de avión y el alojamiento sería gratuito, con la esperanza de que los que aprovecharan la oferta contribuyeran generosamente al ministerio.

Para muchos cristianos evangélicos es fácil tachar el materialismo religioso de algo característico de otros grupos, denominaciones, hermandades y tradiciones, pero no como algo *nuestro*.

¿Es este un escenario apropiado para recaudar fondos para evangelizar y discipular a personas, algunas de las cuales viven en la más absoluta pobreza? ¿No es un poco hipócrita apelar a las apetencias más materialistas de la gente para motivarla a apoyar las misiones? Al subvencionar una conferencia en un exclusivo complejo turístico, ¿no pone un ministerio su sello de aprobación en las elecciones de estilo de vida que representa? Invitar a las personas a contribuir con sacrificio les ofrecería la oportunidad de practicar la generosidad como alternativa al materialismo. En cambio, para conseguir que la gente contribuya, parecemos dispuestos y deseosos de apelar a su materialismo y fomentarlo.

¿Cómo llegamos aquí?

¿Se diferencia realmente la Iglesia del mundo en su forma de tratar el dinero y las posesiones? Tenemos nuestros filántropos, sin duda, pero también los tiene el mundo. Tenemos organizaciones benéficas y fondos de ayuda, pero el mundo también los tiene. El mundo está lleno de consumidores que viven a corto plazo e ignoran el largo plazo. La Iglesia debería estar llena de administradores estratégicos y generosos, que vivieran a largo plazo y vieran el corto plazo como una oportunidad temporal de inversión eterna. Por desgracia, con demasiada frecuencia la Iglesia se parece sospechosamente al mundo.

¿Por qué la comunidad cristiana del mundo occidental se parece tan poco a la Iglesia descrita en los primeros capítulos de Hechos? No es que no hayamos abordado las cuestiones del dinero y las posesiones. Al contrario, innumerables profesores de finanzas, escritores, asesores de inversiones y líderes de seminarios cristianos se han subido a la cresta de la ola de nuestra prosperidad nacional. Algunos se esfuerzan por ser bíblicos, pero muchos se limitan a repetir como loros a sus colegas seculares. Más allá de empezar y terminar con una oración, mencionar a Cristo y añadir algunos versículos bíblicos, no hay ninguna diferencia fundamental. Refuerzan las actitudes y los estilos de vida materialistas de la gente. Sugieren una serie de planes rentables en los que la gente puede gastar o acumular la mayor parte de sus recursos. En resumen, tomando prestado un término de Jesús, algunos expertos financieros cristianos ayudan a la gente a ser los «ricos insensatos» más exitosos que puedan ser.

Por no querer parecer negativos —el pecado imperdonable de nuestros días— ni aguarnos la fiesta a nosotros mismos o a los demás, no nos hemos tomado el materialismo como una grave amenaza para la piedad. Hemos racionalizado y justificado nuestro deseo de dinero y posesiones. Peor aún, hemos bautizado nuestro materialismo, lo hemos redactado en términos religiosos y lo hemos afirmado como el plan de Dios para nuestras vidas. Esta teología de la prosperidad, el evangelio de la salud y la riqueza, es el tema de nuestro próximo capítulo.

Mientras tanto, queda una pregunta aleccionadora, que no desaparecerá, y que todo cristiano debe plantearse a la luz de nuestros valores y estilos de vida: ¿Puede una iglesia materialista ganar para Cristo a un mundo materialista?

CAPÍTULO 6

La teoría de la prosperidad: El evangelio de la riqueza

La religión engendró la prosperidad y la hija devoró a la madre.
COTTON MATHER

La figura del Crucificado invalida todo pensamiento que toma el éxito por norma.
DIETRICH BONHOEFFER

Un «hombre de Dios» se presenta ante sus audiencias y reprende al «espíritu de pobreza», asegurándoles la prosperidad material. Envía una carta navideña sobre «la urgente necesidad que tienen de alcanzar la verdadera prosperidad bíblica, como hicieron los reyes magos. El dinero que trajeron cubrió las necesidades económicas de María, José y el niño en aquella hora desesperada». Al enviar dinero a este evangelista en su hora desesperada, según la carta, se puede esperar llegar a ser materialmente próspero, como los reyes magos que dieron con generosidad al niño Jesús.

Este hombre representa a un segmento amplio y visible del evangelicalismo estadounidense que se adhiere a lo que se denomina «teología de la prosperidad» o «evangelio de la salud y la riqueza». Esta visión del mundo prospera en las iglesias y en los ministerios paraeclesiásticos, solo porque esos hombres tienen partidarios dispuestos, deseosos de conseguir su parte del pastel de la prosperidad. Este capítulo no trata de una postura «ahí fuera» en el mundo, sino «aquí dentro» en la Iglesia. Aborda las actitudes y los estilos de vida de millones de cristianos de la corriente dominante que, en diversos grados y a veces sin darse cuenta, se han tragado la mentira de la teología de la prosperidad.

El Antiguo Testamento y la prosperidad

Lo que hace que toda herejía sea peligrosa es un elemento de verdad. Sin una dulce cobertura de verdad, las mentiras nunca se tragarían. La porción de verdad que hace creíble la teología de la prosperidad es que algunos pasajes del Antiguo Testamento vinculan la prosperidad material con la bendición de Dios. Por ejemplo, Dios dio riqueza material a Abraham (Gén. 13:1-7), Isaac (Gén. 26:12-14), Jacob (Gén. 30:43), José (Gén. 39:2-6), Salomón (1 Rey. 3:13) y Job (Job 42:10-17) porque los aprobaba. Prometió a los israelitas que los recompensaría materialmente por dar dinero con fidelidad (Deut. 15:10; Prov. 3:9-10; 11:25; Mal. 3:8-12).

En Deuteronomio 28:1-13, Dios les dice a los israelitas que recompensaría su obediencia dándoles hijos, cosechas, ganado y la victoria sobre sus enemigos, pero también añade cincuenta y cuatro versículos más en los que describe las maldiciones que caerían sobre la nación si no le obedecían: enfermedades, calor y sequía, derrota militar, forúnculos, tumores, locura y ceguera. La enseñanza es de doble filo: prosperidad para la obediencia, adversidad para la desobediencia (Deut. 28:14-68).

El Antiguo Testamento también advierte contra los peligros de la riqueza; especialmente, la posibilidad de que en nuestra prosperidad nos olvidemos del Señor (Deut. 8:7-18). Además, la Biblia reconoce frecuentes excepciones a la doctrina de la prosperidad/adversidad, señalando que los malvados suelen prosperar más que los justos. El salmista dijo: «He visto al impío, violento, extenderse como frondoso árbol en su propio suelo» (Sal. 37:35), y «tuve envidia de los arrogantes al ver la prosperidad de los impíos. [...] estos son los impíos, y, siempre desahogados, han aumentado sus riquezas» (Sal. 73:3, 12). Salomón vio a «hombres justos a quienes su justicia los destruye y hombres malvados a quienes su maldad les alarga la vida» (Ecl. 7:15, NVI). Jeremías, un hombre justo que vivió en constante adversidad, expresó la pregunta de la siguiente manera: «Justo eres Tú, oh Señor, cuando a Ti presento mi causa; en verdad, asuntos de justicia voy a discutir contigo. ¿Por qué prospera el camino de los impíos y viven en paz todos los que obran con perfidia?» (Jer. 12:1).

¿Son la riqueza material, los logros, la fama, la victoria o el éxito indicadores fiables de la recompensa o la aprobación de Dios? Si es así, entonces es un Dios malvado, pues la historia está llena de lunáticos exitosos y déspotas prósperos. ¿Estuvo Dios del lado de Hitler, Stalin, Mao y otros prósperos asesinos de la historia durante su ascenso al poder y en la cúspide de sus regímenes, cuando estaban rodeados de riqueza material? ¿Está Dios también del lado de los sectarios ricos, los ejecutivos deshonestos y las estrellas de rock inmorales? Si la riqueza es un signo fiable de la aprobación de Dios y la falta de riqueza muestra Su desaprobación, entonces Jesús y Pablo estaban en la lista negra de Dios, y los traficantes de drogas y los malversadores son la niña de Sus ojos.

Cristo y la prosperidad

Muchos en tiempos del Antiguo y del Nuevo Testamento creían en una relación directa de causa y efecto entre la rectitud y la prosperidad, por un lado, y entre el pecado y la adversidad, por el otro. La salud y la riqueza equivalían a la aprobación de Dios; la enfermedad y la pobreza indicaban Su desaprobación. Los «consoladores» de Job pensaban que debía haber un pecado oculto en su vida para explicar su pérdida de prosperidad, pero se equivocaban. Dios aprobaba a Job (Job 1:8; 42:7), pero permitió que Satanás destruyera todo lo que poseía de valor terrenal.

Los adinerados fariseos vivían y respiraban una teología de la prosperidad, tachando de «pecadores» a todos los que estaban por debajo de su casta social (Luc. 15:1-2; Juan 9:34). Los discípulos de Cristo dejaron en evidencia sus propias suposiciones cuando preguntaron: «Rabí, ¿quién pecó, este o sus padres, para que naciera ciego?» (Juan 9:2). Jesús respondió diciendo que su suposición era totalmente errónea: «Ni este pecó, ni sus padres; sino que está ciego para que las obras de Dios se manifiesten en él» (Juan 9:3). En otras palabras, Dios tenía un propósito superior para la adversidad de este hombre que sencillamente no encajaba en las pequeñas y ordenadas categorías de «Haz el bien y te irá bien» y «Haz el mal y sufrirás».

Considera su respuesta cuando Cristo dijo a Sus discípulos: «En verdad les digo que es difícil que un rico entre en el reino de los cielos», y «es más fácil para un camello pasar por el ojo de una aguja, que para un rico entrar en el reino de Dios» (Mat. 19:23-24). Cuando los discípulos oyeron esto, se quedaron muy asombrados y preguntaron: «Entonces, ¿quién podrá salvarse?» (Mat. 19:25).

Los adinerados fariseos vivían y respiraban una teología de la prosperidad, tachando de «pecadores» a todos los que estaban por debajo de su casta social.

¿Por qué el asombro? Se debía a que estaban acostumbrados a considerar la riqueza como un signo de la aprobación de Dios. Si los ricos, a los que Dios obviamente aprueba (¿por qué si no los haría ricos?), tienen dificultades para ir al cielo, ¿cómo podrían hacerlo los pobres (a los que Dios obviamente desprecia)? Los discípulos aún no habían comprendido el significado del estilo de vida de su Señor. Aquel cuyo Padre dijo: «Este es Mi Hijo amado en quien me he complacido» (Mat. 3:17) era el mismo Hijo del Hombre que no tenía dónde reclinar la cabeza y solo poseía una túnica y sandalias (Mat. 8:20).

Jesús dijo que Su Padre «hace salir Su sol sobre malos y buenos, y llover sobre justos e injustos» (Mat. 5:45). Dios extiende gracia común a todos. El aire que respira cada persona —pecadora o santa— es don de Dios, independientemente de la moralidad del que respira. Lo que llamamos prosperidad es a menudo incidental: Una persona malvada puede tener una buena tierra y una gran cosecha, mientras que la persona buena tiene una tierra pobre y una cosecha pequeña. Como demuestra el relato de Cristo sobre el hombre rico y Lázaro, una persona malvada puede vivir una larga vida, sufrir poco y prosperar, mientras que a la persona justa se le puede acortar la vida, sufrir considerablemente y vivir en la pobreza (Luc. 16:19-31). Jesús dice que las cosas se invertirán en la eternidad, pero a menudo no hasta entonces (Luc. 6:20-25).

El Nuevo Testamento va un paso más allá. Los justos no solo pueden sufrir a pesar de su justicia, sino que a menudo sufrirán *a causa de* ella. «Y en verdad, todos los que quieren vivir piadosamente en Cristo Jesús, serán perseguidos» (2 Tim. 3:12). Los primeros cristianos sufrían continuamente por su fe y se les aseguró que «las mismas experiencias de sufrimiento se van cumpliendo en sus hermanos en todo el mundo» (1 Ped. 5:9). Un sistema mundial materialista, con su énfasis en la paz y la prosperidad personales, no ve con buenos ojos a un verdadero discípulo de Cristo (Juan 15:18-20).

Estos ejemplos de las Escrituras deberían inquietar a cualquiera de nosotros cuyo objetivo sea ser aclamado como un triunfador según los criterios de este mundo. Si encajamos tan bien en el mundo, ¿será porque vivimos según los criterios del mundo, en lugar de los de Cristo?

¿Vivir como el hijo del Rey?

Hay una gran ironía en un dicho popular que se oye en los círculos de «salud y riqueza»: «Vive como un hijo del Rey». El «hijo del Rey» era Jesús, que vivió una vida exactamente opuesta a lo que significa la frase hoy en día. El Rey al que servimos se despojó de todo para la batalla. Al final de los tiempos, se vestirá con las ropas reales de la victoria, y con Él Sus fieles servidores; pero ahora es el momento de vestirse de batalla, no de llevar galas.

¿Cómo envió el Rey a Su Hijo a este mundo? Nacido en la humilde Belén, criado en la despreciada Nazaret, parte de una familia piadosa pero pobre que ofrecía dos pichones porque no podía permitirse un cordero (Lev. 12:6-8; Luc. 2:22-24), Cristo vagó por el campo dependiendo de que otros le abrieran sus casas, porque no tenía una propia. ¿«Vivir como un hijo de rey»? Sea cual sea el hijo de rey del que hablan los partidarios de la prosperidad, ¡evidentemente no es Jesús!

La teología de la prosperidad ve como modelo al Señor celestial ascendido y no al siervo terrenal descendido. Jesús advirtió a Sus discípulos que no siguieran un modelo de señorío, sino Su propio modelo de siervo (Mar. 10:42-45). En esta vida, debemos compartir Su cruz; en la otra, compartiremos Su corona (2 Tim. 2:12).

En versículos que nunca verás bordados, enmarcados o colgados en neveras, el Rey prometió persecución, traición, flagelación y ser arrastrados ante los tribunales y juzgados por nuestra fe (Mat. 10:16-20). Advirtió: «En este mundo afrontarán aflicciones» (Juan 16:33, NVI) y dijo: «Cualquiera de ustedes que no renuncie a todas sus posesiones, no puede ser Mi discípulo» (Luc. 14:33).

Los sermones sobre la prosperidad ciertamente no están hechos de esa sustancia.

Pablo y la prosperidad

Aparte de la vida y las enseñanzas de Cristo, la refutación más poderosa de la teología de la prosperidad puede verse en la vida y los escritos de Pablo. Al igual que el evangelio de la salud intenta experimentar la plena redención del cuerpo en esta vida, el evangelio de la riqueza intenta experimentar las recompensas del cielo en la tierra. Puesto que se trata de dos caras inseparables de la moneda del evangelio de la prosperidad, examinaremos la vida de Pablo en términos de salud y riqueza y otras trampas del éxito.

Criado como fariseo y, por tanto, creyente en la teología de la prosperidad, Pablo era de los que no podían creer que Jesús fuera el Mesías, debido a Su evidente falta de éxito. La desaprobación de Dios hacia el hombre Jesús era sin duda evidente por Su dudosa filiación, Su desprestigioso lugar de crianza, Su falta de educación formal, Su pobreza y, sobre todo, Su vergonzosa muerte. Pero cuando Pablo dobló la rodilla ante el Carpintero de Galilea, dio la espalda para siempre a la teología de la prosperidad. Como dijo su Señor: «Yo le mostraré cuánto debe padecer por Mi nombre» (Hech. 9:16).

En su carta a los filipenses —escrita desde una prisión, no desde un lujoso despacho ni desde el Marriott de Roma—, Pablo dice: «Porque a ustedes se les ha concedido por amor de Cristo, no solo creer en Él, sino también sufrir por Él» (Fil. 1:29). Describe a Cristo como el Siervo sufriente, cuya prosperidad llegó después de Su vida en esta tierra, no durante ella (Fil. 2:5-11). Si Jesús hubiera reclamado la prosperidad en esta vida, no habría habido crucifixión, ni expiación, ni evangelio ni esperanza para ninguno de nosotros.

En Filipenses 3, Pablo habla de sus credenciales de éxito, sus diplomas y premios. Antes los valoraba mucho, pero ahora dice: «todo lo que para mí era ganancia, lo he estimado como pérdida por amor de Cristo. Y aún más, yo estimo como pérdida todas las cosas en vista del incomparable valor de conocer a Cristo Jesús, mi Señor. Por Él lo he perdido todo, y lo considero como basura a fin de ganar a Cristo» (Fil. 3:7-8). En realidad, esta traducción es demasiado delicada. Pablo no llamó «basura» a sus credenciales y posesiones, sino *estiércol*. Excrementos. Así veía él las cosas que antes valoraba, al compararlas con Cristo. Contrasta eso con los predicadores de la prosperidad de hoy, con sus pesadas joyas balanceándose mientras se pavonean por el escenario.

Por seguir a Cristo, Pablo lo perdió todo. El poco dinero y las pocas posesiones que pasaron por sus manos las consideró una pérdida. Describe su adversidad diaria, su persecución por Cristo y su proximidad a la muerte (2 Cor. 4:7-12). Dos capítulos más adelante, Pablo se refiere a sus problemas, penurias, angustias, palizas,

Por seguir a Cristo, Pablo lo perdió todo.

encarcelamientos, disturbios, noches sin dormir y hambre, así como a la experiencia de estar a punto de morir y soportar tristeza y pobreza (2 Cor. 6:3-10).

Tal vez la representación más gráfica de la vida de Pablo llega más adelante en la misma carta:

> ¿Son servidores de Cristo? (Hablo como si hubiera perdido el juicio). Yo más. En muchos más trabajos, en muchas más cárceles, en azotes un sinnúmero de veces, con frecuencia en peligros de muerte. Cinco veces he recibido de los judíos treinta y nueve azotes. Tres veces he sido golpeado con varas, una vez fui apedreado, tres veces naufragué, y he pasado una noche y un día en lo profundo. Con frecuencia en viajes, en peligros de ríos, peligros de salteadores, peligros de mis compatriotas, peligros de los gentiles, peligros en la ciudad, peligros en el desierto, peligros en el mar, peligros entre falsos hermanos; en trabajos y fatigas, en muchas noches de desvelo, en hambre y sed, con frecuencia sin comida, en frío y desnudez. Además de tales cosas externas, está sobre mí la presión cotidiana de la preocupación por todas las iglesias. ¿Quién es débil sin que yo sea débil? ¿A quién se le hace pecar sin que yo no me preocupe intensamente? (2 Cor. 11:23-29)

Pablo parece defender lo que podría llamarse «teología de la adversidad» o «evangelio de la enfermedad y la pobreza». Me pregunto si en sus sueños el apóstol habrá oído alguna vez un tenue coro de voces del futuro que le decían: «Pablo, no tienes por qué vivir así; ¿por qué no confías en Dios y vives como el hijo de un rey?». La verdad es que Pablo oyó algunas de esas voces en su propia época. De hecho, Pablo tuvo que defenderse de los «superapóstoles», ministros acomodados que lo criticaban porque no tenía la misma riqueza y prestigio que ellos (1 Cor. 4:8-13). Pablo les dijo: «Ya están saciados, ya se han hecho ricos, ya han llegado a reinar sin necesidad de nosotros» (1 Cor. 4:8). Y añadió: «Nosotros somos débiles, pero ustedes, fuertes. Ustedes son distinguidos, pero nosotros, sin honra» (1 Cor. 4:10). Pablo se enfrentó a estos predicadores de la prosperidad, señalándoles que se habían adelantado a reinar con Cristo viviendo ahora como reyes en vez de como siervos. El punto de Pablo es claro: ¡No intentes reinar antes de tiempo! Vístete como un siervo. Deja que *Dios* te ponga vestiduras de honor cuando te lleve a Su reino. ¡No te las pongas ahora!

Pablo parece defender lo que podría llamarse «teología de la adversidad» o «evangelio de la enfermedad y la pobreza».

Después de explicar que Dios le había dado algunas revelaciones especiales, Pablo agrega:

> ... para impedir que me enalteciera, me fue dada una espina en la carne, un mensajero de Satanás que me abofetee, para que no me

> enaltezca. Acerca de esto, tres veces he rogado al Señor para que lo quitara de mí. Y Él me ha dicho: «Te basta Mi gracia, pues Mi poder se perfecciona en la debilidad».
>
> Por tanto, con muchísimo gusto me gloriaré más bien en mis debilidades, para que el poder de Cristo more en mí. Por eso me complazco en las debilidades, en insultos, en privaciones, en persecuciones y en angustias por amor a Cristo, porque cuando soy débil, entonces soy fuerte. (2 Cor. 12:7-10)

Pablo sabía que Dios tenía un propósito definido en su enfermedad o discapacidad. No sabemos de qué enfermedad se trataba, pero al parecer, entre otras cosas, le causó el deterioro de la vista (Gál. 6:11). Su aflicción, dijo Pablo, le fue «dada» para evitar que se envaneciera.

Además, Dios tenía un propósito específico para no quitarle la enfermedad: enseñar a Pablo que la gracia de Dios era suficiente. Pablo no debía confiar en sus propias fuerzas, sino en las de Dios. Su enfermedad era un recordatorio diario de su necesidad de confiar en el Señor y no en sus propios dones y logros.

Un médico patrocina un anuncio frecuente en nuestra emisora de radio cristiana local. Dice: «Ayudarte a sentirte bien es lo único que importa». Bueno, en realidad, no lo es: ¡hay mucho más que importa, y mucho que importa más! Hablo como diabético insulinodependiente que ha visto a Dios hacer cosas mayores a través de mi enfermedad que a través de mi salud.

En lugar de suponer que Dios nos quiere sanos, tenemos que darnos cuenta de que puede lograr propósitos más elevados a través de nuestra enfermedad que a través de nuestra salud. Podemos orar pidiendo sanidad cuando estamos enfermos, que es exactamente lo que hizo Pablo. Pero fíjate que solo oró tres veces. Cuando Dios decidió no sanarlo, no «lo nombró y lo reclamó», y exigió que Dios lo sanara. En cambio, reconoció el propósito espiritual de Dios en su adversidad.

Los predicadores actuales de la salud y la riqueza pasan por alto el resto de este pasaje y dicen: «Pablo llamó a esta enfermedad un "mensajero de Satanás". Es del diablo, no de Dios. El diablo nos quiere enfermos, pero Dios nos quiere sanos». Sí, Pablo llamó a la dolencia un «mensajero de Satanás». Pero Dios es más grande que todo, y Satanás es solo un agente más que puede utilizar para cumplir Su propio propósito. Después de todo, ¿de qué propósito y plan habla el pasaje? Satanás nunca daría a nadie algo que le impidiera ser engreído. Dios es quien pretendía que la enfermedad fuera para el bien de Pablo. No fue Satanás, sino Dios, quien se negó a eliminar la enfermedad, a pesar de las súplicas de Pablo.

Si has orado pidiendo sanidad y no la has recibido, anímate: ¡estás en buena compañía! No solo Pablo no se sanó, sino que tuvo que dejar a Trófimo en Mileto a causa de la enfermedad (2 Tim. 4:20). Su amado amigo Epafrodito estaba gravemente enfermo (Fil. 2:24-30). Su hijo en la fe, Timoteo, padecía frecuentes trastornos estomacales, para los que Pablo no le dijo que «reclamara la sanidad», sino que bebiera un poco de vino con fines medicinales (1 Tim. 5:23). Los que afirman que «cualquiera con suficiente fe puede sanarse» aparentemente tienen más fe que Pablo y sus asociados misioneros.

Como muchos de los siervos de Dios en la iglesia primitiva, Pablo no estaba sano ni era rico.

Como muchos de los siervos de Dios en la iglesia primitiva, Pablo no estaba sano ni era rico. Está claro que Dios no pretendía que estuviera sano ni que fuera rico. Pablo goza ahora de perfecta salud y riqueza por toda la eternidad. Pero cuando estaba en esta tierra, el plan superior de Dios era que durante gran parte de su vida fuera pobre y estuviera enfermo.

Cuando Pablo fue sacado en cadenas de su sucia mazmorra romana y decapitado por orden del opulento y loco Nerón, se enfrentaron dos representantes de la humanidad: uno de los mejores y otro de los peores. Uno vivió en la prosperidad en la tierra, el otro no. Uno vive ahora en la prosperidad en el cielo, el otro no. Recordamos a ambos hombres por lo que realmente fueron, por eso llamamos Pablo a nuestros hijos y Nerón a nuestros perros.

La concepción neotestamentaria de la riqueza

¿Cómo podemos explicar la aparente contradicción entre las palabras y el estilo de vida de Jesús y los apóstoles, y los pasajes de prosperidad del Antiguo Testamento? La respuesta está en las diferencias fundamentales entre el antiguo y el nuevo pacto, que exploraremos más a fondo en el capítulo 11. Por ahora, baste decir que el Nuevo Testamento refleja un cambio fundamental en su comprensión de la verdadera riqueza.

En el Nuevo Testamento, la palabra griega *ploútos* se utiliza seis veces para designar las riquezas materiales empleadas con fines perversos (Mat. 13:22; Mar. 4:19; Luc. 8:14; 1 Tim. 6:17; Sant. 5:2; Apoc. 18:17). Sin embargo, la misma palabra se utiliza once veces en sentido positivo, cada vez refiriéndose a riquezas espirituales, no materiales (Rom. 11:33; Ef. 1:18; Fil. 4:19; Col. 1:27). Una vez que experimentamos esas riquezas, las encontramos tan profundamente satisfactorias que no podemos volver a elevar las riquezas terrenales y materiales al lugar de importancia que tuvieron en otro tiempo.

¿No prometió Cristo prosperidad en esta vida?

El texto de prueba más popular del Nuevo Testamento para la teología de la prosperidad viene luego de que los discípulos de Cristo señalaron que lo habían dejado todo para seguirlo:

> Jesús respondió: «En verdad les digo, que no hay nadie que haya dejado casa, o hermanos, o hermanas, o madre, o padre, o hijos o tierras por causa de Mí y por causa del evangelio, que no reciba cien veces más ahora en este tiempo: casas, y hermanos, y hermanas, y madres, e hijos, y tierras junto con persecuciones; y en el siglo venidero, la vida eterna». (Mar. 10:29-30).

Refiriéndose a este pasaje en una carta a sus seguidores, un famoso evangelista dijo: «Que yo sepa, el pueblo de Dios nunca ha recibido el céntuplo. Ha estado ahí, en el sistema de recompensas de Dios, pero nunca se ha entendido ni recibido... ¡hasta ahora!».

Según este hombre y otros predicadores de la prosperidad, el pueblo de Dios puede aprovechar ahora lo que Jesús pretendía desde el principio: que todos Sus seguidores fueran materialmente prósperos en esta vida.

Pero ¿es esto realmente lo que quiso decir Jesús?

En primer lugar, independientemente de lo que Jesús dijera en estos pasajes, no contradice la enseñanza directa y el ejemplo repetido de las Escrituras de que los seguidores de Cristo a menudo —de hecho, *normalmente*— no serán ricos en esta vida. Esto era innegablemente cierto en el caso de los apóstoles, a quienes se dirigía Jesús.

En segundo lugar, casi ninguno de los que reclaman los *beneficios* de este pasaje ha cumplido realmente las *condiciones* de la promesa. A diferencia de los discípulos, no han renunciado a sus bienes materiales ni han abandonado a sus familias para seguir a Cristo.

En tercer lugar, la frase «en este tiempo» se refiere efectivamente a este mundo, pero ¿en qué sentido significa que vamos a recibir «muchas veces» o «cien veces» más en cuanto a hogares, hermanos, hermanas, padres, hijos y campos? Las únicas palabras de naturaleza material son *casas* y posiblemente *tierras*. Pero incluso la palabra *casa* (*oikía*) puede significar no la casa en sí, sino el hogar o los habitantes de la casa, es decir, la familia (Mat. 12:25; Juan 4:53; 1 Cor. 16:15).

Aunque Cristo se refiriera a una casa física, ¿está prometiendo que todos los creyentes que renuncien al techo sobre su cabeza poseerán literalmente muchas otras casas en esta vida? Está claro que no, porque todo lo que sabemos de los apóstoles a los que hablaba, por fuentes bíblicas y extrabíblicas, sugiere que ninguno de ellos era rico. Por decirlo en términos que entenderían los defensores de un evangelio de salud y riqueza, ninguno de los apóstoles poseía un apartamento en Jerusalén, una casa de dos plantas en los suburbios de Betania, una cabaña en las montañas del Carmelo o una casa de verano en la playa cerca de Cesarea. De hecho, si la bendición del céntuplo fuera una promesa literal de casas, los que la recibieran tendrían que poseer cien casas y cien campos, no solo una mísera media docena o algo por el estilo.

Si Jesús quiso decir literalmente que el creyente fiel poseería un gran número de casas y campos, ¿también quiso decir que los discípulos tendrían cien hijos y que cientos de ancianos se convertirían en sus padres literales? Es evidente que no.

Cristo estaba diciendo que los que lo siguieran, al dejar lo que era suyo, pasarían a formar parte de la gran familia de la fe, donde las relaciones son profundas y las posesiones se comparten libremente. Dondequiera que fueran los apóstoles, encontrarían «casas» que serían suyas durante todo el tiempo que desearan permanecer, comidas preparadas con la cosecha de las «tierras» que compartirían libremente con ellos. Tendrían «hermanos» y «hermanas» con los que confraternizar, «madres» que les darían sabiduría, guía y amor, e «hijos» que aprenderían a sus pies y a los que guiarían hacia la semejanza de Cristo. Esta misma rica reserva de relaciones y posesiones está disponible hoy para todos los que sigan al Señor. Yo mismo la he experimentado y probablemente tú también.

Pablo no tenía un hogar permanente (aunque sus celdas de la cárcel casi calificaban como tal), ni campos, ni familia cercana, ni descendencia literal, pero llamaba con orgullo a Timoteo, a los tesalonicenses y a otros sus hijos queridos. Tras reconocer su falta de salud y riqueza, Pablo demostró el verdadero significado de Marcos 10:29-30 (y del pasaje paralelo de Lucas 18:29-30) al describirse a sí mismo como «no teniendo nada, aunque poseyéndolo todo» (2 Cor. 6:10). Paradójicamente, Pablo «lo tenía todo» mientras poseía muy poco.

Por último, es sorprendente que los predicadores de la prosperidad que citan Marcos 10:30 casi nunca comenten la frase «junto con persecuciones». ¿Cuándo fue la última vez que oíste un sermón sobre la promesa de Dios de centuplicar las persecuciones?

No estoy sugiriendo que ninguna promesa de bendición del Nuevo Testamento se aplique de forma literal y material. Jesús dijo: «Den, y les será dado; medida buena, apretada, remecida y rebosante, vaciarán en sus regazos. Porque con la medida con que midan, se les volverá a medir» (Luc. 6:38). Tanto la Escritura como la experiencia demuestran la frecuente bendición material de Dios sobre quienes comparten generosamente lo que Él les ha confiado. Creo firmemente en esto. Al refutar los excesos de la teología de la prosperidad, no minimizo el hecho de que Dios es dador por naturaleza, que le encanta dar a Sus hijos y que recompensa nuestra generosidad. A menudo, esas recompensas pueden incluir bendiciones financieras y materiales. (Examinaremos este tema más detenidamente en el capítulo 13).

Cuando Dios nos recompensa, ¿por qué?

No discuto con nadie que diga que Dios a menudo elige prosperar a Su pueblo de forma material. Pero la gran pregunta es esta: «¿Por qué nos prospera?».

Cuando nos bendice económicamente, ¿qué espera que hagamos con la abundancia?

Cuando Dios nos bendice económicamente, ¿qué espera que hagamos con la abundancia?

Los predicadores de la salud y la riqueza sugieren que podemos hacer lo que queramos con la provisión de Dios. Podemos comprar casas y coches preciosos, tomar vacaciones de ensueño y vivir en la riqueza y la prosperidad, siempre que le demos el mérito a Dios. Que Dios quiera el mérito de algunos de estos estilos de vida es otra cuestión. Algunos predicadores de la prosperidad llegan a decir que Dios espera de nosotros —o incluso nos *ordena*— que vivamos en el lujo, ¡para que no seamos «malos testigos» por parecer pobres! Según este criterio, Jesús y Pablo fueron testigos terribles. Parece como si estos predicadores quisieran hacernos creer que Jesús dijo: «En esto conocerán todos que son Mis discípulos, si tienen mucho dinero y posesiones fabulosas». (Para ver lo que Jesús dijo en realidad, lee Juan 13:35).

En el contexto de la generosidad económica, Pablo afirma: «Y Dios puede hacer que toda gracia abunde para ustedes, a fin de que teniendo siempre todo lo suficiente en todas las cosas, abunden para toda buena obra» (2 Cor. 9:8). En otras palabras, Pablo dice que Dios nos proporciona abundancia precisamente para que podamos utilizarla para hacer buenas obras. También dice que el Dios que «suministra semilla al sembrador [...] aumentará la cosecha» (2 Cor. 9:10). ¿Para qué? ¿Para que podamos almacenar la semilla o comérnosla? No, para que podamos esparcirla, repartirla, para que produzca vida y dé fruto. ¿Por qué Dios hace ricos a muchos de nosotros? No tenemos que preguntárnoslo, porque las Escrituras responden directamente a la pregunta: «Ustedes serán enriquecidos en todo *para* toda liberalidad, la cual por medio de nosotros produce acción de gracias a Dios» (2 Cor. 9:11, cursiva añadida). Dios nos confía riquezas no para que las conservemos, sino para que las *demos* generosamente. Pablo ya se refirió antes a este mismo punto:

> Esto no es para holgura de otros y para aflicción de ustedes, sino para que haya igualdad. En el momento actual la abundancia de ustedes suple la necesidad de ellos, para que también la abundancia de ellos supla la necesidad de ustedes, de modo que haya igualdad. (2 Cor. 8:13-14)

Este pasaje se opone a la idea de que los que tenemos más que suficiente deberíamos acumular todo lo posible para el futuro, para no tener que depender nunca de los regalos de los demás. Eso puede encajar con nuestro espíritu individualista de orgullo americano, pero no con la enseñanza de las Escrituras. Se nos dice que demos de nuestra abundancia ahora, dándonos cuenta de que algún día —quizá incluso en parte porque hemos dado a otros— estaremos en condiciones de recibir de otros. Quizá eso sea saludable tanto para los demás como para nosotros. Regalar dinero nos coloca en una posición de debilidad económica. Eso no nos gusta; preferimos estar en una posición de fortaleza económica. Pero regalar lo que nos sobra hace algo por nosotros que guardar o gastar no hace. Nos hace depender de Dios, y nos mantiene abiertos a la posibilidad de que en algún momento necesitemos depender de otros, igual que ellos dependen actualmente de nosotros.

Nuestro ministerio tiene el privilegio de regalar los derechos de autor de mi libro para apoyar a ministerios que lo merecen. En un año en que habíamos podido regalar más de 100 000 dólares en los primeros cinco meses, de repente tuvimos un déficit en nuestros ingresos. Tuvimos que hacer algunos recortes rápidos y significativos. Enseguida, una de las organizaciones misioneras a las que apoyamos habitualmente nos envió 500 dólares. ¡Era la primera vez que recibía un regalo económico de una organización misionera! Por un momento, me sentí muy incómodo. Luego sonreí, al darme cuenta de la bendición que suponía para nosotros *y* para ellos. Ellos pasaron de receptores a donantes, y nosotros pasamos de donantes a receptores, exactamente como describe 2 Corintios 8:13-14.

Es divertido que nuestras oraciones sean respondidas. Y es divertido ser la respuesta a la oración de otra persona. Hace poco, les recomendé a un grupo de directores generales de ministerios que eligieran otros ministerios y les hicieran donaciones periódicas. Podemos decir que «no competimos» con otros ministerios, pero nada pone a prueba ese sentir —y nada cultiva realmente la cooperación— como elegir dar a otros ministerios lo que podríamos haber gastado o ahorrado para nosotros mismos.

Dios nos ha bendecido ricamente en lo económico, no para que demostremos que somos Sus hijos viviendo por encima de los demás, sino para que demostremos que somos Sus hijos bajando unos peldaños en la escalera de la opulencia y haciendo que otros suban unos peldaños, para que haya una igualdad verdadera, de corazón.

Dios podría haber distribuido los bienes equitativamente en primer lugar, pero quiere confiar en que Su pueblo comparta libremente en Su nombre. Quiere que seamos el conducto a través del cual satisface las necesidades de los demás, por quienes se preocupó lo suficiente como para morir.

John Piper identifica la finalidad de la abundante provisión de Dios:

> Dios no es glorificado cuando guardamos para nosotros (por muy agradecidos que estemos) lo que deberíamos utilizar para aliviar la miseria de millones de personas no evangelizadas, no educadas, no medicadas y no alimentadas. La prueba de que muchos cristianos profesantes han sido engañados por esta doctrina es lo poco que dan y lo mucho que poseen. Dios los ha prosperado. Y por una ley casi

> irresistible de la cultura consumista (bautizada por una doctrina de salud, riqueza y prosperidad) han comprado casas más grandes (y más cantidad), coches más nuevos (y más cantidad), ropa más elegante (y más cantidad), carne mejor (y más cantidad), y todo tipo de baratijas y artilugios y recipientes y dispositivos y equipos para hacer la vida más divertida. Tal vez objeten diciendo: ¿No promete el Antiguo Testamento que Dios hará prosperar a Su pueblo? ¡Pues sí! Dios aumenta nuestro rendimiento, para que dando podamos demostrar que nuestro rendimiento no es nuestro dios. Dios no prospera el negocio de un hombre para que pueda pasar de un Ford a un Cadillac. Dios prospera un negocio para que 17 000 pueblos no alcanzados puedan ser alcanzados con el evangelio. Prospera el negocio para que el 12 % de la población mundial pueda alejarse un paso del precipicio de la inanición.[1]

La teología de la prosperidad fomenta el gasto en nosotros mismos. Pero esto no solo nos forja las cadenas del materialismo, sino que constituye una oportunidad perdida de dar a lo que podría contar para la eternidad. Cristo dijo: «todo cuanto quieran que los hombres les hagan, así también hagan ustedes con ellos» (Mat. 7:12). Si tú y tus hijos tuvieran hambre, ¿qué querrías que hicieran por ustedes los cristianos prósperos? Si tu respuesta es que querrías que compartieran de su abundancia, entonces di no a la teología de la prosperidad, obedece a Cristo y comparte tu abundancia con los demás.

Qué distinto sonaba John Wesley de los predicadores de la prosperidad de hoy:

> ¿No saben que Dios les confió ese dinero (todo lo que sobre de comprar lo necesario para sus familias) para alimentar al hambriento, vestir al desnudo, ayudar al forastero, a la viuda, al huérfano y, de hecho, hasta donde alcance, aliviar las necesidades de toda la humanidad? ¿Cómo pueden, cómo se atreven, a defraudar a su Señor, al aplicar ese dinero a cualquier otro propósito?[2]

Dios, el gran Genio

Mientras enseñaba los principios de la «siembra con fe» y la «devolución del céntuplo», un pastor contó triunfalmente el caso de una mujer de su iglesia cuyo coche, aún nuevo, estaba a punto de ser embargado. Como acto de fe, invocando la «promesa» divina del céntuplo, puso 20 dólares en la ofrenda. Al día siguiente, recibió 2000 dólares por correo y pudo ponerse al día en los pagos, conservar el coche y ganar algo de dinero extra para gastos.

Es un bonito testimonio, pero plantea algunas preguntas. ¿Se le ocurrió a la mujer (o al pastor) que tal vez no debería haberse endeudado en primer lugar, que su hermoso coche podría ser un lujo que Dios no aprobaba, o que

Dios podría querer que renunciara a su coche e invirtiera los 2000 dólares en Su reino (y no esperar un cheque por correo de 200 000 dólares para compensarla por hacerlo)? Al parecer, no se les ocurrió que muchas personas injustas también recibieron cheques por correo aquel día, mientras que muchas personas justas no los recibieron.

La enseñanza de la prosperidad plantea la misma pregunta que Satanás hizo a Dios: «¿Acaso teme Job a Dios de balde?» (Job 1:9). Aunque se demostró que la fe de Job era auténtica, muchas otras personas están menos interesadas en Dios mismo que en los beneficios marginales que afirmamos que ofrece. El mundo acude a una iglesia próspera con motivos encontrados. Como observó sir Robert L'Estrange, periodista británico del siglo XVII: «El que sirve a Dios por dinero servirá al diablo por un salario mejor».[3]

El problema central del evangelio de la salud y la riqueza es que está centrado en el hombre, no en Dios. Cuando se aborda desde una postura de «prosperidad», la oración degenera en coacción, mediante la cual «nombramos y reclamamos», tirando de la correa de Dios hasta que sigue nuestros caprichos. Intentamos convencer al Todopoderoso de que aumente nuestras comodidades y apruebe estilos de vida sobre los que no nos hemos molestado en consultarle en primer lugar.

La «fe» se convierte en una palanca para derribar la puerta de la reticencia de Dios, en lugar de un humilde intento de asirnos a Su voluntad. Cuando reclamamos la sangre de Cristo, creyendo que Dios debe quitarnos esta enfermedad o minusvalía o dificultad económica, ¿le estamos pidiendo que nos quite las mismas cosas que ha puesto en nuestras vidas para hacernos más semejantes a Cristo?

Tratamos a Dios como un objeto, una herramienta, un medio para un fin. La bendición de Dios sobre las donaciones económicas se convierte en una garantía de devolución del dinero por la que está obligado a hacer precisamente lo que nosotros queremos. Un hombre de Florida oyó decir a un pastor que si daba cien dólares, Dios le devolvería mil. Cuando los mil nunca llegaron, presentó una demanda contra la iglesia.

El problema central del evangelio de la salud y la riqueza es que está centrado en el hombre, no en Dios.

En la teología de la prosperidad, a Dios se lo ve como una gran lotería sin pérdidas en el cielo, una máquina tragamonedas cósmica en la que metes una moneda y tiras de la palanca, luego sacas el sombrero y te llevas las ganancias mientras tus «amigos del casino» (o compañeros cristianos) alientan y vocean (o dicen «Amén») y esperan su turno en la cola.

La razón de existir de Dios, aparentemente, es darnos lo que queremos. Si no tuviéramos necesidades, Dios probablemente desaparecería. Después de todo, ¿para qué serviría? Esta débil teología reduce la oración a una interminable «lista de deseos» que llevamos ante nuestro Dios Papá Noel. Muchos cristianos sanos y ricos ven a Dios como poco más que un hada que concede deseos. Lo llamamos «Amo», pero lo tratamos como a un genio. En lugar de frotar una lámpara, citamos un versículo o decimos «Alabado sea el Señor» tres veces, y ¡abracadabra! El Dios humeante con el gorro gracioso y los grandes bíceps debe representar el guion que le hemos escrito. Considera el papel de Dios en relación con nosotros en estas palabras de un destacado predicador de la prosperidad: «Pon a Dios a trabajar para ti y maximiza tu potencial en nuestro sistema capitalista divinamente ordenado».[4]

¿Quién trabaja para quién?

Nuestro uso pragmático de Dios demuestra una clara falta de interés por Dios mismo. Después de todo, ¿a quién le importa cómo es un genio? Los genios sirven para una cosa: concedernos nuestros deseos y hacernos prósperos y felices. En lugar de ser el gran tema de nuestra fe, para muchos de nosotros Dios no es más que un objeto, lo que explica la abundancia de sermones, libros, artículos, seminarios y conversaciones sobre *nosotros* y la escasez de los que tratan sobre Dios. Se lo presenta y se lo despide a nuestra conveniencia. «Ya puedes irte, Dios; te llamaré cuando se me ocurra otra cosa que quiera».

La Biblia nos muestra una imagen muy distinta de Dios, en la que Él es central, Su gloria es el punto focal del universo, y Su propósito soberano le da derecho a hacer lo que quiera, incluso cuando eso va en contra de lo que queremos y esperamos.

Cuando el justo Job lo perdió todo, incluso a sus propios hijos, se postró en tierra y adoró a Dios, diciendo: «Desnudo salí del vientre de mi madre y desnudo volveré allá. El Señor dio y el Señor quitó; bendito sea el nombre del Señor». Se nos dice: «En todo esto Job no pecó ni culpó a Dios» (Job 1:21-22).

En cambio, cuando los defensores de un evangelio de la prosperidad pierden la salud y la riqueza, suelen perder la fe. Llegan a la conclusión de que deben haber cometido algún pecado desconocido. Si tan solo pudieran encontrarlo y confesarlo, recuperarían la salud y la riqueza. La única alternativa es que las promesas de Dios no son ciertas, que Dios no es fiable o que los ha abandonado. La mujer de Job dijo: «Maldice a Dios y muérete». La respuesta de Job fue una simple pregunta que pone al descubierto la superficialidad de la teología de la prosperidad: «¿Aceptaremos el bien de Dios pero no aceptaremos el mal?» (Job 2:9-10).

Lo que le estamos diciendo al mundo

Cuando los no creyentes fueron testigos de la generosidad de los primeros cristianos, vieron cómo se amaban y cuidaban unos a otros. Como consecuencia, estos creyentes hallaban «favor con todo el pueblo». Su manera de ir en contra de la cultura en cuanto a la egocéntrica teología de la prosperidad que dominaba el paisaje religioso de Jerusalén tenía su atractivo. No es casualidad que muchos llegaran a la fe en parte por el poder y la integridad de esta refrescante alternativa al materialismo: «Y el Señor añadía cada día al número de ellos *los que iban siendo salvos*» (Hech. 2:45-47, cursiva añadida).

Esto contrasta fuertemente con el evangelio de la salud y la riqueza que se presenta en algunos programas de televisión cristianos, que la mayoría de los no creyentes ven como mercantilismo interesado. Por desgracia, a menudo tienen razón. Este materialismo bautizado no atrae al mundo hacia Cristo. Al contrario, lo aleja de Él. De hecho, los únicos incrédulos que se sienten atraídos a la Iglesia por la teología de la prosperidad lo son por razones equivocadas.

Prosperidad y provincialismo

He pensado mucho en la teología de la prosperidad. Pensé en ella mientras caminaba por las calles de la Ciudad de la Basura en El Cairo, estrechando las manos mugrientas de los cristianos que viven en la más absoluta pobreza. Pensé en ella cuando adoraba junto a fieles creyentes en un tosco banco sin respaldo en una iglesia de suelo sucio en Kenia. Volví a pensar en ella cuando me senté en una habitación oscura con pastores detrás de la Cortina de Hierro. Pensé en ella cuando caminaba por callejuelas embarradas en Camboya y me apretujaba en casas diminutas en China. Pensé en ella cuando me llevaron en avión por Estados Unidos, me alojaron en una lujosa habitación de hotel y me recogieron en una limusina que me llevó a un estudio de televisión cristiano para una entrevista de veinte minutos.

He pensado en la teología de la prosperidad y en las Escrituras lo suficiente como para llegar a una conclusión sobre lo que Dios piensa de ella. Aunque algunos han intentado justificar su teología de la prosperidad utilizando textos de prueba aislados, en realidad es producto de la psicología materialista e impulsada por el éxito que domina las naciones industrializadas. El evangelio de la salud y la riqueza prospera en Norteamérica, Europa Occidental, Corea, Japón, Singapur y otros países económicamente progresistas. Pero, ¿dónde encaja en Bangladés, Etiopía, Laos, Haití o Afganistán? Lejos de ser un reflejo de la enseñanza bíblica, la teología de la prosperidad es un producto de nuestro lugar y nuestro tiempo, un reflejo de nuestro materialismo y ensimismamiento.

> La teología de la prosperidad es un producto de nuestro lugar y nuestro tiempo, un reflejo de nuestro materialismo y ensimismamiento.

Mi novela *Safely Home* [A salvo en casa] es la historia de un hombre de negocios estadounidense y su compañero de habitación chino que se licenciaron juntos en Harvard veinticinco años antes. Llevan dos décadas sin comunicarse, pero de repente se reencuentran en China. El que ha seguido a Cristo está experimentando adversidad y alegría. El que se apartó de Cristo está viviendo prosperidad y vacío. El contraste entre estos dos viejos amigos es el contraste entre el cristianismo bíblico y la teología de la prosperidad.

Mi novela es, por supuesto, una obra de ficción, pero puede verse un contraste similar en los testimonios de la vida real de dos hombres:

En Estados Unidos, un hombre de negocios de aspecto elegante se levanta en un almuerzo para dar su testimonio: «Antes de conocer a Cristo, no tenía nada. Mi negocio estaba en quiebra, mi salud estaba arruinada, había perdido el respeto de la comunidad y casi había perdido a mi familia. Entonces, acepté a Cristo. Me sacó de la quiebra y ahora mi negocio ha triplicado sus beneficios. Mi presión arterial se ha normalizado y me siento mejor de lo que me he sentido en años. Lo mejor de todo es que mi mujer y mis hijos han regresado, y hemos vuelto a ser una familia. Dios es bueno, ¡alabado sea el Señor!».

En China, un antiguo profesor universitario desaliñado da su testimonio: «Antes de conocer a Cristo, lo tenía todo. Ganaba un gran sueldo, vivía en una bonita casa, gozaba de buena salud, era muy respetado por mis credenciales y mi profesión, y tenía un buen matrimonio y un hermoso hijo. Entonces, acepté a Cristo como mi Salvador y Señor. Como consecuencia, perdí mi puesto en la universidad, perdí mi hermosa casa y mi coche, y pasé cinco años en la cárcel. Ahora trabajo por un salario de subsistencia en una fábrica. Vivo con dolor en el cuello, porque me lo quebré en la cárcel. Mi mujer me rechazó a causa de mi conversión. Se llevó a mi hijo y hace diez años que no lo veo. Pero Dios es bueno y lo alabo por Su fidelidad».

Ambos hombres son cristianos sinceros. Uno da gracias por lo que ha ganado. El otro da gracias a pesar de lo que ha perdido.

Las bendiciones materiales y las familias restauradas son, sin duda, dignas de agradecimiento. El hermano de China estaría agradecido si volviera a tenerlas; de hecho, da gracias de corazón cada día por lo poco que tiene. Y aunque el hermano estadounidense tiene razón al dar las gracias, tanto él como el resto de nosotros debemos tener cuidado de distinguir cuánto de lo que ha experimentado forma parte del evangelio y cuánto no. Porque cualquier evangelio que sea más verdadero en Estados Unidos que en China no es el verdadero evangelio.

Y tanto si el mensaje lo proclama un ángel, un televangelista, un pastor o una carta para recaudar fondos, las Escrituras dejan claro cuál debe ser nuestra respuesta a cualquier evangelio que no sea el verdadero:

> Me maravillo de que tan pronto ustedes hayan abandonado a Aquel que los llamó por la gracia de Cristo, para seguir un evangelio diferente, que en realidad no es otro evangelio, sino que hay algunos que los perturban a ustedes y quieren pervertir el evangelio de

Cristo. Pero si aun nosotros, o un ángel del cielo, les anunciara otro evangelio contrario al que les hemos anunciado, sea anatema. Como hemos dicho antes, también repito ahora: Si alguien les anuncia un evangelio contrario al que recibieron, sea anatema.

Porque ¿busco ahora el favor de los hombres o el de Dios? ¿O me esfuerzo por agradar a los hombres? Si yo todavía estuviera tratando de agradar a los hombres, no sería siervo de Cristo.
(Gál. 1:6-10)

SEGUNDA PARTE

Una mirada al dinero y las posesiones a la luz de la eternidad

CAPÍTULO 7

Dos tesoros, dos perspectivas, dos amos

He tenido muchas cosas en mis manos y las he perdido todas. Pero todo lo que he puesto en manos de Dios, eso aún lo poseo.

MARTÍN LUTERO

No es un tonto aquel que entrega lo que no puede retener para obtener lo que jamás puede perder.

JIM ELLIOT

En el mayor mensaje jamás predicado, Jesús aborda la relación adecuada del creyente con el dinero y las posesiones:

> «No acumulen para sí tesoros en la tierra, donde la polilla y la herrumbre destruyen, y donde ladrones penetran y roban; sino acumulen tesoros en el cielo, donde ni la polilla ni la herrumbre destruyen, y donde ladrones no penetran ni roban; porque donde esté tu tesoro, allí estará también tu corazón.
>
> »La lámpara del cuerpo es el ojo; por eso, si tu ojo está sano, todo tu cuerpo estará lleno de luz. Pero si tu ojo está malo, todo tu cuerpo estará lleno de oscuridad. Así que, si la luz que hay en ti es oscuridad, ¡cuán grande será la oscuridad!
>
> »Nadie puede servir a dos señores; porque o aborrecerá a uno y amará al otro, o apreciará a uno y despreciará al otro. Ustedes no pueden servir a Dios y a las riquezas». (Mat. 6:19-24)

Jesús siempre tuvo en mente dos reinos. Aquí habló de los dos tesoros, las dos perspectivas y los dos amos de esos dos reinos.

Cada dístico presenta dos opciones y exige una elección. Hay una elección por defecto si no se hace «ninguna elección». A menos que se haga deliberadamente la elección correcta y uno se aferre tenazmente a ella, la elección incorrecta se aplicará de forma natural. En ese caso, como con el piloto automático, la gente se pasará la vida invirtiendo en el tesoro equivocado, adoptando la perspectiva equivocada y sirviendo al amo equivocado.

Dos tesoros

¿Cuál es nuestro tesoro? A. W. Tozer sugirió que podemos descubrir la respuesta respondiendo a cuatro preguntas básicas:

> ¿Qué es lo que más valoramos? ¿Qué es lo que más detestaríamos perder? ¿A qué se dirigen con más frecuencia nuestros pensamientos cuando somos libres de pensar en lo que queramos? Y, por último, ¿qué nos proporciona el mayor placer?[1]

Basándote en estas cuatro preguntas, ¿cuál es *tu* tesoro?

La mayoría de la gente enumeraría a las personas y las relaciones como sus tesoros. Pero si somos sinceros, también incluiríamos el dinero y las posesiones. Sin embargo, al yuxtaponer la acumulación de tesoros en la tierra con los tesoros en el cielo, Jesús sugiere que el dinero y las posesiones tienen un uso eterno.

Cuando se gasta en tesoros terrenales, el dinero solo tiene un valor temporal, a menos que se gaste con vistas a un tesoro celestial. Las polillas destruyen los tejidos, el óxido destruye los metales «preciosos», y los ladrones pueden robar casi cualquier cosa. Jesús podría haber seguido: los incendios consumen, las inundaciones destruyen, los gobiernos embargan, los enemigos atacan, las inversiones salen mal. Ningún tesoro terrenal está a salvo.

Pero cuando el dinero y las posesiones se invierten en un tesoro celestial, la ecuación cambia radicalmente. La inversión adquiere un valor eterno. (Puesto que Dios, Su Palabra y las personas son eternos, lo que perdurará es lo que se utilice sabiamente para Dios, Su Palabra y Su pueblo).

Jesús nos invita a elegir nuestro tesoro. ¿Invertiremos nuestros tesoros en la tierra y los perderemos cuando muramos? ¿O invertiremos nuestros tesoros en el cielo, donde serán nuestros por toda la eternidad?

Inversión agresiva

Al leer Mateo 6, muchas personas ven algo negativo y pasan por alto lo positivo. Piensan que Jesús se opone categóricamente a acumular tesoros. En realidad, Jesús no nos dijo que no acumuláramos tesoros. Al contrario, nos lo *ordenó*. Simplemente dijo: «Dejen de almacenarlos en el lugar equivocado y empiecen a almacenarlos en el lugar correcto».

El principal argumento de Cristo contra la acumulación de riqueza material no es que sea moralmente malo, sino simplemente que es una mala inversión. Las cosas materiales no resisten el paso del tiempo. Aunque escapen a la polilla, al óxido y a los ladrones, no podrán escapar al fuego venidero de Dios, que consumirá el mundo material (2 Ped. 3:7).

Jesús no está diciendo que esté mal invertir. Está diciendo: «No hagas una inversión tonta, haz una inteligente».

John Wesley dijo: «Valoro todas las cosas solo por el precio que ganarán en la eternidad». David Livingstone dijo: «No doy valor a nada de lo que poseo, salvo en relación con el reino de Dios». El reino de Dios era el punto de referencia para estos hombres. Veían todo lo demás a la luz de ese reino. Se sentían impulsados a vivir como lo hacían, no porque no atesoraran cosas, sino porque atesoraban las cosas correctas.

Cuando pensamos en los misioneros, a menudo visualizamos a personas sencillas, sin aspiraciones de tesoros o grandeza. Pasamos por alto algo de las famosas palabras del mártir y misionero Jim Elliot: «No es un tonto aquel que entrega lo que no puede retener para obtener lo que jamás puede perder». Nos centramos en su voluntad de sacrificio y de servicio, pero descuidamos su pasión por la ganancia personal. ¡Relee sus palabras y verás que Jim Elliot era un buscador de beneficios! Lo que lo separaba del cristiano común no era que no quisiera tesoros, sino que quería tesoros verdaderos y *duraderos*. No se conformaba con un tesoro que se perdiera, sino con uno que perdurara.

La postura de Cristo respecto a la riqueza no es que haya que rechazarla, sino que hay que perseguirla. Decir que Dios no se opone a una mentalidad de inversión es quedarse corto. Según este pasaje, Dios *tiene* una mentalidad inversora. Cristo está totalmente de acuerdo con nosotros: merece la pena buscar la riqueza. La pregunta es: ¿qué constituye la verdadera riqueza?

Descubrir la verdadera riqueza

Jesús describió vívidamente cómo es cuando descubrimos la verdadera riqueza: «El reino de los cielos es semejante a un tesoro escondido en el campo, que al encontrarlo un hombre, lo vuelve a esconder, y de alegría por ello, va, vende todo lo que tiene y compra aquel campo» (Mat. 13:44).

Probablemente este hombre, como la mayoría de nosotros, estaba muy apegado a sus posesiones. Sin embargo, habiendo visto el valor de este gran tesoro en el campo, «vende todo lo que tiene» para obtenerlo. ¿Le dolió el sacrificio? ¿Debemos compadecerlo porque el tesoro le costó todo? ¡No! «De alegría por ello», vendió todo para obtener ese tesoro. ¿Por qué? Era una simple cuestión de valor relativo. Hasta que encontró el tesoro, todas sus posesiones le parecían valiosas. Pero, en comparación con la deslumbrante belleza y el incalculable valor de lo que había descubierto, todo lo que había poseído y atesorado hasta entonces le parecía inútil.

John White dijo lo siguiente sobre el hombre de la parábola que renuncia a todo por este único gran tesoro:

> La elección a la que se enfrenta es entre sus baratijas sin valor y el campo con el tesoro enterrado. Su sacrificio no tiene nada de noble. En cambio, sería increíblemente insensato no hacerlo. Cualquiera, salvo un necio, haría exactamente lo que hizo aquel hombre. Todos le envidiarán su buena fortuna y lo elogiarán no por su carácter espiritual, sino por su sentido común.[2]

El reino de los cielos es semejante a un tesoro escondido en el campo, que al encontrarlo un hombre, lo vuelve a esconder, y de alegría por ello, va, vende todo lo que tiene y compra aquel campo.
MATEO 13:44

El mayor tesoro es Cristo mismo. Para Pablo, ganar a Cristo hacía que todo lo demás pareciera comparativamente sin valor (Fil. 3:7-11). Pero parte de ganar a Cristo consistía en esperar la recompensa eterna, el sello de aprobación de Cristo a su fiel servicio mientras estaba en la tierra. Esta perspectiva de recompensa eterna de la mano de su Maestro fue la motivación que consumió a Pablo durante toda su vida (1 Cor. 9:24-27) y su mayor expectativa al morir (2 Tim. 4:6-8).

Cristo nos ofrece la increíble oportunidad de cambiar bienes y divisas temporales por recompensas eternas. Al depositar nuestro dinero y nuestras posesiones en su tesorería mientras aún estamos en la tierra, nos aseguramos recompensas eternas incomprensibles.

Considera las implicaciones de esta oferta. Podemos intercambiar posesiones temporales que no podemos conservar por posesiones eternas que no podemos perder. Es como si un niño cambiara un chicle por una bicicleta nueva, o si a un hombre le ofrecieran la propiedad de la empresa Coca-Cola a cambio de una bolsa de tapas de botella. Solo un tonto dejaría pasar la oportunidad.

Lo que guardemos lo perderemos. Lo que demos, compartamos y hagamos en nombre de Cristo volverá a nosotros en el cielo, de una forma mucho mejor y permanente.

Cualquier cosa a la que intentemos aferrarnos aquí se perderá. Pero todo lo que pongamos en manos de Dios será nuestro por toda la eternidad (y estará asegurado por infinitamente más de 100 000 dólares por la verdadera Corporación de Seguros de Depósitos: la del Padre celestial).

Si damos en vez de guardar, si invertimos en lo eterno en vez de en lo temporal, almacenamos en el cielo tesoros que nunca dejarán de dar dividendos.

Los tesoros que acumulemos en la tierra se quedarán atrás cuando nos vayamos. Los tesoros que acumulemos en el cielo nos estarán esperando cuando lleguemos.

La realidad de las recompensas eternas fomenta inevitablemente una mentalidad de inversión. Por ejemplo, con 35 000 dólares podría comprarme un coche nuevo. Con el mismo dinero, podría ayudar a traducir las Escrituras para un grupo de personas no alcanzadas, apoyar la plantación de iglesias, alimentar a los hambrientos en nombre de Cristo, conseguir que se distribuya literatura evangélica en el Sudeste Asiático, o enviar a varias familias de misioneros nigerianos o indios, y mantenerlos a tiempo completo durante años. Si tengo mentalidad de inversión, me pregunto: *¿Cuál es la mejor inversión para la eternidad?*

Por supuesto, puede que la voluntad de Dios sea que compre un coche. Es cierto que un coche utilizado para sus fines también puede ser una inversión en el reino. Pero debo tener cuidado de no racionalizar. Un coche usado o ningún coche puede servir para los fines del reino igual de bien o mucho mejor, y permitirme hacer una inversión en el cielo que nunca sufrirá arañazos, abolladuras, robos ni daños totales. Y si invierto el dinero en Su reino y le pido a Dios que me proporcione un coche con poco o ningún gasto, ¿no podría hacerlo? ¿Por qué no le daría la oportunidad?

¿Un lugar seguro para tu dinero?

Observa que el eje central de Mateo 6:19-24 es la acumulación de tesoros celestiales, no la renuncia a los tesoros terrenales. Debemos evitar acumular tesoros en la tierra no como un fin en sí mismo, sino como parte de una estrategia vital para acumular tesoros en el cielo. Una persona puede renunciar a todos los tesoros terrenales sin invertir nunca en tesoros celestiales. Jesús no busca ascetas ni ermitaños, sino inversores con visión de eternidad. Jesús no está especulando; está hablando de cosas seguras. Cuando nos advierte que no acumulemos tesoros en la tierra, no es solo porque la riqueza *pueda* perderse. Es que la riqueza *sin duda* se perderá. O nos abandona mientras vivimos, o la abandonamos cuando morimos.

«Como salió del vientre de su madre, desnudo, así volverá, yéndose tal como vino. Nada saca del fruto de su trabajo que pueda llevarse en la mano» (Ecl. 5:15).

No puedes llevártelo.

«No temas cuando alguien se enriquece, cuando la gloria de su casa aumenta; porque nada se llevará cuando muera, ni su gloria descenderá con él» (Sal. 49:16-17).

No puedes llevártelo.

El rey Tut pensó que, si se rodeaba de tesoros, estos serían suyos en la otra vida. Se equivocaba. No fueron con él. Cuando Howard Carter descubrió la tumba de Tut en 1922, los tesoros seguían allí. Hoy esos tesoros se encuentran en un museo de El Cairo. Siguen aquí, pero Tut hace tiempo que se fue.

No puedes llevártelo.

Cuando Jesús habla de polillas, óxido y ladrones que se llevan nuestros tesoros terrenales, está diciendo en efecto: «No puedes llevártelos». Pero luego añade algo impresionante, algo revolucionario, un corolario totalmente nuevo del viejo adagio: «No puedes llevártelo, pero... *puedes enviarlo para cuando llegues*».

Qué calificación tan asombrosa. ¿Quién se habría atrevido a pensar que algo así fuera posible: que nosotros, criaturas de polvo, pudiéramos tomar hoy decisiones que nos llevaran a poseer tesoros eternos en el cielo? Moisés oró: «Haz permanentes las obras de mis manos» (Sal. 90:17, trad. lit.). Jesús dice: «He aquí cómo puedes hacerlo: Toma los tesoros que podrías haber almacenado en la tierra (solo para acabar perdiéndolos) y, en cambio, almacénalos en el cielo, donde permanecerán intactos por toda la eternidad».

La gente siempre busca lugares seguros donde poner su dinero. Jesús dice que, en última instancia, solo hay un lugar seguro donde poner nuestro dinero: el reino de Dios. Si utilizamos sabia y generosamente nuestros recursos terrenales, lo que significará renunciar a algunos de esos tesoros, podremos acumular tesoros en el cielo.

Jesús dijo que solo hay un lugar seguro donde poner nuestro dinero: el reino de Dios.

Volviendo a la pregunta planteada antes, *¿cuál es tu tesoro?* ¿Es tu casa, tu coche, tu barco, tu biblioteca, tu colección de armas? ¿Está tu tesoro en arte, monedas u oro? ¿Está en ahorros, un programa de jubilación, pólizas de seguro, rentas vitalicias, bienes inmuebles o materias primas? ¿Tu tesoro son quinientas acciones de AT&T o Microsoft? Algunas personas pueden poseer estas cosas sin que sean necesariamente su tesoro. Pero cada posesión a la que nos aferramos presenta una tentación constante de que se convierta en nuestro tesoro.

Pablo dijo a los ricos de este mundo que, mediante su generosidad y sus buenas acciones, podrían «[acumular] para sí el tesoro de un buen fundamento para el futuro» (1 Tim. 6:18-19). Los cristianos de todas las épocas se han tomado estos pasajes al pie de la letra y se han tomado mucho menos en serio que nosotros los tesoros terrenales y mucho más en serio los tesoros celestiales.

John Bunyan escribió *El progreso del peregrino* desde la celda de una prisión inglesa a la que había sido condenado por predicar el evangelio sin licencia. Así interpretó las palabras de Cristo y de Pablo:

> Todo lo bueno que hagas por Él, si lo haces conforme a la Palabra, te será guardado como un tesoro en cofres y baúles, y será sacado para recompensarte ante los hombres y los ángeles, para tu consuelo eterno.[3]

¿Es este un concepto bíblico? Absolutamente. Pablo habló de las ofrendas económicas de los filipenses y explicó: «No es que busque la dádiva en sí, sino que busco fruto que aumente en su cuenta» (Fil. 4:17). Dios tiene una cuenta abierta para nosotros en el cielo, y cada donativo dado para Su gloria es un depósito en esa cuenta. No solo Dios, no solo los demás, sino nosotros mismos somos los eternos beneficiarios de nuestras donaciones. ¿Has hecho depósitos regulares?

«Acumulen tesoros». ¿Te parece extraño que Jesús nos ordene hacer lo que más nos conviene? ¿No es eso egoísta? No; Dios espera y nos ordena que actuemos por propio interés. Nuestra generosidad no es solo por la gloria de Dios, no solo por el bien de los demás, sino también por nuestro bien.

Egoísmo es cuando perseguimos el beneficio a costa de los demás. Pero Dios no tiene un número limitado de tesoros para distribuir. Cuando acumulas tesoros para ti en el cielo, eso no reduce los tesoros disponibles para los demás. De hecho, es sirviendo a Dios y a los demás como acumulamos tesoros celestiales. Todos ganan; nadie pierde.

Cinturones portavalores y tesoros inagotables

¿Está hablando Jesús metafóricamente cuando se refiere a los «tesoros»? ¿O acumular tesoros en el cielo y no en la tierra es una referencia a las donaciones económicas? Yo creo que sí. Aunque las palabras de Cristo pueden aplicarse en principio a invertir en el reino de Dios los tesoros de nuestro tiempo y nuestros talentos, el significado principal se refiere a dar nuestro dinero y nuestras posesiones.

El primer indicador de que Jesús está hablando de nuestro dinero es el *contexto* de Sus comentarios. Comienza este segmento de Su mensaje hablando de las disciplinas espirituales de dar, orar y ayunar. Como ha estado hablando de dar, Su audiencia entendería naturalmente que la recomendación de «acumular tesoros en el cielo» es una ampliación sobre el tema de dar.

En segundo lugar, la palabra *tesoro* tiene un significado literal evidente. Sus oyentes sabían que los «tesoros en la tierra» eran dinero, piedras preciosas, oro, tierras, casas, ganado y otras posesiones valiosas. Cuando Jesús les dijo que no acumularan sus tesoros en la tierra, sino en el cielo, naturalmente llegaron a la conclusión de que estaba diciendo que los invirtieran en fines cercanos al corazón de Dios.

En tercer lugar, Su audiencia estaba muy familiarizada con las ofrendas, que eran una parte importante de la instrucción del Antiguo Testamento que se les enseñaba en los hogares y en las sinagogas. Jesús añade una nueva dimensión al tema, pero no les sorprendería que lo abordara.

En cuarto lugar, el punto decisivo es Lucas 12:33, donde Jesús relaciona inequívocamente dar con proporcionar «un tesoro en los cielos»:

> Vendan sus posesiones y den limosnas; háganse bolsas [algunos lo traducen como *cinturones portavalores*] que no se deterioran, un tesoro en los cielos que no se agota, donde no se acerca ningún ladrón ni la polilla destruye.

El uso de *ladrón*, *polilla* y *tesoro*, y la orden de hacerse cinturones portavalores, muestra que este pasaje de Lucas es algo más que un pasaje paralelo a Mateo 6:19. Es otra forma de decir lo mismo, pero dicho en otra ocasión, y como la mayoría de Sus enseñanzas no se repiten, la repetición acentúa su importancia. Este pasaje relaciona inequívocamente la venta de los propios bienes con la entrega de estos, proporcionando así tesoros en el cielo. El propósito no es el ascetismo —dejar de tener dinero—, sino el ministerio, ayudar a los pobres y necesitados.

La imagen del «cinturón portavalores» o la «bolsa» (cualquiera de las dos traducciones tiene mérito) que no se gasta desarrolla aún más el concepto de tesoros celestiales. Nuestra ofrenda es el conducto, el recipiente o el medio que lleva los tesoros al cielo de forma segura. Nos proporcionamos bienes en el cielo dando nuestros bienes en la tierra.

Jesús añade otra idea en Lucas 12 que no está presente en Mateo 6. No solo el tesoro celestial no está sujeto a ladrones y polillas, no solo el cinturón portavalores celestial no se gastará, sino que hay «un tesoro en los cielos que no se agota». Este refinamiento es significativo porque no dice simplemente que estos tesoros celestiales son seguros e indestructibles, como sugiere Mateo 6, sino que también son *inagotables*. Es decir, pueden *utilizarse* en el cielo sin *consumirse* nunca. En otras palabras, un niño que da de beber agua a una niña por bondad en la tierra recibirá por ello una recompensa que podrá disfrutar sin consumirse. En la tierra, su madre podría ver su buena acción y hornearle un pastel, que él comería agradecido. Pero luego, el pastel desaparecería. Sin embargo, en el cielo podemos disfrutar y utilizar nuestras recompensas, nuestros tesoros celestiales —sean los que sean—, sin agotarlos jamás.

No solo habrá recompensas en el cielo por el vaso de agua dado en la tierra, sino que esas recompensas nunca desaparecerán. El acto de bondad será recordado para siempre y su recompensa perdurará eternamente. Por lo tanto, las recompensas eternas no son solo una «herencia [...] reservada en el cielo», sino recompensas que en sí son eternas, imperecederas e inagotables (1 Ped. 1:4, NVI).

Decir que algo no se puede agotar nunca es más que decir que no se puede robar o estropear. Algo puede ser seguro e impoluto, como una comida o una entrada de admisión, pero una vez utilizado o consumido, desaparece. Sin embargo, nuestros tesoros en el cielo son inagotables.

Moisés oró el salmo más antiguo: «Confirma, pues, sobre nosotros la obra de nuestras manos» (Sal. 90:17). La traducción literal es «Haz que la obra de nuestras manos sea *permanente*». Este es el deseo de nuestro corazón: que hagamos cosas aquí y ahora que sobrevivan a este mundo, que den fruto para siempre en el mundo venidero. Eso es exactamente lo que promete Cristo.

Moneda confederada

Utilizo esta analogía en mi libro *El principio del tesoro: Descubra el secreto del dador alegre*:

> Imagina que vives al final de la Guerra Civil. Vives en el sur, pero eres norteño. Piensas mudarte a casa en cuanto acabe la guerra. Durante tu estancia en el sur, has acumulado mucha moneda confederada. Ahora, supongamos que sabes a ciencia cierta que el norte va a ganar la guerra y que el final es inminente. ¿Qué harás con tu dinero confederado?
>
> Si eres inteligente, solo hay una respuesta. Deberías canjear inmediatamente tu moneda confederada por moneda estadounidense, el único dinero que tendrá valor una vez acabada la guerra. Guarda solo lo suficiente de la moneda confederada como para cubrir tus necesidades a corto plazo.[4]

Como creyentes, tenemos conocimiento interno de un próximo cambio en la situación económica mundial. La moneda de este mundo carecerá de valor a nuestra muerte o al regreso de Cristo, ambos inminentes. Este conocimiento debería afectar radicalmente nuestra estrategia de inversión. Para nosotros, acumular vastos tesoros terrenales ante el futuro inevitable equivale a almacenar dinero confederado. No solo es erróneo. Es insensato.

La moneda de este mundo carecerá de valor a nuestra muerte o al regreso de Cristo, ambos inminentes.

La moneda del reino, respaldada por el tesoro eterno, es el único medio de cambio reconocido por el Hijo de Dios, cuyo gobierno durará para siempre. La moneda de Su reino es nuestro fiel servicio actual y el uso sacrificado de nuestros recursos para Él. La recompensa en la eternidad será lo que Pablo llamó «un buen fundamento», que consta de tesoros más allá de nuestros sueños más descabellados.

En el mundo financiero, hay expertos con buen ojo para detectar el mejor momento del mercado. Cuando leen las señales de que la bolsa está a punto de dar un giro a la baja, recomiendan cambiar inmediatamente los fondos a inversiones más fiables o constantes, como letras del Tesoro, fondos del mercado monetario o certificados de depósito. En Mateo 6, Jesús actúa como el principal asesor de inversiones, el máximo experto en la economía de la tierra y del cielo. Su estrategia es sencilla. Nos dice que cambiemos de vehículo de inversión de una vez por todas. Dice que debemos transferir nuestros fondos de la tierra —la cual es volátil y está a punto de caer en picada— al cielo, que es totalmente fiable y pronto sustituirá para siempre a la economía terrestre.

En términos de Wall Street, Cristo es bajista cuando se trata de invertir en la tierra. Su pronóstico financiero para este mundo es, en última instancia, sombrío. Pero es optimista sin reservas sobre la inversión en el cielo, ¡donde todos los indicadores del mercado son eternamente positivos!

¿Dónde está tu corazón?

Las palabras de Cristo fueron directas y profundas: «porque donde esté tu tesoro, allí estará también tu corazón» (Mat. 6:21). Lo que hacemos con nuestras posesiones es un indicador seguro de lo que hay en nuestro corazón. Jesús está diciendo: «Enséñame tus extractos bancarios y de tarjetas de crédito y tus recibos de gastos en efectivo, y te mostraré dónde está tu corazón». Lo que hacemos con nuestro dinero no miente. Es una declaración audaz a Dios de lo que realmente valoramos.

Pero lo que hacemos con nuestro dinero no *indica* simplemente dónde *está* nuestro corazón. Según Jesús, *determina* adónde *va* nuestro corazón. Esta es una verdad asombrosa y apasionante. Si quiero que mi corazón esté en un lugar concreto y no en otro, entonces tengo que poner mi dinero en ese lugar y no en el otro.

He oído a gente decir: «Quiero un mayor corazón para las misiones». Yo siempre respondo: «Jesús te dice exactamente cómo conseguirlo. Pon tu dinero en misiones, y tu corazón te seguirá».

¿Desearías tener un corazón más inclinado a los pobres y los perdidos? Entonces da tu dinero para ayudar a los pobres y llegar a los perdidos. ¿Quieres que tu corazón esté en tu iglesia? Pon allí tu dinero. Tu corazón siempre estará donde esté tu dinero y no donde no esté. Si la mayor parte de tu dinero está en fondos de inversión, en la jubilación, en tu casa o en tu afición, ahí es donde estará tu corazón.

Supón que haces una donación para ayudar a los niños africanos con SIDA, o que apadrinas a un niño en Haití. Cuando ves un artículo sobre el tema, te enganchas. Si estás enviando dinero para plantar iglesias en la India y se produce un terremoto en ese país, ves las noticias y oras fervientemente. ¿Por qué? Porque tu corazón está donde está tu tesoro.

«Mi corazón no está en las cosas de Dios». ¿Será porque tu tesoro no está en las cosas de Dios? Pon tus recursos, tus bienes, tu dinero y posesiones, tu tiempo y talentos y energías en las cosas de Dios. Con la misma seguridad que la aguja de la brújula sigue al Norte, tu corazón seguirá a tu tesoro. El dinero guía; el corazón sigue.

Dos perspectivas

Después de hablar de los dos tesoros, Jesús habla de dos perspectivas: «La lámpara del cuerpo es el ojo; por eso, si tu ojo está sano, todo tu cuerpo estará lleno de luz. Pero si tu ojo está malo, todo tu cuerpo estará lleno de oscuridad» (Mat. 6:22-23).

La visión física se utiliza aquí como metáfora de la *perspectiva*, de la forma en que miramos la vida. Los incrédulos ven la vida como un breve intervalo que comienza con el nacimiento y termina con la muerte. Al mirar hacia el futuro, no ven más allá de su propia vida, si es que llegan a hacerlo. Su visión es lastimosamente corta y estrecha, restringida a los horizontes del mundo. Como un caballo miope con anteojeras, la persona sin Cristo no puede ver ni a lo lejos ni a lo ancho. Desprovistos de perspectiva eterna, los incrédulos están abocados a tomar todos los caminos equivocados y a llegar a todas las conclusiones erróneas, pensando: «Si esta vida es lo único que hay, ¿por qué negarme cualquier placer o posesión?». Dada esta premisa, ¿por qué llegarían a otra conclusión? La gente solo *vive* para un fin superior cuando *ve* un fin superior.

Como creyentes en Cristo, nuestra teología nos da perspectiva. Nos dice que esta vida es el prefacio, no el libro. Son las preliminares, no el acontecimiento principal. Es la afinación, no el concierto.

Cuando estás en un largo vuelo de avión, naturalmente hablas con la gente, socializas, comes, lees, oras, duermes o tal vez hablas del lugar al que vas. Pero ¿qué pensarías si un pasajero del asiento de la ventanilla empezara a colgar cortinas sobre la ventanilla, pegara fotografías en el asiento de adelante, pintara murales y colgara cuadros? Pensarías: *Oye, no es un viaje tan largo. Cuando lleguemos al destino, nada de esto importará.* Incluso un largo vuelo en avión es corto comparado con el lapso de toda tu vida.

Pienso en nuestras vidas en términos de un punto y una línea, que significan dos fases. Nuestra vida actual en la tierra es el punto. Comienza. Termina. Es breve. Sin embargo, desde el punto se extiende una línea que continúa para siempre. Esa línea es la eternidad, que los cristianos pasarán en el cielo.

Ahora mismo vivimos *dentro* del punto. Pero *¿para qué* vivimos? La persona miope vive para el punto. La persona con perspectiva vive para la línea. Esta tierra, y nuestro tiempo aquí, es el punto. Nuestro amado Novio, la boda venidera, el gran rencuentro y nuestro hogar eterno en los cielos nuevos y la tierra nueva... *están todos en juego.*

La persona que vive para el punto vive para tesoros en la tierra que acaban en depósitos de chatarra. La persona que vive para la línea vive para tesoros en el cielo que jamás terminan.

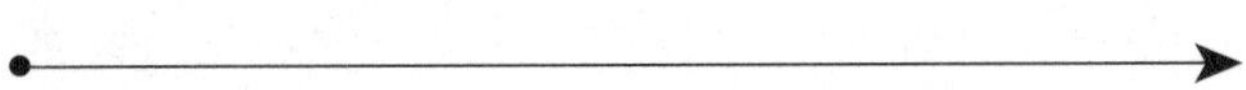

El punto: Vida en la tierra | La línea: Vida en el cielo

Dar es vivir para la línea.

Todos nos separaremos de nuestro dinero. La única cuestión es cuándo. No tenemos más remedio que desprendernos de él más adelante. Pero sí tenemos la opción de separarnos de él ahora. Podemos quedarnos con el tesoro terrenal por el momento, y puede que disfrutemos temporalmente de él. Pero si nos desprendemos de él, disfrutaremos de tesoros eternos que nunca nos serán arrebatados.

La gente necia vive para el punto. La gente sabia vive para la línea.

Todo es cuestión de perspectiva. La visión de la realidad del creyente debe ser radicalmente distinta de la del no creyente. Deberíamos vivir de forma diferente porque vemos de forma diferente. Somos testigos de los mismos acontecimientos actuales, pero los interpretamos de forma diferente. Comemos los mismos alimentos, intercambiamos la misma moneda, pero vivimos de acuerdo con dos propósitos diferentes. Estos propósitos se basan directamente en dos perspectivas distintas: una que mira la vida a corto plazo y otra que mira la vida a largo plazo.

Cuando nuestros ojos están puestos en la eternidad, la noticia de que alguien ha conocido al Salvador significa mucho más que la noticia de un aumento de sueldo o la perspectiva de conseguir el último dispositivo de alta tecnología. Por supuesto, el aumento de sueldo, y tal vez el dispositivo, pueden utilizarse para el reino de Dios. Pero la cuestión es que ninguna de las dos cosas en sí mismas es importante en última instancia, mientras que el nuevo nacimiento, que afecta al destino eterno de un ser humano precioso, es de vital importancia.

La visión de la realidad del creyente debe ser radicalmente distinta de la del no creyente.

El cristiano que acumula tierras, casas y cuentas bancarias, pero no invierte en la eternidad, no es descrito por Jesús en Su sermón como injusto, avaricioso o egoísta, aunque pueda ser cualquiera de estas cosas. Más bien se lo describe como miope. Ciego. *Insensato* es una palabra demasiado débil... esta persona es *estúpida*, estúpida a la mayor escala, tan estúpida como el rico insensato de Lucas 12. Tan estúpida como habría sido el hombre que encontró el tesoro en el campo al aferrarse a sus míseras posesiones en lugar de cambiarlas por lo que tenía mucho más valor.

El que tiene buenos ojos, el que tiene una perspectiva eterna, es preciso en su valoración de lo que es importante. Como la viuda pobre de Marcos 12, esta persona es eternamente sabia. Con la visión corregida por la «cirugía láser» de la Biblia, esta persona ve la vida a través de los ojos de la eternidad. A diferencia de la gente corriente, el creyente mira fijamente a través de la bruma y atisba más allá de los horizontes de este mundo, hacia otro.

Sacrificio momentáneo, ganancia eterna

Los patriarcas vivieron como «extranjeros y peregrinos sobre la tierra», y gastaron sus días «[anhelando] una patria mejor, es decir, la celestial» (Heb. 11:13-16). Pedro animó a los cristianos a hallar gozo concentrándose no en la prueba que persiste «por un poco de tiempo», sino en su herencia eterna que jamás perecerá (1 Ped. 1:4-9; 5:10). Pablo dijo: «Pues considero que los sufrimientos de este tiempo presente no son dignos de ser comparados con la gloria que nos ha de ser revelada» (Rom. 8:18). «Pues esta aflicción leve y pasajera nos produce un eterno peso de gloria que sobrepasa toda comparación» (2 Cor. 4:17).

Observa los contrastes: «leve» versus aquello que «sobrepasa toda comparación», «pasajera» versus «eterno», y «aflicción» versus «gloria». Pablo nos está enseñando a tener una perspectiva adecuada: «Mira el presente a la luz del futuro; mira el tiempo a la luz de la eternidad; mira más allá del sacrificio para ver la recompensa; soporta la cruz mientras anticipas la corona». Pablo no habla de una gloria alcanzada por Cristo, sino por nosotros. Del mismo modo, Jesús no dijo: «Acumulen para Dios tesoros en el cielo», sino: «Acumulen *para sí* tesoros en el cielo» (Mat. 6:20, NVI, cursiva añadida). Cristo será glorificado como único objeto de nuestra adoración en el cielo. La Escritura enseña que no solo contemplaremos Su gloria, sino que también participaremos de ella. Esto da al creyente un incentivo para hacer lo que hicieron los cristianos filipenses al donar a la obra misionera de Pablo: retirar fondos de sus cuentas terrenales para que se acrediten en su cuenta celestial (Fil. 4:17).

Supón que no te gusta la sopa de guisantes partidos, pero te digo que si comes sopa de guisantes partidos durante una semana, les proporcionaré a ti y a tu familia todos los alimentos que necesiten para el resto de sus vidas. ¿No cambiaría esta promesa tu perspectiva sobre la sopa de guisantes? Puede que siguiera sin gustarte, pero la comerías con gusto a la luz de la recompensa prometida (e incluso puede que terminara gustándote). Este es un ejemplo de gratificación diferida. Los soldados, los deportistas y los agricultores saben que los sacrificios a corto plazo son justificables a la luz de sus beneficios a largo plazo (2 Tim. 2:3-6). Este mismo principio se aplica a quienes adoptan una perspectiva eterna.

Supongamos que te ofrezco 1000 dólares para que los gastes hoy como quieras. No está nada mal. Pero te doy a elegir: puedes tener esos 1000 dólares hoy, o puedes tener diez millones de dólares si esperas un año, y luego diez millones más cada año a partir de entonces.

Solo un tonto aceptaría los 1000 dólares hoy. Sin embargo, eso es lo que hacemos siempre que nos aferramos a lo que solo durará un momento, renunciando a algo mucho más valioso que podríamos disfrutar después durante mucho más tiempo. Un año puede parecer mucho tiempo de espera. Pero cuando acabe —como cuando acabe nuestra vida aquí— parecerá que ha pasado rápidamente.

El dinero que Dios nos confía es un capital de inversión eterno. Cada día es una oportunidad para comprar más acciones de Su reino.

No puedes llevártelo, pero puedes enviarlo para cuando llegues.

Es un concepto revolucionario que cambió mi vida y la de mi familia. Si lo adoptas, te garantizo que también cambiará tu vida.

Los rendimientos «más altos»

A los planificadores financieros les cuesta convencer a la gente de que mire hacia delante en lugar de centrarse en el hoy, esta semana o este año. «No pienses en este año», te dirán. «Piensa en dentro de treinta años». Luego compartirán formas de prepararse para dentro de treinta años planificando, presupuestando, ahorrando, contribuyendo a una cuenta de jubilación, invirtiendo en este fondo de inversión o en aquella sociedad inmobiliaria. Pero la verdad es que pensar a treinta años es solo un poco menos miope que pensar a treinta días. La gente sabia no solo piensa en los años de jubilación, no solo en el final de su vida terrenal, sino en la eternidad. No deberíamos decir: «Piensa a treinta años», sino «Piensa a treinta millones de años».

Los asesores financieros señalan la diferencia entre invertir las mismas cantidades anuales en una Cuenta Individual de Jubilación a partir de los veinticinco años o a los cuarenta. En la jubilación, la diferencia final es enorme. Esta es una buena idea para el cristiano que está almacenando para la eternidad: Cuanto antes empieces, más tendrás esperándote.

Un asesor financiero dirá: «A los sesenta y cinco años, no puedes volver atrás y chasquear los dedos para compensar cuarenta años de mala planificación». Pero lo que es mucho más importante es que no puedes llegar al final de tu vida, chasquear los dedos y compensar toda una vida de mala planificación para encontrarte con Dios. El rico necio es la prueba de ello.

El prospecto eterno de Dios merece una mirada atenta a la luz de su tipo de interés garantizado. Jesús promete un rendimiento final cien veces superior: un tipo de interés del 10 000 % que dura para siempre (Mat. 19:29). ¿Qué inversión terrenal puede compararse con eso?

Basándome en las palabras de Cristo, permíteme asumir el papel de «consejero financiero eterno» y ofrecerte algunos consejos: Elige cuidadosamente tus inversiones, compara los tipos de interés y evalúa cómo te funcionarán dentro de unos millones de años.

Los incrédulos ven con lo que Jesús llamó el «ojo malo». La visión de las finanzas del cristiano, vista a través del «ojo bueno», debería ser radicalmente distinta. Es cierto que podemos participar en algunas de las mismas inversiones terrenales que los incrédulos. En ocasiones, nuestros objetivos a corto plazo parecerán similares. Pero nuestros objetivos y propósitos a largo plazo deberían ser fundamentalmente diferentes.

Dos señores

Habiendo hablado ya de dos tesoros y dos perspectivas, Jesús habla ahora de dos señores. Dice que, aunque *tengamos* a Dios y al dinero, no podemos *servir* a Dios y al dinero a la vez.

Yo podría tener dos trabajos, tres hermanas o cinco amigos, pero solo un cónyuge. Algunas relaciones, por su propia naturaleza, son excluyentes. La más básica de ellas es nuestra relación con Dios. En cada vida hay un trono lo suficientemente grande para uno. Cristo puede estar en ese trono. El dinero puede estar en ese trono. Pero los dos juntos no pueden ocuparlo.

Mamón es un dios falso. Es anticristo en el verdadero sentido de la palabra. La preposición griega *anti* no significa fundamentalmente «contra», sino «en lugar de». Por tanto, anticristo no es solo «el que está contra Cristo», sino «el que es un sustituto de Cristo». Al llamarlo Mamón, Cristo personificó el dinero para retratar su peligro. Mamón es un dios-sustituto, un falso mesías.

Los cuatro capítulos siguientes desarrollan con más detalle los conceptos de eternidad y recompensas eternas. Aunque este tema casi nunca se trata en los libros sobre el dinero y las posesiones, creo que proporciona la perspectiva esencial que nos permite ver nuestro dinero y nuestras posesiones como Dios los ve: a través de los ojos de la eternidad. Solo cuando adquiramos una perspectiva eterna seguiremos con entusiasmo el mandato de nuestro Señor de dedicar nuestras breves vidas en la tierra a la búsqueda del tesoro eterno.

Solo cuando adquiramos una perspectiva eterna seguiremos con entusiasmo el mandato de nuestro Señor de dedicar nuestras breves vidas en la tierra a la búsqueda del tesoro eterno.

¿Estás invirtiendo en el tesoro correcto? ¿Estás adoptando la perspectiva correcta? ¿Estás sirviendo al señor correcto?

No tiene nada de malo tener dinero. Lo necesitamos para vivir mientras seguimos en esta tierra extranjera, lejos de casa, y en Su gracia, Dios nos lo proporciona. Aun así, debemos comprender sus límites. Al igual que el dinero confederado al final de la Guerra Civil, solo sirve para un breve período de tiempo, y ese tiempo se está acabando. No valdrá nada cuando volvamos a casa. Estamos aquí en la tierra con un visado de corta duración. Un día no muy lejano, expirará.

Jesús nos dio a elegir: una vida malgastada en la búsqueda de riquezas en la tierra, o una vida invertida en la búsqueda de riquezas en el cielo. Cada latido de nuestro corazón nos acerca un momento más a la eternidad. Cada día, la persona cuyo tesoro está en la tierra se *aleja* de su tesoro. Cada día, la persona cuyo tesoro está en el cielo se dirige *hacia* su tesoro. Quien se pasa la vida alejándose de su tesoro tiene motivos para desesperarse. Quien se pasa la vida dirigiéndose hacia su tesoro, tiene motivos para alegrarse.

¿Dónde está tu tesoro? ¿Te diriges hacia él o te alejas de él? ¿Tienes motivos para desesperarte o para alegrarte?

¿Es hora de empezar a reubicar tu tesoro?

CAPÍTULO 8

El destino eterno del mayordomo

Prepararnos para nuestro último día debería ser la tarea de todos los días.

MATTHEW HENRY

El que provee para esta vida, pero no se preocupa de la eternidad, es sabio por un momento, pero necio para siempre.

JOHN TILLOTSON

Una antigua historia dice así: Un esclavo viaja con su amo a Bagdad. Una mañana temprano, mientras corretea por el mercado, el esclavo ve a la Muerte en forma humana. La Muerte le lanza una mirada amenazadora. El esclavo retrocede aterrorizado, convencido de que la Muerte pretende llevárselo ese día.

El esclavo corre hacia su amo y le dice: «Ayúdame. He visto a la Muerte, y su mirada amenazadora me dice que pretende quitarme la vida hoy mismo. Debo escapar de ella. Por favor, amo, déjeme partir ahora y huir en camello para que esta noche pueda llegar a Samara, donde la Muerte no pueda encontrarme».

Su amo accede, y el aterrorizado criado cabalga como el viento durante las quince horas que dura el viaje hasta Samara.

Unas horas más tarde, el amo ve a la Muerte entre la multitud de Bagdad. Se acerca audazmente a la Muerte y le pregunta: «¿Por qué has dirigido a mi criado una mirada amenazadora?».

«No era una mirada amenazadora», responde la Muerte. «Era una mirada de sorpresa. Verás, me ha sorprendido ver a tu siervo hoy en Bagdad, pues tengo una cita con él esta noche en Samara».

Aunque la imaginería de la historia es problemática (es nuestro justo Maestro, no la Muerte, quien tiene el poder de llamarnos a casa a Su hora señalada), la moraleja da en el blanco. El momento de nuestra muerte es desconocido. La forma de nuestra muerte es impredecible. Pero el hecho de nuestra muerte es ineludible. Las estadísticas son inamovibles: El 100 % de los que nacen mueren. Podemos pasarnos la vida huyendo de la muerte y negándola, pero eso no impedirá que la muerte llegue a su hora señalada. «No hay hombre que tenga potestad para refrenar el viento con el viento, ni potestad sobre el día de la muerte» (Ecl. 8:8).

Hablar de la muerte no la adelantará ni un momento. Pero nos dará la oportunidad de prepararnos para lo que nos espera. Si la mayor certeza de la vida es la muerte, ¿no sería insensato no prepararse para lo que hay más allá de esta vida? Toda vida que no nos prepare para la muerte es una vida desperdiciada.

¿Qué tiene que ver esto con nuestra actitud hacia el dinero y las posesiones? Tiene *todo* que ver. Sin duda, el factor que más contribuye a nuestra incapacidad para ver el dinero y las posesiones bajo su verdadera luz es nuestra persistente incapacidad para ver nuestras vidas presentes a través de la lente de la eternidad.

La pérdida de la percepción de lo eterno

Entre los cristianos occidentales ha ocurrido algo sorprendente. Muchos de nosotros pensamos y actuamos habitualmente como si no existiera la eternidad, o como si lo que hacemos en esta vida presente no tuviera consecuencias eternas.

¿Cuántos sermones sobre el cielo o el infierno hemos oído últimamente? ¿Cuántos folletos evangélicos modernos mencionan siquiera las palabras *cielo* o *infierno*? La tendencia es centrarse en nuestras circunstancias presentes en vez de en nuestro futuro eterno. Sin embargo, las Escrituras afirman que las realidades eternas deben influir en el carácter de nuestra vida presente, hasta en cada palabra que pronunciamos y cada acción que realizamos (Sant. 2:12; 2 Ped. 3:11-12).

En las raras ocasiones en que consideramos seriamente la vida después de la muerte, nos parece extraña u onírica, tan de otro mundo que resulta irreal. Así que volvemos a la «realidad»: nuestras vidas presentes y las posesiones que podemos ver, oír, tocar, sentir y saborear. Las cosas son reales. El *ahora* es real. Así que volvemos a los asuntos apremiantes del día, a lo que es inmediatamente relevante, a los importantísimos asuntos del presente. Pueden incluir lo que está ocurriendo en Hollywood, en Wall Street, en Washington o Londres, o en la NFL o la NBA; o qué nueva técnica de autoayuda puede hacernos bellos o felices; o cómo podemos decorar nuestra casa, o qué tipo de coche queremos comprar; o dónde podemos conseguir un préstamo a bajo interés. Vivimos como si estas zonas de sombra fueran el mundo real, la realidad suprema. Pero las Escrituras nos dicen que no lo son.

Nuestra devoción por las noticias y el descuido de la Biblia es el testimonio definitivo de nuestro interés por el corto plazo en detrimento del largo plazo.

No nos preguntamos cómo la ropa cara, los cruceros, los estiramientos faciales, los implantes mamarios y las liposucciones servirán para fines eternos. Tales preguntas son adecuadas para los teólogos y las ancianas piadosas, tal vez, pero no para nosotros, lo cual sería bastante cierto si solo murieran los teólogos y las ancianas, se encontraran con su Creador y pasaran la eternidad en algún lugar.

Muchos de nosotros pensamos y actuamos habitualmente como si no existiera la eternidad.

Ser ajenos a la eternidad nos convierte en expertos en lo trivial y novatos en lo significativo. Conocemos el nombre de esa melodía, los titulares de un equipo, estamos al tanto del debut cinematográfico de ese actor y podemos detallar las diferencias entre distintos ordenadores o los coches de doble tracción. Nada de esto es incorrecto, por supuesto, pero resulta ciertamente revelador si tenemos en cuenta que la mayoría de los cristianos, por no hablar del público en general, ni siquiera tiene una idea exacta de lo que la Biblia dice que nos ocurrirá después de morir. Nos especializamos en lo momentáneo y dejamos para lo último lo trascendental.

¿Qué tiene que decir Dios sobre nuestra vida aquí? Dice que esta vida es tan breve que somos como la hierba que crece por la mañana y se marchita por la tarde (Isa. 40:6-8). Nuestra vida aquí no es más que «un vapor que aparece por un poco de tiempo y luego se desvanece» (Sant. 4:14).

Cuando mi amiga Leona Bryant descubrió que le quedaba poco tiempo de vida, me habló de cambios radicales en su perspectiva. Me dijo: «Lo más sorprendente que ha ocurrido es que me encuentro totalmente desinteresada por todas las conversaciones sobre cosas materiales. Las cosas solían importarme, pero ahora descubro que mis pensamientos nunca se centran en las posesiones, sino siempre en Cristo y en las personas. Considero un privilegio poder vivir cada día sabiendo que moriré pronto. ¡Qué diferencia marca esto!».

Del mismo modo, David trató de obtener la perspectiva de Dios a la luz de la brevedad de la vida:

> Señor, hazme saber mi fin, y cuál es la medida de mis días, para que yo sepa cuán efímero soy. Tú has hecho mis días muy breves, y mi existencia es como nada delante de Ti; ciertamente todo hombre, aun en la plenitud de su vigor, es solo un soplo. Sí, como una sombra anda el hombre; ciertamente en vano se afana; acumula riquezas, y no sabe quién las recogerá. Y ahora, Señor, ¿qué espero? En Ti está mi esperanza. (Sal. 39:4-7)

Como esta vida es tan breve, podríamos concluir fácilmente que es intrascendente. Nuestras vidas pueden parecer guijarros arrojados a un estanque. Crean ondas durante un momento, pequeñas arrugas que se alisan, y luego desaparecen para siempre. Las lápidas abandonadas con nombres que nadie recuerda son un crudo recordatorio de nuestro eventual anonimato en este mundo. ¿Qué sabes de tu bisabuelo? ¿Qué sabrán tus bisnietos de ti?

Nuestra breve estancia aquí puede parecer poco importante, pero nada más lejos de la realidad. La Biblia nos dice que, aunque los demás no se acuerden de nosotros ni les importe lo que ha sido nuestra vida aquí, Dios se acordará perfectamente y le importa mucho, tanto que la puerta de la eternidad oscila sobre las bisagras de nuestra vida presente.

La Biblia nos dice que esta vida pone los cimientos sobre los cuales se construye la vida eterna. La eternidad guardará para nosotros lo que hayamos invertido en ella durante nuestra vida terrenal.

Las Escrituras dejan claro que el único asunto central de esta vida es prepararnos para la próxima.

El largo mañana: ¿Qué nos espera?

Al igual que ninguna pieza de un rompecabezas puede entenderse separada del contexto mayor del rompecabezas completo, nuestras vidas actuales —incluido lo que debemos hacer con todo nuestro dinero y posesiones— no pueden entenderse separadas del contexto mayor de la eternidad. En el resto del capítulo, intentaré pintar el telón de fondo de lo que A. W. Tozer llamaba «el largo mañana», contra el cual la cuestión del dinero —y todas las cuestiones de la vida— deben considerarse adecuadamente.

A muchos les han enseñado algunas cosas sobre la tribulación y el anticristo, y tienen ciertas creencias que se ajustan a su escatología cósmica particular. Pero tendemos a ser muy imprecisos sobre nuestras escatologías personales, los futuros eternos que nos esperan a cada uno. La única certeza parece ser que, si conocemos a Cristo como Salvador, estaremos en el cielo. Podríamos decir: «Con saber que estaré en el cielo me basta». Sin embargo, parece que no es suficiente para Dios. Su Palabra nos habla específicamente de otros aspectos de nuestro futuro personal. Y muchos lectores los encontrarán bastante diferentes de lo que habían supuesto.

La muerte y el juicio

Ya hablamos del próximo punto en nuestra agenda eterna: la muerte. «Y así como está decretado que los hombres mueran una sola vez, y después de esto, el juicio» (Heb. 9:27). El viejo dicho: «Nada es seguro salvo la muerte y los impuestos» es solo una verdad a medias, pues hay evasores de impuestos, pero no evasores de la muerte. Es posible que los que estén vivos en el momento del regreso de Cristo no mueran técnicamente, pero el resultado será el mismo: sus vidas terrenales terminarán abruptamente y pasarán de inmediato a la otra vida.

Hebreos 9:27 continúa nuestro itinerario escrito en piedra: el hombre está destinado a morir «y después de esto, el juicio». Este juicio es para todos los hombres, no para algunos. Tanto si vamos a Cristo en la muerte como si Él viene a nosotros en Su retorno, nos enfrentamos al juicio. Esta doctrina es tan antigua como la propia Iglesia. La afirmación «Cristo volverá para juzgar a vivos y muertos» se incluyó en el Credo de los Apóstoles (250 d. C.), el Credo Niceno (325 d. C.) y el Credo Atanasiano (400 d. C.).

Parece que en cada persona, sociedad y religión existe la creencia básica de que el bien merece recompensa y el mal merece castigo, y al final, ambos obtendrán su merecido. Dios ha escrito Su ley moral en los corazones humanos (Rom. 2:12-16). Esto incluye un sentido innato de que un día seremos juzgados a la luz de esa ley.

Parece que en cada persona, sociedad y religión existe la creencia básica de que el bien merece recompensa y el mal merece castigo.

Las Escrituras confirman esta innata expectativa humana de juicio. Dicen que Dios juzgará a todos (Hech. 17:31), y que juzgará con justicia (Gén. 18:25). Concretamente, nos juzgará según nuestras obras: «Yo, el Señor, escudriño el corazón, pruebo los pensamientos, para dar a cada uno según sus caminos, según el fruto de sus obras» (Jer. 17:10).

«Si dices: "Mira, no sabíamos esto". ¿No lo tiene en cuenta el que sondea los corazones? ¿No lo sabe el que guarda tu alma? ¿No dará a cada hombre según su obra?» (Prov. 24:12).

«Y recibirán el justo pago por sus injusticias» (2 Ped. 2:13).

Todos los hombres deberían vivir cada día con esta tremenda conciencia: «Pero ellos darán cuenta a Aquel que está preparado para juzgar a los vivos y a los muertos» (1 Ped. 4:5).

Dios nos juzgará con total conocimiento: «No hay cosa creada oculta a Su vista, sino que todas las cosas están al descubierto y desnudas ante los ojos de Aquel a quien tenemos que dar cuenta» (Heb. 4:13).

Como Su conocimiento es absoluto, Su juicio es integral y detallado: «De toda palabra vana que hablen los hombres, darán cuenta de ella en el día del juicio» (Mat. 12:36).

Su juicio se extiende a lo que está escondido de los demás: «Dios traerá toda obra a juicio, junto con todo lo oculto, sea bueno o sea malo» (Ecl. 12:14). Conoce incluso las motivaciones del corazón de los hombres y nos juzga a esa luz (1 Cor. 4:5).

Todos somos pecadores y la paga del pecado es la muerte (Rom. 3:23; 6:23). Pero un Dios todo santo, por amor a nosotros, juzgó a Jesús por nuestros pecados (Isa. 53:9-10). Solo aceptando la expiación de Cristo por nuestros pecados podemos escapar del castigo eterno que se nos debe (Rom. 6:23; 2 Cor. 5:21). La justicia de Dios quedó satisfecha, pero solo a costa de Su propia sangre. Para comprar nuestra redención, Jesús experimentó una eternidad de infierno en unas pocas horas en la cruz.

Nuestro Señor dijo: «Al que tiene sed, Yo le daré gratuitamente de la fuente del agua de la vida» (Apoc. 21:6). Sin costo para nosotros, pero a un costo inimaginable para Él, un costo que será visible por toda la eternidad, cuando contemplemos Sus manos y pies marcados por los clavos (Juan 20:24-29). Bonhoeffer tenía razón: la gracia es gratuita, pero no es barata.

El juicio del incrédulo en el infierno

El infierno es un lugar de castigo destinado a Satanás y a los ángeles caídos (Mat. 25:41-46; Apoc. 20:10). Sin embargo, también lo habitarán quienes no acepten el don de la redención de Dios en Cristo (Apoc. 20:12-15).

El infierno es un lugar real, del que Jesús habló clara y gráficamente (Mat. 10:28; 13:40-42; Mar. 9:43-44). El infierno es tan literal como el cielo (Sal. 11:4-6) y, a pesar de las recientes afirmaciones en sentido contrario (incluso entre algunos evangélicos), tan eterno como el cielo (Mat. 25:46). El infierno es un lugar horrible de sufrimiento y destrucción eterna (Mat. 13:41-42; 2 Tes. 1:9). Allí, las personas son plenamente conscientes y conservan todas sus capacidades y deseos sin esperanza de realización alguna por toda la eternidad (Luc. 16:22-31).

El infierno es indescriptiblemente espantoso. Si confiamos en la Biblia, debemos darnos cuenta de que el infierno es innegablemente real. Es algo en lo que la mayoría de nosotros no queremos creer, pero ¿quiénes somos nosotros para decirle a Dios que se equivoca? Desea tanto que no vayamos al infierno que pagó el precio definitivo para que no tuviéramos que hacerlo. Sin embargo, si no confiamos en Cristo para la salvación, el futuro eterno de cualquier persona transcurrirá en el infierno.

Como Dios es justo, el infierno no será igual para todos. La severidad del castigo variará según el grado de verdad conocido y la naturaleza y el número de pecados cometidos. Este concepto es extraño para la mayoría de los cristianos, pero se enseña claramente en las Escrituras (Mat. 11:20-24; Luc. 20:45-47; Rom. 2:3-5). Sin embargo, esto no sirve de consuelo, ya que lo «mejor» del infierno seguirá siendo el infierno: la exclusión eterna de la presencia de Dios y de la tranquilizadora luz de Su gracia.

La experiencia del creyente en el cielo

He escrito novelas que desarrollan temas de perspectiva eterna y retratan conversaciones y acontecimientos en el cielo.[1] La gente me pregunta a menudo por qué retrato el cielo como un lugar tan real y tangible. En primer lugar, porque cada vez que las Escrituras hablan del cielo lo retratan como un lugar real habitado por personas reales, no por fantasmas o pusilánimes pálidos y castrados que flotan en las nubes. En segundo lugar, porque necesitamos desesperadamente un antídoto contra todos los conceptos vagos, aburridos y notoriamente antibíblicos sobre el cielo que hacen que no lo anhelemos, sino que lo temamos.

En mi libro de no ficción *In Light of Eternity: Perspectives on Heaven* [A la luz de la eternidad: Perspectivas sobre el cielo], cito a creyentes que admiten haber temido el cielo, y luego sugiero por qué puede ser:

> Debido a las distorsiones generalizadas de cómo es el cielo, es habitual que los cristianos no lo esperen con ansias, o que incluso lo teman. Creo que solo hay una explicación para que estos espantosos puntos de vista se hayan apoderado de tantos hijos de Dios: Satanás. Engaño demoníaco.
>
> Jesús dijo del diablo: «Cuando habla mentira, habla de su propia naturaleza, porque es mentiroso y el padre de la mentira» (Juan 8:44). Algunas de las mentiras favoritas de Satanás se refieren al cielo. Apocalipsis 13:6 nos dice que la bestia satánica «abrió su boca con blasfemias contra Dios, para blasfemar Su nombre y Su tabernáculo, es decir, contra los que moran en el cielo». Nuestro enemigo calumnia tres cosas: la persona de Dios, el pueblo de Dios y el lugar de Dios: el cielo.
>
> Tras ser desalojado a la fuerza del cielo (Isa. 14:12-14), el diablo está amargado no solo con Dios, sino con nosotros y con el lugar que ya no es suyo. (Debe ser enloquecedor para él darse cuenta de que ahora tenemos derecho al hogar del que él fue expulsado). ¿Qué mejor manera tienen los demonios de atacar que susurrar mentiras sobre el mismo lugar en que Dios nos dice que pongamos nuestro corazón y nuestra mente (Col. 3:1-2)?[2]

Jesús nos ordena que acumulemos para nosotros tesoros en el cielo. Sin embargo, como nos hemos tragado ideas erróneas sobre el cielo, sin fijarnos en lo que nos dicen las Escrituras, nos aferramos a la tierra como nuestro hogar.[3] Naturalmente, entonces, tendemos a acumular nuestros tesoros aquí en vez de allí. Puesto que no podemos dedicar nuestra vida a acumular tesoros en un cielo que no esperamos, es fundamental que dediquemos un tiempo a abordar la cuestión de cómo es el cielo.

Cuando estaba a punto de dejar este mundo, Jesús dijo a Sus discípulos: «En la casa de Mi Padre hay muchas moradas; si no fuera así, se lo hubiera dicho; porque voy a preparar un lugar para ustedes. Y si me voy y les preparo un lugar, vendré otra vez y los tomaré adonde Yo voy; para que donde Yo esté, allí estén ustedes también» (Juan 14:2-3).

Fuimos hechos para una persona y un lugar. Jesús es la persona. El cielo es el lugar. Y Jesús es quien construye ese lugar para nosotros.

Antes de que nacieran nuestras hijas, mi esposa Nanci y yo preparamos un lugar para ellas. La calidad del lugar que preparamos para nuestras hijas estaba limitada solo por nuestras habilidades, recursos e imaginación.

Un buen carpintero imagina lo que quiere construir. Planifica y diseña. Luego hace su trabajo, modelándolo con cuidado y habilidad según las especificaciones exactas. Se enorgullece del trabajo que ha hecho y le encanta mostrarlo. Y Jesús no es un carpintero cualquiera: ya sabemos que es el Creador del mundo y que construyó todo lo que vemos. El cielo es Su mayor proyecto de construcción.

Para los cristianos, el cielo es nuestro hogar. Pablo declaró: «mientras habitamos en el cuerpo, estamos ausentes del Señor. [...] preferimos más bien estar ausentes del cuerpo y habitar con el Señor» (2 Cor. 5:6-8). Pablo dijo que preferiríamos estar en el cielo, nuestro verdadero hogar. El hogar es el lugar de la aceptación, la seguridad, el descanso, el refugio, las relaciones personales profundas y los grandes recuerdos.

El pueblo de Dios, extranjero y forastero en la tierra, se pasa la vida buscando «una patria propia» y anhelando «una patria mejor, es decir, la celestial» (Heb. 11:14, 16). La capital de este país celestial será «la ciudad que tiene cimientos, cuyo arquitecto y constructor es Dios» (Heb. 11:10). Esta ciudad tendrá toda la frescura, la vitalidad y la apertura del campo con toda la energía, la interdependencia y las relaciones de una ciudad. Una ciudad sin crimen, basura, esmog, sirenas, fealdad ni barrios marginados.

> Fuimos hechos para una persona y un lugar. Jesús es la persona. El cielo es el lugar.

El cielo tendrá un suministro inagotable de agua fresca y comida deliciosa. Sin hambrunas ni sequías. Cristo prometió que comeríamos y beberíamos con Él, junto con Abraham y otros (Mat. 8:11). Conoceremos y conversaremos con otros habitantes del cielo. No solo Abraham, Isaac y Jacob, sino también Moisés, David, Rut, Ester, María y Pedro. Espero tener conversaciones con C. S. Lewis, A. W. Tozer, Jonathan Edwards y Amy Carmichael.

Conversaremos con ángeles. Puesto que los ángeles son «espíritus ministradores» que nos sirven (Heb. 1:14), conoceremos a los que nos protegieron durante nuestros años en la tierra.

Disfrutaremos y compartiremos con los demás los tesoros que acumulamos en el cielo mientras vivíamos en la tierra (Mat. 6:19-21). Abriremos nuestras moradas para recibir visitas (Luc. 16:9).

Dios dio a Adán y Eva creatividad en su estado no caído, que se torció pero permaneció cuando cayeron. Seguramente no nos dará menos creatividad en el cielo, sino *más*, sin las marcas del pecado, sin los límites de la mortalidad. Compondremos, escribiremos, pintaremos, tallaremos, construiremos, plantaremos y cultivaremos.

No habrá templo ni edificios eclesiásticos. Cristo será el centro de todo. La adoración será sin afectación, sin pretensiones ni distracciones. Estaremos perdidos en nuestra adoración, sobrecogidos por la magnificencia de Dios y el privilegio de ser Sus hijos.

En Apocalipsis 5, se nos habla de un coro de ángeles que sumaban 10 000 veces 10 000; ¡es decir, cien millones! Y luego se nos dice que todo el resto de la creación añade sus voces a esos cien millones. Los cien millones no son más que un conjunto en el escenario. ¿Te imaginas el poder de la canción?

¿Aprenderemos en el cielo? Por supuesto que sí. Se nos dice que en los siglos venideros Dios nos revelará continuamente las «sobreabundantes riquezas de Su gracia» (Ef. 2:7). Cuando muramos, sabremos mucho más de lo que sabemos ahora, pero seguiremos aprendiendo sobre Dios, Su creación y los demás durante toda la eternidad.

¿Recordaremos nuestras vidas y relaciones en la tierra? Sin duda. (¡Seremos más inteligentes, no más tontos!). Recordar es importante para Dios, por eso en la ciudad celestial hay monumentos conmemorativos de personas y acontecimientos de la tierra (Apoc. 21:12-14). También es la razón por la que Dios guarda en el cielo «un libro de memorias» escrito en presencia de Dios «de aquellos que temen al Señor y honran su nombre» (Mal. 3:16, NVI). El dolor del pasado desaparecerá. Pero permanecerán los recuerdos de haber estado juntos en las trincheras, de haber caminado con Cristo y de haber vivido momentos íntimos con la familia y los amigos.

¿Conoceremos a nuestros seres queridos en el cielo? Ciertamente. Conoceremos incluso a quienes *no* conocimos en la tierra, igual que Pedro, Santiago y Juan reconocieron a Moisés y Elías cuando se unieron a Jesús (Luc. 9:28-33), aunque era imposible que supieran qué aspecto tenían. Después de entrar en el cielo, los mártires miran a la tierra y recuerdan claramente sus vidas, plenamente conscientes de lo que allí ocurre (Apoc. 6:9-11). El cielo no se caracteriza por la ignorancia de los acontecimientos de la tierra, sino por la perspectiva que se tiene de ellos.

El cielo ofrecerá un descanso muy necesario a los cansados (Apoc. 14:13). ¿Qué sienta mejor que apoyar la cabeza en la almohada tras un duro día de trabajo o relajarse leyendo un buen libro con una bebida fría a tu lado?

Pero el descanso nos renueva, nos revitaliza para volver a ser activos. El cielo ofrecerá una actividad refrescante, productiva y sin interrupciones, como el trabajo de Adán y Eva en el Edén antes de que el pecado trajera la maldición sobre la tierra.

En el cielo, se nos dice, «Sus siervos le servirán» (Apoc. 22:3). Esto significa que seremos activos, porque «servir» significa trabajar, esforzarse, hacer algo. El servicio implica responsabilidades, deberes, esfuerzo, planificación y creatividad para hacer bien el trabajo.

Dirigiremos y ejerceremos autoridad en el cielo, tomando decisiones importantes. Reinaremos con Cristo (2 Tim. 2:12; Apoc. 3:21), no temporalmente, sino «por los siglos de los siglos» (Apoc. 22:5). «Reinar» implica responsabilidades específicas delegadas para quienes estén bajo nuestro liderazgo (Luc. 19:17-19). Reinaremos sobre el mundo e incluso sobre los ángeles (1 Cor. 6:2-3).

Cuando Dios haga descender el cielo a la tierra nueva, «enjugará toda lágrima de sus ojos» (Apoc. 21:4). Qué imagen tan íntima: las manos de Dios tocarán el rostro de cada hijo, secando toda lágrima. El mismo versículo afirma: «ya no habrá muerte, ni habrá más duelo, ni clamor, ni dolor». Como dijo el poeta irlandés Thomas Moore: «La tierra no tiene penas que el cielo no pueda curar».

No hay hospitales. Ni cementerios. Ni pecado. Ni maldad. No hay miedo. No hay abusos, violaciones, asesinatos, drogas, borracheras, bombas, armas ni terrorismo.

El cielo será profundamente apreciado por los discapacitados, que se verán liberados de cuerpos y mentes devastados, y por los enfermos y ancianos, que se verán libres de sus dolores y restricciones. Caminarán, correrán, verán y oirán, algunos por primera vez. La escritora de himnos Fanny Crosby dijo: «No me compadezcas por mi ceguera, porque el primer rostro que veré será el de mi Señor Jesús».

Dios es el Creador de la diversidad. Personas de toda tribu, nación y lengua adorarán juntas al Cordero (Apoc. 7:9-10).

El cielo será el hogar de la alegría incesante. La mayor alegría será casarnos con nuestro esposo, Jesucristo. Si amamos a Cristo, anhelamos estar con Él. La siguiente alegría más grande será reunirnos con nuestros seres queridos que ya no están. No me gusta estar lejos de mi familia, pero lo que me hace seguir adelante es la anticipación del reencuentro. Cuanto más larga es la separación, más dulce es el reencuentro. Hace veinte años que no veo a mi madre, nueve años a mi amigo de la infancia, Jerry, y cinco años a mi padre. Algunos se reunirán con padres que no ven desde hace cincuenta años y con hijos perdidos hace mucho tiempo. Para los cristianos, la muerte nunca es el final de una relación, sino solo una interrupción a la que seguirá un reencuentro glorioso.

El cielo es la esperanza cierta del cristiano, una esperanza que puede y debe sostenernos en las horas más oscuras de la vida. Pero esto no ocurre automáticamente. Debemos elegir pensar en el cielo y centrar nuestras vidas en torno a él: «Busquen las cosas de arriba, donde está Cristo sentado a la derecha de Dios. Concentren su atención en las cosas de arriba, no en las de la tierra» (Col. 3:1-2).

El juicio del creyente en el cielo

El cielo será un lugar maravilloso. Pero las Escrituras nos dicen claramente que hay un juicio de los creyentes que determinará para toda la eternidad nuestras posiciones o papeles en el cielo.

La Biblia enseña sobre dos juicios eternos: uno para los incrédulos y otro para los creyentes (Juan 5:28-29). Todos los verdaderos creyentes superarán el juicio de la fe en Cristo. Todos los incrédulos reprobarán el juicio de su fe en Cristo en el gran trono blanco, pues sus nombres no están escritos en el libro de la vida (Apoc. 20:11-15).

Pero la fe no es lo único que se juzga. La Escritura afirma repetidamente que todos los hombres, no solo los incrédulos, serán juzgados por sus obras (Prov. 24:12; Ecl. 12:14). El juicio de obras del incrédulo se produce en el gran trono blanco (Apoc. 20:11-12). El creyente no será condenado en el gran trono blanco, pero aun así se enfrenta a un juicio de obras, en lo que se llama el «tribunal de Cristo».

La evaluación que hace el Señor de las siete iglesias en Apocalipsis 2 y 3 deja claro que nos está observando, evaluándonos. Está «llevando la cuenta». Como un maestro pone notas a sus alumnos, Cristo pone notas a Sus iglesias. A los cristianos, Jesús les dice: «Yo soy el que escudriña las mentes y los corazones, y les daré a cada uno según sus obras» (Apoc. 2:23).

Las Escrituras enseñan con claridad inequívoca que todos los creyentes en Cristo darán cuenta de sus vidas a su Señor.

Las Escrituras enseñan con claridad inequívoca que todos los creyentes en Cristo darán cuenta de sus vidas a su Señor (Rom. 14:10-12). Él nos juzgará según nuestras obras, tanto buenas como malas (2 Cor. 5:10). El resultado de ello será la obtención o pérdida de recompensas eternas (1 Cor. 3:12-15; 2 Cor. 5:9-10; Rom. 14:10-12).

La Palabra de Dios trata este juicio con gran sobriedad. No lo describe como una formalidad sin sentido o un trámite antes de pasar al verdadero asunto de la felicidad celestial. Más bien, la Escritura lo presenta como un acontecimiento monumental en el que salen a la luz cosas de importancia eterna y se ponen en vigencia cosas de consecuencia eterna.

> Ahora bien, si sobre este fundamento [el fundamento de Cristo] alguien edifica con oro, plata, piedras preciosas, madera, heno, paja, la obra de cada uno se hará evidente; porque el día la dará a conocer, pues con fuego será revelada. El fuego mismo probará la calidad de la obra de cada uno. Si permanece la obra de alguien que ha edificado sobre el fundamento, recibirá recompensa. Si la obra de alguien es consumida por el fuego, sufrirá pérdida; sin embargo, él será salvo, aunque así como a través del fuego. (1 Cor. 3:12-15)

Nuestras obras son lo que hemos hecho con nuestros recursos: tiempo, energía, talentos, dinero, posesiones. El fuego de la santidad de Dios revelará la calidad de estas obras, el significado eterno de lo que hemos hecho con los bienes y oportunidades que Dios nos ha dado. El destino de las obras vendrá determinado por su naturaleza. Si están hechas del material adecuado (oro, plata, piedras costosas), resistirán y serán purificadas por el fuego. Pero por muy bonitas que parezcan nuestras obras de madera, heno y paja en la vitrina de este mundo, no resistirán la mirada incendiaria del Hijo de Dios en el otro.

«Porque todos nosotros debemos comparecer ante el tribunal de Cristo, para que cada uno sea recompensado por sus hechos estando en el cuerpo, de acuerdo con lo que hizo, sea bueno o sea malo» (2 Cor. 5:10).

«Sea bueno o sea malo» en el versículo anterior puede ser la frase más perturbadora del Nuevo Testamento. Es tan perturbadora, de hecho, que he descubierto que cualquier intento sincero de abordarla se topa con una tremenda resistencia. Igualmente inquietante es la afirmación directa a los cristianos de que no solo recibirán recompensa de Cristo por sus buenas obras, sino que «el que procede con injusticia sufrirá las consecuencias del mal que ha cometido, y eso, sin acepción de personas» (Col. 3:25). Puesto que Cristo ha pagado el precio de nuestros pecados, si los hemos confesado y hemos recibido el perdón de nuestros pecados, ¿qué puede significar esto?

Nuestros pecados quedan totalmente perdonados cuando acudimos a Cristo, y quedamos justificados en Él. Sin embargo, las Escrituras hablan de un juicio venidero de nuestras obras, no de nuestros pecados. Cuando pecamos o no hacemos los actos justos que deberíamos haber hecho, no estamos haciendo lo que podíamos para colocar piedras preciosas sobre el fundamento de Cristo. Por tanto, estos pecados contribuyen a que «suframos una pérdida». Mediante esta pérdida de recompensa, se considera que el creyente es «recompensado» por lo que hizo, «sea bueno o sea malo». Así pues, lo que hagamos como creyentes, tanto lo bueno como lo malo, tendrá efectos eternos.

A la luz de esto, el escritor de Hebreos dice: «Por tanto, puesto que tenemos en derredor nuestro tan gran nube de testigos, despojémonos también de todo peso y del pecado que tan fácilmente nos envuelve, y corramos con paciencia la carrera que tenemos por delante» (Heb. 12:1). El pecado nos enreda los pies, nos deja fuera de la competición y hace que perdamos la carrera y el premio.

Dios está a nuestro favor, no en nuestra contra (Rom. 8:31). Nos ha asegurado que no nos enfrentaremos al juicio del gran trono blanco. Quiere elogiarnos en el tribunal de Cristo. No quiere que las obras de nuestra vida se conviertan en humo. Quiere que tengamos recompensas eternas, y nos ha dado todos los recursos en Cristo para vivir la vida piadosa que dará lugar a esas recompensas (2 Ped. 1:3).

Para los que han servido fielmente a Cristo, el tribunal será un momento de elogio y celebración. Nos recompensará por actos de amor de los que nadie se haya percatado.

¿Le importan realmente a Dios nuestras obras?

La obra de teatro *Everyman* [Cualquiera], de 500 años de antigüedad, es un retrato de todas las personas. Cuando el personaje principal, Cualquiera, se enfrenta a la Muerte, busca entre sus amigos un compañero. Solo un amigo lo acompañaría en el viaje a través de la muerte hasta el juicio final. ¿Su nombre? Buenas Obras.

Algunos se resisten a semejante imagen. Sin embargo, es explícitamente bíblica: «Entonces oí una voz del cielo que decía: "Escribe: 'Bienaventurados los muertos que de aquí en adelante mueren en el Señor'". "Sí", dice el Espíritu, "para que descansen de sus trabajos, porque sus obras van con ellos"» (Apoc. 14:13).

En Apocalipsis 19:7-8 se nos dice: «las bodas del Cordero han llegado y Su esposa se ha preparado. Y a ella le fue concedido vestirse de lino fino, resplandeciente y limpio, porque las acciones justas de los santos son el lino fino».

Si en verdad seremos vestidos según nuestras obras para Cristo, ¡algunos cristianos irán ligeros de ropa!

Observa que esta última afirmación del versículo anterior no es mía, ¡sino de Dios! Este pasaje ofrece varias sorpresas. Podríamos esperar que se nos dijera que Cristo prepara a la novia, en lugar de ella misma. También podríamos esperar que el lino fino representara la justicia de Cristo, o quizá la fe justa de los santos. Pero lo que se nos dice es que representa los *actos* u obras justos de los santos. Si en verdad seremos vestidos según nuestras obras para Cristo, ¡este versículo sugiere que algunos cristianos irán ligeros de ropa!

Nos han engañado haciéndonos creer que *obras* es una mala palabra. No es cierto. Dios condena las obras hechas para ganar la salvación y las obras hechas para impresionar a los demás. Pero nuestro Señor elogia con entusiasmo las obras hechas por las razones correctas. Inmediatamente después de decir que nuestra salvación «no [es] por obras», Pablo añade: «Porque somos hechura Suya, creados en Cristo Jesús para hacer buenas obras, las cuales Dios preparó de antemano para que anduviéramos en ellas» (Ef. 2:8-10).

Dios tiene toda una vida de buenas obras para que hagamos. Muchas de estas obras pretende hacerlas con nuestro dinero y posesiones. Nos recompensará según las hagamos o no. La Escritura vincula la recompensa de Dios con Su carácter: «Dios no es injusto como para olvidarse de la obra de ustedes y del amor que han mostrado hacia Su nombre, habiendo servido, y sirviendo aún, a los santos» (Heb. 6:10). Los versículos que siguen en Hebreos 6 nos dicen que, si queremos heredar las bendiciones prometidas por Dios, no debemos volvernos perezosos, sino ser diligentes en las obras que Dios nos ha encomendado.

Santiago afirma repetidamente que las buenas obras son esenciales para la vida cristiana (Sant. 2:17-18, 22, 24, 26). «¿Quién es sabio y entendido entre ustedes? Que muestre por su buena conducta sus obras en sabia mansedumbre» (Sant. 3:13).

Dios nos concede recompensas eternas por hacer buenas obras (Ef. 6:8; Rom. 2:6, 10), perseverar bajo la persecución (Luc. 6:22-23), mostrar compasión a los necesitados (Luc. 14:13-14) y tratar amablemente a nuestros enemigos (Luc. 6:35). También nos concede recompensas por dar generosamente: «Si quieres ser perfecto, ve y vende lo que posees y da a los pobres, y tendrás tesoro en los cielos» (Mat. 19:21).

Sabemos que Cristo dirá a algunos creyentes (pero no a todos): «¡Hiciste bien, siervo bueno y fiel!» (Mat. 25:21, NVI). No «Dijiste bien», ni «Creíste bien», sino «*Hiciste* bien». Lo que separa a las ovejas de las cabras es lo que hicieron y lo que no hicieron con los recursos de tiempo, dinero y posesiones que Dios les confió.

Pedro dice: «mientras hagan estas cosas nunca caerán. Pues de esta manera les será concedida ampliamente la entrada al reino eterno de nuestro Señor y Salvador Jesucristo» (2 Ped. 1:10-11). ¡Qué poderoso estímulo para los santos que se sacrifican en esta vida para prepararse para la siguiente! En el cielo los espera un gran comité de bienvenida y un cordial «¡Hiciste bien!». Pero esto no es automático: el condicional «mientras hagan» deja claro que si no hacemos lo que Pedro prescribió, no recibiremos esta rica bienvenida cuando entremos en el cielo.

El lugar donde pasemos la eternidad, ya sea el cielo o el infierno, depende de nuestra fe. Nuestra condición posterior en uno u otro lugar estará determinada por nuestras obras. John Bunyan dijo: «Consideren, para ser provocados a las buenas obras, que tendrán de Dios, cuando lleguen a la gloria, una recompensa por todo lo que hagan por Él en la tierra».

¿Una segunda oportunidad?

Los recursos que Dios me ha dado, incluidos el dinero y las posesiones, tienen un potencial inmenso. Son las palancas, colocadas en el punto de apoyo de esta vida, con las que puedo mover las montañas de la eternidad.

Los evangélicos rechazamos la doctrina de una segunda oportunidad para los no creyentes. Reconocemos que no hay oportunidad de venir a Cristo después de la muerte. Pero es igualmente cierto que después de la muerte no hay una segunda oportunidad para los creyentes. No tenemos más oportunidades de caminar por la fe y servir a nuestro Señor en este mundo caído.

No podemos volver a vivir aquí. No hay vuelta atrás una vez que hemos suspendido. No se puede convertir un cero en un diez. No se pueden reprogramar los exámenes finales. La muerte es la fecha límite. No hay prórroga.

Un partido de baloncesto se acaba cuando suena el timbre final. Los lanzamientos tardíos no cuentan. Cuando la trompeta anuncie el regreso de Cristo, comenzará nuestro futuro eterno y terminará nuestra oportunidad presente. Si para entonces no hemos utilizado nuestro dinero, posesiones, tiempo y energía para la eternidad, habremos fracasado... punto.

«Pero estaremos en el cielo, y eso es lo único que importa». Por el contrario, Pablo habló de la pérdida de la recompensa como una pérdida grande y terrible. Que igual seamos salvos es una aclaración, no un consuelo: «Si la obra de alguien es consumida por el fuego, sufrirá pérdida; sin embargo, él será salvo, aunque así como a través del fuego» (1 Cor. 3:15). Recibir la recompensa de Cristo es una ganancia indecible con implicaciones eternas. Perder la recompensa es una pérdida terrible con implicaciones igualmente eternas. ¿Cómo nos atrevemos a decir que estar en el cielo es lo único que nos importa, cuando a Dios le importan tantas otras cosas?

Lo que hacemos en esta vida tiene una importancia eterna. Ni tú ni yo tendremos otra oportunidad de mover la mano de Dios a través de la oración para sanar un alma doliente, compartir a Cristo con alguien que pueda salvarse del infierno, cuidar a los enfermos, dar un vaso de agua al sediento, consolar a los moribundos, invertir dinero para ayudar a los indefensos, rescatar a los no nacidos, promover el reino de Dios, abrir nuestras casas y compartir nuestra ropa y alimentos con los pobres y necesitados.

Lo que haces con tus recursos en esta vida es tu autobiografía. El libro que has escrito con la pluma de la fe y la tinta de las obras irá a la eternidad sin editar, para que lo vean y lean tal como está los ángeles, los redimidos y Dios mismo. Cuando vemos el hoy a la luz del largo mañana, las pequeñas elecciones adquieren una importancia tremenda. Que hoy lea mi Biblia, ore, vaya a la iglesia, comparta mi fe y dé mi dinero —facultado con gracia no por mi carne, sino por Su Espíritu— tiene consecuencias eternas, no solo para otras almas, sino para la mía.

Al morir, ponemos la firma al retrato de nuestra vida. La pintura se seca. El retrato está hecho. Los aficionados a la fotografía antigua entienden el «revelado». Al revelar una fotografía, los negativos se sumergen en distintas soluciones. La solución de revelado es paralela a esta vida. Mientras la fotografía está en el revelador, está sujeta a cambios. Pero una vez que se sumerge en el fijador o «baño de paro», queda fijada permanentemente. La fotografía está lista. Lo que ves es lo que hay. Lo mismo ocurrirá cuando muramos y entremos en la eternidad: las vidas que vivimos en la tierra quedarán fijadas tal cual, para no ser nunca alteradas ni revisadas.

Al final de la película *La lista de Schindler*, hay una escena desgarradora en la que Oskar Schindler —que compró a los nazis la vida de muchos judíos— mira su coche y su broche de oro y lamenta no haber dado más de su dinero y posesiones para salvar más vidas. Schindler había aprovechado su oportunidad mucho mejor que la mayoría. Pero al final, anhelaba poder volver atrás y tomar mejores decisiones.

Esta vida es nuestra oportunidad. Las Escrituras no enseñan lo que la mayoría de nosotros parece suponer: que el cielo nos transformará en seres iguales con posesiones, responsabilidades y capacidades iguales. No dice que nuestras vidas anteriores no tengan importancia eterna. Dice exactamente lo contrario.

Más allá de los cielos nuevos y la tierra nueva —que a su vez están poblados y estructurados según lo que se ha hecho en esta vida— no hay registro de ningún cambio. Podríamos esperar que lo que ocurra en el tribunal solo preocupe temporalmente al Juez, y que toda nuestra desobediencia y oportunidades perdidas no supongan ninguna diferencia. ¿Hará Dios que todas las almas sean iguales en el cielo y, por tanto, considerará igual de válida una vida de egoísmo e indiferencia hacia las necesidades de los demás que una vida dedicada a arrodillarse en oración, dar de comer a los hambrientos y compartir el evangelio? La Biblia responde claramente que no.

Donald Gray Barnhouse lo expresó así:

> Vivamos, pues, a la luz de la eternidad. Si no lo hacemos, estaremos pesando la balanza en contra de nuestro bienestar eterno. Debemos comprender que «todo lo que el hombre siembre» debe tomarse en su sentido más amplio, y que todo pensamiento e intención del corazón quedarán bajo el escrutinio del Señor y de Su venida. Podemos estar seguros de que en el tribunal de Cristo habrá una marcada diferencia entre el cristiano que ha vivido su vida ante el Señor, discerniendo claramente lo que era para la gloria de Dios, y otro cristiano que fue salvado en una misión de rescate al final de una vida depravada y viciosa, o un cristiano nominal salvado en su lecho de muerte tras una vida de orgullo, pretensión de superioridad moral, amor propio y autosuficiencia. Todos estarán en el cielo, pero las diferencias serán eternas. Podemos estar seguros de que las consecuencias de nuestro carácter sobrevivirán a la tumba y de que nos enfrentaremos a ellas en el tribunal de Cristo.[4]

Si realmente creyéramos que lo que hacemos con nuestro dinero y nuestras posesiones —y con todo lo demás— tendrá un efecto irreversible en la eternidad... ¿no viviríamos de otra manera?

A cada uno de nosotros nos espera, al final del curso, un examen final. Será administrado por un Director justo pero estricto. La seriedad con que nos tomamos esta clara enseñanza de las Escrituras queda demostrada por la seriedad con la cual nos preparamos para ese día.

Cuando asistíamos a cursos en la universidad, hacíamos preguntas sobre el profesor: «¿Cómo son sus exámenes? ¿Pasa lista? ¿Es duro a la hora de calificar? ¿Qué espera de tus trabajos?». Para que nos vaya bien en el curso, debemos saber qué espera de nosotros el instructor. Debemos estudiar el programa del curso, la Palabra de Dios, para averiguar las respuestas a estas preguntas. Una vez que lo sepamos, debemos tener cuidado de planificar nuestra vida en consecuencia, teniendo en cuenta el largo mañana.

Pasé un día con un amigo misionero en las ruinas de la antigua Corinto. Durante una hora, estuvimos sentados en el mismo tribunal ante el que compareció Pablo en Hechos 18, el que utilizó para ayudar a los corintios a visualizar el futuro juicio de Cristo sobre los cristianos. Leímos juntos pasajes bíblicos que hablan de aquel día en que compareceremos ante el tribunal del Señor y daremos cuenta de lo que hemos hecho con todo lo que nos ha dado. Discutimos las implicaciones y oramos para que, cuando llegue ese día, nos encuentre fieles y nos diga: «Hiciste bien». Oramos sabiendo que nuestras elecciones de cada hora y cada día, facultadas por nuestro Señor, determinarán lo que ocurra ese día. Fue una de las horas más aleccionadoras de mi vida.

Lo que haces con tus recursos en esta vida es tu autobiografía.

Alfred Nobel fue un químico sueco que hizo fortuna inventando la dinamita y otros potentes explosivos que los gobiernos compraban para fabricar armas. Cuando murió Ludvig, el hermano de Nobel, un periódico francés publicó accidentalmente el obituario de Alfred en su lugar. Se lo describía como un hombre que se había enriquecido haciendo posible que la gente se matara entre sí en cantidades sin precedentes. Sacudido por esta valoración, Nobel resolvió utilizar su fortuna para recompensar logros que beneficiaran a la humanidad, incluido lo que hoy conocemos como el Premio Nobel de la Paz. Invirtió nueve millones de dólares en este intento de editar su papel en la historia.

Nobel tuvo la rara oportunidad de contemplar la evaluación de su vida al final, mientras aún vivía, y de cambiar esa evaluación.

Ponte en el lugar de Nobel. Lee tu propio obituario, no tal y como lo escribió un periodista desinformado o parcial, sino como lo escribiría un ángel observador desde el punto de vista del cielo. Míralo detenidamente. Luego utiliza el resto de tu vida para editar ese obituario y convertirlo en lo que tú quieres que sea.

Cuando dejes este mundo, ¿serás conocido como alguien que acumuló tesoros en la tierra que no pudo conservar? ¿O serás reconocido como alguien que invirtió tesoros en el cielo que no podría perder?

Martín Lutero decía que en su calendario solo había dos días: «hoy» y «aquel Día». Que invirtamos hoy nuestro dinero y nuestras posesiones a la luz de *aquel* día.

CAPÍTULO 9

Las recompensas eternas del mayordomo

Es mi felicidad haber servido a Aquel que nunca deja de recompensar a Sus siervos en toda la extensión de Su promesa.

JUAN CALVINO

Todo lo bueno que hagas por Él, si lo haces conforme a la Palabra, te será guardado como un tesoro en cofres y baúles, y será sacado para recompensarte ante los hombres y los ángeles, para tu consuelo eterno.

JOHN BUNYAN

Dos hombres poseían granjas una al lado de la otra. Uno era un ateo amargado y el otro un cristiano devoto. Constantemente molesto con el cristiano por su confianza en Dios, el ateo le dijo un invierno: «Plantemos nuestras cosechas como de costumbre esta primavera, cada uno el mismo número de hectáreas. Tú ora a tu Dios y yo lo maldeciré. Luego, cuando llegue octubre, veamos quién tiene la mayor cosecha».

Cuando llegó octubre, el ateo estaba encantado porque su cosecha era mayor. «Mira, tonto —se burló—, ¿qué tienes que decir ahora en favor de tu Dios?».

«Mi Dios —respondió el otro granjero— no ajusta todas sus cuentas en octubre».

Una mirada más atenta a las recompensas

Se acerca un día de juicio para todos los hombres. Dios promete una gran recompensa a todos los que lo han servido fielmente (Apoc. 11:18). Recompensará a todo siervo leal por las obras realizadas en esta vida: «Entonces cada uno recibirá de parte de Dios la alabanza que le corresponda» (1 Cor. 4:5).

Dios recompensa generosamente, prometiendo un retorno de «cien veces más» (Mat. 19:29). Esto es un 10 000 % de interés, un rendimiento muy superior a la cantidad invertida.

Dios nos recompensa por hacer buenas obras (Ef. 6:8; Rom. 2:6, 10), por negarnos a nosotros mismos (Mat. 16:24-27), por mostrar compasión a los necesitados (Luc. 14:13-14) y por tratar amablemente a nuestros enemigos (Luc. 6:35). También nos concede recompensas por dar generosamente: «Si quieres ser perfecto, ve y vende lo que posees y da a los pobres, y tendrás tesoro en los cielos» (Mat. 19:21).

Se prometen recompensas a quienes soportan circunstancias difíciles confiando en Dios (Heb. 10:34-36), y a quienes perseveran bajo la persecución (Luc. 6:22-23). Una vida de piedad será ricamente recompensada (2 Ped. 3:11-14). Cuando brindamos hospitalidad y damos de comer a quienes son demasiado pobres o están incapacitados para devolvernos el favor, Cristo promete: «serás bienaventurado, ya que ellos no tienen para recompensarte; pues tú serás recompensado en la resurrección de los justos» (Luc. 14:14).

Pablo nos recuerda que hay un calendario para la cosecha: «No nos cansemos de hacer el bien, pues a su tiempo, si no nos cansamos, segaremos» (Gál. 6:9). La compensación del creyente, al igual que la del incrédulo, suele ser diferida. Dios no ajusta todas Sus cuentas en octubre.

La recompensa del reinado

Los creyentes reinaremos con Cristo sobre el mundo (Apoc. 20:6). Incluso reinaremos sobre los ángeles (1 Cor. 6:3). Algunos serán puestos «sobre mucho» (Mat. 25:21-23). Cristo habló de conceder a algunos seguidores el gobierno de ciudades: diez ciudades para uno, cinco para otro y ninguna para un tercero, en proporción a su servicio fiel (Luc. 19:17-24).

De estos pasajes se desprende que, aunque todos los creyentes estarán con Cristo, no todos reinarán con Él, al menos no con la misma responsabilidad y autoridad. Hay condiciones para reinar: «Si perseveramos, también reinaremos con Él» (2 Tim. 2:12). Cristo promete: «Al vencedor, le concederé sentarse conmigo en Mi trono, como yo también vencí y me senté con Mi Padre en Su trono» (Apoc. 3:21). Afirma: «Al vencedor, al que guarda Mis obras hasta el fin, le daré autoridad sobre las naciones [...], como Yo también he recibido autoridad de Mi Padre. Y le daré el lucero de la mañana» (Apoc. 2:26-28).

Jesús prometió dar a los creyentes fieles «el lucero de la mañana». Este era el nombre del planeta Venus. ¿Es posible que Cristo haga reinar a Sus siervos no solo en la tierra nueva, sino en lugares repartidos por los cielos nuevos?

Coronas como recompensa

Las coronas son un símbolo común del poder gobernante, aunque también pueden simbolizar otras recompensas. En el Nuevo Testamento, se mencionan cinco coronas:

1. La corona de la vida: otorgada por la fidelidad a Cristo en la persecución o el martirio (Sant. 1:12; Apoc. 2:10).
2. La corona incorruptible: otorgada por la determinación, la disciplina y la victoria en la vida cristiana (1 Cor. 9:24-25).
3. La corona del gozo: otorgada por entregarse a los demás en la evangelización y el discipulado (1 Tes. 2:19; Fil. 4:1).
4. La corona de gloria: otorgada por representar fielmente a Cristo en una posición de liderazgo espiritual (1 Ped. 5:1-4). (Observa que un requisito previo es «no por obligación ni por ambición de dinero, sino con deseo de servir» [NVI]. La preocupación de un líder cristiano por el dinero puede hacer perder esta recompensa).
5. La corona de justicia: otorgada por purificarse con alegría y prepararse para encontrarse con Cristo a Su regreso (2 Tim. 4:6-8).

Nada en esta lista sugiere que sea exhaustiva. Puede haber innumerables coronas y tipos de coronas y recompensas no relacionadas con las coronas. Pero todas son concedidas en Su gracia por el Señor Jesús en respuesta a los fieles esfuerzos del creyente.

Estas coronas dan gloria a Cristo al ser depositadas ante Sus pies (Apoc. 4:10), lo que demuestra que nuestras recompensas no se conceden solo para nuestro reconocimiento, sino para la gloria de Dios. Aunque la gloria de Dios es la razón suprema de cualquier acción, la Escritura no ve contradicción alguna entre la gloria eterna de Dios y nuestro bien eterno. Al contrario, glorificar a Dios siempre redundará en nuestro mayor bien eterno. Del mismo modo, perseguir nuestro bien eterno, como Él nos ordena que hagamos, siempre glorificará a Dios. La falsa humildad que dice: «No quiero ninguna recompensa» significa efectivamente: «No quiero nada que poner a los pies de Cristo para darle gloria».

Debemos proteger cuidadosamente nuestras coronas (Apoc. 3:11). ¿Por qué? Porque podemos ser descalificados para recibirlas (1 Cor. 9:27). Podemos perderlas (1 Cor. 3:15). Nos las pueden quitar (Mat. 25:28-29). Podemos buscar nuestras recompensas en los hombres, perdiéndolas así de Dios (Mat. 6:5-6). Juan advierte: «Tengan ustedes cuidado para que no pierdan lo que hemos logrado, sino que reciban abundante recompensa» (2 Jn. 8). Podemos dejar de ganar recompensas, y podemos perder las recompensas que ya están en nuestra cuenta.

¿Diferencias eternas en el cielo?

Este es un tema impopular, pero las Escrituras son claras. No todos los cristianos escucharán al Señor decir: «Bien, siervo bueno y fiel» (Mat. 25:23). No todos tendremos un tesoro en el cielo (Mat. 6:19-21). No todos tendremos la misma posición de autoridad en el cielo (Luc. 19:17, 19, 26). Tendremos distintos niveles de recompensa en el cielo (1 Cor. 3:12-15). No hay ningún indicio de que, una vez concedidas o denegadas, las recompensas sean otra cosa que eternas e irrevocables.

Las Escrituras sugieren que algunos cristianos se avergonzarán cuando Cristo regrese (1 Jn. 2:28). Aunque parece incomprensible que tal vergüenza continúe en el cielo, la doctrina de las recompensas eternas tiene implicaciones aleccionadoras. Los resultados tangibles de quienes han servido fielmente a Cristo en esta vida y de quienes no lo han hecho serán evidentes por toda la eternidad. Se ejemplificarán en posesiones y posiciones eternas que diferirán significativamente de una persona a otra.

Las Escrituras dejan claro que habrá una retribución en la eternidad según lo que se haya hecho durante nuestro tiempo en la tierra, y que habrá diferencias entre nuestras recompensas en el cielo (Prov. 24:11-12; Mat. 19:27-30; Luc. 14:12-14). En otras palabras, nuestras experiencias en el cielo no serán las mismas. (Obviamente, en el cielo no habrá engreimiento, mezquindad, celos ni comparaciones malsanas; no obstante, habrá diferencias de recompensa y posición).

No todos los cristianos escucharán al Señor decir: «Bien, siervo bueno y fiel».

Ya vimos en el último capítulo que el infierno será terrible para todos, pero será más terrible para unos que para otros, dependiendo de sus obras en la tierra (Mat. 11:20-24; Luc. 20:45-47). ¿No se deduce que, aunque la experiencia de todos en el cielo será maravillosa, lo será más para unos que para otros, dependiendo de sus obras en la tierra?

Quizá sea una cuestión de capacidades diferentes. Dos tinajas pueden estar llenas, pero la de mayor capacidad contiene más. Del mismo modo, todos estaremos llenos de gozo en el cielo, pero algunos tendrán más gozo porque su capacidad de gozo será mayor, al haberse ampliado mediante la confianza en Dios en esta vida. John Bunyan lo expresó así:

> ¿Y por qué el que más hace por Dios en este mundo gozará más de Él en el venidero? Pues porque haciendo y actuando, el corazón y todas las facultades del alma se ensanchan y se capacitan más, con lo cual se hace más sitio para la gloria. Todo vaso de gloria estará lleno de ella en aquel día; pero cada uno no será capaz de contener una medida semejante; y si se la comunicaran, no podrían soportarla; porque hay «un eterno peso de gloria» que los santos disfrutarán entonces (2 Corintios 4:17), y todo vaso debe estar lleno en aquel día, es decir, tener su carga celestial de ella. [...] Aquel que mejor se ha criado y que más está en el seno de Dios, y que así actúa por Él aquí es el hombre que mejor podrá disfrutar de la mayor parte de Dios en el reino de los cielos.[1]

No importa cómo intentemos explicarlo, no importa lo incómodo que nos ponga, es un hecho que la doctrina de las distintas recompensas y las distintas posiciones en el cielo significa que tendremos distintas experiencias allí. Estas experiencias eternas se están forjando actualmente en el crisol de esta vida. Lo que haga con mi dinero y mis posesiones aquí y ahora afectará significativamente mi experiencia eterna en el cielo.

Comprendamos la salvación y las recompensas

Siempre que hablamos de recompensas, sobre todo porque hablamos de ellas muy poco, es fácil confundir la obra de Dios con la del hombre. Muchos creen erróneamente que el cielo es nuestra recompensa por hacer cosas buenas. Esto no es así en absoluto. Nuestra presencia en el cielo no es en ningún sentido una recompensa por nuestras obras, sino un don concedido gratuitamente por Dios en respuesta a la fe (Rom. 6:23; Ef. 2:8-9; Tito 3:5).

El siguiente cuadro distingue la diferencia entre regeneración y recompensas:

REGENERACIÓN	RECOMPENSAS
Pasada (1 Jn. 3:2)	Futuras (Apoc. 22:12)
Gratuita (Ef. 2:8-9)	Ganadas (1 Cor. 3:8).
No se puede perder (Juan 10:28-29)	Se pueden perder (1 Jn. 8)
Igual para todos los cristianos (Rom. 3:22)	Diferentes entre los cristianos (1 Cor. 3:12-15)
Para aquellos que creen (Juan 3:16)	Para aquellos que se esfuerzan (1 Cor. 9:27)

El próximo cuadro coloca las recompensas en el contexto más amplio de la vida del creyente:

JUICIO	TIEMPO	RELACIÓN	ESCRITURA
De condenación a nueva vida	Pasado (regeneración)	Como pecador	2 Cor. 5:21; Rom. 6:1-23
Disciplina o recompensas	Santificación presente	Como hijo	Heb. 12:5-11; Sant. 1:2-4
Pérdida o recompensas	Futuro (glorificación)	Como administrador	1 Cor. 3:10-15; 2 Cor. 5:10

Como pecadores, estábamos condenados por nuestro pecado hasta que aceptamos las provisiones de Cristo, el cual cargó con esa condena. En ese momento, pasamos de la condenación a la regeneración.

Como hijo o hija, en la actualidad tomamos decisiones que son justas o pecaminosas. Cuando son pecaminosas, nuestro Padre nos disciplina por nuestro propio bien para hacernos santos y fructíferos. Su disciplina pretende que volvamos al camino de la rectitud. Cuando tomamos decisiones correctas, experimentamos la recompensa inmediata de la aprobación de Dios y una serie de beneficios a corto plazo, así como recompensas a largo plazo en la eternidad. Por supuesto, también podemos perder ciertos beneficios temporales, quizá incluso la vida. Las recompensas eternas están garantizadas, mientras que las temporales, al menos en su forma externa, no lo están.

Nuestras obras realizadas como administradores o siervos serán evaluadas algún día por nuestro Maestro. Él nos recompensará en consecuencia. Las obras dignas de recompensa son las realizadas con fidelidad (1 Cor. 4:2) y motivaciones rectas (1 Cor. 4:5), las cuales solo Dios está capacitado para juzgar. En la medida en que nuestra vida no se haya caracterizado por buenas obras, o si estas se realizaron con motivaciones inadecuadas, perderemos nuestra recompensa (1 Cor. 3:12-15).

La salvación consiste en la obra de Dios en favor de la humanidad. Por el contrario, las recompensas dependen de *nuestro* trabajo para Dios. Cuando se trata de la salvación, nuestro trabajo para Dios no sustituye a la obra de Dios por nosotros. Dios nos *salva* por la obra *de Cristo*, no por la nuestra. Del mismo modo, en lo que se refiere a las recompensas, el trabajo de Dios por la humanidad no sustituye a nuestro trabajo por Dios. Dios nos *recompensa* por *nuestro* trabajo, no por el de Cristo.*

Que quede perfectamente claro. Cristo pagó el precio eterno (el infierno) por todos nuestros pecados, de una vez por todas (Heb. 10:12-18). Si hemos confiado en Él para esa provisión, no pagaremos el precio eterno; es decir, no iremos al infierno. Ha perdonado del todo nuestros pecados y estamos completamente seguros en el amor de Cristo (Sal. 103:8-18; Rom. 8:31-39). Nuestra salvación es segura, y no sufriremos el juicio de condenación (Juan 5:24; Rom. 8:1).

Pero aunque el perdón de nuestros pecados tiene todo que ver con nuestro destino eterno, no tiene relación automática con nuestras recompensas eternas. La Biblia enseña no solo el perdón de los pecados, sino también sobre las consecuencias de nuestras elecciones que se aplican a pesar del perdón. El perdón significa que Dios elimina nuestra condena eterna. Pero no significa que nuestras acciones en esta vida no tengan consecuencias en la tierra. (Las personas perdonadas aún pueden contraer el SIDA o sufrir la pena de muerte, por ejemplo). Tampoco significa que nuestras elecciones no tengan consecuencias en la eternidad. Las personas perdonadas aún pueden perder sus recompensas y renunciar a puestos eternos de responsabilidad que podrían haber tenido.

* Por supuesto, incluso nuestras obras que generan recompensas están potenciadas por el Espíritu Santo, no por la carne. Observa la integración de la obra de Dios y la del hombre en Colosenses 1:29: «Con este fin también trabajo, esforzándome según Su poder que obra poderosamente en mí».

En el caso de nuestra salvación, la obra fue de Cristo. En el caso de nuestras recompensas, el trabajo es nuestro. Es imperativo que confiemos en Cristo, nos apoyemos en Él y recurramos a Su poder, pues separados de Él no podemos hacer nada. Pero si esperamos recibir una recompensa, aún debemos hacer el trabajo necesario. Como decían nuestros antepasados, debemos llevar la cruz si queremos llevar la corona.

La convicción (confianza, fe) determina nuestro destino eterno: *dónde* estaremos. La conducta (la obediencia) determina nuestras recompensas eternas: *qué* tendremos allí. Las obras no afectan nuestro destino (en otras palabras, nuestra redención está asegurada por la obra de Cristo). Sin embargo, *sí* afectan nuestra recompensa experimentada en ese destino. Del mismo modo que hay consecuencias eternas para nuestra fe, también las hay para nuestras obras.

La motivación de un administrador

«¿Por qué debo seguir las enseñanzas de las Escrituras sobre el dinero y las posesiones cuando es tan divertido tener todas las cosas bonitas que quiero y hacer lo que me plazca con mi dinero? Soy cristiano y sé que iré al cielo de todos modos, así que ¿por qué ponerme radical con todo el tema del dinero? ¿Por qué no tener lo mejor de ambos mundos, este y el siguiente?».

Aunque pocos nos atrevemos a plantear sin tapujos tales preguntas, reflejan fielmente una actitud predominante en nuestra sociedad. Por eso estoy convencido de que es necesario tratar el tema de las recompensas eternas en este libro.

El ingrediente que falta en la vida de muchos cristianos de hoy es la motivación. Dada nuestra falsa suposición de que lo que hacemos en esta vida no tendrá consecuencias eternas (aparte de nuestra decisión de depositar nuestra confianza en Cristo para la salvación), no es de extrañar que estemos desmotivados para seguir las instrucciones de Dios respecto al dinero y las posesiones (y todo lo demás). A fin de cuentas, ¿qué más da? Según la teología imperante, todo sale por el desagüe, así que no habrá ninguna diferencia. Pero, según la Biblia, ¡supondrá una diferencia tremenda! La doctrina de las recompensas eternas por nuestra obediencia es la clave descuidada para desbloquear nuestra motivación.[2]

Moisés consideraba «como mayores riquezas el oprobio de Cristo que los tesoros de Egipto, porque tenía la mirada puesta en la recompensa» (Heb. 11:26). Motivado por la recompensa a largo plazo, eligió la desgracia a corto plazo.

Pablo corrió la carrera de su vida con los ojos puestos en el premio, lo cual lo motivó a correr con fuerza y durante mucho tiempo. No se esforzaba por conseguir una corona de hojas de laurel que se pudrieran, sino «una incorruptible» (1 Cor. 9:24-25). Pablo estaba motivado sin vergüenza alguna por la perspectiva de la recompensa eterna, algo que afirmaba libre y frecuentemente (2 Cor. 4:16-18; 5:9-10; 2 Tim. 4:7-8). Animaba a todos los creyentes a estar motivados por las recompensas (Gál. 6:9-10; 1 Tim. 6:17-19; 2 Tim. 2:5, 12). Los esclavos, por ejemplo, debían obedecer a sus amos para recibir la recompensa eterna (Ef. 6:5-9; Col. 3:22-25).

Otro modelo de motivación por la recompensa es el propio Cristo. Soportó la cruz «por el gozo puesto delante de Él» (Heb. 12:2). Se humilló a sí mismo, sabiendo que al final sería exaltado (Fil. 2:9).

El ingrediente que falta en la vida de muchos cristianos de hoy es la motivación.

Jesús declaró: «Antes bien, cuando ofrezcas un banquete, llama a pobres, mancos, cojos, ciegos, y serás bienaventurado, ya que ellos no tienen para recompensarte; pues tú serás recompensado en la resurrección de los justos» (Luc. 14:13-14). Nuestro instinto es dar a quienes nos darán algo a cambio y no a quienes no lo harán. Cristo apeló no solo a nuestra compasión, sino también a nuestro interés eterno: Si hacemos un acto compasivo que no es recompensado por los demás en esta vida, Dios nos lo devolverá en la otra.

¡Qué motivación es esta cuando sentimos que nuestros esfuerzos no son apreciados por los demás! Podemos liberarnos de la carga de preocuparnos por si los demás pasan por alto nuestros actos, porque Dios nos asegura que no los pasará por alto. Cuando comprendemos lo que significa que Dios nos prometa una recompensa, cualquier perspectiva de recompensa por parte de los demás —o cualquier amargura por no ser recompensados por ellos— palidecerá en comparación.

«Antes bien, amen a sus enemigos, y hagan bien, y presten no esperando nada a cambio, y su recompensa será grande, y serán hijos del Altísimo» (Luc. 6:35). Una vez más, Cristo intentó motivarnos para hacer buenas obras mediante la promesa de recompensas.

A pesar de las opiniones contrarias predominantes, la perspectiva de recompensas es una motivación adecuada para la obediencia del cristiano (Mat. 6:19-21), incluido el reparto generoso de nuestro dinero y posesiones. Si sostenemos que está mal motivarse por las recompensas, lanzamos una grave acusación contra Cristo. ¡Insinuamos que nos tienta a pecar cada vez que ofrece recompensas por la obediencia! Puesto que Dios no tienta a Sus hijos, está claro que cualquier cosa que nos proponga como motivación es legítima. No está mal que nos sintamos motivados por la perspectiva de una recompensa. De hecho, algo va muy mal si *no* nos motiva la recompensa.

El poder de los incentivos

Los empresarios trabajan en un mundo de incentivos. También lo hacen las amas de casa, los niños en edad escolar y cualquier otro ser humano, independientemente de su edad, nacionalidad o riqueza. Todo directivo eficaz, todo líder cualificado conoce la importancia de los incentivos. Son motivadores tangibles que pueden ser personales, sociales, espirituales, físicos o financieros. Por desgracia, demasiados cristianos consideran que los incentivos son «seculares» o «poco espirituales».

La mayoría de nosotros utiliza recompensas para motivar a nuestros hijos. Entonces, ¿por qué nos sorprende que Dios utilice recompensas para motivarnos? Por el propio diseño de Dios, todos necesitamos incentivos que nos motiven a hacer nuestro trabajo y a hacerlo bien. La motivación por la recompensa no es resultado de la caída, sino el diseño original de Dios para la humanidad.

Decir: «No hago nada por la recompensa; lo hago solo porque es lo correcto», puede parecer una actitud espiritual. Pero en realidad es pseudoespiritual. Va contracorriente del modo en que Dios nos creó y del modo en que intenta motivarnos.

En la época en que nuestras hijas vivían en casa, supongamos que le hubiera dicho a una de ellas: «Si haces un día entero de trabajo en el jardín el sábado, te pagaré 50 dólares y te llevaré a comer una buena cena». ¿Estaría mal que quisiera ganarse los 50 dólares? ¿Estaría mal que deseara salir a cenar con su padre? ¡Por supuesto que no! Soy su padre, hice la oferta, ¡y *quiero* que ella quiera esas cosas!

Ahora bien, sería inapropiado que mi hija se negara a trabajar sin que yo le concediera recompensas. Pero como fue idea mía, no suya, tendría todo el derecho a sentirse motivada por las recompensas que yo le ofreciera. De hecho, mi propia alegría disminuiría si ella *no* quisiera las recompensas que le ofrecí.

«Pero Dios no nos debe nada», podrías argumentar. «Tiene derecho a esperar que trabajemos para Él sin pensar en recompensa alguna». Cierto, no nos debe absolutamente nada. Y sí, deberíamos estar dispuestos a servirle y felices de hacerlo, aunque no hubiera recompensa. Si acudiéramos a Dios y dijéramos: «Nos lo debes; queremos que nos pagues», estaríamos muy equivocados. ¡Pero *hay* una recompensa! Y aquí está lo bueno: no fue idea *nuestra* que Dios nos recompensara. ¡Fue idea de *Él*! Satanás no se inventó la idea de los incentivos. Fue Dios. Él nos hizo como somos. Nos hizo para que necesitáramos incentivos que nos motivaran a hacer nuestro trabajo y a hacerlo bien.

Si mi hija hiciera el trabajo del jardín sin alegría y luego dijera: «No, papá, rechazo el dinero y no quiero ir a cenar contigo», ¿cómo me haría sentir? Actuamos con orgullo —e insultamos a Dios— cuando decimos: «No me importa la recompensa». Como si tuviéramos derecho a que no nos importara lo que Dios nos promete por obedecerle.

Dios recompensará a la niña que dio a la ofrenda misionera el dinero que había ahorrado para un guante de *softball*. Recompensará al adolescente que se mantuvo puro a pesar de todas las tentaciones. Recompensará al hombre que cuidó con ternura a su mujer con Alzheimer, a la madre que crio al niño con parálisis cerebral, al niño que se alegró en su corazón a pesar de su minusvalía. Recompensará a la persona inexperta que fue fiel y a la persona hábil que fue mansa y de corazón servicial. Recompensará a los padres que dieron ejemplo de Cristo a sus hijos y a los hijos que lo siguieron a pesar del mal ejemplo de sus padres. Recompensará a los que sufrieron confiando en Él y a los que ayudaron a los que sufrían. No *tiene* que hacerlo. ¡*Quiere* hacerlo! Y no te equivoques, lo hará. «Porque el Hijo del Hombre ha de venir en la gloria de Su Padre con Sus ángeles, y entonces recompensará a cada uno *según su conducta*» (Mateo 16:27, cursiva añadida).

Elecciones y consecuencias

Toda elección importante conlleva una consecuencia importante. Las Escrituras rebosan de promesas y advertencias sobre las consecuencias de nuestras elecciones: ese castigo por ese pecado; aquella recompensa por esa obediencia. Algunos de estos incentivos o consecuencias son a corto plazo o temporales (Prov. 3:9-10; Mal. 3:10-12); otros son a largo plazo o eternos (Luc. 12:32-33; Mat. 6:20); y otros implican incentivos tanto temporales como eternos (Mar. 10:29-30).

Por supuesto, la recompensa no es nuestra única motivación. Debería motivarnos la gratitud para servir a Dios (Heb. 12:28). Debería motivarnos nuestra ambición de «agradar al Señor» (2 Cor. 5:9). Pero estas motivaciones nunca entran en conflicto bíblico con la motivación de la recompensa. La misma Biblia que nos llama a obedecer a Dios por nuestro amor a Él como Padre y Redentor (Deut. 7:9; 11:1; 30:20) también nos llama a obedecer por nuestro temor a Él como Creador y Juez (Gén. 2:17; Deut. 28:58-67; Heb. 10:30-31) y por nuestra esperanza en Él como Recompensador de los que le sirven (Deut. 28:2-9; Heb. 11:6). Cada una de estas motivaciones es legítima, y cada una complementa a la otra. A veces necesitamos la persuasión combinada de todos estos incentivos para hacer lo que agrada al Señor. No se trata de una cuestión de motivaciones mezcladas (unas buenas y otras malas), sino de múltiples motivaciones: múltiples motivaciones *justas*.

Debemos evangelizar por amor a Dios. Pero si eso no basta, nuestro amor por los demás debe motivarnos. Las Escrituras nos dicen que también debemos estar motivados para evangelizar por nuestro temor de Dios. Compareceremos ante el tribunal y seremos recompensados por nuestras obras, dice Pablo, y por eso, puesto que conocemos el temor de Dios, «persuadimos a los hombres» (2 Cor. 5:10-11). El amor es un motivador, el temor otro, la recompensa otro. Si uno o dos no bastan, los tres juntos deberían hacerlo.

Nuestras encantadoras hijas ya son mayores y están casadas. Cuando eran niñas, me querían, y a veces eso era un incentivo suficiente para obedecer. Pero otras veces, no era suficiente. Afortunadamente, también me temían, en el mejor sentido. Sabían que castigaría las malas acciones. Y también sabían que me alegraría mucho cuando hicieran lo correcto. Sabían que les recompensaría por hacer lo correcto, siempre con palabras de aprobación, y a veces también de forma material.

Lo que redunda en interés de Dios redunda también en interés de los demás y en interés mío (no necesariamente de forma inmediata, pero siempre en última instancia). Algo que es bueno será bueno para todos, no bueno para Dios y malo para mí, ni bueno para mí y malo para mi prójimo. Lo que es bueno es bueno para todos. Cada vez que obedezco a Dios, hago lo que en última instancia es mejor para todos. Cada vez que le desobedezco, hago lo que en última instancia es peor para todos. Tanto el Amo como el mayordomo se alegran cuando el mayordomo hace las cosas bien. Ambos se disgustan cuando no lo hace bien.

La perspectiva de ser elogiado por los demás es un fuerte motivador. A los niños los motiva la esperanza de ser alabados por sus padres. ¿Por qué iba a ser distinto con los hijos de Dios? La perspectiva de oír a mi Padre decirme: «Bien hecho» debería ser tremendamente motivadora. Los fariseos «amaban más el reconocimiento de los hombres que el reconocimiento de Dios» (Juan 12:43). Su problema no era que los motivara la alabanza. Era que se contentaban con la alabanza de la fuente equivocada: los hombres, en lugar de Dios.

¿Cómo debemos responder a la adversidad por amor a Cristo? «Alégrense en ese día y salten de gozo». ¿Por qué deberíamos saltar de gozo? «porque su recompensa es grande en el cielo» (Luc. 6:23).

El creyente que conoce la Palabra de Dios conoce su promesa de recompensa por la obediencia. Dios ha establecido un sistema que recompensa la obediencia y castiga la desobediencia, y que premia el sacrificio centrado en los demás y castiga la indulgencia egocéntrica. Lo que está bien siempre es inteligente, porque será recompensado. Lo que está mal siempre es insensato, porque será castigado. Así lo ha dispuesto Dios. Este sistema —no las preferencias personales— debe ser nuestro punto de referencia para decidir qué hacer con nuestro dinero y nuestras posesiones. Si no es así, perdemos.

Considera estas palabras: «No te entusiasmes por hacerte rico; usa tu buen juicio, y desiste de esa idea. ¡Apenas logras poner los ojos en las riquezas, cuando éstas ya han desaparecido! ¡Es como si les salieran alas, alas de águila, y desaparecen volando por el cielos!» (Prov. 23:4-5, RVC).

Vaya imagen. La próxima vez que compres una posesión preciada, imagina que le crecen alas y sale volando. Tarde o temprano, desaparecerá. Nuestro instinto es pensar que esto es una advertencia moral. No lo es. Es una advertencia pragmática. Si las riquezas nos satisficieran y duraran, se podría argumentar a favor de perseguirlas. Pero no satisfacen ni duran. Por tanto, perseguirlas no tiene sentido. No se nos dice que «usemos nuestra *rectitud*, y desistamos de esa idea», sino: «usa tu *buen juicio*, y desiste de esa idea». No persigas la riqueza, no solo porque está mal, sino porque es una estupidez.

Placer, posesiones y poder

Dios nos ha creado a cada uno de nosotros con ciertos deseos que corresponden a ciertas motivaciones. Cada uno lleva incorporados deseos de placer, posesiones y poder. A primera vista, esto puede sonar antibíblico, porque hemos llegado a considerar estas cosas como tentaciones. En efecto, Satanás nos tienta en cada una de estas áreas. El deseo de placer puede degenerar en hedonismo, el deseo de posesiones en materialismo y el deseo de poder en egoísmo. Podríamos relacionar el deseo de placer con la «pasión de la carne», el deseo de posesiones con la «pasión de los ojos» y el deseo de poder con la «arrogancia de la vida» (1 Jn. 2:16).

Satanás abordó a Cristo en estos tres aspectos durante su tentación en el desierto. Tentó a Jesús para que hiciera pan por el placer de comer, para que adorara a Satanás por la posesión de todos los reinos del mundo y para que se arrojara desde lo más alto del templo por el poder de ordenar la intervención de los ángeles (Luc. 4:1-13).

Así pues, si los deseos de placer, posesiones y poder nos hacen vulnerables a la tentación, ¿cómo pueden ser buenos? ¿Cómo pueden motivarnos adecuadamente? Debemos comprender que el maligno solo puede apelar a nuestro deseo de estas cosas porque nuestro Creador incorporó ese deseo en nosotros. Así es como Dios nos diseñó.

> La próxima vez que compres una posesión preciada, imagina que le crecen alas y sale volando. Tarde o temprano, desaparecerá.

La atracción por el placer, las posesiones y el poder no puede tener su origen en nuestra naturaleza pecaminosa, porque Satanás apeló a estos deseos en Adán y Eva antes de que fueran pecadores (Gén. 3:1-7). Cristo no tenía naturaleza pecaminosa. Satanás lo sabía y, sin embargo, intentó tentar a Jesús en las mismas tres cuestiones: placer, posesiones y poder. ¿Por qué? Porque Cristo era humano, y ser humano es tener deseos de estas cosas. Queremos placer, posesiones y poder no porque seamos pecadores, sino *porque somos humanos*.

Si este argumento te parece poco convincente, hay un argumento decisivo: ¡Dios mismo apela a cada uno de estos deseos en nosotros! Nos ofrece la recompensa del poder (Mat. 20:20-28; Luc. 12:42-44; 19:15-19), posesiones (Mat. 6:19-21; 19:16-22, 27-30) y placeres en Su reino eterno (Sal. 16:11).

Dios apela a nuestra naturaleza humana, pero *nunca* a nuestra naturaleza pecaminosa. El poder, las posesiones y los placeres son objetos legítimos de deseo que nuestro Creador nos ha inculcado *y* mediante los cuales puede motivarnos a la obediencia. El maligno contraataca tentándonos a dirigir estos deseos legítimos a los objetos equivocados.

Cómo obtener placer, posesiones y poder eternos

El camino del mundo y la tentación del diablo es que intentemos obtener placer, posesiones y poder en el mundo presente. El camino del Señor es ganar estas cosas en el futuro, no aferrándonos, sino renunciando a ellas en el presente. Es en este punto donde la teología de la prosperidad está tan equivocada.

Considera las tres disciplinas del ayuno, la ofrenda y la oración, que Cristo aborda en Mateo 6:1-18. Ayunar es negarnos el placer de comer para obtener placer en Dios. Ofrendar es negar la posesión de riquezas para obtener posesiones de Dios. Orar es negar nuestro propio poder para obtener el poder de Dios. Comer, poseer y gobernar no son cuestiones intrínsecamente malas, sino que nos abstenemos por un tiempo de ellas, como una cuestión de disciplina espiritual, para cumplir un propósito superior del reino.

Durante siglos, las órdenes monásticas han intentado practicar la renuncia mediante el voto de castidad (renunciar al placer), el voto de pobreza (renunciar a las posesiones) y el voto de obediencia (renunciar al poder de vivir la vida a su manera).

> Uno no renuncia a las posesiones aquí porque odie las posesiones, sino porque las desea en otro mundo.

Pero uno no tiene por qué renunciar al poder porque odie el poder. Puede renunciar a él ahora precisamente porque lo desea en un mundo mejor. Jesús no dijo a Sus discípulos que no debían querer ser grandes, sino que podían llegar a serlo en el otro mundo siendo siervos en este (Mar. 10:42-44). Del mismo modo, uno no renuncia a las posesiones aquí porque odie las posesiones, sino porque las quiere en el otro mundo. Jesús no dijo a Sus discípulos que no debían querer ser ricos. Más bien, les dijo que podrían hacerse ricos en el otro mundo si renunciaban a las riquezas en este (Mat. 6:19-21). No se trata de no gratificar, sino de retrasar la gratificación. Es renunciar a la gratificación presente y temporal para alcanzar la gratificación futura y eterna.

Admiramos a los atletas olímpicos por su dedicación y disciplina, pero no pretendemos que no actúen por interés propio. Hacemos bien en admirar a un misionero, a alguien que trabaja con niños de la calle o a alguien que da de comer a los pobres. Lo que hacen no es egoísta, pero tampoco es desinteresado en la forma en que a menudo pensamos. Sus sacrificios a corto plazo redundan en su propio interés eterno, porque Dios promete recompensarlos. No es abnegación porque sí, sino abnegación intencionada para la gloria de Dios y su propio bien final. La clave de esta abnegación es la fe, tal como se describe y ejemplifica en Hebreos 11:8-16. La fe es lo que nos motiva a renunciar a algo en esta vida por la promesa de que eso —o una forma aún más elevada— será nuestro en la próxima.

Este concepto nos resulta difícil de entender, porque nuestra naturaleza pecaminosa ha manchado muchísimo nuestros placeres, posesiones y poder en este mundo. Pero en la eternidad podremos administrar estas cosas correctamente —como hizo nuestro Señor sin pecado— porque estaremos libres de pecado.

Los que creen en la teología de la prosperidad no se dan cuenta de que cuando no limitamos nuestra búsqueda de placeres, posesiones y poder en este mundo, donde aún somos pecadores, los resultados son desastrosos. Fíjate en los escándalos que han sacudido algunas organizaciones cristianas (varios de los cuales examinamos en el capítulo 5). Las vidas de los dos evangelistas caídos más prominentes en la década de 1980 —Jim Bakker y Jimmy Swaggart— se componían de tres elementos básicos en gran medida: poder, posesiones y placeres. Ambos alcanzaron un tremendo poder sobre la gente, amasaron un gran número de posesiones y se entregaron a muchos placeres, que en última instancia incluyeron la inmoralidad sexual. Como la mayoría de nosotros, estos hombres, en su pecaminosa naturaleza humana, fueron incapaces de manejar porciones tan grandes de poder, posesiones y placeres.

¿Apelar a nuestros deseos puede ser realmente espiritual?

Dios nos creó con ciertos deseos, y nos hizo para que nos motivaran las recompensas que apelan a esos deseos. Nos llama a actuar en función de esas recompensas prometidas. Como hemos visto, las Escrituras están llenas de exhortaciones a actuar de determinadas maneras para obtener ciertas recompensas. Sin embargo, persiste la creencia errónea de que desear poder, posesiones y placer en la otra vida es burdo, y que perseguir recompensas es egoísta o mercenario. Tres piadosos ingleses de tres siglos distintos nos ofrecen una perspectiva muy distinta, explícitamente bíblica.

John Bunyan, el pastor del siglo XVII que fue encarcelado por predicar el evangelio, dijo de las recompensas eternas: «Son tales que deberían llevarnos a brincar de solo pensar en ellas, y deberíamos recordarlas con gran alegría, y nunca pensar que es contrario a la fe cristiana alegrarse y regocijarse por [ellas]».[3]

William Wilberforce, gracias a sus incansables esfuerzos en el Parlamento a principios del siglo XIX, consiguió finalmente abolir el comercio de esclavos en Inglaterra. Dedicó la mayor parte de su fortuna a la causa de Cristo. Esta era su perspectiva sobre los deseos que Dios nos ha dado: «El cristianismo no propone extinguir nuestros deseos naturales. Promete poner los deseos bajo un justo control y dirigirlos hacia su verdadero objeto».[4]

C. S. Lewis, profesor en Oxford y Cambridge a mediados del siglo XX, escribió prolíficamente sobre la fe cristiana. Destinó la mayor parte de sus derechos de autor a causas benéficas y necesidades individuales, viviendo con sencillez y pensando a menudo sobre el mundo:

> Los débiles y lejanos resultados de aquellas energías que el arrebato creador de Dios implantó en la materia cuando hizo los mundos son lo que ahora llamamos placeres físicos; e incluso así filtrados, son demasiado para nuestro manejo actual. ¿Qué sería saborear en el manantial esa corriente de la que incluso estos tramos inferiores resultan tan embriagadores? Sin embargo, creo que eso es lo que tenemos ante nosotros. Todo el hombre ha de beber alegría de la fuente de la alegría.
>
> El Nuevo Testamento tiene mucho que decir sobre la abnegación, pero no sobre la abnegación como fin en sí misma. Se nos dice que nos neguemos a nosotros mismos y que tomemos nuestra cruz para seguir a Cristo, y casi todas las descripciones de lo que encontraremos al final si lo hacemos contienen una apelación al deseo. Si en la mayoría de las mentes modernas acecha la noción de que es malo desear el propio bien y esperar fervientemente el disfrute, es porque se ha colado desde las enseñanzas de Immanuel Kant y los antiguos estoicos. Ciertamente, no forma parte de la fe cristiana. De hecho, si consideramos las promesas sin tapujos de recompensas prometidas en los evangelios, parecería que nuestro Señor considera que nuestros deseos no son demasiado fuertes, sino demasiado débiles. Somos criaturas indiferentes, que juguetean con la bebida, el sexo y la ambición cuando se nos ha ofrecido un gozo infinito. Nos complacemos con demasiada facilidad, como un niño ignorante que sigue haciendo pasteles de barro en un barrio marginado porque no puede imaginar lo que significa que te ofrezcan unas vacaciones junto al mar.[5]

Somos criaturas indiferentes, que juguetean con la bebida, el sexo y la ambición cuando se nos ha ofrecido un gozo infinito.
C. S. LEWIS

Debemos darnos cuenta, de una vez por todas, de que satisfacer nuestros deseos y buscar recompensas no es anticristiano. Lo que es anticristiano es el egocentrismo que se despreocupa de Dios y de nuestro prójimo, y la preocupación por el cumplimiento inmediato de los deseos que nos distrae de encontrar nuestra realización última en Cristo. La persona que da la vida, el dinero y las posesiones para recibir recompensas de Dios —la mayor de las cuales es oír el sonoro «Hiciste bien»— es aquella cuya sed más profunda será saciada eternamente por el Hacedor y Cumplidor de todo deseo. No tiene sentido dedicar nuestras vidas a los «pasteles de barro» del poder, las posesiones y los placeres de este mundo, cuando nuestro Señor nos ofrece el poder, las posesiones y los placeres del otro mundo, nuestro hogar eterno.

Sueños de dimensión eterna

Todos los años, en Portland, Oregón, los constructores exhiben una hilera de casas grandes y hermosas llamada «Calle de los Sueños». Aunque es divertido mirar las casas, me impresiona lo triste que sería tener un sueño tan pequeño como una de esas casas.

Cuando era pastor, una pareja maravillosa vino a mi despacho y me dijo que querían poder dar más dinero a la iglesia y a las misiones, pero que no podrían si seguían ahorrando para construir la casa de sus sueños. Dijeron: «Siempre hemos soñado con una hermosa casa en el campo, y nos parece imposible abandonar ese sueño. ¿Está mal?».

Les dije que creía que su sueño de un hogar perfecto venía de Dios. Creo que se sorprendieron al oírlo. Entonces les dije: «El problema es que su sueño no puede cumplirse aquí, en este mundo».

La casa de nuestros sueños se acerca; no tenemos que construirla nosotros mismos. De hecho, no podemos. Cualquier casa de ensueño en la tierra acabará destrozada por el tiempo, las inundaciones, los terremotos, los tornados, las hormigas carpinteras o las autopistas de circunvalación. ¿Quién querría desviar fondos del reino para construir una casa de ensueño en la tierra si comprendiera que, o bien se deteriorará, o la abandonará? En cambio, ¿por qué no utilizar nuestros recursos para enviar materiales de construcción de manera anticipada al Carpintero, nuestro Novio, que en este mismo momento está construyendo la casa de nuestros sueños en el cielo?

Escribiendo en 1649, el pastor Richard Baxter formuló una pregunta inquisitiva:

> Si hay un descanso tan cierto y glorioso para los santos, ¿por qué no se lo busca con mayor diligencia? Uno pensaría que si un hombre oyera hablar una vez de la inefable gloria que se ha de obtener, y creyera que lo que ha oído es verdad, se sentiría transportado por la vehemencia de su deseo de obtenerla, y casi se olvidaría de comer y beber, y no se preocuparía de nada más, y no hablaría ni se interesaría por nada más que por cómo obtener este tesoro. Y,

> sin embargo, personas que oyen hablar de esto a diario y profesan creerlo como artículo fundamental de su fe le prestan tan poca atención o se esfuerzan tan poco por conseguirlo como si nunca hubieran oído hablar de tal cosa o no creyeran ni una sola de las palabras que oyen.[6]

Que creamos con alegría. ¡Y que vivamos en consecuencia con lo que creemos!

CAPÍTULO 10

El mayordomo y el amo

Se necesita un avivamiento más —solo uno más—, el renacimiento de la mayordomía cristiana, la consagración del poder del dinero a Dios. Cuando llegue ese avivamiento, el reino de Dios llegará en un día.

HORACE BUSHNELL

Para un miembro de la Iglesia, negar en la práctica su mayordomía es tan digno de disciplina como negar la divinidad de Cristo.

CHARLES FINNEY

Un hombre angustiado se acercó cabalgando a toda velocidad a John Wesley, gritando: «Señor Wesley, señor Wesley, ha ocurrido algo terrible. ¡Su casa se quemó hasta los cimientos!». Sopesando la noticia por un momento, Wesley replicó: «No. La casa del Señor se quemó hasta los cimientos. Es una responsabilidad menos para mí».

La de Wesley no fue la respuesta mojigata de alguien que pensaba que estaríamos citando sus palabras cientos de años después. Podríamos decir: «Sé realista», pero su reacción no procedía de una negación de la realidad. Más bien surgió de la realidad más básica de la vida: que Dios es el dueño de todas las cosas, y nosotros somos simplemente Sus administradores.

Jerry Caven tenía una cadena de restaurantes de éxito, dos bancos, una hacienda, una granja y varias empresas inmobiliarias. A los cincuenta y nueve años, buscaba una bonita casa de retiro junto al lago. Pero el Propietario tenía otros planes.

«Dios nos llevó a poner nuestro dinero y nuestro tiempo en el extranjero», dijo Jerry. «Ha sido emocionante. Antes dábamos cantidades simbólicas. Ahora, invertimos mucho dinero en misiones. A menudo vamos a la India».

¿Qué cambió la actitud de los Caven hacia las ofrendas?

«Nos dimos cuenta de que Dios es el dueño», explicó Jerry. «Una vez que comprendimos que estábamos dando el dinero de Dios para hacer la obra de Dios, ¡descubrimos una paz y una alegría que nunca habíamos tenido cuando pensábamos que era nuestro dinero!».

John Wesley y Jerry Caven tienen algo en común que todos nosotros necesitamos cultivar: una comprensión transformadora de la propiedad de Dios y de nuestra mayordomía.

La mayordomía

Recientemente, la palabra *mayordomía* ha caído en desgracia. Para muchos ya no es relevante en la época en que vivimos. Para algunos, es un cliché religioso utilizado para que la recaudación de fondos suene espiritual. Evoca imágenes de grandes termómetros rojos en las plataformas de las iglesias, que miden lo lejos que estamos de pagar la hipoteca.

Debido a estas asociaciones insustanciales, estuve tentado de no utilizar la palabra en este libro. Pero es una palabra tan buena, tanto bíblica como históricamente, que merece ser resucitada en lugar de enterrada.

«Un mayordomo es alguien a quien se confía la riqueza o la propiedad de otra persona y a quien se le encomienda la responsabilidad de administrarla en interés del propietario».[1] A un mayordomo se le confían los recursos suficientes y la autoridad para llevar a cabo las responsabilidades que se le asignan.

La Escritura nos dice que Dios delegó en nosotros la autoridad sobre toda Su creación (Gén. 1:28). «Tú le haces señorear [al hombre] sobre las obras de Tus manos; todo lo has puesto bajo sus pies: todas las ovejas y los bueyes, y también las bestias del campo» (Sal. 8:6-7). Dios espera que utilicemos todos los recursos que nos da para cumplir mejor nuestras responsabilidades. El objetivo primordial de un mayordomo es que su amo lo considere fiel mientras utiliza los recursos del amo para realizar las tareas que le ha delegado (1 Cor. 4:2).

El objetivo primordial de un mayordomo es que su amo lo considere fiel mientras utiliza los recursos del amo para realizar las tareas que le ha delegado.

La mayordomía no es una subcategoría de la vida cristiana. La mayordomía *es* la vida cristiana. Después de todo, ¿qué es la mayordomía sino que Dios nos ha confiado la vida, el tiempo, los talentos, el dinero, las posesiones, la familia y Su gracia? En cada caso, Él evalúa cómo consideramos lo que nos ha confiado y qué hacemos con ello.

Nuestro uso del dinero y las posesiones es solo un aspecto de la mayordomía, pero todos sus aspectos son círculos superpuestos. En Éxodo 36:2-7, por ejemplo, vemos que el tabernáculo fue construido por personas que dieron de su tiempo, energía, habilidades, dinero y posesiones. Cómo veamos y manejemos nuestro dinero se corresponderá con cómo veamos y manejemos nuestro tiempo, energía, talentos, familia, iglesia, vocación y todas las facetas de la vida.

Aunque debería resultar obvio al leer los Evangelios, a mucha gente le sorprende saber que Jesús mostró un gran interés y familiaridad con el tema del dinero. Hablaba frecuentemente en términos económicos. Gene Getz ofrece un resumen de la enseñanza de Cristo:

> Evidentemente, Jesús aprendió el oficio de carpintero de Su padre y mantuvo un perfil relativamente bajo en Su ciudad natal de Nazaret. Sin embargo, cuando comenzó Su ministerio, demostró una inusual conciencia de todo tipo de actividad económica en Palestina. La principal fuente para comprender el conocimiento de Jesús sobre qué tipos de empresas comerciales existían en aquella época son Sus parábolas, las cuales contaba para ilustrar una verdad espiritual. De hecho, un gran número de estos relatos utilizaban diversas facetas de la vida económica para hacer aplicaciones espirituales. Más de una cuarta parte de estas parábolas (once de treinta y nueve) tratan directamente de las finanzas y el dinero:
>
> - Se refirió a la *inversión* en joyas y tesoros para ilustrar la importancia de invertir en el reino de Dios (Mat. 13:44-45).
> - Se refirió a guardar *tesoros* nuevos y viejos para ilustrar la importancia de almacenar tanto la verdad antigua como la nueva (Mat. 13:52).
> - Utilizó el *endeudamiento* para ilustrar la importancia del perdón (la parábola del siervo despiadado; Mat. 18:23-35).
> - Se refirió a los *procedimientos de contratación* y a las *estructuras salariales* para ilustrar la soberanía y generosidad de Dios al tratar a todos con igualdad, perdonar los pecados y recompensar a las personas con la vida eterna (la parábola de los trabajadores de la viña; Mat. 20:1-16).
> - Contó la historia de un fruticultor que *arrendaba* su propiedad para ilustrar la forma en que los sumos sacerdotes y los fariseos rechazaban a Dios y a Su Hijo (parábolas de los labradores malvados; Mat. 21:33-46; Mar. 12:1-12; Luc. 20:9-19).
> - Habló del *capital*, las *inversiones*, las *actividades bancarias* y los *intereses* para subrayar nuestra responsabilidad humana de utilizar los dones de Dios de forma prudente y responsable (parábola de los talentos, Mat. 25:14-30; parábola de las diez minas, Luc. 19:11-27).
> - Se refirió a los *prestamistas*, los *intereses* y la *cancelación de deudas* para ilustrar la importancia del amor y el agradecimiento a Dios por cancelar nuestra deuda de pecado (Luc. 7:41-43).
> - Habló de construir graneros para *almacenar grano* para el futuro mientras se descuidaba almacenar tesoros espirituales como una decisión muy insensata (la parábola del rico insensato; Luc. 12:16-21).
> - Utilizó la *planificación arquitectónica*, la *construcción de edificios* y el *análisis de costos* para ilustrar la importancia de planificar el futuro y contar el costo antes de tomar decisiones en la construcción de nuestra vida espiritual (Luc. 14:28-30).

- Usó la alegría humana que produce *encontrar dinero perdido* para ilustrar la alegría en presencia de los ángeles cuando un alma perdida cree en Cristo (Luc. 15:8-10).
- Utilizó la *riqueza*, la división de un *patrimonio*, el *gasto* irresponsable y el *cambio de actitud* para ilustrar el arrepentimiento y el perdón (la parábola del hijo pródigo; Luc. 15:11-32).
- Utilizó la *mala gestión financiera* y la *reducción deshonesta de la deuda* para ilustrar que los hombres de negocios deshonestos a veces son más sabios en su ámbito mundano que los seguidores honrados de Cristo en el ámbito espiritual (la parábola del administrador astuto; Luc. 16:1-12).
- Contrastó a un *hombre rico* que murió y fue al infierno con un *pobre mendigo* que murió y fue al cielo para ilustrar cómo la riqueza y lo que esta puede proporcionar pueden endurecer nuestros corazones contra la verdad espiritual (la parábola del rico y Lázaro; Luc. 16:19-31).
- Contrastó al orgulloso fariseo que *ayunaba* y *diezmaba* regularmente con el humilde recaudador de impuestos que reconoció su pecado de *deshonestidad* y *avaricia* para ilustrar que Dios reconoce la humildad y rechaza la exaltación propia (la parábola del fariseo y el recaudador de impuestos; Luc. 18:9-14).
- Usó un *campo maduro de grano* y *cosechadores* para ilustrar los «corazones espiritualmente maduros» de Samaria y el papel que tendrían los apóstoles en la «cosecha» de las almas de la gente (Juan 4:34-38).[2]

En lo que queda de este capítulo, analizaré detenidamente una de las parábolas de Cristo, resumiré otras dos y recopilaré una serie de lecciones clave que establecen un programa para todos los mayordomos que quieran servir fielmente a su Señor.

Lecciones de un administrador astuto

La parábola de Cristo sobre el mayordomo astuto, a menudo llamado «mayordomo infiel», trata de un rico propietario que despide a su administrador por malgastar sus bienes (Luc. 16:1-13). Durante el breve período anterior a que se haga efectivo su despido, el mayordomo acude a los deudores de su amo y reduce su deuda, creando así una amistad. Cuando el amo se entera de esto, alaba al administrador por su previsión al hacer amigos que lo apoyarán ahora que ha terminado su mandato de mayordomo.

Hay distintas interpretaciones de este pasaje que intentan explicar la aparente aprobación del amo de lo que parece un acto deshonesto. He aquí tres posibilidades:

- El mayordomo redujo las deudas pendientes de larga duración para que, al menos, su señor recibiera algún pago en lugar de ninguno.
- Como a veces se pagaba a los mayordomos con los intereses de los préstamos, lo que el mayordomo dedujo de las deudas podía ser lo que se le debía, pero que necesitaba obtener ahora si quería recibirlo algún día.
- El mayordomo había cobrado de más a los deudores en primer lugar, planeando embolsarse el exceso, y ahora los dejó pagar sus bienes al precio verdadero, no inflado.

Independientemente de la interpretación correcta —y las parábolas suelen tener un punto central que no debe quedar oscurecido por incertidumbres sobre cuestiones secundarias—, el amo alabó al mayordomo por su astucia al utilizar el dinero de su amo, pensando en su propio bienestar futuro, para invertirlo en sus relaciones con la gente (Luc. 16:8-9).

Es evidente que Jesús pretende establecer un paralelismo entre la posición del administrador astuto y la nuestra. Nos anima a emular la sabiduría del mayordomo al manejar los recursos de nuestro Amo pensando en nuestro futuro eterno.

El cese del hombre significa que el servicio de todo administrador llegará a su fin algún día, y podría ser en cualquier momento. Seremos despedidos de esta vida igual que él fue despedido de su trabajo, y probablemente de forma igual de inesperada. Como su amo señaló un día para que terminara su servicio, así se ha señalado un día para que termine el nuestro, un día en el que daremos cuenta de nuestra mayordomía, igual que él (Rom. 14:12). Por consiguiente, debemos hacer exactamente lo que hizo el mayordomo: utilizar sabiamente el poco tiempo e influencia que nos quedan antes de que termine nuestro período de mayordomía (la vida en esta tierra).

Amigos y casas eternas

Jesús no nos dice que nos mantengamos alejados de las «riquezas injustas», sino que las utilicemos estratégicamente. Dijo: «háganse amigos por medio de las riquezas injustas, para que cuando les falten, los reciban en las moradas eternas» (Luc. 16:9). El dinero puede ser una herramienta de Cristo. Pero debe utilizarse como tal ahora, antes de que termine nuestro período de servicio en la tierra. No habrá una segunda oportunidad de utilizar el dinero para Cristo más adelante. Después de que su despido fuera efectivo, después de que ya no pudiera trabajar, el gerente ya no tendría ninguna ventaja. Aprovechó sus últimos días de servicio para ganarse amigos que pudieran acogerlo en sus moradas cuando terminara su trabajo.

Jesús nos dice que, después de morir, cuando nuestros bienes actuales de dinero, posesiones, tiempo y vida hayan desaparecido, podremos ser acogidos por amigos en las moradas eternas. Quizá el comité de bienvenida de esta parábola participe del «gran recibimiento» que algunos creyentes tendrán al entrar en el cielo (2 Ped. 1:11). Evidentemente, esta acogida dependerá de que utilicemos con sabiduría nuestros recursos en la tierra para influir en estos «amigos».

Pero ¿quiénes son esos amigos? La referencia parece ser a los creyentes del cielo que están allí como resultado de nuestro ministerio o cuyas vidas hemos tocado de forma significativa mediante el uso de nuestros bienes materiales. Al parecer, tendrán sus propias «moradas eternas» y nos acogerán para que tengamos un lugar donde alojarnos mientras nos movemos por el reino celestial. Que los creyentes tendrán sus propias moradas en el cielo está corroborado por otros textos. La Nueva Jerusalén es un lugar físico, con medidas exactas (Apoc. 21:16). Para calificarla de «ciudad», es de suponer que consta de residencias individuales (Apoc. 21:2). Jesús dice que nos está preparando moradas eternas (Juan 14:2-3).

Es cierto: el Carpintero de Galilea está construyendo residencias para nosotros. (¡Tiene cualidades que resultan útiles en un proyecto de construcción, como la omnisciencia y la omnipotencia!). Si integramos una analogía similar, 1 Corintios 3:10-15 sugiere que en esta vida estamos proporcionando los materiales de construcción para que nuestro Señor los utilice en este proyecto de construcción, del cual Él mismo es el cimiento. Si esto es cierto, nuestra forma de vivir ahora influye entonces en el tamaño y la calidad de nuestra morada eterna. Sin duda, esto encaja con el concepto de que la recompensa es proporcional al servicio, como se enseña en 2 Corintios 5:10 y en todas las parábolas de la mayordomía.

> Nuestra forma de vivir ahora influye en el tamaño y la calidad de nuestra morada eterna.

Si nos atenemos a las imágenes de construcción y residencia que emplea la propia Escritura, entonces todos los creyentes están inmersos en una especie de proyecto de construcción eterna, cuyos resultados variarán ampliamente. Podríamos imaginar que algunos de nosotros estamos enviando materiales suficientes para tiendas de campaña, otros para estudios, otros para casas remolque, otros para haciendas y otros para grandes mansiones. (Lo digo solo a título ilustrativo, pero recuerda que son las Escrituras —y no yo— las que nos dicen que tendremos verdaderas moradas en el cielo). Si imaginamos que Jesús emplea a los ángeles en nuestros proyectos de construcción celestiales, podríamos imaginarnos preguntándoles: «¿Por qué mi casa no es más grande?». A lo que podrían responder: «Hicimos lo mejor que pudimos con lo que nos enviaste».

Basándonos en las palabras de Cristo en la parábola, podríamos imaginar además que cuanto más grande sea nuestra morada, más capaces seremos de servir como (perdón por la expresión) anfitriones celestiales: los que reciben huéspedes celestiales. Quizás incluso tengamos ángeles como huéspedes. O tal vez seamos invitados a los aposentos de los ángeles para visitarlos a cambio de la hospitalidad que les ofrecimos en la tierra cuando ignorábamos su verdadera identidad (Heb. 13:2).

Si esto te parece demasiado fantástico, recuerda que simplemente estamos intentando comprender las propias palabras de Cristo. Es evidente que quiso decir algo; si no es esto, *¿qué?* No hay ningún indicio en el texto de que Jesús pretendiera un significado simbólico o alegórico. Por consiguiente, no debemos espiritualizar Sus palabras, sino tomarlas en su sentido llano y corriente.

¿Por qué nos parecen extraños estos conceptos? Quizás porque nos hemos preocupado tanto de nuestra vida aquí que nunca nos paramos a pensar en la vida en el cielo. Como desarrollo en mi libro *El cielo*, solemos pasar por alto que el cielo se describe sistemáticamente en la Biblia no en términos etéreos, vagos o abstractos, sino de forma muy tangible y sorprendentemente terrenal.[3]

Si tomamos estos pasajes al pie de la letra —como sugiere el peso de las pruebas—, debemos concluir que cada uno de nosotros tendrá una ubicación individual específica en el cielo, una dirección propia. Viviremos allí, invitaremos a la gente a entrar y seremos invitados a otros lugares. Sabemos que tendremos cuerpos reales en el cielo (Luc. 24:39; Juan 20:27; 1 Cor. 15:42-54), y que seremos reconocibles (Mat. 17:3). Tendremos un lugar en una mesa para comer y beber (Mat. 8:11; Apoc. 19:9). Experimentaremos placer literal en el cielo, del mismo modo que los que estén en el infierno experimentarán dolor literal (Luc. 16:22-31). Dada la naturaleza física de nuestros cuerpos de resurrección, ¿por qué habría de sorprendernos que también tengamos lugares donde vivir, o que teniéndolos podamos recibir a otros en ellos?

Todo esto debería suscitar una autoevaluación. ¿Qué clase de materiales de construcción estamos enviando al cielo para nuestra propia morada? ¿A quiénes hemos influido espiritualmente hasta el punto de que nos acojan en sus moradas eternas? ¿A qué personas necesitadas hemos entregado nuestros recursos con sacrificio? Al parecer, aquellos a quienes hemos influido para Cristo, directa o indirectamente, nos conocerán y apreciarán y desearán nuestra comunión en el cielo. ¡Qué idea! Esto es alentador tanto por los familiares, amigos y otras personas salvadas en las que hemos influido, como por los muchos que ni siquiera conocemos y que han sido tocados por nuestras oraciones, servicio y donaciones económicas.

La canción *Thank you* [Gracias] nos muestra a personas en el cielo que nos explican cómo nuestras donaciones han influido en sus vidas. Dicen: «Gracias por dar al Señor, me alegro tanto de que hayas dado».[4] Esto es algo más que un bonito sentimiento. Es algo que ocurrirá de verdad. Cada vez que das para las misiones mundiales, para aliviar el hambre y para el reino de Dios, puedes soñar con el día en que te reunirás con esas preciosas personas en el cielo.

Jesús nos da un poderoso incentivo para invertir nuestras vidas y bienes en Su reino mientras estemos en la tierra. Cuanto mayor sea nuestro servicio y sacrificio por Él y por los demás, mayor y más entusiasta será nuestro comité de bienvenida en el cielo, más residencias eternas tendremos oportunidad de visitar y más sustanciosa será nuestra propia morada en el cielo.

Un día, el dinero será inútil. Mientras siga siendo útil, los cristianos previsores lo utilizarán para el bien eterno.

Fiel en lo poco, con mucho a su cargo

Siguiendo con la parábola del administrador astuto, Jesús dice: «El que es fiel en lo muy poco, es fiel también en lo mucho; y el que es injusto en lo muy poco, también es injusto en lo mucho» (Luc. 16:10). Jesús da a entender que todos somos puestos a prueba continuamente en las cosas pequeñas. Si no se puede confiar en que un niño gaste el dinero de su padre y devuelva el cambio, tampoco se puede confiar en que pase la noche solo en casa de un amigo. Pero si se puede confiar en él para que limpie su habitación y saque la basura, se le puede confiar un perro o una bicicleta.

Este principio invalida todos nuestros «si tan solo», como: «Si tan solo ganara más dinero, ayudaría a los pobres», o «Si tan solo tuviera un millón de dólares, lo donaría a mi iglesia o a las misiones». Si soy deshonesto o egoísta en el uso de unos pocos dólares, seré deshonesto o egoísta en el uso de un millón de dólares. La cuestión no es lo que haría con un millón de dólares si lo tuviera, sino lo que hago con los cien mil, diez mil, mil, cien o diez dólares que *tengo*. Si no somos fieles con lo que nos ha confiado, ¿por qué debería confiarnos más?

Este pensamiento plantea una pregunta aleccionadora: ¿Qué oportunidades estamos perdiendo actualmente porque no hemos sabido utilizar nuestro dinero y nuestras vidas sabiamente a la luz de la eternidad?

Dios presta mucha atención a las «pequeñas cosas». Cuenta los cabellos de nuestra cabeza, cuida los lirios del campo y se preocupa por la caída de un solo pajarillo (Mat. 10:29). Lo que hacemos con un poco de tiempo, un poco de talento y un poco de dinero le dice mucho a Dios. Las pequeñas cosas son un factor importante cuando considera si elogiarnos y ascendernos—o reprendernos y degradarnos— en la corporación de Su reino.

Manejar las verdaderas riquezas

«Por tanto, si no han sido fieles en el uso de las riquezas injustas, ¿quién les confiará las riquezas verdaderas?» (Luc. 16:11). ¿Qué son las «riquezas verdaderas»? No son más de la misma riqueza mundana. Las verdaderas riquezas son las que son valiosas para Dios, las que durarán toda la eternidad. ¿Y qué podrían ser sino otros seres humanos con almas eternas? Aparentemente, Dios nos pone a prueba en el manejo del dinero y las posesiones para determinar hasta qué punto somos dignos de confianza en el manejo de las personas en el ministerio personal.

¿Cuántas personas, incluidos pastores y otros líderes cristianos, han perdido un ministerio eternamente significativo para almas eternas por no haber manejado bien su dinero? Mediante una mala gestión de los fondos de Dios podemos perder credibilidad ante la gente, así como la voluntad de Dios de confiarnos más personas a las que influir.

Hay más implicaciones relacionadas con nuestra posición de autoridad en la eternidad. Habiendo sido fieles en el manejo de nuestros recursos en esta vida, se nos concede el liderazgo de otros en la próxima (Luc. 19:17, 19). «Y si no han sido fieles en el uso de lo ajeno, ¿quién les dará lo que es de ustedes?» (Luc. 16:12). Este pasaje implica que, aunque actualmente somos administradores, responsables de manejar la propiedad de otro, algún día seremos propietarios. Jesús lo confirma cuando dice: «Acumulen tesoros en el cielo». Hace una clara distinción entre manejar la propiedad ajena en el presente y la perspectiva de tener nuestra propiedad en el futuro. El mensaje parece ser que si no hemos sido buenos administradores con el dinero de Dios mientras estábamos en la tierra, no seremos propietarios en el cielo. Pero si administramos bien los bienes de Dios aquí en la tierra, Él nos dará propiedades en el cielo.

Las parábolas de la administración

La parábola del administrador astuto (Luc. 16:1-13), muestra que cada uno de nosotros debe invertir cuidadosamente sus activos financieros, dones y oportunidades para tener un impacto en las personas para la eternidad, haciendo así los preparativos para nuestro propio futuro eterno.

La parábola de los talentos (Mat. 25:14-30) muestra que Dios nos ha confiado distintos bienes económicos, dones y oportunidades, y que tendremos que rendir cuentas a Él por cómo los hemos invertido en esta vida. Debemos prepararnos para el regreso del Amo potenciando el crecimiento de Su reino mediante la sabia inversión de Sus bienes.

La parábola de las diez minas (Luc. 19:11-27) muestra que quienes tengan dones, bienes y oportunidades comparables serán juzgados según su fidelidad y laboriosidad a la hora de invertirlos en el reino de Dios, y en consecuencia recibirán distintos puestos de autoridad en el cielo.

Lecciones sobre el amo

Cada una de las parábolas de la mayordomía tiene dos temas principales: el amo y los siervos. Las lecciones relativas al amo pueden resumirse como sigue:

Su propiedad. El amo es el verdadero propietario de todos los bienes. Las posesiones, el dinero —incluso el siervo— pertenecen al amo. Tiene derecho a hacer lo que desee con todo. (Ver al final de este capítulo una aplicación de este punto crítico).

Su poder. La voluntad del amo es la autoridad, sus decisiones son determinantes. Detrás de sus palabras, hay un poder supremo.

Su confianza. Ha delegado en sus siervos importantes activos financieros y autoridad sobre su dinero y posesiones. Esto indica un nivel de confianza en su capacidad para administrarlos. También muestra la disposición a asumir el riesgo de delegar responsabilidades en personas que pueden fracasar.

Sus expectativas. El amo tiene expectativas concretas respecto a sus mayordomos. No son fáciles, pero son justas. Tiene todo el derecho a esperar que sus mayordomos hagan lo que les ha dicho.

Su ausencia. El amo se ausenta durante una temporada. Como no está físicamente presente, existe una relación a distancia y, en consecuencia, una rendición de cuentas a futuro. Es una prueba de cada siervo para ver si se mantienen las normas del amo, aunque no esté allí para dar una recompensa o una corrección inmediatas.

Su regreso. El amo volverá. Puede que sea antes o después, pero puede volver en cualquier momento, probablemente cuando menos se lo espere.

Su generosidad. Aunque tiene derecho a esperar que el siervo haga lo que le ha ordenado sin recompensa, el amo promete gentilmente recompensa y ascenso al mayordomo que ha sido fiel.

Su rigor. Las instrucciones del amo eran razonables, y no es de los que aceptan excusas. Los siervos conocen sus elevadas exigencias y no deben dar por sentada su gracia siendo perezosos y desobedientes. El amo quitará la recompensa que hubiera dado al siervo infiel y lo disciplinará por su mala administración.

Lecciones sobre el siervo

Mayordomía. Los siervos deben ser muy conscientes de que no son los propietarios ni los amos, sino solo mayordomos o administradores del dinero. Su trabajo consiste en tomar los bienes que se les ha confiado (no dado) y utilizarlos sabiamente para cuidar y ampliar el patrimonio del amo. Si un siervo no comprende plenamente las implicaciones de la propiedad del amo, hace imposible el ejercicio adecuado de la mayordomía.

Rendición de cuentas. Al no ser propietarios de esos bienes, los siervos son responsables de ellos ante el amo. Algún día, comparecerán ante Él para explicarle por qué invirtieron como invirtieron.

Fidelidad. Los siervos tratan de ser dignos de confianza, de manejar los bienes de su amo de forma que le agrade. Lo hacen hasta que el amo vuelve o hasta la muerte, pasen los años que pasen. La mayordomía es la vocación vital del siervo. Renunciar no es una opción.

Diligencia. Los siervos deben trabajar duro, hacerlo bien y no aflojar.

Sabiduría a la hora de invertir. Dado que gestionan los bienes del amo, los siervos deben elegir cuidadosamente sus inversiones. No pueden permitirse correr riesgos indebidos ni dejar que el capital se erosione por la ociosidad. El objetivo no es simplemente conservar los recursos, sino multiplicarlos. Los siervos deben ser inteligentes, ingeniosos y pensadores estratégicos respecto a las mejores inversiones a largo plazo.

Preparación para el regreso del amo. Un hombre fue a visitar al cuidador de una gran finca que tenía un propietario ausente. Al observar la meticulosidad con que el cuidador realizaba cada tarea, el visitante le preguntó: «¿Cuándo espera que vuelva el dueño?». El cuidador respondió: «Hoy, por supuesto».

Como soldados preparados en cualquier momento para la inspección de un cuartel, los siervos son conscientes constantemente de que ese podría ser el día del regreso del amo. Si supieran el día o la hora de ese regreso, podrían perder tiempo. Podrían «tomar prestado» algo del dinero del amo, con la idea de reponerlo antes de que vuelva. Cuando dejan de esperar el regreso del amo, la malversación o el despilfarro se convierten en una gran tentación. Pero los mayordomos saben que el amo es un hombre de palabra. Cumplirá su promesa de volver. Los siervos deben vivir cada día como si fuera el día del regreso del amo. Un día, lo será.

Los siervos deben ser muy conscientes de que no son los propietarios ni los amos, sino solo mayordomos o administradores del dinero.

Nuestra muerte equivale al regreso del amo, pues marca el día en que termina nuestro servicio terrenal. Nuestra hoja de servicios se «congela» en su forma definitiva, para ser evaluada como tal por nuestro Amo en el juicio.

Temor al amo. Los mayordomos saben que el amo es justo. Sus instrucciones fueron explícitas y sus expectativas son elevadas. Si los mayordomos trabajan sabiamente, saben que les irá bien. La generosidad del amo indica que serán generosamente recompensados.

Pero también saben que si son infieles sentirán la ira del amo. Este sano temor los motiva a una buena administración.

La condición del individuo ante el amo. El amo tiene una mirada aguda. Los esfuerzos de un siervo individual no se verán mancillados por la incompetencia de los demás. El amo puede tratar a los demás siervos como desee. Cada siervo debe hacer su trabajo y estar preparado para rendir cuentas a aquel a quien nada puede ocultarse (Heb. 4:13).

Determinación en el servicio. La vida del administrador sabio gira en torno al servicio al amo. Todos los intereses secundarios se ponen en órbita en torno a este único propósito consumidor de la vida: servir bien al amo.

Lecciones generales de las parábolas de la administración

A partir de todas estas parábolas sobre el amo y los siervos, sobresalen varios principios primordiales:

La importancia a largo plazo del comportamiento y las elecciones presentes. La forma en que manejamos los bienes de Dios en nuestra vida cotidiana actual tiene una enorme repercusión en las realidades eternas.

La inevitabilidad de las consecuencias de todos nuestros actos. La ley de la cosecha eterna es más cierta que las leyes de la física: «No se dejen engañar, de Dios nadie se burla; pues todo lo que el hombre siembre, eso también segará» (Gál. 6:7).

Nuestra esforzada responsabilidad de elegir con sabiduría y vivir correctamente. La ausencia del amo es a la vez un reto y una oportunidad para demostrar que somos dignos de ser elevados a una responsabilidad mayor.

Nuestros incentivos y motivaciones bien definidos. Los administradores imprudentes son perezosos, pero los sabios son diligentes y están muy motivados. Conocen a su amo lo suficiente como para saber que su labor tendrá consecuencias duraderas, buenas o malas.

Nuestra preocupación por las responsabilidades, no por los derechos. Como administradores, nuestros derechos están limitados por nuestra falta de propiedad. En cambio, gestionamos los bienes en beneficio del propietario, y no tenemos ningún sentido de derecho sobre los bienes que gestionamos. Nuestro trabajo consiste en averiguar qué quiere el propietario que se haga con sus bienes, y luego cumplir su voluntad. Si nos centramos en los derechos del amo, cumpliremos nuestras responsabilidades. Pero apenas empezamos a centrarnos en lo que creemos que merecemos, en lo que pensamos que nuestro amo u otros nos deben, perdemos la perspectiva. La calidad de nuestro servicio se deteriora rápidamente.

La escasa importancia de la evaluación del mayordomo por parte de los demás en comparación con el juicio de nuestro único amo. En un contexto que desemboca en la afirmación de que cada uno de nosotros dará cuenta de sí mismo a Dios, Pablo pregunta: «¿Quién eres tú para juzgar al criado de otro? Para su propio amo está en pie o cae» (Rom. 14:3-4, 12). Este principio es fundamental. El día en que estemos ante nuestro Amo y Hacedor, no importará cuántas personas de la tierra conocían nuestro nombre, cuántas nos llamaban grandes y cuántas nos consideraban tontos. No importará si había escuelas y hospitales que llevaban nuestro nombre, si nuestro patrimonio era grande o pequeño, si nuestro funeral atrajo a diez mil personas o a nadie. No importará lo que dijeran o no dijeran los periódicos o los libros de historia. Lo que importará es una cosa y solo una: lo que el Amo piense de nosotros.

C. S. Lewis lo dijo brillantemente en su ensayo «La última noche del mundo»:

> Todos nos hemos encontrado con juicios o veredictos sobre nosotros mismos en esta vida. De vez en cuando, descubrimos lo que nuestros semejantes piensan realmente de nosotros. Por supuesto, no me refiero a lo que nos dicen a la cara: eso normalmente tenemos que descartarlo. Pienso en lo que a veces oímos por casualidad o en las opiniones sobre nosotros que nuestros vecinos, empleados o subordinados revelan en sus acciones sin saberlo, y en los juicios terribles, o encantadores, que los niños o incluso los animales revelan ingenuamente. Tales descubrimientos pueden ser las experiencias más amargas o dulces que tengamos. Pero, por supuesto, tanto lo amargo como lo dulce está limitado por nuestra duda sobre la sabiduría de quienes juzgan. Siempre esperamos que quienes tan claramente nos consideran cobardes o bravucones sean ignorantes y malintencionados; siempre tememos que quienes confían en nosotros o nos admiran estén engañados por la parcialidad. Supongo que la experiencia del juicio final (que puede irrumpir sobre nosotros en cualquier momento) será como estas pequeñas experiencias, pero magnificada a la enésima potencia.
>
> Porque será un juicio infalible. Si es favorable, no tendremos ningún temor; si es desfavorable, no tendremos ninguna esperanza de que sea erróneo. No solo creeremos, sino que sabremos, sabremos más allá de toda duda en cada fibra de nuestro ser horrorizado o encantado, que tal como ha dicho el Juez, así somos: ni más ni menos ni de otra manera. Quizá incluso nos demos cuenta de que, de algún modo, podríamos haberlo sabido todo el tiempo. Lo sabremos y lo sabrá también toda la creación: nuestros antepasados, nuestros padres, nuestras esposas o maridos, nuestros hijos. La verdad incontestable y (para entonces) evidente sobre cada uno de ellos será conocida por todos. [...]
>
> Tal vez podamos entrenarnos para preguntarnos cada vez más a menudo cómo se verá lo que decimos o hacemos (o dejamos de hacer) en cada momento, cuando la luz irresistible incida sobre ello; esa luz que es tan diferente de la luz de este mundo, y sin embargo, incluso ahora, sabemos lo suficiente de ella como para tenerla en cuenta. Las mujeres tienen a veces el problema de intentar

juzgar con luz artificial el aspecto que tendrá un vestido a la luz del día. Ese es un problema muy parecido al de todos nosotros: vestir nuestras almas no para las luces eléctricas del mundo actual, sino para la luz del día que vendrá. El buen vestido es el que se enfrentará a esa luz. Porque esa luz durará más.[5]

Todas las implicaciones de la propiedad de Dios

De principio a fin, la Escritura subraya repetidamente la propiedad de Dios sobre todas las cosas:

«Al Señor tu Dios pertenecen los cielos y los cielos de los cielos, la tierra y todo lo que en ella hay» (Deut. 10:14).

«La tierra es Mía; porque ustedes son solo extranjeros y peregrinos para conmigo» (Lev. 25:23).

«Tuya es, oh Señor, la grandeza y el poder y la gloria y la victoria y la majestad, en verdad, todo lo que hay en los cielos y en la tierra; Tuyo es el dominio, oh Señor, y te exaltas como soberano sobre todo. De Ti proceden la riqueza y el honor; Tú reinas sobre todo y en Tu mano están el poder y la fortaleza, y en Tu mano está engrandecer y fortalecer a todos» (1 Crón. 29:11-12).

«¿Quién me ha dado algo para que Yo se lo restituya? Cuanto existe debajo de todo el cielo es Mío» (Job 41:11).

«Del Señor es la tierra y todo lo que hay en ella, el mundo y los que en él habitan. Porque Él la fundó sobre los mares, y la asentó sobre los ríos» (Sal. 24:1-2).

«Porque Mío es todo animal del bosque, y el ganado sobre mil colinas. Conozco a todas las aves de los montes, y Mío es todo lo que en el campo se mueve. Si Yo tuviera hambre, no te lo diría a ti; porque Mío es el mundo y todo lo que en él hay» (Sal. 50:10-12).

«"Mía es la plata y Mío es el oro", declara el Señor de los ejércitos» (Hag. 2:8).

Busca y no encontrarás ni un solo versículo de las Escrituras que sugiera que Dios nos ha cedido Su propiedad. Dios no murió y dejó la tierra —ni nada de lo que hay en ella— a mí, a ti ni a nadie más. Y si pensáramos: *Bueno, al menos soy dueño de mí mismo*, Dios dice: «ustedes no se pertenecen a sí mismos [...]. Porque han sido comprados por un precio» (1 Cor. 6:19-20).

Cuando enseño 1 Corintios 6 en una clase universitaria, a veces pido a alguien de la primera fila que me preste su lápiz un momento. Cuando me entrega el lápiz, inmediatamente lo tomo, lo parto por la mitad, lo tiro al suelo y lo aplasto bajo mi pie. La reacción de los alumnos es de asombro e incredulidad. ¿Qué derecho tengo a romper el lápiz de otro? Pero entonces explico que en realidad es mi lápiz, el cual le di a esa persona antes de la sesión. De repente, todo cambia. Si es mi lápiz, pero solo si es mío, entonces tengo derecho a hacer con él lo que me plazca, que es precisamente lo que quiere decir Pablo en su carta a los corintios. Los creyentes de Corinto hacían lo que les daba la gana. ¿Y por qué no? Creían que sus vidas eran suyas. Pero Pablo dijo: «No, no es su vida. No son dueños de nada, ni siquiera de ustedes mismos. Cuando vinieron a Cristo, entregaron el título de sus vidas. Le pertenecen a Dios, no a ustedes mismos. Él es el único que tiene derecho a hacer lo que quiera con sus vidas: con su cuerpo, su conducta sexual, su dinero, sus posesiones, todo».

Dios no solo es dueño del universo. Nos posee a ti y a mí. Somos dos veces suyos: la primera por creación y la segunda por redención. Dios no solo es dueño de todo, sino que determina qué parte de Su riqueza nos confiará:

«Pero acuérdate del Señor tu Dios, porque Él es el que te da poder para hacer riquezas...» (Deut. 8:18).

«El Señor empobrece y enriquece; humilla y también exalta» (1 Sam. 2:7).

«De Ti proceden la riqueza y el honor; Tú reinas sobre todo...» (1 Crón. 29:12).

La mayordomía es vivir a la luz de estas verdades primordiales. Es vivir con la conciencia de que somos administradores, no propietarios; de que somos cuidadores de los bienes de Dios, los cuales nos ha confiado para esta breve temporada aquí en la tierra. La forma en que manejamos el dinero y las posesiones demuestra quién creemos *realmente* que es su verdadero propietario: Dios o nosotros.

Cuando vinieron a Cristo, entregaron el título de sus vidas. Le pertenecen a Dios, no a ustedes mismos.

John Wesley planteó cuatro preguntas que nos ayudarán a decidir cómo gastar el dinero. Observa cómo las tres últimas se derivan directamente de la primera:

- Al gastar este dinero, ¿estoy actuando como si fuera de mi propiedad, o como fideicomisario del Señor?
- ¿Qué pasaje bíblico me indica que gaste este dinero de este modo?
- ¿Puedo ofrecer esta compra como sacrificio al Señor?
- ¿Me recompensará Dios por este gasto en la resurrección de los justos?[6]

Si realmente creemos que Él es el dueño de todo lo que se nos ha confiado, ¿no deberíamos preguntarle habitualmente: «¿Qué quieres que haga con tu dinero y tus bienes?»? ¿Y no deberíamos estar abiertos a la posibilidad de que quiera que compartamos grandes porciones de Sus bienes con aquellos cuyas necesidades son mayores que las nuestras?

Cómo aprendió mi familia sobre la propiedad de Dios

En 1977, un grupo de personas fundamos la iglesia que he mencionado, en la que yo era uno de los pastores. En 1990, la iglesia era grande y yo ganaba un buen sueldo y cobraba derechos de autor por mis escritos. Entonces, ocurrió algo que dio un vuelco a nuestras vidas.

Yo formaba parte de la junta de un centro de crisis de embarazo y Nanci y yo habíamos abierto nuestra casa a una adolescente embarazada, ayudándola a dar a su bebé en adopción. (También tuvimos la alegría de ver a esta joven acercarse a Cristo). Con una creciente carga por los niños que eran abortados y tras escudriñar las Escrituras y orar, empecé a participar en rescates pacíficos y no violentos en clínicas abortistas. Me detuvieron varias veces y fui a la cárcel. Posteriormente, una clínica abortista ganó un juicio contra mí y otras veinte personas. Cuando se dictó la sentencia, le dije al juez que normalmente pagaría todo lo que debía, pero que no podía entregar dinero a personas que lo utilizarían para matar bebés.

Poco después, descubrí que mi iglesia estaba a punto de recibir una orden de embargo, exigiendo que entregaran una cuarta parte de mi salario cada mes a la clínica abortista. La iglesia tendría que pagar a la clínica abortista o desafiar una orden judicial. Para evitarlo, tuve que dimitir.

La única forma de evitar el embargo era no ganar más que el salario mínimo. (Mi esposa podía tener un ingreso que no se limitara al salario mínimo). Ya me había desprendido de todos los derechos de autor de libros. Afortunadamente, nuestra familia había estado viviendo solo con una parte de mi salario eclesiástico, y acabábamos de hacer el último pago de la casa, así que ya no teníamos deudas.

Siguió otra sentencia judicial, relacionada con otra clínica abortista. Aunque nuestras acciones no fueron violentas, se nos impuso la mayor sentencia jamás dictada contra un grupo de manifestantes pacíficos: 8,2 millones de dólares. Esta vez parecía probable que perdiéramos nuestra casa. Según todas las apariencias, y desde luego, según los criterios del mundo, nuestras vidas habían dado un giro devastador. ¿Verdad?

Error. Fue una de las mejores cosas que nos ocurrieron jamás.

Lo que otros quisieron para mal, Dios lo quiso para bien (Gén. 50:20). Comenzamos Eternal Perspective Ministries [Ministerios Perspectiva Eterna]. Nanci trabajaba con un sueldo de secretaria, complementando mi salario mínimo. Todos nuestros bienes, incluida la casa, eran suyos. Mi nombre no figuraba en las cuentas bancarias ni en los talonarios de cheques. Legalmente, no poseo ninguno de los libros que he escrito. No poseo absolutamente nada. (Tengo acceso a mucho, pero sigo sin poseer nada). Empecé a comprender lo que Dios quiere decir cuando afirma: «Cuanto existe debajo de todo el cielo es Mío» (Job 41:11).

Por irónico que parezca, había escrito extensamente sobre la propiedad de Dios en la primera edición de *Dinero, posesiones y eternidad*. Luego, al año de su publicación, ¡ya no poseía nada! Dios me estaba enseñando, en el crisol de la adversidad, las implicaciones transformadoras de esa verdad.

Me di cuenta de que nuestra casa le pertenecía a Dios, no a nosotros. ¿Por qué preocuparnos de si la conservaríamos o no si, de todos modos, le pertenecía a Él? A Él no le faltan recursos. Podría proporcionarnos fácilmente otro lugar donde vivir.

Pero aprender sobre la propiedad era solo la mitad de la lección. Si Dios era el propietario, yo era el administrador. Más que nunca, necesitaba adoptar una mentalidad de mayordomo hacia los bienes que me había confiado (no dado).

Si Dios era el propietario, yo era el administrador. Más que nunca, necesitaba adoptar una mentalidad de mayordomo hacia los bienes que me había confiado (no dado).

Le agradezco Su gracia al enseñarme todas las implicaciones de Su propiedad.

A pesar de la sentencia judicial de 8,2 millones de dólares, nunca perdimos nuestra casa. Mientras me pagaba un salario mínimo (con generosos beneficios, como permitirnos a mi mujer y a mí conducir coches que eran propiedad del ministerio), Eternal Perspective Ministries era propietaria de mis libros. Entonces, ocurrió algo interesante. De repente, los libros aparecieron en las listas de los más vendidos. Los derechos de autor aumentaron. Nuestro ministerio ha podido donar todos esos derechos de autor a misiones, ayuda contra el hambre y trabajo a favor de la vida. Desde que empezó EPM, por la gracia de Dios, hemos donado cerca de nueve millones de dólares. ¡A veces pienso que Dios vende los libros solo para recaudar fondos para ministerios cercanos a Su corazón!

Nanci y yo no nos vamos a la cama por la noche sintiendo que hemos «sacrificado» ese dinero, deseando de alguna manera poder tenerlo en nuestras manos. Nos vamos a la cama sintiendo alegría, porque no hay nada que se compare a dar. Para mí, el único sentimiento comparable es la alegría de llevar a alguien a Cristo. Dar infunde alegría a la vida. Introduce una dimensión eterna incluso en el día más común y corriente. Esa es solo una de las razones por las que no podrías pagarme lo suficiente para que no diera.

En 2001, cuando expiró la sentencia de diez años de la clínica abortista, algunos miembros de la junta de nuestro ministerio sugirieron que Nanci y yo podríamos asumir la propiedad de los libros y los derechos de autor.

Ella y yo hablamos y oramos al respecto, y llegamos a la misma convicción. Dios había provisto fielmente para nosotros durante los diez años anteriores. ¿Por qué íbamos a querer cambiar eso? No necesitamos un nivel de vida más alto. No necesitamos una casa ni un coche mejores. No necesitamos un programa de jubilación mejor ni más seguros. Así que, con alegría en el corazón, dijimos: «No, gracias». (Seis meses después, descubrimos que la clínica abortista había conseguido que el juicio se prorrogara otros diez años, ¡pero estamos agradecidos de no haberlo sabido cuando tomamos nuestra decisión!).

Se trata de propiedad y administración. No son los derechos de autor de *mi* libro: son de Dios. Nanci y yo tenemos una cierta cantidad con la que vivimos, y el resto va al reino. Sin duda, estamos cómodos. No necesitamos un millón de dólares ni cien mil dólares. Nos arreglamos con mucho menos. Dios nos provee fielmente. Y podemos experimentar una de las mayores emociones de la vida: la alegría de dar.

Fijar nuestros propios salarios

El Propietario, Dios, ha puesto cada uno de nuestros nombres en Su cuenta. Tenemos acceso ilimitado a ella, un privilegio del que se puede abusar. Como administradores de Su dinero, Dios confía en nosotros para que establezcamos nuestros propios salarios. Extraemos los fondos necesarios de Su riqueza para pagar nuestros gastos de subsistencia. Una de nuestras decisiones espirituales centrales es determinar cuál es la cantidad razonable para vivir. Sea cual sea esa cantidad —y variará legítimamente de una persona a otra—, no debemos acaparar ni malgastar el exceso. Al fin y al cabo, es suyo, no nuestro. Y Él tiene algo que decir sobre dónde ponerlo.

El administrador del dinero tiene necesidades legítimas, y el Propietario es generoso: no exige que Sus administradores vivan en la pobreza, y no le molesta que hagamos gastos razonables para nosotros mismos. Pero supongamos que el Propietario nos ve viviendo lujosamente en una mansión, conduciendo solo los mejores coches y volando en primera clase. ¿No hay un punto en el que, como administradores, podemos cruzar la línea de los gastos razonables? ¿No nos pedirá cuentas el Propietario por despilfarrar un dinero que no es nuestro?

Se nos llama siervos de Dios, y se nos dice que Él exige que cada uno sea «hallado fiel» (1 Cor. 4:2). Somos los recaderos y repartidores de Dios. Deberíamos tenerlo en cuenta cuando fijemos nuestros salarios. No tengamos una visión exagerada de nuestro propio valor. No somos los dueños de la tienda. ¡Solo trabajamos aquí!

Supongamos que tienes algo importante que quieres hacer llegar a alguien que lo necesita. Lo envuelves y se lo entregas al repartidor del correo. ¿Qué pensarías si, en lugar de entregar el paquete, el conductor se lo llevara a casa, lo abriera y se lo quedara?

Cuando lo confrontas y te dice: «Si no querías que me lo quedara, ¿por qué me lo diste en primer lugar?», le dirías: «No lo entiendes. El paquete no te pertenece. Solo eres el intermediario. Tu trabajo consiste en recibir el paquete de mí y entregárselo a quien yo quiero que lo tenga». Del mismo modo, ¡que Dios ponga Su dinero en nuestras manos no significa que pretenda que nos lo quedemos!

Lecciones modernas sobre propiedad y mayordomía

Como lección de mayordomía, algunas iglesias han realizado ofrendas inversas, en las que se pasa un plato y cada persona *saca* de él cinco o diez dólares. A los receptores se les confía esta cantidad de la iglesia, y su trabajo consiste en pedir a Dios que los guíe y los ayude a elegir algo en lo que puedan hacer una inversión espiritual. En una iglesia, alguien utilizó el dinero para comprar una comida a alguien de la calle y le habló de Cristo. Otra persona compró un libro para dárselo a un vecino que necesitaba ánimo. Alguien más compró unas flores baratas y se las llevó a un confinado. Otro lo gastó en reavivar la relación con un amigo con el que no hablaba desde hacía décadas. Varias personas que conocían a una mujer en particular juntaron sus fondos y le compraron un antibiótico y un poco de arroz que necesitaba.

Lo mejor de este ejercicio es que pone de manifiesto la verdadera naturaleza de la mayordomía. La verdad es que no se trata solo de que la iglesia nos confíe cinco o diez dólares un domingo concreto. Es que todo el dinero que tenemos pertenece a Dios y Él nos lo confía cada día, semana, mes y año de nuestra vida. Quiere que oremos y le pidamos que nos guíe para elegir las mejores inversiones eternas, tanto pequeñas como grandes.

A lo largo de los años, he recibido muchas cartas maravillosas en respuesta a este libro. Una me parece especialmente apropiada para citarla aquí:

> El 26 de julio pasado, nuestra casa se quemó hasta los cimientos. En Su gracia, Dios lo permitió mientras estábamos en otro lugar, a 800 km (500 millas) de distancia. Tu libro ha centrado mi vida. Ha sido, ni más ni menos, un regalo de Dios.
>
> Al principio, no tuve la misma reacción que John Wesley ante el incendio de mi casa. Pero el Señor fortaleció nuestra fe, y nuestra confianza en Él nunca vaciló. Hemos orado fervientemente para

que Él nos utilizara para mostrar a otros a Cristo a través de esta maravillosa oportunidad de testificar.

El Señor me ha bendecido con muchas más riquezas que a la mayoría. El fuego quemó la leña, el heno y el rastrojo temporales de mi vida e iluminó el camino para acumular para nosotros tesoros en el cielo.

Solíamos diezmar, y dábamos una miseria por encima de eso a algunos ministerios paraeclesiásticos, pero desde el incendio y la lectura de tu libro, las escamas han empezado a caer de mis ojos. Ahora veo que he sido muy miserable. Con la ayuda del Señor, todo eso ha cambiado.

Ahora vivimos de forma mucho más sencilla. La que se quemó era una preciosa casa de piedra de 325 m^2 (3500 pies cuadrados), repleta de óleos originales, antigüedades, alfombras orientales muy caras, etc., etc. Nos mudamos a nuestra casa de invitados, una cómoda casa prefabricada de 150 m^2 (1600 pies cuadrados). No vamos a reconstruir, sino que seguiremos viviendo aquí hasta que el Señor nos traslade a otro lugar. Seguimos diezmando, por supuesto, pero a diferencia de antes del 26 de julio, vivimos con mucho menos, reinvertimos en nuestros negocios según nos indica el Señor y ofrendamos el resto.

También aprendí que el materialismo puede adoptar formas inesperadas. Siempre pensé que el materialismo significaba amar las posesiones materiales por su valor monetario. Como persona con una riqueza heredada considerable, el dinero nunca fue tan importante para mí. Amaba ciertas posesiones porque crecí con ellas, y en su época pertenecieron a mis queridos padres. No me importaba cuánto valían, ya que nunca las vendería. Estar entre ellas me daba una sensación de amor y seguridad, la sensación de que mis padres no se habían ido del todo, sino que aún podía ver y tocar algo de lo que amaban. El Señor me ha disciplinado. Ahora comprendo que mi amor por esas cosas se había interpuesto entre Él y yo.

Entiendo mucho mejor lo que quiso decir el Señor Jesús cuando dijo que un hombre debe estar dispuesto a renunciar a su casa, o a su padre, o a su madre, por amor a Él y al evangelio (Mar. 10:30).

Muchas gracias por tu libro. Ha hecho que se destinen más fondos a la construcción del reino de Dios.[7]

El escritor me envió fotos de la casa que había ardido hasta los cimientos. Era un vívido recordatorio de lo que ocurrirá con todas las cosas. Cuando nos damos cuenta de que pertenecen a Dios y no a nosotros, desaparece la carga de la preocupación o la desesperación. Lo que más valoramos, los tesoros que disfrutaremos por toda la eternidad, están en el cielo, no en la tierra.

Transferir el título de propiedad a Dios

Dios es el dueño de todas las cosas, lo reconozcamos o no. Pero la vida se vuelve mucho más clara —y en algunos aspectos, mucho más fácil— cuando lo reconocemos conscientemente. La cuestión no es si afirmamos en teoría la propiedad de Dios. La cuestión es si le hemos transferido deliberadamente la propiedad de nosotros mismos y de todos nuestros bienes. ¿Lo hemos invitado a ser lo que la Escritura dice que es: Creador, Propietario y Controlador de nosotros, de la familia, de las posesiones y de «nuestro» dinero? ¿Hemos vuelto a extenderle la invitación después de que nos olvidamos y volvimos a tomar las cosas en nuestras manos? Esta entrega personal a Dios es el principio de la verdadera mayordomía.

John Wesley preguntó: «¿Puede algún mayordomo *permitirse* ser un canalla errante? ¿Desperdiciar los bienes de su Señor? ¿Puede algún siervo *permitirse* distribuir el dinero de su señor de forma distinta a la que este le indique?». Una prueba de nuestra mayordomía es si pedimos a Dios que nos indique qué hacer con Su dinero. Si no le consultamos, actuamos como si fuéramos propietarios, no administradores.

Cuando comprendo que soy un mayordomo, no un propietario, cambia totalmente mi perspectiva.

Cuando comprendo que soy un mayordomo, no un propietario, cambia totalmente mi perspectiva. De repente, no me pregunto: «¿Cuánto de mi dinero debo dar a Dios, por la bondad de mi corazón?». Más bien, pregunto: «Ya que todo "mi" dinero es en realidad tuyo, Señor, ¿cómo quisieras que lo invierta hoy?».

Cuando me doy cuenta de que Dios tiene derecho no a unos pocos dólares en un plato de ofrendas, no al 10 % o al 50 %, sino al 100 % de «mi» dinero, es revolucionario. De repente, soy el administrador del dinero de Dios. Yo no soy Dios. El dinero no es Dios. Dios es Dios. Él está en Su lugar, yo en el mío, el dinero en el suyo.

No solo Dios lo posee todo; también lo controla todo. De nuevo, las implicaciones son enormes. No tengo que poseerlo todo. No tengo que controlarlo todo. Está en mejores manos que las mías. Cuando llega la catástrofe, puedo adoptar sinceramente la postura de John Wesley cuando dijo: «La casa del Señor se ha quemado. Es una responsabilidad menos para mí».

La propiedad y la soberanía de Dios ofrecen una perspectiva inmensamente transformadora y liberadora cuando te roban la casa, el auto queda destrozado, te roban la bicicleta... o cuando el diagnóstico es cáncer terminal.

Para visualizar y reforzar este concepto vital en tu mente, te sugiero que te sientes y redactes un título de propiedad, o que utilices el de la página siguiente.

Cuando venimos a Cristo, Dios pone todos Sus recursos a nuestra disposición. También espera que nosotros pongamos todos nuestros recursos a Su disposición. En eso consiste la mayordomía... y la vida cristiana.

TRANSFERENCIA DE TITULARIDAD

Fecha: ____________________

Por la presente, reconozco que Dios es mi dueño, así como de todo «mi» dinero y posesiones, y de todo lo demás que alguna vez imaginé que me pertenecía, incluidos mi familia y mis seres queridos. En lugar de verme como el destinatario final, me veré como el repartidor de Dios, disfrutando de lo que Él quiere que me quede y distribuyendo lo que quiere que vaya a otra parte. A partir de este momento, consideraré estos bienes como suyos, para que haga con ellos lo que quiera. Haré todo lo posible por pedirle y considerar en oración cómo desea que invierta Sus bienes para hacer avanzar Su reino. Al hacerlo, entiendo que renunciaré a ciertos tesoros terrenales temporales, pero ganaré a cambio tesoros eternos, así como una mayor perspectiva y una menor ansiedad.

Firmado: ____________________________________

Testigo: ____________________________________

CAPÍTULO 11

La mentalidad de peregrino

Y así, cuando un hombre recorre un camino, cuanto más ligero viaja, más feliz es; igualmente, en este viaje de la vida, un hombre es más dichoso si no jadea bajo una carga de riquezas.

TERTULIANO

Si un hombre tiene a Cristo en su corazón, el cielo ante sus ojos, y solo las bendiciones temporales necesarias para llevarlo con seguridad a través de la vida, entonces el dolor y la tristeza tienen poco a lo que disparar.

WILLIAM BURNS

Que las cosas temporales te sirvan para algo, pero que lo eterno sea el objeto de tu deseo.

TOMÁS DE KEMPIS

El rico propietario de una plantación invitó a John Wesley a su casa. Los dos cabalgaron todo el día, y vieron solo una parte de todo lo que poseía aquel hombre. Al final del día, el dueño de la plantación preguntó con orgullo: «Bueno, Sr. Wesley, ¿qué le parece?». Tras un momento de silencio, Wesley respondió: «Creo que te va a costar dejar todo esto».

Todos formamos vínculos. Todos tenemos un lugar al que llamamos hogar. La cuestión es: ¿pensamos y vivimos como si este mundo o el otro fuera nuestro hogar? ¿Nuestra mente está en la tierra o en el cielo? El dueño de la plantación estaba apegado al mundo en el que estaba. Wesley estaba apegado al mundo al cual se dirigía.

Quizás hayas oído decir: «Tiene una mente tan celestial que no sirve para nada en la tierra». Sin embargo, las Escrituras nos ordenan que pongamos nuestra mente en el cielo. Nos dicen: «Si ustedes, pues, han resucitado con Cristo, busquen las cosas de arriba, donde está Cristo sentado a la diestra de Dios. Pongan la mira en las cosas de arriba, no en las de la tierra» (Col. 3:1-2).

Cuando tenemos una mentalidad debidamente centrada en lo celestial, seremos del máximo bien celestial y terrenal. Pero cuando tenemos una mentalidad demasiado terrenal, al final no aportaremos ningún bien ni al cielo ni a la tierra. C. S. Lewis escribió:

> Si lees sobre historia, descubrirás que los cristianos que más hicieron por el mundo presente fueron aquellos que pensaban más en el próximo. Los mismos apóstoles, que emprendieron la conversión del Imperio romano, los grandes hombres que edificaron la Edad Media, los evangélicos ingleses que abolieron el tráfico de esclavos, todos dejaron su marca sobre la tierra precisamente porque su mente estaba ocupada con el cielo. Desde que los cristianos han dejado en gran parte de pensar en el otro mundo, se han vuelto sumamente ineficaces en este.[1]

El materialismo quiere engañarnos haciéndonos creer que este mundo es el centro del escenario, el destino, en lugar del camino hacia el destino. De ahí hay un pequeño salto para correr para ganar, coleccionar, acumular, tomar y consumir, como si eso fuera todo en la vida. Entonces nos despertamos un día para darnos cuenta de lo terriblemente infelices que somos o, lo que es igual de probable, no nos despertamos nunca. Para escapar de la gravedad del materialismo necesitamos desesperadamente reorientar nuestra mente hacia el cielo.

Como de costumbre, A. W. Tozer tenía algo significativo que decir sobre el tema:

> Se ha citado como defecto del cristianismo que se preocupa más por el mundo venidero que por el mundo que ahora es, y algunas almas tímidas han estado revoloteando, tratando de defender la fe de Cristo contra esta acusación como una gallina madre defiende a sus polluelos del halcón.
>
> Tanto el ataque como la defensa son inútiles. Nadie que sepa de qué trata el Nuevo Testamento se preocupará por la acusación de que el cristianismo es de otro mundo. Por supuesto que lo es, y ahí reside precisamente su poder. [...]
>
> Que nadie se disculpe por el poderoso énfasis que el cristianismo pone en la doctrina del mundo venidero. Justo ahí reside su inmensa superioridad sobre todo lo demás dentro de toda la esfera del pensamiento o la experiencia humanos. Cuando Cristo se levantó de la muerte y ascendió al cielo, estableció para siempre tres hechos importantes: a saber, que este mundo ha sido condenado a la disolución final, que el espíritu humano persiste más allá de la tumba y que existe realmente un mundo venidero. [...]
>
> La Iglesia se ve constantemente tentada a aceptar este mundo como su hogar, y a veces ha escuchado las seducciones de los que

quieren atraerla y utilizarla para sus propios fines. Pero si es sabia, tendrá en cuenta que se encuentra en el valle entre las cumbres de la eternidad pasada y la eternidad venidera. El pasado se ha ido para siempre y el presente pasa tan rápido como la sombra sobre el reloj solar de Acaz. Aunque la tierra se prolongara un millón de años, ninguno de nosotros podría quedarse a disfrutarla. Haríamos bien en pensar en el largo mañana.[2]

El tiempo y la eternidad

¿Podemos nosotros, habitantes del breve hoy, comprender el largo mañana? Dios «ha puesto la eternidad en sus corazones, sin embargo el hombre no descubre la obra que Dios ha hecho desde el principio hasta el fin» (Ecl. 3:11). Estamos hechos para el cielo, pero mientras tanto vivimos en la tierra. Las grandes desilusiones de la vida llegan cuando intentamos meter a la fuerza nuestros corazones redondos, hechos para la eternidad, en el agujero rectangular de esta tierra. Simplemente no caben. *Nosotros* no encajamos. Por mucho que nos desviemos del estrecho camino de la vida del reino, seguimos siendo hijos de la eternidad, no del tiempo.

Piensa en los momentos espirituales especiales que has vivido: tal vez en la oración, en un bautismo, en la Cena del Señor, en una conversación con un ser querido, en un simple paseo por la playa o por el bosque, contemplando las brillantes estrellas de un cielo nocturno, o cuando has hecho algo que sabes que complace a Dios. ¿Has tenido alguna vez la sensación de estar moviéndote al borde de la eternidad, irrumpiendo breve pero realmente en su círculo, sabiendo en ese momento que estabas participando, vislumbrando débilmente lo que debe ser el universo? ¿Has sentido alguna vez que el mundo para el que fuiste hecho no era este, sino otro? Se trataba de un atisbo de eternidad. Fue el despertar de un deseo que yace en lo más profundo, donde Dios ha puesto la eternidad en nuestros corazones.

C. S. Lewis arroja luz sobre este deseo:

> Las criaturas no nacen con deseos si no existe satisfacción para esos deseos. Un bebé siente hambre; pues bien, existe la comida. Un patito quiere nadar; pues bien, existe el agua. El hombre siente deseo sexual; pues bien, existe el sexo. Si encuentro en mí un deseo que ninguna experiencia en este mundo puede satisfacer, la explicación más probable es que fui hecho para otro mundo. Si ninguno de mis placeres terrenales lo satisface, eso no prueba que el universo sea un fraude. Probablemente los placeres terrenales nunca estuvieron destinados a satisfacerlo, sino solo a despertarlo, a sugerir lo real. Si es así, debo tener cuidado, por una parte, de no despreciar nunca estas primeras bendiciones, ni de no estar agradecido por ellas, y

> por otra, de no confundirlas jamás con otra cosa de la que solo son una especie de copia, eco o espejismo. Debo mantener vivo en mí el deseo de mi verdadera patria, que no encontraré hasta después de la muerte; nunca debo dejar que quede sepultado bajo la nieve ni que se desvíe; debo hacer que el principal objetivo de mi vida sea avanzar hacia esa otra patria y ayudar a los demás a hacer lo mismo.[3]

Desde la infancia, la mayoría de nosotros aprendemos a dejar fuera nuestro «verdadero país», a sofocar nuestra sed de lo eterno, sustituyéndola por la búsqueda de lo temporal. Así es como nosotros, que fuimos creados para ser espirituales, acabamos siendo unos materialistas tan consumados. Pero cuando vivimos con la eternidad en mente, hacemos muchas cosas de forma diferente, y las que hacemos igual las hacemos con una perspectiva transformada: no solo enseñar y predicar y testificar, sino también fregar platos y podar árboles y reparar carburadores. Casi cualquier actividad honrada —ya sea construir un cobertizo, conducir un autobús o atender a un paciente— puede ser una contribución eterna a las personas, una inversión en el plan eterno de Dios.

Dos pactos, dos países

En el Antiguo Testamento, la bendición material se concedía por la obediencia (Deut. 28:2), pero en el Nuevo Testamento muchos de los santos eran pobres (Mat. 8:20; 2 Cor. 11:27; Sant. 2:5). En el Antiguo Testamento, se hace hincapié en disfrutar de la riqueza mundana (Deut. 28:11; Jos. 1:15; Prov. 15:6), pero en el Nuevo Testamento se habla de desprenderse de las posesiones (Mar. 10:17-21; 1 Tim. 6:17-18). Por su obediencia, los israelitas evitaron la persecución (Deut. 28:7), pero por su obediencia los cristianos incurren en persecución (Mat. 5:11-12; 2 Tim. 3:12; 1 Ped. 1:6).

¿Por qué esta disparidad? Porque Dios estaba decidido a que los santos del Nuevo Testamento comprendieran que su hogar está en otro mundo. Ningún libro demuestra mejor la relación entre el Antiguo y el Nuevo Testamento, y los dos mundos en los que se centran, que el libro de Hebreos. Se dice que el nuevo pacto está «establecido sobre mejores promesas» que el antiguo (Heb. 8:6). El Antiguo Testamento es copia, tipo y sombra. En consecuencia, las bendiciones materiales prometidas a los santos del Antiguo Testamento sirven para recordarnos nuestras futuras bendiciones celestiales, pero nunca para sustituirlas. El nuevo pacto no trae la herencia temporal prometida a Israel, sino una herencia eterna (Heb. 9:15).

Ya no sacrificamos animales, porque ha venido el Cordero de Dios. Ya no adoramos en un templo, porque nosotros mismos somos templos del Espíritu Santo de Dios. Ya no acudimos a un sacerdote, porque Cristo es nuestro sumo sacerdote, y nosotros mismos somos un sacerdocio creyente. Ya no buscamos riquezas materiales, debido a las riquezas espirituales que son nuestras en Cristo.

Dios demostró a las naciones que rodeaban a Israel Su superioridad sobre sus dioses haciendo prosperar al pueblo de Israel cuando le obedecía. Ahora desea mostrar el señorío y la presencia de Cristo al mundo que nos rodea mediante una fe y una moral mejores, no un nivel de vida más alto.

Los israelitas eran ciudadanos de la tierra prometida (Deut. 8:7-9; 11:8-12). Su destino estaba en esta tierra. Pero los santos del Nuevo Testamento aún no han llegado a su destino y no lo harán hasta que acabe nuestra vida aquí. Se nos dice que nuestra ciudadanía está en el cielo (Fil. 3:20; 1 Ped. 2:11). La tierra prometida era un anticipo de la gloria que nos espera. Debemos reclamar nuestra pertenencia a la tierra prometida definitiva: «Ustedes, en cambio, se han acercado al monte Sión y a la ciudad del Dios vivo, la Jerusalén celestial, y a miríadas de ángeles» (Heb. 12:22). La Jerusalén terrenal no es nuestro destino. Es solo una señal que nos indica el camino, igual que las bendiciones terrenales no son nuestra recompensa final, sino solo un anticipo de lo que está por llegar.

Hebreos habla de bendiciones prometidas, de una gran herencia de posesiones duraderas (Heb. 6:12; 10:34; 11:13-16). Estas promesas deben esperarse pacientemente, porque no vienen en este mundo, sino en el otro (Heb. 10:35-39; 11:13, 16). Nuestro destino es tan superior a la tierra prometida de Palestina como la sangre de Cristo fue superior a la sangre de toros y machos cabríos. El efecto de la teología de la prosperidad es promover el «cielo en la tierra». Pero antes del regreso de Cristo no puede haber cielo en la tierra. Cuando la tierra se convierte en nuestro cielo —cuando vemos las bendiciones de Dios como primordialmente inmediatas y temporales— perdemos de vista quiénes somos, por qué estamos aquí y qué nos espera más allá de los horizontes de este mundo.

Gran parte de la decepción se produce al esperar que Dios haga en el presente lo que ha prometido para el futuro. La falacia no está en pensar que Dios recompensa la fidelidad. Lo hace. La falacia está en pensar que este pago tiene lugar de forma equivocada, en el momento equivocado, en el lugar equivocado. El principal medio de pago de Dios no son los bienes de este mundo. Su momento principal no es ahora, sino después; no es aquí, sino allí. Cada vez que buscamos un pago a corto plazo, nos perdemos el de largo plazo (Mat. 6:1-18). Si deseamos velar por nuestros propios intereses, en el sentido más verdadero, buscaremos nuestra recompensa más tarde, no ahora; y no aquí, sino allí.

¿En casa en este mundo?

Las Escrituras explican con detalle nuestra identidad y nuestro papel aquí en la tierra: Nuestra ciudadanía está en el cielo, no en la tierra (Fil. 3:20).

Somos embajadores que representamos a Cristo ante el mundo (2 Cor. 5:20).
Somos extranjeros, forasteros y peregrinos en esta tierra (Heb. 11:13).

Estos pasajes no solo se oponen a la teología de la prosperidad, sino también a una gran parte de la enseñanza, la predicación y la literatura evangélicas, orientadas a hacer que nos sintamos más a gusto en este mundo. Santiago nos advierte de los peligros de la mundanalidad: «¡Oh almas adúlteras! ¿No saben ustedes que la amistad del mundo es enemistad hacia Dios? Por tanto, el que quiere ser amigo del mundo, se constituye enemigo de Dios» (Sant. 4:4).

Imagina a un embajador de Estados Unidos que va a trabajar a un país hostil. Naturalmente, querrá conocer este nuevo lugar, ver los sitios de interés, familiarizarse con la gente y la cultura. Pero supongamos que, con el tiempo, se siente tan cómodo en este país extranjero que empieza a considerarlo su verdadero hogar. Su lealtad vacila. Poco a poco, compromete su posición como embajador estadounidense. Se vuelve ineficaz a la hora de representar los intereses de su patria. Sus lealtades se transfieren y finalmente deserta. Primero se vuelve inútil para la causa de su propio país. Luego, lo traiciona.

> Gran parte de la decepción se produce al esperar que Dios haga en el presente lo que ha prometido para el futuro.

Pedro escribe: «Y si invocan como Padre a Aquel que imparcialmente juzga según la obra de cada uno, condúzcanse con temor durante el tiempo de su peregrinación» (1 Ped. 1:17). Más adelante, añade: «Amados, les ruego como a extranjeros y peregrinos, que se abstengan de las pasiones carnales que combaten contra el alma» (1 Ped. 2:11). Somos extraños y extranjeros aquí. Nunca debemos sentirnos demasiado a gusto en este mundo o nos volveremos inútiles para nuestro verdadero reino. También nosotros podemos traicionarlo.

A nuestro cuerpo terrenal se lo llama «habitación pasajera», una morada temporal de nuestra alma eterna (2 Ped. 1:13, NVI). Pablo contrasta nuestro breve tiempo en la tierra con lo que considera la vida real, de la cual esta no es más que una prefigura: «Porque asimismo, los que estamos en esta tienda, gemimos agobiados, pues no queremos ser desvestidos, sino vestidos, para que lo mortal sea absorbido por la vida» (2 Cor. 5:4).

El escritor de Hebreos explica lo que significa ser peregrino:

> Por la fe Abraham, al ser llamado, obedeció, saliendo para un lugar que había de recibir como herencia; y salió sin saber adónde iba. Por la fe habitó como extranjero en la tierra de la promesa como en tierra extraña, viviendo en tiendas como Isaac y Jacob, coherederos

> de la misma promesa, porque esperaba la ciudad que tiene cimientos, cuyo arquitecto y constructor es Dios. (Heb. 11:8-10)

Abraham no sabía adónde iba, pero sabía con quién iba. Pudo vivir en este mundo y no recibir las cosas prometidas, sabiendo que había una eternidad en la que se cumplirían las promesas, y que le esperaba una ciudad tan superior a una ciudad terrenal como su Arquitecto y Constructor es superior a los hombres. (Observa que los más grandes santos del Antiguo Testamento fueron los que, en última instancia, vieron más allá de lo temporal hacia lo eterno; se convirtieron en modelos de fe).

> Todos estos murieron en fe, sin haber recibido las promesas, pero habiéndolas visto desde lejos y aceptado con gusto, confesando que eran extranjeros y peregrinos sobre la tierra. Porque los que dicen tales cosas, claramente dan a entender que buscan una patria propia. Y si en verdad hubieran estado pensando en aquella patria de donde salieron, habrían tenido oportunidad de volver. Pero en realidad, anhelan una patria mejor, es decir, la celestial. Por lo cual, Dios no se avergüenza de ser llamado Dios de ellos, pues les ha preparado una ciudad. (Heb. 11:13-16)

La fe no es insistir en que obtengamos lo que buscamos ahora. Es creer que lo obtendremos más adelante. Esto contrasta fuertemente con la teología de la prosperidad, que ve la fe como un medio de reclamar una bendición inmediata en lugar de próxima. Seguir a Cristo es ver y acoger desde la distancia nuestra recompensa eterna, no obtenerla ahora. Las grandes personas de fe buscaban una patria «propia», mejor que cualquier cosa que pudiera ofrecer la tierra.

Si estos santos se hubieran centrado en sus propias posesiones, sus bienes en la tierra, podrían haber perdido sus bienes *reales* en el cielo. Si los grandes santos cuyas vidas se registran en el «salón de la fama de la fe» en Hebreos 11 hubieran medido sus vidas según los criterios a corto plazo del evangelio de la salud y la riqueza, hoy no conoceríamos sus nombres. En cambio, anhelaban «una patria mejor, es decir, la celestial». Como vivían en la tierra a la luz de su fijación en el cielo, Dios estaba satisfecho con ellos, tanto que «les ha preparado una ciudad» (Heb. 11:16).

Moisés también vivió con una aguda conciencia de lo eterno:

> Por la fe Moisés, cuando ya era grande, rehusó ser llamado hijo de la hija de Faraón, escogiendo más bien ser maltratado con el pueblo de Dios, que gozar de los placeres temporales del pecado. Consideró como mayores riquezas el oprobio de Cristo que los tesoros de Egipto, porque tenía la mirada puesta en la recompensa. Por la fe

> Moisés salió de Egipto sin temer la ira del rey, porque se mantuvo firme como viendo al Invisible. (Heb. 11:24-27)

Moisés pudo renunciar a placeres y posesiones que no durarían porque anticipaba placeres y posesiones que durarían para siempre. Dio la espalda a los tesoros de Egipto para perseguir los tesoros del cielo. No temía al rey de Egipto, sino al Rey del cielo.

El peregrino, su dinero y sus posesiones

Los levitas no tenían herencia terrenal, porque Dios mismo era su herencia (Deut. 18:1-2). A los cristianos se nos ha dicho que somos «linaje escogido, real sacerdocio, nación santa, pueblo adquirido para posesión de Dios» (1 Ped. 2:9). Los sacerdotes no tenían herencia terrenal, como tampoco la tenemos los del sacerdocio del nuevo pacto. Somos príncipes y sacerdotes a la vez. Somos «herederos de Dios y coherederos con Cristo» (Rom. 8:17), pero tenemos «una herencia incorruptible, inmaculada, y que no se marchitará, reservada en los cielos para [nosotros]» (1 Ped. 1:4).

Cuantas más posesiones tengamos en la tierra, más probable es que olvidemos que somos ciudadanos de otro mundo, no de este, y que nuestra herencia está allí, no aquí. Los peregrinos no tienen ataduras. Son viajeros, no colonos, plenamente conscientes de que las cosas excesivas los distraerán y agobiarán. Las cosas materiales son valiosas para los peregrinos, pero solo en la medida en que facilitan su misión. Si recorrieras un país a pie o en bicicleta, ¿cuál sería tu actitud hacia las posesiones? No las odiarías ni pensarías que son malas, pero las elegirías estratégicamente. Las cosas innecesarias ralentizarían tu viaje o incluso te obligarían a detenerte.

Si recorrieras un país a pie o en bicicleta, ¿cuál sería tu actitud hacia las posesiones?

Muchos de nosotros estamos llamados a permanecer en un lugar y nos convertimos de forma natural en «colonos» en cierto sentido, viviendo en casas, construyendo graneros, poseyendo muebles, herramientas, cultivos y negocios. Esto no tiene nada de malo. Pero debemos cultivar la mentalidad peregrina del desapego, la filosofía utilitaria del viajero respecto a las cosas.

Necesitamos ser capaces de vivir en una casa sin poseerla, o poseer una casa sin ser poseídos por ella. Si Dios así nos lo indica, como a muchos de Sus discípulos, necesitamos ser capaces de dejar atrás una granja o un negocio o una casa sin volver atrás.

Los esclavos de la América primitiva comprendían la mentalidad de peregrino. Sin posesiones, sin derechos, vivían para otro mundo, uno mejor. Este tema central impregnaba sus espirituales negros. Cantaban: «Soy un pobre forastero que viaja lejos de casa» y «Pronto acabaré con los problemas del mundo, me voy a casa a vivir con Dios». Cantaban: «Baja, dulce carro, que vienes a llevarme a casa». Sabían que su hogar no era la tierra, sino el cielo.

La riqueza nos atrinchera en el mundo presente. Los compromisos financieros y las deudas pueden ser como pinchos encadenados a nuestras piernas y clavados en la tierra, haciéndonos insensibles al llamado de Dios a servirlo en otro lugar. Puede que Dios nunca me llame a abandonar mi casa, mi negocio o mi país. Pero debo estar en condiciones de decir que sí si lo hace. Si no, puede que me pregunte toda la vida si tenía otros planes para mí, planes que no escuché o a los que no respondí por estar tan atado al lugar donde estaba.

Hay muchos obstáculos a la hora de dar: la incredulidad, la inseguridad, el orgullo, la idolatría, el deseo de poder y control. La furiosa corriente de nuestra cultura —y a menudo de nuestras iglesias— hace que sea difícil nadar contracorriente. Se considera normal conservar mucho más de lo que damos.

Estoy convencido de que el mayor impedimento para que demos es este: la ilusión de que la tierra es nuestro hogar. El lugar que elegimos para guardar nuestros tesoros depende en gran medida de dónde pensamos que está nuestro hogar. Los que piensan que la tierra es su verdadero hogar querrán, naturalmente, amontonar tesoros aquí. Los que piensan que el cielo es su verdadero hogar, naturalmente querrán acumular tesoros allí. Todo se reduce a la pregunta: «¿Dónde está tu hogar?». Al cristiano, Dios le da una respuesta clara. La única cuestión es si viviremos como si esa respuesta fuera cierta.

¿La mentalidad peregrina fomenta el ascetismo?

¿En qué se diferencia la perspectiva del peregrino del ascetismo, la filosofía que critiqué en un capítulo anterior? ¿No conduce la mentalidad peregrina a una visión agria o cínica de este mundo actual? ¡Precisamente lo contrario! El cínico es el materialista, no el peregrino cristiano. El típico ciudadano de este mundo no obtiene verdadera satisfacción de las cosas mundanas. Los materialistas no pueden apreciar plenamente las alegrías y las maravillas de la creación. Es el creyente el que puede ver la obra del Creador en todas partes, el que ve realmente la belleza de las montañas, los ríos y las cascadas. Nadie aprecia la creación como el que conoce al Creador. Nadie puede apreciar una buena comida como aquel que ama a quien se la proporcionó. Nadie puede disfrutar del matrimonio como aquel que conoce a su Arquitecto y comprende la realidad mayor que el matrimonio prefigura (Ef. 5:31-32).

Los enamorados de este mundo nunca obtienen lo mejor que el mundo puede ofrecer. Esperan que el mundo los libre de su vacío interior, y cuando descubren que no puede, se desilusionan para siempre. Los peregrinos cristianos no se hacen tales ilusiones sobre el mundo. Lo aprecian por lo que es: una magnífica creación del Dios que es el único que puede llenar el vacío de sus corazones. C. S. Lewis dijo: «Como amamos otra cosa más que este mundo, amamos incluso este mundo mejor que quienes no conocen otro».[4]

Cuando viajo, encuentro una alegría especial en los lugares que me recuerdan a mi hogar de toda la vida en Oregón. Del mismo modo, una de las mayores alegrías que los peregrinos cristianos encuentran en este mundo es en los momentos en que les recuerda el cielo, su verdadero hogar. No han visto el cielo, pero han leído sobre él y han soñado con él. Viven con la estimulante seguridad de que, en este mismo momento, su amado Salvador lo está preparando para ellos (Juan 14:2-3).

En el sentido más verdadero, los peregrinos cristianos tienen lo mejor de ambos mundos. Tenemos alegría siempre que este mundo nos recuerda el próximo. Y tenemos consuelo cuando no es así.

En el sentido más verdadero, los peregrinos cristianos tienen lo mejor de ambos mundos. Tenemos alegría siempre que este mundo nos recuerda el próximo. Y tenemos consuelo cuando no es así. Tenemos la promesa de un cielo nuevo y una tierra nueva, donde los peores elementos de este mundo —la tristeza, el dolor, la muerte y las lágrimas que estas cosas producen— desaparecerán para siempre (Apoc. 21:4). Pero también sabemos que los mejores elementos de este mundo —el amor, la alegría, el asombro, la adoración y la belleza— no desaparecerán, sino que se intensificarán y perfeccionarán en el mundo restaurado. «Apunta al cielo —dice C. S. Lewis— y obtendrás tierra en la mezcla. Apunta a la tierra y no conseguirás ni lo uno ni lo otro».[5]

En *La última batalla*, el libro final de *Las Crónicas de Narnia*, cuando Perla, el unicornio, llega al país de Aslan, exclama: «¡Por fin he llegado a casa! ¡Este es mi verdadero país! Pertenezco aquí. Esta es la tierra que he estado buscando toda mi vida, aunque nunca la conocí hasta ahora. La razón por la que amábamos la antigua Narnia es que a veces se parecía un poco a esto».[6]

Ansiosos por poseer

Esta es la actitud cristiana hacia las posesiones, forjada en el crisol de la adversidad: «Aceptaron con gozo el despojo de sus bienes, sabiendo que tienen para ustedes mismos una mejor y más duradera posesión» (Heb. 10:34).

Este pasaje depende de lo que sigue al «sabiendo». Lo interpretamos mal si llegamos a la conclusión de que el pueblo de Dios no da ningún valor a la propiedad personal. No. El pasaje nos dice que fueron capaces de entregar alegremente sus bienes terrenales precisamente porque sí valoraban los bienes: los bienes reales, «una mejor y más duradera posesión».

Sabían que los bienes terrenales podían oxidarse, pudrirse y ser robados (Mat. 6:19-21). Y sabían que, aunque con sudor e inquietud consiguieran conservarlos, a lo sumo durarían poco y estarían destinados a la destrucción. Pero escucha la promesa que sigue a la garantía de destrucción material:

> Pero el día del Señor vendrá como ladrón, en el cual los cielos pasarán con gran estruendo, y los elementos serán destruidos con fuego intenso, y la tierra y las obras que hay en ella serán quemadas.
>
> Puesto que todas estas cosas han de ser destruidas de esta manera, ¡qué clase de personas no deben ser ustedes en santa conducta y en piedad, esperando y apresurando la venida del día de Dios, en el cual los cielos serán destruidos por fuego y los elementos se fundirán con intenso calor! Pero, según Su promesa, nosotros esperamos nuevos cielos y nueva tierra, en los cuales mora la justicia.
>
> Por tanto, amados, puesto que ustedes aguardan estas cosas, procuren con diligencia ser hallados por Él en paz, sin mancha e irreprensibles. (2 Ped. 3:10-14)

Aquí vemos las implicaciones inmediatas del regreso de Cristo en el estilo de vida. Promete una recompensa especial a los que, desinteresados del mundo actual, «aman Su venida» (2 Tim. 4:8).

En varios lugares se nos dice que el Señor volverá inesperadamente, como un ladrón en la noche. Después de utilizar esa analogía, Pablo dice: «Pero ustedes, hermanos, no están en tinieblas» (1 Tes. 5:2-4). En otras palabras, el regreso repentino de Cristo no tomará por sorpresa a quienes estén preparados para él.

Aunque su punto central es lo inesperado, la analogía del regreso de Cristo con la llegada de un ladrón es interesante en lo que se refiere al dinero y las posesiones. El propósito del ladrón es empobrecer a sus víctimas quitándoles sus tesoros. Si nuestros tesoros están en la tierra, el regreso de Cristo nos empobrecerá, porque se llevará nuestros tesoros terrenales con la misma certeza con que un ladrón asaltaría una casa.

Pero si hemos guardado nuestros tesoros en el cielo, la vuelta de Cristo nos *traerá* tesoros, en lugar de llevárselos, justo lo contrario de lo que pretende un ladrón. Cristo dará la vuelta a la analogía, porque el creyente fiel no se empobrecerá cuando Él vuelva, ¡sino que se enriquecerá inconmensurablemente!

En Hebreos, tras una serie de relatos inspiradores sobre las dificultades a las que se enfrenta el pueblo de Dios con los ojos puestos en el cielo (Heb. 11:35-40), el escritor presenta un desafío:

> Por tanto, puesto que tenemos en derredor nuestro tan gran nube de testigos, despojémonos también de todo peso y del pecado que tan fácilmente nos envuelve, y corramos con paciencia la carrera que tenemos por delante, puestos los ojos en Jesús, el autor y consumador de la fe, quien por el gozo puesto delante de Él soportó

> la cruz, despreciando la vergüenza, y se ha sentado a la diestra del trono de Dios. (Heb. 12:1-2)

La preocupación del escritor no es solo por el pecado que nos enreda, sino por las cosas moralmente neutras que nos estorban. Nadie corre una carrera llevando consigo un televisor, un equipo de música, un ordenador o un sillón reclinable. Si vamos a tener esas cosas, debemos ser capaces de desprendernos de ellas. Si podemos pasárselas a otros, o dejarlas sin previo aviso, solo entonces estarán seguras en nuestra posesión. De lo contrario, fijaremos nuestros ojos en ellas en lugar de en Jesús, y nos desviaremos del camino o dejaremos de correr la carrera por completo.

Los peregrinos de la fe miran al otro mundo, con los ojos puestos en una esperanza cierta que nunca los abandonará. Con ojos claros y despejados, ven el dinero y las posesiones como lo que son: útiles para los fines del reino, pero demasiado endebles para soportar el peso de la confianza y totalmente incapaces de sobrevivir al holocausto de las cosas que se avecina.

El libro de Hebreos termina con un recordatorio más para los creyentes que sienten la tentación de vivir a la luz de este mundo y no del otro: «Porque no tenemos aquí una ciudad permanente, sino que buscamos la que está por venir» (Heb. 13:14).

El autor del himno lo dice maravillosamente:

> Fija tus ojos en Cristo
> Tan lleno de gracia y amor,
> Y lo terrenal sin valor será
> A la luz del glorioso Jesús.

Cenicienta con amnesia

Todos nosotros necesitamos estrechar lazos con un grupo de camaradas que nos inspiren y animen y nos desafíen a mayores logros para las causas del reino de Dios. Por eso todos necesitamos desesperadamente formar parte de una iglesia local donde se enseñe la Palabra de Dios y se adore al Hijo de Dios (Heb. 10:25). Hebreos muestra cómo las iglesias actuales pueden rastrear su herencia hasta el antiguo cuerpo de Cristo y los héroes de la fe a lo largo de los siglos.

Michael Griffiths escribió *God's Forgetful Pilgrims* [Los peregrinos olvidadizos de Dios], en el que sostiene que la iglesia ha olvidado en gran medida su maravillosa identidad en Cristo y se ha conformado con las identidades sustitutivas del mundo. Me encontré con la edición original británica del libro, que tenía un título más llamativo: *Cinderella with Amnesia* [Cenicienta con amnesia]. Como hijos de Dios, somos apreciados por el Príncipe, elegidos por Él para reinar a Su lado (1 Ped. 2:9). Sin embargo, por muy bellos y queridos que seamos para el Príncipe, seguimos adelante —como Cenicienta con amnesia— viviendo en la monotonía como ciudadanos de un país de segunda clase, renunciando a los tesoros celestiales por aferrarnos a los terrenales.

De vuelta en Kansas, con su experiencia en la tierra de Oz a sus espaldas, Dorothy dijo: «No hay lugar como el hogar». ¡Qué cierto es! Pero con qué facilidad olvidamos dónde está realmente nuestro hogar. Al morir, un cristiano no abandona su hogar. *Vamos* a casa: «Pero cobramos ánimo y preferimos más bien estar ausentes del cuerpo y habitar con el Señor» (2 Cor. 5:8). Considera la paradoja: ¡nuestro verdadero hogar es un lugar en el que nunca hemos estado! (Si hubiéramos estado, apenas si podríamos soportar vivir aquí). El hogar está donde está nuestro Padre. Aunque estemos contentos de ocuparnos de los asuntos de nuestro Padre aquí, en estas habitaciones de motel que llamamos cuerpos, nunca estamos del todo en casa. ¿Cómo podemos estarlo? Nuestro verdadero hogar es infinitamente superior, la familia espiritual de allí infinitamente vasta y rica. La Gran Reunión nos espera. La anhelamos.

Cuando comprendemos lo que es realmente el hogar, el dinero y las cosas pierden su brillo. Por fin los vemos como han sido todo el tiempo: imitaciones pálidas, insípidas y baratas de la verdadera y vasta riqueza que es nuestra como hijos de Dios.

Quizás deberíamos decir en voz alta, una y otra vez, las palabras de la canción: «Este mundo no es mi hogar». C. S. Lewis lo expresó muy bien: «Nuestro Padre nos refresca en el viaje con algunas posadas agradables, pero nos anima a no confundirlas con el hogar».[7]

TERCERA PARTE

Dar y compartir nuestro dinero y nuestras posesiones

CAPÍTULO 12

El diezmo: Las ruedas de entrenamiento para ofrendar

Los judíos tenían la obligación del pago regular de los diezmos; los cristianos, que gozan de libertad, asignan todos sus bienes al Señor, otorgando libremente no las porciones menores de su propiedad, puesto que tienen la esperanza de cosas mayores.

IRENEO

Los diezmos se exigen por deuda, y quien no ha querido darlos ha sido culpable de robo. Por tanto, quien desee asegurarse una recompensa, que dé los diezmos, y de las nueve partes que procure dar limosna.

AGUSTÍN

En la pared del despacho del presidente Lyndon Johnson en la Casa Blanca colgaba enmarcada una carta escrita por el general Sam Houston al bisabuelo de Johnson, George W. Baines, más de cien años antes. Baines había llevado a Houston a Cristo y el general era un hombre cambiado, ya no tosco y beligerante, sino pacífico y contento. Después de que el general Houston fuera bautizado —un acontecimiento increíble para quienes lo conocían—, se ofreció a pagar la mitad del sueldo del ministro local. Cuando alguien le preguntó por qué, respondió: «Mi bolsillo también fue bautizado». Sam Houston demostró la realidad de la gracia de Dios hacia él al corresponder a esa gracia mediante el dar.

Según la Asociación Cristiana de Mayordomía, en 1899 —cuando el número total de libros publicados era una ínfima fracción del que tenemos hoy—, la bibliografía sobre «Diezmo y donación proporcional sistemática» incluía más de 500 títulos. Hoy en día, aunque se publican miles de nuevos libros cristianos al año, muy pocos tratan temas relacionados con el dinero, y aún menos analizan detenidamente la enseñanza bíblica sobre este tema. La gran mayoría de los institutos bíblicos y seminarios no tienen cursos, ni obligatorios ni optativos, dedicados a un estudio bíblico de la mayordomía o el dar. Casi nunca se forma a los pastores para abordar estos aspectos vitales de la vida cristiana.

Cuanto más se ha enriquecido Estados Unidos, menos ha abordado la Iglesia el tema de dar. Quizás por eso el porcentaje de ingresos que ofrendan los cristianos viene disminuyendo los últimos treinta años. De hecho, dólar por dólar, el estadounidense promedio daba más durante la Gran Depresión que hoy.

En esta sección, examinaremos la enseñanza bíblica sobre dar y compartir nuestro dinero y posesiones. Luego, estudiaremos la adquisición y el uso de fondos por parte de iglesias y ministerios.

El significado del diezmo

Empiezo con el tema del diezmo, no para promover el legalismo, sino para empezar donde Dios empezó históricamente. Aunque la ofrenda cristiana va mucho más allá del diezmo, el principio del diezmo estaba arraigado en las creencias y el estilo de vida de los primeros cristianos, la mayoría de los cuales crecieron en hogares judíos.

«El diezmo de todo producto del campo, ya sea grano de los sembrados o fruto de los árboles, pertenece al Señor, pues le está consagrado» (Lev. 27:30, NVI). El diezmo «pertenece al Señor», no a la gente. Se aplicaba a «todo», no solo a algunas cosas. Era «consagrado», debía ser apartado y dado a Dios, no utilizado con ningún otro propósito.

El significado de la palabra *diezmo* es «la décima parte». Hoy en día, el término diezmo se utiliza a menudo erróneamente para referirse a todas las ofrendas. La gente habla de «diezmar» 50 dólares, cuando gana 2000 dólares al mes (un diezmo de eso sería 200 dólares, no 50). Puedes *donar* el 2 %, el 4 % o el 6 % de tus ingresos, pero no puedes *diezmarlo*, igual que no puedes «blanquear» una pared con pintura roja. Se advirtió a los israelitas que presentar a su Creador algo menos que el 10 % completo era «robar a Dios», pues el primer 10 % le pertenecía a Él, no a ellos:

> «¿Robará el hombre a Dios? Pues ustedes me están robando. Pero dicen: "¿En qué te hemos robado?". En los diezmos y en las ofrendas. Con maldición están malditos, porque ustedes, la nación entera, me están robando. Traigan todo el diezmo al alfolí, para que haya alimento en Mi casa; y pónganme ahora a prueba en esto», dice el Señor de los ejércitos, «si no les abro las ventanas de los cielos, y derramo para ustedes bendición hasta que sobreabunde». (Mal. 3:8-10)

Dios dice: «Traigan *todo* el diezmo al alfolí», no solo una parte. El israelita obediente no preguntaba si podía dar el 7 %, o si podía diezmar sobre el «neto» en lugar del «bruto». Diera lo que diera Dios, el 10 % le pertenecía.

En realidad, no había un solo diezmo para los israelitas, sino tres. Un diezmo mantenía a los sacerdotes y levitas (Núm. 18:21, 24), otro proveía para un festival sagrado (Deut. 12:17-18; 14:23), y el tercer diezmo mantenía a los huérfanos, las viudas y los pobres (Deut. 14:28-29; 26:12-13).

Los diezmos levíticos y festivos eran perpetuos, pero el diezmo para los pobres solo se recaudaba cada tres años. Esto suponía una media del 23 % anual. Como Israel era tanto una nación como una comunidad espiritual, algunos de estos fondos equivaldrían a los impuestos que pagamos hoy en día. Sin embargo, el primer y más básico diezmo era para fines religiosos, concretamente para sostener a los líderes espirituales, liberándolos para cumplir el llamado de Dios y proporcionándoles los recursos necesarios para hacer bien su trabajo.

La práctica del diezmo comenzó mucho antes de la ley de Moisés. Abraham diezmó al sumo sacerdote Melquisedec (Gén. 14:20). Jacob prometió el diezmo al Señor (Gén. 28:22). No se nos dice que otros diezmaran, ni siquiera que estos dos hombres diezmaran en otras épocas, pero tampoco se nos dice lo contrario. Quizás Abel, Enoc, Noé y otros diezmaron antes de la ley, igual que guardaban el sábado antes de la ley. Los registros indican que los egipcios, los caldeos y los asirios diezmaban a sus dioses, al igual que algunos de los antiguos chinos, griegos, romanos y árabes.

> El israelita obediente no preguntaba si podía dar el 7 %, o si podía diezmar sobre el «neto» en lugar del «bruto».

Las primicias

«Honra al Señor con tus bienes y con las primicias de todos tus frutos» (Prov. 3:9). Tres veces al año, los hijos de Israel debían llevar una ofrenda de las primicias al Señor. Dios dijo: «nadie se presentará ante Mí con las manos vacías» (Ex. 23:15). La ofrenda de las primicias incluía la primera producción de una viña (Lev. 19:23-25) y la primera producción anual de grano, vino, aceite de oliva y lana esquilada (Ex. 23:16; 34:22; Deut. 18:4). Las primicias de cualquier harina gruesa (Núm. 15:20-21), la miel y toda la cosecha pertenecían al Señor (2 Crón. 31:5). Una parte importante de las primicias se destinaba a los líderes religiosos y a su ministerio (Núm. 18:12).

La entrega de las primicias constituía una declaración importante: «Te damos lo primero y lo mejor de nosotros, Señor, porque reconocemos que todo lo bueno procede de ti. Al hacerlo, reconocemos nuestra responsabilidad de sostener el liderazgo espiritual que se nos ha proporcionado».

Diezmo denotaba la cantidad de la ofrenda; *primicias* hablaba de la naturaleza de la ofrenda. En Israel, los bienes tangibles eran lo natural para diezmar. El mismo principio se aplicaba al dinero. El primer 10 % de la provisión de Dios se devolvía al Señor. Dios era considerado el proveedor de la cosecha.

La ofrenda de las primicias recordaba a la gente la propiedad de Dios. Veían a Dios como la fuente de toda vida y bendición. Los padres esperaban que sus hijos, al ser testigos de esta entrega regular y sistemática de riqueza al Señor, crecieran comprendiendo su deuda infinita con Dios y su necesidad de honrarlo continuamente con su dar en adoración.

La ofrenda de las primicias también decía: «Confiamos en ti, Dios, para que nos ayudes a cosechar el resto». Retener cualquiera de las primicias, o dar algo menos que lo mejor, era incurrir en la ira de Dios. Ofni y Finees eran sacerdotes que tomaban lo que querían y dejaban el resto para el Señor (1 Sam. 2:12-16). La Escritura dice: «El pecado de los jóvenes era muy grande delante del Señor». Fueron abatidos en la batalla porque habían robado a Dios. Quien sienta la tentación de no darle a Dios lo que es suyo, ¡solo tiene que acordarse de Ofni y Finees!

La naturaleza de las primicias exige que se tomen «de lo mejor». Son a la vez lo mejor y lo primero.

La naturaleza de las primicias exige que se tomen «de lo mejor». Son a la vez lo mejor y lo primero. Apenas se cosechan o reciben, deben ser entregadas al Señor. No se deben almacenar, esconder, acaparar ni distribuir de ninguna otra manera. Los que guardaban lo mejor y daban a Dios lo que sobraba provocaron el juicio de Dios sobre Israel. Devolver al Señor lo que era suyo por derecho era un termómetro de la fe. Cuando Israel decayó espiritualmente, dejó de dar como debía. Cuando dejaron de dar como debían, decayeron en el plano espiritual. (Independientemente del debate actual sobre el diezmo, estos principios de dar son sin duda atemporales, y se aplican tanto a la Iglesia como a Israel).

Ofrendas voluntarias

Se reconocía que el diezmo pertenecía a Dios. Por eso, la gente no *daba* el diezmo, sino que lo *devolvía* al Dueño de todas las cosas. Por eso el Antiguo Testamento habla de «traer», «tomar», «presentar» o incluso «pagar» los diezmos y las primicias, en lugar de «darlos». Estos pagos no eran más opcionales que pagar impuestos hoy en día. Un israelita pagaba los diezmos y las primicias por obediencia, lo quisiera o no.

El Antiguo Testamento también hace hincapié en las «ofrendas voluntarias» (Lev. 22:18-23; Núm. 15:3; Deut. 12:6, 17). «Todos [...] cuyo corazón los movía a traer algo [...], trajeron una ofrenda voluntaria al Señor» (Ex. 35:29). Eran contribuciones voluntarias más allá del diezmo o las primicias. Constituían verdaderas ofrendas, porque el diezmo era una deuda que se pagaba a Dios, no un regalo en sí.

Cuando hubo que reconstruir el templo, se pidió a la gente que aportara ofrendas voluntarias (Esd. 1:4, 6; 3:5; 7:16; 8:28). Tales ofrendas equivalían a «da lo que quieras» o «da lo que te sientas llamado a dar». Cuando «todos aquellos cuyo espíritu Dios había movido» fueron a construir el templo en Jerusalén, «todos los que habitaban alrededor de ellos los ayudaron con objetos de plata, con oro, con bienes, con ganado y con objetos preciosos, además de todo lo que fue dado como ofrenda voluntaria» (Esd. 1:5-6).

Nos equivocamos al considerar las ofrendas del Antiguo Testamento como un legalismo monótono y obediente. Al contrario, los israelitas se dejaban llevar por la emoción de dar:

> Así que vinieron todos los hombres hábiles que hacían todo el trabajo del santuario, cada cual del trabajo que estaba haciendo, y dijeron a Moisés: «El pueblo trae más de lo que se necesita para la obra de construcción que el Señor nos ha ordenado que se haga». Entonces Moisés dio una orden, y se pasó una proclama por todo el campamento y dijo: «Ningún hombre ni mujer haga más trabajo para las contribuciones del santuario». Así el pueblo dejó de traer más. Porque el material que tenían era abundante, y más que suficiente para hacer toda la obra. (Ex. 36:4-7).

Aquí no se hace hincapié en la cantidad de la ofrenda ni en la causa de esta, sino en la voluntad del corazón de cada persona. No era un diezmo, sino dar totalmente por encima de él. No era una ofrenda obligatoria, sino voluntaria. Este aspecto vital de la ofrenda es ignorado por quienes suponen que la ofrenda del Antiguo Testamento consistía en diezmar. Es evidente que no era así. La ofrenda voluntaria no empezó en el Nuevo Testamento.

El diezmo era explícito y objetivo. Aunque Dios deseaba que Su pueblo lo diera con alegría, no requería ninguna respuesta del corazón. Pero la ofrenda voluntaria era totalmente distinta. Implicaba la alegría de un corazón tocado por la gracia de Dios.

Este relato de Éxodo 36 muestra los resultados cuando la gente busca fervientemente la complacencia de Dios dando con liberalidad: la cantidad recaudada fue enorme, mucho más de lo que se necesitaba. Incluso después de que se hubiera satisfecho la necesidad, el pueblo siguió dando, por alegría. Reconocían que dar no era simplemente para beneficiar a la causa, sino para beneficiarse ellos como dadores. Era un acto de adoración que desafiaba la lógica. La suya era una insistencia ansiosa e infantil en dar: «Papá, ¿puedo seguir dando, por favor?». Dar era contagioso, porque la alegría que producía era contagiosa.

No tenemos forma de saber qué porcentaje de sus bienes daba el pueblo en ofrendas voluntarias. El cielo era el límite. Según la riqueza que Dios les proporcionara, algunos pueden haber dado el 30, el 50, el 70, el 90 % o más. Si eso era cierto para los creyentes del Antiguo Testamento, que no estaban habitados por el Espíritu de Dios, ¿cuánto más deseosos de dar voluntariamente deberíamos estar nosotros, que hemos sido transformados por la gracia de Cristo y estamos habitados y capacitados por Su Espíritu?

Si los creyentes del Antiguo Testamento solo empezaban con el diezmo, pero no se detenían ahí, ¿por qué deberíamos los cristianos sentirnos inclinados a detenernos? Al Mueller me escribió: «Si no hubiéramos aprendido sobre la propiedad de Dios, nos habríamos contentado y sentido cómodos dando cada año entre el 20 y el 30 % de nuestros ingresos y sintiéndonos bastante generosos, pero haciendo lo que queríamos con el resto. Desde entonces, intentamos recordar que daremos cuenta de lo que hacemos con el dinero que guardamos. Procuramos tener una mentalidad de administradores y una perspectiva eterna».

Cuando los primeros cristianos adoraban con alegría a Dios y daban libremente sus posesiones a los necesitados, algunos pensaron que estaban borrachos. *Estaban* bajo el control de una influencia extraña: el Espíritu de Dios. Algunos no creyentes se sentirán atraídos a Cristo por la gracia que ven en los cristianos dadivosos. Un hombre me dijo: «Una pareja no cristiana vio cuánto nos emocionaba y nos cambiaba dar. Entonces empezaron a dar ellos también, incluso antes de conocer a Cristo. ¡Vieron la alegría y quisieron participar!».

Otros no creyentes descartan el dar como algo irracional. He visto que eso ocurre con cristianos cuyos principales consejeros son abogados y asesores financieros no cristianos. Responden a una propuesta de aumento sustancial de las donaciones diciendo que es imprudente. Según los criterios humanos, no tiene sentido. Sin embargo, según los criterios de Dios, sí lo tiene. Debemos tener cuidado de rodearnos de asesores con base bíblica, que no se resistan a dar, sino que abracen los impulsos del Espíritu de Dios.

Resumen de cómo se daba en el Antiguo Testamento

Nadie tuvo que decir nunca: «Me siento impulsado a diezmar», ni preguntar: «¿Quieres que dé las primicias, Señor?». La respuesta ya se había dado en las Escrituras. La ofrenda voluntaria empezaba después de las primicias. El diezmo nunca fue un techo para dar, solo un piso. Era un punto de partida. Más allá de él, los hijos de Dios daban más, a veces mucho más, según surgían las necesidades y las oportunidades. El diezmo era una demostración de obediencia. Las ofrendas voluntarias eran una demostración de amor, alegría y adoración. Como hemos visto, la gente se dejaba llevar, y había que contenerla para que no diera (Ex. 36:5-7). La gracia de dar transformó a una manada de quejosos y llorones en adoradores gozosos, y lo mismo ocurre a veces en las iglesias de hoy. (De hecho, ¡no hay nada malo en muchas iglesias que no podría resolverse con una buena dosis de ofrendas alegres!).

David declaró: «el tesoro que tengo de oro y de plata, lo doy a la casa de mi Dios, además de todo lo que ya he provisto para la santa casa» (1 Crón. 29:3). Entonces, la familia y los líderes de las tribus «ofrecieron voluntariamente sus donativos» con generosidad (1 Crón. 29:6-8). «Entonces el pueblo se alegró porque habían contribuido voluntariamente, porque de todo corazón hicieron su ofrenda al SEÑOR» (1 Crón. 29:9).

David también le dijo al Señor:

> Pero ¿quién soy yo y quién es mi pueblo para que podamos ofrecer tan generosamente todo esto? Porque de Ti proceden todas las cosas, y de lo recibido de Tu mano te damos. [...] toda esta abundancia que hemos preparado para edificarte una casa para Tu santo nombre procede de Tu mano, y todo es Tuyo. [...] yo he ofrecido voluntariamente todas estas cosas en la integridad de mi corazón; y ahora he visto con alegría a Tu pueblo, que está aquí, hacer sus ofrendas a Ti voluntariamente. Oh SEÑOR, Dios de nuestros padres [...], preserva esto para siempre en las intenciones del corazón de Tu pueblo, y dirige su corazón hacia Ti. (1 Crón. 29:14, 16-18)

David medía la lealtad del pueblo a Dios por su disposición a darle libremente.

Imagina al padre de un chico que quiere que su hijo salga con la hija de su viejo amigo. El chico accede a regañadientes porque su padre espera eso de él. Pero cuando conoce a la chica, disfruta tanto de su compañía que le pide que vuelva a salir con él, y otra y otra vez. En este punto, el chico ya no actúa por obligación, sino voluntariamente. No tiene que salir con ella, sino que *quiere* hacerlo.

Los israelitas diezmaban porque Dios se lo pedía. Daban más de lo que debían en ofrendas voluntarias porque *querían*. Pero así como el joven nunca se habría enamorado de la chica si hubiera rechazado la insistencia de su padre a salir con ella, si los israelitas no hubieran aprendido primero la disciplina del diezmo, probablemente nunca habrían descubierto la alegría de dar voluntariamente.

El valor del diezmo

Al subrayar la vitalidad de las ofrendas voluntarias, no quiero rebajar el diezmo. Aquí fue donde Dios inició a Su primer pueblo del pacto. Es un buen comienzo. El propósito declarado del diezmo es «que aprendas a temer siempre al SEÑOR tu Dios» (Deut. 14:23). El diezmo pretende formar a las personas para que pongan a Dios en primer lugar en sus vidas. Puesto que la entrega del 10 % representa el 90 % restante, el diezmo simboliza la entrega de toda la vida a Dios.

El diezmo da perspectiva. Nos recuerda que todo lo que somos y todo lo que tenemos procede de Dios. El diezmo no es una propina arrojada sin sentido sobre una mesa después de comer, sino una expresión significativa de dependencia de Dios y de gratitud hacia Él. El diezmo requiere cálculo. Cuando nos ocupamos específicamente de las cantidades que Dios nos ha proporcionado, evaluamos la bondad de Dios para con nosotros. Contamos realmente nuestras bendiciones, agradeciéndole Su generosidad. Diezmar era, y puede seguir siendo, un recordatorio de nuestra deuda ilimitada con Dios incorporado en cada coyuntura de la vida.

Desprenderse del dinero no era más fácil para el pueblo de Israel que para nosotros. De hecho, la mayoría de los israelitas eran mucho más pobres y trabajaban mucho más duro por su dinero que nosotros.

Desprenderse del dinero no era más fácil para el pueblo de Israel que para nosotros. De hecho, la mayoría de los israelitas eran mucho más pobres y trabajaban mucho más duro por su dinero que nosotros. Sin embargo, el diezmo estaba tan integrado en sus vidas que les resultaba «natural» en el mejor de los sentidos. En tiempos de obediencia nacional, sus padres, madres, hermanos, hermanas y socios comerciales —todos los que los rodeaban— practicaban el diezmo. Se convirtió en una forma de vida.

Cuando siguieron su propio camino y dejaron de diezmar y de dar ofrendas voluntarias, Dios les dijo que le estaban robando. Entonces invitó a Su pueblo a ponerlo a prueba volviendo a diezmar y a dar ofrendas voluntarias. El diezmo era una invitación divina a poner a prueba las promesas de Dios de proveer (Mal. 3:8-12). Comienza como un deber, pero puede convertirse en un deleite, que conduce a la ofrenda voluntaria gozosa. Para los israelitas fieles, abrir los puños y entregarle el contenido a Dios tenía mil beneficios indirectos. ¿Es diferente para nosotros hoy?

El hábito de dar en Estados Unidos

Antes de considerar si los cristianos debemos diezmar hoy, analicemos nuestros hábitos de dar. El grupo Barna Research reveló algunas tendencias significativas en las ofrendas:

- Entre los adultos nacidos de nuevo, aumentó un 44 % el número de los que no dieron nada.
- El número de donantes a cualquier organización sin fines de lucro o eclesiástica disminuyó un 7 %.
- Cuatro de cada diez adultos no dieron nada a las iglesias [...] un aumento del 15 % entre los que se niegan a apoyar a las iglesias.
- Un tercio de los adultos nacidos de nuevo dijeron que daban el diezmo en el año 2000, pero una comparación de sus donaciones con los ingresos de su hogar reveló que solo uno de cada ocho lo hacía realmente.

- El donante promedio de la iglesia contribuyó con una media de 649 dólares, por debajo de los 806 dólares del año anterior. Los adultos casados tienen más probabilidades que los solteros de donar algo de dinero a una iglesia en un mes normal (64 % frente a 42 %, respectivamente).
- La comparación de los hábitos de donación de las personas de más de veinte años, más de cuarenta y más de sesenta años fue reveladora: «Los *Busters* son sustancialmente menos propensos (36 %) que los *Boomers* (58 %), los *Builders* (68 %) o *Seniors* (68 %) a dar a una iglesia en un mes determinado». Entre el 30 y el 50 % de los fieles activos no dan nada. Y como el 70 % de los cristianos no tienen testamento en el momento de morir, no dejan dinero a su iglesia ni a los ministerios cristianos. Muchos del 30 % restante que sí tienen testamento no destinan dinero a la obra de Dios.[1]

Se ha producido un descenso gradual de las donaciones que ha continuado durante 30 años, entre un 6 y un 8 % anual entre 1998 y 2000, y un 15 % en 2000. Desde 1975, el total de las donaciones caritativas de los estadounidenses ha oscilado entre el 1,6 % y el 2,16 % de sus ingresos.[2] Según la organización Gallup, las personas que asisten semanalmente a los servicios religiosos dan anualmente el 3,4 % de sus ingresos, mientras que las personas no religiosas dan entre el 1,1 % y el 1,4 %. Otras estimaciones indican que el porcentaje de ingresos donado por los cristianos profesantes a causas eclesiásticas y del reino oscila entre el 1,5 y el 3,5 % de los ingresos. El punto medio, el 2,5 %, es quizá la cifra más exacta.

Barna Research informa que, cuanto más dinero gana una persona, menos probable es que diezme.[3] De hecho, «los que tienen unos ingresos anuales de más de 500 000 dólares redujeron sus donativos medios de 47 432 dólares en 1980 a 16 062 dólares en 1988».[4]

Gracia, ley y diezmo

Tengo sentimientos encontrados respecto al diezmo. Detesto el legalismo. Desde luego, no quiero verter vino nuevo en odres viejos, imponiendo a los cristianos restricciones superadas del primer pacto. Sin embargo, la realidad es que todos los ejemplos de dar del Nuevo Testamento van más allá del diezmo. Esto significa que ninguno se queda corto. Los argumentos más fuertes que se esgrimen hoy contra el diezmo son «la ley frente a la gracia». Pero ¿estar bajo la gracia significa que debemos dejar de hacer todo lo que se hacía bajo la ley?

Creo firmemente en la superioridad del nuevo pacto sobre el antiguo (Rom. 7; 2 Cor. 3; Heb. 8). Por otra parte, creo que ciertos aspectos del antiguo pacto siguen teniendo valor. El modelo de devolver a Dios las primicias (el diezmo) y dar ofrendas voluntarias es uno de ellos. Puesto que nunca se nos dice que el diezmo haya sido sustituido, y ya que Jesús lo afirmó directamente (Mat. 23:23) y destacados padres de la Iglesia lo enseñaron como requisito para la vida cristiana, me parece que el peso de la prueba recae en quienes dicen que el diezmo ya no es una norma mínima para el pueblo de Dios. La cuestión *no* es si el diezmo es la totalidad de la ofrenda cristiana, ni siquiera su centro. Está claro que *no* lo es. Mucha gente asocia el mandamiento de diezmar con el de guardar el sábado. Los cristianos del Nuevo Testamento no están obligados a guardar el sábado con todas sus normas legisladas bajo el pacto mosaico (Col. 2:16). Sin embargo, antes de la Ley se instituyó un día de descanso semanal basado en el modelo de la creación de Dios (Gén. 2:2-3). Es un principio nunca revocado en el Nuevo Testamento. El día especial de observancia cambió al domingo, «el día del Señor», pero el principio de un día especial reservado para el culto permaneció intacto.

Cristo cumplió todo el Antiguo Testamento, pero no lo hizo irrelevante. La legislación del Antiguo Testamento demostró cómo amar al prójimo. Aunque no todas las normas específicas son aplicables, los principios sí lo son, y muchas de las directrices siguen siendo tan útiles como siempre. Considera el mandamiento de construir un tejado con un parapeto para proteger a la gente de caerse (Deut. 22:8). Cuando se trata del Antiguo Testamento, debemos tener cuidado de no tirar al bebé (principios permanentes destinados a todos) junto con el agua del baño (reglamentos detallados destinados solo al antiguo Israel).

Ya no ofrecemos sacrificios, así que ¿por qué deberíamos diezmar? Porque los sacrificios se anulan específicamente en el Nuevo Testamento. Como demuestra el libro de Hebreos, Cristo ha dejado sin efecto todo el sistema de sacrificios. Pero ¿en qué parte del Nuevo Testamento se indica que el diezmo ya no es válido? No existe tal pasaje. Con una sola declaración, Dios podría haber señalado fácilmente el diezmo como hizo con los sacrificios y el sábado. Pero no lo hizo.

Algunos argumentan contra el diezmo diciendo: «El Nuevo Testamento aboga por las ofrendas voluntarias». Sí, pero como hemos visto, también lo hace el Antiguo Testamento. La ofrenda voluntaria no es un concepto nuevo. Tener una norma mínima para dar nunca ha sido incompatible con dar por encima y más allá de esa norma. Si en el antiguo pacto coexistían tanto la ofrenda obligatoria como la voluntaria, ¿por qué no en el nuevo? No es cuestión de diezmar *o* de ofrendar voluntariamente. Ambas cosas han sido siempre plenamente compatibles.

Los discípulos dieron todo lo que tenían porque «había abundante gracia sobre todos ellos» (Hech. 4:33). Era obvio desde el principio que estar bajo la gracia no significaba que los cristianos del Nuevo Testamento dieran menos que sus hermanos del Antiguo Testamento. Al contrario, significaba que darían más.

Estar bajo la gracia no significa vivir según normas inferiores a las de la ley. Cristo abordó sistemáticamente cuestiones como el asesinato, el adulterio y los juramentos, y dejó claro que Sus normas eran mucho más estrictas que las de los fariseos (Mat. 5:17-48). Nunca bajó el listón. Siempre lo elevó. Pero también nos capacita por Su gracia para saltar más alto de lo que exigía la ley.

Dar por gracia

Desde que escribí la edición original de este libro en 1989, he oído a cristianos argumentar —a menudo con enfado— que diezmar es legalismo. Afirman que diezmar es esclavitud, y que hemos sido liberados para «dar por gracia». Sin embargo, como hemos visto, el triple diezmo de los israelitas ascendía al 23 % de sus ingresos, en contraste con el 2,5 % que dan en promedio los cristianos estadounidenses. ¡Esta estadística sugiere que la ley era unas diez veces más eficaz que la gracia! Incluso utilizando el 10 % como medida, los israelitas respondían cuatro veces más a la Ley de Moisés que el cristiano norteamericano promedio a la gracia de Cristo. (Relee esa última frase y pregúntate si no hay algo terriblemente erróneo).

Tener una norma mínima para dar nunca ha sido incompatible con dar por encima y más allá de esa norma.

Cuando nosotros, como creyentes del Nuevo Testamento, que vivimos en una sociedad mucho más próspera que el antiguo Israel, damos solo una fracción de lo que daban los creyentes más pobres del Antiguo Testamento, sin duda debemos reevaluar nuestro concepto de «dar por gracia». Y si tenemos en cuenta que nosotros tenemos el Espíritu de Dios que mora en nosotros y ellos no, el contraste es aún más evidente.

Creo que hay una verdad atemporal tras el concepto de dar a Dios las primicias. Independientemente de que el diezmo siga siendo la medida mínima de esas primicias, me pregunto: ¿Dios esperará que Sus hijos del nuevo pacto den *menos*, lo *mismo* o *más*? He descubierto que, para mucha gente, el término «dar por gracia» significa simplemente «dar lo que te dé la gana». (¡Y obviamente, la mayoría de la gente no tiene ganas de dar!). La suposición parece ser que Dios ya no espera que Su pueblo dé sustancialmente.

Muchas personas no dan porque no se les ha enseñado a dar. Al igual que la ley fue un tutor para llevarnos a Cristo (Gál. 3:24), el diezmo puede ser un tutor que nos lleve a dar. Si podemos aprender a dar sin diezmar, perfecto. Pero el historial de dar de los cristianos estadounidenses indica claramente que no hemos aprendido a dar. De hecho, hemos aprendido a *no* dar. Nuestras donaciones disminuyen a medida que aumenta nuestra prosperidad. Y quizás, lo peor de todo es que seguimos perdiendo terreno, porque nuestros hijos dan incluso menos que nosotros. Aunque dar por gracia es un término que suena maravilloso, ha llegado a disfrazar una actitud subyacente que es retorcida y antibíblica. Nos ha deshonrado a nosotros, a nuestros hijos, a nuestras iglesias y, sobre todo, a nuestro Señor.

Sea lo que sea lo que la Iglesia enseña hoy sobre dar, o no es fiel a las Escrituras, o el mensaje no se está entendiendo, o estamos siendo desobedientes. El diezmo es el método histórico de Dios para encaminar a la gente a dar. En ese sentido, puede servir como puerta de entrada a la alegría del verdadero «dar por gracia» hoy en día, del mismo modo que dio lugar a la donación espontánea, alegre y voluntaria que vemos en varios pasajes del Antiguo Testamento. No es sano considerar el diezmo como un punto en el cual dejar de dar, pero puede ser un buen punto de partida. Recuerda que, incluso bajo el primer pacto, el diezmo nunca fue una norma máxima, sino simplemente un punto de partida.

El diezmo no es la línea de llegada para dar; es el punto de partida. Pero, evidentemente, ¡la mayoría de nosotros necesita ayuda para empezar!

¿El diezmo puede ser legalista? Sin duda. Los santos hábitos de asistir a la iglesia, orar y leer la Biblia también pueden degenerar en legalismo, pero eso no los convierte en ilegítimos. Cualquiera que deje de ir a la iglesia, orar o leer las Escrituras por miedo a ser legalista, ¡está enfocando el problema desde el ángulo equivocado!

Algunos buenos maestros de la Biblia predican contra el diezmo. Puede que ellos mismos sean grandes dadores, pero no creo que se den cuenta de los efectos de sus palabras en quienes no tienen el concepto de dar disciplinadamente. Recibo correspondencia de personas que se oponen con fuerza —a veces con insultos— a la sugerencia de que el diezmo sea un punto de partida legítimo para los cristianos. Escucho a cualquier cristiano que diga: «El diezmo no es para nosotros hoy en día», siempre y cuando él mismo dé regularmente y que su ofrenda supere el diezmo. Pero he descubierto que a menudo hay una agenda oculta tras la protesta.

La baza a favor de la gracia o en contra del legalismo suena hueca cuando intenta normalizar que los cristianos ricos den menos que el israelita más pobre. Aunque parezca que adoptan una posición teológica elevada, en realidad están diciendo que Dios ha rebajado Sus normas de dar y que el poder de la gracia del Nuevo Testamento es menor que el de la ley. Esta opinión es un insulto a la obra salvadora y fortalecedora de Cristo. Con algunas excepciones, me he dado cuenta de que la mayoría de los que se oponen al diezmo utilizan sus argumentos para justificar su *propia* falta de generosidad. Mi respuesta es sugerir amablemente a esas personas que sus razones pueden ser menos bíblicas y teológicas que personales: simplemente no *quieren* dar tanto.

Tendemos por naturaleza a abrazar argumentos que sirven a nuestros intereses personales percibidos. Que no demos lo suficiente sugiere que tenemos motivos ocultos para adoptar una teología contraria al diezmo. Deberíamos considerar lo contrario de lo que dijo Jesús en Mateo 6:21: Donde *no* esté nuestro tesoro, allí tampoco estará nuestro corazón.

Debemos examinar nuestros corazones para descubrir si cuando decimos: «El diezmo no es para hoy», estamos utilizando la gracia como licencia para aferrarnos más a la riqueza material. El Nuevo Testamento demuestra claramente que los cristianos están llamados a ser *más* sacrificados y generosos, no menos.

Unos amigos nuestros, cuando eran jóvenes cristianos, creían que debían diezmar. Lo hacían fielmente, no de forma legalista, y Dios utilizaba el diezmo para recordarles que lo pusieran a Él en primer lugar. Al igual que la disciplina de un tiempo habitual a solas con Dios, la disciplina del diezmo movía sus pensamientos hacia Dios. Sin embargo, cuando empezaron a asistir a otra iglesia —una gran iglesia de enseñanza bíblica— oyeron desde el púlpito que «diezmar es legalismo» y que «Dios nos ha llamado a dar por gracia». Por desgracia, el pastor no sugirió ningún punto de partida ni directrices para dar por gracia. Como consecuencia de esta enseñanza, nuestros amigos recién «liberados» redujeron sus donaciones. Al cabo de unos años, casi no daban nada. Mientras tanto, se tambaleaban en su camino con Dios y contraían cada vez más deudas. Finalmente, en otra iglesia, volvieron a introducirse en el concepto del diezmo, no como un ritual legalista, sino como un sencillo punto de partida para dar. Cuando volvieron a comprometerse a diezmar, sintieron la bendición de Dios y experimentaron una paz que no habían conocido en años. Atribuyen sus varios años de desvío espiritual directamente a este concepto altisonante pero engañoso de «dar por gracia».

Jesús y el diezmo

Jesús se crio en un hogar judío devoto, lo que significa que sus padres diezmaban y lo instruyeron para que diezmara. El Antiguo Testamento, la única Biblia que Jesús conocía, también le enseñó a diezmar. Durante Su ministerio, aunque Jesús fue cuidadosamente escrutado por Sus enemigos y acusado de todos los delitos posibles, incluido el de quebrantar el sábado, ni una sola vez lo acusaron de violar la ley del diezmo. El Talmud prohibía a un estricto cumplidor de la ley sentarse a cenar con quien no diezmara. Sin embargo, en varias ocasiones, los fariseos comieron en la misma mesa con Jesús. Evidentemente, Cristo diezmaba.

Además, Jesús dijo específicamente que, aunque deberían haber prestado atención a cosas más importantes, los fariseos tenían razón al tener cuidado de diezmar: «Estas son las cosas que debían haber hecho [la justicia, la misericordia y la fidelidad], sin descuidar aquellas [el diezmo]» (Mat. 23:23).

Con su énfasis en la ofrenda sacrificial, Jesús ni una sola vez sugirió que el «piso» establecido por el diezmo ya no es válido, sino simplemente que el techo de la ofrenda cristiana está muy por encima de él. Cuando Jesús dijo a los discípulos que recorrieran la segunda milla, dio por sentado que ya habían recorrido la primera.

La iglesia primitiva y el diezmo

Dado que el diezmo y las ofrendas voluntarias estaban tan profundamente arraigados en la conciencia judía, los cristianos judíos que componían la iglesia primitiva entregaban con naturalidad sus diezmos y ofrendas voluntarias a la asamblea local. Habiendo sido transformados por la gracia de Jesús, sus ofrendas voluntarias eran sin duda mayores que nunca. Pero no hay indicios de que la iglesia primitiva dejara de creer que el diezmo era un mínimo obligatorio para dar.

Que esto seguía siendo así en los primeros cientos de años de la Iglesia queda demostrado en las palabras del influyente padre de la Iglesia, Ireneo: «Los judíos tenían la obligación del pago regular de los diezmos; los cristianos, que gozan de libertad, asignan todos sus bienes al Señor, otorgando libremente no las porciones menores de su propiedad, puesto que tienen la esperanza de cosas mayores».[5] Observa la frase clave: «no las porciones menores», en referencia a los judíos. Es una indicación directa de que el diezmo se consideraba una norma mínima en la primitiva comunidad cristiana.

Unos cientos de años más tarde, Agustín indicó que aún se practicaba el diezmo: «Los diezmos se exigen por deuda, y quien no ha querido darlos ha sido culpable de robo. Por tanto, quien desee asegurarse una recompensa, que dé los diezmos, y de las nueve partes que procure dar limosna».[6] Observa la clara distinción entre el diezmo obligatorio y la ofrenda voluntaria de limosna. Las limosnas debían darse por encima y más allá del diezmo.

Jerónimo dijo: «Si alguien no hace esto [pagar el diezmo], se le condena por defraudar y suplantar a Dios».[7] Al igual que Agustín, Jerónimo creía y enseñaba que es posible que los cristianos del Nuevo Testamento «roben a Dios» reteniendo el diezmo, al igual que ocurría con los creyentes del Antiguo Testamento. Durante los primeros 400 años, la Iglesia consideró a menudo, si no normalmente, la práctica del diezmo como una norma mínima para dar.

Los beneficios del diezmo

En la mayoría de los estados, hay una ley que obliga a llevar cinturón de seguridad. Durante muchos años, llevar puesto el cinturón de seguridad no era un requisito legal. Pero, incluso cuando no era obligatorio, seguía siendo una buena idea. Sin embargo, supongamos que se derogara la ley del cinturón de seguridad. ¿Dejaría de ponerme el cinturón? ¿Les diría a mis hijos o nietos: «Quítense el cinturón. No estamos bajo la ley, y no vamos a ser legalistas, así que no más cinturones de seguridad para nosotros». Por supuesto que no. Una buena idea es una buena idea, sea o no la ley.

Aunque no estés de acuerdo conmigo en los argumentos bíblicos, no descartes los argumentos prácticos a favor del diezmo. Por ejemplo, el concepto del diezmo es claro, coherente y transferible; es decir, puede enseñarse fácilmente a otras personas, incluidos los niños. Aumenta el sentido de compromiso del creyente con la obra de Dios. El diezmo también puede ser un factor significativo de crecimiento espiritual. Acabo de releer diez cartas que me han escrito familias de la iglesia cuyas vidas espirituales se revolucionaron cuando descubrieron cómo dar. Aunque algunas de ellas dan ahora más que el diezmo, siete de las diez mencionan específicamente que el diezmo supuso un gran avance espiritual en sus vidas.

A lo largo de los años, he entrevistado a muchos dadores generosos, algunas de cuyas historias cuento en nuestro sitio web (www.epm.org /givingstories). Aunque yo nunca introduzco el tema, un alto porcentaje de estos dadores mencionan que empezaron con el diezmo. Esa fue su introducción a la gran aventura de dar. Aunque ahora lo han superado con creces, no dudan en atribuir al aprendizaje del diezmo su lanzamiento a la generosidad. Un líder cristiano dijo: «Cuando reflexiono sobre mi crecimiento como cristiano a lo largo de los años, el segundo don de gracia más importante que he recibido ha sido la disciplina del diezmo. El primero fue la entrega de mi voluntad a Jesucristo». Y continuó diciendo de sí mismo y de su esposa: «El Señor se apoderó de nuestros corazones cuando empezamos a diezmar».[8]

Si todos los cristianos occidentales practicaran el diezmo, el objetivo de la evangelización mundial y de alimentar a los hambrientos estaría al alcance de la mano.

Si todos los cristianos occidentales practicaran el diezmo, el objetivo de la evangelización mundial y de alimentar a los hambrientos estaría al alcance de la mano. Como muchos cristianos, una vez que empiezan a diezmar, también dan ofrendas voluntarias más allá del diezmo, la obra de Dios podría multiplicarse en todos los rincones del mundo.

Muchas iglesias han demostrado el poder espiritual del diezmo. La denominación de los bautistas del Sur, que comenzó en 1845, tiene ahora unos 5000 misioneros en 153 países. Los bautistas del Sur no solo hacen hincapié en las misiones, sino también en el diezmo como medio para sufragar las misiones, así como para cubrir las necesidades de la iglesia local. Los miembros de la iglesia comprenden que se espera de ellos que diezmen. Aunque no soy bautista del Sur, estoy seguro de que habrían tenido mucho menos impacto, tanto en sus comunidades como en la evangelización mundial, si no hubieran hecho hincapié en el diezmo.

El diezmo: ¿Bruto o neto?

Los empresarios deben pagar los materiales, el alquiler, los salarios de los empleados y muchos otros gastos. Estos gastos no se incluyen en sus ingresos brutos personales y, por tanto, no estarían sujetos al diezmo. Pero nuestros ingresos personales no son solo lo que queda después de pagar los impuestos y las facturas. El valor que recibimos por la jubilación pagada por la empresa, el seguro de vida, el seguro médico, etc., forma parte de la provisión de Dios para nosotros, ¿no es así? La Escritura habla de «el diezmo de todo».

Como los empleadores retienen los impuestos y pagan los seguros, muchos no consideran esos dólares como ingresos. Pero supongamos que tu empleador también te retiene dinero para el pago de la casa, la comida y la matrícula de los hijos. ¿Considerarías que esas cosas ya no forman parte de tus ingresos y, por tanto, no están sujetos al diezmo? Si tu empleador pagara todas tus facturas, ¿significaría eso que no darías nada al Señor?

El diezmo se aplica, naturalmente, no solo al dinero que tenemos en nuestras manos, sino también al valor de todo lo que se acumula, paga o proporciona en nuestro beneficio. Cuando diezmamos, Nanci y yo intentamos tener en cuenta todas las provisiones de Dios, incluidas las que a veces son difíciles de cuantificar, como cuando alguien nos proporciona amablemente un lugar donde alojarnos durante las vacaciones. Nuestra ofrenda voluntaria comienza entonces a partir de esta cantidad. Aunque el diezmo en sí mismo es satisfactorio, para nosotros la verdadera diversión comienza cuando pasamos de él a la ofrenda voluntaria.

Cuando nos preguntan: «¿Debemos diezmar sobre el bruto o sobre el neto?», lo apropiado es preguntar: «¿Sobre qué queremos ser bendecidos, sobre el bruto o sobre el neto?».

¿Por qué no diezmar?

Puede haber graves problemas con el diezmo. La gente puede tratarlo como un impuesto o una factura no deseada, robándose a sí misma la alegría. En algunas iglesias, diezmar es como pagar la cuota de socio. Pagas por pertenecer a un club y pagas por pertenecer a la iglesia. Diezmar puede llevarnos al orgullo de que formamos parte de un remanente fiel que *realmente* confía en Dios, en contraste con todos esos apóstatas que no diezman.

Uno de los peores peligros del diezmo es la complacencia. Aunque defiende firmemente el diezmo, un escritor añade esta advertencia:

> El diezmo puede convertirse en un ídolo que colocar sobre un pedestal para admirarlo. A menudo, es un lugar de descanso peligrosamente tentador, en lugar de un punto de partida mínimo. Gran parte de la comunidad cristiana piensa en el diezmo como

una rama alta y elevada que solo unos pocos radicales fanáticos han alcanzado tras años de lucha, en lugar de verlo en el lugar inferior o inicial.[9]

Alguien me dijo: «Me gustaría ganar un millón de dólares en la lotería. Entonces daría 100 000 dólares al Señor, ¡y podría hacer lo que quisiera con el resto!». Pero diezmar no es algo que haga para limpiar mi conciencia y poder hacer lo que quiera con el 90 %, ¡que también pertenece a Dios! Debo buscar Su dirección y Su permiso para cualquier cosa que haga con el monto completo. Puede que descubra que Dios tiene ideas distintas a las mías.

Hay muchos argumentos comunes contra el diezmo; entre ellos, los siguientes:

«Diezmar es legalismo».

Cualquier práctica legítima puede hacerse con una actitud legalista. En tales casos, el fallo está en la actitud de nuestro corazón, no en la práctica en sí. Si algo nos toca demasiado de cerca o empieza a entrometerse en nuestra vida, podemos descartarlo simplemente llamándolo «legalista». El legalismo puede ser una etiqueta conveniente para encubrir nuestra falta de voluntad de obedecer a Dios.

Aunque la mayoría de las cartas que recibí en respuesta a la edición original de este libro fueron positivas, la gran mayoría de las respuestas negativas se referían al diezmo. He aquí un ejemplo (conservando las mayúsculas del escritor):

> Queridísimo Maestro del Evangelio:
>
> He leído lo que ha dicho sobre el diezmo y he aquí mis comentarios: Añadir al evangelio de Cristo viene del diablo... y lo sabe. Todas las Bendiciones que recibo de nuestro DIOS PODEROSO son gratuitas. Recibidas por Fe; no pagando el 10 % a SATÁN, que DIOS LO REPRENDA.
>
> Deje de pervertir el evangelio de Cristo. Si quiere imitar a Abraham [que diezmaba], yo mismo lo circuncidaré con mucho gusto. Solo tiene que venir. También esperaré que lo imite en la ofrenda de sacrificios, el altar, el carnero, la sangre. Y no olvide a su primogénito, hipócrita.
>
> Lo aprecio y oro para que el Demonio se aparte de sus enseñanzas perversas. ¡ARREPENTÍOS PORQUE EL REINO DE LOS CIELOS ESTÁ CERCA!

Tras años de ministerio, mis instintos se han afinado lo suficiente como para suponer que la persona que escribió este correo electrónico estaba disgustada. Solo le agradezco que me asegure que me aprecia. ¡Piensa en lo que podría haber dicho la carta si no me apreciara! Aunque esta respuesta es extrema, solo difiere en grado, no en especie, de muchas otras. Me gustaría pensar que es solo porque la gente odia el legalismo, algo que yo también desprecio. Por desgracia, he llegado a la conclusión de que también se debe a que muchos cristianos están bajo la condena del Espíritu Santo por no dar.

«Debo pagar mis deudas antes que diezmar».

¿Por qué estoy endeudado en primer lugar? ¿Es Dios responsable de mis decisiones imprudentes o avaras que pueden haberme puesto ahí? E incluso si me he endeudado legítimamente, ¿no es mi primera deuda con Dios? ¿No es el diezmo una deuda con Dios, puesto que dice que le pertenece a Él y no a mí? Si obedecemos a Dios y saldamos nuestra deuda económica con Él, nos ayudará cuando intentemos pagar nuestras deudas con los demás. Pero no debo robar a Dios para pagar a los hombres.

«Si al final voy a diezmar, tendré que avanzar hacia ello lentamente».

A menudo me preguntan: «Si no he estado dando nada, ¿no entenderá Dios que me mueva hacia ello gradualmente, empezando con un 3 % o un 5 %?». ¿Y si te dijera que he tenido la mala costumbre de robar en minimercados, asaltando una docena al año? Pero luego te digo: «Este año, ¡solo voy a robar media docena!». ¿Es eso mejor? Bueno, sí. Pero ¿qué me aconsejarías que hiciera? La solución al robo a Dios no es empezar a robarle menos, sino dejar de robarle del todo.

«Es que no puedo permitirme diezmar».

Claro que puedo. Si diezmar es la voluntad de Dios y Él promete proveer a los que confían en Él y le obedecen, ¿no me permitirá arreglármelas con el 90 % en lugar del 100 %? De hecho, ¿no estoy mucho más seguro viviendo con menos dentro de la voluntad de Dios que viviendo con más fuera de ella?

He aquí una hipótesis interesante: Nadie se beneficia de un diezmo que se guarda. No podemos quedarnos con lo que pertenece a Dios. Si no se lo damos, se lo lleva el diablo o simplemente desaparece. Sea o no cierto, muchos cristianos dan testimonio de que viven igual de bien con el 90 % que con el 100 %. Muchos otros han dicho que sus problemas económicos empezaron realmente cuando retuvieron el diezmo, no cuando diezmaron. ¡Lo entendimos al revés!

Si el diezmo es la expectativa mínima de Dios, ¿puedo permitirme no diezmar? ¿Puedo permitirme robar a Dios, o siempre hay consecuencias? Por supuesto, hay una forma de reducir mi diezmo, y es reducir mis ingresos. Si mi diezmo me parece mucho dinero, ¡debo alabar a Dios! Eso demuestra lo abundantemente que ha provisto. Cuando la gente me dice: «No puedo permitirme diezmar», suelo preguntar: «Si tus ingresos se redujeran un 10 %,

¿te morirías?». Siempre admiten que no lo harían. De algún modo, se las arreglarían para salir adelante. Esa es la prueba de que realmente pueden diezmar. La verdad es simplemente que no *quieren* hacerlo. Un ateo podría arreglárselas si diera el 10 % de sus ingresos. Aunque no crea en Dios, la gente puede permitirse diezmar. ¿Cuánto más deberían poder los cristianos confiar en Dios y, por fe, dar un paso en obediencia y ver cómo Él provee?

Irónicamente, muchas personas «no pueden permitirse» dar precisamente porque no dan (Hag. 1:9-11; Mal. 3:9). Si crees que este principio se limita al Antiguo Testamento, considera las palabras de Cristo: «Den, y les será dado; medida buena, apretada, remecida y rebosante, vaciarán en sus regazos. Porque con la medida con que midan, se les volverá a medir» (Luc. 6:38).

Si pagamos primero nuestra deuda a Dios, obtendremos Su bendición para que nos ayude a pagar nuestras deudas a los hombres. Pero cuando robamos a Dios para pagar a los hombres, nos robamos a nosotros mismos la bendición de Dios y con ello cavamos un agujero más profundo. No es de extrañar que no tengamos suficiente. Es un círculo vicioso, y hace falta una fe obediente para salir de él.

> Piensa en las palabras de Cristo: «Den, y les será dado; medida buena, apretada, remecida y rebosante, vaciarán en sus regazos. Porque con la medida con que midan, se les volverá a medir» (LUC. 6:38).

Recibo muchos correos electrónicos de personas que dicen que no pueden diezmar. Les sugiero que se están robando a sí mismos la bendición porque están robando a Dios. Cuando le robamos, no podemos esperar que nos bendiga económicamente.

Me parece que la mayoría de la gente cree sinceramente que si ganara más dinero, empezaría a diezmar. Sin embargo, como demuestran las estadísticas antes citadas, cuanto más rico se hace alguien, menos probable es que diezme.

Otros creen que su pobreza los exime de diezmar. Sin embargo, según los estándares mundiales, la mayoría de estas personas se encuentra fácilmente entre el 3 % de los más ricos del mundo. (Utiliza la calculadora de ingresos de givingwhatwecan.org para comprobarlo). He estado con africanos pobres que ganan menos de cincuenta dólares al año para atender a sus familias numerosas, y no se les ocurriría dar menos de un diezmo.

¿Qué nos pasa a *nosotros*?

Dios no nos dice que hagamos algo sin darnos poder. El diezmo es una *proporción*, y además, pequeña. No es como si a todo el mundo se le asignara una cantidad fija, como 5000 dólares, para dar cada mes. Si nuestros ingresos son pequeños, nuestro diezmo es proporcionalmente pequeño. En algunos casos, los que dicen que «no pueden permitirse diezmar» viven en casas muy bonitas, salen a comer afuera con regularidad, tienen un barco en la entrada, tienen membresía en un gimnasio y pasan las vacaciones en centros turísticos caros. Le llevamos comida a un hombre de nuestra iglesia para alimentar a su familia, solo para descubrir que tenía un vehículo recreativo de 30 000 dólares en la entrada de su casa.

Cuando se trata de dar, necesitamos una gran revisión de la realidad.

Perfiles de cristianos que roban a Dios

La situación: Bill y Donna tienen poco más de treinta años. Bill tiene un trabajo estable, pero siempre les queda demasiado mes al final del dinero. Bill y Donna tienen la sincera intención de echar en la caja de las ofrendas lo que les sobre a final de mes. Pero entre los pagos de la casa, las facturas y meter un poco en los ahorros, nunca queda nada. Se sienten mal, pero ¿qué pueden hacer si se quedan sin dinero?

El problema: Bill y Donna no entienden las «primicias». Deben dar al Señor lo primero, no lo que sobra... o no sobra. No se dan cuenta de que el diezmo pertenece a Dios, y de que existe una palabra para referirse a tomar dinero que no les pertenece: *robar*.

La situación: Joan tiene veintidós años y acaba de terminar la universidad. Su trabajo de treinta horas semanales paga poco más que el salario mínimo. Gana 1200 dólares al mes. Los padres de Joan siguen proporcionándole alojamiento y comida, pero ella tiene que hacerse cargo de la matrícula, los libros y otros gastos.

«No me lo puedo permitir», dice Joan. «Ahora apenas si llego a fin de mes. Si diera el diezmo, serían 120 dólares al mes, y probablemente tendría que dejar la escuela. Me gustaría dar, pero no puedo».

El problema: Joan no solo está robando a Dios, sino que se está robando a sí misma la oportunidad de crecer en la fe. Ahora mismo, no cree la promesa de Dios en Malaquías 3 (confirmada en Mateo 6:33 y Lucas 6:38) de que Él cuidará de ella si pone a Dios en primer lugar, dándole lo que es de Él. Si Dios es capaz de ayudarla a salir adelante con 1200 dólares al mes, ¿no es capaz de ayudarla a salir adelante con 1080 al mes? El Dios de Joan no parece muy grande: ni siquiera puede compensar un déficit de 120 dólares.

La situación: Bob y Elaine tienen poco más de cincuenta años. Elaine dice: «Durante años, malgastamos nuestros ingresos en todo tipo de lujos. Ahora estamos a doce años de la jubilación y no tenemos nada ahorrado. Encima, aún tenemos dos hijos en la universidad».

«Nos gustaría dar a la iglesia —explica Bob—, pero las Escrituras dicen que primero tenemos que mantener a nuestra familia. Cuando nuestros hijos terminen la universidad y tengamos un nido de ahorros, empezaremos a dar».

El problema: Bob y Elaine se quedan con lo que pertenece a Dios para compensar su mala planificación y su falta de disciplina. Su primera deuda no es con la educación universitaria de sus hijos. Su primera deuda es con Dios. Si no fueran los gastos de matrícula, sería otra cosa. Como no tienen una norma para dar, siempre encontrarán razones para no dar.

La situación: A Phil y Pam les gusta regalar. Con su pequeño ayudante de Papá Noel (tarjeta de crédito) acaban de regalarse un reproductor de DVD y un televisor de pantalla grande. Los niños tienen un ordenador nuevo para mantenerse ocupados mientras sus padres disfrutan de los mejores restaurantes de la ciudad. Están cansados de su Chevy de tres años, así que acaban de comprarse un modelo nuevo.

«El año que viene llega un gran ascenso», dice Phil. «Entonces, empezaremos a dar. Ahora mismo el presupuesto es ajustado. No es que no demos nunca para la obra de Dios», añade Phil. «Cuando estuvimos en Hawái el mes pasado asistimos a un servicio religioso en la playa y puse veinte dólares en la ofrenda».

El problema: Phil y Pam están ciegos. Dicen que no les queda dinero para dar, ¡y hacen todo lo posible para asegurarse de ello! Digan lo que digan, su estilo de vida demuestra que los juguetes, los viajes y los coches son más importantes para ellos que Dios y los demás. Afirman que darán cuando ganen más, pero no lo harán. Si Phil y Pam han sido infieles con poco (más que con poco), lo serán con mucho. Sus gastos siempre aumentarán según sus ingresos. Ganar más dinero solo los hará más culpables de robar a Dios. Phil y Pam no comprenden que el diezmo pertenece a Dios, no a ellos, y que deben devolverle las primicias, no lo último que queda, o nada.

La situación: Don y Sue creen que no están bajo la ley, sino bajo la gracia, y que el diezmo se presta a un enfoque farisaico de «letra de la ley». Creen que la ley de Dios está escrita en nuestros corazones y que debemos dar libremente sin coacción. Están orgullosos de su creencia madura y liberadora en el «dar por gracia».

El problema: El año pasado, las «donaciones por gracia» de Don y Sue ascendieron a 30 dólares al mes, aproximadamente el 0,5 % de sus ingresos. Aunque alaban la gracia y deploran la ley, sus acciones sugieren que la gracia es una vigésima parte de eficaz que la ley. Si la gracia es tan ineficaz para motivar su pureza sexual como lo es para dar, no seguirán casados mucho tiempo. (El problema no es la gracia, por supuesto, sino su creencia de que la gracia significa que Dios ha rebajado Sus normas y no le importa cómo vivamos).

La situación: Ralph fue despedido hace tres meses y cobra 1500 dólares al mes por desempleo. Otros miembros de la iglesia le dan un promedio de

500 dólares al mes para complementar sus ingresos. Ralph dice «amén» a los sermones financieros y desearía estar en condiciones de dar él también. Ralph supone que, aunque Dios dice que el diezmo le pertenece, seguramente no se aplica a cosas como el seguro por desempleo, la seguridad social, las prestaciones, los regalos, las herencias u otras formas de ingresos «no salariales».

El problema: La Escritura no hace tal distinción entre las fuentes de ingresos. Si entra, es un ingreso. Dios no etiqueta el dinero «exento de diezmo». La fuente de la bendición material no es lo importante. Si recibo 500 dólares para ayudarme a pasar el mes, los primeros 50 pertenecen a Dios. ¿Por qué habría de importar de dónde proceden? Si es una provisión, procede del Proveedor.

La situación: «La mayordomía es mucho más que dinero», dice Gina. «No todos podemos dar, pero podemos enseñar en la escuela dominical, limpiar el edificio y abrir nuestras casas a los invitados. Yo considero que esa es mi forma de dar».

El problema: Gina cree, correctamente, que la mayordomía abarca algo más que el dinero, pero se equivoca al creer que alguna vez deja de incluir el dinero. Su argumento es tan erróneo como decir: «No puedo dar a la iglesia nada de mi tiempo ni de mis dones y talentos, así que en su lugar, daré mi dinero». Dios espera *todas* estas cosas, no solo algunas. Todos podemos y debemos dar, igual que todos podemos y debemos orar. Gina intenta justificar el robo a Dios «compensándolo» con cosas que debería hacer de todos modos.

La situación: «Estoy tan endeudado que no puedo dar ni un céntimo a la iglesia», dice Tony. «¿Qué se supone que debo hacer, dejar de pagar el coche? ¿Qué clase de testimonio sería? Además, sería una mala administración vender mi coche; tendría que asumir una pérdida de 3000 dólares. Dios no quiere que sea necio, ¿verdad?».

El problema: Tony ya ha sido estúpido. Al comprar su coche nuevo, se puso en situación de desobedecer el mandato divino de dar. Violó las Escrituras al gastar dinero que no tenía. Su avaricioso e insensato uso indebido del crédito es lo que lo ha puesto en este aprieto. Al parecer, Tony cree que Dios, Su iglesia y las personas necesitadas deben pagar por sus insensatas decisiones. ¿Por qué no asumir una pérdida de 3000 dólares para estar en condiciones de obedecer a Dios? ¿Hay algo más terrible que robar a tu Creador y Salvador?

Tony es otra persona que actúa como si el diezmo fuera suyo, no de Dios. La Escritura no dice que las «primicias» deban darse a aquellos para quienes serán el mejor testimonio, sino a Dios. Si Tony acaba teniendo un mal testimonio, se debe a sus decisiones insensatas, que solo se complican con una mayor desobediencia. Necesita pedir perdón y aprender de la situación para no volver a hacerlo. Pero no tiene sentido robar a Dios para tener un «mejor testimonio» ante los hombres.

La situación: Joe es un cristiano extrovertido, conocido como un hombre de fe. Se levanta en las reuniones de trabajo de la iglesia y dice que quiere que la iglesia construya, aumente los sueldos de los pastores y se amplíe a nuevos ministerios. Joe reta a la iglesia a estar a la altura de las circunstancias y lee pasajes de las Escrituras sobre caminar por la fe. Inspira a todo el mundo. A todos, es decir, excepto a Dios y al secretario financiero, que conocen la verdad: Si todos dieran como Joe, los pastores serían despedidos, los misioneros tendrían que abandonar el campo y la iglesia cerraría sus puertas.

El problema: Joe tiene una gran fe y visión cuando se trata de la obediencia de otras personas. Es con su propia obediencia con la que tiene problemas. No se pregunta: «Si todos dieran como yo, ¿dónde estaría esta iglesia?». Se apresura a comprometer el dinero de los demás, pero se aferra al suyo. Joe es un hipócrita. Dice una cosa y hace otra. Al hacerlo, acumula juicio para sí mismo. Tendrá que rendir cuentas a Dios, no solo por su falta de generosidad, sino también por sus palabras huecas.

La situación: Paula cree en dar, pero piensa que las Escrituras dicen que dar debe ser voluntario. Después de todo, «Dios ama al dador alegre». Sin embargo, Paula aún no ha llegado al punto de querer dar de verdad. «Dadas mis obligaciones económicas, ahora mismo no puedo dar alegremente», dice Paula. «Y si no puedes dar alegremente, no deberías dar nada».

El problema: Paula tiene razón en que Dios quiere que demos con alegría. Pero se equivoca al pensar que solo debe dar si así lo siente. El diezmo pertenece a Dios. No es de Paula para que lo retenga, independientemente de cómo se sienta al respecto. El punto de Paula sobre la alegría puede ser relevante para las ofrendas voluntarias (las que van más allá del diezmo), pero no para el diezmo en sí, ya que no le pertenece a ella en primer lugar. Tras volverse obediente, Paula quizá se vuelva más alegre en sus ofrendas. Pero sea como sea, debe seguir siendo obediente.

La situación: Dan es un estudiante de seminario que se dirige al ministerio. Él y su esposa, Karla, se han sacrificado para asistir al seminario. Sabiendo que Dios les manda dar para Su obra, creen que dando el diezmo para su propia matrícula están invirtiendo en el ministerio, aunque no den a su iglesia.

El problema: Dan y Karla no son Dios y no son la Iglesia. Darse a sí mismos no es dar a Dios ni a la Iglesia, independientemente de cómo se gaste el dinero. El pueblo de Israel llevaba los diezmos al almacén para que los líderes espiritualmente cualificados de Israel los distribuyeran, del mismo modo que los primeros cristianos ponían las ofrendas a los pies de los apóstoles. A los israelitas no se les dio la opción de «diezmarse a sí mismos»; eso es una contradicción en los términos. No es *su* diezmo, es el de Dios.

Si los dirigentes de la iglesia u otras personas deciden ayudar económicamente a Dan y Karla, eso depende de ellos y de Dios, no de Dan y Karla. Están robando a Dios, y es difícil imaginar que los bendiga mientras se abren paso por el seminario robando.

Este último perfil no se centra en la cantidad dada, sino en el destino de esta.

La situación: Jim es un empresario cristiano de éxito que quiere que sus dólares cuenten. «Creo firmemente en el diezmo», dice Jim. «Parte de mi diezmo va a una organización misionera, parte a un ministerio estudiantil, a una emisora de radio y a un ministerio de televisión. Creo en dar allí donde importa. Demasiado dinero de la iglesia se destina a salarios, edificios y mantenimiento. No quiero que mi dinero se destine a limpiar baños y cortar el césped. De todas formas, la iglesia no me impresiona demasiado. Los servicios están demasiado concurridos, el edificio necesita reparaciones y deberíamos dar más dinero a las misiones. ¿Por qué esta iglesia no se pone las pilas?».

El problema: Jim no comprende la centralidad de la iglesia local en el programa del reino de Dios. A Jim le molesta el deterioro de las instalaciones de la iglesia, y sin embargo, no quiere que su dinero se destine a los edificios. Le horrorizan los baños sucios, pero no quiere que su dinero se destine a limpiarlos. Quiere y espera que sus pastores satisfagan sus necesidades, pero no está dispuesto a pagar sus salarios. Quiere que la iglesia dé a las misiones, pero él no da a la iglesia. La iglesia se pondrá las pilas cuando la gente como Jim se ponga las pilas.

Empezar donde Dios empezó

Sin puntos de referencia, ¿por dónde empezar a dar? ¿Por qué no empezar donde Dios empezó con Israel? ¿Por qué no empezar con el diezmo? Yo veo el diezmo como los primeros pasos de un niño. Sus primeros pasos no son los últimos, ni tampoco los mejores, pero son un buen comienzo. El diezmo es el primer pasito en la mayordomía. Es la rueda de entrenamiento de la bicicleta del dar. No es un jonrón, pero te lleva a la base, que es mucho más lejos de lo que muchos cristianos llegan jamás.

Para quienes sigan creyendo que el diezmo no tiene ninguna importancia para los cristianos, permítanme sugerirles que calculen sus ingresos antes de impuestos procedentes de cualquier fuente —todos ellos, incluido el valor en dólares de las prestaciones que reciben— y luego los multipliquen por el 10 %. Si descubres que has estado dando regularmente más del 10 %, entonces tienes razón: no necesitas el diezmo, como tampoco necesitas ruedas de entrenamiento en una bicicleta. Sigue haciendo lo que estás haciendo y deja que Dios te mueva a dar libremente. Pero si tu ofrenda asciende al 7 %, al 5 % o al 3 %, eso demuestra que realmente necesitas el diezmo como ruedas de entrenamiento para subirte a la bicicleta de la ofrenda. Si temes el legalismo, bien, empieza por el 11 % o el 12 %. Elige tu propio porcentaje, pero no bajes de una norma que crees que fue superada por la gracia superior de Cristo.

Empieza con el diezmo. Eso demuestra que te lo tomas en serio. A medida que sigas diezmando, sentirás la aprobación de Dios. Experimentarás la libertad y la alegría de reconocer Su señorío sobre tu dinero y tus posesiones, y por tanto sobre toda tu vida.

«Veo que es correcto diezmar, pero no puedo empezar ahora mismo». Posponer la obediencia es desobedecer a Dios. Confía en Él para que te ayude a empezar esta aventura transformadora de dar, que tiene un impacto en la eternidad. El diezmo no es el fin del dar... pero puede ser un buen comienzo.

CAPÍTULO 13

Ofrendar: Corresponder a la gracia de Dios

El dinero nunca se queda conmigo. Me quemaría si lo hiciera. Me lo quito de las manos lo antes posible, para que no se introduzca en mi corazón.

JOHN WESLEY

La gracia y la gratitud van unidas como el cielo y la tierra. La gracia evoca la gratitud como la voz un eco. La gratitud sigue a la gracia como el trueno al relámpago.

KARL BARTH

La característica más llamativa de los primeros cristianos es que compartían todo lo que poseían, liquidando sus posesiones para dar a los necesitados (Hech. 2:44-45; 4:32-37). En un versículo se nos dice: «había abundante gracia sobre todos ellos», y en el siguiente: «No había, pues, ningún necesitado entre ellos». Compara esta descripción con la de los discípulos pendencieros de Cristo, que se disputaban la posición y no estaban dispuestos a lavarse los pies unos a otros (Mar. 9:33-34, 10:35-41; Luc. 9:46, 22:24; Juan 13:3-16). Dar radicalmente demuestra el poder de Dios que cambia vidas.

Se cometen dos errores comunes al evaluar la primera iglesia de Jerusalén. Uno es considerarla un modelo a seguir por todos los cristianos. El otro es rechazarla como irrelevante para nosotros hoy.

Los que ven la iglesia de Jerusalén como un modelo detallado no comprenden su contexto histórico único. Tal vez un millón de judíos habían hecho la peregrinación de Pascua a Jerusalén. La ciudad estaba a reventar. Muchos de los miles que venían a Cristo querían quedarse en Jerusalén para aprender todo lo posible antes de volver a casa. Otros probablemente no podrían regresar a sus hogares. Por seguir a Cristo, se habrían convertido en «víctimas del ostracismo social y económico, la excomunión eclesiástica y la desheredación nacional. En la mayoría de los casos, sus empresas comerciales se habrían derrumbado y los lazos familiares se habrían roto desgarradoramente».[1]

El resultado fue miles de personas sin hogar y sin trabajo. Se trataba de una situación de emergencia que exigía una acción inusual. No puede servir de modelo estricto para todas las comunidades cristianas, porque no todas las congregaciones se enfrentan a situaciones tan extremas. Sin embargo, la *actitud* de los primeros cristianos hacia el dinero y las posesiones es un modelo atemporal para todos los cristianos. Justino Mártir, líder de la Iglesia del siglo II, escribe: «Nosotros, que antes atesorábamos el dinero y las posesiones más que ninguna otra cosa, ahora entregamos todo lo que tenemos a un tesoro para todos y lo compartimos con todo el que lo necesita».[2]

Algunos grupos han seguido un modelo comunitario y les ha ido bien, mientras que a otros les ha resultado problemático. No me opongo a los intentos de imitar a la iglesia primitiva. Acaparar o retener nuestros recursos de los necesitados es siempre antibíblico. Pero la gracia de dar y compartir puede adoptar legítimamente otras formas que la de Hechos 2 y 4. Aunque la ofrenda sacrificial es parte integrante de todas las iglesias sanas, nunca más en el Nuevo Testamento la vemos manifestada de la misma forma que en Hechos 2–4.

Algunos han tomado estos textos como indicio de que la iglesia primitiva rechazaba la propiedad privada de los bienes. Por el contrario, la liquidación de las posesiones no tuvo lugar de golpe. Además, era estrictamente voluntaria. Pedro dijo a Ananías y Safira que su propiedad era suya hasta que la vendieran, y una vez vendida el dinero seguía siendo suyo para que lo utilizaran como quisieran (Hech. 5:3-5). Su pecado no consistió en no ponerlo todo a los pies de los apóstoles, sino en *alegar* que lo hacían cuando no era así, solo para impresionar a los demás.

La iglesia primitiva no se presenta como una utopía. Además de la situación con Ananías y Safira, los cristianos griegos y hebreos se peleaban por las desigualdades en la distribución de alimentos a los necesitados (Hech. 6:1).

La ayuda social de Hechos 6 no es una pauta específica para las iglesias, sino un reflejo de los continuos efectos de la emergencia en la incipiente iglesia. Sin embargo, demuestra la gran prioridad de ayudar a los necesitados y de tomar medidas organizativas para hacerlo con eficacia (Hech. 6:2-6). Sería un error ver Hechos 2–4 como un modelo socialista, pero un error aún mayor ignorar el ejemplo de la iglesia primitiva de dar abiertamente a los necesitados.

La relación entre el dinero y las posesiones

Dar implica dinero, pero mucho más. Podemos dar una comida, una casa, un vestido, una pala, una bicicleta, una máquina de coser o cualquier posesión. Puedo regalarle un auto a alguien. O puedo prestárselo libremente a otros, o utilizarlo para llevar a mi vecino anciano, o ir a comprar comida para un confinado. Se puede dar mucho aunque yo conserve la propiedad, siempre que me recuerde a mí mismo que Dios es el verdadero propietario, y que yo solo soy su administrador.

Conviene hacer dos advertencias. En primer lugar, podemos racionalizar fácilmente la posesión de cosas innecesarias alegando que las compartimos con los demás. Que la gente invite a menudo a otros a salir en su barco no significa necesariamente que poseer un barco sea el uso ministerial más estratégico del dinero. También debemos tener cuidado de que nuestra propiedad no implique posesividad. Si somos el tipo de personas a las que los demás temen pedir prestado porque saben que una abolladura, un arañazo o una rotura nos molestaría, no estamos teniendo mucho ministerio, por muy «dispuestos a compartir» que nos imaginemos que estamos.

Como estadounidenses, nos compramos habitualmente cosas que necesitamos muy pocas veces, en ocasiones, una vez en la vida. Tres personas que utilicen una motosierra dos veces al año probablemente tendrán cada una la suya propia. Alguien que necesite una camioneta una vez al mes durante tres horas podría comprar una con un gasto increíble. ¿Por qué debería un amigo, vecino o miembro de la iglesia comprar un alargador de cien metros para usarlo una vez al año cuando puede tomar prestado el mío? ¿Y por qué debería comprar o alquilar una podadora de setos cuando puedo tomar prestada la suya?

Algunas iglesias establecen listas de posesiones que los miembros ponen libremente a disposición de los demás. (¿Por qué no pedir prestado algo en vez de comprarlo, y luego dar a la iglesia lo que habrías gastado?). Compartir nuestros bienes con los demás no solo profundiza nuestras relaciones, cultiva amistades y conduce a la evangelización y la edificación, sino que también libera enormes cantidades de dinero que pueden invertirse en el reino de Dios. Además, nos ayuda a liberarnos de la posesividad.

¿Por qué no pides prestado algo en lugar de comprarlo y luego das a la iglesia lo que habrías gastado?

Me encantan los libros. Durante años, gasté mucho dinero en miles de libros estupendos. Algunos los presté, pero la mayoría se quedaron en mis estanterías. Sin embargo, me preocupaba cuando mis libros favoritos no se devolvían o volvían con mal aspecto.

En 1985, decidí sacar todos mis libros de mi despacho y ponerlos en la nueva biblioteca de nuestra iglesia. Esto ahorró mucho dinero a la iglesia y puso a disposición de los demás libros estupendos y con muy poco uso. Nunca olvidaré que, unos años más tarde, estaba en la biblioteca y miraba los nombres de los que habían sacado muchos de mis libros favoritos. A veces, había docenas de nombres por libro. Me di cuenta de que al soltar esos libros, había invertido en la vida de otras personas. De repente, cuanto más desgastado estaba el libro, ¡más alegre me sentía! Mi perspectiva cambió totalmente.

Aunque todavía me encantan los libros, mi apego emocional a poseerlos es menor que nunca. El cuerpo de Cristo salió ganando con este acuerdo, y yo también.

Pautas del Nuevo Testamento para dar

1. Da.

Los cristianos dan. No hay excepciones. No todos darán lo mismo, pero todos dan: «Que *cada uno* dé como propuso en su corazón» (2 Cor. 9:7, énfasis añadido). Es una triste estadística que cuatro de cada diez asistentes a la iglesia no den nada, y otros dos o tres de cada diez no den casi nada.

El acto de dar es un vívido recordatorio de que nuestra vida gira en torno a Dios, no a nosotros. Dice: «Yo no soy lo importante, lo importante es Dios. Él no existe para mí. Yo existo para Él». El dinero de Dios tiene una finalidad más elevada que mi opulencia. Dar es una entrega gozosa a una Persona mayor y a una agenda mayor. Dar afirma el señorío de Cristo. Me destrona a mí y lo ensalza a Él. Rompe las cadenas de Mamón que me esclavizarían y traslada mi centro de gravedad al cielo.

Mientras tenga algo, creo que me pertenece. Pero cuando lo entrego, renuncio al control, al poder y al prestigio que conlleva la riqueza. En el momento en que suelto, se enciende la luz. Se rompe el hechizo mágico. Mi mente se aclara y reconozco a Dios como propietario, a mí como siervo y a otras personas como beneficiarias de lo que Dios me ha confiado.

Dar no me despoja de mis derechos adquiridos, sino que los traslada de la tierra al cielo, del yo a Dios.

2. Da generosamente.

Cuando una mujer agradecida ungió a Jesús con un costoso ungüento, algunos observadores la reprendieron (Mar. 14:3-9). Jesús les dijo: «Déjenla; ¿por qué la molestan? Buena obra ha hecho para Mí» (Mar. 14:6). Algunas personas pueden considerar que dar generosamente es «fanático», pero Jesús lo llamaba «amor». De hecho, se sintió tan conmovido por la generosidad de la mujer que prometió: «dondequiera que el evangelio se predique en el mundo entero, también se hablará de lo que esta ha hecho, para memoria suya» (Mar. 14:9). Los más calculadores suelen dar menos. El amor lleva a dar con abundancia.

¿Cuánto sería una ofrenda generosa? No hay una respuesta única para todos. Cuando un amigo intentaba averiguar cuánto debía dar mensualmente, decidió dar al menos tanto como el pago de su casa. Me dijo: «Si no puedo permitirme dar eso, tampoco puedo permitirme vivir en una casa tan bonita».

Si nunca has diezmado, empieza por ahí, y luego comienza a estirar tu generosidad. Los primeros pasos más allá del diezmo pueden ser especialmente emocionantes, ya que damos a Dios Su derecho sobre el 90 % restante, que también le pertenece. Si damos el 10 %, ¿por qué no el 12 %? Si damos el 12 %, ¿por qué no el 15 %? Si es el 15 %, ¿por qué no el 20 %, el 30 %, el 50 %, el 90 % o más? Innumerables personas viven con la mitad o un tercio de lo que ganamos muchos de nosotros, y no me refiero a gente que vive en la pobreza. ¿Por qué no elegir vivir con un determinado nivel de ingresos y simplemente dar a Dios todo lo que supere ese nivel? Las veces que Nanci y yo hemos hecho esto, nunca nos arrepentimos.

3. *Da con regularidad.*

Mucha gente no da nada, pero la mayoría de los que dan lo hacen esporádicamente. Pueden dar dos meses seguidos, saltarse tres meses, dar uno, saltarse otros dos.

Algunas personas no dan cuando están de vacaciones. No dan si tienen gripe. Evidentemente, esa semana no están cuando pasan la ofrenda, pero nunca recuperan la ofrenda que se han saltado. Si estoy fuera de la ciudad cuando vence el pago de mi casa, puede que lo pague antes o incluso con unos días de retraso, pero lo pago. ¿Por qué iba a ser menos regular y disciplinado mi donativo a Dios? (¿Y por qué debería recibir una bonificación económica por faltar a la iglesia?).

Durante años, nuestra iglesia organizó un retiro de fin de semana al que asistían la mitad de nuestros adultos y dos tercios de nuestros donantes habituales. Optamos por no pasar una ofrenda en este retiro, creyendo que los dadores habituales simplemente compensarían la semana perdida dando la semana siguiente. Pero cada año descubríamos que solo se recuperaba una fracción de la cantidad perdida ese domingo. Solo porque la gente no pasaba por las cajas de las ofrendas, acababa quedándose con dinero que de otro modo habría dado.

Pablo quería que los corintios evitaran esta forma aleatoria de ofrendar: «Que el primer día de la semana, cada uno de ustedes aparte y guarde según haya prosperado, para que cuando yo vaya no se recojan entonces ofrendas» (1 Cor. 16:2). Cuando Pablo llegara para conseguir el dinero para los necesitados, no habría que hacer colectas de última hora entre personas que ya habían gastado lo que deberían haber dado. Dar sistemáticamente es fundamental para dar bíblicamente. Si das «las sobras» a Dios en lugar de las primicias, a menudo queda poco o nada que dar.

Debemos planificar nuestras ofrendas con antelación, no limitarnos a dar si estamos presentes o nos sentimos conmovidos durante el momento de ofrendar. ¿Te imaginas presentarte ante el Señor y explicarle por qué desobedeciste Su mandato de dar? «Señor, nunca encontraba un bolígrafo antes de que llegara el plato». Cuando faltamos a la iglesia, podemos enviar el cheque por correo o añadirlo a la ofrenda del domingo siguiente.

A menos que la gente dé sistemáticamente, rara vez da sustancialmente. Pueden dar unos cientos o unos miles de dólares un par de veces al año y considerarse grandes donantes. Pero las personas que dan sistemáticamente 70 dólares a la semana, o 300, o 500 dólares al mes son la verdadera columna vertebral de la iglesia. Acaban dando mucho más que los donantes de «monto global», que solo acuden a finales de diciembre para obtener la deducción impositiva. (Donar a final de año está bien, pero no como sustituto de las donaciones regulares).

Las personas que no dan de manera sistemática sobrestiman invariablemente cuánto dan. Un domingo por la mañana, cuando la secretaria de finanzas de nuestra iglesia estaba repartiendo recibos (para ahorrar gastos de envío), un hombre le dijo que debía de haber un error, porque el suyo no estaba. Aunque estaba seguro de que hacía solo unos meses que había dado, resultó que en realidad no había dado en todo el año.

Si te pagan semanalmente, debes dar semanalmente. Si te pagan mensualmente, entonces ofrenda mensualmente. Si eres un agricultor, un viverista o un vendedor que recibe ganancias inesperadas unas pocas veces al año y pocos ingresos o ninguno el resto, entonces debes dar con la misma regularidad con la que llegan tus ingresos. Si recibo una gratificación o un regalo, reservo mi ofrenda a Dios inmediatamente.

Si te pagan semanalmente, debes dar semanalmente. Si te pagan mensualmente, entonces ofrenda mensualmente.

Si tenemos ingresos semanales pero esperamos hasta final de mes para dar, o tenemos ingresos mensuales pero esperamos hasta fin de año, acabamos robando a Dios. Puede que tengamos toda la intención de devolvérselo, pero mientras tanto, estamos utilizando un dinero que es suyo, no nuestro. Eso es robar.

Cuanto más esperemos para dar, mayor será la probabilidad de que el dinero desaparezca. Lo utilizaremos para esta emergencia o aquella indulgencia. Lo bueno de dar inmediatamente después de recibir es que elimina la tentación de robar a Dios.

Si alguien me pidiera que le llevara de su parte veinte dólares a un amigo, no los pondría en mi billetera y los mezclaría con mi propio dinero. Lo apartaría, quizás poniéndolo en un sobre con su nombre. Así me aseguraría de que llegara donde tiene que llegar lo antes posible. ¿Por qué? Porque no quiero robarle a mi amigo. Y es aún más importante no robarle a Dios.

Las necesidades de la iglesia son necesidades mensuales. Debe planificarse un presupuesto sobre la base de los ingresos regulares. Los miembros de la iglesia deben preguntarse lo bien que podría funcionar la iglesia si todos dieran tanto o tan poco, y tan a menudo o tan de vez en cuando como lo hacen.

La mayordomía no es una consideración de una vez al año, sino un compromiso semana a semana, mes a mes, que requiere disciplina y constancia.

Cuando la iglesia de Corinto expresó su deseo de participar económicamente en un proyecto digno de ayuda, Pablo les dijo: «Ahora pues, acaben también de hacerlo; para que como hubo la buena voluntad para desearlo, así también la haya para llevarlo a cabo según lo que tengan» (2 Cor. 8:11).

Salvo que se produzca un giro económico extraordinario, una iglesia debe cumplir su presupuesto, suponiendo que este se haya elaborado en armonía con el nivel de donaciones de sus miembros. No deberíamos enviar misioneros y luego dejar de apoyarlos por falta de fondos. Mediante una ofrenda regular y sistemática, la iglesia debería asegurarse de acabar bien la obra de Dios.

4. *Da deliberadamente.*

Le pedí a una pareja mayor que escribiera lo que pensaba sobre dar. Esta fue su respuesta:

> El propósito de nuestra vida en cuanto a dar es el siguiente: Ayudar a cumplir la Gran Comisión donando el 50 % de nuestros ingresos anuales a las causas cristianas que tengan mayor influencia. Para ello, debemos maximizar nuestros ingresos, consultar con personas conocedoras del ministerio y seleccionar las mejores organizaciones a las que apoyar. Durante los últimos quince años, hemos donado un promedio del 33 %, y en los dos últimos años hemos pasado al 50 % de nuestros ingresos brutos.

Observa la claridad de su declaración. Refleja reflexión y determinación. Si prestamos esa atención a otros aspectos de nuestra vida, ¿por qué no a nuestras donaciones?

Algunos utilizan la reducción automática de la nómina o pagos mensuales predeterminados desde una cuenta bancaria. Esto tiene la ventaja de la comodidad y la coherencia para el donante, y la previsibilidad para el receptor. Aunque el donante «se olvide», el dinero va a su iglesia o a los misioneros. Esto podría dar lugar a más donaciones a lo largo del año. Desgraciadamente, esta estrategia también puede hacer que la donación pase a un segundo plano, de modo que deje de ser consciente y deliberada. Tanto si se trata de pagar el diezmo como de dar la ofrenda voluntaria, los hijos de Dios toman decisiones y las cumplen. Las ofrendas automatizadas pueden degenerar en una comodidad sin sentido, alejando a alguien de la alegría y el sacrificio de dar. Si firmo un cheque mensual o hago una ofrenda por Internet cada mes para una familia misionera, es probable que piense en ellos y ore por ellos, y que sienta que formo parte de su equipo. Si el banco lo envía en mi nombre, puede que no piense en ellos durante meses. (Por supuesto, si recibo cartas con regularidad y examino el extracto bancario, eso puede bastar para mantenerme activamente implicado en la vida de aquellos a quienes apoyo).

Personalmente, creo que deberíamos evitar dar de forma automática, sin pensar, orar ni adorar. Puede que le regale flores a mi esposa en su cumpleaños o en nuestro aniversario, pero no sería lo mismo para ella ni para mí si me inscribiera en un programa que le enviara automáticamente un regalo y flores cada año en ese día. Dar es mejor cuando es un esfuerzo consciente que se hace repetidamente. Poner dinero en un plato de ofrendas, o escribir un cheque y enviarlo por correo tiene su valor.

Cuando uno de los cónyuges hace el balance de la chequera, es importante que el otro participe en las donaciones. Algunas parejas se turnan para elaborar el cheque. Nanci y yo tomamos juntos la decisión de dar. Ella firma el cheque y yo lo pongo en la ofrenda. Ambos estamos implicados.

5. *Da voluntariamente.*

Cuando la comunidad de los santos contribuyó a la construcción del tabernáculo, alguna variación de las palabras «voluntariamente» y «movió» o «impulsó» se enfatizaron continuamente (Ex. 35:21, 26, 29; 36:3). «Todo aquel a quien impulsó su corazón» daba. Asimismo, para la ofrenda especial a los santos necesitados, Pablo dijo: «Que cada uno dé como propuso en su corazón, no de mala gana ni por obligación» (2 Cor. 9:7).

Basándose en estos pasajes, la gente me ha dicho que debemos dar al Señor solo si nos parece. Pero a los creyentes de Éxodo nunca se les dijo que toda ofrenda fuera voluntaria. No diezmaban si se sentían impulsados a hacerlo; diezmaban sin importar cómo se sintieran, porque era su deber. Sin embargo, nadie les ordenó que dieran para el tabernáculo. Dieron para esta digna necesidad puntual porque quisieron, porque sus corazones estaban movidos por Dios.

Cuando Pablo dice que un hombre no debe dar por obligación, no está hablando de las operaciones y ministerios normales de la iglesia semana a semana, a los cuales cada miembro debe contribuir. Se refiere a una ofrenda especial única (para las necesidades de los santos pobres de Jerusalén). Como se trataba de algo que iba más allá de las necesidades habituales de su iglesia local, exigía una contribución más allá de sus ofrendas habituales. No se les pedía que dieran a la iglesia de Jerusalén en vez de a la suya, sino además de la suya.

Cuando las iglesias hacen ofrendas especiales y las ofrendas generales disminuyen drásticamente, no se trata de una ofrenda especial, sino simplemente de que la gente destina su ofrenda a un lugar distinto. ¿Está diciendo Pablo que un creyente nunca debe sentirse obligado a dar para las necesidades de su iglesia, para los pobres o para las misiones mundiales? ¿Insinúa acaso que si somos reacios a desprendernos de nuestro dinero, no debemos hacerlo? ¡No!

¿Compartimos nuestra fe solo cuando nos sentimos impulsados a hacerlo, leemos la Biblia solo cuando nos place, amamos a nuestro cónyuge solo cuando sentimos la inspiración de hacerlo? Por supuesto que no. El principio no es «da voluntariamente o no des nada», sino «según se mueva tu corazón, da voluntariamente por encima de tu ofrenda habitual».

Como muchos cristianos de hoy, el rico insensato vivía según el principio: «Da solo cuando te parezca». Lo que ocurre es que, como sucede con cuatro de cada diez fieles estadounidenses, nunca le apetecía. Por el contrario, los creyentes macedonios «[suplicaban] con muchos ruegos el privilegio de participar en el sostenimiento de los santos» (2 Cor. 8:4). Cuando captemos una visión de la gracia de Dios, daremos *más allá* de nuestro deber.

6. *Da con sacrificio.*

Al describir a los cristianos macedonios, Pablo escribe: «Pues en medio de una gran prueba de aflicción, abundó su gozo, y su profunda pobreza sobreabundó en la riqueza de su liberalidad. Porque yo testifico que según sus posibilidades, y aun más allá de sus posibilidades, dieron de su propia voluntad» (2 Cor. 8:2-3). ¿Cómo encajan «gran prueba de aflicción», «abundó su gozo», «profunda pobreza» y «riqueza de su liberalidad» en un mismo versículo? Entre otras cosas, vemos aquí que dar no es un lujo de ricos. Es un privilegio de los pobres.

Hay tres niveles de dar: menos que nuestra capacidad, según nuestra capacidad y más allá de nuestra capacidad. Es justo decir que el 96 % de los cristianos del mundo occidental dan menos de lo que pueden. Quizá otro 3 % o más da según su capacidad, y menos del 1 % da más allá de su capacidad.

> Hay tres niveles de dar: menos que nuestra capacidad, según nuestra capacidad y más allá de nuestra capacidad.

¿Qué significa dar por encima de nuestras posibilidades? Significa llevar nuestra donación más allá del punto en el que las cifras cuadran. Significa dar cuando el balance final dice que no debemos hacerlo. Significa dar no solo los lujos, sino también algunas de las necesidades. Significa vivir con la fe de la viuda pobre. Para la mayoría de nosotros, dar según nuestras posibilidades implicaría un esfuerzo. Dar por encima de nuestras posibilidades nos llevaría al punto de quiebre. Pero no nos quebrará, porque sabemos que Dios es fiel.

Dar con sacrificio también significa dar lo mejor. Si tenemos dos mantas y alguien necesita una de ellas, dar con sacrificio implica dar la mejor. Lamentablemente, gran parte de nuestro «dar» no es más que desechar. Donar artículos de segunda mano a los mercadillos de la iglesia y a las organizaciones de beneficencia es, sin duda, mejor que tirarlos. Pero regalar algo que no queríamos en primer lugar no es regalar; es deshacerse selectivamente de ello. A menudo, se hace porque queremos una versión más nueva o mejor.

El rey David dijo: «no ofreceré al Señor mi Dios holocausto que no me cueste nada» (2 Sam. 24:24). Dar con sacrificio es desprenderse de lo que preferiríamos conservar. Es conservar lo viejo y dar lo nuevo o dar ambas cosas. La entrega de los primeros cristianos era espontánea, libre y no calculada.

Dar con sacrificio parece poco razonable. En realidad, sin embargo, es perfectamente razonable. Da gloria a Dios, satisface las necesidades de los demás y nos asegura recompensas eternas. Y todo ello mientras Dios se ocupa de nuestras necesidades inmediatas.

Dar con sacrificio no tiene sentido desde el punto de vista humano. Pero debemos pensar como Cristo, no como el mundo.

Un hombre soltero de nuestra iglesia vino a Cristo a los veinte años, leyó las Escrituras y se entusiasmó tanto que decidió vender su casa y dar todo el dinero a Dios. Pero cuando compartió este plan con creyentes mayores de su grupo de estudio bíblico, ocurrió algo trágico: lo convencieron para que no lo hiciera.

Si alguna vez nos sentimos inclinados a convencer a un joven creyente, incluso a nuestro propio hijo, para que no dé, debemos contenernos. No apaguemos el Espíritu de Dios ni robemos a nuestros seres queridos la alegría presente y las recompensas futuras de dar. En cambio, observemos y aprendamos. Después, pongamos los bienes de Dios sobre la mesa y preguntémosle cuáles quiere que regalemos.

No nos gusta la fe arriesgada. Nos gusta tener nuestra red de seguridad debajo, un plan B por si Dios falla. Nuestro instinto de autoconservación nos lleva a cubrir nuestras bases. Si es que damos algo, daremos todo lo que podamos sin sentir realmente una carencia, y nada más. Si eliminamos los riesgos grandes, también perdemos los grandes beneficios. Nos perdemos la aventura de ver cómo Dios provee cuando realmente nos hemos esforzado en dar.

Un discípulo no pregunta: «¿Cuánto puedo conservar?», sino: «¿Cuánto más puedo dar?». Siempre que empecemos a sentirnos cómodos con nuestro nivel de dar, es hora de elevarlo de nuevo.

7. Da con excelencia.

Pablo dice: «procuren también sobresalir en esta gracia de dar» (2 Cor. 8:7, NVI). Al igual que tocar el piano, dar es una habilidad. Con la práctica, mejoramos. Podemos aprender a dar más, más a menudo y de forma más estratégica. Enseñamos a buscar la excelencia en nuestras vocaciones. ¿Por qué no hacer del dar algo que estudiamos, discutimos y perfeccionamos, esforzándonos por alcanzar la excelencia? Tenemos estudios bíblicos sobre todo lo demás. ¿Por qué no sobre dar?[3]

Pablo no se dirige solo a los individuos. La iglesia debe trabajar unida corporativamente para sobresalir en la ofrenda. Cada vez es más frecuente que los cristianos se hagan preguntas difíciles: «¿Cómo te va en tu matrimonio?». «¿Cuánto tiempo has pasado en la Palabra?». «¿Cómo está tu pureza sexual?». «¿Has compartido tu fe?». Pero ¿con qué frecuencia preguntamos: «¿Has estado robando a Dios?» o «¿Estás ganando la batalla contra el materialismo?» o «¿Cuánto estás dando al Señor?».

Cuando se trata de dar, las iglesias aplican una política de «no preguntes, no digas». Nos falta comunicación, responsabilidad y modelos. Es como si tuviéramos un acuerdo tácito —Yo no hablaré de ello si tú no lo haces»— para poder seguir viviendo como estamos. Pregunta a los jóvenes de tu iglesia si pueden señalar ejemplos de guerreros de la oración en la congregación, personas que tengan mucho que enseñar sobre ese tema. La mayoría puede dar nombres. Ahora pídeles que señalen a los guerreros del dar, personas que tienen mucho que enseñar sobre ese tema. Que el término *guerrero del dar* suene tan extraño lo dice todo, ¿verdad?

Piénsalo: ¿cómo aprenden a dar los jóvenes cristianos de nuestras iglesias? ¿Adónde pueden ir para ver cómo es dar en la vida de un creyente cautivado por Cristo? ¿Por qué nos sorprendemos cuando, al no ver otro ejemplo, imitan a una sociedad materialista? Las estadísticas indican claramente que los jóvenes adultos de la iglesia dan un porcentaje mucho menor de sus ingresos. Parte de la razón es que los cristianos mayores no han sabido transmitir una visión de la generosidad al ofrendar. «Consideremos cómo estimularnos unos a otros al amor y a las buenas obras» (Heb. 10:24). ¿No deberíamos preguntarnos: «¿Cómo podemos estimularnos mutuamente a dar? ¿Cómo podemos ayudarnos mutuamente a sobresalir dando?».

Una forma en que los líderes de la iglesia pueden inspirar a dar es comprometiendo a la iglesia a dar un porcentaje mayor de sus propios ingresos. ¿Se destina el 15 % de los ingresos de la iglesia a misiones? Súbanlo al 25 % el año que viene y más el siguiente. ¿Se destina el 5 % a ayudar a los pobres? Súbanlo al 15 %. Por la misma razón por la que las iglesias que quieren disuadir a su gente de contraer deudas no deberían contraer deudas, las iglesias que quieren animar a dar deberían dar. Dar no debe ser solo algo de lo que hablen las iglesias, sino algo que hagan.

Cuando Pablo dijo que debían «sobresalir» en la gracia de dar, se refería a dar especialmente a los creyentes que sufrían el hambre en Jerusalén. Los pastores no deben limitar la instrucción sobre dar a los momentos en que recaudan fondos para proyectos de construcción. ¿Por qué no predicar sobre la ofrenda durante cuatro semanas, y luego seguir no con una ofrenda que beneficie a la iglesia, sino con una ofrenda misionera que beneficie a otros? Si queremos que la gente se esfuerce en dar, la mejor manera de hacerlo es que la iglesia se esfuerce en dar.

8. Dar con alegría.

«Dios ama al que da con alegría» (2 Cor. 9:7). Dios se deleita en el creyente que se deleita en dar. Viendo que el templo necesitaba reparaciones, Joás puso un cofre ante su puerta. «Todos los oficiales y todo el pueblo se regocijaron y trajeron sus contribuciones y las echaron en el cofre hasta llenarlo» (2 Crón. 24:10). Cada vez que se llenaba el cofre, lo vaciaban, lo devolvían y pronto volvía a llenarse. La palabra clave es «regocijaron». El pueblo de Dios, cuando ve una causa digna, da con regocijo.

Hay muchas razones para alegrarse al dar. Una es saber que estamos invirtiendo en la eternidad y que un día, en el reino celestial, veremos los resultados tangibles de nuestra generosidad. Hay un drama continuo de petición humana y respuesta divina en el que Dios, el Director, nos ofrece la parte del dador. Así como la marea sube y baja, una parte del cuerpo de Cristo canaliza sus recursos hacia otra parte más necesitada, y luego recibe esos recursos de vuelta de otras formas y en otros momentos. «En el momento actual la abundancia de ustedes suple la necesidad de ellos, para que también la abundancia de ellos supla la necesidad de ustedes» (2 Cor. 8:14).

El dador siente que forma parte de una gran comunidad de fe, que se extiende más allá de este mundo hasta las huestes angélicas y la «gran nube de testigos» del cielo.

Ray Berryman, director general de Berryman & Henigar, me dijo: «Mientras sigamos trabajando, queremos dar el 50 % o más de nuestros ingresos, y antes de morir, con la excepción de los objetos personales que vayan a nuestros hijos, queremos dar todo lo que tenemos a la obra de Dios. Mi alegría al dar proviene de servir a Dios de una forma a la que sé que me ha llamado, y también de darme cuenta de que lo que doy repercute en la gente para Cristo. Es emocionante saber que formamos parte de la evangelización, el discipulado, la ayuda y la alimentación de los necesitados. Es maravilloso y gratificante».

Fíjate que Ray da más por alegría que por obligación. Según mi experiencia, no hay nada más estimulante que unirse a hermanos y hermanas para extender la gracia de Dios (dando) a través de nuestra gracia (dando) a los demás. Desde el día en que vine a Cristo como estudiante de secundaria, dar ha sido una parte integral de mi camino con Dios. Leí *Torturado por la causa de Cristo*, *El contrabandista de Dios*, *El libro de los mártires* de Foxe y muchos otros libros que me dieron la visión de dar para ayudar a los necesitados y llegar a los perdidos. Muchas de las mayores alegrías de mi vida, y algunos de los momentos de mayor intimidad con mi Señor, han llegado al dar. Hubo días en los que he perdido el foco; entonces surge una necesidad y Dios me lleva a dar. De repente, me siento lleno de energía, propósito y alegría.

Jesús dijo: «Más bienaventurado es dar que recibir» (Hech. 20:35). ¿Por qué? Tal vez porque cuando damos, eso no bendice solo a una persona, sino a tres: a nosotros, al receptor y a Dios. No debemos contentarnos con la primera bendición (que fácilmente se convierte en maldición) que nos corresponde cuando gastamos dinero en nosotros mismos. Existe la segunda bendición de que otros lo reciban, y la tercera bendición de que Dios se complazca en ello. Irónicamente, la bendición que recibimos cuando damos es siempre mayor que si nos lo hubiéramos quedado. Por tanto, al no dar, no solo robamos bendiciones a Dios y a los demás, sino que nos las robamos a nosotros mismos. ¿Cuántas bendiciones nos hemos robado en el último año por no haber dado como hubiéramos podido? No podemos conocer la respuesta, pero podemos dar de forma que no nos perdamos ahora la bendición de Dios.

¿Cuántas bendiciones nos hemos robado en el último año por no haber dado como hubiéramos podido?

Tom Conway, del Consejo Asesor de Donaciones Generosas, escribe: «Me produce una gran satisfacción invertir en el reino de Dios. Allí es donde viviré para siempre y quiero ayudar al mayor número posible de personas a llegar allí. He hecho otras inversiones financieras, algunas buenas y otras no tanto, pero nunca puedes equivocarte invirtiendo con Dios. Poder compartir nuestros recursos de forma que produzcan dividendos eternos para el reino es pura alegría. El gozo proviene de participar con Dios en la construcción de Su reino, sabiendo que durará para siempre».

Hal Thomas, director general de Corban Communications, me habló de las bendiciones que dar trajo a su vida:

> Mi matrimonio es más fuerte porque no se basa en cosas de este mundo. Mis relaciones son más fuertes porque no se basan en cosas. Mi camino con Dios es más real porque hemos visto cómo nos utiliza para suplir lo que otros necesitan. Nada en este mundo puede satisfacer más nuestro deseo que el hecho de que Dios te utilice para construir una iglesia en una pequeña aldea, llevar comida a un orfanato o llevar un médico a un enfermo. He visto cómo ocurrían todas estas cosas. He visto a Dios obrando a través de mí.
>
> Dar me proporciona un sentido de propósito en el reino de Dios. Por toda mi oficina y mi casa, hay pequeñas chucherías que he recogido durante mis viajes misioneros por todo el mundo. Hoy, y más de cuarenta viajes después de que me convertí al cristianismo, tengo recordatorios de las personas y los lugares de los que Dios me ha permitido participar en Su obra. Cada uno de estos recordatorios, tallas de madera, fotografías, etc., me ayuda a orar por las personas que he conocido a lo largo del camino. Mi camino es un sendero de compartir, construir y proveer a aquellos que Dios elige para

que los ayude. Él nos ha dado una empresa que genera recursos precisamente para ese fin. Saber que estoy justo en medio del plan de Dios para mi vida es el aspecto más emocionante de estar vivo que puedo imaginar.

¿Nos falta alegría? Es una de las grandes bendiciones de dar. Dar es parecerse a nuestro Padre. No es solo la forma que tiene Dios de recaudar dinero: es Su forma de educar hijos.

Alguien me dijo: «Dios dice que no des si no puedes dar alegremente. Yo no puedo dar alegremente, así que no doy». Dios quiere que seamos alegres, sí, pero también quiere que seamos obedientes. El camino hacia la alegría no consiste en abstenerse de dar, sino en dar incluso cuando no tenemos ganas. Si no estamos alegres, el problema es nuestro corazón, y la solución consiste en reorientar nuestro corazón, no en abstenernos de dar. Nuestro corazón sigue a nuestros tesoros (Mat. 6:21). Pon tus tesoros en el reino de Dios, y con el tiempo, tendrás un corazón alegre. Dios también ama al dador *obediente*.

9. Da con devoción.

Se describe a Cornelio como «piadoso y temeroso de Dios», alguien que «daba muchas limosnas». Cuando se le apareció un ángel de Dios, le dijo a Cornelio: «Tus oraciones y limosnas han ascendido como memorial delante de Dios» (Hech. 10:1-4). Cornelio adoraba a Dios dando. Por eso, Dios lo consideraba con especial cariño.

Cuando Pablo describe la entrega sacrificada de los santos macedonios, escribe: «Y esto no como lo habíamos esperado, sino que primeramente se dieron a sí mismos al Señor, y luego a nosotros por la voluntad de Dios» (2 Cor. 8:5). Dar debe dirigirse a Dios antes que a nadie.

Desafiando a los corintios a dar como los macedonios, Pablo señala la base de toda ofrenda cristiana: «Porque conocen la gracia de nuestro Señor Jesucristo, que siendo rico, sin embargo por amor a ustedes se hizo pobre, para que por medio de Su pobreza ustedes llegaran a ser ricos» (2 Cor. 8:9). El clímax de dos poderosos capítulos sobre dar no es «Gracias por tu filantropía», sino «¡Gracias a Dios por Su don inefable!» (2 Cor. 9:15).

Dar es una respuesta del corazón provocada por la gracia de Dios. Damos porque Dios nos dio primero. Karl Barth lo expresó maravillosamente: «La gracia y la gratitud van unidas como el cielo y la tierra. La gracia evoca la gratitud como la voz un eco. La gratitud sigue a la gracia como el trueno al relámpago».[4]

Nuestro dar es una respuesta reflexiva a la gracia de Dios. No surge de nuestro altruismo, sino de la obra transformadora de Cristo en nosotros. Dar es un mayor acto de adoración no cuando es una cuestión puramente individual, como responder a un correo o a una petición en televisión, sino cuando tiene lugar en la reunión de los santos para el culto. Jesús dijo que si estamos ofreciendo una ofrenda en el altar y recordamos que hemos ofendido a nuestro hermano, debemos ir y reconciliarnos antes de completar nuestra adoración mediante la ofrenda (Mat. 5:23-24). La ofrenda cristiana no es solo individual, sino colectiva. Sus implicaciones relacionales son tanto verticales como horizontales.

Dar es adoración, tanto como orar o cantar un himno. Mi propia iglesia tiene una caja de ofrendas y solo pasa el plato en ocasiones especiales, pero las iglesias no tienen por qué disculparse por hacer de la ofrenda una parte del culto. Aunque prescindir de pasar el plato evita parte de la intrusión de la conciencia del dinero o el peligro de la ostentación, también existe el peligro de disociar la ofrenda del culto corporativo.

Si dar como acto de adoración es uno de los mejores motivos, hay muchos candidatos a los peores. Uno de ellos es dar para obtener una deducción fiscal. ¿Cómo afectaría a las donaciones que las iglesias y las organizaciones cristianas perdieran su exención fiscal? Puede que lo averigüemos, porque Estados Unidos es uno de los pocos países del mundo que concede esto en primer lugar, e incluso aquí se está cuestionando. Por supuesto, mientras tengamos la oportunidad de estirar más nuestros dólares de donaciones, es prudente aprovecharlo. Pero nunca debemos convertir un acto de adoración sincero en una mera estrategia para reducir nuestra carga fiscal.

10. Da proporcionalmente.

Cuando hubo una hambruna inminente, «los discípulos, conforme a lo que cada uno tenía, determinaron enviar una ayuda a los hermanos que habitaban en Judea» (Hech. 11:29). Dios dice que, a la hora de dar, «cada uno de ustedes aparte y guarde según haya prosperado» (1 Cor. 16:2).

El diezmo del Antiguo Testamento era proporcional, no fijo. Si alguien ganaba quinientas piezas de oro, diezmaba cincuenta. Pero si solo ganaba veinte, tenia que diezmar dos. El diezmo era proporcional a los ingresos.

Pero dar proporcionalmente no es dar por igual. Es un sacrificio mucho mayor para alguien que gana 10 000 dólares al año dar 1000 que para alguien que gana 80 000 dar 8000. Aunque es cierto que la segunda persona está dando ocho veces más que la otra, también le queda ocho veces más para vivir.

Nos resulta fácil describir a alguien como un dador generoso basándonos únicamente en la cantidad dada, pero la verdadera generosidad viene de cuánto da una persona de lo que tiene. Un asesor financiero me escribió diciendo: «He trabajado con parejas ricas que ganan un millón de dólares al año, con un patrimonio neto de diez millones de dólares, pero dan 15 000 dólares al año y se sienten muy generosas». Algunas personas pensarían que cualquiera que diera 15 000 dólares al año *sin duda* es generoso. Pero no necesariamente. Todo depende de lo que queda.

Al ver que los ricos echaban grandes cantidades en el tesoro del templo y la viuda echaba dos moneditas de cobre, Jesús llamó a Sus discípulos y les dijo: «En verdad les digo, que esta viuda pobre echó más que todos los contribuyentes al tesoro; porque todos ellos echaron de lo que les sobra, pero ella, de su pobreza, echó todo lo que poseía, todo lo que tenía para vivir» (Mar. 12:43-44).

La misma lógica que consideraría automáticamente igual de generoso un donativo de 20 000 o 200 000 dólares (perspectiva que prevalece entre las iglesias y los ministerios) tendría que concluir, sobre la misma base, que la viuda pobre no fue generosa porque solo dio dos monedas.

Dios no solo se fija en lo que damos, sino también en lo que guardamos. Cuanto menos nos queda, más hemos dado. Considera lo apropiado de un porcentaje de ofrenda gradual que vaya subiendo a medida que aumentan los ingresos. Supongamos que una familia gana 40 000 dólares anuales y da el 20 %. Su ofrenda ascendería a 8000 dólares, lo cual les dejaría 32 000 dólares para mantener su estilo de vida. Supongamos que, unos años más tarde, sus ingresos aumentan a 80 000 dólares. Sin tener en cuenta el costo de vida ni el aumento de los impuestos (recordemos que, en Estados Unidos, donar al menos hasta el 50 % de los ingresos anula la responsabilidad fiscal), podrían mantener su nivel de vida con 32 000 dólares, lo que les permitiría donar 48 000. Ahora, en lugar de dar el 20 %, darían el 60 %, pero su estilo de vida se mantendría constante. En otras palabras, podrían aumentar drásticamente sus donaciones sin aumentar su sacrificio real. Cuando nuestras hijas terminaron la universidad y se casaron, Nanci y yo pudimos dar más sin que ello afectara nuestro nivel de vida. Nuestra proporción y cantidad de ofrendas aumentaron, pero nuestro sacrificio no.

Dios no solo se fija en lo que damos, sino también en lo que guardamos.

Una persona puede dar veinticinco dólares en un acto de gran sacrificio, mientras que otra puede dar un millón de dólares y no sacrificarse en absoluto. Si alguien gana diez millones de dólares al año, regala nueve millones y gasta «solo» el otro millón en sí mismo, puede que nos impresionemos, y puede que sea una inversión eterna relativamente sabia, pero ¿es realmente sacrificado a los ojos de Dios? Esta es una de las razones por las que es malsano y engañoso alabar públicamente a los grandes donantes en la comunidad cristiana. A menudo, su sacrificio es mucho menor que el de aquellos cuyos nombres nunca se conocerán.

Un estudio demostró que los hogares estadounidenses con ingresos inferiores a 10 000 dólares donaban el 5,5 % de sus ingresos a organizaciones benéficas, mientras que los que ganaban más de 100 000 dólares donaban el 2,9 %.[5] Esta disparidad demuestra que el verdadero sacrificio en las donaciones suele disminuir, no aumentar, a medida que la gente gana más dinero.

A. W. Tozer dijo que Dios no pesa el tamaño de nuestro regalo, sino la importancia de ese tamaño en proporción a nuestro potencial de dar. En *Ese increíble cristiano*, escribe:

> Ante el tribunal de Cristo, mi servicio será juzgado no por lo mucho que he hecho, sino por lo mucho que podría haber hecho. A los ojos de Dios, mi donación no se mide por lo que he dado, sino por lo que podría haber dado y lo que me quedó después de hacer mi donación.[6]

Los creyentes, a medida que perciben la dirección de Dios, pueden aumentar la proporción de sus donativos a medida que Dios los bendice económicamente o aprenden a confiar más en Él. De ahí que, a lo largo de los años, muchos creyentes den un porcentaje cada vez mayor al Señor. Nanci y yo vivimos cómodamente, y sabemos que no necesitamos más de cierta cantidad para vivir. Lo que entra más allá de eso va al reino de Dios.

11. *Da en silencio.*

Jesús dice: «Cuídense de no practicar su justicia delante de los hombres para ser vistos por ellos; de otra manera no tendrán recompensa de su Padre que está en los cielos» (Mat. 6:1). Las ilustraciones que siguen incluyen la oración y el ayuno, pero empiezan por dar. Cuando des a los necesitados, dice, no lo anuncies, como hacen los hipócritas, que quieren ser honrados por los hombres. En cambio, da en silencio, sin decírselo a nadie, «para que tu limosna sea en secreto; y tu Padre, que ve en lo secreto, te recompensará» (Mat. 6:4).

Leí sobre una cena neoyorquina de recaudación de fondos en la que la gente se levantó para identificarse y hacer promesas a una causa benéfica. Un hombre se levantó, dio su nombre, el de su mujer, el nombre de su negocio, su ubicación y el tipo de mercancía que vendía, y luego anunció a viva voz: «Queremos dar 5000 dólares de forma anónima».[7]

La ostentación al dar siempre es inapropiada. Pero a veces nuestros actos de justicia *serán* vistos por los hombres e incluso *deberían* serlo. El mundo sabrá que somos cristianos por nuestro amor mutuo (Juan 13:35), pero nuestros actos de amor deben ser visibles, como lo fueron cuando los primeros cristianos vendieron sus propiedades y regalaron lo recaudado para satisfacer las necesidades de los demás. Antes, en el mismo sermón en el que dice que no debemos dar para ser vistos por los hombres, Cristo nos ordena: «Así brille la luz de ustedes delante de los hombres, para que vean sus buenas acciones y glorifiquen a su Padre que está en los cielos» (Mat. 5:16).

¿Cómo podemos conciliar estos mandatos? Lo hacemos al darnos cuenta de que lo que quiere decir Cristo se refiere a nuestras motivaciones: No hagas una obra justa para impresionar a la gente. Pero cuando hagas una obra buena, aprovecha esa oportunidad para alabar a Dios. A lo que Jesús se opone no es a que los hombres sepan que damos, sino a que demos para impresionar a los hombres en vez de para agradar a Dios.

El mismo principio se aplica a la oración. Jesús nos dice que oremos en secreto, y Dios nos recompensará por ello (Mat. 6:6). Sin embargo, reunirse para orar en grupo es ciertamente importante (Mat. 18:19-20). Dios quiere que oremos en secreto a veces, pero no otras. También quiere que demos en secreto unas veces, pero otras no. Todo depende de las motivaciones de nuestro corazón.

Muchas organizaciones e iglesias cristianas ponen los nombres de los contribuyentes en placas, ladrillos, bancos y piedras angulares. Publican listas de donantes y ponen el nombre de sus patrocinadores a escuelas y edificios. Esto seguramente fomenta lo mismo que condenó Jesús. Es difícil comprender cómo podemos leer este pasaje y seguir con estas prácticas. ¿En qué estamos pensando? Al conceder la recompensa del reconocimiento humano, privamos a los donantes de la única recompensa que contaría para la eternidad: la de Dios. (Esta práctica se estudiará más a fondo en el capítulo 15).

Los estudios demuestran que la gente da más cuando obtiene reconocimiento público... pero en la iglesia, ¿es eso lo correcto? Hace unos años, durante un proyecto de construcción, los ancianos de nuestra iglesia estaban considerando la posibilidad de ofrecer poner los nombres de los donantes en ladrillos individuales. Uno de los ancianos dijo: «Si lo hacemos, espero que a esas personas les encanten los ladrillos, porque si esa es la razón por la cual dan, es la única recompensa que van a obtener». Al final, decidimos no hacerlo, porque pensamos que tentaría a la gente a dar por motivos equivocados y, por tanto, eliminaría la bendición de Dios de aquel proyecto de construcción.

Los estudios demuestran que la gente da más cuando obtiene reconocimiento público... pero en la iglesia, ¿es eso lo correcto?

En algunos círculos, «dar» no es más que el precio de admisión para el estatus social. Los negocios de muchas personas han prosperado más que el valor de sus donaciones gracias a la publicidad que estas generan. Si esta es su motivación, su «ofrenda» no es más que un gasto empresarial.

Siempre me hacen gracia las empresas que compran tiempo de emisión en televisión por 300 000 dólares para hacer un gran alarde de dar 20 000 dólares a niños necesitados. ¿Por qué no dan 320 000 dólares para ayudar a los niños y no se lo dicen a nadie? Lo que hacen no es dar, sino autopromocionarse para obtener beneficios económicos.

Algunos utilizan las donaciones para comprar reconocimiento, mientras que otros las utilizan para comprar control. Dan con ataduras, tirando de esta cuerda y de la otra, dejando a la organización receptora temerosa de no cumplir, ya que significaría perder futuros regalos. Es la mentalidad del accionista. Es habitual en las iglesias locales, donde los ricos pueden agitar su dinero y presionar para conseguir lo que quieren, o contraatacar reteniendo sus donaciones cuando no se salen con la suya. En una iglesia en la que había desacuerdo sobre quién debía ser el nuevo pastor, un miembro de la junta dijo: «He invertido mucho dinero en esta iglesia, y pretendo conseguir el pastor que quiero». En el sentido más estricto, por supuesto, este hombre no estaba dando dinero a Dios ni a la iglesia. Estaba gastando dinero, bajo la apariencia de dar, para comprar el control y el enriquecimiento de su ego. Dios quiere dadores silenciosos y humildes, no poderosos que se sirvan a sí mismos.

La mejor forma de evitar exaltar a los dadores es, en primer lugar, evitar saber quiénes son. Hay muchas razones para mantener el anonimato de las donaciones. La mayoría de las iglesias tiene uno o dos secretarios financieros que registran los donativos a efectos fiscales. Estas personas son las únicas que saben quién da qué. Otras veces, uno o varios pastores, ancianos o diáconos también conocen los niveles de donaciones. En una iglesia, el pastor envía personalmente su agradecimiento por la cantidad exacta donada durante el año, haciendo hincapié en que sabe exactamente quién ha dado cuánto. Esta es una práctica habitual en las organizaciones cristianas paraeclesiásticas, donde los grandes donantes reciben cartas personales, correos especiales, llamadas telefónicas y otras formas de recompensa y cortejo. Por supuesto, a los ministerios paraeclesiásticos no se les confía el pastoreo del rebaño, mientras que a las iglesias locales sí.

La mejor forma de evitar exaltar a los dadores es, en primer lugar, evitar saber quiénes son.

Hay varias razones por las que creo que ningún dirigente eclesiástico debe saber quién da qué. Si los líderes saben cuánto da la gente, tendrán la tentación de mostrar preferencia por los grandes donantes y desatender a los que dan menos. Esta es precisamente la trampa contra la que advierte la Escritura, llamándola «favoritismo» y «malos pensamientos» (Sant. 2:1-5). Además, pone a los líderes en la situación de juzgar a los demás con un conocimiento incompleto. Pueden llegar a la conclusión de que algunas personas son poco espirituales y otras son espirituales, sin conocer toda la historia. (Una vez más, esto es diferente en los ministerios paraeclesiásticos, porque el contacto directo entre la mayoría de los ministerios y muchos de sus seguidores es limitado. En consecuencia, no se dan las circunstancias para comparar a los dadores tan fácilmente como podría hacerse en una iglesia, y rara vez se sacan conclusiones sobre los que no dan). En algunos casos, los juicios de los líderes de la iglesia pueden ser acertados, pero siguen siendo poco saludables. Quienes han trabajado como secretarios financieros cargan con el peso de saber cuándo ciertos miembros de la iglesia a los que todo el mundo admira no dan nada a la iglesia.

La razón más importante para dar de forma anónima es eliminar o al menos minimizar la tentación de dar para impresionar a los demás. Si el pastor o la junta saben cuánto doy, puede que dé para impresionarlos. Pero si lo hago, dice Jesús, tendré mi recompensa y no recibiré ninguna de Él. Cuando doy en mi iglesia, agradezco que solo haya una o dos personas a las que podría verme tentado a impresionar. Cuantas menos, mejor.

Una de las grandes pruebas para los líderes cristianos es si podemos confiar en que Dios proveerá económicamente sin cortejar ni favorecer a los grandes donantes. Y quizá la mayor prueba para los dadores sea si somos capaces de dar de nosotros mismos y de nuestros recursos sin atribuirnos el mérito, preocupándonos solo de que Dios se lleve la gloria.

Por tergiversar sus donaciones, Dios hirió de muerte a Ananías y Safira (Hech. 5:1-10). Ten en cuenta que eran donantes generosos. Hoy en día, muchos ministerios cristianos pagarían una conferencia de donantes en un magnífico hotel del Caribe o pondrían su nombre a un nuevo edificio. Si tenemos la tentación de exagerar nuestras ofrendas o de aparentar que hacemos más sacrificios de los que hacemos, ¡deberíamos tomarnos en serio lo que Dios hizo con Ananías y Safira!

El Amo dice: «Bien hecho» al siervo, no por ser muy conocido o popular, ni por grabar su nombre en las piedras angulares y dar su nombre a los edificios. Más bien, lo elogia por ser «bueno» y «fiel». Cuando somos verdaderos siervos, no se trata de nosotros. Somos como el buey que muele el maíz. No somos los dueños del maíz, ni recibimos el mérito de cultivarlo. Solo hacemos nuestro trabajo y comemos un poco, y estamos agradecidos por ello. No se trata de reconocimiento. Los esclavos piensan en la reputación de su amo, no en la suya propia.

No deseo perder mi futura recompensa de Dios por llamar la atención ahora. Sin embargo, las Escrituras muestran que hay estímulo en los creyentes que ven a Dios obrando en las ofrendas de otros creyentes (1 Crón. 29:6-9; 2 Cor. 8:1-7). Me he sentido animado y estimulado a dar al escuchar los testimonios de generosidad de otras personas. Por esta razón, a veces cuento nuestra historia de dar, como he hecho en algunas partes del libro, con la esperanza de que beneficie a otros. Sin embargo, si el motivo de mi donación es obtener la aprobación de los lectores, perderé mi recompensa. (Ver apéndice E, «¿Hay que mantener siempre en secreto las donaciones?»).

La provisión de Dios para el dador

En muchos casos, Dios nos bendice económicamente cuando damos con generosidad (Prov. 11:24-25). Jesús dice: «Den, y les será dado; medida buena, apretada, remecida y rebosante, vaciarán en sus regazos. Porque con la medida con que midan, se les volverá a medir» (Luc. 6:38). El apóstol Pablo afirma: «el que siembra escasamente, escasamente también segará; y el que siembra abundantemente, abundantemente también segará» (2 Cor. 9:6).

Seas o no alguien que da, tienes considerables bendiciones materiales de Dios. ¿Te has preguntado alguna vez: «*¿Por qué* ha provisto tanto?»? No tienes por qué preguntártelo. Dios nos dice exactamente por qué nos proporciona más dinero del que necesitamos:

> El que le suple semilla al que siembra también le suplirá pan para que coma, aumentará los cultivos y hará que ustedes produzcan una abundante cosecha de justicia. Ustedes serán enriquecidos en todo sentido para... (2 Cor. 9:10-11, NVI)

¿Para *qué*? ¿Cómo terminará esa frase? La manera en que *tú* termines la frase es una de las decisiones más importantes que tomarás jamás. La teología de la prosperidad la terminaría diciendo algo como: «... para que podamos vivir en riqueza, mostrándole al mundo cuánto bendice Dios a aquellos que lo aman».

Sin embargo, Pablo no la termina así. Dice: «Ustedes serán enriquecidos en todo sentido *para que en toda ocasión puedan ser generosos*» (cursiva añadida). Dios no nos hace ricos para que nos demos todos los gustos y mimemos a nuestros hijos, ni para que nos aislemos de necesitar la provisión de Dios. Él nos da abundantes bendiciones materiales para que podamos regalarlas, y darlas generosamente.

Cuando Dios nos da más dinero, a menudo pensamos: *Esto es una bendición.* Sí, pero sería igual de bíblico decir: «Esto es una prueba».

La abundancia no es la provisión de Dios para que viva en el lujo. Es Su provisión para que ayude a otros a vivir. Dios me confía Su dinero no para construir mi reino en la tierra, sino para construir Su reino en el cielo. Pablo animó a la iglesia a dar a los necesitados de Jerusalén: «En el momento actual la abundancia de ustedes suple la necesidad de ellos, para que también la abundancia de ellos supla la necesidad de ustedes, de modo que haya igualdad. Como está escrito: "El que recogió mucho, no tuvo demasiado; y el que recogió poco, no tuvo escasez"» (2 Cor. 8:14-15).

> Dios me confía Su dinero no para construir mi reino en la tierra, sino para construir Su reino en el cielo.

¿Por qué Dios da a algunos de Sus hijos más de lo que necesitan y a otros menos de lo que necesitan? Lo hace para enseñarles a ayudarse mutuamente. Dios distribuye la riqueza de forma desigual, no porque quiera a algunos de Sus hijos más que a otros, sino para que Sus hijos puedan distribuirla entre sus hermanos en Su nombre. No quiere que tengamos ni muy poco ni demasiado (Prov. 30:8-9). Cuando los que tienen demasiado dan a los que tienen poco, se resuelven dos problemas. Cuando no lo hacen, se perpetúan dos problemas.

Tenemos que vislumbrar lo que nuestras donaciones hacen por los receptores. Un donante me escribió: «Mi mayor alegría al dar es ver el fruto del donativo. Ver a la gente bendecida, ver Biblias impresas y distribuidas, ver a los misioneros yendo al campo. La donación en sí es una bendición, pero los niveles más profundos de alegría llegan cuando veo el fruto». Esta es una de las razones por las que recomiendo a la gente que haga viajes que les permitan ver algunas de las caras y conocer a algunas de las personas afectadas por sus donaciones. Hugh Maclellan Jr. dice que se enganchó como donante cuando vio de primera mano lo que Dios estaba haciendo realmente a través del trabajo misionero. Declaró: «Supe que era ahí donde quería poner mi dinero: donde marcara una diferencia para la eternidad».

¿Estás ansioso por plantar el dinero de Dios en el campo de un mundo que necesita a Cristo? ¿La idea de dar a lo que contará para la eternidad te produce un cosquilleo en la espina dorsal? ¿Atesorar tesoros en el cielo hace saltar tu corazón? Si comprendiéramos el rendimiento fuera de este mundo de nuestras inversiones en los demás, nos uniríamos a los macedonios y suplicaríamos por el privilegio de dar.

R. G. LeTourneau comprendió el propósito de Dios al bendecirlo económicamente. Inventor de máquinas para el movimiento de tierras, LeTourneau llegó al punto de dar el 90 % de sus ingresos al Señor. Como él decía: «Yo saco el dinero con la pala, y Dios lo devuelve con la pala; pero Dios tiene una pala más grande».

Mi familia ha experimentado la «pala más grande» de Dios, Su abundante provisión material al dador. En algunos casos es evidente, como un cheque inesperado en el correo o que nos den algo justo cuando pensábamos que tendríamos que comprarlo. Una vez, cuando realmente lo necesitábamos, llegó en forma de descubrimiento de un error que habíamos cometido al calcular nuestro saldo bancario.

En otros casos, la provisión de Dios es menos evidente, pero igual de real. Una lavadora que debería haberse parado hace una década sigue funcionando. Un coche con 300 000 km funciona durante dos años sin siquiera una puesta a punto. Una cuenta corriente que debería haberse secado mucho antes de final de mes, de algún modo sigue rindiendo. Así como Dios alargó milagrosamente el aceite y el pan de la viuda en tiempos de Eliseo, y como hizo que la ropa y las sandalias de los hijos de Israel duraran cuarenta años en el desierto, estoy convencido de que a veces prolonga en Su gracia la vida de cosas que normalmente habría que sustituir.

A menudo, damos gracias a Dios por Su provisión entre bambalinas, que incluye la prevención de accidentes e incidentes que habrían sido costosos. Dios provee no solo en lo que nos da, sino a veces en lo que nos retiene. ¿Te has dado cuenta alguna vez de que el dinero sobrante parece disiparse en multitud de direcciones? Cuando los israelitas construían sus casas revestidas y la casa de Dios estaba en ruinas, Dios les dijo: «¡Consideren bien sus caminos! Siembran mucho, pero recogen poco; comen, pero no hay suficiente para que se sacien; beben, pero no hay suficiente para que se embriaguen; se visten, pero nadie se calienta; y el que recibe salario, recibe salario en bolsa rota» (Hag. 1:5-6). Dios dijo que, como la nación de Israel se había dado a sí misma y no a Él, había minimizado y disipado sus ganancias de manera que no saldrían ganando (Hag. 1:9-11). Debemos reflexionar detenidamente sobre nuestros caminos, preguntándonos si haríamos mejor en dar más al Señor y pedirle que maximice lo que conservamos. Eso es mucho mejor que intentar aferrarnos a más, solo para ver cómo se escapa de nuestros bolsillos.

En 1988, Nanci y yo sentimos la guía de Dios para llevarnos a nuestras hijas, Karina y Angela, y pasar dos meses visitando a las familias misioneras de nuestra iglesia en África y Europa. Nuestra iglesia quería pagarme el viaje, pero cuando calculamos cuánto costaría para el resto de la familia, resultó prohibitivo. Sentía firmemente que mi familia debía estar conmigo, pero no había forma de hacerlo. En otra situación, habríamos visto esto como una forma de Dios de decirnos que no; pero en este caso percibimos Su dirección para seguir adelante. Deliberadamente, no anunciamos nuestra intención de irnos por miedo a que el propio anuncio atrajera fondos. Queríamos que Dios proveyera de otras maneras.

Mientras ahorrábamos para el viaje, empezaron a aparecer cantidades notables de dinero. La mayoría de los fondos procedían de fuentes inesperadas. Además, cada mes descubrimos que estábamos ahorrando mucho más de lo que hubiéramos podido. No había gastos adicionales que drenaran nuestros fondos.

Habíamos decidido no reducir nuestras ofrendas. Aunque nunca tocaríamos el diezmo, tuvimos la tentación de racionalizar el uso de parte de nuestra ofrenda voluntaria mensual extra para pagar nuestro viaje; después de todo, ¡era con un fin misionero! Pero no nos pareció correcto.

Dos semanas antes del viaje, había entrado una cantidad asombrosa de dinero, pero aún nos faltaban mil dólares. Mientras tanto, hubo una ofrenda misionera especial en la iglesia. Decidimos contribuir sustancialmente a esta ofrenda, más allá de nuestra contribución normal. No «tenía sentido», pero sabíamos que era lo correcto. A nadie que haya visto obrar a Dios le sorprenderá saber que, al cabo de una semana del viaje, nos devolvió no solo el dinero que habíamos dado, sino más de mil dólares más, lo suficiente para devolverle algunos una vez más antes de subir al avión.

Al mirar atrás, nos dimos cuenta de que, humanamente hablando, no deberíamos haber sido capaces de acumular los fondos necesarios. Pero Dios proveyó abundantemente.

Cuando aprendemos a dar, nos acercamos más a Dios. Pero por mucho que avancemos en la gracia de dar, Jesucristo sigue siendo el dador incomparable: «Porque conocen la gracia de nuestro Señor Jesucristo, que siendo rico, sin embargo por amor a ustedes se hizo pobre, para que por medio de Su pobreza ustedes llegaran a ser ricos» (2 Cor. 8:9). Por mucho que demos, nunca podremos dar más que Dios.

¿Es apropiado enseñarles a los pobres a dar?

Un buen hermano que ministra fielmente en un país pobre me hizo esta pregunta:

> Me pregunto si la gente de este país dejaría de escucharme si hablara sobre el tema de dar. Los pastores de aquí no esperan realmente que mucha gente diezme, porque algunas personas de sus congregaciones solo ganan entre 4 y 9 dólares al mes. ¿Es cruel predicarles sobre dar?

Los principios bíblicos de dar son verdades universales y atemporales que Dios enseñó a los israelitas más pobres y a los santos del Nuevo Testamento, predominantemente pobres. Dar aporta a las personas no solo recompensa futura, sino también frutos presentes, propósito y dignidad.

Según mi experiencia, los creyentes pobres nunca rechazarían a alguien que les enseñara a dar, como tampoco lo harían con otros temas bíblicos. Dios sabe exactamente qué es lo mejor para ellos, y les dio la Biblia. Lo que Dios enseña sobre el dinero y las posesiones no se escribió para los cristianos ricos de Norteamérica, sino para todas las personas de todos los tiempos y lugares. Jesús no encumbró al rico insensato sino a la viuda pobre, poniéndola como modelo para dar.

Segunda de Corintios 8–9, el pasaje más largo de la Biblia sobre dar, empieza centrándose en los macedonios que vivían en «profunda pobreza», pero que daban no solo según sus medios, sino «más allá de sus posibilidades». Pablo habla del «gozo» abundante relacionado con su generosidad, y de cómo rogaban por «el privilegio» de dar. Esto tiene una aplicación directa a la pregunta formulada por el misionero. Ciertamente, no debemos privar a estos creyentes pobres del privilegio de dar, negándoles los principios de dar que Dios destinó tanto a los cristianos pobres como a los ricos. Las viudas y los pobres no eran solo receptores de donativos. La viuda pobre fue el modelo de Cristo para dar.

Entonces, ¿sería cruel predicar a los pobres sobre dar? Al contrario, sería cruel *no* predicar sobre dar. Si retenemos parte de todo el consejo de Dios, actuamos como Sus editores en lugar de como Sus mensajeros. Recuerda que no son los pobres los que constituyen una anomalía entre los cristianos. Son los ricos —como nosotros— los que constituyen la excepción. Los pobres de hoy se unen a la mayoría de los cristianos de todas las épocas, en innumerables lugares, incluidos muchos que han sido perseguidos.

Si la gente gana solo entre cuatro y nueve dólares al mes, el diezmo sería solo de cuarenta a noventa centavos. Eso puede parecer mucho, pero Dios promete Su bendición y provisión. Dios bendice el dar, y cuando nos aferramos a lo que es suyo, nunca nos conviene. Lo entendimos al revés. A los pobres no se los perjudica cuando dan; reciben ayuda cuando dan. Dios dice: «Pónganme a prueba en esto, y vean cómo proveo» (Mal. 3:10, paráfrasis mía). Jesús dijo: «Den, y les será dado. [...] Porque con la medida con que midan, se les volverá a medir» (Luc. 6:38). Si no enseñamos a las personas a dar, las privamos de lo que Dios les habría proporcionado si hubieran aprendido a ser dadores.

Por supuesto, tenemos que distinguir cuidadosamente esta enseñanza del evangelio de la salud y la riqueza, asegurándonos de que nuestras ilustraciones y ejemplos estén a la altura de sus medios y oportunidades dentro de su economía. Pero Dios ha llamado a los pobres de hoy a dar, igual que llamó a dar a la viuda pobre y a los macedonios empobrecidos. ¿Quiénes somos nosotros para negar las promesas de Dios y este maravilloso privilegio a quienes más lo necesitan?

Brian Kluth enseñó mayordomía y ofrendas a evangelistas y líderes eclesiásticos de la India. Al final del curso, un evangelista indio de treinta y siete años escribió esta respuesta:

> Satanás siempre intenta impedir que demos a Dios, porque no quiere que el reino de Dios ni Su pueblo prosperen. Mediante nuestras ofrendas, debemos reprender a Satanás y convertir en una prioridad económica dar primero a Dios (aunque solo dispongamos de escasos recursos). También debemos ser muy fieles en todos nuestros asuntos financieros. Cuando un hombre ama al dinero más que a Dios, siempre hace un mal uso del dinero de Dios. Por eso es tan importante que nuestra primera prioridad sea dar a Dios. Tenemos que utilizar el dinero que Dios nos confía para la extensión de Su reino en la tierra.

Casi todos los testimonios de los asistentes a la conferencia —los cuales viven muy por debajo del nivel de pobreza de Estados Unidos— podrían haber sido pronunciados por cristianos occidentales. ¿Por qué? Porque son verdades atemporales y principios transculturales. La cultura en la que se escribieron las Escrituras estaba mucho más próxima a las culturas actuales del tercer mundo que a las de Estados Unidos, Canadá, Gran Bretaña y otras naciones industrializadas.

Preguntar a Dios sobre nuestras ofrendas

Hugh Maclellan Jr. dirige la Fundación Maclellan, un esfuerzo de tercera generación que apoya las misiones en todo el mundo. Hugh intenta donar un mínimo anual del 70 % de sus ingresos personales. Desglosa sus donaciones en distintas categorías, empezando por el diezmo a su iglesia local y ampliándolo a otros ministerios. Hace donaciones sustanciales que cree que pueden tener un impacto a largo plazo en el reino. La Fundación Maclellan intenta pensar e investigar sobre el destino de su dinero tanto como lo hacen los inversores en fondos de inversión. «¿Por qué no?», razonan, ya que pretenden invertir no solo en la tierra, sino también en el cielo, no solo por un momento, sino por toda la eternidad.

Hugh dice: «Quiero que mi vida dé frutos que perduren». Y añade: «Reúnete con Dios para determinar cuáles son Sus objetivos de dar para ti. No solo *tus* objetivos, sino los *suyos*, para que los lleves a cabo como Su mayordomo. Luego pídele que te dé la pasión particular que te cargue para dar a ciertos tipos de ministerios. Pregúntate también: "¿Cuáles son las barreras que me impiden ser un dador generoso?". Pídele a Dios que trate contigo en esos aspectos. ¡Lo hará!».

Se nos dice que nos examinemos y nos pongamos a prueba (2 Cor. 13:5). David oró para que Dios escudriñara su corazón y lo pusiera a prueba, y luego le mostrara todo aquello de lo que tuviera que arrepentirse y cambiar (Sal. 139:23-24).

Terminaré este capítulo con cuarenta preguntas que cada uno de nosotros puede hacerle a Dios sobre su forma de dar. Tal vez quieras leerlas todas por su efecto acumulativo, o leer solo una o dos cada vez. Pregúntaselas sinceramente a Dios a lo largo de varias semanas. Después de llevárselas al Señor, solo entre tú y Él, quizás desees comentarlas con otras personas. Tal vez, como yo, quieras volver a estas preguntas periódicamente.

Cuarenta preguntas para hacerle a Dios sobre tus ofrendas

1. Padre, con los bienes económicos y las oportunidades que me has confiado, ¿me has prosperado precisamente para un momento como este? (Est. 4:14). ¿Me has llamado a unirme a un gran equipo de tus hijos para liberar dinero y posesiones para llegar a los necesitados y cumplir la Gran Comisión?
2. ¿Que me hayas confiado tantos recursos indica que me has dado el don de dar y quieres que aprenda a ejercerlo con más frecuencia y destreza?

3. ¿A qué me estoy aferrando que me está robando la alegría presente y la recompensa futura? ¿Qué estoy guardando que me impide tener que depender de ti? ¿A qué me estoy aferrando que me hace sentir que no tengo que depender de tu provisión, como solía hacer antes de tener tanto? ¿Qué quieres que suelte que podría devolverme a caminar en fe?
4. A la luz de 2 Corintios 8:14 y 9:11, ¿quieres que suponga que cada bendición económica que me confías no está destinada a elevar mi nivel de vida, sino a elevar mi nivel de dar?
5. ¿Estoy orbitando en torno a la masa de tesoros que he acumulado? ¿He acumulado demasiado? ¿Has multiplicado «mis» bienes no para que los acumule, sino para que los distribuya entre los necesitados?
6. ¿A qué lugares del mundo (y de mi comunidad) quieres que vaya, vea y participe en ministerios centrados en Cristo que satisfagan necesidades físicas y espirituales?
7. ¿Te estoy tratando como propietario y director general y de finanzas de «mis» activos, o te trato simplemente como mi asesor financiero, al que le pago una comisión (del 10 % o más)?
8. Cuando hago una lista de todos los bienes que me has confiado y te pregunto qué quieres que ceda, ¿hay algo que esté dejando fuera de la lista? ¿Hay algo que esté tratando como si fuera intocable, como si fuera mío y no tuyo? ¿Mis fondos de jubilación también te pertenecen? ¿Qué no te pertenece?
9. ¿Quieres que fije un nivel básico de ingresos y bienes para vivir, y que luego ceda lo que tú me proporciones más allá de eso (independientemente de que sea el 50 %, el 90 %, el 99 % o más)?
10. ¿Cómo puedo estar seguro de que los bienes que me has confiado te servirán después de mi muerte? ¿Cómo sé que aquellos a quienes se los deje, o aquellos a quienes *ellos* se los dejen, los utilizarán para tu gloria? Si quiero que el dinero vaya a tu reino más tarde y es más de lo que necesito actualmente, ¿por qué no lo daría a tu reino ahora?
11. Si el mundo y todo lo que hay en él arderán en tu segunda venida (2 Ped. 3:10-13), ¿se echarán a perder mis bienes, mis cuentas y las posesiones que he acumulado en la tierra si vuelves durante mi vida? Una vez perdida mi oportunidad actual de dar, ¿tendré una segunda oportunidad? ¿Quieres que adopte un enfoque de «úsalo o piérdelo» respecto a mis oportunidades actuales de inversión eterna?
12. Una vez que hayan terminado la universidad o trabajen por su cuenta, ¿heredar riquezas (más allá de los objetos de especial valor

sentimental y patrimonial) ayudaría a la perspectiva eterna de mis hijos y a su camino con Dios? ¿O tendría una influencia corruptora en su carácter, estilo de vida, ética laboral o matrimonio?

13. Si a mis hijos les molestara que diera dinero a tu reino en vez de dejárselo, ¿indica eso que no están capacitados para recibirlo? Si es así, ¿por qué habría de darles tu dinero? Si muriera mi gestor de inversiones, ¿qué me parecería si él les dejara mi dinero a sus hijos? Que me hayas confiado tu dinero a mí, y no a otros, ¿indica que quieres que, durante mi vida, lo invierta en la eternidad? ¿Proporcionarás, a su vez, a mis hijos el dinero que esperas que administren?
14. ¿Cuál es el inconveniente eterno de dar ahora? ¿Cuál es la desventaja eterna de retrasar el dar hasta más tarde? ¿Corro realmente el peligro de dar demasiado y demasiado pronto? ¿O el único peligro real es dar demasiado poco y demasiado tarde? Si regalo la mayor parte de mis bienes ahora, ¿de qué dispondré para dar más adelante?
15. Si no doy algo ahora, ¿es posible que ya no lo tenga para dar más tarde?
16. Si no doy algo ahora, ¿es posible que muera antes de tener la oportunidad de darlo más tarde? Si mi deseo es darlo antes de morir y no puedo saber cuándo moriré, ¿debo darlo ahora?
17. Si no lo doy ahora, ¿corro el peligro de que mi corazón se enrede aún más en tesoros terrenales, en vez de en tesoros celestiales? (Mat. 6:21). ¿El mismo corazón que me impulsa a dar hoy me persuadirá más tarde a quedarme con algo porque ignoré su impulso de dar?
18. Puesto que no tengo más remedio que dejar dinero cuando muera, ¿es realmente «dar» designar dinero a distintos ministerios en mi testamento? (Aunque estos puedan ser los lugares más sabios para dejar mis bienes —y a todos nos quedarán algunos bienes al morir—, no implica sacrificio ni necesidad de fe). ¿Me robaré a mí mismo la alegría y la recompensa, y te robaré a ti mi confianza, reteniendo hasta la muerte bienes importantes que podría haber dado en vida?
19. En Santiago 4:13-17, me dices que no puedo saber cuánto dinero puedo ganar (o perder) mañana, ni siquiera si estaré aquí. ¿Es presuntuoso de mi parte acumular una gran cantidad de «dinero confederado» que quizá no se use para ti en el futuro, cuando sin duda podría servirte en el presente?
20. Cuando esté ante tu tribunal, ¿acaso me dirás: «¡Cómo te equivocaste! Vendiste esas acciones y las diste para alimentar a los

hambrientos y evangelizar a los perdidos, y dos años después el mercado se disparó»? ¿O dirías: «Bien, siervo bueno y fiel»?

21. ¿Puedes producir con el dinero que te doy hoy rendimientos eternos mayores que los que puede producir Wall Street? ¿Puede algo igualar tu promesa de un rendimiento centuplicado (10 000 %)?
22. ¿Alguna vez está mal darte ahora en vez de esperar a más tarde? Si Cristo elogió a la viuda pobre de Marcos 12 por darte todo lo que tenía —considerándola fiel, no irresponsable—, ¿cuánto tendría que darte yo para que me consideraras irresponsable?
23. ¿Quieres que establezca una fundación o que reparta dinero a medida que vaya entrando? Si tengo una fundación, ¿quieres que regale los bienes ahora o que aplique un plan de retirada progresiva para que el capital no acabe malgastado a tu vuelta?
24. Como llamaste al joven rico de Mateo 19:16-22 a renunciar a todo lo que tenía y seguirte en la fe, ¿es posible que me llames a hacer lo mismo? ¿Quieres que te pregunte?
25. ¿Por qué quiero aferrarme a mis riquezas? ¿Intento demostrar algo? ¿Qué intento demostrar y a quién? ¿Es orgullo? ¿Poder? ¿Prestigio? ¿Egoísmo? ¿Inseguridad? ¿Miedo? ¿Tengo un problema con el control? ¿O es solo que la posesividad es normal en nuestra sociedad, y me dejo llevar por la corriente? ¿Quieres que siga la corriente o que haga algo distinto, quizás radicalmente distinto?
26. ¿Vivo para que otros digan de mí: «Él [o ella] tiene un gran éxito», o para que tú me digas: «Bien hecho, mi buen y fiel siervo»?
27. En vez de preguntarme «¿Por qué debería regalar esto?», ¿quieres que me pregunte: «¿Por qué no debería regalar esto?»? ¿Debo poner el peso de la prueba en *conservar* en lugar de en *dar*? Cuando entra dinero, ¿qué debería ser la norma y no la excepción: *dar* o *guardar*? A menos que haya una razón de peso para quedármelo, ¿normalmente debería darlo?
28. ¿Me aferro excesivamente al dinero como plan de reserva por si me fallas? ¿Es mi miedo a las catástrofes de salud y a los escenarios de la vejez lo que crea una inercia en mis donaciones, porque imagino que debo tener una reserva por si algo sale mal? Teniendo en cuenta que la inmensa mayoría de las personas de la historia y la mayoría del mundo actual no tienen nada ahorrado para la jubilación, ¿me estoy preocupando por poner demasiados tesoros en los fondos de jubilación? ¿Me estás llamando a trabajar sin red —o con menos red— confiando en que me atraparás en caso de caída?

29. ¿Se ha convertido el dinero en mi ídolo? ¿Los bienes materiales compiten contigo por el señorío de mi vida? ¿Es la generosidad tu salvavidas para rescatarme de la esclavitud, tu palanca para permitirme derribar los ídolos? Si el materialismo es la enfermedad, ¿es dar la única cura?
30. Quiero someterlo todo a tu revisión y pedirte que me guíes en cuanto a lo que debo hacer con tu dinero y tus posesiones. ¿A qué me aferro concretamente que quieres que regale?
31. ¿Estoy dando tu dinero a personas de carácter débil y valores materialistas? Aunque sean buenas causas, ¿la Sociedad Humanitaria o la ópera están tan cerca de tu corazón como la evangelización, la plantación de iglesias y la ayuda a los pobres? ¿Los ministerios que apoyo económicamente ayudan a los pobres en nombre de Cristo, no solo en nombre del humanitarismo? ¿Se ofrece el evangelio a los moribundos una vez que han sido alimentados?
32. ¿Cómo puedo comunicarme mejor con mi cónyuge y orar con él para que podamos caminar juntos por este estimulante camino de dar, guiándonos mutuamente y sin dejar al otro atrás?
33. ¿Qué estoy haciendo para formar a mis hijos para que sean dadores generosos, no solo donantes, sino discípulos?
34. ¿Por qué puñado de personas de mi esfera de influencia quieres que ore y hable sobre la generosidad? ¿Me has llamado a ser mentor de otros en el dar, para que acaben dando más que yo? Al ayudar a alguien a convertirse en un gran dador, ¿seré acaso como el hombre que llevó a D. L. Moody a Cristo?
35. ¿Qué libros y revistas orientados a dar, a la misión y a la eternidad puedo prestarles a los que están en mi esfera de influencia? ¿Qué audios o videos podemos escuchar y ver juntos?
36. ¿Qué sencillo recordatorio del llamado de Dios a la mayordomía y a dar puedo hacer para mí, y luego pasar a los demás? Quizás pueda darles algo para que lo pongan en la aplicación Recordatorios de su teléfono, en su cartera o Biblia, en su tablero del auto, su refrigerador o en su máquina de ejercicios, como una tarjeta de visita o un marcapáginas con versículos centrales como Deuteronomio 8:17-18 o Mateo 6:19-21.[8]
37. ¿Qué puedo organizar para ofrecer un foro de debate sobre la mayordomía y las ofrendas? ¿Una cena? ¿Un desayuno semanal? ¿Un retiro de fin de semana? ¿Un estudio semanal utilizando *Dinero, posesiones y eternidad*, *El principio del tesoro* o materiales de Crown Ministries?[9]

38. ¿A qué conferencias puedo invitar a otros? ¿Qué ministerios puedo presentarles a otros? ¿A qué viajes de visión y ministerio podemos ir juntos?
39. ¿Cómo puedo ayudar a mis pastores a fomentar la formación bíblica en mayordomía y donaciones y ayudarlos a crear un diálogo abierto en la iglesia sobre las elecciones de estilo de vida y las inversiones en el reino?
40. Cinco minutos después de morir, ¿qué desearé haber dado cuando aún tenía la oportunidad? ¿Me ayudarías a pasar el resto de mi vida cerrando la brecha entre lo que desearé haber dado entonces y lo que realmente estoy dando ahora?

CAPÍTULO 14

Ayudar a los pobres y alcanzar a los perdidos

Ese pan que te guardas pertenece al hambriento; ese abrigo que conservas en tu armario, al desnudo; esos zapatos que se pudren en tu poder, al descalzo; ese oro que has escondido en la tierra, al necesitado. Por tanto, cuantas veces pudiste ayudar a los demás y te negaste, tanto mal les hiciste.

AGUSTÍN

La obediencia a la Gran Comisión ha sido envenenada más sistemáticamente por la opulencia que por ninguna otra cosa.

RALPH WINTER

La Madre Teresa dedicó su vida a ayudar a los más pobres entre los pobres. Tras observar su arduo trabajo entre la suciedad, la enfermedad y el sufrimiento de Calcuta, un comentarista de televisión le dijo: «Yo no haría lo que tú haces ni por todo el dinero del mundo». Ella respondió: «Yo tampoco».

Lo que no haríamos por todo el dinero del mundo, estamos llamados a hacerlo por obediencia a Cristo, compasión por los demás y anticipación de la recompensa eterna.

Siempre me asombro cuando leo sobre actos de filantropía a favor de *Planned Parenthood*, el mayor proveedor de abortos del mundo. Es alarmante con qué facilidad las donaciones pueden ser un derroche, o incluso algo perjudicial. Bernard Marcus, fundador de Home Depot, donó 200 millones de dólares para un acuario en Atlanta. Me encantan los acuarios, pero cuando veo un mundo lleno de gente perdida y hambrienta, me pregunto: *¿Dónde están las enormes donaciones a los ministerios cristianos que se dedican a alcanzar a los perdidos y ayudar a los necesitados en nombre de Cristo?*

Claude Rosenberg Jr. dedicó años a investigar los hábitos y el potencial de donación de Estados Unidos, y plasmó sus conclusiones en un libro titulado *Wealthy and Wise: How You and America Can Get the Most out of*

Your Giving [Rico y sabio: Cómo tú y Estados Unidos pueden sacar el máximo partido a sus donaciones]. Según Rosenberg, la mayoría de nosotros donamos menos del 10 % de lo que realmente podríamos dar, incluso sin hacer cambios significativos en nuestro estilo de vida. ¿Te parece increíble? Si lo analizas detenidamente, verás que es cierto. Rosenberg sostiene que los estadounidenses que donan el 2 % de sus ingresos podrían donar el 20 %, simplemente si tomaran decisiones más sensatas en cuanto a lo que gastan. Calcula que los estadounidenses podrían donar al menos 100 000 millones de dólares *más* al año de lo que ya donan, y con un mínimo de sacrificio o riesgo. Y eso sin llegar al sacrificio de dar que vemos en las Escrituras, y sin tener en cuenta la forma en que Dios provee generosamente a los dadores.

Según Rosenberg, si tuviéramos un mejor conocimiento de lo que realmente poseemos, la mayoría de nosotros podría duplicar, triplicar o cuadruplicar la cantidad que ahora da.[1]

¿Por qué este dinero está inmovilizado, inaccesible para que Dios lo utilice para Sus propósitos? En parte puede deberse a nuestra incapacidad para comprender las necesidades de los pobres y los perdidos, así como a nuestra negligencia ante las oportunidades estratégicas de marcar una diferencia eterna mediante nuestras donaciones.

Dar a los pobres

¿Quién es responsable de los pobres?

En su ensayo sobre la autosuficiencia, Ralph Waldo Emerson escribe: «No me hables, como ha hecho hoy un buen hombre, de mi obligación de poner a todos los pobres en buenas condiciones. ¿Acaso son mis pobres?».[2] La actitud de Emerson refleja nuestro espíritu nacional de independencia. Pocos de nosotros deseamos hacer daño a los pobres. Simplemente, no queremos que se nos considere responsables de ellos. Pero la pregunta de Emerson es válida. ¿Son los pobres *mis* pobres? ¿Soy responsable de su situación? Más de un escritor evangélico nos haría creer que, como nosotros no somos pobres, porque tenemos dinero y posesiones que otros no tienen, somos culpables de su pobreza.

Esta perspectiva es una filosofía de «suma cero», la creencia de que la riqueza no puede crearse, sino solo distribuirse, y que por cada ganador debe haber un perdedor correspondiente. Por ejemplo, si hay ocho personas en una fiesta y se corta un pastel en ocho trozos, y yo tomo dos o tres trozos para mí, entonces he tomado lo que pertenece a los demás. Ellos tienen menos porque yo tengo más.

Quienes sostienen esta postura aplican la analogía del pastel al mundo. Solo hay una cantidad limitada de riqueza en el mundo, dicen, y todos tienen derecho a su parte. Si tengo más que otra persona, esencialmente le he robado. Karl Marx enseñó este concepto, dividiendo a todos los hombres en «los opresores y los oprimidos». Los que tienen mucho son opresores; los que no, oprimidos.

Sin embargo, a diferencia de un pastel finito que no puede hacerse más grande, la riqueza no es limitada: *puede* producirse y ampliarse. La Escritura nos dice: «Mas acuérdate del Señor tu Dios, porque Él es el que te da poder para hacer riquezas» (Deut. 8:18). Todos los días se produce riqueza como resultado del ingenio y el trabajo duro. La prosperidad de una persona puede producirse a costa de otra, pero no tiene por qué hacerlo.

¿Es el capitalismo el culpable de la pobreza?

Algunos afirmarían que, aunque no explotemos directamente a los pobres, formamos parte voluntaria de un sistema económico que los explota. Por tanto, somos culpables. Desde este punto de vista, el capitalismo es el supuesto enemigo de los pobres.

Toda discusión sobre la difícil situación de los pobres implica economía, por lo que necesito abordar el tema al menos brevemente. Los lectores interesados pueden consultar una serie de excelentes libros que exploran las cuestiones en profundidad.[3]

El capitalismo es un sistema económico de libre mercado que funciona sin control exterior. El «control» se deja en manos de lo que el economista Adam Smith llamó «la mano invisible». Según esta teoría, el mercado se ordena naturalmente en torno a las necesidades y los deseos de la población. El principio de la oferta y la demanda determina qué se vende y a qué precio. Cuanto mayor sea la competencia, más bienes habrá para elegir y más razonables serán los precios.

Es difícil entender cómo se puede culpar a un sistema concreto (el capitalismo) de un problema (la pobreza) que ha existido en todos los países con todas las estructuras económicas de la historia de la humanidad. Sin duda, una sociedad capitalista puede fomentar la codicia y permitir que se explote a los pobres, pero también puede darles la oportunidad de hacer lo que muchos han hecho en las economías de libre mercado: salir de la pobreza trabajando.

A veces, el capitalismo da lugar a la explotación, porque ningún sistema puede eliminar el pecado. Pero el capitalismo no se basa en la explotación, sino en el interés común. En un mercado verdaderamente libre, todas las partes obtienen en última instancia lo que desean. Por ejemplo, cuando compraste este libro, es de esperar que quedaste satisfecho con la transacción: te beneficiaste del intercambio de moneda por ideas y principios. ¿Quién más salió ganando en la transacción? Es de esperar que el librero, el editor y el autor, así como los leñadores, la empresa papelera, el impresor, los camioneros y otros que participaron en el proceso. Cuando compras leche, ¿quién se beneficia? Tú: obtienes la leche que querías. Pero también se benefician otros, incluidos tu tendero y el productor lácteo. Todas las partes implicadas pueden beneficiarse en la compraventa de bienes. El beneficio de uno no es a costa de otro.

La principal alternativa al capitalismo es el socialismo. Algunos cristianos francos siguen sugiriendo que es una alternativa mejor. El socialismo es un sistema económico controlado por el Estado. Supuestamente reparte los bienes entre todos, impidiendo la formación de una élite rica y acaparadora de tierras que oprimiría a los pobres. En el socialismo, el poder económico está centralizado en el gobierno para que ningún individuo pueda enriquecerse a costa de los demás. Por desgracia, alguien tiene que dirigir este sistema. Y como el poder tiende a corromperse, estos encargados del sistema se convierten inevitablemente en la élite rica y opresora. En el capitalismo, un gran número de ricos se enriquecen, pero también algunos pobres. En el socialismo, un pequeño número de ricos se enriquece, pero los pobres siguen siendo pobres.

Los que alaban el socialismo ignoran que, históricamente, a los pobres les suele ir mejor en las economías capitalistas. Tampoco reconocen que cuando se elimina el incentivo del beneficio del trabajo, alguien debe encontrar otra forma de motivar a la gente para que trabaje. Solo hay otra forma de que funcione: la coacción. El capitalista dice: «Tú me rascas la espalda y yo te rasco la tuya». El socialista dice, en efecto: «Tú me rascas la espalda o yo te rompo la tuya».

¿Puede el capitalismo implicar la explotación de los pobres? Sin duda. ¿Lleva el socialismo a la opresión de los pobres? Inevitablemente. La cuestión no es que el capitalismo sea un sistema perfecto, sino que las alternativas son peores. No es un problema sistémico, es un problema de pecado. Cualquier sistema económico funcionará cuando no haya pecado. Ninguno funcionará idealmente cuando haya pecado, pero algunos funcionarán mejor que otros.

Nuestra responsabilidad de ayudar a los pobres

Ni la Palabra de Dios ni una comprensión exacta de la economía apoyan la idea de que los prósperos son automáticamente responsables de que los demás sean pobres. Como vamos a ver, lo que sí dicen las Escrituras es que somos responsables de ayudar a los pobres. Puede que yo no sea responsable de la existencia del hambre en el mundo. Pero soy responsable de hacer lo que pueda para aliviarlo.

Cualquier sistema económico funcionará cuando no haya pecado.

Así pues, volvamos a la pregunta de Emerson: «¿Acaso son mis pobres?». Si con ello quiere decir: «¿Los he hecho pobres?», en la mayoría de los casos la respuesta es no. Pero si quiere decir: «¿Soy responsable de ayudar a los pobres?», entonces la respuesta es sí, efectivamente son mis pobres. Por supuesto, muchos *han* explotado a los pobres y deben hacerse cargo. Deberían adoptar la postura de Zaqueo, que decidió devolver el cuádruple a aquellos a los que había engañado (Luc. 19:8).

No debemos sentirnos culpables de que Dios nos haya confiado una abundancia. Pero sí debemos sentirnos responsables de utilizar compasiva y sabiamente esa abundancia para ayudar a los menos afortunados. Considera al buen samaritano (Luc. 10:30-37). A diferencia de los dos líderes religiosos que pasaron de largo ante el pobre hombre que había sido desnudado y apaleado por los ladrones, cuando el samaritano lo encontró, se apiadó de él y se detuvo para ayudarlo. Su reacción no fue sentir culpa ni remordimiento. Él no había maltratado al hombre. Pero asumió la responsabilidad de cuidar de él.

Con gran inconveniente para sí mismo, curó y vendó las heridas del hombre, luego «[lo puso] sobre su propia cabalgadura, lo llevó a un mesón y lo cuidó» (Luc. 10:34). Al día siguiente, pagó al posadero para que cuidara del hombre hasta que él mismo pudiera volver y reanudar sus cuidados. Aunque el samaritano no era en modo alguno responsable de haber herido al hombre, asumió la responsabilidad de ayudarlo como pudiera. «Ve y haz tú lo mismo», dice Jesús (Luc. 10:37). Todo hombre es nuestro prójimo, y debemos mostrar misericordia y cuidar de él en su necesidad.

El emperador romano Juliano tenía una queja interesante sobre los cristianos: «Los impíos galileos no solo mantienen a sus propios pobres, sino también a los nuestros; todo el mundo puede ver que nuestro pueblo carece de nuestra ayuda».[4] El teólogo Tertuliano dijo: «Es nuestro cuidado de los desvalidos, nuestra práctica de la bondad amorosa lo que nos marca a los ojos de muchos de nuestros adversarios. "Solo mira", dicen, "¡mira cómo se aman unos a otros!"».[5]

Durante la época de la peste, los cristianos eran conocidos por acudir a las ciudades para ayudar a los moribundos, en lugar de huir de ellas para salvarse la vida. Dionisio describió este fenómeno:

> La mayoría de nuestros hermanos cristianos mostraban un amor y una lealtad sin límites, sin escatimar esfuerzos y pensando solo los unos en los otros. Despreocupados del peligro, se hicieron cargo de los enfermos, atendiendo a todas sus necesidades y ministrándoles en Cristo, y con ellos partieron de esta vida serenamente felices; pues fueron contagiados por otros con la enfermedad, atrayendo sobre sí la enfermedad de sus prójimos y aceptando alegremente sus dolores. Muchos, al cuidar y curar a otros, transferían su muerte a sí mismos y morían en su lugar.[6]

Ayudar a los pobres siempre ha distinguido a los cristianos, mostrando al mundo que funcionamos con un sistema de valores radicalmente distinto. John Wesley dijo: «Ponte en el lugar de todo pobre y trátalo como querrías que Dios te tratara a ti». Wesley demostró esta actitud en sus propias elecciones de estilo de vida:

> En 1776, los comisionados de Hacienda ingleses inspeccionaron su declaración y le respondieron por escrito: «[No] podemos dudar de que posee platería que hasta ahora no ha declarado». Supusieron que un hombre de su importancia tenía sin duda vajilla de plata en su casa, y querían que pagara los impuestos correspondientes. Wesley respondió: «Tengo dos cucharas de plata en Londres y dos en Bristol. Esta es toda la platería que tengo actualmente, y no compraré más mientras tantos a mi alrededor carezcan de pan».[7]

Lo que dicen las Escrituras sobre el cuidado de los pobres

El cuidado de los pobres es un tema central en toda la Escritura. La Ley mosaica establecía muchas disposiciones para los pobres, entre ellas la siguiente:

> Cuando siegues la mies de tu tierra, no segarás hasta los últimos rincones de tu campo, ni espigarás el sobrante de tu mies. Tampoco rebuscarás tu viña, ni recogerás el fruto caído de tu viña; lo dejarás para el pobre y para el forastero. Yo soy el Señor vuestro Dios. (Lev. 19:9-10, LBLA)

> Con generosidad le darás [al pobre], y no te dolerá el corazón cuando le des, ya que el Señor tu Dios te bendecirá por esto en todo tu trabajo y en todo lo que emprendas. Porque nunca faltarán pobres en tu tierra; por eso te ordeno, diciendo: «Con liberalidad abrirás tu mano a tu hermano, al necesitado y al pobre en tu tierra». (Deut. 15:10-11)

Proverbios promete una recompensa por ayudar a los pobres:

> El que se apiada del pobre presta al Señor, y Él lo recompensará por su buena obra. (Prov. 19:17)

> El generoso será bendito, porque da de su pan al pobre. (Prov. 22:9)

> Él que da al pobre no pasará necesidad, pero el que cierra sus ojos tendrá muchas maldiciones. (Prov. 28:27)

Los profetas del Antiguo Testamento proclaman osadamente los mandamientos de Dios de cuidar a los pobres:

> Compartan su comida con los hambrientos y den refugio a los que no tienen hogar; denles ropa a quienes la necesiten y no se escondan de parientes que precisen su ayuda. (Isa. 58:7, NTV)

> Alimenten a los hambrientos y ayuden a los que están en apuros. Entonces su luz resplandecerá desde la oscuridad, y la oscuridad que los rodea será tan radiante como el mediodía. El Señor los guiará continuamente; les dará agua cuando tengan sed y restaurará sus fuerzas. Serán como un huerto bien regado, como un manantial que nunca se seca. (Isa. 58:10-11, NTV)

Jesús vino a predicar la buena nueva a los pobres, a los cautivos, a los ciegos y a los oprimidos (Luc. 4:18-19). Por supuesto, el evangelio también es para los ricos y los que ven. Solo que los pobres y los discapacitados comprenden la esclavitud lo suficiente como para apreciar la liberación. Reconocen más rápidamente su necesidad espiritual, porque no está enterrada bajo capas de prosperidad. Aunque Él mismo tenía poco, Jesús daba con regularidad a los pobres (Juan 13:29). En repetidas ocasiones ordena cuidar de los pobres, prometiendo una recompensa eterna:

> Jesús dijo también al que lo había convidado: «Cuando ofrezcas una comida o una cena, no llames a tus amigos, ni a tus hermanos, ni a tus parientes, ni a tus vecinos ricos, no sea que ellos a su vez también te conviden y tengas ya tu recompensa. Antes bien, cuando ofrezcas un banquete, llama a pobres, mancos, cojos, ciegos, y serás bienaventurado, ya que ellos no tienen para recompensarte; pues tú serás recompensado en la resurrección de los justos». (Luc. 14:12-14)

Las ofrendas especiales para ayudar a los pobres eran algo común en la iglesia primitiva:

> Durante aquellos días, unos profetas viajaron de Jerusalén a Antioquía. Uno de ellos, llamado Ágabo, se puso de pie en una de las reuniones y predijo por medio del Espíritu que iba a haber una gran hambre en todo el mundo romano. (Esto se cumplió durante el reinado de Claudio). Así que los creyentes de Antioquía decidieron enviar una ayuda a los hermanos de Judea, y cada uno dio lo que podía. Así lo hicieron, y confiaron sus ofrendas a Bernabé y a Saulo para que las llevaran a los ancianos de la iglesia de Jerusalén. (Hech. 11:27-30, NTV)

Tabita «era rica en obras buenas y de caridad que hacía continuamente» (Hech. 9:36). Lucas dice sobre Cornelio el centurión: era «piadoso y temeroso de Dios con toda su casa, que daba muchas limosnas al pueblo judío y oraba a Dios continuamente». Un ángel se le aparece en una visión y le dice: «Tus oraciones y limosnas han ascendido como memorial delante de Dios» (Hech. 10:2-4).

Los líderes de la iglesia primitiva hacían énfasis en dar a los pobres: «Solo nos pidieron que nos acordáramos de los pobres, lo mismo que yo estaba también deseoso de hacer» (Gál. 2:10). «La religión pura y sin mancha delante de nuestro Dios y Padre es esta: visitar a los huérfanos y a las viudas en sus aflicciones, y guardarse sin mancha del mundo» (Sant. 1:27). Santiago también escribe:

> ¿De qué sirve, hermanos míos, si alguien dice que tiene fe, pero no tiene obras? ¿Acaso puede esa fe salvarlo? Si un hermano o una hermana no tienen ropa y carecen del sustento diario, y uno de ustedes les dice: «Vayan en paz, caliéntense y sáciense», pero no les dan lo necesario para su cuerpo, ¿de qué sirve? (Sant. 2:14-16)

El apóstol Juan escribe:

> En esto conocemos el amor: en que Él puso Su vida por nosotros. También nosotros debemos poner nuestras vidas por los hermanos. Pero el que tiene bienes de este mundo, y ve a su hermano en necesidad y cierra su corazón contra él, ¿cómo puede morar el amor de Dios en él? Hijos, no amemos de palabra ni de lengua, sino de hecho y en verdad. En esto sabremos que somos de la verdad, y aseguraremos nuestros corazones delante de Él. (1 Jn. 3:16-19)

Cuidar de los pobres y desvalidos es tan básico para la fe cristiana que quienes no lo hacen no son considerados verdaderos cristianos. Cristo dice que si alimentamos al hambriento, damos de beber al sediento, acogemos al forastero, damos ropa al necesitado, cuidamos de los enfermos y visitamos a los perseguidos, le estamos haciendo esas cosas a Él: «Vengan, benditos de Mi Padre, hereden el reino preparado para ustedes desde la fundación del mundo. Porque tuve hambre, y ustedes me dieron de comer» (Mat. 25:34-35). De manera similar, si no hacemos estas cosas, le estamos dando la espalda a Cristo. A aquellos que no ayudaron a los pobres y los necesitados, Cristo les dice: «Apártense de Mí, malditos, al fuego eterno que ha sido preparado para el diablo y sus ángeles. Porque tuve hambre, y ustedes no me dieron de comer; tuve sed, y no me dieron de beber» (Mat. 25:41-42).

En el contexto completo de Mateo 24–25, aquellos a los que debemos ayudar en su necesidad parecen ser principalmente los cristianos, los «hermanos» de Cristo, que pasan necesidad como consecuencia de la persecución por su fe. Nuestra primera prioridad es atender las necesidades de «los de la familia de la fe» (Gál. 6:10). Aunque el principio general del pasaje puede aplicarse a todos los pobres del mundo, debemos buscar especialmente formas de ayudar a los cristianos que sufren, y en particular a nuestros hermanos perseguidos en todo el mundo, en lugares como Sudán, China, Indonesia y Oriente Medio.[8]

Cuando Saulo perseguía a los cristianos, Jesús se le apareció y le preguntó: «¿Por qué me persigues?». (Hech. 9:4). Esto demuestra lo personalmente que Jesús se toma el sufrimiento de Su pueblo. Perseguirlos es perseguirlo a Él. Ayudarlos es ayudarlo a Él.

Debemos preguntarnos: «Si Cristo estuviera al otro lado de la calle, o de la ciudad, o al otro lado del mundo, y estuviera hambriento, sediento y desamparado, o encarcelado por su fe, ¿lo ayudaríamos?». Cualquier cristiano profeso tendría que decir que sí. Pero no debemos olvidar lo que dice el propio Cristo en Mateo 25: Él *está* en nuestro barrio, comunidad, ciudad, país y en todo el mundo, en forma de personas pobres y necesitadas, y especialmente en quienes son perseguidos por su fe.

> Si Cristo estuviera al otro lado de la calle, o de la ciudad, o al otro lado del mundo, y estuviera hambriento, sediento y desamparado, o encarcelado por su fe, ¿lo ayudaríamos?

El hombre rico que pasó de largo ante el pobre Lázaro es condenado no por un acto concreto de explotación, sino por su falta de preocupación y ayuda a un hombre necesitado (Luc. 16:19-31). El pasaje sugiere que el hombre rico debería haber llevado a Lázaro a su mesa o haberse reunido con él en la puerta. Ignorar a los pobres no es una opción para los piadosos. Del mismo modo, en el relato del juicio final, el pecado que se echa en cara a los «cabritos» no es que hicieran algo malo a los necesitados, sino que no hicieron nada bueno por ellos (Mat. 25:31-46). El suyo no es un pecado de comisión, sino de *omisión*. Sin embargo, es un pecado de graves consecuencias eternas.

No podemos lavarnos las manos de responsabilidad ante los pobres diciendo: «No hago nada que los perjudique». Debemos hacer algo activamente para ayudarlos.

¿Qué podemos hacer realmente?

«Pero yo solo soy una persona. Y solo somos una pequeña iglesia. ¿Cómo podemos eliminar la pobreza?». La respuesta es que no puedes. Jesús dijo que los pobres siempre estarían con nosotros (Mar. 14:7). Entonces, ¿debemos rendirnos? Por supuesto que no. Vi un cartel de una organización de ayuda que planteaba la pregunta: «¿Cómo puedes ayudar a mil millones de personas hambrientas?». La respuesta daba en el clavo: «De a una a la vez». Que no pueda ocuparme de todos los pobres del mundo no significa que no pueda empezar ayudando a uno, luego a dos, luego a cinco, a diez, y así sucesivamente. La lógica que dice: «Como no puedo hacer todo, no haré nada», procede del pozo del infierno.

Debo ayudar a los pobres que están cerca, pero también a los que están lejos. De hecho, la mayoría de los verdaderamente pobres, hambrientos y perseguidos viven en otra parte del mundo. En este punto, solemos oír otra excusa gastada: «Bueno, no tiene sentido dar mi dinero a organizaciones de lucha contra el hambre, porque las personas que necesitan la comida nunca la reciben de todos modos». Esta afirmación es sencillamente falsa. Sí, la distribución es a veces un gran reto, y algunas organizaciones son más eficientes que otras. Y sí, los funcionarios o los soldados corruptos pueden confiscar algunos suministros. Sin embargo, una gran cantidad de alimentos llega a las personas hambrientas. Nuestra responsabilidad es elegir las mejores organizaciones que podamos encontrar, dar nuestro dinero, orar y confiar en Dios y en nuestros compañeros de ministerio para que la mayor parte de los alimentos y suministros lleguen a los necesitados.

Deberíamos tomar algunas de nuestras excusas favoritas para no alimentar a los hambrientos e imaginarnos exponiéndolas ante el tribunal de Cristo. A la luz de Su mandato inflexible de alimentar a los hambrientos, ¿cuántas de nuestras excusas aceptará?

«Pero alimentar a los hambrientos es solo una medida a corto plazo. Volverán a pasar hambre a menos que se les enseñe a alimentarse por sí mismos». Muchas organizaciones de desarrollo se dedican a encontrar y poner en práctica soluciones a largo plazo, enseñando a los nativos los tipos de habilidades y consiguiéndoles los tipos de equipos que pueden ayudarlos a cultivar y cosechar abundantes alimentos propios. ¿Estamos dando nuestro dinero, tiempo u oraciones para ayudar a estos grupos a lograr sus objetivos?

Los pobres no solo necesitan nuestras provisiones, sino también justicia social. La ley dice que nadie debe aprovecharse de una viuda o un huérfano, o Dios castigará con toda seguridad al tirano (Ex. 22:22-23). Asimismo, los extranjeros no deben ser oprimidos en modo alguno (Ex. 23:9). Dios dice: «Tampoco serás parcial al pobre en su pleito», y tres versículos después, añade: «No pervertirás el derecho de tu hermano menesteroso en su pleito» (Ex. 23:3, 6).

A los profetas les preocupaba especialmente la explotación de los pobres (Amós 2:6-7; 5:11-12; 8:4-6). Santiago advierte a la iglesia de que no corteje ni favorezca a los ricos en detrimento de los pobres (Sant. 2:1-13). La preocupación por los pobres estaba incorporada a las leyes de la tierra (Ex. 23:10). «Yo sé que el Señor sostendrá la causa del afligido, y el derecho de los pobres» (Sal. 140:12).

Toda iglesia y todo cristiano debe preguntarse: «¿Qué estamos *haciendo* para alimentar a los hambrientos y ayudar a los pobres? ¿Qué estamos *haciendo* para garantizar la justicia a los pobres? ¿Qué estamos *haciendo* para defender la causa de los necesitados?». Las emociones no bastan. ¿Por qué no determinar un salario con el que vivir, y luego devolver a Dios cada céntimo que nos confíe más allá de eso, de modo que cada día que trabajemos y obtengamos ingresos sea un día que ayude a los pobres y llegue a los perdidos?

¿Ayudamos o subvencionamos a los pobres?

Lo peor que podemos hacer con los pobres es ignorarlos. Lo siguiente peor es subvencionarlos, es decir, asistirlos solo lo suficiente para mantenerlos con vida, pero no lo suficiente para ayudarlos a desarrollar los medios que les permitan salir de la pobreza. A menudo se mete a los pobres en el mismo saco, como si fueran todos iguales. No lo son.

Algunos evangélicos utilizan repetidamente el término «los pobres», que incluye a todos. Se nos dice que debemos ayudar a «los pobres» haciendo esto y aquello, como si no importara *por qué* son pobres. Sin embargo, ni las Escrituras ni la experiencia indican que todos los pobres lo sean por las mismas razones. En consecuencia, no se los puede ayudar realmente con los mismos medios.

Una persona puede ser pobre por una de las diez razones siguientes o por una combinación de ellas: recursos naturales insuficientes; clima adverso; falta de conocimientos o habilidades; falta de la tecnología necesaria; catástrofes, como terremotos o inundaciones; explotación y opresión; pereza personal; autoindulgencia derrochadora; religión o visión del mundo; y decisiones personales de algunos de identificarse con los pobres y servirles. Por ejemplo, el concepto hindú del karma no anima a la gente a iniciar la mejora de sus circunstancias, y su veneración por ciertos animales permite que la gente se muera de hambre mientras una de sus principales fuentes de alimentos dadas por Dios (el ganado) consume otra (el grano).

Así que cuando decimos: «Esto es lo que debemos hacer para ayudar a los pobres», es como decir: «Esto es lo que debemos hacer para curar las enfermedades». Para ser eficaces, las curas deben buscarse y aplicarse para enfermedades concretas, como el cáncer, las cardiopatías, la diabetes, la colitis o el asma, no para la «enfermedad» en general. Es tan ridículo utilizar una fórmula para «ayudar a los pobres» como dar a todos los enfermos el mismo tratamiento para cada enfermedad y esperar que se sanen.

Si las personas son pobres porque sus casas y negocios han sido arrasados por una inundación, la solución puede ser darles el dinero, los materiales y la ayuda necesarios para reconstruir sus casas y restablecer sus negocios. Si son pobres debido a la insuficiencia de recursos naturales o a un clima adverso, podemos compartir los conocimientos, habilidades y tecnología necesarios para ayudarlos a sacar lo mejor de su situación. Si esto es imposible, podemos ayudarlos a reubicarse.

Si las personas son pobres debido a la opresión o la injusticia en nuestra nación, podemos hacer lo que podamos para eliminar o mitigar esa opresión.

Por ejemplo, podemos hacer peticiones y presionar para que se lleven a cabo reformas legales, sociales y económicas. Si los necesitados se encuentran en otro país, podemos ejercer la presión de la opinión internacional para lograr un cambio. Y, por supuesto, podemos orar.

Si las personas son pobres debido a su religión o a su visión del mundo, el problema es especialmente espinoso. Ciertamente, podemos intentar convencerlas de que cambien de religión y de visión del mundo. Predicarles el evangelio es básico para ello. Lamentablemente, debemos darnos cuenta de que, sin un cambio religioso o filosófico fundamental, toda la ayuda a corto plazo que podamos prestar nunca contribuirá a resolver el problema a largo plazo. Esto no significa que debamos negar la ayuda, sino que debemos darnos cuenta de sus limitaciones.

Una persona también puede ser pobre por autoindulgencia. «El que ama el placer será pobre; el que ama el vino y los ungüentos no se enriquecerá» (Prov. 21:17). Alguien puede tener unos ingresos decentes, pero malgastarlos en drogas, alcohol, cigarrillos, comidas precocinadas caras, actividades recreativas costosas o juegos de azar (incluida la lotería). Algunas personas consiguen satisfacer las necesidades de su familia con ingresos muy bajos. Otras ganan varias veces más dinero, pero siempre son «pobres», siempre están en crisis financiera. Esto no se debe a que sus medios sean escasos, sino a que viven de forma irresponsable.

Una vez, llamamos a un organismo público para que nos diera los nombres de algunas familias necesitadas. Luego fuimos a sus casas con sacos de comida, solo para encontrarnos con personas que vivían en mejores condiciones que algunas de las que habían aportado los alimentos. He visto a personas que no tienen dinero para comprar alimentos para su familia, pero que poseen coches bonitos y equipos electrónicos caros. El gobierno puede considerar esto pobreza, pero desde luego no lo es. Una persona así solo necesita liquidar sus bienes para alimentar a su familia, y luego aprender a vivir dentro de sus posibilidades y a no despilfarrar sus ingresos. Los cristianos no deben subvencionar a los irresponsables, sino complementar a los responsables.

Por último, una persona puede ser pobre por pereza. La Palabra de Dios dice explícitamente que el resultado de la pereza será la pobreza (Prov. 24:30-34). «Pobre es el que trabaja con mano negligente, pero la mano de los diligentes enriquece» (Prov. 10:4). «Desde el otoño, el perezoso no ara, así que pide durante la cosecha, pero no hay nada» (Prov. 20:4). «El necio se cruza de manos y devora su propia carne» (Ecl. 4:5). En última instancia, el perezoso es pobre por elección.

No debemos rescatar a los vagos de su pobreza. Todo acto de provisión les quita el incentivo de ser responsables de sí mismos y los hace más dependientes de los demás. Pablo ordena a la iglesia de Tesalónica que deje de ocuparse de los perezosos y les recuerda la norma que dictó cuando estuvo presente con ellos: «Si alguien no quiere trabajar, que tampoco coma» (2 Tes. 3:10). En otras palabras, es pecado alimentar a los perezosos. No se trata de dejar que la gente se muera de hambre; se trata de que las personas que se enfrentan a la inanición se sientan motivadas para trabajar y mantenerse como Dios manda. Como dice Proverbios 16:26: «El apetito del trabajador para él trabaja, porque su boca lo impulsa».

Las personas perezosas y autoindulgentes no necesitan ayuda económica; necesitan incentivos para dejar de ser perezosas y autoindulgentes. «La pereza hace caer en profundo sueño, y el alma ociosa sufrirá hambre» (Prov. 19:15). No nos corresponde a nosotros invalidar este principio de la Palabra de Dios. No nos corresponde hacer excepciones a la ley divina de la cosecha que dice: «El hombre recoge lo que siembra» (Gál. 6:7). Cualquier sistema que alimente a los perezosos es un sistema corrupto. Los perjudica a ellos y al resto de la sociedad y se opone a la estructura de la vida ordenada por Dios.

Por supuesto, alguien puede estar desempleado sin ser perezoso. Tenemos que ayudar a los desempleados, pero al mismo tiempo, debemos ayudarlos a encontrar trabajo. Cuando no se encuentra empleo, tenemos que proporcionárselos como podamos. De vez en cuando, solo como medida a corto plazo, nuestra iglesia ha ayudado a los desempleados dándoles trabajo en nuestros complejos. Es importante para su autoestima y motivación asociar los ingresos con el trabajo.

Si el dinero llega constantemente a la persona capacitada que no trabaja, entonces el dinero se disocia del trabajo. Estas personas llegan a creer que la sociedad o la iglesia les deben el sustento, lo que fomenta aún más la pereza y la destrucción de uno mismo y de la familia. Una nación, una organización de servicios sociales, una iglesia o un individuo que subvenciona a los perezosos engendra pereza. En lugar de eliminar la pobreza, la perpetúan.

La cuestión no es simplemente «¿Qué debemos hacer por los pobres?», sino «¿*Cuáles* pobres?». Hay que ayudar a los verdaderos pobres. Pero hay que ayudarlos de forma reflexiva y cuidadosa, según las razones fundamentales de su pobreza y según sus intereses a largo plazo.

Distribuir fondos a los pobres

Las distribuciones indiscriminadas a los pobres pueden ser catastróficas. A menudo, los «pobres profesionales» reciben bienes, mientras que los verdaderos pobres —los que quieren trabajar pero no pueden, o los que trabajan pero no ganan lo suficiente para cubrir sus propias necesidades— dudan en aceptar limosnas. He visto a un hombre decidir no trabajar durante un año y recibir prestaciones de desempleo que son el doble de lo que gana otro hombre por una semana laboral de cuarenta horas. Peor aún, he visto al mismo hombre acostumbrarse durante ese período de un año a no tener que trabajar para vivir. Eso fue hace más de veinte años, y desde entonces no ha vuelto a tener trabajo. Sigue viviendo de la «ayuda» mal dirigida de otros. Mientras tanto, ha perdido su autoestima y a su familia.

Hay mucho que aprender de la práctica de espigar del Antiguo Testamento. Las esquinas de los campos se dejaban sin cortar para que los pobres pudieran tener comida. Pero el grano no se cortaba, ataba, procesaba, molía, embolsaba, transportaba ni entregaba a los pobres. Siempre que podían, los pobres hacían el trabajo ellos mismos, y así no se les robaba su dignidad ni se les hacía irresponsables mediante un sistema que no exigía trabajo. El diezmo especial recaudado al final de cada tercer año se destinaba a los pobres, incluidos los levitas, los viajeros, los huérfanos y las viudas (Deut. 14:28-29). No incluía a los adultos sanos que simplemente preferían no trabajar.

Las iglesias deben ayudar a los necesitados. Pero «ayudar» significa algo más que darles dinero o una bolsa de comida. Requiere atención personal: nuestro tiempo, habilidades e interés. Una viuda no solo necesita un cheque; necesita que alguien la lleve de compras, se siente con ella, ore con ella. Puede necesitar que alguien le corte el césped, le arregle la valla, la lleve a la iglesia. No solo necesita apoyo material, sino también personal. (Y necesita esto último aunque tenga mucho dinero).

Las iglesias deben ayudar a los necesitados. Pero «ayudar» significa algo más que darles dinero o una bolsa de comida.

Muchas personas no necesitan más dinero, sino ayuda para manejar el que tienen. Un buen asesoramiento financiero, que incluya cómo hacer un presupuesto razonable y ceñirse a él, es un regalo más valioso que 500 dólares para sacar a alguien de una situación en la que nunca debería haberse metido. Orientar sobre cómo encontrar y mantener un empleo es mucho más útil que poner comida en una estantería mientras alguien se sienta en casa y ve la televisión todo el día. Cuando un hombre de mediana edad es despedido de su trabajo, no solo necesita encontrar uno nuevo, sino que puede necesitar apoyo para evitar la depresión paralizante que suele acompañar a estas situaciones.

Las iglesias tienen que desarrollar un proceso de selección que no sea impersonal ni deshumanizador, sino que determine con precisión si una persona está necesitada y, en caso afirmativo, por qué. Pablo habla de «[honrar] a las viudas que en verdad son viudas» (1 Tim. 5:3) y sigue diciendo que no toda viuda califica para esa ayuda. Por ejemplo, la iglesia no debe ocuparse de las responsabilidades que les pertenecen a los familiares:

> Honra a las viudas que en verdad son viudas. Pero si alguna viuda tiene hijos o nietos, que aprendan estos primero a mostrar piedad

> para con su propia familia y a recompensar a sus padres, porque esto es agradable delante de Dios. Sin embargo la que en verdad es viuda y se ha quedado sola, tiene puesta su esperanza en Dios y continúa en súplicas y oraciones noche y día. (1 Tim. 5:3-5)

A la luz de este principio, nuestra iglesia se ha dirigido a los familiares para animarlos a cubrir las necesidades materiales de un miembro de la familia al que puedan estar desatendiendo. El papel de la iglesia es ayudar y animar a la familia, no asumir sus responsabilidades.

Para distribuir fondos a los necesitados, una iglesia debe disponer de información precisa y rendir cuentas permanentemente para determinar quién es el necesitado y por qué, y qué es exactamente lo que necesita en verdad. De lo contrario, podemos ser culpables de lo mismo que hace nuestro gobierno: intentar resolver todos los problemas arrojando dinero indiscriminadamente. Al hacerlo, a menudo disminuimos los incentivos y aumentamos la dependencia y la hostilidad. Intentar satisfacer las necesidades dando dinero tiene a veces el mismo efecto que intentar apagar un fuego echándole gasolina.

La *Didajé*, escrita en el siglo II como guía para los cristianos conversos, dice: «Deja que tu limosna sude en tus manos, hasta que sepas a quién debes dar». En caso de duda, debemos equivocarnos y ayudar a los pobres, aunque tengamos que tragarnos nuestro orgullo y, a veces, otros se aprovechen de nosotros. Martín Lutero era tan generoso que a veces se aprovechaban de él. En 1541, una mujer transeúnte, supuestamente una monja fugitiva, llegó a su casa. Martín y Catalina la alimentaron y alojaron, solo para descubrir que había mentido y robado. Sin embargo, Lutero creía que nadie se empobrecería practicando la caridad. «Dios dividió la mano en dedos para que el dinero se deslice entre ellos», decía.[9]

Reconocer a los pobres

Cuando le preguntaron: «¿Cuál es el secreto de la felicidad?», Tennessee Williams respondió: «La insensibilidad». Muchos siguen este consejo. Nos volvemos insensibles a la difícil situación de los pobres. Fingimos que su situación no es tan mala, que son unos irresponsables, que realmente no hay nada que podamos hacer para ayudarlos. O racionalizamos que ya ayudamos lo suficiente pagando impuestos y donando ocasionalmente a una causa benéfica.

Jacques Ellul tenía razón: «Cada uno de nosotros debe reconocer a los pobres».[10] Debemos hacerlo ahora o más tarde, cuando estemos ante el Juez. «El que cierra su oído al clamor del pobre, también él clamará y no recibirá respuesta» (Prov. 21:13). Dios dice que Su voluntad de responder a nuestras oraciones depende directamente de si nos dedicamos a ayudar a los hambrientos, los necesitados y los oprimidos (Isa. 58:6-10). ¿Quieres mejorar tu vida de oración? Da a los pobres.

Es fácil verbalizar la preocupación por los pobres, pero es difícil ponerla en práctica. Para algunos, es cuestión de armarse de valor para caminar por la manzana y conocer a los pobres. Para otros, es cuestión de tener que conducir treinta kilómetros para encontrar a un pobre, y aun así no saber exactamente dónde buscar. Por eso es tan fácil en una comunidad acomodada hacer como si los pobres no existieran.

Debo preguntarme: *¿Dónde están los pobres en mi presupuesto?* Nuestra familia dona regularmente a ministerios de ayuda que llevan ayuda material y el evangelio a los necesitados de todo el mundo. Pero esto no es suficiente. ¿Qué esfuerzos hago actualmente para encontrar a alguien que tiene necesidad material y ayudarlo? No puedo relacionarme de forma significativa con los pobres si estoy aislado de ellos. Quizás deba hacer viajes regulares fuera de los acogedores suburbios donde vivo. Tal vez necesite también viajar al extranjero, no como turista, sino para satisfacer necesidades.

Debo preguntarme: *¿Dónde están los pobres en mi presupuesto?*

Hace años, algunas familias de nuestra iglesia llevaron ropa de abrigo, calefactores y suministros para ayudar a los trabajadores emigrantes hispanos locales durante el frío invierno. Esto condujo a la apertura de hogares y del edificio de nuestra iglesia para desarrollar relaciones continuas. Algunos estudiaron español para acortar aún más las distancias, profundizar las amistades y compartir el evangelio.

Iglesias enteras se han implicado en proyectos de ayuda a los pobres. El grupo de escuela secundaria de nuestra iglesia ha hecho viajes a México para conocer y ministrar a los pobres. Han organizado clubes bíblicos evangelísticos para niños de barrios marginales. Eso es un comienzo. Muchas iglesias pueden ir al centro de la ciudad, a las cárceles, a los hospitales y a las casas de reposo, dondequiera que haya necesidad.

Tenemos que examinar nuestras motivaciones. Se está poniendo de moda que las clases media y alta ayuden a los pobres. Nos hace sentir bien, tranquiliza nuestras conciencias hacer algunos gestos simbólicos a los pobres, y luego volver a nuestras vidas de materialismo. El reto no es darnos palmaditas en la espalda por regalar una bolsa de comida en Navidad. Se trata de integrar la atención a los pobres a nuestro estilo de vida.

Algunos parecen pensar que dar a una buena causa es lo único que importa, y que hacerlo es en sí mismo una señal de buenas motivaciones. Pero Pablo dice: «si diera todos mis bienes para dar de comer a los pobres [...] pero no tengo amor, de nada me aprovecha» (1 Cor. 13:3).

No solo debemos abrir nuestros bolsillos, sino también nuestros hogares (Rom. 12:13). Es fácil ser hospitalarios con «los nuestros». Pero ¿qué pasa con los pobres y los necesitados? Digo estas cosas no como experto en ministrar a los pobres. Solo soy un principiante. Me queda mucho camino por recorrer. Pero si he de ser discípulo de Jesucristo, debo ir.

Que un día Dios diga de nosotros lo que dijo del rey Josías: «Defendió la causa del pobre y del necesitado; entonces le fue bien. ¿No es esto conocerme?» (Jer. 22:16).

Dar y la Gran Comisión

El apóstol Pablo nos dio la máxima prioridad: «Porque yo les entregué en primer lugar lo mismo que recibí: que Cristo murió por nuestros pecados, conforme a las Escrituras» (1 Cor. 15:3).

El evangelio, y por tanto su difusión, es lo primero. Los presupuestos de las iglesias suelen destinar menos del 10 % de sus ingresos a las misiones. Y lo que se llama «misiones» a menudo incluye ministerios dirigidos a alcanzar a nuestro propio país o comunidad. Más del 90 % del presupuesto medio de una iglesia local nunca sale del país. Según el Centro Estadounidense para las Misiones Mundiales, solo el 5,7 % de las donaciones a causas cristianas se destina a misiones extranjeras. De esa cantidad, el 87 % se destina al trabajo entre los que ya son cristianos, el 12 % al trabajo entre los no cristianos ya evangelizados y el 1 % al trabajo entre los grupos de personas no evangelizadas o no alcanzadas.[11] Los estadounidenses gastan mucho más en comida para mascotas —¡y en chicle!— que en la causa de las misiones mundiales.

El 90 % de los trabajadores cristianos del mundo viven en países con el 10 % de la población mundial. He aquí una pregunta correspondiente a esta estadística: Si vieras a diez personas intentando levantar un tronco enorme y quisieras ayudarlas, y nueve de las personas estuvieran levantando por un extremo y una por el otro, ¿a qué extremo irías?

Algunos dirían: «Tenemos muchas necesidades en nuestro propio país. La gente de aquí es tan importante como la de cualquier selva. Un alma es un alma; a Dios le da igual que venga de nuestro país o de otro». Pero la gravedad de las necesidades de los que no tienen acceso al evangelio es obviamente mayor que la de los que tienen iglesias en todas las comunidades, una Biblia en la estantería, programas evangélicos en la radio y cristianos que viven en la casa de al lado. (¿Por qué unos deberían oír el evangelio muchas veces cuando otros no lo han oído nunca en absoluto?).

Además, aunque es cierto que estamos rodeados de necesidades, nuestra nación dispone de vastos recursos. Y casi todas las iglesias y organizaciones reinvierten sus fondos en nuestro país, lo que se traduce en recursos aún mayores. Nuestra familia y nuestro ministerio contribuyeron gustosamente a ayudar tras los sucesos del 11 de septiembre de 2001. Pero dada nuestra extrema riqueza, la verdad es que Estados Unidos en su peor día estaba mucho mejor que la mayoría de las naciones en su mejor día.

Debemos darnos cuenta de que a Dios le interesa algo más que el número total de almas en el cielo. ¡También le importa de dónde vienen! Los cuatro seres vivientes se unirán a las huestes celestiales para cantar alabanzas al Cordero: «con Tu sangre compraste para Dios a gente de toda tribu, lengua, pueblo y nación. Y los has hecho un reino y sacerdotes para nuestro Dios; y reinarán sobre la tierra» (Apoc. 5:9-10). Juan se sintió abrumado cuando vio «una gran multitud, que nadie podía contar, de todas las naciones, tribus, pueblos, y lenguas, de pie delante del trono y delante del Cordero» (Apoc. 7:9).

Cristo es glorificado no solo por el número total de los que le adoran, sino también porque este número incluye a representantes de cada tribu, lengua, pueblo y nación. Por tanto, debemos hacer esfuerzos concertados para que los misioneros, sean de nuestro país o de otro, lleguen a las personas «ocultas» que aún no han oído el evangelio.

Poco antes de que él y sus cuatro amigos fueran asesinados por los indios aucas en sus intentos de llevarles el evangelio, el misionero Nate Saint escribió:

> Mientras sopesamos el futuro y buscamos la voluntad de Dios, ¿nos parece correcto arriesgar nuestras vidas por unos pocos salvajes? Al hacernos esta pregunta, nos damos cuenta de que es la simple insinuación de la Palabra profética de que habrá algunos de cada tribu en Su presencia en el último día, y en nuestro corazón sentimos que le agrada que nos interesemos en abrir una brecha en la prisión auca para Cristo.
>
> Mientras celebramos esta Navidad, que los que conocemos a Cristo oigamos el grito de los condenados que se precipitan sin remedio hacia la noche sin Cristo, sin oportunidad alguna. Que seamos movidos a compasión como lo fue nuestro Señor. Que derramemos lágrimas de arrepentimiento por los que no hemos sabido sacar de las tinieblas. Que más allá de las sonrientes escenas de Belén, veamos la aplastante agonía del Gólgota. Que Dios nos dé una nueva visión de Su voluntad respecto a los perdidos, y de nuestra responsabilidad.[12]

En primer lugar, nos motiva la gloria de Dios, pero también nos mueven las necesidades eternas de las personas. Muchos de nosotros denunciamos que los liberales religiosos no crean en el infierno. Pero hay una vergüenza aún mayor: que los que sí creemos en el infierno nos esforcemos tan poco por evitar que otros vayan allí.

«Todo aquel que invoque el nombre del Señor será salvo». ¿Cómo, pues, invocarán a Aquel en quien no han creído? ¿Y cómo creerán en Aquel de quien no han oído? ¿Y cómo oirán sin haber quien les predique? ¿Y cómo predicarán si no son enviados? (Rom. 10:13-15)

Algunos de los discípulos de Cristo deben dejar atrás su dinero y sus posesiones para ir a alcanzar a los miles de grupos de personas no alcanzadas del mundo. Algunos de Sus discípulos deben quedarse donde están, tendiendo la mano a los que los rodean y llevando un estilo de vida que les permita no solo orar por los demás, sino dar generosamente para enviarlos y apoyarlos.

Las oportunidades de utilizar nuestros recursos financieros para difundir el evangelio y fortalecer la Iglesia en todo el mundo son mayores que nunca. Al igual que Dios levantó a Ester para un momento como el suyo, estoy convencido de que nos ha levantado a nosotros, con todas nuestras riquezas, para ayudar a cumplir la Gran Comisión. La pregunta es: ¿Qué hacemos con ese dinero? Nuestro trabajo consiste en asegurarnos de que llegue a sus destinatarios.

Imagina a Cristo multiplicando los cinco panes y los dos peces, y a los discípulos acumulando las ganancias hasta enterrarse debajo, mientras las masas seguían sin alimentarse. Es un escenario extraño, pero con qué facilidad nos enterramos en los recursos que Dios nos ha dado, mientras las necesidades del mundo quedan insatisfechas. Suponemos que Dios ha multiplicado nuestros bienes para que podamos conservarlos, cuando en realidad los ha multiplicado para que podamos distribuirlos (2 Cor. 8:14; 9:11).

Imagina a Cristo multiplicando los cinco panes y los dos peces, y a los discípulos acumulando las ganancias hasta enterrarse debajo, mientras las masas seguían sin alimentarse.

Todos los derechos de autor de mis libros se destinan a ministerios cristianos, y la mayoría a misiones, ayuda contra el hambre y trabajo de desarrollo en el extranjero. Nuestro ministerio pone gratuitamente todos mis libros a disposición de los misioneros y de los institutos bíblicos y seminarios internacionales que puedan utilizarlos para formar y enriquecer a quienes sirven a Cristo. No creo que Dios me haya llamado (por ahora) a pasar mi vida en el extranjero, pero aquí tenemos el privilegio de ganar dinero y dar recursos para ayudar a los que han sido enviados. Como dijo Jesús: «de gracia recibieron, den de gracia» (Mat. 10:8).

Piensa en lo que las editoriales cristianas podrían hacer en el extranjero (algunas lo están haciendo ya) regalando excelentes libros en inglés, cediendo los derechos de traducción a destinatarios dignos y ayudando a formar a los nacionales para que se conviertan en escritores fluidos en sus propias lenguas. Piensa en lo que tu empresa podría ofrecer gratuitamente a los misioneros y a las iglesias nacionales necesitadas. Tales donaciones no deben hacerse indiscriminadamente, sino que podrían administrarse a través de las agencias fieles existentes que mejor saben cómo utilizar tales recursos. (Aunque en Eternal Perspective Ministries no recibimos estos recursos, estaremos encantados de ponerte en contacto con ministerios cualificados que te ayudarán gustosamente).

Dar dinero para evangelizar no sustituye a la evangelización, pero es un excelente complemento. No hay mejor forma de invertir nuestro dinero en la eternidad que en la causa de las misiones mundiales. Todos deberíamos dar regularmente a nuestras iglesias locales, y deberíamos animar a nuestros líderes a invertir una parte aún mayor de los presupuestos de sus iglesias en misiones mundiales. Además, la mayoría de nosotros puede invertir sustancialmente en la causa de la evangelización mundial a través de muchas organizaciones misioneras excelentes.

¿Es más importante alimentar a las personas hambrientas o llegar a ellas con el evangelio? Las dos cosas son simultáneamente críticas, y por eso Jesús ordenó ambas cosas. Los muertos no oyen el evangelio; permitir que la gente muera o sufra innecesariamente es inconcebible. Por otra parte, las personas que no oyen el evangelio no pueden ir al cielo (Rom. 10:13-14), por lo cual alimentarlas está bien, pero dejar de compartir el evangelio está mal. Por eso, nuestro ministerio solo apoya a las organizaciones de ayuda contra el hambre que son explícitamente cristianas y se comprometen a compartir a Cristo con aquellos a los que ayudan.[13] Algunos expertos calculan que más de la mitad de las donaciones caritativas que hacen los cristianos se destinan a organizaciones laicas. Resulta difícil comprender por qué es así, cuando hay personas que hacen casi todo tipo de obras caritativas en nombre de Cristo y que llevan a la gente lo que más necesita: a Jesús mismo.

Las iglesias y las misiones

Nuestra iglesia tiene la política de apoyar sustancialmente a nuestras familias misioneras. Preferimos ser una de pocas iglesias —preferiblemente de la misma zona— que aportan la mayor parte del apoyo a un misionero. Entre otras cosas, esta concentración del apoyo permite a los misioneros evitar el agotador proceso de pasarse sus tiempos de licencia visitando docenas de iglesias y personas de todo el país. Al pasar sus permisos con nosotros y quizás con algunas otras iglesias de apoyo de la misma zona, desarrollan relaciones estrechas. Esto los ayuda a no convertirse en una simple foto en una nevera. Además, este contacto personal aumenta drásticamente el compromiso y el apoyo en la oración de los miembros de nuestra congregación. (Esta es también una buena razón para enviar a personas de la iglesia a viajes misioneros de corta duración para que visiten y trabajen junto a los misioneros a los que apoya la iglesia).

Si una familia misionera es sostenida por cien personas, no tiene comunidad espiritual ni base de operaciones. Del mismo modo, si una iglesia apoya a cien misioneros con 40 dólares al mes, no tiene misioneros a los que llamar suyos.

Misiones a corto plazo

Si algunos lectores se sintieran tocados por Dios en sus corazones para pasar el resto de sus vidas en el campo misionero, sería maravilloso. Si hay algo que pueda hacer para animar a alguien con ese fin, lo haría con mucho gusto. Creo firmemente en las misiones, y en mis viajes he visto de primera mano la maravillosa obra de Dios a través de las misiones y las iglesias nacionales. Pero también animo a quienes no sientan la guía de Dios hacia una vida de misiones a que se tomen unas semanas y salgan en una misión a corto plazo. Nada conmoverá y cambiará tanto tu corazón como ver en vivo y en directo el trabajo y participar del ministerio. También motivará tu vida de oración y estimulará tus donaciones a las misiones.

Algunos me han preguntado: ¿No sería mejor gastar el dinero de los viajes de corta duración y enviarlo al campo misionero? En algunos casos, sí. Los estadounidenses a veces creen que ver el ministerio en persona lo valida. Si un viaje misionero cuesta decenas de miles de dólares e implica un impacto ministerial mínimo, en realidad no es más que una divertida experiencia intercultural, lo cual no bastaría para justificarlo. Pero muchos viajes misioneros de corta duración son estratégicos y ayudan enormemente a las iglesias nacionales, a los misioneros y a la población autóctona. Crean «cristianos del mundo», que vuelven cambiados y que orarán por las misiones y las financiarán el resto de sus vidas, difundiendo así su visión del mundo y sirviendo en los grupos de trabajo de las misiones de un modo que nunca lo habrían hecho si se hubieran quedado en casa. Además, muchos misioneros a largo plazo han empezado con experiencias a corto plazo que les han ayudado a prepararse y a mover sus corazones hacia las misiones.

¿No sería mejor gastar el dinero de los viajes de corta duración y enviarlo al campo misionero?

A una iglesia puede costarle 5000 dólares, por ejemplo, enviar a un pastor a Sudán para que tenga comunión con los creyentes, escuche sus historias, les enseñe la Biblia y, sobre todo, aprenda de estos cristianos perseguidos. Pero cuando ese pastor regrese a su iglesia, su visita puede dar el fruto de cientos de miles de dólares donados, muchas horas de oración y una relación continua con los creyentes en el extranjero que, de otro modo, no se habría producido. Además, si la gente no va a viajes de corta duración, el dinero equivalente casi nunca se gastará en misiones, sino que se destinará a coches, vacaciones o a repavimentar la entrada de la casa. *Muchos viajes misioneros y de visión no se financian con dinero para misiones*, sino con dinero que se habría gastado de otras formas.

Nuestra iglesia envía más de cien misioneros a corto plazo al año. En consecuencia, nuestra congregación está llena de cristianos del mundo que conocen personalmente a nuestros misioneros, oran por ellos con regularidad y dan a las misiones con mayor generosidad. Los dividendos eternos superan con creces los costos a corto plazo.

Lo único que importa

Un día, hace años, mi amigo nigeriano Samuel Kunhiyop y yo estábamos hablando en el salón de mi casa. Descubrimos que teníamos la misma edad. Después de que me contara qué privilegio era visitar nuestro país, le dije: «Me sorprende que aprecies tanto a Estados Unidos. Tantos países, incluso aquellos a los que hemos ayudado, son antiamericanos. Pero muchos nigerianos fueron comprados o robados y enviados a Estados Unidos y vendidos como esclavos, ¿no es así? Con todos los países que están resentidos con nosotros sin una buena razón, pensaría que tú más que nadie nos despreciarías. ¿Por qué no lo haces?».

Nunca olvidaré los escalofríos que sentí al oír la mesurada respuesta de Samuel, pronunciada lentamente con su rico acento: «No importa qué más hicieron, nos trajeron el evangelio... y eso es lo único que importa». (Sí, creo que hay otras cosas que importan además de predicar el evangelio, entre ellas el carácter, la integridad y la justicia social. Pero Samuel decía lo mismo que el apóstol Pablo: el evangelio es más importante que cualquier otra cosa). Dos generaciones atrás, una oleada de misioneros enviados por las iglesias norteamericanas había ganado para Cristo al pueblo de este hombre, incluidos sus padres. Como resultado, mientras yo crecía en un hogar no cristiano en Estados Unidos, él se criaba en un hogar cristiano en Nigeria.

David Bryant pregunta: «¿A quién no le gustaría terminar cada día, apoyando la cabeza en la almohada, diciendo con confianza: "Sé que este día mi vida ha contado estratégicamente para la causa global de Cristo, especialmente para los que ahora están fuera del alcance del evangelio"?».[14]

La necesidad es desesperada. ¿No es hora de que vaciemos nuestros bolsillos para ayudar a alcanzar el mundo para Cristo? Al igual que los que oran, los que dan son socios de los que van (Col. 4:2-4; Fil. 1:4-5). Algunos pueden ir. Todos pueden orar. Todos pueden dar. ¿Lo harás?

Mientras consideras tu respuesta, imagina por un momento la cálida voz de alguien de una cultura diferente —quizás con un color de piel distinto— que se acerca a ti en el cielo, te abraza y te susurra: «Gracias: nos has traído el evangelio, y eso es lo único que importa».

CAPÍTULO 15

Las finanzas del ministerio y la recaudación de fondos: Cuestiones éticas especiales

Quien crea que dar es un asunto fácil, se equivoca; es un asunto de gran dificultad, siempre que los donativos se hagan con sabiduría y no se dispersen al azar y por capricho.
SÉNECA

La obra de Dios hecha a la manera de Dios nunca carecerá del suministro de Dios.
HUDSON TAYLOR

Una mujer angustiada escribió a Horace Greeley, el famoso periodista, diciéndole que su iglesia estaba en bancarrota. Le explicó que habían probado con ferias, festivales, cenas, bodas simuladas y actos sociales, pero que ninguno había generado dinero suficiente para mantener la iglesia a flote. «¿Tiene usted alguna sugerencia de qué más podríamos hacer?», preguntó. Greeley contestó: «¿Por qué no probar con la religión?».

Quizás si las iglesias hicieran lo que se supone que deben hacer, Dios y Su pueblo saldrían adelante y cubrirían las necesidades económicas.

Este capítulo abordará los destinatarios de las ofrendas, los métodos de recaudación de fondos, el uso adecuado de los mismos y cómo identificar los ministerios que merecen la pena. También planteará algunas cuestiones inquietantes y controvertidas relacionadas con diversas prácticas financieras entre los evangélicos que son éticamente problemáticas y nos hacen vulnerables a las críticas y al deterioro moral ético.

Donaciones a organizaciones laicas

Muchos de los primeros filántropos estadounidenses trataron de promover causas cristianas. Hoy en día, los filántropos más destacados no adoptan una visión cristiana del mundo. La Fundación Rockefeller declara como su propósito: «Promover el bienestar de la humanidad en todo el mundo». Para los cristianos, esta afirmación se queda corta. El mandamiento de «amarás a tu prójimo» es inseparable del mandamiento de «amarás al Señor tu Dios» (Mat. 22:37-38). Cualquier filosofía de distribución de la riqueza que no tenga en cuenta la gloria de Dios y Sus propósitos redentores para los hombres se queda corta.

«¿Deben los cristianos apoyar a las organizaciones laicas?». Por muy buenos que sean, ¿están los museos, las galerías de arte y la radiodifusión pública tan cerca del corazón de Dios como la evangelización, la plantación de iglesias y la ayuda a los pobres en nombre de Cristo? Muchos cristianos apoyan a universidades laicas, a menudo su *alma mater*, que promueven la incredulidad en un Creador como la única visión racional del mundo. Otros apoyan a universidades «cristianas» que ya no creen en las Escrituras. Si Dios quiere que des Su dinero a una escuela, ¿no debería ser una escuela que crea en Él, lo ame y le obedezca? ¿Cuánto dinero de Dios se destina hoy a escuelas que se oponen a las causas bíblicas en vez de apoyarlas? ¿Qué piensa Dios de que el dinero administrado por Sus hijos esté financiando causas no solo no cristianas, sino anticristianas?

Por cada organización secular, hay una organización cristiana que hace el mismo trabajo pero con una perspectiva eterna. Cuando se puede elegir, ¿por qué no apoyar a organizaciones caracterizadas por la oración, las normas bíblicas y la obra sobrenatural del Espíritu de Dios?

Cuando se puede elegir, ¿por qué no apoyar a organizaciones caracterizadas por la oración, las normas bíblicas y la obra sobrenatural del Espíritu de Dios?

¿Podemos amar a nuestro prójimo sin compartir con él nuestra posesión más preciada? Una organización secular puede hacer el bien y aliviar el sufrimiento físico, pero la necesidad más profunda de la humanidad es la de un Salvador. Quienes no ofrecen a Jesucristo no ofrecen lo que la gente necesita más desesperadamente.

Las finanzas y la recaudación de fondos en la iglesia local

Dar a la iglesia local

Las ofrendas deben empezar por tu iglesia local, creyente en la Biblia y centrada en Cristo, la comunidad espiritual en la que te alimentas y a la que rindes cuentas. En el Nuevo Testamento, las ofrendas no se dirigían a la Iglesia en general, el cuerpo universal de Cristo, sino a la iglesia, la asamblea cristiana local. Incluso los donativos que se enviaban a otros lugares se entregaban *a través* de la iglesia local. Mientras que el templo del Antiguo

Testamento era un almacén, la Iglesia del Nuevo Testamento era un centro de intercambio, un conducto de donativos para ayudar a los necesitados y llegar a los perdidos.

Normalmente, creo que las primicias, o el diezmo, deben ir a la iglesia local. Pero no creo en el «diezmo de almacén» si significa que una iglesia acumula fondos o los gasta en adornos o monumentos al ego y la prosperidad. Las ofrendas voluntarias más allá del diezmo también pueden destinarse a ministerios paraeclesiásticos dignos.[1] Durante catorce años, fui pastor de una iglesia local, y durante trece años he dirigido un ministerio paraeclesiástico. Creo que ambos tipos de ministerio merecen apoyo, pero la iglesia siempre debe ser lo primero. Por eso damos más a nuestra iglesia que a nuestro ministerio.

Nuestras donaciones deben ir primero a la iglesia local, porque es nuestra comunidad espiritual primaria. («Las iglesias electrónicas» son una contradicción. Son programas mediáticos, no iglesias). En el Nuevo Testamento no se mencionan juntas misioneras, organizaciones juveniles ni institutos bíblicos. Solo existe la iglesia local, que desempeñaba todas estas funciones. Pero la historia ha demostrado que hay muchas cosas que las iglesias locales no han podido o no han querido hacer. Los grupos paraeclesiásticos han llenado ese vacío. Muchos han hecho un trabajo notable. Han sido servidores de Cristo y de la Iglesia. Otros, por desgracia, han competido con las iglesias, agotando sus recursos.

¿Cómo puede un ministerio de Chicago o Dallas rendir cuentas a los donantes que viven en Idaho o Nueva York? ¿Cómo pueden los mecenas evaluar si los líderes paraeclesiásticos tienen un carácter respetable? Espero que la mayoría de los miembros de las iglesias vean a sus pastores en situaciones de la vida real. Pero lo único que saben del líder del ministerio paraeclesiástico es lo que les cuentan. Desde la distancia, las organizaciones paraeclesiásticas con folletos elegantes y portavoces atractivos a menudo eclipsan a la iglesia local, donde gran parte de las donaciones apoyan actividades cotidianas como pagar las facturas de los servicios públicos y el salario de un pastor que, aunque sea un hombre íntegro, puede ser común y corriente. La iglesia es pequeña, los grifos gotean y la gente es irritante. El conserje lleva un overol viejo y va de un lado al otro, haciendo sonar su enorme llavero.

La gente piensa: *No quiero que mi dinero pague la factura del agua o de la basura; quiero que se destine al 100 % a la evangelización.* Los ministros de la televisión, con sus dientes rectos y su maquillaje, cuentan historias de miles de conversiones. ¿Por qué jugártela con una iglesia local de pacotilla cuando puedes enviar tu dinero a las grandes ligas? Así que, en cambio, la gente da su dinero a un grupo paraeclesiástico, aparentemente sin darse cuenta de que también tiene gente irritante y corriente; facturas de la basura; y un conserje con overol viejo y un llavero estridente.

Pablo no anima a los creyentes individuales a dar a una causa necesitada por su cuenta, sino a dar a la iglesia local y a través de ella (1 Cor. 16:2). Cuando los primeros cristianos vendían sus tierras y casas, «traían el precio de lo vendido, y lo depositaban a los pies de los apóstoles, y se distribuía a cada uno según su necesidad» (Hech. 4:34-35). No discernían por sí mismos adónde debían ir a parar los fondos. Los confiaban a líderes eclesiásticos espiritualmente cualificados, que los distribuían sabiamente.

Escribiendo en el año 390 d. C., Juan Crisóstomo dijo lo siguiente sobre las donaciones de la iglesia primitiva:

> No se atrevían a poner su ofrenda en manos de los necesitados, ni a darla con altiva condescendencia, sino que la depositaban a los pies de los apóstoles y los convertían en amos y distribuidores del donativo. Lo que un hombre necesitaba se tomaba entonces del tesorero de la comunidad, no de la propiedad privada de los individuos. De este modo, los dadores no se volvían arrogantes.[2]

La mayor parte del dar sin discernimiento entre los cristianos de hoy se debe a nuestra independencia. Si fuéramos sinceros, tendríamos que decir: «Doy a este sitio y a aquel otro según me parece, en vez de dar a la iglesia para que lo distribuya como les parece a los líderes espirituales». ¿Por qué? Porque es *mi* dinero y hago con él lo que quiero. Además, disfruto recibiendo reconocimiento y caricias al ego de aquellos a los que envío mi dinero».

Si los creyentes confiaran la distribución de los fondos que Dios les ha dado a líderes cualificados de la iglesia local (me doy cuenta de que algunos líderes eclesiásticos no están cualificados), los ministerios paraeclesiásticos dignos prosperarían y los indignos se desvanecerían.

A menudo me preguntan: «¿Pero cómo puedo dar a mi iglesia si no estoy de acuerdo con cómo se gasta el dinero?». Quizás los líderes de tu iglesia estén en mejores condiciones que tú para juzgar esto. Y si realmente vieras de cerca algunos de estos otros ministerios, probablemente encontrarías tanto o más con lo que estar en desacuerdo. Si la Biblia me dice que pague impuestos (Rom. 13:1-7), y yo cumplo, aunque algunos se malgasten e incluso se utilicen para malos fines, seguramente puedo dar a Dios aunque no me sienta a gusto con cada uso de los fondos. Por supuesto, en algún lado hay que trazar la línea. Si mi dinero —el dinero de Dios— va a parar a seminarios que niegan la Biblia y a grupos que promueven la inmoralidad, es hora de hablar con los líderes de mi iglesia. Si sigo sin poder dar con buena conciencia de forma regular y sustancial a mi iglesia, quizá sea el momento de pedir ayuda a Dios para encontrar una iglesia en la que pueda dar como Él me ha ordenado.

Recaudar fondos mediante compromisos de donación y promesas de fe

Las iglesias utilizan muchos trucos para recaudar fondos, como rifas, bingos y otras formas de juegos de azar. Una iglesia recaudó fondos para su programa de construcción dando premios en efectivo a los que conseguían los compromisos de donación más altos de otros miembros de la iglesia.[3] Pero no todos los intentos de recaudar fondos son trucos. Los compromisos de donación y las promesas de fe también son métodos habituales de recaudación de fondos. Un «compromiso de donación» es una promesa hecha a la luz de ingresos conocidos o previstos. Una «promesa de fe» es un compromiso de dar una determinada cantidad de dinero, aunque el donante no sepa de dónde procederá. En ambos casos, se pide a las personas que designen una cantidad de dinero que se entregará en una fecha determinada, quizás en cuotas mensuales regulares. Algunas promesas son meras declaraciones de intenciones. Otras son compromisos serios que conllevan un recordatorio de seguimiento por parte de la iglesia. Después de demasiados incumplimientos, la llamada telefónica se convierte en una visita del pastor o del presidente de recaudación de fondos. Algunas promesas son en realidad contratos legalmente vinculantes con responsabilidad legal en caso de incumplimiento. (Cuando una promesa es simplemente una expresión de deseo o intención, o un acuerdo con Dios que se deja para que Su Espíritu Santo lo haga cumplir, no es necesariamente antibíblica. Sin embargo, cuando se convierte en un contrato legal, nos hemos desviado mucho de los principios de la donación bíblica examinados en el capítulo 13).

Cada vez es más frecuente, sobre todo en proyectos de construcción, contratar a recaudadores de fondos profesionales o directores de prospección de fuera de la membresía. Por muy bienintencionados que sean, estos programas comunican un triste mensaje: Los líderes de la iglesia no pueden compartir una visión convincente que la gente quiera apoyar, así que traen a un «asesino a sueldo» con un arsenal de formas de conseguir dinero de la gente. Los compromisos de donación suelen ser la columna vertebral de estas campañas.

La fuerza del método de la «promesa de fe» es que puede suscitar no solo confianza, sino disciplina e ingenio para ganar y ahorrar dinero con el fin de dárselo a Dios. Tener un objetivo tangible de, digamos, 500 o 5000 dólares anima a orar por la provisión y a actuar con diligencia. El punto débil de este enfoque es que las promesas de fe son muy subjetivas. Suponen que Dios ha determinado una cantidad exacta de dinero que hay que dar, y que esta cantidad solo puede discernirse a través del «sentimiento» de la persona. Como las Escrituras nunca dicen que Dios haya determinado o vaya a revelar tal cantidad, «confiar en Dios» para ello es obligarlo a algo que no ha prometido en primer lugar.[4] Comprometerse a dar una cantidad predeterminada durante un período de varios años puede violar lo que dice Santiago 4:13-17, que afirma que no podemos saber cuánto dinero ganaremos mañana, y mucho menos dentro de meses o años. Si Dios me lleva a trasladarme cuando aún me quedan dos años y 6000 dólares en mi promesa de fe, ¿sigo dando a mi antigua iglesia en lugar de a la actual?

> Cada vez es más frecuente, sobre todo en proyectos de construcción, contratar a recaudadores de fondos profesionales o directores de prospección de fuera de la membresía.

Cuando los macedonios dieron «más allá de sus posibilidades», estaban ejerciendo una fe arriesgada. Esto es más importante que si correspondía a una cantidad concreta que habían prometido. Tanto si se utiliza el enfoque de la promesa de fe como si no, Dios honra la oración, la dependencia y la generosidad. Si no fijamos una cantidad exacta, podemos descubrir que Dios sigue proveyendo en abundancia.

(En los apéndices A y B, abordo dos cuestiones relevantes: la integridad financiera y la responsabilidad en la iglesia y los ministerios paraeclesiásticos, así como el uso de los fondos del ministerio para los edificios).

El salario de los pastores

A los pastores se les paga para liberarlos para el ministerio. «Y al que se le enseña la palabra, que comparta toda cosa buena con el que le enseña» (Gál. 6:6). Pablo llama a esto el «derecho a comer y beber» del ministro por parte de la iglesia (1 Cor. 9:3-12). Dice: «Así también ordenó el Señor que los que proclaman el evangelio, vivan del evangelio» (1 Cor. 9:14). Es más, «los ancianos que gobiernan bien sean considerados dignos de doble honor, principalmente los que trabajan en la predicación [...] "El obrero es digno de su salario"» (1 Tim. 5:17-18). Cobrar más de lo que necesita le da al pastor la oportunidad de vivir como un ejemplo para el rebaño, la mayoría del cual —en Estados Unidos y las naciones occidentales— dispone de considerables ingresos discrecionales. Al enterarse de su aumento de sueldo, un pastor dijo a sus ancianos: «Esto es mucho más de lo que necesito para vivir». Los ancianos respondieron: «Sí, lo sabemos. Queremos ver qué haces con ello».

No siento ninguna simpatía por las iglesias que deliberadamente pagan mal a sus pastores, obligándolos a buscar formas de complementar sus ingresos. Es distinto, por supuesto, cuando una iglesia realmente no puede permitirse pagar a un pastor. Muchos pastores han tenido gustosamente trabajos a tiempo parcial para servir a iglesias más pequeñas, y no quiero decir que esto sea siempre inadecuado. Sin embargo, crea desafíos importantes.

Los pastores y los líderes laicos deben trabajar codo con codo en asuntos financieros. David High compara a los empresarios de la iglesia con los reyes y a los pastores con los sacerdotes. Sostiene que ambos tienen funciones importantes, pero que no deben confundirse:

> Los sacerdotes sin reyes persiguen la provisión en su propio perjuicio. Los reyes sin sacerdotes intentan generar visión muchas veces en su propio perjuicio. [...] Hoy tenemos iglesias llenas de reyes frustrados, sentados en los bancos con los brazos cruzados, escuchando a sacerdotes frustrados que han oído a Dios pero no tienen dinero para llevar la visión a la práctica. [...] Muchos hombres buenos y piadosos se han destruido a sí mismos y a sus ministerios al sentir que tenían que convertirse en recaudadores de fondos. En cuanto empiezan a perseguir dinero, algo se tuerce en su interior y su mensaje y su ministerio empiezan a sonar huecos.[5]

Los pastores y los ingresos externos

Como he sido pastor, mi corazón está en la iglesia local. Algunos de mis mejores amigos son pastores. Respeto y aprecio profundamente a los pastores. Lo que voy a decir no procede ni del cinismo ni de la sospecha. Pretende proteger tanto a los pastores como a las iglesias.

El Señor denunció que tanto los sacerdotes como los profetas estaban corrompidos por el dinero (Miq. 3:11). Pedro recuerda a los líderes eclesiásticos que «pastoreen el rebaño de Dios [...]; *no por la avaricia del dinero*, sino con sincero deseo» (1 Ped. 5:2, cursiva añadida). Insistió en que ningún amante del dinero estaba cualificado para ser líder eclesiástico (1 Tim. 3:3). En su ministerio, Pablo estaba tan empeñado en evitar incluso la apariencia de amar el dinero que a menudo se mantenía solo (1 Cor. 9:18).

Hace poco, leí una entrevista a un pastor. Cuando le preguntaron por su opulenta casa (con su propia bolera), su respuesta fue: «Dios no quiere que todos Sus hijos estén en clase turista. A algunos, los quiere en primera clase». Pero cuando los que van en clase turista pagan para que el pastor vaya en primera, se crea un modelo claramente distinto del pastor «con sincero deseo» de servir que propugnan las Escrituras.

Incluso a los ochenta y dos años, Oral Roberts seguía hablando de coches nuevos y relucientes y diciendo: «Dios quiere que prosperemos. Y si nosotros prosperamos, nuestro pueblo prosperará. Si el pastor no prospera, la gente no tendrá fe para prosperar».[6] Considera el contraste entre este modelo de prosperidad y el modelo de servicio de nuestro Señor: «Porque ni aun el Hijo del Hombre vino para ser servido, sino para servir, y para dar Su vida en rescate por muchos» (Mar. 10:45).

Pablo advierte a Tito sobre los ministros que «están trastornando familias enteras, *enseñando por ganancias deshonestas*, cosas que no deben» (Tito 1:11, cursiva añadida). Estos pasajes que he citado constituyen un mandato bíblico a los pastores y líderes cristianos, y a sus juntas directivas y electores, para que se esmeren en proteger a los líderes y ministerios de tentaciones innecesarias hacia la codicia, la incorrección financiera y el posible escándalo.

Surgen graves problemas cuando los pastores cobran mucho más o mucho menos que la persona promedio de la iglesia. La disparidad puede tener un efecto adverso tanto en los pastores como en los feligreses. Hace años, la tendencia era que los pastores estuvieran mal pagados, lo cual los obligaba a descuidar su vocación para encontrar otras fuentes de ingresos o los tentaba a ellos y a sus familias hacia la envidia o el resentimiento. Los pastores mal pagados —es decir, cuando la congregación puede permitirse pagarles más— tienden a ser menospreciados, dados por sentado y, a veces, tratados con condescendencia como «el pastor pobre», a quien, de hecho, la iglesia mantiene pobre. Por desgracia, esto sigue siendo cierto en el caso de muchos pastores hoy en día.

Sin embargo, la tendencia actual en muchas iglesias grandes, sobre todo en el caso de los pastores principales, es justo la contraria: pagarles como si fueran directores ejecutivos de una empresa, tentándolos a sentirse más importantes que las personas a las que pastorean, preparándolos, a menudo sin querer, para «enseñorearse» del rebaño. Observa el contraste en 1 Pedro 5 entre pastores ávidos de dinero y aquellos con «sincero deseo» de servir. Cuando un pastor anima a los demás a diezmar y a dar generosamente en ofrendas voluntarias —cosa que debería hacer como parte de la predicación de todo el consejo de Dios— y sus ingresos son muy superiores a los de ellos, la gente se pregunta: *¿Cómo puede entender nuestras dificultades económicas si vive en una casa tan bonita y gana todo ese dinero?* A veces, esta situación se debe a la tendencia a llenar las juntas directivas de las iglesias con hombres de negocios de éxito, en lugar de con una muestra representativa de la congregación. Esto sesga los niveles salariales medios de los miembros de las juntas e inclina a pagar a los pastores muy por encima de la media de la iglesia.

Surgen graves problemas cuando los pastores cobran mucho más o mucho menos que la persona promedio de la iglesia.

Tengo muchos buenos amigos que son pastores veteranos, dedicados a Dios y al ministerio. Muchos de ellos manejan bien el dinero. No estoy cuestionando su duro trabajo ni su integridad. Cuestiono, en cambio, el mercado que se ha creado para los pastores de las grandes iglesias, que pueden ganar varias veces lo que ganan otros pastores en plantilla, incluso los que trabajan más, con menos vacaciones y menos oportunidades de ingresos externos.

A veces, se ofrece a los pastores lo que equivale a sobornos para que abandonen sus iglesias. Conozco a un pastor de una gran iglesia que declinó una invitación para ser candidato de una iglesia aún mayor, diciendo que creía que era voluntad de Dios que permaneciera con su congregación actual. Pero la otra iglesia insistió, invitándolo a hacer una visita en un avión privado. Lo cortejaron y le ofrecieron un paquete económico mejorado, que acabó convenciéndolo para que abandonara su iglesia después de todo. (Al parecer, la voluntad de Dios era negociable).

Muchas iglesias se acostumbraron a hacer favores especiales a sus pastores cuando estaban muy mal pagados. Se ofrecían descuentos a los clérigos, y en algunos lugares todavía se ofrecen. A los pastores se les ofrecía alojamiento gratuito en vacaciones y otras cosas gratuitas, a veces incluso coches. Pero hoy, cuando a muchos pastores se les paga adecuadamente, los mismos favores se extienden por costumbre. El Ministerio de Hacienda permite a los pastores disponer de subsidios de vivienda exentos de impuestos que les ahorran miles de dólares al año. Yo estaba muy agradecido por esta exención cuando era pastor, y estoy a favor de que continúe. Solo quiero decir que el viejo estereotipo del pastor mal pago no siempre es cierto... de lo cual me alegro mucho. Sin embargo, he oído a pastores que ganan buenos sueldos hablar como si estuvieran mal pagados.

Algunos pastores reciben un pago externo por dar conferencias y escribir libros. Esto puede estar bien. Pero ¿acaso los miembros remunerados del personal de la iglesia están usando el equipo y el tiempo de la iglesia para hacer las tareas de mecanografía, investigación y programación de actos por los cuales el pastor recibe un pago externo? Esta situación crea una tentación que los pastores no necesitan: la tentación de decir que sí a los compromisos fuera de la ciudad y a los proyectos complementarios para ganar dinero extra sin que disminuya su paga regular de la iglesia. Estas oportunidades a veces crean conflictos éticos de intereses que no se tolerarían en el mundo empresarial. (Si IBM te paga por escribir *software*, ¿puedes venderlo a otros y quedarte con los beneficios? Cualquiera puede trabajar por cuenta propia, pero ¿puedes comercializar un trabajo por el que ya te ha pagado tu empleador? ¿Y puedes ausentarte de tu despacho para impartir seminarios y que te paguen por ello)?

Creo que los pastores y las juntas directivas de las iglesias deben establecer parámetros claros sobre el tiempo y el dinero que el pastor invertirá en hablar y escribir fuera de la iglesia. Estos parámetros deben ser justos tanto para el pastor como para la iglesia. ¿Cuánto tiempo se espera que el pastor invierta en el ministerio de la iglesia local cada semana? ¿Cuarenta horas? ¿Cincuenta horas? ¿Más?

¿Cuánto tiempo se espera que el pastor invierta en el ministerio de la iglesia local cada semana? ¿Cuarenta horas? ¿Cincuenta horas? ¿Más?

Esto debe acordarse mutuamente, para que el pastor sepa cuándo empieza y termina su tiempo de iglesia y su tiempo personal.

¿Puede un pastor escribir un libro que se base en un mensaje que haya dado a su iglesia? Sin duda. Pero cuando el pastor habla y escribe en su tiempo no vacacional, por el que ya recibe un salario de la iglesia, ¿es ético que reciba derechos de autor y honorarios por dar conferencias en las mismas horas de trabajo? ¿Qué mensaje envía que un pastor cobre de la iglesia mientras escribe un libro, luego cobre también de la editorial del libro, y luego vuelva a cobrar cuando presenta el material en una conferencia que lo aleja de su iglesia? ¿Es esto realmente lo mejor para el pastor o para la iglesia? (Irónicamente, cuando llegue el momento de fijar los salarios, la junta puede razonar: «Se ha hecho muy conocido gracias a sus libros y conferencias; merece que le aumenten el salario, mientras que nuestros pastores menos conocidos no tienen derecho a un aumento por méritos»).

A veces, estos dilemas éticos desaniman a un pastor porque lucha con su conciencia. Esto me ocurrió cuando intenté escribir mi primer libro mientras aún era pastor. Cada hora que dedicaba al libro era una hora más que no estaba disponible para la iglesia. Escribía en medio de la noche para evitar un conflicto directo, pero ese tipo de horario me pasó factura. Para varios proyectos de libros posteriores, solicité licencias no retribuidas de uno o dos meses, lo que me permitió centrarme en la escritura del libro sin conflicto de intereses y sin doble retribución. La mayoría de los pastores quieren hacer lo correcto, y quieren *saber* que están haciendo lo correcto.

Cuando un pastor acepta una invitación para dar una conferencia, recibe honorarios además de su salario habitual. Por el contrato de un libro, puede recibir decenas de miles de dólares, quizá 100 000 dólares o más, al firmarlo. Para un autor a tiempo completo, esto puede ser lo habitual, pero para un pastor o líder paraeclesiástico, puede suponer una grave tentación de promoción personal, en parte a expensas de su iglesia. Si la junta y la iglesia quieren y lo animan a escribir y hablar, está bien, pero deben establecerse directrices claras para que no haya ningún malentendido.

Si no se recurre a una licencia sin goce de sueldo, una alternativa podría ser programar un tiempo diario para escribir (digamos, de seis a ocho de la mañana) antes de que empiecen las obligaciones eclesiásticas del pastor. En este caso, los derechos de autor del libro podrían ir a parar al pastor, porque está escribiendo en su tiempo libre. Si la iglesia decide patrocinar el proyecto de escritura, podría permitirse al pastor que escribiera durante las horas normales de oficina con su salario normal, y los derechos de autor irían a parar a la iglesia.

Una iglesia puede conceder a un pastor un determinado número de conferencias fuera de la iglesia, con honorarios para la iglesia, o puede permitir que el pastor se quede con los honorarios si quiere compensarlo por no haberle pagado lo suficiente. Los pastores y las juntas directivas deben discutir cuánto tiempo es apropiado para que una secretaria pagada por la iglesia mecanografíe libros, artículos y materiales para conferencias, y haga llamadas telefónicas relacionadas, si los ingresos de estas actividades no van a parar a la iglesia. Puede ser aconsejable examinar las políticas de varias empresas en busca de acuerdos comparables.

Ofrezco estas sugerencias no para hacerles la vida más difícil a los pastores, sino para hacérselas más fácil. No es que desconfíe de ellos. Más bien, deseo protegerlos a ellos y a sus iglesias de la tentación, la incorrección y la apariencia de incorrección. Cuando las cosas no están claras, la gente siempre habla. Si la gente no entiende el acuerdo de trabajo del pastor, sobre todo en lo que se refiere a escribir y dar conferencias y seminarios fuera de la iglesia, si no está perfectamente claro y por escrito, el personal y los miembros de la iglesia tienen la tentación de chismear, lo cual no beneficia a nadie.

La financiación y la recaudación de fondos en otros ministerios

Si Filipenses 4:19 es cierto («mi Dios proveerá a todas sus necesidades...»), ¿por qué tantas organizaciones cristianas constantemente difunden públicamente sus penurias financieras?

«Por favor, sé sensible a Dios: envíanos tu contribución», suplica un predicador de radio y televisión. «¡Debemos recibir 300 000 dólares antes de fin de mes o tendremos que cerrar nuestras puertas!». (Sin embargo, cuando solo llegan 100 000 dólares, las puertas permanecen abiertas. Y a nadie parece ocurrírsele que Dios pueda *querer* cerrar las puertas del ministerio).

Hudson Taylor, misionero pionero en China, dijo: «La obra de Dios hecha a la manera de Dios nunca carecerá del suministro de Dios». Si una obra está constantemente necesitada de dinero, siempre mendigando donativos, o no es obra de Dios o no se está haciendo a la manera de Dios. El dinero no es el mayor activo de una organización. *Dios* lo es. Las personas piadosas y la bondad de la causa son activos adicionales. Si un ministerio tiene al Dios correcto, a las personas correctas y la causa correcta, entonces las finanzas también deberían ser correctas.

¿Hay que dar a conocer las necesidades?

Algunas «misiones de fe» no creen que deban darse a conocer las necesidades específicas. En cambio, dicen, hay que confiar en que Dios mueva los corazones de las personas para que den. Comprendo y respeto esta postura. Sin embargo, debe equilibrarse con lo que dice Pablo en 2 Corintios 1:8: «no queremos que ignoren, hermanos, acerca de nuestra aflicción sufrida en Asia». Su equipo misionero informaba sobre sus pruebas y necesidades a las iglesias que los apoyaban. Consideraba que los demás creyentes participaban en su ministerio con sus oraciones (2 Cor. 1:11). Es difícil orar con eficacia cuando no se conocen los hechos. Lo mismo ocurre con las donaciones. La mayoría de las veces, doy en respuesta a una necesidad conocida, pero antes alguien tiene que informarme de ella. Pablo no manipulaba a las personas cuando compartía una necesidad, ni les hacía sentir que sin sus ofrendas Dios no proveería (Fil. 4:10-19). También informó a los corintios de las necesidades de los pobres de Jerusalén (1 Cor. 16:1-4). Luego dio un paso más y los animó a llevar una ofrenda para esa necesidad, que sería distribuida por su equipo ministerial. Pasó de la información a la persuasión, pero nunca a la manipulación.

La abundancia de ministerios en nuestra sociedad produce una competencia por los fondos de los donantes. Para los líderes de estos ministerios, crea una sensación de urgencia, una filosofía tácita de que «debemos conseguir estos fondos antes de que lo haga otro». Algunas organizaciones presentan un nuevo enemigo cada mes, que requiere enormes cantidades de dinero para combatirlo, dando a la gente una razón para elegirlas porque su causa es más urgente. Para socavar esta sensación de competencia y recordar a todos que Dios tiene un solo equipo, recomiendo que los ministerios cedan un porcentaje de sus activos para apoyar a *otros* ministerios. En el trabajo del reino, todos ganamos o perdemos juntos, y deberíamos alegrarnos de las ganancias de cada ministerio centrado en Cristo.

A medida que los ministerios han crecido y la tecnología se ha desarrollado, es más fácil producir materiales promocionales de calidad, en claro contraste con los productos de las máquinas de fotocopias y las impresoras que predominaban hace décadas. Algunos ministerios producen ahora informes a todo color con fotografías impresionantes y una maquetación y un diseño comparables a los de las principales empresas de Estados Unidos. Esto no está necesariamente mal. Pero ¿qué pasaría si el dinero que se gasta en publicaciones elegantes y caras se invirtiera en el trabajo real del ministerio? Si la producción de un programa de televisión cuesta 100 000 dólares y la compra del tiempo de emisión 200 000 dólares, y luego el resultado genera 400 000 dólares en contribuciones al ministerio, ¿es un éxito? Puede que el ministerio salga ganando 100 000 dólares, pero en proporción a la inversión de 300 000 dólares, ¿puede justificarse el gasto? ¿Qué pensarían los donantes si supieran que tres de cada cuatro dólares donados se limitan a devolver a la organización lo que ha gastado en producir la invitación a dar?

> Recomiendo que los ministerios cedan un porcentaje de sus activos para apoyar a *otros* ministerios.

Recaudación de fondos de apoyo

Muchos misioneros dicen que la recaudación de fondos es la parte de su trabajo que más temen. Irónicamente, algunos de los más eficaces a la hora de realizar el trabajo real del ministerio son los menos eficaces a la hora de recaudar fondos. El mejor enfoque para recaudar fondos consiste en presentar el ministerio en oración, compartir los hechos y ofrecer la oportunidad de formar una asociación. Cuando va más allá de eso y uno termina «vendiéndose», con contactos de seguimiento que presionan para obtener un compromiso, la recaudación de fondos pierde su inocencia. Las iglesias y las organizaciones misioneras deben implicarse activamente en favor de sus misioneros para que no tengan que convertirse en algo que no son (y no deberían ser).

Como pastor, llegué a creer que la recaudación personal de fondos se había ido de las manos. El apoyo es una cosa, pero la «mentalidad de apoyo» es otra. He hablado con hombres que iban al seminario y esperaban que la iglesia les pagara los estudios. Suponían que si hacían algo por Dios, Su pueblo debía pagar por ello. Pero ¿quién paga a un ingeniero, a un fisioterapeuta o a un enfermero para que se formen? Aceptan un trabajo, trabajan horas extra y hacen sacrificios. Si Dios les proporciona otro camino, lo aceptan de buen grado, pero no suponen que alguien tenga que pagarles todo. ¿Por qué debería un seminarista estar menos dispuesto a sacrificarse por su sentido de la vocación que los que se dedican a otras profesiones? Si trabaja duro y necesita ayuda, el cuerpo de Cristo bien puede implicarse. Pero no tiene por qué esperar que lo haga.

Las pautas de George Müller

George Müller fue un inglés del siglo XIX que fundó orfanatos que atendían a miles de niños sin hogar. Era conocido por no solicitar fondos ni compartir datos ni cifras, sino por creer que Dios proveería para todas las necesidades del ministerio. Por razones que no podía explicar, los corazones de la gente se movían a menudo en momentos concretos —los momentos exactos en que se necesitaban— para dar fondos o provisiones para los orfanatos. A continuación, se exponen las directrices de George Müller para la recaudación de fondos. Aunque no creo que la primera directriz sea universalmente válida (como he mencionado anteriormente), creo que las otras deberían ser consideradas en oración por cualquier iglesia o ministerio:

1. Nunca se deben solicitar fondos. Los trabajadores del orfanato no deben revelar a nadie datos ni cifras sobre las necesidades, excepto a Dios en la oración.
2. Nunca deben contraerse deudas.

3. El dinero aportado para un fin específico no debe utilizarse jamás para otro fin.
4. Todas las cuentas deben ser auditadas anualmente por auditores profesionales.
5. No debe fomentarse el ego mediante la publicación de los nombres de los donantes con el importe de sus donaciones; debe darse las gracias a cada donante en privado.
6. No deben buscarse nombres de personas prominentes o con títulos para el consejo ni para hacer publicidad de la institución.
7. El éxito de la institución no debe medirse por el número de personas atendidas ni por las cantidades de dinero recaudadas, sino por la bendición de Dios sobre la obra, que se espera que sea proporcional al tiempo dedicado a la oración.[7]

La recaudación de fondos nunca superará el nivel de carácter exhibido por los líderes cristianos, que no deben ser amantes del dinero ni desviarse de la verdad para obtener beneficios económicos (1 Tim. 3:3, 8). No debemos tener «la avaricia del dinero» (1 Ped. 5:2). Los líderes y pastores cristianos deben adoptar una postura firme a favor de la recaudación de fondos piadosa, sin preguntar: «¿Qué hacen otros ministerios?», sino: «Señor, ¿qué quieres que hagamos?».

Utilizar la presión para recaudar fondos

En 1995, una organización benéfica llamada Fundación para la Filantropía de la Nueva Era se declaró en quiebra, develando una trama financiera fraudulenta que había sustraído más de 350 millones de dólares a cientos de particulares y organizaciones benéficas. Se había convencido a las víctimas de que depositaran dinero en Nueva Era porque la fundación contaba supuestamente con un grupo de ricos donantes anónimos que igualarían los depósitos y los duplicarían en seis meses. La operación era un esquema piramidal o Ponzi. No había donantes anónimos.[8]

Más de 200 organizaciones cristianas evangélicas perdieron dinero en el escándalo de Nueva Era, incluidas organizaciones de ayuda, universidades, denominaciones e iglesias locales. Afortunadamente, al final se recuperó más del 85 % del dinero. Pero la estafa reveló una inquietante desesperación financiera entre las organizaciones evangélicas.

Soy director de una pequeña organización sin fines de lucro. Recibimos ayuda de donantes. Pero como los derechos de autor de mis libros se asignan al ministerio y los distribuimos a otros, regalamos una gran proporción de la cantidad que recibimos. Te preguntarás: «Entonces, ¿por qué no pagan ustedes mismos lo que necesitan en lugar de aceptar donaciones?». Porque queremos y necesitamos oración, colaboración y responsabilidad. No guardamos una gran cantidad de dinero en ahorros porque deseamos utilizar y dar el dinero que se nos confía, no acumularlo. Comprendo que muchas organizaciones tienen momentos de especial necesidad económica, porque nosotros también los hemos tenido. Cuando los tenemos, vuelvo a los diecisiete principios financieros que escribí cuando empezamos nuestro ministerio en 1990. El primer principio es el siguiente:

> Eternal Perspective Ministries pertenece a Jesucristo. El personal de EPM tiene el privilegio de ser Sus siervos (1 Cor. 3:6-7). EPM existirá solo mientras Dios quiera. Si se hace evidente que Su propósito para EPM ha terminado, cerraremos nuestras puertas. El sol no sale ni se pone en este ministerio. Es simplemente una herramienta a disposición de Dios (2 Tim. 2:21), para que la utilice cuando y mientras quiera.[9]

Hace unos años, cuando disminuyeron los ingresos económicos de EPM, decidimos cerrar nuestra oficina ministerial los viernes y despedir a nuestro empleado más reciente. Cuando nuestros ingresos volvieron a aumentar, nos dimos cuenta de que cerrar los viernes nos había ahorrado dinero sin obstaculizar significativamente nuestro ministerio. Gracias a la escasez, descubrimos una forma mejor de funcionar, y la mantuvimos hasta que hubo motivos para abrir los viernes hasta mediodía. No todo lo que requiere más dinero es progreso, y no todo progreso significa gastar más dinero. A veces, significa gastar menos.

Los ministerios deben aprender a no dejarse llevar por el pánico ante las crisis financieras. Hablando de «muchas pruebas», Pedro dice: «Estas pruebas demostrarán que su fe es auténtica. Está siendo probada de la misma manera que el fuego prueba y purifica el oro, aunque la fe de ustedes es mucho más preciosa que el mismo oro. Entonces su fe, al permanecer firme en tantas pruebas, les traerá mucha alabanza, gloria y honra en el día que Jesucristo sea revelado a todo el mundo» (1 Ped. 1:6-7, NTV). ¿Quién trae luchas financieras a nuestros ministerios? La respuesta por defecto, a juzgar por las cartas de recaudación de fondos, es «Satanás, para destruir la obra de Dios». Pero la mejor respuesta, basada en este pasaje, es «Dios, para realizar Su obra y hacernos más eficaces mediante un carácter más profundo y una mayor dependencia de Él». No debemos centrarnos solo en qué medidas nos sacarán de una crisis financiera, sino en lo que Dios quiere enseñarnos mientras estamos en medio de ella.

Regalos y primas como herramientas para recaudar fondos

Una «prima» es un libro o cualquier otra cosa que se ofrece a cambio de una contribución a una organización. Si la oferta de la prima va acompañada de una petición de dinero, es un medio de motivar al receptor para que dé.

También puede ser una forma genuina de dar las gracias, pero normalmente no se daría si no fuera por un beneficio económico previsto.

Algunos de mis propios libros se han ofrecido como primas, y estoy agradecido de que lleguen a manos de la gente. Ciertamente, utilizar primas puede aumentar enormemente los ingresos por donativos, pero debemos tener en cuenta algunas precauciones.

Cuando un ministerio dice que un libro vale quince dólares pero en realidad le cuesta tres, puede resultar engañoso. Sería más exacto decir: «Si compraras este libro en una tienda, costaría quince dólares». Hay que tener especial cuidado cuando la organización imprime sus propios materiales y pone sus propios precios. Un ministerio puede ofrecer una «Biblia de cincuenta y nueve dólares» cuya producción solo cuesta cuatro. ¿Esto es honesto?

Los donantes que dan en respuesta a una oferta de una prima pueden estar comprando dos cosas: un objeto material y una rebaja (en forma de deducción fiscal por donaciones caritativas). Por supuesto, no tiene nada de malo comprar un libro u obtener una desgravación fiscal. Pero es un problema si existe la ilusión de que este acuerdo constituye una donación real.

Cuando las iglesias y los ministerios ofrecen mostrar los nombres de los donantes si dan una determinada cantidad, están apelando a la gente para que dé por la razón equivocada. Los dadores que buscan recompensas terrenales, ya sea en forma de cosas materiales o de reconocimiento, obtienen su recompensa temporal, pero pierden la eterna. Jesús dice: «ya han recibido su recompensa» (Mat. 6:2).

Quizás deberíamos ponernos en contacto con los ministerios en los que creemos e indicarles nuestro compromiso de ayuda económica continua sin recibir nada a cambio. Tal vez deberíamos decirles: «Por favor, quédense con los regalos; preferimos la recompensa de Dios más adelante antes que su recompensa ahora».

Historia de la recaudación de fondos evangélica

A principios del siglo XX, los evangélicos se alejaron de las iglesias liberales y fundaron nuevas congregaciones partiendo de cero económicamente.[10] Durante las siguientes décadas, a medida que aumentaba la prosperidad estadounidense, también lo hacían los recursos evangélicos. Afortunadamente, esta prosperidad ha ayudado a financiar proyectos del reino. Por desgracia, mayores recursos crean inevitablemente tentaciones hacia una mayordomía descuidada.

«En 1934, Wycliffe Bible Translators se debatía entre celebrar su primer programa de formación en un granero libre de alquiler o derrochar 5 dólares al mes en una granja vacía».[11] No se trata de que el plan más barato sea siempre el mejor —a veces, claramente no lo es—, pero cuando los recursos eran más limitados, los ministerios eran naturalmente más frugales.

En *More Money, More Ministry: Money and Evangelicals in Recent North American History* [Más dinero, más ministerio: El dinero y los evangélicos en la historia norteamericana reciente], Larry Eskridge y Mark A. Noll documentan que la figura más influyente a la hora de determinar el enfoque del evangelicalismo primitivo sobre la financiación de los ministerios fue George Müller, así como Hudson Taylor y Amy Carmichael, que adoptaron las ideas de Müller.[12]

Muchos ministerios evangélicos norteamericanos, especialmente las agencias misioneras extranjeras, adoptaron las prácticas de Müller, que incluyen las siete directrices para la recaudación de fondos que he enumerado antes. «Resolvieron no endeudarse nunca y no pedir fondos directamente, para demostrar la existencia de Dios a un mundo incrédulo».[13] Como resultado, a principios del siglo XX muchos cristianos creían que era moralmente incorrecto que un ministerio diera a conocer sus necesidades o pidiera dinero. Pero el evangelista D. L. Moody cambió radicalmente este panorama:

> Al igual que Müller y quienes lo imitaron, Moody evitó las deudas y reinvirtió los derechos de autor de las publicaciones en sus empresas. Pero a diferencia de Müller, Moody era audaz como el viento invernal cuando se trataba de pedir dinero. Se dirigía con regularidad y entusiasmo a los barones de las empresas estadounidenses para pedirles grandes donativos, y dedicaba gran parte de su tiempo a firmar personalmente miles de «cartas de súplica» que enviaba a posibles patrocinadores.[14]

Ambos métodos de recaudación de fondos tenían sus puntos fuertes y débiles, pero el enfoque de Moody acabó eclipsando al de Müller. Entre 1970 y 1992, la cantidad donada por los estadounidenses a organizaciones sin ánimo de lucro aumentó de 16 000 millones de dólares a 105 000 millones.[15] El compromiso evangélico inicial de evitar el endeudamiento acabó disipándose a medida que el endeudamiento se hizo más frecuente en el ámbito secular.

Técnicas de recaudación de fondos

La mayoría de los ministerios evangélicos, incluidas las universidades cristianas, persiguen agresivamente a los donantes. Se ha creado toda una industria en torno a la recaudación cristiana de fondos. Érase una vez un escritor de cartas para recaudar fondos que descubrió que una posdata bien pensada generaba más ingresos. El resto es historia. Como los directores de los ministerios no son necesariamente los mejores recaudadores de fondos, los redactores profesionales pasaron de escribir las posdatas a escribir cartas enteras. Pronto descubrieron que, por muy eficaces que fueran las posdatas, escribir en los márgenes funcionaba aún mejor. Los signos de exclamación funcionaban, pero las negritas funcionaban aún mejor. El subrayado funcionaba, y el subrayado *rojo* era aún mejor. Luego vinieron los resaltados amarillos. Si se inventa una nueva tinta que cambie de color mientras se lee, será la próxima innovación de moda.

Algunos correos evangélicos se disfrazan para que parezca que proceden de la Hacienda o de un banco. Otros se hacen pasar por telegramas o entregas de FedEx. La idea es vencer la resistencia del donante potencial al correo masivo. He recibido correos masivos de Estados Unidos elaborados para que parecieran de países extranjeros. Algunas organizaciones no ponen su nombre en la dirección del remitente, o ponen un nombre falso, sabiendo que el destinatario podría no abrir el sobre si sabe cuál es realmente el contenido. En otras palabras, estos correos se basan en el *engaño*. Si Jesús llama a Satanás «padre de la mentira», ¿qué dicen los correos engañosos sobre un ministerio? Si ha intentado engañar a los lectores en el exterior del sobre, ¿por qué no iba a hacerlo en el interior?

Una vez recibí una notificación por correo certificado, en la que se me pedía que condujera ocho kilómetros hasta la oficina de correos para firmar por ella. Cuando llegué para reclamar mi correo supuestamente importante, me entregaron un correo masivo con el habitual subrayado rojo que se había enviado a miles de personas de la lista de correo del ministerio. Era un llamado a donar porque se necesitaban fondos desesperadamente (aunque se habían gastado al menos decenas de miles de dólares —en un envío a una tarifa diez veces superior a la del correo masivo— para enviarlo por correo certificado). Le dejamos saber a esta organización que no recompensaríamos el engaño enviando apoyo.

¿Qué pensarían los donantes si supieran que algunas organizaciones no escriben sus propias cartas para recaudar fondos?

¿Qué pensarían los donantes si supieran que algunas organizaciones no escriben sus propias cartas para recaudar fondos? Contratan a grupos externos —expertos en obtener el máximo rendimiento por dólar— para que lo hagan por ellas. En un artículo de una revista, se citaba a un ministerio como «uno de los pocos organismos de ayuda cristiana que [no] utiliza una agencia de publicidad profesional para crear sus materiales de correo directo».[16] Cuando alguien que no forma parte de un ministerio redacta sus cartas de recaudación de fondos, inevitablemente aumenta la posibilidad de inexactitud.

Eskridge y Noll señalan cómo el énfasis en la recaudación de fondos puede sesgar las prioridades de una organización:

> Al final, los empresarios evangélicos y sus electores [...] se convencen de que los éxitos de la organización son una señal de la aprobación

> de Dios, y de que cualquier declive en la organización significaría un revés para la obra de Dios en el mundo. Así que dedican su tiempo y sus energías a construir y hacer crecer sus organizaciones. El crecimiento requiere más dinero; más dinero significa más ministerio. En los peores casos, los medios y los fines se invierten, y los empresarios y administradores hacen ministerio para crecer. En el mejor de los casos, más ministerio significa más personas que adquieren una nueva conciencia del gran don que Dios les ha dado, y que entonces, en agradecimiento, meten la mano en el bolsillo para que otros también lo sepan.[17]

Un artículo de *Christianity Today* critica a las organizaciones que abusan de la palabra *urgente*:

> Las cartas «urgentes» hacen que algunas personas se pregunten cuán importante puede ser la necesidad. Sabemos que nuestro donativo tardará días o semanas en llegar a su destino. Si la necesidad es realmente tan urgente, se está pagando con los fondos existentes de la agencia.[18]

En otras palabras, a menudo el dinero enviado por los donantes no se destinará a la necesidad en sí, sino a reponer las cuentas del ministerio agotadas por dar a conocer esas necesidades. Para algunos, es una distinción insignificante; para otros, es crítica. En una carta al director de *Christianity Today*, Richard Stearns, presidente de World Vision U.S., responde a las críticas a las organizaciones que «crean una falsa sensación de urgencia»:

> Las decisiones de utilizar palabras como *urgente* para subrayar frases clave en una carta de apelación, o de incluir una dolorosa fotografía de un niño necesitado pueden tener consecuencias de vida o muerte. Un llamado que recaude 10 000 dólares más puede alimentar a 100 niños durante cinco meses o inocular a 500 niños contra las cinco enfermedades infantiles mortales. Estas son las verdaderas consecuencias éticas del debate sobre el lenguaje y las tácticas de recaudación de fondos. Las necesidades críticas justifican los llamados urgentes, siempre que dichos llamados sean sinceros y totalmente precisos. Si se incendia un edificio, no se envía un sutil recordatorio para alertar a los ocupantes; se dispara la alarma de incendios.[19]

Stearns plantea una cuestión importante. ¿Nos angustian más los materiales que llaman la atención sobre los niños que mueren que la realidad de que hay niños que mueren? ¿Nos preocupa la ética de la recaudación de fondos, pero no la ética de dejar morir a los niños? ¿Hasta qué punto esperamos un tono tranquilo y comedido de quienes se han comprometido a rescatar a los niños de la inanición? Nuestras críticas a los recaudadores de fondos de ayuda deben atemperarse confesando nuestra propia indiferencia ante la difícil situación de los necesitados. Es razonable que esperemos hechos documentados, estadísticas precisas, razonamientos sólidos y citas contextualizadas. No es razonable que esperemos llamados desapasionados de quienes tienen una pasión divina por alimentar a los hambrientos y llegar a los perdidos antes de que mueran.

Engaños en la recaudación de fondos

Durante años, impartí una clase de ética en un instituto bíblico. Si volviera a impartirla, añadiría una sección titulada «La ética en la recaudación de fondos cristiana». El Consejo Evangélico para la Responsabilidad Financiera afirma que recibe más quejas sobre la recaudación de fondos que sobre cualquier otra cuestión.[20]

A algunas personas les molesta el «despilfarro» que suponen los frecuentes envíos postales de las organizaciones cristianas. Si un donante envía un donativo modesto a una organización, ese donativo puede quedar anulado por los frecuentes envíos que recibe a lo largo de un año. Por otra parte, las organizaciones dirán que están obligadas a repetir su mensaje para recordar a la gente que debe orar y dar. La experiencia ha demostrado que si no envían correos, no recibirán fondos —y quizá tampoco muchas oraciones— para las causas del reino que apoyan.

La personalización aumenta los donativos. Pero ¿qué pasa con esas cartas para recaudar fondos subrayadas a mano, dando la impresión de una carta personal? Los sobres y las posdatas suelen estar escritos a mano para dar la misma impresión. Las notas manuscritas en los márgenes crean la ilusión de un toque personal. Algunas personas —sobre todo las mayores, que no están familiarizadas con las tecnologías modernas— se dejan engañar por estas prácticas. ¿No es poco sincero un saludo que dice «Mi querido amigo» cuando el destinatario es alguien a quien el escritor nunca ha visto y del cual nunca ha escuchado hablar? ¿Se puede honrar a Dios con un llamado a recaudar fondos que engaña a sabiendas a algunos de sus destinatarios?

Cuando una carta está firmada por alguien, ¿no debería ser justo suponer que realmente escribió la carta? ¿No es ese el sentido de utilizar una firma en primer lugar? Sin embargo, en muchas organizaciones, el director general —o quienquiera que firme la carta— no la escribe en absoluto. En algunos casos, ni siquiera la ve. Si no la redacta una empresa externa, la redacta su ayudante u otro empleado del departamento de recaudación de fondos, probablemente alguien a quien apenas conoce. ¿No es algo que debería reconocerse? Tal vez el director general debería decir: «Nuestra directora de relaciones con los donantes, Diane Meyer, escribió la siguiente carta, con la que estoy de acuerdo y que creo que es importante que leas». Si suena extraño dar crédito a alguien desconocido para los destinatarios, ¿será porque nos hemos insensibilizado fingiendo que escriben cartas personas prominentes cuando en realidad no lo hicieron?

Un hermano cristiano, de cuya sinceridad no dudo, intentó venderme idea de la escritura simulada, un toque que distinguiría nuestros envíos, haciendo que los destinatarios sintieran como si yo personalmente hubiera escrito a mano a cada uno de ellos. Pero, por supuesto, ¡yo no escribiría a mano cada uno de ellos! El uso de esta tecnología sería un intento de engaño. ¿Por qué intentamos halagar a la gente haciéndole creer que les damos una atención personal que no le damos?

«Todo el mundo lo hace». No, no es así. Pero aunque así fuera, el engaño no se convierte en moral solo porque esté extendido.

¿Qué pasa con los sobres que dicen «Ha ganado» o «Se adjunta cheque», cuando en realidad el destinatario no ha ganado nada y lo que se adjunta no es un cheque real? ¿Cómo es posible que personas que profesan adorar a un Cristo «lleno de gracia y de verdad» practiquen este tipo de engaño? ¿Qué ejemplo les estamos dando a nuestros hijos? Les decimos «no mientas» y «no te atribuyas el mérito del trabajo de otro». Luego nos damos la vuelta y hacemos esas cosas en los ministerios cristianos.

¿Qué pensarías si descubrieras que el amigo de tu hijo ha escrito un trabajo, pero tu hijo lo ha entregado con su nombre, atribuyéndose el mérito? Te escandalizarías. Insistirías en que tu hijo confesara su engaño al profesor y recibiera el castigo correspondiente. Sin embargo, esto se hace habitualmente en el ministerio cristiano: la gente pone su nombre en artículos y cartas que no ha escrito. ¿Cuál es la diferencia?

¿Y si se utilizan imágenes de archivo de una madre y su hijo que no son la misma madre y el mismo hijo mencionados por su nombre en la carta? ¿Y si la conmovedora historia de la carta no ocurrió realmente en el país sobre el cual trata la carta? ¿O si ocurrió bajo otro ministerio, no el que envió la carta? ¿Y si ocurrió hace doce años? ¿No supondría el lector que la imagen es de las personas de las que se habla, que los hechos sucedieron realmente en el lugar y bajo el ministerio al que se refiere la carta, y que sucedieron recientemente, al menos en el último año? Si el lector supone estas cosas, pero no son ciertas —y no se hace ningún esfuerzo por corregir esas suposiciones naturales—, ¿no es eso un engaño?

Una carta tal vez no afirme que todos los fondos recibidos se destinarán a ayudar a esta gente pobre concreta de esta aldea concreta de la India. Sin embargo, si la carta trata de estas personas, el donante querrá ayudarlas. Si el ministerio va a utilizar los fondos para otros fines, debe quedar claro.

La intención del donante es primordial. Si se hace un llamado a «alimentar a los hambrientos», pero el donativo del donante se destina a financiar la construcción de una oficina de campo para la organización de ayuda contra la hambruna, existe una brecha entre la creencia y la realidad. La organización puede argumentar con razón que la construcción de estas instalaciones dará de comer a muchas personas hambrientas. Sin embargo, la honradez exige que se diga al donante a qué se destinan los fondos. Si se trata de una buena causa, explica por qué. Pero no des falsas impresiones. El objetivo no es solo conseguir fondos, sino comunicar con veracidad.

Los ministerios deben practicar la regla de oro preguntándose: «¿Qué no he incluido en esta carta que un donante querría saber antes de tomar una decisión sobre donar a esta causa?». La capacidad de ponerse en el lugar de los donantes es una de las razones por las cuales los empleados de los ministerios deberían ser también generosos donantes. La razón por la cual algunos recaudadores de fondos ministeriales no piensan como donantes es que ellos mismos no donan.

> Si se hace un llamado a «alimentar a los hambrientos», pero el donativo del donante se destina a financiar la construcción de una oficina de campo para la organización de ayuda contra la hambruna, existe una brecha entre la creencia y la realidad.

La Cruz Roja perdió su credibilidad cuando recaudó mucho más dinero del que realmente podía distribuir tras los actos terroristas del 11 de septiembre en Nueva York. El dinero se gastó, pero no donde los donantes pretendían. La ética exige que si el dinero sobrante se va a utilizar para otros fines, el ministerio debe decirlo. Si no lo hace, y los fondos no pueden utilizarse como pretendían los donantes, la organización debe ofrecerles la oportunidad de recuperar sus aportes.

El uso de fondos de contrapartida o subvenciones de desafío tiene un papel legítimo para motivar a los donantes. «Por cada cien dólares donados al ministerio, un donante anónimo aportará otros cien dólares, igualando hasta tres millones de dólares». Este enfoque es eficaz. Sin embargo, plantea una tentación. Si un donante importante se compromete a hacer una donación directa, ¿debería el ministerio pedirle que la convierta en una donación de desafío? No, porque su intención era donarlo todo al ministerio de todos modos. Los fondos ya están comprometidos, no corren ningún riesgo, y por tanto, decir que los donativos del donante se duplicarán al igualarlos no es exacto.

La bondad de la causa no puede separarse de la bondad de la presentación de la causa por parte del ministerio. La deshonestidad acaba siendo contraproducente, pero aunque no lo sea, sigue estando mal.

Preocupación por el telemercadeo

Muchos ministerios han recurrido al telemercadeo para recaudar fondos. Un argumento en contra del telemercadeo es su asociación con las llamadas telefónicas intrusivas que ponen a los ministerios del reino al mismo nivel que las compañías telefónicas que ruegan a la gente que cambie de proveedor de servicios. El argumento más sólido a favor del telemercadeo es que funciona: trae dinero. Sin embargo, las loterías, los desfalcos, los atracos a bancos y los esquemas de mercadeo piramidal también pueden traer dinero, pero no querríamos utilizar esos métodos para recaudar fondos.

Mi amigo Barry Arnold, cuando era pastor de misiones, formó parte del consejo de una misión importante. Compartió conmigo las siguientes ideas sobre el telemercadeo:

1. El telemercadeo es una forma muy cara de recaudar dinero. Los primeros veinte centavos de cada dólar aportado van directamente a la empresa de telemercadeo. A partir de ahí, hay que añadir la tasa normal de gastos generales del ministerio, que ronda el 15 %. Por lo tanto, solo sesenta y cinco centavos de cada dólar aportado a través del telemercadeo se destinan a financiar programas. Los televendedores suelen llevarse como «comisión» entre cuarenta y sesenta centavos de cada dólar aportado. Yo tendría menos problemas con el telemercadeo si se dijera a los donantes, por adelantado, qué porcentaje de su donativo va a parar al televendedor. Pero, por supuesto, eso nunca ocurre.

2. El telemercadeo viola los principios bíblicos básicos de la donación y la administración financiera:

- El telemercadeo presiona a las personas para que den antes de que hayan tenido tiempo de evaluar cuidadosamente su situación financiera total. (Según 2 Corintios 9:7, el dador debe «[proponérselo] en su corazón»).
- El telemercadeo niega a los donantes la oportunidad de orar, obtener un consejo piadoso, hablar de la donación con su cónyuge o escudriñar las Escrituras antes de decidir una cantidad (2 Cor. 9:7).
- El guion de telemercadeo ignora el papel del Espíritu Santo en el ejercicio del don de dar (Rom. 12:8) y su silenciosa incitación a dar voluntariamente.
- El telemercadeo se basa en los elementos combinados de la sorpresa y la culpabilidad para producir donativos. Habría que esforzarse para visualizar al «dador alegre» descrito en 2 Corintios 9:7 sosteniendo el teléfono. (Ver también 2 Corintios 9:5).
- El telemercadeo es un «acuerdo de venta» entre humanos que puede privar al dador de una recompensa eterna (Mat. 6:2-3).
- El telemercadeo puede dar lugar a una mayor esclavitud por parte de los donantes que contribuyen con tarjeta de crédito, como insta el guion del televendedor (Prov. 22:7; Rom. 13:7).

Preocupaciones sobre las conferencias de donantes

Anteriormente, mencioné una invitación de un ministerio activo en países del tercer mundo que ofrecía una estancia de lujo en un exclusivo complejo turístico de las Bahamas. Tengo ante mí una invitación de otra organización a la que nuestro ministerio hizo un aporte de 5000 dólares por única vez. La invitación es para un crucero de lujo de dos semanas que visita siete países. El barco hace escala en tres puertos donde hay breves oportunidades de observar ministerios. Ofrece habitaciones con terraza a partir de 2899 dólares. Hay una serie de cargos adicionales, por no mencionar el billete de avión para llegar al puerto.

En el correo de hoy, recibí una invitación de otro importante ministerio evangélico a una reunión denominada «Realidades de los niños del mundo en el siglo XXI», centrada en la difícil situación de los niños pobres. Se adjunta una foto del lugar donde se celebrará la conferencia: un magnífico hotel situado junto a un lago, descrito como «un destino de categoría mundial [...] un hermoso complejo turístico con una mezcla de elegancia informal, servicio magnífico y actividades recreativas de categoría mundial. A lo largo de tu estancia, sinuosos paseos te atraerán a través de impresionantes despliegues de exuberantes fuentes y cuidados jardines. [...] El complejo ofrece impresionantes campos de golf, instalaciones de tenis sensacionales, un spa maravilloso con personal para mimarte». Luego está el crucero con cena en un barco nada menos que «exquisito». Es cierto que algunas personas ya hacen este tipo de viajes. Entonces, ¿por qué no deberían ofrecerlos los ministerios de forma que puedan ampliar la visión de la gente sobre el ministerio? Es probable que quienes vayan en estos cruceros y se alojen en estos hoteles de lujo aporten una gran cantidad de dinero. ¿Será que el fin justifica los medios?

¿No hay algo fundamentalmente inapropiado en utilizar unas instalaciones impregnadas de lujo para una conferencia dedicada a ayudar a niños moribundos, cuando los costos del fin de semana, si se gastaran en ayudar a los niños, mantendrían con vida a miles de ellos? ¿Acaso alimentar el atractivo de los estilos de vida excesivos no es un problema más que una solución? ¿Cómo podemos desear que nuestros simpatizantes renuncien a los lujos para apoyar las causas del reino, y luego darnos la vuelta y ofrecerles lujos para apoyar las causas del reino? ¿Por qué apelamos a algo —y lo justificamos— en los donantes que Cristo puede estar intentando superar en ellos? (¿Y en nosotros?).

Es apropiado que los ministerios expresen su sincera gratitud por los actos de donación generosa. Lo que parece inapropiado es mimar a estos donantes para motivarlos a seguir dando. (También está el efecto sobre los miembros del ministerio que empiezan a vivir un estilo de vida rico indirectamente a través de sus donantes). ¿Son necesarias las excursiones caras, los viajes de pesca y las vacaciones exóticas?

A veces hablo en eventos de donantes en entornos muy agradables, entendiendo que Pablo dijo: «A todos me he hecho todo» (1 Cor. 9:22). También dijo: «Sé vivir en pobreza, y sé vivir en prosperidad. En todo y por todo he aprendido el secreto tanto de estar saciado como de tener hambre, de tener abundancia como de sufrir necesidad» (Fil. 4:12). Hay muchas personas ricas a las que hay que llegar con la verdad liberadora de dar con alegría. Para llegar a ellas, debemos ir adonde están o invitarlas adonde vendrán. Sin embargo, quizás estemos perjudicando a muchos al suponer que debemos tener el alojamiento más bonito posible para ganarnos su asistencia a una conferencia, cuando si nos centráramos en la oportunidad de utilizar el dinero para el reino de Dios podrían venir con la misma disposición (y tal vez más).

¿No deberíamos enseñar a los donantes con nuestras palabras y actos que Dios es su recompensador, no nosotros? Dar buenos libros y regalos útiles puede ser apropiado, pero las iglesias y los ministerios deben tener cuidado de no eclipsar las razones bíblicas para dar.

Los ministerios no deben permitir que los donantes determinen la política. A una misión se le ofreció el uso gratuito de un hermoso barco de lujo para llevar a sus donantes por la costa de África para que pudieran ver su trabajo entre los pobres. Afortunadamente, el presidente del ministerio vio que esto sería inapropiado. Pero cualquier cosa que un donante ofrezca pagar —incluidos fines de semana en complejos turísticos extravagantes— puede resultar tentadora. «Realmente no podemos rechazar algo si nos lo ofrecen, ¿verdad?». La respuesta es: «Sí, podemos». Y en algunos casos, deberíamos hacerlo.

¿No deberíamos enseñar a los donantes con nuestras palabras y actos que Dios es su recompensador, no nosotros?

Del mismo modo que los donantes tienen que hablar y desafiar a los ministerios para que gasten su dinero con más cuidado, los ministerios que mantienen relaciones duraderas con los donantes se ganan el derecho a desafiarlos con delicadeza. Ciertamente, no debemos permitir que los gustos caros de algunos donantes cambien la forma de actuar del ministerio. Las iglesias y los ministerios deben ofrecer un liderazgo espiritual maduro en lugar de seguir las agendas establecidas por los donantes ricos.

Vino a verme una encantadora mujer de veintidós años. Había sufrido un accidente que la desfiguró, seguido de docenas de dolorosas operaciones. Luego se hizo rica gracias a una indemnización del seguro. En una entrevista en un periódico, le preguntaron: «¿Qué harás con el dinero?». Dijo que quería apoyar a los ministerios cristianos. Entre lágrimas, me habló de las llamadas telefónicas que siguieron de ministerios y de una universidad cristiana. De repente, todos querían invitarla a comer. Luego, me dijo que había estado trabajando en el consejo de una misión evangélica. Le pregunté: «¿Crees que le habrían pedido a una joven de veintidós años que formara parte de la junta si no fuera rica?». Sollozó y dijo: «Desde que llegó el dinero, no sé a quién le importo realmente y quién solo quiere utilizarme».

Muchos donantes se han vuelto cínicos hacia las iglesias y los ministerios, creyendo que se los corteja solo por su riqueza. Por desgracia, a veces es cierto. (¿Qué forma más eficaz de asegurarse una donación importante que poner a una persona rica en la junta directiva?). Muchos ministerios y un buen número de iglesias locales lo hacen, pero cortejar a los grandes donantes parece el favoritismo hacia los ricos que las Escrituras condenan explícitamente (Sant. 2:1-5).

Relaciones entre ministerios y donantes

El psiquiatra y conferenciante Dr. Roy Menninger dijo:

> Tener dinero para regalar y el poder de decidir a quién dárselo es embriagador, y las fundaciones pueden ser ejemplos irritantes del «narcisismo de los justos». [...] Todos debemos ser conscientes de algunos de los lados más oscuros de la visión humana del dinero y de dar y recibir, si queremos evitar explotar la posición de poder del donante o la posición dependiente del buscador.[21]

Los representantes del ministerio y los donantes deben llevar a cabo sus interacciones de forma bíblica y honesta. La comunicación debe ser abierta, y deben evitarse las falsas expectativas. Debemos comprometernos a no entrar en juegos, agendas ocultas ni suposiciones infundadas.

Los donantes deben comprender y respetar a los representantes del ministerio y no aprovecharse de ellos desde una posición de poder. Tanto los donantes *como* los representantes del ministerio son esclavos de Dios, Sus recaderos. Ambos deben ser humildes y transparentes. Los representantes ministeriales que constantemente inflan a los donantes, diciéndoles lo importantes y maravillosos que son, pierden el derecho a quejarse cuando los donantes se dan la vuelta y actúan de forma engreída. Si quieres que alguien actúe con humildad, alimentar su orgullo no es la mejor estrategia. No debemos tentar a los donantes a las mismas cosas de las que Dios quiere librarlos, como el orgullo (ansiar reconocimiento y estatus), el control, la independencia y el materialismo.

El personal del ministerio puede caer en la trampa de congraciarse y halagar a los donantes. Esto es manipulador y viola explícitamente las Escrituras: «La lengua mentirosa odia a los que oprime, y la boca lisonjera causa ruina» (Prov. 26:28); «El que reprende al hombre hallará después más favor que el que lo lisonjea con la lengua» (Prov. 28:23). La adulación nunca sirve a los intereses de la persona a la que adulamos: solo sirve a nuestros intereses. Cualquier relación con un donante es malsana si un líder ministerial o un pastor no están dispuestos a cuestionar su carácter o sus elecciones. Ocultar la verdad para no perder el apoyo de alguien es un perjuicio para los donantes y para el Señor. En cambio, debemos decir la verdad en amor (Ef. 4:15).

Algunos donantes pasan por alto los halagos y no los aprecian, mientras que otros los absorben. A veces, en este contexto se desarrollan amistades genuinas y sanas, pero la mayoría de los donantes no buscan más amigos íntimos.

Alguien me contó que había llamado a un conocido líder por un asunto de cierta urgencia. Habían pasado unas semanas y el líder no le había devuelto la llamada. Me dijo: «Estoy acostumbrado a llamar a los ministerios que apoyamos y a que todo el mundo conozca mi nombre. La gente sale de las reuniones para atender mis llamadas. Ahora sé cómo se siente la gente cuando espera que yo les devuelva las llamadas».

Esta lección de humildad fue saludable. Es una de las razones por las que estoy agradecido de formar parte de un ministerio que recibe donativos sustanciales y también los concede. Sé lo que se siente en ambos lados.

He sugerido a los representantes del ministerio que nos envíen información sencilla sobre los proyectos estratégicos. Los leeré. No es necesario que haga viajes de pesca ni visitas turísticas, ni siquiera almuerzos regulares. Si me pasara los días y las noches cenando, viajando y de vacaciones con gente de todas las organizaciones a las que apoyamos, no tendría tiempo para escribir libros y, por tanto, tendría mucho menos que dar a las causas del reino. Una vez que explico mi perspectiva, la mayoría de los representantes ministeriales lo entienden. He comprobado que la mayoría son amables y tienen una mentalidad centrada en el reino.

Los representantes ministeriales no deben suponer que saben si es la voluntad de Dios que un donante done a un proyecto. Del mismo modo, los donantes no deben suponer que conocen la voluntad de Dios sobre el uso exacto que debe darse al dinero una vez donado. Al dar, debemos entregar realmente los fondos al cuidado de administradores en los que confiemos.

El respaldo pago de famosos a los ministerios

Uno de los acontecimientos más inquietantes en la recaudación de fondos es el apoyo pago de famosos a organizaciones benéficas en conferencias y conciertos. Un orador o músico puede hacer un llamado para el apadrinamiento de niños de un ministerio. Por cada niño apadrinado como resultado del llamado, el artista recibe entre veinticinco y cincuenta dólares. (En el mundo secular, esto se denomina comisión).

La esposa de un pastor que asistía a una popular conferencia oyó que una oradora apoyaba firmemente un ministerio que trabaja con niños necesitados. Siguiendo una corazonada, le preguntó a la oradora si ella o la organización habían recibido una comisión por su apoyo. «Por supuesto», respondió la oradora.

Se ha llegado a pagar a oradores hasta 10 000 dólares por el respaldo de un solo gran evento. En una reunión de la junta directiva de un ministerio, alguien se enteró de que la organización estaba «negociando» con un músico popular para conseguir su respaldo. «¿Qué hay que negociar?», preguntó. «O alguien cree en este ministerio y está dispuesto a darle su dinero, su tiempo y su nombre, o no cree». Si un ministerio *paga* dinero a alguien por pedir a la audiencia que *done* dinero a ese ministerio, eso no puede considerarse un apoyo sincero. Parece más bien un soborno o un pago.

> Si un ministerio *paga* dinero a alguien por pedir a la audiencia que *done* dinero a ese ministerio, eso no puede considerarse un apoyo sincero.

Satanás es un maestro en tergiversar las cosas buenas y pervertir los actos de gracia y bondad para convertirlos en empresas con ánimo de lucro. Es encomiable que los oradores o los músicos crean tanto en una misión que se sacrifiquen para apoyarla. Es maravilloso que acepten una ofrenda para ese ministerio. Pero que se les pague por hacerlo —que acepten *cualquier* cantidad de dinero entregada por quienes pretenden que se destine a ayudar a los niños pobres— no es ético. (Si el público lo supiera, le dolería el corazón y quizá se enfadaría. Dios *sí* lo sabe. ¿Le duele el corazón? ¿Se enfada?).

Conozco a un buen grupo de jóvenes músicos a los que una importante organización misionera se dirigió para pedirles que promocionaran su ministerio. La misión les ofreció una tajada del 20 % de todos los fondos recaudados en sus conciertos. Supongamos que el cantante principal hiciera la siguiente declaración pública: «El 80 % de la ofrenda de esta noche se destinará a alimentar a los hambrientos de Haití; el 20 % restante será para nosotros como pago por llamarles atención sobre esto». Si se divulgara la verdad, la gente podría actuar a la luz de ella. Pero la mayoría de los ministerios, músicos y oradores no estarían de acuerdo con hacer esta revelación. ¿Por qué? Porque todos quedarían mal. Pero si se *ve* mal, ¿no será porque *está* mal? Si los implicados se avergonzaran de la revelación, ¿no es eso un indicio de que no debería hacerse en primer lugar? Creo que los líderes veteranos del ministerio deberían sentirse avergonzados de poner este tipo de tentaciones delante de los jóvenes músicos cristianos. Necesitan ejemplos de integridad, no ofertas que comprometan su integridad.

No tengo ningún problema en que un ministerio pida presentar su visión a un orador o a un grupo y luego les pida que oren para discernir si deben llamar la atención sobre su causa. Tengo grandes problemas con ofrecerles un porcentaje de «la recaudación» (lo que antes se conocía como la ofrenda).

A menos que esto se haga con plena transparencia, a menos que se haga un claro reconocimiento verbal o impreso de este acuerdo financiero, la oferta es un engaño. Todo lo que no sea informar plenamente a los posibles donantes constituye un fraude. Tales acuerdos promoverán inevitablemente el abuso y, a veces, conducirán al escándalo público. Considera la tentación de exagerar o tergiversar las necesidades o de hablar con entusiasmo artificial de los pobres, mientras piensan en la gran comisión que obtendrán por hacerlo. Nuestros enemigos ya reparten suficientes tentaciones como para que nosotros las dispensemos a nuestros amigos. Piensa en un orador cristiano que pide a la gente que done para los niños hambrientos, sabiendo lo que el público no sabe: su riqueza personal aumentará directamente en proporción a lo que diga y a lo bien que lo diga.

Imagina a tu pastor pidiendo a la congregación que profundice y done a una misión para plantar iglesias y dar ayuda médica a los necesitados de las aldeas rurales colombianas. Los corazones se conmueven. La iglesia organiza una ofrenda y se donan 50 000 dólares. ¡Alabado sea Dios! Ahora imagina que pasa una semana y un miembro de la junta de la iglesia menciona que el pastor cobró 10 000 dólares por hacer la petición y que solo 40 000 dólares fueron realmente a la misión. ¿Cómo responderías? Puede parecer absurdo, pero ese es exactamente el trato que algunos ministerios cristianos tienen con los músicos.

Algunos dicen: «No revelamos públicamente este acuerdo, porque aunque sabemos que es correcto gastar dinero para recaudar fondos, la gente se haría una idea equivocada. Lo entenderían mal». El verdadero peligro no es que la gente lo malinterprete, sino que lo *entienda*. Si comprendieran que parte de la ofrenda va a parar al famoso, y no a la causa, lo verían como lo que es, y probablemente no la apoyarían. (Si yo creyera en la causa y conociera estos arreglos, enviaría mi cheque directamente a la organización, de modo que se destinaría más a los niños necesitados en lugar de al famoso. ¿No deberían darme la información que me permitiera hacer esa elección?).

Aceptar una ofrenda debería ser una oportunidad para servir a los necesitados, no un medio para ganar dinero a costa de la causa de los necesitados. La única forma de saber que nuestras motivaciones son correctas al hacer el llamado es no beneficiarse del acuerdo. Los que están en el ministerio deben tratar de servir, no de ser servidos. (¿Acaso el ministerio no se trata de eso?). Deberían buscar la organización adecuada a la que apoyar, que presumiblemente no sería la que les ofreciera la comisión.

«Pero a los oradores se les pagan honorarios... ¿cuál es la diferencia?». La diferencia es que la gente da por sentado que se paga al ponente. Si asistes a un seminario, se entiende que parte del costo va al orador. Si pagas por un concierto, se entiende que los fondos van al grupo musical. No se miente ni se engaña a nadie. Pero en el caso de los apoyos pagados a famosos, se *está* engañando a la gente. Sondea a los asistentes y descubrirás que la mayoría cree que el orador o músico respalda voluntariamente el ministerio porque Dios ha tocado su corazón con él. Los asistentes no tienen ni idea de que los primeros miles de dólares donados, o un porcentaje del total, no van a la causa, sino al orador o músico.

El ministerio puede argumentar: «Cuesta dinero ganar dinero. Si ponemos un anuncio a toda página en una revista, o si producimos un infomercial, nos costará un porcentaje mayor de lo que se dona que si pagamos el 20 % a un grupo musical. Si la gente entiende que está bien gastar dinero para anunciar en una revista, ¿por qué no está bien pagar para conseguir el respaldo de un conferenciante o de un grupo musical?».

La palabra clave es «entiende». Todo el mundo sabe que cuesta dinero poner un anuncio en una revista. Pero, a menos que se revele explícitamente, no tienen ni idea de que se está pagando a un orador o a un grupo musical por su apoyo.

«Pero los pobres reciben más ayuda que si no hiciéramos esto». ¿Quién dice que tenemos que elegir entre engañar a la gente y ayudar a los pobres? Creer que la recaudación honesta de fondos no puede ser productiva es un insulto a Dios y a Su pueblo. Personalmente, creo que los oradores o músicos que apoyan a un ministerio y no reciben nada a cambio deberían dejarlo claro. Hacer esto sería un gran ejemplo para otros oradores y músicos y tranquilizaría al público (que, de lo contrario, podría volverse cínico al enterarse de prácticas engañosas). Lo mejor de todo es que la recompensa del orador o músico no vendría del ministerio, sino del Señor. No debemos hacer las cosas por quienes pueden beneficiarnos, sino por quienes no pueden, y entonces Dios mismo nos recompensará en el cielo (Luc. 14:12-14).

Comprar y vender lo espiritual

El oportunismo y los intentos de comprar y vender lo espiritual no es nada nuevo. Simón el Mago fue el primer empresario que vio «dinero» escrito en el ministerio:

> Cuando Simón vio que el Espíritu se daba por la imposición de las manos de los apóstoles, les ofreció dinero, y les dijo: «Denme también a mí esta autoridad, de manera que todo aquel sobre quien ponga mis manos reciba el Espíritu Santo».
>
> Entonces Pedro le contestó: «Que tu plata perezca contigo, porque pensaste que podías obtener el don de Dios con dinero. No tienes parte ni suerte en este asunto, porque tu corazón no es recto delante de Dios. Por tanto, arrepiéntete de esta tu maldad, y ruega al Señor que si es posible se te perdone el intento de tu corazón». (Hech. 8:18-22)

¿Qué nos hace pensar que Dios ha cambiado de opinión sobre los intentos de lucrar bajo el velo del ministerio? Todo líder eclesiástico y ministerial debería preguntarse: «¿Qué estamos haciendo que nos avergonzaría o incomodaría si la gente lo supiera?». Mientras escribo esto, me hago esa misma pregunta en relación con nuestro propio ministerio sin fines de lucro. Si se nos ocurre algo —y a mí se me acaba de ocurrir—, ¿no es un buen indicio de que deberíamos dejarlo ahora?

Los donantes deben preguntar a los ministerios a los que apoyan si están pagando para conseguir el respaldo de famosos o si están gastando sus fondos de alguna forma distinta a la que parece. Si las respuestas no son ética y bíblicamente satisfactorias, los donantes deben decir que, hasta que cambien las políticas del ministerio, no pueden seguir apoyándolos con buena conciencia y deben dar su dinero a ministerios que funcionen con un mayor nivel de integridad. Por el bien de todos, incluido el suyo propio, los ministerios deben rendir cuentas ante quienes los apoyan, y lo mismo deben hacer los músicos y oradores cristianos.

¿Qué nos hace pensar que Dios ha cambiado de opinión sobre los intentos de lucrar bajo el velo del ministerio?

Deberíamos estimularnos mutuamente al amor y a las buenas obras, dando ejemplos éticos, elevando el listón los unos para los otros, no bajándolo. Jesús examinará las motivaciones de nuestros corazones, incluida nuestra veracidad y la sinceridad de nuestras palabras pronunciadas en favor de los pobres y en apoyo de los ministerios del reino (1 Cor. 4:5). Si hemos dado a los necesitados por su bien y para la gloria de Dios, Él nos elogiará. Si les hemos quitado para obtener beneficios económicos, no lo hará.

Imagina que algún día estás ante Cristo y le oyes decir: «En verdad les digo que en cuanto lo hicieron a uno de estos hermanos Míos, aun a los más pequeños, ¡por ustedes lo hicieron!».

La ética de la escritura fantasma

Se habla de escritura fantasma cuando otra persona escribe un libro que se atribuye a un famoso como si lo hubiera escrito él. La justificación habitual de esta práctica es que, como el nombre del escritor real no es conocido ni comercializable, el libro no se venderá a menos que se publique con el nombre del famoso.

Esta práctica es tan habitual que muchos editores, autores y famosos cristianos no ven ningún problema ético en ello. Algunas de estas personas son sinceras en sus creencias; lo sé porque he hablado con ellas. Siento un gran respeto por mis editores, y por muchos otros también, pero todos, incluido yo, nos insensibilizamos de forma natural. A veces, los que estamos dentro del mundo editorial —incluidos autores, agentes y editores— no vemos aquello que los que están fuera reconocen inmediatamente como poco ético.

No me refiero al legítimo proceso de coautoría, en el cual los autores invierten diversos niveles de trabajo y experiencia en la escritura. Tampoco hablo de libros que, una vez escritos, necesitan una edición sustancial por parte de la editorial. Por *escritura fantasma*, me refiero a cuando el nombre del escritor real no aparece en la portada, *o* cuando aparece el nombre de una persona en la portada (incluso como coautor con el escritor real) que hizo poco o nada para escribir el libro.

Conozco casos en los que el famoso no escribió ni una palabra y solo hojeó el libro por primera vez al final del proceso de edición. ¿Es esto honesto?

Considera lo que esta práctica hace a los creyentes inmaduros que son deportistas, músicos o figuras públicas que se han hecho prominentes a través de acontecimientos trágicos o noticiables. «Esta es la oferta: Te haremos ganar mucho dinero y podrás llevarte el mérito de haber hecho algo que en realidad no has hecho». Alimentamos su ego, y los preparamos para el engaño y el orgullo, que sin duda los harán caer (Prov. 16:18). Ya tienen suficientes tentaciones, ¿por qué nos sentimos obligados a aumentarlas con la falsa afirmación de que, además de todo, son escritores?

Si les enseñamos que está bien mentir atribuyéndose el mérito de un libro que no han escrito, ¿por qué vamos a escandalizarnos si descubrimos que han mentido al afirmar que se licenciaron en una universidad que no estudiaron, o que lucharon en una guerra en la cual no estuvieron, o que desempeñaron un trabajo que no hicieron? ¿No resulta irónico que los editores cristianos consideren una falta ética descubrir que un «autor» les ha entregado un currículum con información falsa, cuando el mismo editor ha hecho creer a sabiendas al público que esa persona escribió un libro que en realidad no escribió? ¿Cuál es la mayor mentira?

No hay nada más incómodo que escuchar en una entrevista a quienes se les pregunta por sus experiencias al escribir un libro que no han escrito. Su tentación es fingir y ocultar la verdad. A veces fingen tanto tiempo que se convencen de que son escritores, convirtiéndose cada vez en mejores mentirosos.

Los editores suelen acercarse a pastores y líderes cristianos prominentes, cuyas mayores tentaciones son el orgullo y la pretensión, y luego los ayudan a fingir que han escrito un libro, ¡enorgulleciéndose de algo que no han hecho!

Poner en pedestales a músicos, escritores, oradores y otros va mucho más allá de un respeto sano por los modelos a imitar. Raya en la idolatría. Podría decirse que no es bueno para nadie, pero desde luego no lo es para los jóvenes, los inmaduros y los que ya luchan contra el orgullo, la pretensión, el amor al dinero y otras tentaciones que solo se alimentan del estatus de celebridad de «yo escribí un libro».

Pregúntale al ciudadano promedio qué significa que un nombre aparezca en la portada de un libro, y te dirá que significa que esa persona lo escribió realmente. Eso es lo que creen los compradores de libros. Entonces, se les vende el libro con falsos pretextos. Me han dicho que «el escritor fantasma sabe lo que acepta, y si no necesita ver su nombre en el libro, allá él». Pero la cuestión no es lo que cree el escritor fantasma o el famoso, sino lo que cree el posible comprador del libro. Los escritores fantasma pueden recibir regalías mucho mayores que si se los conociera como el verdadero autor del libro. Pueden tener intereses creados en la falsedad, como todos los demás implicados.

¿Por qué no decir la verdad en la portada, diciendo quién escribió *realmente* el libro y omitiendo los nombres de quienes no lo escribieron? La respuesta es sencilla: «No se vendería tan bien». Si la respuesta es que «el libro es igual de bueno o mejor que si lo hubiera escrito el famoso», puede que sea cierto, pero la gente debería poder decidirlo por sí misma, ¿no? ¿Cómo nos atrevemos a engañar y privar a los lectores de información precisa sobre quién escribió realmente el libro que están considerando comprar? Esto no es solo condescendiente e insultante, es francamente deshonesto. ¿Por qué imaginamos que esto es diferente de ocultar información sobre el coche usado que intentamos vender, por miedo a que si decimos la verdad la gente no lo compre? ¿Nuestro objetivo es solo vender libros, u honrar a Jesús?

El mismo principio se aplica a las columnas y artículos —incluidos los que aparecen en muchas publicaciones de ministerios y universidades cristianas— que en realidad no están escritos por los líderes cristianos que figuran como autores. Algunos presidentes de universidades nunca escriben sus propios artículos en las publicaciones académicas, pero sus nombres siempre aparecen en ellas. Si los alumnos de la misma universidad pusieran su nombre en artículos escritos por otra persona, ello sería motivo de expulsión. Entonces, ¿por qué está bien que lo haga el presidente? Del mismo modo, las cartas de recaudación de fondos del ministerio firmadas por el presidente o el director general a menudo no están escritas por él.

En 1990, se produjo un escándalo relacionado con Milli Vanilli. El nombre del dúo de cantantes se convirtió en sinónimo cultural de deshonestidad e hipocresía, simplemente porque las personas que cantaban en sus grabaciones no eran las que recibían el reconocimiento por ello. Entonces, ¿por qué se reconoce que esto está mal, pero de alguna manera se considera aceptable atribuirse el mérito de un libro, artículo o carta que escribió otra persona? Se presentó una demanda colectiva contra Milli Vanilli y su compañía discográfica, y a los compradores de *Girl You Know It's True* [Muchacha, ya sabes que es verdad] se les dio la oportunidad de solicitar un reembolso por daños fraudulentos. ¿Los lectores de libros que no han sido escritos por sus autores declarados tienen derecho a un reembolso exactamente por las mismas razones?

Alguien podría argumentar que los verdaderos cantantes sonaban mejor que Milli Vanilli. Pero la cuestión es que todo era mentira, y los clientes se indignaron por ello. Es irónico que los cristianos se rebajaran a una ética que incluso la mayoría de los no cristianos, que no creen en lo que dice la Biblia sobre la verdad, reconocerían inmediatamente como errónea.

¿No es razonable que tanto los cristianos como los no cristianos puedan comprar un libro cristiano con la confianza de que la persona identificada en el libro y publicitada como autor lo *escribió* realmente?

«Pero la escritura fantasma es una práctica bien establecida». Muchas cosas son prácticas bien establecidas, pero eso no las convierte en correctas. He visto a personas descorazonadas, desilusionadas y enfadadas cuando descubren que varios libros cristianos populares no fueron escritos por la persona cuyo nombre figura en la portada. Nosotros, que supuestamente estimamos tanto la verdad, deberíamos ser los últimos en participar en semejante engaño.

Todos los argumentos que oigo a favor de la escritura fantasma son pragmáticos. *Por supuesto* que la gente gana dinero como escritor fantasma. La gente también gana dinero con la prostitución, el robo y el tráfico de drogas. La verdadera cuestión no es si la escritura fantasma es *rentable*, sino si es *moral*. Nunca oigo a la gente ofrecer justificaciones bíblicas y éticas, solo prácticas. ¿Por qué? Quizás porque sencillamente no hay justificación bíblica para ello.

A veces existe una delgada línea entre la escritura fantasma y los libros de famosos escritos «con» otros. Escribir un libro sobre personas, con su colaboración, está muy bien, siempre que no se pretenda dar una falsa impresión sobre quién lo ha escrito. Pero cuando en la portada aparece en primer lugar el nombre del famoso, seguido de «y» o «con» el verdadero escritor, se da a entender que el famoso escribió la mayor parte o gran parte del libro. Si, de hecho, el «autor» no hizo más que conceder entrevistas, responder preguntas, pasar unas páginas de un diario o dar un discurso grabado, entonces no es el autor y no debería promocionarse como tal.

Si no es un libro *del* famoso X, sino *sobre* el famoso X, está bien, pero ¿no debería quedar clara esta distinción indicando el nombre del autor real exclusivamente en la portada? Se puede seguir destacando al famoso como tema del libro, pero no como autor. El escritor no debería fingir ser un deportista de talla mundial o una estrella de cine, y el famoso no debería fingir ser escritor. A veces, la persona «famosa» es un autor famoso que sabe escribir, pero que no escribió el libro. Si el famoso no lo ha escrito, sino que solo ha aportado algunas sugerencias o consejos, debe figurar en la página de agradecimientos, no en la portada. Pregúntate: «Teniendo en cuenta la cantidad de trabajo que el famoso ha contribuido realmente a escribir el libro, si su nombre no fuera conocido, ¿estaría en la portada?». Si la respuesta es negativa, entonces la ética está clara: el nombre del famoso no debería figurar en la portada como autor.

Creo que la escritura fantasma cristiana es un escándalo a punto de estallar. Si en la comunidad cristiana no nos enmendamos, nos enfrentaremos a una pérdida generalizada de credibilidad. Qué tragedia si *60 Minutos* sacara a la luz una práctica que nunca deberíamos haber tolerado. ¿No te imaginas a un entrevistador sosteniendo un libro y preguntando a autores cristianos conocidos: «¿*De verdad* escribiste este libro?»? Imagínate las escenas prolijamente editadas de vergüenza, cabezas colgando, evasivas, racionalizaciones e informes de que «tal autor y editor no nos devolvió las llamadas».

Esto podría suponer un gran revés para los editores y autores cristianos, precisamente en el momento en que los libros cristianos han hecho incursiones sin precedentes en la cultura dominante. Tenemos que confesar, arrepentirnos y cambiar nuestras políticas, y ya no dejarnos llevar por el amor al dinero y el aumento del ego.

Si no decimos la verdad sobre quién escribió el libro —en la portada, con letra grande—, ¿por qué va a creer la gente lo que hay dentro del libro, en letra pequeña?

La publicidad falsa de las universidades cristianas

Muchas universidades cristianas publican habitualmente en sus catálogos declaraciones doctrinales que algunos o incluso muchos de sus profesores no creen ni enseñan. El vicepresidente académico de una importante universidad cristiana de artes liberales me confió: «Si los padres cristianos supieran realmente lo que se enseña a sus hijos en nuestras aulas, mañana mismo los sacarían de la universidad». Y, añadiría yo, no volverían a dar un céntimo a esa universidad.

Si las universidades cristianas dijeran la verdad en sus materiales promocionales, algunos dirían así: «El 34 % de nuestro profesorado cree en la inerrancia de la Palabra de Dios. El 21 % de nuestros profesores de ciencias cree en el relato bíblico de la creación. Nadie en nuestro departamento de psicología cree en la doctrina del pecado original. Dos de cada tres profesores de sociología son proabortistas y defensores del estilo de vida homosexual. El director de nuestro departamento de filosofía es agnóstico. El director de nuestro departamento de Biblia lleva diez años sin ir a la iglesia porque no cree en la religión organizada».

¿Por qué no ser sinceros y admitirlo públicamente? La respuesta es sencilla: Porque, si son sinceros, los padres cristianos no seguirán pagando para enviar allí a sus hijos, y los principales donantes cristianos de la universidad no enviarán más dinero. Soy un gran creyente en la educación superior cristiana. Pero las declaraciones doctrinales publicadas por muchas universidades cristianas, incluidas algunas en las que he hablado, son simplemente publicidad falsa (también conocida como mentira). Gran parte del motivo de esta deshonestidad se reduce al dinero.

Los honorarios de los oradores cristianos

En Jueces 8:22-27, vemos un relato extraordinario de un hombre con una perspectiva correcta que no ansía el poder, sino que hace lo que parece ser una pequeña concesión. Los israelitas dicen que quieren que Gedeón gobierne sobre ellos porque es su héroe, que los salvó de Madián. Pero Gedeón dice: «No reinaré sobre ustedes, ni tampoco reinará sobre ustedes mi hijo. El Señor reinará sobre ustedes» (Jue. 8:23). Pero entonces, les hace una petición: que cada uno le dé un zarcillo —solo eso y nada más— de su parte del botín. El peso de los zarcillos de oro ascendía a unos 19,5 kg (43 libras). Gedeón hizo con el oro un efod, que colocó en su ciudad natal.

«¿Y qué?», podríamos pensar. «Es un pequeño precio a pagar para la gente. Ni siquiera lo echarían de menos. Y Gedeón ciertamente se lo ganó». Pero el versículo termina con esta frase: «todo Israel se prostituyó allí, y esto [el efod] vino a ser ruina para Gedeón y su casa» (Jue. 8:27).

El héroe Gedeón pasó de ser un hombre con perspectiva a alguien tan miope como los reyes de las naciones paganas. «No hay nada malo en unos pendientes de oro y un hermoso efod, ni en que un hombre sea recompensado por un liderazgo fiel». Sin embargo, de algún modo, todo aquello se convirtió en algo terriblemente malo. Se convirtió en una trampa para Gedeón y su familia, y llevó a Israel a idolatrar a un sustituto barato de Dios en lugar de adorar al Dios verdadero. Gedeón, sus hijos y la nación pagaron un precio terrible. Creo que algunos oradores cristianos corren hoy el grave peligro de cometer el mismo error.

Asistí a un acto de recaudación de fondos para un ministerio en el que el orador dijo: «Creo tanto en este ministerio que voy a devolver el 10 % de mis honorarios». Lo que no mencionó fue que sus honorarios por ese discurso de treinta minutos ascendían a 5000 dólares. Así que dio 500, pero se fue con 4500. Por supuesto, es prerrogativa suya fijar los honorarios y de la organización pagárselos. (Aunque los asistentes a la recaudación de fondos probablemente darían menos si supieran que los primeros cuarenta y cinco donativos de 100 dólares serían anulados por los honorarios del orador). Pero que el orador diera a entender que estaba haciendo un sacrificio económico por la causa del ministerio —o que estaba allí porque creía mucho en el ministerio— era engañoso.

En *Fuego vivo, viento fresco*, Jim Cymbala comenta:

> Estoy consternado por los contratos que exigen algunos grupos musicales cristianos contemporáneos. Para dar un concierto en tu iglesia, la tarifa indicada será de tanto (cuatro o cinco cifras) más el

billete de avión de ida y vuelta, a menudo en primera clase, no en clase turista. Se establece cada detalle del alojamiento, hasta «sushi para veinte personas» esperando en el hotel, en un caso. Todo esto se hace para que el grupo pueda presentarse ante un público de un barrio pobre y exhortar a la gente a «confiar en el Señor para todas sus necesidades».[22]

A mí también me consternan las tarifas que cobran los conferenciantes cristianos por venir a «servir al Señor y a Su pueblo» durante un solo fin de semana. No quiero decir que todos los honorarios estén mal, aunque personalmente creo que es mejor dejar los honorarios en manos de quienes extienden la invitación a hablar. Pero cuando los oradores cristianos cobran de diez a treinta mil dólares por representar al Señor, ¿no hay algo que no funciona?[23] Algunos dirán: «Deberíamos cobrar lo que pide el mercado», «¿No deberían los cristianos poder ganar dinero como hacen los no cristianos?», y «No pondrás bozal al buey cuando trilla». Bueno, sí, pero ¿cuánto grano puede trillar un buey en una sola noche?

Un físico cristiano tiene derecho a ganar tanto dinero por su conferencia sobre termodinámica como cualquier otro científico. Pero cuando te anuncian como conferenciante *cristiano* y el supuesto objetivo es representar a Jesús, cuando se utilizan palabras como «ministerio» y «servir» y «testimonio» para promocionar el acto, ¿no es un poco diferente? ¿Afectaría a la actitud de la gente oír que el orador exigía unos honorarios de 10 000 dólares?

¿No se trata el ministerio de algo más que lo que exige el mercado? ¿Qué pasa con las conferencias cristianas que son grandes espectáculos de mercadeo y los ministerios que ofrecen sus propias tarjetas Visa para poder recibir un porcentaje de cada compra? ¿Hemos ido demasiado lejos?

Puede que no sea prudente para todo el mundo, pero mi práctica es no cobrar nunca honorarios por hablar y dejar que los honorarios sean totalmente voluntarios. He recibido desde ningún honorario hasta varios miles de dólares. Cuando alguien que extiende una invitación pide estimaciones o directrices, mi ayudante y yo declinamos educadamente dar cifras. Cuando las organizaciones empiezan a decirme qué honorarios están dispuestas a dar, les digo que prefiero no saberlo. Esto no se debe a que sea muy espiritual, sino exactamente a lo contrario: es porque quiero dejarme influir por la guía del Espíritu de Dios a la hora de decidir dónde hablar, y no confío en no dejarme influir por el dinero. Quiero reducir la tentación de ir a algún sitio para «servir» ostensiblemente a Dios y a Su Iglesia, cuando en realidad iría por la retribución económica.

El síndrome de la celebridad cristiana

Ron Blue and Company gestiona activos financieros que superan los 2000 millones de dólares. Presenté a Ron mi primer borrador de este capítulo, en busca de equilibrio y corrección. Esperaba que me animara a moderar mis preocupaciones acerca de todo, desde la recaudación de fondos hasta la escritura fantasma, pasando por los honorarios de los conferenciantes y el apoyo de los famosos. Me sorprendió diciendo: «Estoy totalmente de acuerdo. No lo moderes».

Ron compartió sus observaciones sobre la preocupante ética financiera de algunas iglesias y organizaciones sin fines de lucro. Expresó una profunda preocupación por lo que llamó el fenómeno de la «celebridad cristiana», que conduce a graves abusos, muchos de ellos financieros, que él está en una posición única para ver. Ron ha preguntado a clientes que son líderes cristianos: «¿Te sentirías cómodo si tus declaraciones de ingresos se publicaran en *The Wall Street Journal*?». Lo que quiere decir es que si nos avergüenza revelar nuestras finanzas —desde nuestros salarios y demás fuentes de ingresos hasta nuestra proporción de donaciones—, es señal de que deberíamos vivir de otra manera. Si nos avergonzaría que los demás supieran la verdad, ¿no deberíamos preocuparnos por Dios, cuyas normas son mucho más estrictas y que conoce la verdad?

> Si nos avergüenza revelar nuestras finanzas —desde nuestros salarios y demás fuentes de ingresos hasta nuestra proporción de donaciones—, es señal de que deberíamos vivir de otra manera.

En el año 400 d. C., Jerónimo advirtió a la Iglesia: «Rehúye, como a la peste, a un clérigo que de pobre se haya hecho rico, o que, de no ser nadie, se haya convertido en una celebridad».[24] En la iglesia primitiva, los líderes se guiaban por un modelo de sacrificio y generosidad, no por el privilegio y la acumulación. Por desgracia, la cultura evangélica moderna —incluidas las industrias editorial y musical— está generando celebridades cristianas y colmándolas de riquezas que a menudo no están preparadas para manejar.

No se trata de resentimiento. Al firmar muchos libros y dar charlas y hablar ante los medios de comunicación, he probado al menos un poco lo que es que te traten como a una celebridad. Está bien respetar y apreciar lo que escribe alguien, pero algunas personas me tratan mejor de lo que merezco. No creo que intenten deshonrar a Dios. Y conozco personalmente a varias personas conocidas como celebridades cristianas que tratan realmente de honrar a Dios. Soy tan vulnerable como cualquiera a deslizarme por la resbaladiza pendiente del orgullo, sucumbir a la adulación y llegar a pensar gradualmente que merezco atención especial, reconocimiento e indulgencias materiales.

No me complace abordar estas cuestiones. Espero que sirva al cuerpo de Cristo al iniciar un autoexamen, un diálogo y una reforma muy necesarios.

Qué hay que tener en cuenta al donar a un ministerio

Como mayordomos, debemos invertir sabiamente en la eternidad. Esto significa que debemos dar con inteligencia, basándonos en una valoración precisa de aquellos a quienes confiamos el dinero de Dios. En otras palabras, debemos hacer los deberes antes de dar. Esto podría incluir pedir consejo a nuestros pastores, examinar detenidamente las publicaciones de un ministerio (incluidos los estados financieros), reunirnos con un representante del ministerio, visitar una oficina o el campo misionero y observar el trabajo, o consultar con otras personas en posición de conocer más íntimamente cómo es realmente un ministerio concreto.

Leer la literatura de una organización es un buen comienzo, pero no es suficiente. Las publicaciones de un ministerio presentarán a la organización de la forma más positiva posible. Habrá historias de conversiones, avivamientos y vidas cambiadas, pero casi nunca oirás hablar de fracasos, luchas internas, inmoralidad o malversación de fondos. Hay muchos ministerios que respeto profundamente, pero he llegado a apreciarlos echándoles un vistazo más cercano y personal.

Toda organización tiene gastos legítimos, tanto generales como de «oficina central». Pero algunos son innecesariamente elevados. Se sabe que otras gastan mucho más de la mitad de las donaciones recibidas en nuevos esfuerzos de recaudación de fondos, especialmente en la compra de costosos anuncios de televisión. Algunas dedican sus mayores energías y recursos no a satisfacer las necesidades, sino a venderse al público, conseguir donantes y competir por los fondos disponibles. Otras son sinceras pero culturalmente insensibles, tienen malos contactos o métodos de distribución en países extranjeros, y a veces intentan soluciones a corto plazo que contribuyen a crear problemas a largo plazo. Por ejemplo, algunos agricultores locales del tercer mundo se han visto empujados a la quiebra por las entregas de alimentos gratuitos de las organizaciones de ayuda. Los agricultores han trabajado todo el año para cultivar sus cosechas solo para ver cómo sus alimentos se desperdician y sus esfuerzos quedan sin recompensa porque nadie comprará alimentos cuando pueden conseguirlos gratis. En consecuencia, los agricultores pierden su incentivo y dejan de cultivar alimentos, garantizando así que la crisis empeore y creando una dependencia infinita del mundo exterior. Una organización de ayuda sensible (y hay algunas excelentes) trabajará para animar en vez de desanimar a los trabajadores locales y a la economía local, con el objetivo no solo de aliviar la hambruna de forma inmediata, sino de prevenirla de forma continuada.

Hay ciertas características que debes buscar en cualquier ministerio que decidas apoyar. He escrito un artículo titulado «*Nineteen Questions to Ask Before You Give to Any Organization*» [Diecinueve preguntas que hacer antes de dar a cualquier organización], que está disponible en el sitio *web* de nuestro ministerio.[25] He aquí las preguntas básicas, sin la elaboración que he incluido en el artículo:

1. ¿Estoy cumpliendo con mi responsabilidad principal de dar a mi iglesia local?
2. ¿Hay cosas en este ministerio que hacen que valga la pena *singularmente* invertir en él?
3. Además de leer la literatura de este ministerio, ¿he hablado con otras personas que lo conocen de cerca pero no tienen intereses personales en él?
4. ¿He considerado la posibilidad de realizar un viaje ministerial o de visión para ver y participar en lo que este ministerio está haciendo realmente sobre el terreno?
5. ¿Demuestra el personal del ministerio una preocupación de corazón servicial por aquellos a los que atiende?
6. ¿Demuestran los trabajadores de la organización un sentido de unidad, camaradería y respeto mutuo? (Pregúntales a los empleados: «¿Por qué motivos ha abandonado la gente esta organización en los últimos años?»).
7. ¿He hablado directamente con la gente de los «niveles inferiores» de este ministerio, no solo con los ejecutivos y la gente de relaciones públicas? ¿Qué opinan del ministerio?
8. ¿Es un ministerio bíblicamente sólido y centrado en Cristo? ¿Invoca la gente al Señor Jesús para pedir Su guía y el poder del Espíritu Santo para hacer su trabajo?
9. ¿Qué clase de carácter, integridad, pureza y humildad demuestran los líderes del ministerio?
10. ¿Qué tipo de estructuras de rendición de cuentas (no basta con utilizar la frase *rendición de cuentas*) tiene la organización?
11. Si se trata de una organización laica o semicristiana, en lugar de una distintivamente cristiana, ¿por qué daría a esta en lugar de a otra?
12. ¿Hasta qué punto son claros los objetivos, las estrategias y las tácticas de esta organización, y hasta qué punto son eficaces a la hora de llevarlos a cabo?

13. ¿Es esta organización enseñable y está abierta a mejorar para ser más estratégica?
14. ¿Estoy seguro de haber obtenido una visión objetiva de este ministerio, o he visto solo lo positivo sin lo negativo? (Pregúntales: «¿Cuáles son sus puntos débiles?»).
15. ¿Qué ética y qué visión de Dios y de las personas se demuestran en las técnicas de recaudación de fondos de esta organización?
16. ¿Cuánto dinero usa la organización en gastos generales y recaudación de fondos, y cuánto en el ministerio real a las personas?
17. ¿Muestra este ministerio una clara comprensión de los factores del ministerio transcultural y de las condiciones locales, y de cómo puede afectarles el flujo de dinero?
18. ¿Habla esta organización bien de los demás y coopera con ellos?
19. ¿Está impregnado este ministerio de una perspectiva claramente eterna?

Soy consciente de que estas preguntas pueden parecer surgidas de la sospecha. Pero cuanto más digna sea una organización, más aceptará que la examinen. Hacer estas preguntas siempre beneficia a los mejores ministerios, porque resistirán el escrutinio. Otros ministerios se tomarían estas preguntas muy en serio si se encontraran con más donantes potenciales que se las hicieran.

Por supuesto, ninguna organización es perfecta. Apoyamos a organizaciones que sabemos que tienen ciertos puntos débiles. Si has tenido problemas con un ministerio, la solución nunca es dar menos. Es encontrar algunas organizaciones buenas —no perfectas— y dar más que nunca. Si esperas a dar hasta que encuentres el ministerio perfecto, nunca darás. Es mucho mejor arriesgarse a dar que no hacerlo. Pero la buena noticia es esta: Hay muchos ministerios cristianos dignos de confianza.[26] Puedes dar a ellos con la confianza de que estás haciendo una verdadera inversión eterna.

CUARTA PARTE

El manejo de nuestro dinero y de nuestras posesiones

CAPÍTULO 16

Ganar dinero, poseer bienes y elegir un estilo de vida

¿Puede un hombre ser pobre si está libre de carencias, si no codicia las pertenencias de los demás, si es rico en la posesión de Dios? Más bien, es pobre quien posee mucho pero sigue ansiando más.

TERTULIANO

No creo que se pueda establecer cuánto debemos dar. Me temo que la única regla segura es dar más de lo que nos sobra. Dicho de otro modo, si nuestros gastos en comodidades, lujos, diversiones, etc., están a la altura de quienes tienen los mismos ingresos que los nuestros, probablemente estemos dando demasiado poco. Si nuestras obras de caridad no nos aprietan ni nos estorban en absoluto, diría que son demasiado pequeñas. Debe haber cosas que nos gustaría hacer y no podemos porque nuestros gastos de caridad las excluyen.

C. S. LEWIS

Qué distinta es nuestra norma de la de Cristo. Nosotros preguntamos cuánto da un hombre. Cristo pregunta cuánto conserva.

ANDREW MURRAY

¿Tenemos derecho a ganar o a conservar grandes cantidades de dinero? ¿Llaman las Escrituras a todos los discípulos a renunciar a sus posesiones y a «vivir por fe»? ¿Está bien que un cristiano sea rico? ¿Honra a Cristo vivir cómodamente? ¿Debemos vivir «sencillamente»? Estas y otras cuestiones relacionadas son el tema central de este capítulo.

La forma divina de ganar dinero: Trabajar

Solo los gobiernos y los falsificadores *hacen* dinero. Los demás tenemos que adquirirlo, heredarlo, ganarlo o robarlo. El trabajo es el medio ordenado por Dios para contribuir a la sociedad, encontrar la plenitud y satisfacer las necesidades materiales para que podamos mantener a nuestras familias (Prov. 20:4; 1 Tim. 5:8). En el plan ideal de Dios, toda persona es un trabajador. Independientemente de la edad, la capacidad o la minusvalía, casi todo el mundo puede hacer una contribución significativa a la familia y a la sociedad mediante el trabajo, aunque sea no remunerado o muy sencillo.

La Escritura enfatiza el trabajo como el medio principal para ganar dinero y suplir las necesidades materiales:

> El que labra su tierra se saciará de pan, pero el que persigue lo vano carece de entendimiento. (Prov. 12:11)
>
> El alma del perezoso desea mucho, pero nada consigue, sin embargo, el alma de los diligentes queda satisfecha. (Prov. 13:4)
>
> En todo trabajo hay ganancia, pero el vano hablar conduce solo a la pobreza. (Prov. 14:23)
>
> ... que tengan por su ambición el llevar una vida tranquila, y se ocupen en sus propios asuntos y trabajen con sus manos, tal como les hemos mandado; a fin de que se conduzcan honradamente para con los de afuera, y no tengan necesidad de nada. (1 Tes. 4:11-12)
>
> Porque aun cuando estábamos con ustedes les ordenábamos esto: Si alguien no quiere trabajar, que tampoco coma. (2 Tes. 3:10)
>
> Y que los nuestros aprendan a ocuparse en buenas obras, atendiendo a las necesidades apremiantes, para que no estén sin fruto. (Tito 3:14)

Dios nos da habilidades que debemos desarrollar para hacer bien nuestro trabajo (Ex. 35:10, 30–36:1). Los cristianos ven a Dios como su principal empleador: «Todo lo que hagan, háganlo de corazón, como para el Señor y no para los hombres, sabiendo que del Señor recibirán la recompensa de la herencia. Es a Cristo el Señor a quien sirven» (Col. 3:23-24).

Los empleados deben trabajar duro y bien, sabiendo que, aunque su empleador no los recompense, Dios sí lo hará (Ef. 6:5-8). Los empresarios deben pagar salarios decentes (Deut. 24:14-15; Jer. 22:13; Sant. 5:4-5). Los cristianos que tienen negocios deben fijar precios justos y utilizar balanzas honestas (Deut. 25:13-16; Prov. 16:8; 20:10). Los creyentes deben decir la verdad —toda la verdad— cuando vendan un coche, una casa, un producto o un servicio. Saben que Dios los observa y les pedirá cuentas de cómo llevan a cabo sus negocios (2 Cor. 5:20).

La propiedad privada

¿Qué debemos hacer con el dinero que ganamos? ¿Tenemos derecho a poseer tierras y tener posesiones? El mandamiento «No hurtarás» demuestra que la propiedad puede pertenecer a una persona y no a otra (Ex. 20:15). Dios nos ordena no codiciar la casa de nuestro prójimo, su mujer, su criado, su buey, su asno, «ni nada que sea de tu prójimo» (Ex. 20:17). La Ley establece normas estrictas para la protección de la propiedad privada, exigiendo la restitución por las violaciones de la propiedad (Ex. 21-22). El derecho a la propiedad privada estaba tan arraigado en Israel que ni siquiera el rey tenía derecho a tomar tierras que pertenecieran a otro (1 Rey. 21:1-3, 16, 19).

Sin embargo, Dios dijo al pueblo: «La tierra es mía» (Lev. 25:23). Como recordatorio de esto, el campo de un agricultor debía quedar sin arar y sin utilizar cada séptimo año (Ex. 23:11). Aunque la tierra podía comprarse a otros, cuando llegaba el Jubileo cada quincuagésimo año, las parcelas de tierra se devolvían a las familias de las que procedían (Lev. 25:8-17). Cuando se vendía la tierra, el precio de la transacción se determinaba en función de cuántos años faltaban para el Jubileo. En cierto sentido, pues, la tierra no se vendía, sino que simplemente se arrendaba. «Es un número de cosechas lo que te está vendiendo» (Lev. 25:16).

Cada séptimo año era el año de la liberación, en el que se cancelaban todas las deudas (Deut. 15:1-3). Esta práctica evitaba el endeudamiento y la servidumbre permanentes. Incluso en el sexto año, la gente debía prestar generosamente a los necesitados, sabiendo que el préstamo sería probablemente un regalo debido al próximo año de liberación. Negar un préstamo por ese motivo era albergar un «pensamiento perverso». Dando generosamente, el pueblo de Israel se aseguraría la recompensa de Dios (Deut. 15:9-11).

Cuando se vendía la tierra, el precio de la transacción se determinaba en función de cuántos años faltaban para el Jubileo.

El año de liberación y el Jubileo se concibieron para evitar la pobreza permanente y desesperada. En efecto, también ponían un límite a la riqueza de una persona, o al menos a su capacidad de enriquecerse a expensas de otros a largo plazo acumulando sus tierras. El Jubileo significaba un nuevo comienzo tanto para los pobres como para los ricos: ninguno de ellos pasaría toda su vida en la extrema riqueza o en la extrema pobreza.

En el Nuevo Testamento, la norma era compartir generosamente los bienes propios. Por supuesto, esto no negaba la propiedad privada de los bienes, pues solo se podía dar voluntariamente lo que se poseía privadamente.

Estilos de vida en los Evangelios y las Epístolas

Algunos cristianos consideran normativos los estilos de vida de los apóstoles. Pero había una diferencia notable entre el ministerio itinerante de Jesús y los apóstoles, tal como se ve en los Evangelios, y las comunidades asentadas de cristianos reflejadas en las Epístolas.

Jesús llamó a ciertas personas a dejarlo todo. En Hechos 2–4, vemos una acción radical ante las grandes necesidades creadas por los judíos que asistían a la Pascua en Jerusalén. Pero en las Epístolas, vemos comunidades establecidas muy similares a las nuestras de hoy. Estos cristianos debían tener una actitud radical hacia el dinero y las posesiones mientras vivían con sus familias en sus casas y regentaban negocios. Se les dijo que llevaran «una vida tranquila», «[trabajaran] con sus manos» y no dependieran de nadie (1 Tes. 4:11-12).

Los cristianos necesitaban un empleo estable para mantener a sus familias. Pablo dijo que no debían ser vagabundos o parásitos, sino que debían «[trabajar] tranquilamente, [y comer] su propio pan» (2 Tes. 3:12).

El reto para esos discípulos era mantener una «mentalidad de peregrino». Debían utilizar sus raíces y vínculos para glorificar a Dios, no para volverse complacientes o inmovilizarse. Debían estar contentos donde estaban, pero abiertos a la dirección de Dios si los llevaba a otra parte.

Estilos de vida en los Evangelios

Algunos escritores y predicadores se pronuncian regularmente en artículos de revistas, libros y sermones contra la tibieza y el materialismo de los cristianos de hoy. Gran parte de lo que dicen es correcto, pero suelen cometer dos errores. En primer lugar, citan pasajes de los Evangelios e ignoran las Epístolas, aunque estas demuestran la forma que adoptaron las iglesias tras la ascensión de Cristo, después de que el Espíritu Santo fuera enviado a morar en Su pueblo. Dado que la Iglesia no nació hasta después de los acontecimientos registrados en los Evangelios, debemos recurrir a las Epístolas para sacar conclusiones equilibradas sobre los estilos de vida cristianos normativos.

El segundo error es no abordar el contexto más amplio de los propios Evangelios, citando solo textos aislados que dicen a la gente que lo regale todo. Algunos podrían tener la impresión de que los cristianos que conservan alguna posesión no pueden ser verdaderos discípulos. Pero una lectura atenta de los Evangelios nos da una perspectiva confirmada en las Epístolas. Todos los discípulos deben tener la misma perspectiva respecto al dinero y las posesiones, pero hay dos clases de discípulos cuando se trata de la propiedad privada. Una visión general del Evangelio de Marcos nos muestra esta distinción.[1]

Jesús llamó a Sus cuatro primeros discípulos para que dejaran su negocio de pesca y lo siguieran (Mar. 1:16-20). Abandonar sus posesiones formaba parte de la respuesta al llamado, porque el ministerio de Cristo era itinerante y requería viajes casi constantes, la mayoría a pie. Para seguir a Cristo, los discípulos simplemente *tuvieron* que dejar sus barcas y sus redes. El punto central no es que dejaran sus barcas, sino que siguieran a Jesús. Dejar atrás sus principales posesiones era simplemente el subproducto inevitable de su nueva misión.

Pero ni siquiera estos apóstoles se despojaron irreversiblemente de todas sus posesiones. Apenas diez versículos después de haber dejado las redes, fueron a «casa de Simón y Andrés», donde vivía la suegra de Simón, probablemente también con su esposa y sus hijos. Los Evangelios se refieren repetidamente a Jesús y los discípulos viajando en barco por el Mar de Galilea. Lo más probable es que la barca perteneciera a uno de los pescadores convertidos en apóstoles. Esta suposición se ve corroborada porque Pedro y los demás estaban de nuevo en una barca pescando a los pocos días de la muerte de Cristo (Juan 21:1-3).

Pedro le dice a Jesús: «Nosotros lo hemos dejado todo y te hemos seguido» (Mar. 10:28). No le dice: «Hemos *vendido* todo», aunque es posible que hayan liquidado muchas de sus posesiones (Luc. 12:32-33). Mientras Jesús colgaba de la cruz, «dijo a Su madre: "¡Mujer, ahí está tu hijo!". Después dijo al discípulo [Juan]: "¡Ahí está tu madre!". Y desde aquella hora el discípulo la recibió en su propia casa» (Juan 19:26-27).

Esto significa que, después de tres años de seguir a Jesús, Juan seguía teniendo un hogar. Además, sabemos que *siguió* teniendo un hogar en años posteriores, porque «desde aquella hora el discípulo la recibió en su propia casa». Aunque perteneciera a su familia ampliada, se considera la casa de Juan. Es de suponer que la madre de Jesús vivió allí hasta su muerte.

Los apóstoles representaban el llamado de Dios al trabajo misionero itinerante. Dicha labor exige dejar atrás posesiones importantes que atarían a las personas a un lugar y les impedirían ir adonde Jesús las llamara. (No obstante, la mayoría de los misioneros se establecerán en sus comunidades extranjeras, donde poseerán ciertos bienes).

Un segundo tipo de discípulo

Leví, el recaudador de impuestos, representa el segundo tipo de discípulo: el que utiliza sus posesiones para las causas del reino, en lugar de regalarlas. «Al pasar [Jesús], vio a Leví, hijo de Alfeo, sentado en la oficina de los tributos, y le dijo: "Sígueme". Y levantándose, lo siguió» (Mar. 2:14). No se nos dice que Jesús ordenara a Leví que vendiera sus posesiones y se las diera a los pobres. En el versículo siguiente, Jesús y los discípulos están en una cena en casa de Leví, junto con muchos otros recaudadores de impuestos y «pecadores». La casa de Leví servía para presentar a Jesús a la gente. Dada su profesión y el número de personas que asistieron a la fiesta, sin duda era más bonita y grande que una casa normal.

Aunque grandes multitudes seguían a Jesús, este eligió solo a doce apóstoles (Mar. 3:13-19) para que se unieran a Él en Su ministerio itinerante, viajando y predicando. Otros de entre la multitud también siguieron a Jesús. No fueron elegidos como apóstoles, sino que sirvieron como discípulos. Cuando no estaban con Jesús, ¿adónde iban estos «discípulos pero no apóstoles»? ¿Dónde si no de vuelta a sus familias, casas, campos, ganado y trabajos? Al igual que Jesús había servido a Dios durante muchos años trabajando como carpintero y viviendo en una casa en un lote de tierra, estos otros servían a Dios mientras criaban a sus familias y vivían y trabajaban en sus propias comunidades. Evidentemente, la mayoría de los seguidores de Cristo nunca se despojaron de todas sus posesiones, ni se esperaba que lo hicieran.

Cuando Jesús eligió a los doce, sin duda otros habrían estado encantados de ser elegidos. Es posible que se sintieran decepcionados por tener que volver a sus casas y trabajos para servir a Cristo en una vida «normal». Pero fue Su elección, no la de ellos. No debemos considerar el llamado de Dios como de segunda clase. El llamado a dejar todas las posesiones por el ministerio itinerante fue siempre la excepción, nunca la regla. Después de que Jesús curara al endemoniado de Gerasa, «el endemoniado le rogó «que lo dejara ir con Él» (Mar. 5:18). Aquí tenemos a un hombre no solo dispuesto, sino deseoso, casi desesperado, de dejar todo lo demás atrás y seguir a Cristo. El versículo siguiente es significativo: «Pero Jesús no se lo permitió, sino que le dijo: "Vete a tu casa, a los tuyos, y cuéntales cuán grandes cosas el Señor ha hecho por ti, y cómo tuvo misericordia de ti"». Aunque Cristo llamó a los apóstoles a *abandonar* sus hogares, a este hombre le ordenó que *fuera* a su casa. De hecho, «no [le] permitió» adoptar el estilo de vida de los apóstoles. Cristo insistió en que se serviría mejor al reino de Dios si este hombre hacía de su hogar su base de operaciones.

> Ambos llamados servían al mismo propósito: glorificar a Dios y promover Su reino.

¿Era este un llamado inferior? Juzga por los resultados: «Y él se fue, y empezó a proclamar en Decápolis cuán grandes cosas Jesús había hecho por él; y todos se quedaban maravillados» (Mar. 5:20). Cristo lo llamó a no dejarlo todo atrás, sino a establecerse en su comunidad —con todo lo que ello implica en cuanto a refugio, posesiones y vocación— y a utilizar su hogar y sus posesiones para hacer avanzar el reino.

Había dos llamados: uno a dejar atrás la familia y las posesiones, y otro a volver a ellas. Pero ambos servían al mismo propósito: glorificar a Dios y promover Su reino.

Jesús envió a los doce discípulos de dos en dos y les dijo que no llevaran comida ni dinero. Debían alojarse en casas y ser alimentados por quienes fueran receptivos a su mensaje (Mar. 6:8-11). De nuevo vemos los dos tipos de discípulos. Los misioneros itinerantes no llevan nada, salvo lo que les facilita el viaje (un bastón, sandalias y la ropa que llevan puesta). El otro es el discípulo «asentado» que proporciona alojamiento, comida y provisiones a los misioneros que viajan. Para que el primer tipo de discípulo sobreviva y tenga éxito, el segundo debe poseer y proveer. Para que unos no tengan posesiones ni casas permanentes, y no generen ingresos, otros deben tener posesiones, casas e ingresos para cuidar de sí mismos *y* de los misioneros itinerantes.

Dios puede cambiar ocasionalmente Sus instrucciones específicas para los que son llamados a un estilo de vida itinerante. En Lucas 22:35-36, Jesús dice a los apóstoles que Sus órdenes anteriores sobre lo que no debían llevar ya no son aplicables. Ahora pueden llevar consigo un bolso, una alforja e incluso una espada.

Los valores eternos de un discípulo

En una incisiva llamada al discipulado, Jesús dice:

> Si alguien quiere venir conmigo, niéguese a sí mismo, tome su cruz, y sígame. Porque el que quiera salvar su vida, la perderá; pero el que pierda su vida por causa de Mí y del evangelio, la salvará. O, ¿de qué le sirve a un hombre ganar el mundo entero y perder su alma? O, ¿qué dará un hombre a cambio de su alma? (Mar. 8:34-37)

Llama la atención la cantidad de términos con connotación económica que utiliza Jesús: *salvar*, *perder*, *ganar*, *dar* y *a cambio*. Todos los discípulos de Cristo reciben un llamado radical sobre cómo deben ver y manejar su dinero y sus posesiones. Tanto si se los llama a dejar atrás las posesiones por motivos del reino como a conservar la propiedad por motivos generosos del reino, sus ojos deben estar puestos en recibir ganancias en el otro mundo más que en este. El dinero y las posesiones de hoy no servirán de nada cuando nuestras almas queden al descubierto ante el Creador. Ese día, se verá que el dinero y las posesiones han facilitado nuestra misión o la han obstaculizado.

En Marcos 10, nos encontramos con un joven rico que pregunta a Jesús qué puede hacer para heredar la vida eterna. Al principio, Jesús le dice que guarde todos los mandamientos. Cuando el hombre responde que los ha guardado desde su juventud, Jesús le dice que deje todo y lo siga (Mar. 10:17-31). Este es un pasaje crucial sobre el estilo de vida, porque algunos consideran que el mandato de Cristo aquí es un llamamiento universal, de modo que quienes no lo siguen no son verdaderos discípulos.

Después de que el hombre le dice a Jesús que ha cumplido los mandamientos, «Jesús, mirándolo, lo amó» (Mar. 10:21). Cristo se preocupó por este hombre rico y discernió el funcionamiento interno de su corazón. Basándose en esta valoración, Jesús hace un llamado particular. Hace una exigencia económica más arrolladora que nunca: más de lo que había hecho a ninguno de los discípulos fuera de los doce, y quizá más de lo que les había pedido a algunos de los doce. «Hay una cosa que todavía no has hecho —le dijo—. Anda y vende todas tus posesiones y entrega el dinero a los pobres, y tendrás tesoro en el cielo. Después ven y sígueme» (Mar. 10:21, NTV).

En realidad, Jesús le da al hombre cinco órdenes: *anda, vende, entrega, ven* y *sígueme*. Conociendo el estado del corazón del hombre, Cristo le da las órdenes concretas que sabía que eran las mejores.

Hay dos errores comunes en la interpretación de este pasaje. Uno es concluir que Cristo siempre llama a Sus discípulos a vender sus posesiones, darlo todo a los pobres y salir como misioneros de la fe, apoyados por el resto de la comunidad cristiana. Pero si esto fuera cierto, no habría «resto de la comunidad cristiana». Nadie poseería nada, no tendríamos dónde alojarnos, ni cómo viajar, ni medios de subsistencia.

El otro error, más común e igualmente grave, es concluir que Dios *nunca* llama a Sus discípulos a venderlo todo y dar a los pobres. Anteriormente, me referí a un joven de nuestra iglesia cuyo grupo de estudio bíblico lo disuadió de vender su casa y regalar todo el dinero, cuando sentía que Dios lo guiaba a hacerlo. He descubierto que esta es una experiencia común entre los cristianos, que deberíamos esforzarnos por corregir.

Cuando la actriz Lisa Whelchel tenía dieciocho años y protagonizaba el popular programa de televisión *Facts of Life* [Los hechos de la vida], oyó a un orador cristiano hablar de los miles de niños hambrientos de Haití. En su libro *The Facts of Life and Other Lessons My Father Taught Me* [Los hechos de la vida y otras lecciones que me enseñó mi padre], escribe: «Se me abrieron los ojos al ver la vida privilegiada que llevaba y lo totalmente inconsciente que era de lo que ocurría en el resto del mundo. Me sentí profundamente conmovida y condenada».

Cuando terminó el servicio religioso, pasó al frente, sollozando, colocó su reloj Rolex y su anillo de diamantes y esmeraldas en el bolsillo de la chaqueta del orador y le pidió que los vendiera y donara el dinero para ayudar a los pobres. Whelchel volvió a casa llena de convicción:

> Podía vivir fácilmente con el 10 % de mi salario. Decidí vender mi condominio y alquilar un bonito apartamento. No era necesario que una chica soltera viviera en un condominio de tres dormitorios y

> dos pisos. Y desde luego, no necesitaba ir por ahí en un Porsche. Venderlo y comprar un coche moderado me liberaría miles de dólares. Tenía dinero invertido en bienes inmuebles por todo el país. Si los vendía, el dinero serviría para alimentar a decenas de miles de niños. Era una obviedad. Mi celo era fuerte. Sabía que había escuchado a Dios y que estaba haciendo lo correcto.

Por desgracia, las personas cercanas a Whelchel pensaron que su respuesta era extrema, producto de un sentimiento de culpa pasajero. Le dijeron que era «irracional». Por muy clara que pareciera la dirección de Dios, dice: «Mi determinación empezó a quebrarse bajo el peso de sus argumentos, que parecían llenos de lógica y sabiduría. Al final abandoné el llamado, cerré los ojos y volví ciegamente a vivir una vida que parecía tener sentido».

A continuación, cuenta el resto de la historia:

> Menos de diez años después, todo aquel dinero había desaparecido de todos modos. Una parte se había invertido en un edificio de oficinas de gran altura en Pittsburgh que quebró. Otra parte importante estaba en terrenos de Texas que se agotaron durante la crisis del petróleo y acabaron embargados. Cuando me casé, vendí mi piso y compré una casa durante el auge inmobiliario de California en los años ochenta, solo para devolvérsela al banco tres años después, cuando el mercado tocó fondo. Se canceló *The Facts of Life*, y me gasté todo el dinero que tenía saldando todos los pagos que pude. A los veintiocho años, estaba en la quiebra.

Whelchel concluye: «[Dios] intentaba que invirtiera mi dinero en el cielo, donde estaría seguro, pero pensé que era demasiado arriesgado tomarle la palabra».[2]

Conozco a un hombre que donó millones de dólares un año cuando los asesores pensaban que no debía hacerlo. Al año siguiente, el 80 % de sus activos habían desaparecido. Me dijo: «Ahora solo desearía haber donado mucho más».

Aunque las cifras financieras con las que tratamos sean mucho más bajas, los mismos principios se aplican a todos nosotros. ¿Por qué suponemos que Dios ya no llama a los cristianos «normales» a regalar la mayor parte o la totalidad de lo que les ha confiado? ¿Y quiénes nos creemos que somos para intentar convencer a la gente de que no dé pasos radicales para seguir a Jesús?

Hoy en día, sigue habiendo dos tipos de discípulos: el que renuncia a sus ingresos y posesiones para promover la causa en el ministerio a tiempo completo, y el que obtiene ingresos para apoyar generosamente la misma causa. (Debemos tener cuidado de no desanimarnos unos a otros de *ninguno* de estos llamados).

No existe, sin embargo, un tercer tipo de discípulo, que hace lo que se le da la gana con el dinero y las posesiones y no los utiliza para el reino. Tales personas son comunes hoy en día, pero según los criterios del Nuevo Testamento, no son discípulos.

Un estilo de vida hospitalario

Las Escrituras ordenan la hospitalidad (Rom. 12:13; 1 Tim. 5:10; 1 Ped. 4:9). La obediencia a este mandamiento supone que los cristianos tienen casas, camas, sillas, comida, bebida, medicamentos y otras provisiones para compartir con los viajeros y los necesitados. Juan elogia a Gayo por su hospitalidad con «los hermanos, y sobre todo cuando se trata de extraños», y luego añade: «Harás bien en ayudarlos a proseguir su viaje de una manera digna de Dios. Pues ellos salieron por amor al Nombre, no aceptando nada de los gentiles. Por tanto, nosotros debemos acoger a tales hombres, para que seamos colaboradores en pro de la verdad» (3 Jn. 5-8). Al poner a disposición sus recursos materiales, un tipo de discípulo puede trabajar como «colaboradores en pro de la verdad» con los otros.

Solo porque tengan estilos de vida diferentes, un tipo de discípulo no es más espiritual que el otro. María de Betania, posiblemente la más devota de todos los discípulos de Cristo, vivía en una casa grande con posesiones considerables, que ella y su familia ponían regularmente a disposición de los doce. Judas Iscariote, en cambio, lo «dejó todo» para seguir a Cristo.

Pablo y su equipo ministerial itinerante estaban profundamente agradecidos por la hospitalidad que facilitó su ministerio (Hech. 28:7; Rom. 16:23). Sin el apoyo de los discípulos llamados por Jesús a tener y compartir posesiones, los que son llamados a dejar las posesiones no podrían llevar a cabo su misión.

A la luz de esta distinción entre los dos tipos de discípulos, ¿qué debemos hacer con Lucas 14:33? «Así pues, cualquiera de ustedes que no renuncie a todas sus posesiones, no puede ser Mi discípulo». ¿«Renunciar» significa regalar? No puede ser, si tenemos en cuenta el mandato de Cristo de que incluso los doce tuvieran sandalias, bastones y mantos, y que los demás discípulos volvieran a sus casas y les proporcionaran comida y alojamiento. Es evidente que algunos de los discípulos de Cristo eran personas más o menos acomodadas que conservaban sus propiedades y lo apoyaban económicamente (Luc. 8:1-3).

Renunciar a todo tiene que significar *entregar* todo a los fines del reino, rendir todo para promover la única causa central, dejar de aferrarnos a todo. Para algunos de nosotros, esto puede significar deshacernos de la mayoría de nuestras posesiones. Pero para *todos* nosotros debería significar dedicar todo lo que conservamos a promover el reino. (Para los verdaderos discípulos, sin embargo, no puede significar acaparar o utilizar los bienes del reino de forma autoindulgente).

Cómo determinar un estilo de vida que honre a Dios

Respecto a nuestra actitud hacia la riqueza, Jesús nos dio mandamientos. En cuanto a nuestras posesiones y estilo de vida, nos dio principios. Jesús no nos entregó una lista de lo que podemos o no podemos poseer, ni de cómo podemos o no gastar el dinero. No dijo una sola cosa sobre el dinero y las posesiones. Dijo muchas cosas. No son ruidos que chocan al azar, sino una melodía y una armonía cuidadosamente compuestas a las que debemos escuchar con atención mientras desarrollamos nuestro estilo de vida. Si Jesús nos diera una lista de comprobación, no tendríamos que depender de Él, con oración y reflexión, para que nos guiara hacia el tipo de estilo de vida que le agrada. Por un lado, Cristo declara: «No acumulen para sí tesoros en la tierra» (Mat. 6:19). Por otro lado, Pablo da las siguientes instrucciones:

> A los ricos en este mundo, enséñales que no sean altaneros ni pongan su esperanza en la incertidumbre de las riquezas, sino en Dios, el cual nos da abundantemente todas las cosas para que las disfrutemos. Enséñales que hagan bien, que sean ricos en buenas obras, generosos y prontos a compartir, acumulando para sí el tesoro de un buen fundamento para el futuro, para que puedan echar mano de lo que en verdad es vida. (1 Tim. 6:17-19)

Observa que Pablo no dice lo que fácilmente podría haber dicho: «A los ricos en este mundo, enséñales que dejen de serlo». La implicación es que existe una diversidad legítima en la cantidad de dinero y posesiones que poseen los cristianos. La mayoría de los primeros cristianos no eran personas de elevada posición social (1 Cor. 1:26-29). «Pero que el hermano de condición humilde se gloríe en su alta posición» (Sant. 1:9). Esa «alta posición» era su posición en Cristo como heredero de Dios (Rom. 8:17). Los creyentes que vivían en circunstancias humildes no eran de segunda clase, sino de igual importancia y valor (1 Cor. 12:21-23). Como consecuencia de la persecución, algunos creyentes perdieron sus posesiones y su estatus social y se empobrecieron (Heb. 10:34).

Otros creyentes eran acomodados, lo que explica que Pablo pueda dirigirse a los que llama «ricos» de la iglesia. Uno de los primeros conversos fue el eunuco etíope, que era un «alto oficial de Candace, reina de los etíopes, el cual estaba encargado de todos sus tesoros» (Hech. 8:27). Era un hombre rico con una enorme esfera de influencia. Cornelio tenía gran poder político y riqueza. María, Marta y Lázaro tenían una gran casa, al igual que María, la madre de Marcos, que tenía criados y en cuya casa se reunían «muchos» para orar (Hech. 12:12). Como la Iglesia se extendió antes de que hubiera edificios eclesiásticos, las reuniones se celebraban en las casas de los creyentes más ricos.

Priscila y Aquila, hábiles fabricantes de tiendas, eran gente de recursos. No solo se reunía una iglesia en su casa (1 Cor. 16:19), sino que pudieron dejar su casa de Roma, viajar a Corinto, comprar o alquilar otra casa (en la que se reunía la iglesia) y reconstruir su negocio. Cuando viajaron con Pablo, probablemente lo hicieron como misioneros autofinanciados.

Los pastores deben animar a los pobres a no dejarse intimidar por los miembros más acomodados de la iglesia y a no juzgarlos. Asimismo, deben animar a los más pudientes a no marginar ni menospreciar a los menos pudientes, porque Dios odia la parcialidad (Sant. 2:1-9). Por eso los pastores no deben adular a los ricos, y por eso los ministerios deben reevaluar su forma de cortejar a los donantes. No deben satisfacer el deseo de reconocimiento de la gente ni de reunirse en alojamientos lujosos.

No hay lugar para hacer de la riqueza una fuente de seguridad, ni para carecer de generosidad u hospitalidad, ni para no estar dispuestos a compartir. Aun así, Pablo deja una puerta abierta para que los cristianos sean «ricos en este mundo», pero solo si siguen cuidadosamente las directrices que acompañan a su uso generoso de esa riqueza. A los ricos no se les dice que deban hacer voto de pobreza. Se les dice esencialmente que hagan voto de generosidad. Deben ser ricos en buenas acciones, rápidos para compartir y rápidos para desprenderse de sus bienes para las causas del reino. Al hacerlo, acumularán tesoros en el cielo.

¿Quiénes son estos «ricos» y cuán ricos son? Casi todos los que leen este libro son ricos, tanto según los criterios del primer siglo como según los criterios mundiales actuales. Dos tercios de todos los países tienen un ingreso per cápita inferior al 10 % del de Estados Unidos.[3]

Si solo ganaste 3000 dólares el año pasado, eso es más que la mayoría de los habitantes del planeta. Si ganas 25 000 dólares para una familia de cuatro miembros, estás en el nivel de pobreza de EE. UU. en 2020. Sin embargo, estás justo en el nonagésimo octavo percentil de los ricos del mundo.

Estadísticamente, si tienes comida suficiente, ropa decente, vives en una casa o apartamento y tienes un medio de transporte razonablemente fiable, estás entre el 15 % de los más ricos del mundo. Si tienes algo de dinero ahorrado, un pasatiempo que requiere algún equipo o material, ropa variada en el armario, dos coches (en cualquier estado) y vives en tu propia casa, estás en el 5 % de los más ricos del mundo.

Un pastor de jóvenes me dijo: «Realmente no se les puede hablar a los niños de dar, porque no tienen dinero». Un vistazo a sus coches, ropa, videojuegos, conciertos, películas, comida rápida, visitas a cafeterías, etc., dice claramente lo contrario. De hecho, incluso sin contar las posesiones que mamá y papá les compran, el adolescente cristiano promedio de Estados Unidos tiene un ingreso de 2000 dólares, mucho más que la mayoría de los adultos del mundo.

Debemos dejar a un lado nuestras ilusiones y darnos cuenta de que cuando la Escritura habla de los ricos no se refiere a «ellos», sino a «nosotros». Los que hoy consideramos ricos son en realidad los megarricos. Pero es a nosotros, los ricos, a quienes se dirige Pablo. La concesión a los cristianos ricos sigue inmediatamente a una aleccionadora advertencia sobre lo que les espera a los que desean enriquecerse (1 Tim. 6:9-10). Si somos ricos (y lo somos), no necesariamente vivimos en pecado. Pero ciertamente estamos sometidos a una gran *tentación* de pecar. Y la mayoría de los ricos sucumbe a esa tentación.

Los pastores deben animar a los pobres a no dejarse intimidar por los miembros más acomodados de la iglesia y a no juzgarlos.

Decimos: «No hay nada malo en querer ser rico». Dios dice: «Pero los que quieren enriquecerse caen en tentación y lazo y en muchos deseos necios y dañosos que hunden a los hombres en la ruina y en la perdición» (1 Tim. 6:9). Decimos: «No hay nada malo en tener ganas de ser rico». Dios dice: «El que se apresura a enriquecerse no quedará sin castigo» (Prov. 28:20). Decimos: «Los ricos lo han logrado». Jesús dice: «Es difícil que un rico entre en el reino de los cielos» (Mat. 19:23).

Jesús habla del «engaño de las riquezas» (Mar. 4:19). El salmista advierte: «Si las riquezas aumentan, no pongan el corazón en ellas» (Sal. 62:10). Como vimos en los capítulos 3 y 4, los peligros del materialismo son de gran alcance. No debemos pensar que somos inmunes a la naturaleza de la riqueza que cambia los valores: «Suponer, como suponemos todos, que podríamos ser ricos y no comportarnos como se comportan los ricos es como decir que podríamos beber todo el día y mantenernos sobrios».[4]

Aunque muchos se ofrezcan como voluntarios para soportarlas, las riquezas crean cargas. La riqueza es una barrera relacional. Nos impide tener relaciones abiertas. Los ricos dicen: «No sé si la gente me quiere por lo que soy o solo por mi dinero». (Por supuesto, esto tiene solución: *¡Regala el dinero y entonces lo averiguarás!*).

Los ricos siempre intentan librarse de su carga fiscal. Pero para reducir los impuestos sobre el patrimonio, debes reducir tu patrimonio. Una vez más, donar resuelve el problema. De hecho, todos los inconvenientes de la riqueza se anulan inmediatamente mediante la donación. Puede que el hombre cansado de ser pobre no encuentre fácilmente alternativas, pero el hombre cansado de ser rico puede resolver su dilema dando. De hecho, dar es el único antídoto contra el materialismo.[5]

Tricia Mayer ha ocupado diversos cargos de mercadeo y gestión empresarial en Microsoft. Me escribió:

> He visto a una generación de jóvenes enriquecerse en muy poco tiempo. También he visto a gente perder su riqueza con la desaparición de las empresas «puntocom» y la recesión, y he visto de primera mano cómo personas que ponían su seguridad en la riqueza quedaron devastadas. He observado mucho sobre cómo el dinero afecta a las personas en correlación directa con los valores que le otorgan. El dinero es una bendición, pero también es una carga cuando nos dan más de lo que necesitamos. Dar produce libertad el 100 % del tiempo: libertad de la esclavitud de las cosas, libertad para recibir más de Dios y libertad para ser un conducto de bendición para los demás. Los cristianos que han dado libremente su tiempo, su dinero y a sí mismos son las personas que han cambiado la eternidad para sí mismos y para innumerables personas.

Todos tenemos nuestro propio llamado de Dios. No deberíamos preocuparnos por el plan de Dios para los demás. Tampoco deberíamos hacer comparaciones. Cuando Pedro presionó a Jesús acerca de Sus planes para Juan, el Señor respondió: «¿A ti, qué? Tú, sígueme» (Juan 21:22). Hay cosas que ningún cristiano debería hacer, como acumular dinero, vivir en la opulencia o dejar de dar generosamente. Pero hay otras cosas que algunos cristianos pueden hacer libremente y que otros no pueden (o deciden no hacer), como poseer tierras, una casa, un coche, un negocio, ir a determinadas vacaciones o gastar dinero de otras maneras.

> «El dinero es una bendición, pero también es una carga cuando nos dan más de lo que necesitamos. Dar produce libertad el 100 % del tiempo».
> TRICIA MAYER

¿Cuánto dinero y cuántas posesiones podemos conservar con seguridad? Lo suficiente para atender nuestras necesidades básicas y algunos deseos, pero no tanto como para distraernos de nuestro propósito central o para apartar grandes cantidades de dinero y no usarlas para las causas más elevadas del reino. No tanto como para que nos volvamos orgullosos e independientes del Señor (Deut. 8:13-14). No tanto como para distraernos de nuestro propósito o aislarnos de nuestra sensación de necesidad de depender de Dios (Mat. 6:26-29).

Los que *quieren* enriquecerse se exponen a un desastre espiritual. Los que *resultan* ser ricos, simplemente como consecuencia de las circunstancias, el trabajo duro o la sabiduría, no han hecho nada malo. No tienen por qué sentirse culpables, *a menos* que retengan sus riquezas (que en realidad son de Dios) y no las destinen para Su obra, o que su estilo de vida sea egocéntrico y excesivo. Según el autor John Piper: «La cuestión no es cuánto gana una persona. La gran industria y los grandes salarios son un hecho de nuestro tiempo, y no son necesariamente malos. El mal está en engañarse pensando que un salario de 100 000 dólares debe ir acompañado de un estilo de vida de 100 000 dólares. Dios nos ha hecho para que seamos conductos de Su gracia. El peligro está en pensar que el conducto debe estar forrado de oro. No debería. Con cobre, alcanza y sobra».[6]

Salomón sugiere que puede ser imprudente seguir siendo rico: «No me des pobreza ni riqueza; dame a comer mi porción de pan, no sea que me sacie y te niegue, y diga: "¿Quién es el Señor?". O que sea menesteroso y robe, y profane el nombre de mi Dios» (Prov. 30:8-9). Dar es la válvula de seguridad que libera el exceso de presión de la riqueza.

La necesidad de pedir al Espíritu Santo que nos guíe en nuestro estilo de vida

Por supuesto, pedir a Dios que nos guíe en nuestro estilo de vida y en nuestras donaciones tiene un aspecto subjetivo. Pero, desde luego, no todo es subjetivo. No debemos olvidar que ya nos ha dado Su guía en forma de la Escritura. El mandato de Cristo de no acumular tesoros en la tierra, sino en el cielo, tiene un carácter objetivo. Hay una naturaleza objetiva en la afirmación de Pablo de por qué Dios nos confía riquezas: para que podamos ayudar a los que tienen demasiado poco (2 Cor. 8:14-15) y ser generosos en toda ocasión (2 Cor. 9:10-11). El Espíritu Santo nos enseña recordándonos las palabras de Cristo (Juan 14:26). No se trata de un sentimiento vago, místico e instintivo, sino de una verdad revelada.

Podemos preguntar a Dios si deberíamos comprar un coche bonito, nuevo e innecesario. Si no se nos aparece un ángel y nos dice que no, solemos suponer que la respuesta de Dios es que sí. Pero si leemos Mateo 6 y 2 Corintios 8–9, la respuesta está clara. Si nos tomáramos en serio estos versículos, podríamos exigir que se nos apareciera un ángel y nos dijera que sí antes de comprar un coche innecesario, en lugar de dar el dinero de Dios para ayudar a los pobres y llegar a los perdidos. (¿Es esta decisión realmente tan difícil como a veces la hacemos?).

Siempre que tengamos algún exceso, dar debería ser nuestra respuesta natural. Debería ser la decisión automática, lo obvio a la luz de las Escrituras y de la necesidad humana.

No nos atrevemos a confiar en nuestros impulsos instintivos, que suelen ser egoístas y nos llevan a racionalizaciones. Demasiado a menudo, imaginamos que pedimos al Espíritu de Dios que nos guíe, cuando en realidad confiamos en nuestros valores culturales. No es de extrañar que nuestras decisiones acaben pareciéndose sospechosamente a las de los demás.

¿Por qué vivir de forma más sencilla?

Hay miles de formas de vivir más sencillamente. Podemos comprar coches usados en lugar de nuevos, casas modestas en lugar de caras. No tenemos que sustituir los muebles viejos solo por las apariencias. Podemos arreglar y llevar ropa vieja, comprar en tiendas de segunda mano, renunciar a las compras recreativas, utilizar menos productos desechables, reducir el consumo de alimentos precocinados caros y elegir actividades físicas y recreativas menos caras. Algunos de nosotros podemos compartir el coche, utilizar el transporte público o una bicicleta en lugar de un auto o un segundo auto. Pero son cosas que pocos de nosotros haremos a menos que tengamos razones claras y convincentes.

Debemos vivir con más sencillez —y dar con más generosidad— porque el cielo es nuestro hogar.

Hablo del cielo en casi todos mis libros, de ficción y no ficción. Hemos perdido de vista nuestra ciudadanía en el cielo, y eso nos ha perjudicado de innumerables maneras. De hecho, el mayor impedimento para dar —y para vivir con más sencillez— es la ilusión de que este mundo es nuestro hogar.

Supongamos que tu hogar estuviera en Francia y que estuvieras de visita en Estados Unidos durante ochenta días, viviendo en un hotel. Además, imaginemos que hay una norma que dice que no puedes llevarte nada a Francia en tu vuelo de vuelta, ni puedes enviar nada ni llevar dinero contigo. Pero mientras estés en Estados Unidos, puedes ganar dinero y enviar depósitos a tu banco en Francia. Pregunta: ¿Llenarías tu habitación de hotel con muebles caros y tapices extravagantes? Por supuesto que no. ¿Por qué? Porque tu estancia en Estados Unidos es muy corta y sabes que no puedes llevarte nada contigo. Solo es una habitación de hotel. Si eres prudente, enviarás tus tesoros a casa, sabiendo que te estarán esperando cuando llegues.

Solo estamos en la tierra unos ochenta años, o sesenta, o cuarenta, o menos. Si miramos en perspectiva, no es mucho más que ochenta días. La Escritura dice: «Ciertamente todo hombre, aun en la plenitud de su vigor, es solo un soplo» (Sal. 39:5). La vida aquí es como el vapor exhalado en un día frío. Un momento estás aquí y al siguiente ya no. Estamos aquí en la tierra con un visado de corta duración. ¡Está a punto de expirar! No gastes demasiado tiempo y dinero en tu habitación de hotel cuando, en cambio, puedes enviarlo de antemano.

Debemos vivir con más sencillez —y dar con más generosidad— porque eso nos libera y desplaza nuestro centro de gravedad.

Copérnico provocó una revolución cuando demostró que el sol no gira alrededor de la tierra. *Dar* desencadenará una revolución copernicana en la vida de los cristianos que comprendan que la vida no gira en torno a las cosas de la tierra. Al dar, entregamos nuestras posesiones a su propio centro de gravedad: Dios. La vida ya no gira en torno a casas, tierras, coches y cosas. Gira en torno al reino de Dios en el cielo. Al dar, trasladamos nuestros tesoros de la tierra al cielo. Dar —y la vida más sencilla que resulta cuando damos— nos saca de la órbita del Dinero y establece para nosotros un nuevo centro de gravedad, en el cielo.

Dar y llevar una vida más sencilla afloja el control del materialismo sobre nuestras vidas. Regalar lo que no necesitamos es la mejor cura contra la *affluenza*. ¿Cómo podemos esperar abrazar la experiencia cristiana de Pablo, Lutero, Wesley, Müller, Carmichael, Taylor y muchos otros sin abrazar también su actitud hacia las posesiones y el estilo de vida más sencillo que esta fomentaba?

Debemos vivir con más sencillez —y dar con más generosidad— porque somos el conducto de Dios.

Como ya dijimos en un capítulo anterior, los cristianos somos los repartidores de Dios, a través de los cuales Él sostiene a un mundo necesitado. Somos conductos de la gracia de Dios hacia los demás. Nuestras carteras de inversiones eternas deberían estar llenas de los proyectos más estratégicos para la construcción del reino en los que podamos desembolsar los fondos de Dios. Si olvidamos que somos mayordomos de Dios —Sus repartidores—, es como si el servicio de correo olvidara que lo que lleva en sus camiones no les pertenece. Cuando eso ocurre, las entregas se detienen y la gente no recibe lo que necesita.

Dios nos dice directamente por qué nos da más dinero del que necesitamos. No es para que encontremos más formas de gastarlo. No es para que nos demos un capricho y mimemos a nuestros hijos. No es para que podamos aislarnos de la necesidad de la provisión de Dios. Es para que podamos dar y dar generosamente (2 Cor. 8:14; 9:11).

Debemos vivir con más sencillez —y dar con más generosidad— por la recompensa que recibiremos en el cielo y por la alegría que nos proporcionará.

Si elijo una casa más pequeña aquí en la tierra e invierto los ahorros en el reino de Dios, Él me dará tesoros eternos en el cielo que harán que una casa grande en la tierra parezca totalmente trivial. ¿Por qué conformarse ahora con un collar caro cuando, vendiéndolo y dando el dinero para cubrir necesidades, podría contribuir a un tesoro imperecedero en la eternidad?

Debemos vivir con más sencillez —y dar con más generosidad— debido a la acuciante necesidad espiritual del mundo.

Supongamos que Dios quisiera alcanzar el mundo para Cristo y ayudar a un número sin precedentes de personas que sufren. ¿Qué esperarías que pusiera en manos de Sus repartidores? ¿Una riqueza sin precedentes para satisfacer todas esas necesidades y llegar a todas esas personas? Pues lo ha hecho, ¿no? La pregunta es: ¿Qué estamos haciendo con ella?

John Piper hace esta observación:

> Tres mil millones de personas están hoy fuera de Jesucristo. Dos tercios de ellas no tienen un testimonio cristiano viable en su cultura. Para que oigan —y Cristo ordena que oigan— habrá que enviar y pagar a misioneros transculturales. Toda la riqueza necesaria para enviar este nuevo ejército de embajadores de la buena nueva ya está en la Iglesia. Si nosotros, como Pablo, nos contentamos con las simples necesidades de la vida, se liberarían cientos de millones de dólares de la Iglesia para llevar el evangelio a las fronteras. La revolución de alegría y libertad que provocaría en casa sería el mejor testimonio local imaginable.[7]

Debemos vivir con más sencillez —y dar con más generosidad— debido a las terribles necesidades físicas del mundo.

«Y levantándose uno de ellos, llamado Agabo, daba a entender por el Espíritu Santo, que ciertamente habría una gran hambre en toda la tierra. Y esto ocurrió durante el reinado del emperador Claudio. Los discípulos, conforme a lo que cada uno tenía, determinaron enviar una ayuda a los hermanos que habitaban en Judea. Y así lo hicieron, mandándola a los ancianos por mano de Bernabé y de Saulo» (Hech. 11:28-30).

He aquí la pauta bíblica para dar: Ve una necesidad, da para satisfacerla. Dar según nuestra capacidad significa vivir con menos de lo que Dios nos ha confiado. Si nos ha confiado mucho, como a la mayoría de los que leen esto, significa vivir con mucho menos para poder entregar el excedente a los necesitados. De ese modo, ellos no tendrán demasiado poco y nosotros no tendremos demasiado, exactamente lo que Dios pretende, según 2 Corintios 8:14.

«Vive sencillamente para que otros sencillamente puedan vivir». Por supuesto, no existe necesariamente una correlación directa entre mi vida sencilla y el hecho de que otra persona sea rescatada de la inanición o alcanzada con el evangelio. Solo hay correlación si utilizo los recursos que he liberado para alimentar a los hambrientos y llegar a los perdidos. Mi capacidad de dar mientras vivo sencillamente supone que seguiré ganando un salario decente. Si dejo mi trabajo y me dedico a llevar una vida sencilla por llevar una vida sencilla, gastando lo poco que gano en mí mismo, ¿de qué sirve eso a los demás?

De hecho, si intento ganar solo lo suficiente para las necesidades inmediatas de mi familia, puede que viole las Escrituras: «El que roba, no robe más, sino más bien que trabaje, haciendo con sus manos lo que es bueno, a fin de que...».

¿A fin de que qué? ¿De que tenga lo suficiente para vivir? No, «a fin de que *tenga qué compartir con el que tiene necesidad*» (Ef. 4:28, cursiva añadida). Deberíamos trabajar no solo para cuidar de nuestras familias y porque es sano, sino también para poder utilizar los ingresos sobrantes para ayudar a los necesitados.

Aunque ganar lo justo para cubrir las necesidades de mi familia pueda parecer poco materialista, en realidad es egoísta cuando podría ganar lo suficiente para cuidar también de los demás. El objetivo de «vivir con sencillez» no es decir no al dinero, sino *utilizarlo* para decir sí a Dios.

Nuevos modelos de vida generosa simplificada

Después de dar de comer a los cinco mil, Jesús dijo a Sus discípulos: «Recojan los pedazos que sobran, para que no se pierda nada» (Juan 6:12). Si alguna vez hubiera estado justificado despilfarrar, ¡pensarías que sería cuando la provisión se proporcionó milagrosamente! Deberíamos recordar las palabras de Cristo —«Que no se pierda nada»— cuando miremos en nuestros refrigeradores, cubos de basura y garajes. ¿Te imaginas a los discípulos sentados en un pequeño círculo y a Jesús multiplicando los panes y los peces en medio de ellos hasta sepultarlos bajo montones, mientras las multitudes pasan hambre? Impensable, ¿verdad? Dios proporciona excedentes no para que se almacenen, sino para que se distribuyan a los necesitados.

Dios proporciona excedentes no para que se almacenen, sino para que se distribuyan a los necesitados.

Toda iglesia local necesita también ejemplos de otras iglesias que sean modelos positivos de vivir con sencillez y dar generosamente (2 Cor. 8:1-2). Cuando miles de iglesias den más de la mitad de sus ingresos para alimentar a los hambrientos y llegar a los perdidos, cuando estén tan entusiasmadas por dar a los pobres como por sus proyectos de construcción, la actitud se volverá contagiosa y el mundo verá la gracia de Dios en acción. Cuando el mundo —y otros cristianos— vean la libertad de una vida así, se sentirán atraídos por ella.

¿Qué nos impide vivir con menos? No es solo nuestro amor por las cosas; es nuestro miedo a la soledad o a la anormalidad. Si la vida sencilla fuera la norma en nuestras iglesias, sería mucho más fácil vivir sencillamente nosotros mismos. Pero no queremos que nos dejen de lado ni parecer raros. Necesitamos ejemplos a seguir, modelos de estilos de vida más sencillos que podamos observar de primera mano para convencernos de que es realmente posible, y deseable. Necesitamos ver a gente a la que respetemos, gente como nosotros que elige vivir de otra manera. Un mandato de «vivir sencillamente» no lo conseguirá. Es más fácil seguir las huellas que las órdenes. Si la mayoría de la gente de la iglesia tiene coches nuevos, casas bonitas, jacuzzis y salas multimedia de última generación, es difícil recordar que la iglesia no está para eso.

Un cristiano me dijo: «Cuando miro la Biblia, me siento realmente convencido de cambiar mi estilo de vida. Pero luego miro a mi alrededor y veo a todos los demás cristianos que viven como yo, y acabo diciendo: "Debe de estar bien... todos los demás también viven así"».

La mayoría de la gente supone que quien vive por debajo del nivel de vida típico simplemente no puede permitirse comprar más. Si pudieran, lo harían, ¿no? ¿Por qué no? Nunca se les ocurre pensar que algunas personas puedan estar optando por vivir muy por debajo de sus posibilidades. Por eso debemos arriesgarnos a ser transparentes para aprender unos de otros.

Para invertir la marea del materialismo en la comunidad cristiana, necesitamos desesperadamente modelos audaces de vida centrada en el reino. A pesar de nuestra necesidad de hacerlo de un modo que no glorifique a la gente, debemos escuchar las historias de los demás sobre dar o, de lo contrario, nuestra gente no aprenderá a dar. (Ver apéndice E, «¿Hay que mantener siempre en secreto las donaciones?»).

Creo que las iglesias, las universidades bíblicas, las universidades cristianas de artes liberales y los seminarios deberían desarrollar cursos —preferiblemente obligatorios, pero al menos optativos— no solo sobre presupuestos o planificación financiera personal, sino estudios bíblicos exhaustivos sobre la mayordomía y la donación. La comunidad cristiana debería estar llena de personas que pongan un tope a su estilo de vida, regalando todo lo que supere esa cantidad. Debemos trazar una línea y dejar de acumular más allá de ella. Regalar todo lo demás. Eso ni siquiera es dar con sacrificio, es simplemente dar según nuestra capacidad. Por sencillo que sea, los modelos son tan escasos que la gente ni siquiera concibe cómo podría funcionar.

«Supongo que debo de ser estúpido —me dijo una persona—, por pensar en reducir el tamaño de nuestra casa y vender el segundo coche y donarlo a las misiones. Pensaba que era lo que Dios quería, pero cuando se lo mencioné a mis amigos cristianos, todos me miraron sin comprender». Necesitamos escuchar las historias de los demás para elevar, en lugar de bajar, el listón de cada uno.

La perspectiva de John Wesley cambió como consecuencia de algo que le ocurrió mientras estaba en Oxford. Considera la siguiente historia:

[Wesley] acababa de comprar unos cuadros para su habitación cuando una de las camareras llamó a su puerta. Era un día de invierno y se dio cuenta de que ella solo llevaba una fina bata de lino para protegerse del frío. Metió la mano en el bolsillo para darle algo de dinero para un abrigo, y se dio cuenta de que le quedaba poco. Le pareció que el Señor no estaba contento con la forma en que había gastado su dinero. Se preguntó: «¿Dirá tu Señor: "Bien, siervo bueno y fiel"? ¡Has adornado tus paredes con el dinero que podría haber protegido del frío a esta pobre criatura! ¡Oh, justicia! ¡Oh, misericordia! ¿No son estos cuadros la sangre de esta pobre doncella?».

Tal vez a raíz de este incidente, en 1731 Wesley empezó a limitar sus gastos para tener más dinero que dar a los pobres. Registra que, un año, sus ingresos fueron de 30 libras, y sus gastos de manutención de 28 libras, por lo que tenía 2 libras para regalar. Al año siguiente, sus ingresos se duplicaron, pero seguía viviendo con 28 libras y donó 32 libras. El tercer año, sus ingresos subieron a 90 libras; de nuevo vivió con 28, y donó 62. El cuarto año, ganó 120 libras, volvió a vivir con 28 y donó 92 a los pobres.

Wesley predicaba que los cristianos no debían limitarse a diezmar, sino que debían dar todos los ingresos extra una vez que se hubieran ocupado de la familia y los acreedores. Creía que, al aumentar los ingresos, debía aumentar el nivel de donaciones del cristiano, no su nivel de vida. Comenzó esta práctica en Oxford y la mantuvo durante toda su vida. Incluso cuando sus ingresos ascendían a miles de libras, vivía con sencillez y regalaba rápidamente el dinero que le sobraba. Un año, sus ingresos superaron ligeramente las 1400 libras; regaló todo lo que le quedaba, excepto 30 libras. Temía acumular tesoros en la tierra, por lo que el dinero salía en caridad tan rápidamente como entraba. Cuenta que nunca llegó a tener 100 libras esterlinas a la vez.

Cuando murió en 1791, el único dinero mencionado en su testamento eran las monedas que guardaba en los bolsillos y cajones de su cómoda. Había regalado la mayor parte de las 30 000 libras que había ganado en vida. Como dijo Wesley: «No puedo evitar dejar atrás mis libros cuando Dios me llame; pero, en cualquier otro aspecto, mis propias manos serán mis albaceas».[8]

Los derechos de autor de John Wesley le proporcionaron en su día lo que hoy serían unos ingresos anuales de 160 000 dólares. Sin embargo, vivía como lo haría alguien hoy con unos ingresos de 20 000 dólares. ¿Te parece radical?

¿Por qué? ¿No se ajusta perfectamente a las Escrituras? «La abundancia de ustedes suple la necesidad de ellos [...]. Ustedes serán enriquecidos en todo para toda liberalidad» (2 Cor. 8:14; 9:11). Quizás nunca seas tan radical como Wesley —yo por cierto no lo soy—, pero su ejemplo me inspira y me hace reevaluar mi estilo de vida y mis ofrendas.

Ayuda mucho debatir estas cuestiones y hacer cambios junto con personas de ideas afines que comprenden y apoyan nuestro compromiso con el cambio. Esta es una de las razones por las que te recomiendo encarecidamente que discutas los temas de este libro con otras personas, incluida tu familia inmediata.

Una vez, cuando prediqué un mensaje sobre el dinero, algunos amigos de nuestra iglesia tomaron medidas radicales para aumentar sus donaciones. Nanci y yo nos dimos cuenta de que estaban aplicando mi mensaje con más confianza y abandono que nosotros. Como resultado, nos sentimos desafiados a aumentar aún más nuestras propias ofrendas.

«Consideremos cómo estimularnos unos a otros al amor y a las buenas obras» (Heb. 10:24). ¿Con qué frecuencia, en cambio, nos llevamos unos a otros hacia la autocomplacencia y el materialismo?

Dixie Fraley, cofundadora del Foro de Fundaciones con sede en Orlando, me habló de unos amigos suyos. Me dijo: «Son todo un ejemplo del arte de dar. Cada año, ¡intentamos dar más que los demás!». ¿Por qué no? ¿No es eso estimularnos unos a otros? ¿No necesitamos ayudarnos unos a otros a elevar el listón de la donación para aprender a saltar más alto? ¿No deberíamos preguntarnos: «Cómo podemos estimularnos unos a otros a dar más y más»?

«Pero no queremos comparar las ofrendas». Sin embargo, Pablo habla a los corintios de las ofrendas de los macedonios, diciendo que hacía esta comparación para desafiarlos a dar (2 Cor. 8:8). ¿No es hora de que revoquemos nuestra política de silencio y empecemos a ayudarnos mutuamente a reevaluar nuestros estilos de vida y nuestras donaciones?

¿Vida sencilla o vida estratégica?

Durante la Segunda Guerra Mundial, cuando el combustible era precioso, las vallas publicitarias preguntaban habitualmente a los automovilistas: «¿Es necesario este viaje?». Cada recurso utilizado para la comodidad individual era un recurso menos disponible para la preocupación central de la nación: ganar la guerra. Hoy estamos inmersos en una gran batalla espiritual que requiere grandes recursos (Ef. 6:12). Gastar dinero en nuestras preocupaciones privadas deja menos para la preocupación central del reino. Deberíamos preguntarnos: «¿Es esto necesario? ¿Contribuye a mi propósito de estar aquí en la tierra? ¿Es este objeto un activo o un pasivo para mí como soldado de Cristo?».

La Iglesia estadounidense, siguiendo el ejemplo de nuestra cultura, ha adoptado una mentalidad de tiempos de paz. En consecuencia, vivimos un estilo de vida pacífico. Pero las Escrituras dicen que estamos en guerra. Debemos hacer sacrificios acordes con esta crisis, para poder ganar la guerra. Ralph Winter utiliza el término «estilo de vida en tiempos de guerra».[9] También podríamos llamarlo estilo de vida «estratégico». Esta descripción me parece más útil y precisa que la de estilo de vida «sencillo». Si me dedico a la «vida sencilla», podría rechazar un ordenador porque es moderno y no esencial. Pero si vivo un estilo de vida bélico o estratégico, el ordenador o la tableta pueden servir como herramienta para los fines del reino. Mi computadora portátil está sirviendo a ese propósito mientras escribo este libro. Del mismo modo, un horno microondas puede liberar nuestro tiempo para dedicarlo a causas del reino. Una vida sencilla puede ser egocéntrica. La vida estratégica está centrada en el reino.

Ralph Winter hace una propuesta interesante:

> La táctica esencial para adoptar un estilo de vida en tiempos de guerra es basarse en una perspectiva pionera de misión y hacerlo mediante un método muy sencillo y dramático. Los que se despiertan del aturdimiento y el estupor de nuestro tiempo pueden, por supuesto, ir como misioneros. Pero también pueden quedarse en casa y adoptar deliberada y decididamente un nivel de apoyo misionero como su nivel de vida y su base de estilo de vida, sean cuales sean sus ingresos. Esto liberará una cantidad increíble de dinero; tanto, de hecho, que si un millón de hogares presbiterianos medios vivieran con el salario medio de un ministro presbiteriano, se crearían al menos dos mil millones de dólares al año. Sin embargo, solo es una séptima parte de lo que los estadounidenses gastan en tabaco. Pero ¡qué poderoso regalo para las naciones si se gasta cuidadosamente en misiones de desarrollo![10]

Por supuesto, la mentalidad de guerra puede llevarse a tal extremo que nos parezca infiel disfrutar de posesiones, placeres o actividades especiales. Estoy agradecido de que, en medio de su mandato de que los ricos sean generosos, Pablo les diga que pongan su esperanza en Dios, «el cual nos da abundantemente todas las cosas para que las disfrutemos» (1 Tim. 6:17). Incluso en tiempos de guerra, es importante hacer pausas en la batalla. Los soldados necesitan descanso y recreación. La vida no es solo utilitaria. No hay nada de malo en gastar dinero en placeres modestos que nos renueven y reanimen, sobre todo teniendo en cuenta que nuestra batalla durará toda la vida.

Estoy agradecido por tener posesiones divertidas, como una bicicleta y una raqueta de tenis. No son necesarias, pero contribuyen a mi salud física y mental. Nuestra familia gasta dinero en vacaciones que no son «necesarias»;

sin embargo, aportan renovación y preciosas oportunidades para construir relaciones. Mi esposa y yo a veces salimos a cenar, lo que enriquece nuestra relación y renueva nuestro vigor para volver a las batallas de la vida. Podemos regalar gran parte o la mayor parte de nuestros ingresos y, aun así, tener margen para gastar legítimamente en ocio.

Si tengo mentalidad de guerra, no veré mis ingresos como un llamado de Dios a gastar más, sino como Su provisión para invertir más en la causa. Puede que decida vivir con una cierta cantidad de dinero al año, una cantidad que deje cierto margen para gastos discrecionales o recreativos. Todos los ingresos que excedan esa cantidad los donaré a los fines del reino de Dios. (En general, Nanci y yo hemos hecho esto durante los últimos doce años, y nunca nos hemos arrepentido). Si Dios me proporciona el doble del dinero que he designado para mis gastos de subsistencia, entonces donaré el 50 % de mis ingresos. Si aporta cuatro veces más, regalaré el 75 %. Si aporta diez veces más, daré el 90 %. Si mis ingresos disminuyen o las necesidades familiares aumentan, los porcentajes cambiarán, pero nuestro nivel de vida no tiene por qué hacerlo.

Puede que decida vivir con una cierta cantidad de dinero al año, una cantidad que deje cierto margen para gastos discrecionales o recreativos. Todos los ingresos que excedan esa cantidad los donaré a los fines del reino de Dios.

Con demasiada frecuencia suponemos que Dios ha aumentado nuestros ingresos para aumentar nuestro nivel de vida, cuando Su propósito declarado es aumentar nuestro nivel de dar. (Vuelve a leer 2 Corintios 8:14 y 9:11).

Supongamos que una mujer desea ponerse a trabajar cuando los niños son mayores. De repente, la familia tiene un segundo ingreso. Casi siempre este segundo salario produce un mayor nivel de vida. (Los gastos aumentan para satisfacer los ingresos). Pero ¿por qué? Un solo ingreso ha sido suficiente hasta este momento. Si la causa de Cristo es tan digna, ¿por qué no dedicarle todo el segundo sueldo?

Si tienes un trabajo a tiempo completo con unos ingresos adecuados y además haces otras cosas con las que ganas dinero (en mi caso, escribir libros y recibir dinero por dar conferencias), ¿por qué no darle el 100 % de esos ingresos extra al Señor?

¿Te parecen extrañas estas propuestas? Si es así, ¿por qué? ¿Hemos olvidado que todos los discípulos de Cristo se comprometen a utilizar su dinero y sus posesiones para promover Su reino? ¿Nos hemos distanciado tanto del campo de batalla que nuestro estilo de vida pacífico nos ha dejado cómodos y complacientes, incapacitados para la batalla e indiferentes a lo que está en juego en ella para la eternidad?

Dios ama a los ricos lo suficiente como para decirles la verdad

Cuando Jesús se relacionó con el joven rico, «mirándolo, lo amó». Cuando amas a alguien, actúas a su favor. Lo que Jesús dice a continuación es absolutamente amoroso: «Una cosa te falta: ve y vende cuanto tienes y da a los pobres, y tendrás tesoro en el cielo; entonces vienes y me sigues» (Mar. 10:21).

Jesús no está dando un ultimátum al hombre porque no se preocupe por él. Le está haciendo una oferta de tesoros mucho más allá de lo que el hombre había soñado siquiera. Jesús no le está diciendo: «No deberías preocuparte por los tesoros». Le está diciendo: «Te preocupan tesoros a corto plazo que no podrás conservar. Yo te ofrezco tesoros a largo plazo que nunca perderás. No te estoy diciendo que te alejes de los tesoros; te estoy diciendo que abraces los tesoros adecuados, los que realmente importan, los que durarán para siempre».

Pero ¿cuál es la respuesta del joven? «Pero él, afligido por estas palabras, se fue triste, porque era dueño de muchos bienes» (Mar. 10:22). No estaba dispuesto a renunciar a los tesoros terrenales perecederos por los tesoros celestiales que nunca perecerán. Con tristeza, Jesús les dice a Sus discípulos: «¡Qué difícil será para los que tienen riquezas entrar en el reino de Dios! [...] Es más fácil para un camello pasar por el ojo de una aguja, que para un rico entrar en el reino de Dios» (Mar. 10:23, 25).

Ante esto, «ellos se asombraron aún más, diciendo entre sí: "¿Y quién podrá salvarse?"». Jesús les asegura que, aunque no era humanamente posible, Dios también podía salvar a un hombre rico. Entonces, Pedro dice: «Nosotros lo hemos dejado todo y te hemos seguido». En lugar de reprenderlo por pensar en sí mismo, Jesús responde: «En verdad les digo, que no hay nadie que haya dejado casa, o hermanos, o hermanas, o madre, o padre, o hijos o tierras por causa de Mí y por causa del evangelio, que no reciba cien veces más ahora en este tiempo: casas, y hermanos, y hermanas, y madres, e hijos, y tierras junto con persecuciones; y en el siglo venidero, la vida eterna» (Mar. 10:29-30). Tanto las recompensas a corto plazo como las eternas aguardan a quienes sigan el llamado de Cristo a poner todo nuestro dinero y posesiones —que en realidad no son nuestros y que no pueden satisfacer ni durar— en Sus manos.

«Un estilo de vida bíblico se reconocerá necesariamente a sí mismo como opuesto a los valores y al estilo de vida imperantes en su cultura. Está informado por una visión diferente de la realidad».[11] Esta visión de la realidad no es dura ni austera, sino emocionante y alegre. No tiene por qué conducir al ascetismo o a una vida austera. Tampoco debe llevar a condenar a los cristianos que tienen mayores ingresos o se sienten más libres de poseer más que nosotros. Más bien, hace hincapié en las riquezas del reino eterno de Dios. Quienes sostienen tal opinión están sinceramente agradecidos por los placeres refrescantes y las útiles posesiones de esta vida. Simplemente, se dan cuenta de lo efímero que es todo: «Así que no nos fijamos en lo visible, sino en lo invisible, ya que lo que se ve es pasajero, mientras que lo que no se ve es eterno» (2 Cor. 4:18, NVI).

Independientemente de las cosas materiales que nos rodeen, esta visión de la realidad permanece centrada en el placer supremo de poseer a Cristo. Nuestro Señor se complace cuando vivimos de un modo que llama la atención sobre el mayor placer y posesión de la vida: la Persona que nos hizo (y para la cual fuimos hechos) y el lugar que nos está haciendo (y para el cual fuimos hechos).

CAPÍTULO 17

Las deudas: Pedir prestado y prestar

Su propiedad los sujetaba con cadenas... cadenas que apresaban su valor y ahogaban su fe y obstaculizaban su juicio y estrangulaban sus almas. Se consideran propietarios, cuando más bien son ellos los poseídos: esclavizados como están a su propia propiedad, no son los amos de su dinero, sino sus esclavos.

CIPRIANO

Dios se opone a la usura y a la avaricia, pero nadie se da cuenta de ello porque no se trata de un simple asesinato y robo. Más bien, la usura es un asesinato y un robo más diverso e insaciable.

MARTÍN LUTERO

Un hombre saltó de un edificio de veinte pisos. Los espectadores estaban aterrorizados, pero el hombre parecía perfectamente tranquilo. Mientras caía en picada por la ventana de un apartamento del quinto piso, miró al ocupante con los ojos muy abiertos y dijo: «Por ahora, todo va bien».

Esta historia apócrifa me recuerda la actitud que muchas personas adoptan ante las deudas en sus primeras etapas: «Por ahora, todo va bien». Pero lo que les ocurre después a la mayoría de los deudores es equivalente a lo que le ocurrió al hombre cuando por fin llegó al suelo.

La familia estadounidense promedio dedica una cuarta parte de sus ingresos disponibles a deudas pendientes.[1] Desde 1945, la deuda de los consumidores en Estados Unidos se ha multiplicado treinta y una veces. La Hacienda calcula que el declarante medio gasta diez veces más en pagar los intereses de las deudas que en donar a causas benéficas.

Si todos los cristianos evangélicos estuvieran libres de deudas, se liberarían cientos de millones de dólares para el reino de Dios. Nuestras familias serían más fuertes, porque las presiones financieras causadas por el endeudamiento son factores importantes en más de la mitad de los divorcios.

Hablamos con desdén de los políticos que no limitan sus gastos a los ingresos disponibles. Pero nuestra deuda nacional es una extensión de la misma mentalidad irresponsable que muchos de nosotros demostramos en nuestras propias vidas.

Las hipotecas de viviendas, los préstamos para automóviles y las tarjetas de crédito nos parecen normales, pero las deudas son una aberración que evoca severas advertencias de la Palabra de Dios. Debemos examinar más detenidamente las deudas para comprender el grave problema que plantean.

La naturaleza de la deuda

El crédito es una concesión para pagar más tarde lo que se recibe ahora. El interés es el arancel que recibe el acreedor y que el deudor paga por su subvención. Cuando una persona se endeuda, obtiene dinero que no ha ganado. A cambio del dinero o las posesiones que recibe actualmente, hipoteca su tiempo, energías y bienes futuros.

Hace cien años, la deuda se consideraba un privilegio ganado por unos pocos. Ahora se considera un derecho inalienable para todos. Pedir prestado se ha convertido en una parte integral de nuestras vidas. ¿Por qué recibo correos casi todas las semanas diciéndome que ya me han aprobado 5000, 10 000 o 20 000 dólares y que para recibirlos solo tengo que enviar el acuerdo adjunto? ¿Por qué los bancos y las empresas de crédito me ruegan repetidamente que les pida un préstamo, enumerando docenas de formas en que podría utilizar el dinero? ¿Por qué están tan ansiosos por prestarme dinero? La respuesta es sencilla: quieren que pida prestado porque obtendrán grandes beneficios de mi deuda.

¿Por qué el extracto de una tarjeta de crédito que muestra que debes 500 dólares dice que solo tienes que pagar 35 este mes? Porque los acreedores no quieren que la deuda se pague en su totalidad. Si la mayoría de la gente pagara el importe total a final de mes, los prestamistas quebrarían. Deben conseguir que pidas prestado, y luego devolver menos de lo que debes durante un período de tiempo lo suficientemente largo como para que el dinero que les pagues en intereses sea suficiente para obtener sus beneficios.

Nuestra economía egocéntrica y centrada en la deuda es como esos cazabichos electrónicos. Emiten una luz que atrae a los insectos, que vuelan felizmente hacia la trampa, solo para morir.

«¡Qué lindo estéreo! ¡Y qué buena oferta! No tengo dinero, pero no hay problema... aquí tienes mi Visa».

¡PAF!

¿Qué dicen las Escrituras sobre las deudas?

Proverbios da la voz de alarma contra las deudas (Prov. 1:13-15; 17:18; 22:26-27; 27:13). A los endeudados se les advierte que salgan de ellas cuanto antes

(Prov. 6:1-5). La deuda es esclavitud: «El rico domina a los pobres, y el deudor es esclavo del acreedor» (Prov. 22:7).

Romanos 13:8 lo expresa de la siguiente manera: «No deban a nadie nada». Esto parece prohibir las deudas. La Nueva Versión Internacional dice: «No tengan deudas pendientes con nadie». Esta traducción permite la deuda, pero solo con la condición de que se pague lo antes posible.

Hudson Taylor y Charles Spurgeon creían que Romanos 13:8 prohíbe totalmente las deudas. Sin embargo, si endeudarse es siempre pecado, es difícil entender por qué las Escrituras dan directrices sobre los préstamos e incluso los fomentan en determinadas circunstancias (ver el apéndice C, «Prestar dinero, cobrar intereses y firmar un préstamo como garante»). Si la deuda siempre es pecado, prestar es complicidad en el pecado, y Dios nunca lo fomentaría.

Estar en condiciones de prestar dinero a otros es una bendición, mientras que ser el prestatario es una maldición (Deut. 28:44-45). A menos que exista una necesidad imperiosa de pedir prestado, no es prudente que los hijos de Dios se sometan a la maldición del endeudamiento. Como mínimo, Romanos 13:8 demuestra que normalmente no debemos pedir prestado y que siempre debemos saldar las deudas lo antes posible. La práctica habitual de pedir prestado mensualmente y hacer pagos parciales viola este principio.

«El deudor es esclavo del acreedor» no prohíbe absolutamente las deudas, pero es sin duda una fuerte advertencia. Dios dice que no debemos ser siervos de los hombres (1 Cor. 7:23). ¿Cómo podemos ser plenamente libres para servir a Dios si estamos sometidos a los acreedores humanos?

> Normalmente, no deberíamos pedir prestado y siempre deberíamos saldar las deudas lo antes posible.

La ley mosaica refleja una fuerte conexión entre deudores y esclavos. Tanto las deudas como la esclavitud se cancelaban en el año del Jubileo. La mayoría de las veces, la persona era esclava porque era deudora (Deut. 15:2, 12). Incapaz de pagar sus deudas, había sido vendida como esclava. Pocas imágenes hay más patéticas que la de la persona bienintencionada que se endeuda cada vez más, y un día se despierta para darse cuenta de que es un esclavo de por vida.

Nehemías nos habla de una época terriblemente desesperada en la historia de Israel:

> Había otros que decían: «Nosotros tenemos que empeñar nuestros campos, nuestras viñas y nuestras casas para conseguir grano, a causa del hambre». También había otros que decían: «Hemos pedido dinero prestado para el impuesto del rey sobre nuestros campos y nuestras viñas. [...] estamos obligando a nuestros hijos y a nuestras

> hijas a que sean esclavos, y algunas de nuestras hijas ya están sometidas a servidumbre, y no podemos hacer nada porque nuestros campos y nuestras viñas pertenecen a otros». (Neh. 5:3-5)

En tiempos de hambruna, el último acto de desesperación era hipotecar campos, viñedos y casas. Está claro que algo así no debería hacerse nunca en circunstancias normales. Sin embargo, hoy en día, en la sociedad más próspera de la historia de la humanidad, ¡es *habitual* que la gente hipoteque campos, viñedos y casas! Muchos ricos piden prestado cada año para pagar sus impuestos. Los que parecen poderosos «no [pueden] hacer nada porque [sus] campos y [sus] viñas pertenecen a otros».

El endeudamiento es una medida extrema, a la que se recurre en tiempos de crisis nacional. Sin embargo, hoy en día es tan normativa que los cristianos la adoptan rutinariamente sin considerar ni pedir consejo en oración. «Todos los demás lo hacen, ¿por qué yo no?». El endeudamiento es cada vez más común entre los jóvenes.

La Escritura desaconseja endeudarse. Condena el mal uso de las deudas y el incumplimiento de su pago (Sal. 37:21; Prov. 3:27-28). Si nos tomamos en serio la Palabra de Dios, deberíamos evitar las deudas. En los raros casos en que nos endeudemos, deberíamos hacer todo lo posible por salir cuanto antes (2 Rey. 4:1; Mat. 5:25-26; 18:23-24). La pregunta no es: «¿Por qué *no* endeudarse?», sino ¿por qué hacerlo? A menos que la respuesta sea extraordinariamente convincente, no deberíamos hacerlo.

Algunas preguntas iniciales antes de endeudarse

Las personas con menos riesgo crediticio son las que no piden prestado en primer lugar. Las que tienen peor riesgo crediticio son las que siempre piensan que necesitan pedir prestado. Sin una convicción firme en contra de endeudarse, la gente encontrará inevitablemente la «necesidad» de pedir prestado. Los que tienen convicciones contrarias al endeudamiento siempre encontrarán formas de evitarlo. (En otras palabras, elegirán gastar menos dinero). Cuanto más inclinado estés a endeudarte, más probable es que no debas hacerlo.

La cuestión básica es esta: ¿Vale la pena el dinero que me veré obligado a devolver, y la esclavitud que creará, en comparación con el valor que recibiré obteniendo el dinero o las posesiones ahora?

Cuando llegue el momento de pagar mi deuda, ¿qué nuevas necesidades tendré que mi deuda me impedirá satisfacer? ¿O qué nuevos deseos tendré que me tentarán a endeudarme más?

Tras advertir contra los peligros del endeudamiento, varios libros cristianos ofrecen ejemplos de casos en los que pedir prestado es apropiado. Estas excepciones incluyen la compra de una casa o un negocio, ir a la universidad e incluso comprar coches y muebles. Otros hacen excepciones para los llamados préstamos garantizados, que están respaldados por garantías, como casas o coches que podrían venderse si el deudor no puede pagar. Normalmente, racionalizamos que nuestra situación particular es uno de estos casos excepcionales. Pero nunca deberíamos endeudarnos a menos que haya razones de peso. Si pensamos que nuestra situación es una excepción, deberíamos buscar a varios consejeros sabios para ver si están de acuerdo. (Subrayo lo de «sabios» para disuadirte de buscar consejo de alguien que crea que el endeudamiento es normativo).

Preguntas más profundas sobre la deuda

Antes de contraer una deuda, deberíamos hacernos algunas preguntas espirituales básicas: ¿No tener recursos suficientes para pagar al contado lo que quiero es la forma que tiene Dios de decirme que no es Su voluntad que lo compre? ¿Es posible que esa cosa haya sido la voluntad de Dios, pero yo no tenga recursos para comprarla debido a decisiones imprudentes tomadas en el pasado? Si la falta de sabiduría me ha puesto en una situación en la que no puedo permitirme comprar algo, ¿no haría mejor en aprender la lección de Dios renunciando a ello hasta que —por Su provisión y mi diligencia— ahorre suficiente dinero?

La «mentalidad de deuda» implica seis supuestos clave:

- Necesitamos más de lo que Dios nos ha dado.
- Dios no sabe mejor que nadie cuáles son nuestras necesidades.
- Dios no ha cubierto nuestras necesidades, lo que nos obliga a tomar las riendas de la situación.
- Si Dios no cumple de la forma que creemos que debería, podemos encontrar otra manera. Abraham probó este enfoque, que resultó deshonroso para Dios (Gén. 16:2).
- Solo porque los ingresos de hoy sean suficientes para pagar nuestras deudas, los de mañana también lo serán.
- Nuestras circunstancias no cambiarán: nuestra salud será buena, conservaremos nuestro trabajo actual, nuestro salario seguirá el ritmo de la inflación, y Dios no nos dirigirá a otro trabajo con un salario inferior ni nos llevará a aumentar nuestras donaciones.

Una cosa es confiar en que Dios cubrirá nuestras necesidades presentes (Mat. 6:33). Otra cosa es fiarse de Él dictando (mediante la decisión de endeudarse) las condiciones de Su provisión futura. Al elegir endeudarnos, torcemos el brazo de Dios para que provea no solo para nuestras necesidades, sino también para nuestros deseos.

¿Creemos que Dios sabe mejor que nadie cuáles son nuestras necesidades? Las deudas gastan dinero que no tenemos. Entonces, ¿no es nuestra decisión de endeudarnos una prueba de que creemos que necesitamos más de lo que Dios nos ha dado? Si no tenemos recursos para comprar algo, y si sentimos tal necesidad de ello que pedimos prestado para conseguirlo, ¿no estamos diciendo que Dios no ha suplido nuestras necesidades?

Si Dios sabe qué es mejor, y si sabe lo que necesitamos, ¿por qué no nos ha proporcionado fondos suficientes? ¿Nos está animando a orar para que nos provea en vez de tomar la justicia por mano propia pidiendo prestado? En esta época en la que parece que no estamos dispuestos a esperar nada, ¿quiere Dios que aprendamos lo que significa «esperar en el Señor» (Sal. 27:14; Isa. 30:18)?

Algunos dicen: «Me limitaré a llenar la solicitud de préstamo. Si sale adelante, lo tomaré como una señal de que Dios quiere que pida prestado el dinero». Pero que un prestamista esté dispuesto a concedernos un préstamo no significa que Dios apruebe nuestra decisión de pedir prestado el dinero, como tampoco la disposición de un dependiente a vendernos un billete de lotería indicaría que Dios aprueba el juego de azar.

Más preguntas sobre la deuda

Antes de endeudarnos, deberíamos hacernos las siguientes preguntas:

1. ¿Es la deuda nuestra forma de evitar depender de Dios? (¿Por qué confiar en que Dios proveerá cuando podemos obtener un préstamo?)
2. ¿Es la deuda nuestro medio de saltarnos los medios de adquisición creados por Dios, que incluyen el trabajo, el ahorro, la planificación, la autodisciplina, la paciencia y la espera de la provisión divina?
3. ¿Qué mensaje estamos enviando a Dios cuando nos endeudamos en lugar de vivir de lo que Él nos ha proporcionado? ¿Qué estamos diciendo realmente cuando pedimos un préstamo? ¿Qué refleja eso sobre nuestra visión de Dios? ¿Qué estamos diciendo sobre Su soberanía, Su bondad, Su sabiduría o Sus tiempos?
4. ¿Qué efecto tendrá endeudarnos hoy en nuestra capacidad o voluntad de diezmar y dar ofrendas voluntarias mañana?
5. ¿Qué efecto tendrá la decisión de endeudarnos hoy sobre la libertad de mañana para seguir a Dios adonde Él quiera que vayamos?
6. Al pedir un préstamo que nos compromete a hacer pagos a lo largo de varios años, ¿estamos dando por sentado lo que Dios hará? (Ciertamente, si vamos a necesitar más ingresos para hacer frente a los pagos, estamos dando por sentado lo que Dios hará. Puede que «sepamos» que recibiremos un ascenso y un aumento

de sueldo en septiembre, pero Dios no nos lo ha garantizado. Los planes cambian, las empresas quiebran y los empleados no consiguen ascensos «seguros»).

7. Aunque nuestros ingresos de hoy sean suficientes para pagar las deudas de los próximos veinte años, ¿es correcto suponer que seguiremos generando el mismo nivel de ingresos? (Los ingresos de muchas personas aumentan con los años, pero los de muchas otras disminuyen. Muchos asumen mayores compromisos económicos que escapan a su control, como gastos relacionados con la salud o el cuidado de un familiar anciano. A la gente la despiden. ¿Ha prometido Dios que eso no nos puede pasar a nosotros)?
8. ¿Estamos hipotecando el futuro para pagar los caprichos del presente? ¿Estamos hipotecando a Dios al intentar comprometerlo a pagar algo que tal vez desapruebe?
9. ¿Es la deuda nuestra forma de evitar depender de Dios? ¿De eludir la oración, la paciencia y la espera para que Dios provea?
10. Si «debemos» endeudarnos para cubrir nuestras «necesidades», ¿será porque nuestras «necesidades» son en realidad deseos disfrazados? ¿Hemos gastado tanto dinero en nuestros deseos que no nos queda suficiente para nuestras necesidades? ¿Hemos robado a Dios y perdido Su bendición económica al no darle las primicias?
11. ¿Hemos agotado realmente todas las demás vías para evitar endeudarnos? ¿Hemos renunciado a actividades, aficiones y membresías caras, y liquidado posesiones valiosas? (A menudo pensamos que no tenemos más remedio que endeudarnos, cuando en realidad estamos tomando muchas decisiones innecesarias que nos conducen a ello).

Uno de los argumentos más sólidos para no endeudarse es que no somos Dios. No somos soberanos, omniscientes ni omnipotentes. Santiago 4:14 advierte que no podemos saber lo que ocurrirá mañana. Y si no sabemos ni podemos controlar todo lo que nos depara el futuro, ¿cómo podemos estar seguros de que podremos pagar nuevas deudas? Podemos estar seguros de que Dios cubrirá nuestras necesidades materiales básicas si buscamos primero Su reino (Mat. 6:25-34), pero ¿dónde promete la Biblia que Dios cubrirá todas las deudas que contraigamos por nuestra propia codicia, impaciencia o presunción? Si buscamos primero Su reino, ¿nos esclavizaremos a las deudas?

¿Qué pasa con los préstamos para comprar una casa?

Muchos asesores financieros sitúan las hipotecas sobre viviendas en una categoría diferente a la de otras deudas. Una razón es que el préstamo está garantizado por el patrimonio de la casa. Si surge una crisis financiera y no se puede hacer frente a los pagos, se puede vender la casa y recuperar el capital (que es el valor de venta actual de la casa menos la cantidad que aún se debe de la hipoteca). Sin duda, se puede argumentar a favor de pedir un préstamo para comprar una casa a un precio razonable en lugar de alquilarla. Aunque los precios de alquiler de las casas pueden aumentar entre un 3 y un 6 % anualmente, los pagos de una hipoteca simple a treinta años permanecen constantes durante toda la vida del préstamo. A menos que la economía se desplome, o que la casa esté situada en una zona con una economía deprimida —y permíteme subrayar que ambas cosas ocurren a veces—, el valor de la casa también puede aumentar entre un 3 y un 6 % (o más) anualmente.

Por desgracia, muchos aspirantes a propietarios acaban comprando una casa que está fuera de su alcance. Una fórmula habitual para calcular lo que es asequible es que el precio de compra de una casa no debe ser más de dos veces y media los ingresos brutos anuales de la familia. (Pero solo se tienen en cuenta los ingresos del sustentador principal: Dios puede hacer que uno de los padres deje su trabajo por el bien de los hijos. Las decisiones sobre la vivienda basadas en dos ingresos suelen resultar desastrosas, pues crean tentaciones de desatender las responsabilidades parentales).

El pago mensual de la hipoteca de una vivienda, incluidos impuestos y seguro, no debería ser mucho más de lo que la gente está dispuesta a pagar por el alquiler. La mayor parte del pago mensual de la hipoteca se destina a intereses, pero hay deducciones fiscales que reducirán el costo neto. El dinero pagado en concepto de alquiler no es deducible fiscalmente y no crea patrimonio; por otra parte, la gente siempre gasta más en instalaciones y decoración cuando compra. Por tanto, pedir prestado para comprar una casa a veces es acertado y a veces no.

No todas las deudas son iguales. Simpatizo con los agricultores, las víctimas de accidentes, los desempleados, los cónyuges abandonados y otras personas que se encuentran en situaciones en las que, tras orar y evaluar, el endeudamiento parece la mejor o la única alternativa. En estos casos, debemos confiar en Dios para que nos ayude a salir de deudas lo antes posible.

Confiar es creer que Dios se ocupará de nuestras necesidades básicas. Sin embargo, cuando nos endeudamos, no solemos hacerlo para cubrir nuestras necesidades, sino para satisfacer nuestros deseos. Todos necesitamos un techo, pero ¿necesitamos una casa concreta en un barrio determinado? Todos necesitamos comida, pero ¿necesitamos comer afuera? Necesitamos ropa, pero ¿necesitamos la de marca de diseñador?

A menudo, definimos nuestros deseos como necesidades. Al endeudarnos, intentamos inconscientemente manipular a Dios para que esté obligado a «proveer» en forma de nuestros pagos futuros. En una blasfema inversión de papeles, establecemos las reglas del juego y luego esperamos que Dios las cumpla. Asumiendo el papel de Amo, degradamos a Dios a genio obediente, que existe para respaldar nuestras causas y cumplir nuestras agendas. En tales casos, la deuda no es simplemente imprudente, sino maligna.

Cuando la deuda es especialmente peligrosa

A veces, Dios nos disciplina haciéndonos afrontar las consecuencias de un endeudamiento innecesario. Cuando nos endeudamos por motivos ilegítimos, lo hacemos por nuestra cuenta. Dios no participa de nuestra decisión, y no está obligado a cumplir nuestro compromiso financiero.

Compramos nuestra casa en 1978 con un gran pago inicial. Aunque firmamos un contrato a treinta años con un buen tipo de interés, aumentamos la cantidad de nuestros pagos para liquidar el préstamo en trece años. Al salir de la deuda lo antes posible, minimizamos tanto el importe como la duración de nuestro endeudamiento. Solo dos meses después de nuestro último pago, nuestros ingresos disminuyeron drásticamente. Sin el pago de la casa, pudimos arreglárnoslas con mucho menos. Aunque estamos convencidos de que nuestra decisión original de pedir un préstamo para comprar una casa fue acertada, nuestra intención es no endeudarnos nunca más. Si lo hacemos, será solo después de calcular cuidadosamente el costo. Aunque no creemos que las deudas sean siempre malas, a menudo hemos sido testigos de las desastrosas consecuencias de un endeudamiento imprudente.

Nuestra intención es no endeudarnos nunca más. Si lo hacemos, será solo después de calcular cuidadosamente el costo.

1. El endeudamiento es especialmente peligroso cuando el valor de reventa de una posesión es inferior a lo que se debe.

La mayoría de las compras son artículos de alta depreciación, como autos, ropa y muebles. En cuanto compramos esas cosas, normalmente no podemos darles la vuelta y venderlas sin una pérdida significativa. (Apenas firmas un contrato para comprar un auto nuevo, pierdes miles de dólares que no puedes recuperar). Si compramos un activo que definitivamente puede revenderse a su costo original o por encima de él, al menos podemos librarnos de la deuda renunciando al activo. Cuanto más pronunciada sea la depreciación, mayor será el riesgo en una compra y mayor nuestra presunción al contraer deuda.

¿Quién puede saber qué activos se revalorizarán? Durante años, mucha gente de nuestra zona pensó que las casas siempre se revalorizaban; sin embargo, muchos tuvieron que vender sus casas durante las recesiones económicas por menos de lo que pagaron. Dios y Sus principios son seguros. La economía no lo es.

2. *Las deudas son especialmente peligrosas cuando nos tientan a violar nuestras convicciones.*

Una pareja cristiana de nuestra iglesia asumió la hipoteca de una gran casa que dependía de los ingresos de ambos. Cuando la esposa quedó embarazada, se dieron cuenta de que para conservar la casa tendrían que traicionar sus convicciones de no dejar a su hijo en una guardería mientras la madre trabajaba.

Siempre que tomamos decisiones sobre nuestro estilo de vida que nos tientan a violar nuestras convicciones, las consecuencias son graves. Esta pareja nunca debería haberse puesto en esa situación. Pero podrían haber reconocido su error, pedido perdón a Dios y asumido las pérdidas que fueran necesarias para salir de la esclavitud y acceder a una vivienda asequible para un solo ingreso. En cambio, optaron por proporcionar una hermosa casa para que sus hijos crecieran, privándolos de algo mucho más importante: la presencia de su madre. Al buscar un nivel de vida más alto, esta pareja acabó sacrificando una mejor manera de vivir. Ellos y sus hijos (ya mayores) pagaron un precio terrible.

3. *Las deudas son especialmente peligrosas cuando tenemos la tentación de robar a nuestro acreedor principal (Dios) para pagar a nuestros acreedores secundarios (la gente).*

Algunos cristianos no dan nada a Dios, mientras que otros reducen sus donaciones para hacer pagos mensuales de comodidades. He oído a gente decir que sería un «mal testimonio» no pagar sus facturas. Suponen que Dios querría que pagaran a sus acreedores antes que darle las primicias. Un asesor financiero cristiano aconseja habitualmente a la gente que no dé nada a Dios a menos que esté completamente libre de deudas. (Algunos han recibido este consejo del Consumer Credit Counseling Service [Servicio de Asesoramiento Crediticio al Consumidor], un servicio que por lo demás recomiendo).

Si somos fieles en nuestras ofrendas a Dios, solo entonces podremos pedirle ayuda para encontrar recursos con los que pagar a los demás. Dios dice que cuando Su pueblo le da los diezmos y las ofrendas voluntarias, abrirá «las ventanas de los cielos, y [derramará] para ustedes bendición hasta que sobreabunde» (Mal. 3:10). ¿No es eso exactamente lo que necesita la gente si quiere salir de sus deudas? No dar nunca es una solución financiera: es una fuente de problemas financieros. Dios dice a Su pueblo que, como gastaban en sí mismos el dinero que deberían haberle dado, hizo agujeros en sus bolsas (Hag. 1:2-11). Jesús dice que con la medida que demos a Dios, se nos devolverá (Luc. 6:38). Cuanto más graves sean nuestros problemas económicos, más importante es que hagamos lo que Dios dice que resultará en Su provisión: ¡dar!

Un acreedor puede decir: «Nadie debe dar a su iglesia hasta que me pague». Pero las primicias no se deben a la iglesia; se deben a Dios. Los que ponen a Dios primero casi siempre son más responsables en el manejo del dinero. Al final, pagarán a sus acreedores humanos. Si los acreedores ven que alguien está tomando decisiones disciplinadas en cuanto a su estilo de vida, normalmente respetarán su compromiso de dar.

Dios no eliminará las consecuencias de nuestras decisiones imprudentes. Si al dar a Dios ya no podemos hacer frente a los pagos de un préstamo, entonces debemos liquidar nuestros bienes, asumir pérdidas donde sea necesario y reducir los gastos al mínimo para eliminar los pagos. Pero nunca debemos robar a Dios, por ningún motivo, ¡y menos para compensar nuestra autoindulgencia!

Si somos fieles en nuestras ofrendas a Dios, solo entonces podremos pedirle ayuda para encontrar recursos con los que pagar a los demás.

4. Las deudas son especialmente peligrosas cuando nuestros pagos mensuales nos dejan poca libertad para responder a los impulsos del Espíritu Santo de dar generosamente para suplir las necesidades de los demás.

Me refiero a dar voluntariamente, más allá del diezmo. La vida nos brinda numerosas oportunidades de suplir las necesidades de los demás. Esto puede implicar dar dinero en efectivo, comprar comida a alguien o invitarlo a comer. Si nuestras deudas nos incapacitan para responder a los impulsos de Dios, nos hemos robado bendiciones a nosotros mismos y a los demás.

5. Las deudas son especialmente peligrosas cuando restringen nuestra libertad para responder al llamado del Espíritu Santo a mudarnos o hacer cambios.

Puede que Dios desee trasladarnos o cambiarnos de trabajo. ¿Hasta qué punto estamos arraigados? ¿Hasta qué punto dependemos de nuestro nivel de ingresos actual? ¿Hasta qué punto estamos irreversiblemente comprometidos con las posesiones que hemos acumulado y las obligaciones económicas que conllevan? ¿Estamos tan profundamente obligados a mantener un estilo de vida orientado a las deudas que no podemos escapar de él?

Si Dios te llamara hoy para ir al campo misionero, ¿cuánto tiempo tardarías en liberarte de tus responsabilidades económicas para seguirlo? Si Dios te indicara hoy que fueras a Asia a compartir el evangelio, o que fueras a África a trabajar como carpintero o a servir como enfermero, ¿cómo responderías? ¿Desecharías la idea porque tus deudas te exigen unos ingresos mensuales que te inmovilizan?

¿Te parece imposible levantar campamento en respuesta a la guía de Dios porque las deudas han hecho que las estacas sean tan profundas? ¿Te ha robado tu endeudamiento la mentalidad de peregrino? ¿Tus deudas te han hecho tan sordo a la voz de Dios que ni siquiera oirías Su llamado a levantar campamento?

Las consecuencias de la deuda

¿Cuáles son algunas de las consecuencias de este estilo de vida lleno de deudas?

1. La deuda persiste. El barco nuevo es divertido durante un tiempo, pero dos años después, cuando está guardado, el motor necesita reparaciones y los niños ya no quieren hacer esquí acuático, seguimos pagándolo.

2. Las deudas provocan preocupación y estrés. Los expertos en estrés afirman que cuanto mayor es la hipoteca de una persona (o cualquier deuda), mayor es el estrés. La deuda es un serio enemigo de la salud mental.

3. La deuda provoca la negación de la realidad. Conducimos nuestros coches financiados por el banco, con la gasolina de las tarjetas de crédito, para abrir una cuenta de gastos en los grandes almacenes y poder llenar nuestras casas financiadas por el banco con muebles comprados en cuotas. Vivimos una mentira y empeñamos el futuro para financiarla. Cuando llaman los acreedores, muchas personas no contestan, creyendo que de algún modo pueden seguir gastando dinero que no tienen. Un día, se dan cuenta, pero para entonces la integridad, las relaciones y la credibilidad están arruinadas.

4. La deuda conduce a la deshonestidad. «El cheque está en el correo» no tiene gracia cuando lo has oído repetidamente de un hermano cristiano esclavizado por las deudas, y ahora por la deshonestidad. Algunas personas mienten en las solicitudes de crédito, sin revelar la deuda por miedo a que las descalifiquen para obtener más préstamos. Otras recurren desesperadamente a actos delictivos para intentar mantenerse al día en el pago de sus deudas.

5. La deuda es adictiva. Hay comparaciones sorprendentes entre los deudores y los drogadictos. La salida de ambas adicciones puede ser muy difícil. Los que están endeudados con un solo ingreso casi siempre se endeudarán con dos ingresos, igual que si el único ingreso se duplica. El 98 % de las veces, la deuda es un problema interno, no externo. No es una cuestión de fondos insuficientes, sino de autocontrol insuficiente.

6. La deuda es presuntuosa. La Escritura dice que el justo vivirá por la fe. El prestatario, sin embargo, vive de la presunción. Asumir cualquier deuda es apostar a que nuestros ingresos futuros serán suficientes para hacer frente a los pagos. La Biblia dice que no sabemos lo que nos deparará el mañana y que no debemos presumir (Prov. 27:1).

7. La deuda priva a Dios de la posibilidad de decir que no o de proveer a través de un medio mejor. Dios puede orientarnos proporcionando fondos o reteniéndolos.

8. Cuando pedimos prestado, eliminamos esa segunda opción y, por tanto, desdibujamos la dirección de Dios. Si realmente necesitamos algo, hay alternativas al endeudamiento. Una de ellas es acumular ahorros que nos permitan disponer de un margen del cual echar mano cuando lo necesitemos. Pero si no tenemos dinero para cubrir una necesidad, lo primero que debemos hacer es buscar la provisión en Dios, no del banco (Juan 14:13-14).

9. La deuda es una gran pérdida de oportunidades. Nuestra pérdida no es simplemente el interés que pagamos. Nuestra verdadera pérdida es la diferencia entre el dinero que estamos perdiendo y el que podríamos haber ganado con él. Peor aún, la deuda es una pérdida de oportunidad de invertir en la eternidad. Quizás la mayor tragedia de la deuda es que provoca una disminución de las donaciones, la pérdida de la oportunidad de ayudar a los demás y la pérdida de recompensas eternas.

10. La deuda inmoviliza los recursos y hace que no estén disponibles para el reino de Dios. Siempre que hemos enseñado a dar en nuestra iglesia, muchas personas dicen: «Ahora que entiendo los principios divinos para dar, me encantaría duplicar o triplicar nuestras ofrendas, o incluso más. Pero tenemos tantas deudas que es imposible». Las decisiones imprudentes del pasado inhiben la generosidad presente y futura. La solución no es encogernos de hombros con impotencia, sino dar todo lo que podamos ahora y comprometernos a salir de la esclavitud financiera para poder dar más en el futuro.

Ilusiones sobre la deuda

Nuestro deseo de tener ciertas cosas nubla nuestro pensamiento y nos lleva a racionalizar endeudándonos. He aquí algunas de nuestras principales ilusiones:

1. «El dinero que pedimos prestado es nuestro». De hecho, el dinero prestado no nos pertenece más que una cortadora de césped que pedimos prestada a un vecino. Debemos devolver el dinero prestado con la misma seguridad con que debemos devolver un coche prestado.

2. «La cantidad que pedimos prestada es la cantidad que acabaremos devolviendo». Acabaremos devolviendo mucho más de lo que pedimos prestado. Si compramos una casa de 200 000 dólares con un pago inicial de 20 000, y pedimos prestados 180 000 dólares al 7,25 % en un contrato a 30 años, nuestra casa de 200 000 dólares costará en realidad 442 000. Entonces, ¿por qué llamarla una casa de 200 000 dólares cuando en realidad estamos pagando más del doble?

3. «Pedir prestado en realidad nos ahorra dinero debido a las ventajas fiscales». Si estamos en el tramo fiscal del 20 %, siempre que gastemos

100 dólares en intereses deducibles (no todos los intereses son deducibles), eso significa que nos hemos ahorrado 20 dólares, ¿no? Error. No hemos ahorrado 20 dólares; hemos gastado 80.

Cuando compramos nuestra casa, nos aconsejaron pedir un préstamo al mayor plazo posible debido al gran ahorro fiscal que generaban los intereses deducibles. Cuando lo analicé, me di cuenta de que querer pagar más intereses para obtener un ahorro fiscal era como dar a alguien cien dólares a cambio de veinte, y luego presumir de haber salido ganando veinte dólares. Por supuesto, los que están en los tramos impositivos más altos reciben una mayor «rebaja» en sus intereses. Pero esto no cambia la naturaleza deficitaria de la deuda. Cuando estamos endeudados, estamos obligados. Nuestro deseo debería ser pagar menos intereses con el tiempo, no más.

4. «Es una tontería devolver un préstamo que tiene un interés más bajo que el que tu dinero puede ganar en otro sitio». Esta es la filosofía de «utilizar el dinero de los demás». Aunque pueda parecer válida sobre el papel, pasa por alto un elemento crítico. La deuda es una carga real, no imaginaria. Eliminar la deuda es eliminar una carga. Mientras debamos dinero, somos un siervo. Otra persona tiene un dominio sobre nuestros bienes. Hay una gran liberación mental y espiritual cuando nos libramos de las deudas. La Escritura dice que no debemos dejar ninguna deuda pendiente (Rom. 13:8). No añade «a menos que podamos obtener mayores intereses por nuestro dinero en otra parte».

No puedo describir adecuadamente la libertad que experimentamos al pagar nuestra casa en quince años en lugar de treinta. Aunque hubiéramos podido ganar más dinero de otra manera, salir de deudas fue tremendamente liberador. También nos ayudó inconmensurablemente a afrontar el gran reto financiero que vino solo unos meses después. No teníamos forma de saber lo que se nos venía encima, pero Dios sí.

El atractivo de las casas y los autos

Ser propietario de una casa no es un derecho otorgado por Dios, y puede ser o no una sabia elección económica. A la gente le gusta decir: «Alquilar es como tirar el dinero por el desagüe». No es así. Cuando alquilas, obtienes lo que pagas: ¡un lugar donde vivir! Tampoco es correcto decir que comprar una casa siempre vale la pena. A menudo sí, pero no siempre.

Incluso cuando una casa se revaloriza, tiene costos ocultos que los inquilinos no tienen que asumir. El pago mensual de una casa no incluye el costo de cambiar la puerta, arreglar la fontanería, contratar a alguien para que limpie la tubería del alcantarillado, arreglar la puerta rota del garaje o reconstruir el patio hundido de madera. Tampoco incluye tener que reparar o sustituir el refrigerador, el calentador de agua o el lavavajillas.

Por otra parte, los gastos de reparación de las propiedades de alquiler tienen que pagarse de alguna manera, y como el propietario no está en el negocio para perder dinero, transfiere esos costos al inquilino en forma de tarifas de alquiler más elevadas. Si se toma la decisión de comprar en lugar de alquilar, asegúrate de que la casa está en buenas condiciones y procura que se presupuesten las reparaciones y mejoras. La mayoría de los propietarios se dan cuenta de que el creciente patrimonio neto de una casa, mediante la eliminación de deudas y la revalorización de la propiedad, compensa con creces los gastos de reparación y sustitución. Por otra parte, la gente gasta más ingresos discrecionales en la casa propia. A menudo se vuelven más reacios a mudarse y menos flexibles a la guía de Dios para ir al extranjero o servir en otro lugar.

Si compras una casa, asegúrate de que se ajuste a tu presupuesto. No permitas que un agente inmobiliario te enseñe casas por encima de tu presupuesto. Cualquier cosa que mires se convertirá en una tentación y provocará insatisfacción con lo que realmente puedes permitirte.

Si compras una casa, asegúrate de que se ajuste a tu presupuesto.

Tenemos una capacidad ilimitada para racionalizar el gasto excesivo en casas y coches. Estudios publicados en *The Wall Street Journal* demuestran que es mucho menos caro mantener un auto usado que comprar uno nuevo. «El auto más barato que alguien puede tener es siempre el que tiene actualmente», y «Cuanto más tiempo se conduce un coche, más barato resulta su funcionamiento».[2]

Sin embargo, cuando nos pica el «bichito del auto», tomamos decisiones irracionales. Un hombre «con un presupuesto ajustado» trató de explicar cómo había tomado una sabia decisión al comprar un coche nuevo que recorría diecisiete kilómetros por litro (cuarenta millas por galón) para sustituir a su viejo auto ya pagado (que seguía funcionando bien) y que recorría solo diez kilómetros por litro (veinticinco millas por galón). Este hombre se había comprometido a pagar 270 dólares al mes para «ahorrarse» 30. Salía perdiendo 240 dólares al mes. Dada la elevada depreciación de su nuevo coche, cuando terminara de pagar las cuotas apenas valdría más que su viejo auto, totalmente desvalorizado. Sin embargo, su deseo por el auto nuevo era tan fuerte que anulaba toda razón, convenciéndolo de que había hecho una sabia «inversión».

Las tarjetas de crédito

Setenta y cinco mil personas reciben cada día en Estados Unidos la aprobación de tarjetas de crédito Visa y MasterCard. Para muchas, es entrar en una espiral descendente. Las empresas financieras se juegan carrera en sus intentos de persuadir a los consumidores para que obtengan otra tarjeta de crédito. Dan premios solo por llenar un formulario de solicitud. ¿Cuán fácil es obtener un crédito en Estados Unidos? Un hombre con unos ingresos de 27 000 dólares posee más de 800 tarjetas de crédito. Su línea de crédito es de nueve millones de dólares al mes.

En 1996, *USA Today* afirmó que el hogar estadounidense promedio tenía una deuda de 4010 dólares en tarjetas de crédito.[3] (Esto incluía hogares que no poseían ninguna tarjeta de crédito). En 2019, la deuda media había subido a 5331 dólares. En la actualidad, el 83 % de los adultos estadounidenses posee al menos una tarjeta de crédito, pero el 55 % no paga regularmente la totalidad de su saldo, sino que paga una media del 16,46 % de intereses. La deuda total renovable asciende ahora a 1,04 billones, frente a los 857 000 millones de 2013.[4]

Las tarjetas de crédito facilitan las compras impulsivas, que casi siempre son innecesarias y autoindulgentes. Al utilizar el crédito, los consumidores compran más, compran lo que no necesitan y pagan más por ello. ¿Por qué? Porque las tarjetas de crédito nos mienten: nos hacen creer que tenemos dinero cuando en realidad no lo tenemos.

Teniendo en cuenta que hace solo un siglo se consideraba generalmente un pecado que los cristianos se endeudaran, es asombroso que las tarjetas de crédito hayan sido tan ampliamente aceptadas en la comunidad cristiana. Los ministerios cristianos y muchas iglesias aceptan donativos con tarjeta de crédito. No estoy sugiriendo que sea malo, solo que normaliza el endeudamiento, excepto para quienes siempre pagan el importe total mensualmente. Muchas universidades cristianas patrocinan su propia tarjeta de crédito para antiguos alumnos, animándolos a utilizarla con regularidad porque la empresa de la tarjeta de crédito «da» a la universidad una pequeña cantidad de dinero por cada compra.

Teniendo en cuenta que hace solo un siglo se consideraba generalmente un pecado que los cristianos se endeudaran, es asombroso que las tarjetas de crédito hayan sido tan ampliamente aceptadas en la comunidad cristiana.

Como si les entregaran los mandos de un arma mortal con un gatillo delicado, muchas personas se ven impulsadas por sus tarjetas de crédito hacia un endeudamiento irresponsable que conlleva intereses exorbitantes, a menudo del 15 al 20 % anual. (E incluso cuando es inferior al 10 %, se acumula rápidamente). A la persona con un saldo de 2000 dólares (con un interés del 19,5 %) le dicen que puede pagar solo 75 dólares. Pero no se da cuenta de que los primeros 32,50 de esos 75 dólares son intereses. Sigue cargando artículos «en oferta» y cavando un agujero cada vez más profundo.

Si mantienes un saldo de 7000 dólares en una tarjeta de crédito al 18 % y pagas el 2 % de cuota mínima cada mes, acabarás pagando más de 20 000 dólares por esos 7000. ¿Todas esas cosas que compraste a mitad de precio? Puede que te cuesten el triple de lo que creíste pagar.

Algunas personas utilizan las tarjetas de crédito por comodidad, pagando el importe total adeudado en cada extracto, de modo que nunca pagan intereses. Nosotros también lo hacemos, y en treinta y cinco años nunca hemos pagado intereses. Este enfoque tiene ventajas, pero también inconvenientes. Citibank calcula que un consumidor que utiliza una tarjeta de crédito comprará un 26 % más de lo que compraría si llevara dinero en efectivo, aunque lo pague todo sin intereses. La comodidad de tener una tarjeta de crédito es también un inconveniente: su propia comodidad constituye una tentación.

He aquí algunas reglas sencillas para utilizar las tarjetas de crédito:

- No utilices nunca tus tarjetas de crédito para nada que no sean compras presupuestadas.
- Paga el saldo completo de tus tarjetas de crédito todos los meses.
- El primer mes que tengas una factura de tarjeta de crédito que no puedas pagar en su totalidad, destruye la tarjeta y no obtengas otra.

Aunque pagues el importe total a su vencimiento y evites los intereses, si psicológicamente te resulta más fácil pasar una tarjeta de crédito que desprenderte de dinero en efectivo, no deberías tener una tarjeta de crédito. Si decides llevar una tarjeta de crédito y dices: «No la utilizaré salvo en caso de emergencia, cuando de todos modos habría utilizado dinero en efectivo», puedes minimizar los inconvenientes. Pero vigila tus gastos. Para mucha gente, la única solución al abuso de las tarjetas de crédito es la cirugía plástica: cortar la tarjeta por la mitad.

Las iglesias y las deudas

Muchas iglesias gastan más en pagar intereses que en misiones mundiales. Las deudas atan las manos de la iglesia. Si la asistencia disminuye, la economía se resiente o las donaciones caen en picada, los pastores o los misioneros deben quedarse sin cobrar. El edificio terminado hace ocho años, que ya necesita reparaciones, sigue exigiendo esos pagos mensuales, que en su mayor parte se destinan a intereses.

Las Escrituras mencionan tres grandes programas de construcción. Cada uno de ellos se financiaba directamente con donaciones por adelantado. No había bonos para el tabernáculo, ni préstamos, ni promesas: solo donaciones directas. La gente daba de sobra y tenían que contenerla para que no diera tanto para el tabernáculo (Ex. 36:6-7). Fíjate en los términos «corazón generoso», «a quien impulsó su corazón», «a quien movió su espíritu» y «todo aquel que podía» (Ex. 35:5–36:2).

Lo mismo ocurrió en la construcción del templo. Tres veces en un mismo pasaje se dice que el pueblo ofrendó voluntariamente (1 Crón. 29:6, 9, 17).

Vemos lo mismo cientos de años después, cuando hubo que reconstruir el templo. «Todos aquellos cuyo espíritu Dios había movido» dieron «ofrenda voluntaria» (Esd. 1:5-6). Hicieron «ofrendas voluntarias» y «según sus medios dieron» (Esd. 2:68-69). Las palabras *ofrenda voluntaria* y *[ofrecieron] voluntariamente* aparecen repetidas veces (Esd. 7:16).

En cada uno de estos tres proyectos de construcción, las obras no empezaron hasta que fue obvio que el proyecto podía completarse sin pedir prestado.

No hay ejemplos en el Nuevo Testamento de construcción de edificios eclesiásticos, pero Jesús afirma claramente que *cualquier proyecto de este tipo solo debe emprenderse con la certeza de disponer de fondos suficientes para su finalización:*

> Porque, ¿quién de ustedes, deseando edificar una torre, no se sienta primero y calcula el costo, para ver si tiene lo suficiente para terminarla? No sea que cuando haya echado los cimientos y no pueda terminar, todos los que lo vean comiencen a burlarse de él, diciendo: «Este hombre comenzó a edificar y no pudo terminar». (Luc. 14:28-30)

Muchos argumentan que los edificios de las iglesias no pueden construirse sin deudas. Pero este argumento sería mucho más creíble en la relativa pobreza que rodeaba a los proyectos de construcción del Antiguo Testamento. ¿Creemos realmente que Dios podía facultar a los pobres israelitas para hacer lo que los cristianos no pueden hacer hoy?

La falta de dinero para apoyar el trabajo de una iglesia suele tener su origen en la falta de convicción de sus miembros. Pedir dinero prestado sin abordar esta realidad es un terrible error. Innumerables iglesias se han endeudado profundamente por proyectos de construcción desacertados. Abundan las historias de terror sobre edificios que nunca se terminaron, o edificios que, cuando por fin se terminaron, tienen santuarios en su mayoría vacíos porque la iglesia se dividió o se disipó bajo la presión financiera. Cuando una iglesia se sobrecarga económicamente, es inevitable que dedique más tiempo durante los servicios a intentar persuadir a la gente para que done al fondo de construcción. Esto cambia el enfoque de la adoración a Cristo, el estudio de las Escrituras y la satisfacción de las necesidades de la comunidad a la preocupación por los edificios, las hipotecas y el dinero. Normalmente, antes de que todo acabe, la gente empieza a abandonar la iglesia. Por el contrario, las iglesias que construyen sin deudas —y sí, muchas lo han hecho— casi siempre cuentan grandes historias de éxito.

Abordando el tema de la deuda, Hudson Taylor dijo:

> En realidad, para Dios es igual de fácil dar de antemano. Prefiere hacerlo así. Es demasiado sabio como para permitir que Su propósito se frustre por falta de un poco de dinero; pero el dinero mal

> colocado u obtenido de formas poco espirituales seguro que obstaculizará la bendición.
>
> ¿Y qué significa realmente endeudarse? Significa que Dios no ha suplido tu necesidad. Confiabas en Él, pero no te ha dado el dinero; así que te provees a ti mismo y pides prestado. Si tan solo podemos esperar hasta el momento indicado, Dios no puede mentir, Dios no puede olvidar: Ha prometido suplir todas tus necesidades.[5]

Un pastor de una iglesia libre de deudas dijo: «Si consigues un préstamo, tus feligreses nunca tienen que confiar en Dios, solo confían en el banco. Y cuando todo acaba, miran a su alrededor y dicen: "Mira lo que ha construido el banco". Cuando dicen: "Alabado sea Dios por lo que ha hecho", hay un asterisco al lado. Pero cuando construyes sin deudas y dices: "Alabado sea Dios", no hay asterisco. *Todo* es obra de Dios».[6]

Según Jeff Berg y Jim Burgess en *The Debt-Free Church* [La iglesia libre de deudas], cuando un ministerio pide dinero prestado, incurre en el siguiente conjunto de riesgos:

- Convertirse en esclavo de una institución crediticia
- Convertirse en esclavo de los grandes donantes
- Quedar atrapado por la presión financiera
- Quedar atrapado en un ciclo interminable de préstamos
- Perder flexibilidad para responder a las oportunidades del ministerio.[7]

En los proyectos de construcción del Antiguo Testamento, el ministerio futuro se pagaba con dinero presente. Pero las iglesias que piden prestado pagan el ministerio presente con dinero futuro. En cada caso bíblico, el pueblo no se limitó a *prometer* que daría, sino que realmente dio los fondos antes de que comenzara la construcción o a medida que se necesitaban. ¿Por qué no podemos —o no debemos— hacer lo mismo?

Al principio de la historia de nuestra iglesia, descubrimos que si la gente no está dispuesta a contribuir significativamente a un proyecto, es señal de que su corazón no está ahí. Y si el corazón de la gente no está en un proyecto, no debería emprenderse. Es saludable estirar nuestra fe, pero los proyectos de construcción de una iglesia nunca deben superar sus convicciones. (Por eso creo que normalmente es un error buscar financiación externa para un proyecto de construcción. La iglesia debe emprender solo aquello a lo que esté dispuesta a entregarse).

En los proyectos de construcción de «pago a medida que se avanza», las ofrendas miden el corazón de la gente. Cuando piden prestado, los líderes a menudo descubren demasiado tarde —por las malas— que la gente no respalda el proyecto. Y algunos ya no forman parte de la iglesia.

La iglesia debe modelar para su gente una mayordomía sabia que evite la presunción y la esclavitud financiera.

«Pero, a menos que ya seas rico, no puedes construir una casa o un edificio de la iglesia o emprender un negocio sin pedir dinero prestado». No es cierto. En todos los niveles de ingresos, hay muchos ejemplos de iglesias y familias sin deudas.[8] Aunque son minoría, también hay muchos empresarios, cristianos o no, que han ahorrado dinero durante años para emprender un negocio sin deudas. A diferencia de sus competidores, son capaces de superar los altibajos económicos porque no están endeudados. No utilizan el dinero de otras personas para crecer y expandirse demasiado deprisa, solo para descubrir que se han endeudado demasiado y acabar declarándose en quiebra.

Con disciplina, propósito y paciencia, se puede poner en marcha y mantener un negocio sin endeudarse, al igual que un proyecto de construcción de una iglesia. Del mismo modo, el individuo promedio que compra una casa de menor precio con un pago inicial del 10 % podría pagar la mayor parte de la casa ahorrando diligentemente durante seis o siete años, y saldarla por completo ahorrando durante doce, con los intereses a su favor y no en su contra. El problema no es la falta de recursos, sino la falta de disciplina y paciencia.

Aunque el Nuevo Testamento no relata la recaudación de fondos para un proyecto de construcción, Hechos 4:32-35 muestra cómo respondió la Iglesia a otras necesidades: dieron inmediatamente. Como resultado, «no había, pues, ningún necesitado entre ellos» (Hech. 4:34). Más tarde, la iglesia macedonia, sumida en la pobreza, siguió este mismo modelo al enviar dinero para alimentar a los hambrientos de Jerusalén (2 Cor. 8:1-5).

Los cristianos del Nuevo Testamento tenían mucho menos de lo que tenemos nosotros, pero dando con generosidad y sacrificio suplían plenamente todas sus necesidades. Aunque había muchos prestamistas, tanto en tiempos del Antiguo como del Nuevo Testamento, no vemos ni un solo ejemplo de que la Iglesia (o Israel) pidiera dinero prestado para llevar a cabo la obra de Dios. ¿Por qué creemos —o por qué *suponemos*— que, con nuestra relativa abundancia material, el Señor nos haría recurrir a medidas que eran inauditas en tiempos bíblicos?

Algunas ventajas de no pedir prestado para construir en la iglesia

- Crea una mayor dependencia de Dios
- Permite a Dios mostrar Su fidelidad
- Enseña la importancia de dar con sacrificio (2 Cor. 8:1-5)
- Enseña a las personas a evitar las deudas y las ataduras
- Da testimonio al mundo de la realidad del evangelio (Fil. 2:15; 1 Ped. 2:9, 12)

- Promueve la *recaudación de fondos bíblica* presentando simplemente la necesidad del ministerio y confiando en que Dios proveerá a través de las generosas ofrendas de Su pueblo (1 Cor. 16:1-2)
- Da un ejemplo financiero a los creyentes (1 Tim. 3:4-5, 12)
- Ayuda a proteger a los ministerios de tiempos económicos difíciles (Prov. 22:27)
- Da flexibilidad a la iglesia para responder a las oportunidades del ministerio[9]

¿Pedir prestado es un acto de fe?

Extrañamente, endeudarse para proyectos de construcción se presenta a menudo como un acto de gran fe: a mayor deuda, mayor fe. La Biblia sugiere lo contrario. No es fe poner a prueba la provisión de Dios con presunción. No es fe depender de una institución crediticia en lugar de depender de la provisión sobrenatural de Dios. Algunos dirían: «Hace falta fe para devolver un préstamo». Si esto fuera cierto, la conclusión adecuada sería: Cuanto mayor sea el préstamo y menor la garantía, mayor será la fe. Pero tal punto de vista viola todas las advertencias bíblicas sobre los préstamos, así como la advertencia explícita de Cristo de no empezar a construir cuando se carece de los recursos necesarios (Luc. 14:28-30). Fíjate que no dice que el hombre que emprende un proyecto de construcción sin fondos suficientes para completarlo sea «un hombre de fe». En cambio, lo describe como objeto de burla.

Otro argumento habitual es el siguiente: «Cuando esperas a tener los medios para proceder a construir, eso no es caminar por la fe: es caminar por la vista». Esta perspectiva ignora los ejemplos bíblicos de construcción y el método de Dios para hacer avanzar los ministerios. Cuando las iglesias piden prestado, obligan a Dios a proporcionar en el futuro lo que no ha puesto a su disposición en el presente. Eso no es fe, sino presunción. Un mayor riesgo no siempre indica una mayor fe. A veces indica fe en nosotros mismos, o pereza, si no estamos dispuestos a dar dinero por adelantado para experimentar el fruto de un proyecto de construcción sin deudas. Por último, los pasajes de las Escrituras sobre la construcción del tabernáculo y el templo demuestran la forma que tiene Dios de recaudar fondos para los proyectos de construcción: Empiecen la construcción cuando se disponga del dinero.

Cuando las iglesias piden prestado, obligan a Dios a proporcionar en el futuro lo que no ha puesto a su disposición en el presente. Eso no es fe, sino presunción.

Las iglesias y los ministerios deben tener cuidado cuando enseñan a partir de los pasajes que tratan de los tres proyectos de construcción de Israel.

Dios reveló que quería que Israel emprendiera estos proyectos, pero estos textos no prueban que esté a favor de *cualquier* proyecto de construcción. Simplemente, muestran un modelo de cómo financiar y construir los proyectos que Dios aprueba. No existe ninguna base bíblica que permita concluir que Dios aprueba o se opone a un determinado proyecto de construcción de una iglesia. Las iglesias y sus líderes deben buscar la dirección de Dios y pedirle sabiduría antes de emprender un proyecto de construcción (Sant. 1:5).

Los líderes deben tener cuidado de no usar indebidamente pasajes de las Escrituras —como la historia de los dos espías que tenían fe y los diez que no (Núm. 13:1–14:45)— para demostrar que un proyecto de construcción es la voluntad de Dios y que quienes lo cuestionan están cuestionando al Señor. Tratar proyectos concretos como si Dios mismo los hubiera transmitido desde el Monte Sinaí es invitar a la desunión en la familia eclesial. Creo que Dios a veces —de hecho, a menudo— lleva a las iglesias a construir edificios. Los edificios pueden formar parte de una estrategia ministerial eficaz. (Para saber más sobre este tema, consulta el apéndice B, «El uso de fondos del ministerio para edificios»).

Salir de las deudas

Las Escrituras dejan claro que si hemos pedido dinero prestado, ya sea por buenas o malas razones, es nuestra responsabilidad devolverlo lo antes posible (Prov. 3:27-28; Mat. 5:25-26). No pagar una deuda es unirse a los impíos (Sal. 37:21). La quiebra —por muy legal que sea— no suele ser una opción moral. Conozco a personas íntegras que han salido de procedimientos de quiebra con el derecho legal de no devolver ni un céntimo a los demás, pero que, por una cuestión de conciencia, se han dedicado a devolverlo de todos modos durante la siguiente década o más. Creo que esto honra a Dios.

Si estás endeudado, dos preguntas son pertinentes: ¿Cómo te endeudaste y cómo puedes salir? La primera pregunta es importante para ayudarte a tomar decisiones futuras. Si te has endeudado imprudentemente, debes hacer algo más que salir de la deuda; también debes reconocer que has tomado decisiones equivocadas y comprometerte a no repetirlas. La deuda no es el problema principal; es un síntoma de un problema más básico: la codicia, la impulsividad y la falta de disciplina. Esto es lo que debemos llevar ante Dios.

Cómo salir de las deudas

He aquí un proceso de diez pasos para ayudarte a salir de las deudas:

1. Arrepiéntete. Reconoce que te has dejado guiar por el mundo, no por Dios. Cambia tu mentalidad y tus acciones respecto al dinero, las cosas, las necesidades, los deseos, la generosidad, los ahorros, los gastos y las deudas. «Y no se adapten a este mundo, sino transfórmense mediante la renovación de su mente, para que verifiquen cuál es la voluntad de Dios: lo que es bueno y aceptable y perfecto» (Rom. 12:2).

2. Da inmediatamente a Dios las primicias. Cuando damos a Dios lo primero y mejor de nuestros ingresos, le decimos en efecto: «Reconozco tu propiedad y confío en que bendigas mi obediencia».

Nunca racionalices la desobediencia. Es contradictorio buscar la bendición de Dios para tus finanzas y, al mismo tiempo, someterte a Su maldición reteniendo el diezmo y las ofrendas que te ha ordenado dar. Más que nada, necesitas Su bendición para salir de deudas.

No aumentes gradualmente tus ofrendas hasta llegar al diezmo, como tampoco dejarías gradualmente de robar bancos. Deja de robar a Dios *ahora*. (También podrías preguntarle si quiere que empieces a devolverle lo que le has robado en el pasado). Agrada a Dios de este modo y te bendecirá, aunque ello implique hacer cambios importantes en tu estilo de vida.

3. No contraigas nuevas deudas. Actúa según este principio: «Si ahora no puedo permitírmelo, ahora no es la voluntad de Dios».

4. Elimina sistemáticamente las deudas existentes. Elabora un presupuesto cuidadoso. Haz un plan específico para salir de deudas. Busca un sabio consejo financiero. Liquida los bienes innecesarios. No ocurrirá de la noche a la mañana, pero con un buen plan y determinación, puedes y conseguirás salir de deudas.

5. Haz una cirugía plástica a tus tarjetas de crédito. Si la tarjeta es una tentación, destrúyela. La excepción es si siempre pagas todo a su vencimiento (de modo que nunca pagues intereses) *y* no te resulta más fácil dejar la tarjeta que dejar dinero en efectivo. Advertencia: Recuerda los estudios que demuestran que quienes utilizan tarjetas de crédito —aunque las paguen mensualmente— suelen gastar más que si solo utilizan dinero en efectivo. Cuidado con la ilusión de que utilizar la tarjeta no es realmente gastar.

6. Deja de racionalizar tu hábito de endeudamiento. Las casas y los coches son las tentaciones más fuertes para algunos, mientras que para otros son los muebles, la ropa o los aparatos electrónicos. Reconoce tu debilidad y no dejes que te domine. Cuando se trate de casas, recuerda esto: El Carpintero de Nazaret te está haciendo la casa perfecta en el cielo (Juan 14:2-3). No es aquí y ahora, ¡es entonces y allí! En lugar de mudarte a una casa más grande y mejor, ¿es posible que Dios quiera que utilices Su dinero aquí y ahora para enviar materiales para Su proyecto de construcción en el cielo? (Mat. 6:19-21).

7. Si el endeudamiento te parece la mejor opción o una opción necesaria, ve despacio y en oración. Obtén consejo financiero objetivo de buenos administradores (Prov. 15:22). Busca la sabiduría financiera solo de quienes hayan demostrado ser sabios financieramente.

8. Aprende la diferencia entre ahorrar y gastar. Ahorrar es cuando tienes más dinero que cuando empezaste; gastar es cuando tienes menos. Si compras un jersey de ochenta dólares en oferta por treinta, ¿cuánto dinero ahorras? La mayoría de la gente diría que cincuenta dólares. Error. No *ahorras* nada. *Gastas* treinta dólares. Demasiada gente ha «ahorrado» hasta quedar en esclavitud financiera.

9. Haz una lista de tus deudas y, si es necesario, ponte en contacto con tus acreedores. Establece un calendario viable dentro de tu presupuesto para pagar a tus acreedores. Comparando los distintos tipos de interés de tus deudas, prioriza la reducción de tus deudas, pagando más rápidamente las que tengan los intereses más altos.

Si tu deuda supera tu capacidad de pago a los niveles establecidos, explica tu plan de reembolso a tus acreedores. Normalmente acogerán bien tu plan, porque a menudo se enfrentan a quiebras en las que reciben poco o nada. Elimina las deudas más pequeñas y consolida las que te queden para pagar el menor número posible de facturas. Liquida los bienes innecesarios y utiliza los fondos para reducir las deudas. Tal vez puedas mudarte a una vivienda menos cara, conseguir un coche más barato, vender el barco o el vehículo recreativo y convertir en efectivo otros objetos que no utilices o que no necesites.

En este proceso, suele ser importante asesorarse bien. Normalmente, nos metemos en problemas financieros actuando por nuestra cuenta, así que no debemos esperar salir de ellos de la misma manera. Puedes recibir sabios consejos de un amigo, un consejero o un líder de la iglesia. En algunas zonas de Estados Unidos, puedes ponerte en contacto con el *Consumer Credit Counseling Service* [Servicio de Asesoramiento Crediticio al Consumidor], que ofrece asesoramiento sobre deudas sin costo alguno. (Pero te lo repito: si te aconsejan que no des ni diezmes hasta que te hayas librado de las deudas, rechaza este consejo. Recuerda que robar a Dios no es una solución, sino una gran parte del problema).

10. Si has hecho todo lo demás y aún te parece insuficiente, considera formas de aumentar tus ingresos para eliminar tus deudas.

Si ya trabajas a tiempo completo, más trabajo no es una solución a largo plazo. Aun así, un segundo trabajo o un negocio doméstico pueden ser una necesidad temporal para revertir las consecuencias de decisiones pasadas.

Ten paciencia. Puede que te haya llevado cinco, diez, veinte o treinta años llegar a la situación financiera en la que te encuentras. No puede revertirse de la noche a la mañana. Sin embargo, si sigues estas pautas, estarás bien encaminado para salir de la esclavitud. También empezarás a experimentar la libertad de poder responder generosamente a las necesidades y a las oportunidades de inversión eternas. Esto te traerá la alegría de dar y la gracia y la bendición de Dios que conlleva.

Principios financieros para vivir

- Nada es un buen negocio a menos que puedas permitírtelo.
- Antes de que te tomes la justicia por tu mano, Dios quiere tener la oportunidad de satisfacer tus necesidades o de demostrarte que en realidad no son necesidades.
- Que puedas permitirte algo no significa que Dios quiera que lo consigas.
- El aumento de los ingresos no significa necesariamente que Dios esté diciendo que gastes más. Más a menudo, su verdadero mensaje es que des más (2 Cor. 8:14; 9:10-11).

Hace años, unos amigos nuestros se endeudaron mucho para comprar una hermosa casa. En una época en la que el pago medio de una casa era de 500 dólares, ellos tenían que hacer pagos de 880 dólares al mes, además de los interminables costos ocultos de la propiedad de una vivienda. Durante años, experimentaron una gran esclavitud financiera. Se desesperaban porque querían dar libremente a las necesidades que Dios ponía en sus corazones, pero la casa no les dejaba dinero. Finalmente, tomaron una decisión difícil y valiente: Se alejaron de la casa, asumieron sus pérdidas, se tragaron su orgullo y encontraron una vivienda que podían permitirse. Inmediatamente, experimentaron la bendición de Dios. Y después de alquilar durante varios años, ahorraron lo suficiente como para comprar una casa de acuerdo a sus posibilidades.

«Nada me falta, pues todo provees.
¡Grande, Señor, es tu fidelidad!».

Lo cantamos, pero ¿lo decimos en serio? Nuestro estilo de vida de deudas nos tienta y nos permite perseguir lo que Dios no nos ha proporcionado y no pretende para nosotros. ¿Daremos los pasos difíciles pero liberadores para escaparnos de las garras de la deuda y ponernos en las únicas manos en las que estamos seguros: las de Dios?

Queda una deuda a la que debemos comprometer sin reservas todo nuestro dinero y posesiones, pero que nunca podremos cancelar: «No deban a nadie nada, sino el amarse unos a otros» (Rom. 13:8). Orígenes, uno de los padres de la Iglesia, lo expresó de esta manera: «La deuda del amor es permanente, por lo que debemos pagarla a diario y, sin embargo, siempre la debemos».

CAPÍTULO 18

Los ahorros, la jubilación y los seguros

Gana todo lo que puedas, ahorra todo lo que puedas y da todo lo que puedas.
JOHN WESLEY

Los bienes terrenales se dan para usarlos, no para acumularlos. Acumular es idolatría.
DIETRICH BONHOEFFER

Cada año, se invierten miles de millones de dólares en cuentas de ahorro, fondos de jubilación y pólizas de seguro. ¿Es sabio que los administradores cristianos coloquen allí los fondos que Dios les ha confiado? ¿Es poco espiritual tener estas cosas? ¿Es irresponsable no tenerlas? ¿Son moralmente neutras? ¿Se pueden utilizar bien o mal según las cantidades y las actitudes? ¿Nos plantean peligros los ahorros y los seguros? ¿Existen principios bíblicos que puedan ayudarnos a evaluarlos? En este capítulo, intentaremos responder a cada una de estas preguntas.

El ahorro

El ahorro en las Escrituras

La finalidad del ahorro es reservar dinero para el futuro. Al renunciar a los gastos ahora, preservamos recursos para más adelante. «Tesoro precioso y aceite hay en la casa del sabio, pero el necio todo lo disipa» (Prov. 21:20). Los sabios se anticipan a las necesidades futuras, mientras que los necios consumen sus recursos sin tener en cuenta el futuro.

«Ve, mira la hormiga, perezoso, observa sus caminos, y sé sabio. La cual sin tener jefe, ni oficial ni señor, prepara en el verano su alimento y recoge en la cosecha su sustento» (Prov. 6:6-8). Incluso las hormigas saben que no habrá comida en invierno a menos que la almacenen durante el verano. Solo una persona corta de miras dejaría de almacenar provisiones (dinero, comida o víveres) para los próximos tiempos de necesidad previsible.

Por inspiración de Dios, José ideó un cuidadoso plan de ahorro ante la inminencia de una hambruna en Egipto (Gén. 41:25-57). Durante siete años, los egipcios almacenaron gran parte de la cosecha. Cuando llegaron los siete años de hambruna, echaron mano de sus reservas de grano. La nación pudo mantenerse a sí misma y mantener a los demás.

Ahorrar en la actualidad

A veces, nuestras necesidades futuras no son tan previsibles como en estos ejemplos bíblicos. Los viveristas o carpinteros pueden tener ingresos estacionales y deben disciplinarse para ahorrar para los meses de vacas flacas. Pero la mayoría de nosotros recibe un sueldo regular. Incluso para los que tienen ingresos más estables, parece sensato reservar fondos para los gastos previstos e imprevistos, pero la mayoría de la gente no lo hace. Aunque vivimos en la sociedad más acomodada de la historia de la humanidad, 85 de cada 100 estadounidenses tienen menos de 250 dólares en ahorros disponibles cuando llegan a los 65 años.[1] Eso significa, sin contar los fondos de jubilación, que una persona que ha trabajado desde los veinte años ha conseguido ahorrar menos de seis dólares al año. Si la razón de esta falta de ahorros fuera la fe en Dios y la convicción de que no debemos aferrarnos a los recursos, sino darlos para satisfacer las necesidades de los demás, entonces estaríamos en compañía de la viuda pobre de Marcos 12 y de los cristianos macedonios de 2 Corintios 8. Pero la razón no suele ser nuestra confianza en Dios. Suele ser la autoindulgencia, la presunción y la falta de previsión y disciplina. Dios no bendice la falta de ahorros por esas razones.

La familia promedio estadounidense está a una distancia de tres a seis semanas de la bancarrota.

En caso de pérdida del empleo o de un gasto importante inesperado, la familia estadounidense promedio está a una distancia de tres a seis semanas de la bancarrota. Sin embargo, en otros países con ingresos mucho más bajos, la gente ha aprendido a ahorrar lo suficiente para cubrir sus necesidades futuras. Ser corto de miras es invitar a la pobreza. Darse un festín ahora sin tener en cuenta la hambruna futura es gestionar mal nuestros recursos y suponer que Dios u otros nos sacarán del apuro.

Debemos aprender no solo a sopesar nuestros gastos a la luz de su valor inmediato, sino también de su costo final. El dinero gastado inútilmente es una doble pérdida. No solo se pierde dinero, sino también su *potencial* de ganancias. Si lo hubiéramos reservado, *podría* haberse multiplicado en la tierra mediante el ahorro o en el cielo mediante la donación.

Es sabio dar primero, ahorrar segundo y gastar al final. De lo contrario, lo gastaremos todo y no tendremos nada que dar o ahorrar. Además, lo más probable es que nos endeudemos cuando surjan verdaderas necesidades.

Ahorrar es una disciplina que desarrolla la autoridad sobre el dinero. En lugar de dejar que el dinero nos lleve adonde nuestros caprichos nos inclinen, tomamos el control.

Razones para ahorrar

Después de dar las primicias al Señor, puedo tomar dinero de mi sueldo para ahorrarlo con fines futuros. Puede que ahorre para unas vacaciones familiares o para un proyecto de remodelación. No ahorro sin un propósito, sino para una causa concreta.

El ahorro a largo plazo es una forma de aprovechar los años de abundancia para prepararse para los años de carencia, como hizo José. Anticipándome a la jubilación, podría reservar dinero para complementar una reducción de ingresos en el futuro. O podría ahorrar sistemáticamente para la educación universitaria de mis hijos, para la que podrían faltar diez años.

También hay muchas malas razones para ahorrar. Algunos ahorran por codicia. Otros ahorran porque son avaros. Hay quienes ahorran por miedo. Están ansiosos por el futuro. Al acumular dinero, se aíslan de Dios, dejando de depender de Su provisión y protección.

No podemos decir: «Ahorrar dinero es bíblico» o «Ahorrar dinero es antibíblico». Puede ser cualquiera de las dos cosas, según las motivaciones y las alternativas.

Los peligros del acaparamiento

El acaparamiento es el ahorro llevado al extremo. Es acumular bienes sin otro propósito que evitar futuros desastres o proporcionar riqueza para muchos años. El ejemplo clásico de acaparamiento es el rico insensato, que dice:

> «Esto haré: derribaré mis graneros y edificaré otros más grandes, y allí almacenaré todo mi grano y mis bienes. Y diré a mi alma: alma, tienes muchos bienes depositados para muchos años; descansa, come, bebe, diviértete». (Luc. 12:18-19)

Entonces, Dios dice: «¡Necio! Esta misma noche te reclaman el alma; y ahora, ¿para quién será lo que has provisto?». Jesús asegura: «Así es el que acumula tesoro para sí, y no es rico para con Dios» (Luc. 12:20-21).

Cuando leemos sobre el rico insensato, nuestro primer error es pensar que no somos realmente ricos. Bill Gates, Ted Turner y Warren Buffet son ricos. Nosotros solo somos de clase media-alta, media o baja. Como conocemos a tanta gente que es más rica que nosotros, pensamos que no somos ricos. Pero nos equivocamos. Incluso la mayoría de los estadounidenses de clase baja tienen acceso a prestaciones y lujos —como atención médica, baños interiores, agua corriente, comida, hornos microondas, radio, televisión, material de lectura, equipamiento deportivo y ayuda económica del gobierno, las iglesias y las organizaciones benéficas— con los que nunca soñaron las personas más ricas de los tiempos bíblicos. Desde un punto de vista global, incluso los estadounidenses más pobres se encuentran fácilmente entre el 20 % de los más ricos del mundo. Según los estándares históricos, cualquiera que tenga una casa, fontanería interior y suficiente para comer es ciertamente rico.

Nuestro segundo error al leer sobre el rico insensato es suponer que no somos insensatos. Actuamos como si el rico necio fuera terriblemente distinto de nosotros. De hecho, vivía el sueño americano, reflejado en anuncios de televisión, películas y conversaciones. Acumulaba riqueza para contar con ella en el futuro, mientras disfrutaba de sus pasatiempos favoritos en el presente. Dios llama necio a este hombre porque, cuando su vida se acaba de repente, su obituario muestra que ha sido rico consigo mismo, pero no para con Dios.

¿Qué ocurrirá con los miles de millones de dólares de las cuentas de ahorro, las propiedades inmobiliarias, las pólizas de seguro, las carteras bursátiles y los planes de jubilación de los cristianos occidentales? Cristo sugiere que debemos ser «ricos para con Dios» en lugar de «[acumular] tesoro» para nosotros mismos. ¿Por qué? Porque al dar libremente a Dios, almacenamos cosas en otro mundo, donde importarán y durarán. Mientras tanto, también honraremos a Dios y ayudaremos a nuestro prójimo. Si no lo hacemos, somos exactamente iguales que el hombre rico: somos *insensatos*.

¿Es incoherente afirmar que ahorrar para posibles necesidades a corto plazo puede ser sabio, mientras que ahorrar grandes sumas para las próximas décadas puede ser insensato? Puede parecerlo, pero intento equilibrar lo que dicen las Escrituras sobre ambas cosas. No podemos ignorar todos los versículos de Proverbios que alaban el ahorro, pero tampoco podemos ignorar la mordaz valoración de Cristo sobre el rico insensato. Puede que no sea fácil encontrar un equilibrio —de hecho, personalmente me resulta muy difícil—, pero esa es la posición en la que nos ponen las Escrituras. La solución no es centrarse en un grupo de pasajes bíblicos e ignorar otros, sino afirmar ambos y tratar de honrarlos, aunque nos resulte difícil.

Los acaparadores se imaginan que son sabios. Jesús dice que son cualquier cosa menos sabios. Son necios. Acaparar es un intento de cubrir completamente nuestras bases materiales, de modo que Dios se vuelve innecesario. En lugar de tomar medidas responsables para la provisión futura confiando en la soberanía de Dios, afirmamos nuestra propia soberanía acumulando.

Un objetivo común de los acaparadores es lograr la «independencia económica». Pero ¿de quién queremos ser independientes? ¿De Dios? ¿De nuestra familia? ¿De los hermanos cristianos? Desde luego, estoy a favor de la independencia del gobierno o de los padres, en el sentido de que me gano la vida por mí mismo. Hay un tipo de dependencia que es terriblemente insana. ¿Pero no hay un tipo de independencia que es igualmente malsana?

«El que confía en sus riquezas, caerá, pero los justos prosperarán como la hoja verde» (Prov. 11:28). Cuando acumulamos riquezas para cualquier escenario imaginable, ¿no estamos confiando en nuestras riquezas en vez de en Dios? La clara enseñanza del Nuevo Testamento es que debemos ser *canales* de dinero y posesiones, no almacenes. Cualquiera que sea el papel del ahorro en nuestras vidas, siempre debe ser secundario al de dar. Y nunca debe sustituir a la confianza en Dios.

¿Debemos ahorrar para posibles catástrofes?

Algunos cristianos creen que todos deberíamos almacenar durante años agua, comida e incluso municiones para nuestras familias. Un autor dice que los creyentes deberían conseguir pasaportes ahora para estar preparados para huir del país durante un holocausto nuclear. Ciertos asesores financieros cristianos nos animan a invertir en diamantes, arte y antigüedades para protegernos de las diversas catástrofes económicas que pueden avecinarse. Un recurso cristiano sugiere colocar activos en paraísos fiscales y cuentas bancarias suizas. Numerosos asesores hacen hincapié en el oro, afirmando que es la respuesta definitiva a la seguridad futura.

Cuando las pruebas sugirieron que el efecto 2000 probablemente crearía semanas de turbulencias económicas, parecía razonable adquirir suministros adicionales, incluidos alimentos y agua. Resultó ser una falsa alarma. Pero también sirvió de prueba: ¿dónde estaba el corazón de la gente? ¿Cuánto almacenaron y para quién? ¿Habríamos estado dispuestos y deseosos de compartir con vecinos y otros necesitados?

> Un objetivo común de los acaparadores es lograr la «independencia económica». Pero ¿de quién queremos ser independientes? ¿De Dios? ¿De nuestra familia? ¿De los hermanos cristianos?

A principios de 1999, innumerables revistas y periódicos de gran tirada contenían artículos sobre el efecto 2000 en los que se citaba la probabilidad de una pérdida temporal de electricidad en varias partes del país. Creyendo que debía mantener a mi mujer y a mis hijas, decidí comprar un generador. Sin embargo, después de pagarlo, me sentí incómodo. ¿Por qué me estaba proporcionando esto a mí y a mi familia en relación con una *posible* penuria futura, cuando ese mismo dinero podría librar a personas de otros lugares de la penuria real presente? Pensé en las personas de todo el mundo que, en su mejor día, pasan más necesidades que nosotros en nuestro peor día. Con convicción, regalé el generador a una misión para los nativos americanos, que podrían hacer buen uso de él incluso mucho después de que el efecto 2000 hubiera terminado.

No quiero decir que sea una falta de fe separar algo ante una probable escasez. Puede que solo sea una buena planificación, sobre todo si no se malgasta el dinero. Alguien que tuviera comida extra almacenada para el efecto 2000 podría seguir adelante y comérsela después sin haber malgastado el dinero. (Desde luego, no es más espiritual tener dinero en el banco o en la bolsa que comida enlatada en una estantería).

Pero hay una diferencia entre la planificación concienzuda para el futuro y el acaparamiento o el preparacionismo. El mismo Cristo que dijo que debemos mirar a los pájaros y a los lirios y confiar en que nuestro Padre celestial proveerá para nuestro futuro, y que debemos acumular tesoros en el cielo y no en la tierra, ¿quiere realmente que acumulemos lingotes de oro y almacenemos años de comida liofilizada en un refugio antiaéreo? ¿De veras parece algo que Jesús nos llamaría a hacer?

Nuestras propias cuentas de jubilación —que son bastante pequeñas para los estándares estadounidenses, pero grandes para casi cualquier otra medida— contienen una combinación de fondos de inversión, metales preciosos y otras inversiones. No creo que sean intrínsecamente erróneas. Pero pueden llegar a ser peligrosas. Cuando acumulamos riqueza para protegernos de una fatalidad inminente, ¿dónde queda nuestra fe? Sí, pueden avecinarse tiempos extremadamente difíciles. (Teniendo en cuenta que gran parte del mundo ya está experimentando tales cosas, ¿por qué pensar que no podría pasarnos a nosotros?). La previsión prudente puede ser sabia. El realismo y la buena planificación deben caracterizar a los hijos de Dios. El pánico y el acaparamiento no.

Recuerdo las reacciones de la gente durante la pasada escasez de gasolina, azúcar y otros suministros. Un hombre, que almacenaba bidones de gasolina en su garaje, dijo: «¡Tengo que conseguir toda la que pueda antes de que se la lleven los acaparadores!». Si se produce una catástrofe económica, ¿será un momento en el que los cristianos nos unamos para compartir todos los recursos que tenemos, o nos separará para escondernos en nuestros propios sótanos o retiros en la montaña, protegiendo a punta de pistola nuestros almacenes privados de los demás? Si utilizamos fielmente nuestros bienes para Su reino ahora, en lugar de acapararlos, ¿no podemos confiar en que nuestro fiel Dios nos proveerá entonces?

He aquí lo que Santiago dice a los ricos acumuladores de la iglesia de su tiempo:

> ¡Oigan ahora, ricos! Lloren y aúllen por las miserias que vienen sobre ustedes. Sus riquezas se han podrido [...]. Su oro y su plata se han oxidado, su herrumbre será un testigo contra ustedes y consumirá su carne como fuego. Es en los últimos días que han acumulado tesoros. [...] Han vivido lujosamente sobre la tierra, y han llevado una vida de placer desenfrenado... (Sant. 5:1-5)

Santiago no sugiere que estas personas pudieran evitar la tribulación futura atesorando sus riquezas. Al contrario, fue su acaparamiento y autoindulgencia lo que les aseguró la llegada del juicio de Dios. Lejos de ser la solución, ¡acaparar es parte del problema!

El libro de Éxodo contiene una lección gráfica contra el acaparamiento. Cuando Dios proporcionó maná del cielo para satisfacer las necesidades de Su pueblo, les dijo que tendrían lo justo para cada día. No debían intentar almacenarlo. Pero Israel tenía sus acaparadores. Se empeñaron en guardar por si Dios no cumplía. Pero Dios hizo que el maná almacenado se pudriera, llenándolo de gusanos (Ex. 16:16-20). Puede que sus ahorros parecieran reflejar una buena planificación; pero estaban haciendo acopio, y Dios no lo bendeciría.

Dios proveerá para Sus hijos obedientes, responsables y sabios que buscan primero Su reino (Mat. 6:33). Cualquier plan de ahorro, jubilación, seguro o supervivencia que desvíe nuestra atención de Dios también socava nuestra dependencia de Él.

La diferencia entre el ahorro y el acaparamiento

Ahorrar es un medio de no dar por sentado a Dios. Acumular es un medio de sustituir a Dios. Ahorrar puede evitar pretender que otros asuman la responsabilidad de nuestras necesidades futuras. El acaparamiento es un compromiso egocéntrico de independencia respecto a los demás, que podrían ayudarnos si lo necesitáramos, del mismo modo que podemos y debemos ayudar a los demás.

He aquí otra lección que podemos aprender de las hormigas: Cuanto más hostil es el clima, más grande es el hormiguero, porque se necesita más espacio de almacenamiento. Cuanto más suave sea el clima, más pequeño será el hormiguero. ¿Por qué? Porque las hormigas solo almacenan para el próximo invierno, no para una década de inviernos.

Cuando ahorro, guardo algo para una necesidad futura. Si siento que Dios me guía, lo daré para satisfacer necesidades mayores. Cuando acaparo, no estoy dispuesto a desprenderme de lo que he ahorrado para satisfacer las necesidades de los demás, porque mis posibles necesidades futuras son mayores que sus necesidades actuales. Por tanto, no amo a mi prójimo como a mí mismo.

La diferencia entre ahorrar y acaparar no es simplemente la cantidad, sino la actitud. No obstante, hay una gran diferencia entre ahorrar 500 dólares o unos miles de dólares para un tiempo de «vacas flacas» y ahorrar un cuarto de millón de dólares que podrían durar una década de vacas flacas. ¡Algunos acumulan lo suficiente para sobrevivir a un siglo de escasez! Al tratar de cubrir nuestras necesidades futuras, no debemos descuidar a los necesitados actuales. Nuestra abundancia suplirá sus necesidades (2 Cor. 8:14).

«Dios derrama Sus bendiciones más selectas sobre quienes se preocupan de que nada se les pegue a las manos. Las personas que le dan más valor al día de escasez que a la agonía actual del mundo no obtendrán ninguna bendición de Dios».[2]

Ahorrar para la jubilación

La mayoría de las personas deben pagar impuestos a la Seguridad Social y, por tanto, ahorrar para la jubilación. Muchos tienen pensiones y planes de jubilación a través de su empresa. Los asesores financieros hablan del taburete de tres patas de la jubilación: la Seguridad Social, los programas de jubilación de los empleados y el ahorro individual (a menudo mediante Cuentas Individuales de Jubilación y otras inversiones).

Debemos hacernos la misma pregunta sobre nuestros ahorros para la jubilación que sobre todos los ahorros. ¿Se trata de una planificación razonable, del ejercicio de la previsión que recomienda Proverbios? ¿O es una alternativa a la confianza en Dios, un respaldo por si Dios no llega? ¿Qué diferencia fundamental hay entre mantener un generoso plan de jubilación y el acopio que hizo el rico insensato para sus últimos años, para vivir con comodidad y seguridad? Sabemos lo que pensaba Jesús de los planes de jubilación de aquel hombre (Luc. 12:16-21). ¿Por qué habríamos de suponer que piensa distinto de los nuestros? Deberíamos estudiar este pasaje y comparar nuestras actitudes, comportamiento (incluidas las ofrendas) y planes para el futuro con los de aquel hombre, y preguntarnos en qué nos diferenciamos de él. Si no hay diferencia, evidentemente tenemos que cambiar algo.

¿Cuánto es razonable ahorrar para la jubilación? ¿En qué punto el ahorro responsable cruza la línea y se convierte en acaparamiento codicioso? ¿Qué pasaría si tomara parte, la mayor parte o la totalidad de los fondos que de otro modo destinaría a la jubilación y los invirtiera en el reino de Dios? Los asesores financieros me dirían que estaría «poniendo en peligro mis años de jubilación». ¿Diría Dios que estaría «mejorando mis años eternos»? Si malgasto el dinero, lo gasto o simplemente soy un mal planificador, eso es una cosa. Pero ¿me fallará realmente Dios si invierto esos fondos en Su reino en un esfuerzo sincero por obedecer Sus palabras de Mateo 6:19-21 y otros muchos pasajes?

Estoy de acuerdo con la valoración de Larry Burkett sobre la obsesión por ahorrar para la jubilación:

> La planificación de la jubilación domina tanto el pensamiento de los cristianos con ingresos considerables que suele haber enormes excesos en este terreno. El miedo a prescindir de algo en el futuro hace que muchos cristianos roben a la obra de Dios los mismos fondos que Él ha proporcionado. Estos fondos se guardan en cuentas de jubilación durante veinte o cuarenta años. La Palabra de Dios no prohíbe, sino que anima a ahorrar para el futuro, incluida la

> jubilación (Prov. 6:6-11; 21:20), pero el ejemplo del rico insensato, dado por el Señor en Lucas 12:16-20, debería ser una clara indicación de que el equilibrio de Dios es «en caso de duda, da; no acumules».[3]

Debemos amar a nuestro prójimo como a nosotros mismos. Si nosotros o nuestros hijos tuviéramos hambre, ¿sacaríamos algo de nuestro programa de jubilación para darles de comer? Si es así, ¿por qué no consideraríamos hacerlo por los hijos de nuestro prójimo? ¿Estamos obedeciendo realmente el mandamiento de amar a nuestro prójimo como a nosotros mismos si acumulamos dinero para posibles necesidades futuras cuando nuestro prójimo tiene hoy necesidades reales?

Me doy cuenta de que es una pregunta inquietante y amenazadora. Créeme, me molesta hacerla. Aunque mi cuenta de ahorros para la jubilación sea pequeña para los estándares estadounidenses, sigue siendo suficiente para mantener con vida a mucha gente y llegar a muchos con el evangelio. Nanci y yo decidimos hace un tiempo retirar parte de los fondos de jubilación y entregarlos al reino de Dios. Aún nos queda una cantidad importante. Puede que algún día donemos más, o nada, o todo. No lo sé. Pero sí sé que debemos preguntarle a Dios, porque le pertenece a Él, no a nosotros.

> ¿Estamos obedeciendo realmente el mandamiento de amar a nuestro prójimo como a nosotros mismos si acumulamos dinero para posibles necesidades futuras cuando nuestro prójimo tiene hoy necesidades reales?

Conozco a misioneros que creían tanto en su trabajo de formación de jóvenes creyentes en Europa que cobraron sus fondos de jubilación y lo dieron todo al ministerio. Muchos cristianos sacudirían la cabeza y dirían: «Qué tontería». Pero si Dios elogió a la viuda por dar sus dos últimos céntimos, ¿no elogiaría a estos misioneros que —incluso sin ahorros para la jubilación— tienen muchos más recursos económicos de los que la viuda podría haber soñado? ¿No es su acción coherente con la promesa de Cristo de que si buscamos «primero Su reino y Su justicia, [...] todas estas cosas les serán añadidas»? (Mat. 6:33). ¿Eran tontos estos misioneros, o lo somos nosotros?

El rico insensato nunca tuvo la oportunidad de utilizar el dinero y las posesiones que acumuló para sí. ¿Nuestro propio exceso de fondos atesorados para el futuro se llenará algún día de gusanos como el maná atesorado por Israel? No sabemos si Cristo volverá durante nuestra vida. Pero sin duda volverá durante la vida de algunos cristianos. También sabemos esto: Todo el dinero almacenado en fondos de jubilación, ahorros, pólizas de seguros, casas, bienes inmuebles y posesiones personales se volverá eternamente inútil en el momento en que Cristo regrese. Si los incontables miles de millones de dólares invertidos ahora en cuentas terrenales se liberaran y se volcaran en ayudar a los necesitados y cumplir la Gran Comisión, ¿qué impacto eterno podrían tener?

Cinco minutos después de morir, sabremos exactamente cuánto deberíamos haber dado en lugar de conservar. Pero entonces será demasiado tarde. ¿Por qué no pasar el resto de nuestras vidas cerrando la brecha entre lo que sabremos que deberíamos haber dado entonces y lo que *estamos* dando ahora?

¿Puede algún recurso seguir siendo «intocable»?

El objetivo de gran parte de la planificación jubilatoria es proporcionar un interés mensual en los ingresos suficiente para cubrir todas nuestras necesidades, sin tocar nunca el capital que genera el interés. Así es imposible sobrevivir a nuestro dinero.

Me reuní con un hombre que heredó un millón de dólares y quería invertirlo en el reino de Dios. Un consejero financiero cristiano le dijo: «Hagas lo que hagas, regala las ganancias de los intereses, pero nunca el capital. Recuerda que eso siempre es intocable».

Le dije que no podía saber exactamente cómo lo guiaría Dios, pero estaba seguro de una cosa: No debía atreverse a decirle a Dios que el capital era *intocable*. ¿Quiénes somos nosotros para declarar cualquier recurso fuera de los límites de Aquel que lo proporcionó y es Su dueño? El capital es de Dios tanto como los intereses. Además, Él sabe cómo causar un impacto eterno tanto con el capital como con los intereses. ¡Y también sabe cómo suplir nuestras necesidades sin tener un millón de dólares en el banco!

Si tenemos una gran cantidad de dinero, puede que Dios quiera que lo demos todo de una vez. O tal vez nos guíe para que demos más gradualmente del capital, de modo que vaya disminuyendo a lo largo de los años. Pero cuando se trata de dinero por encima de nuestras necesidades —y sobre todo cuando es más de lo que razonablemente necesitaremos en el futuro—, sin duda debemos suponer que debemos darlo ahora y no más tarde. La oportunidad de dar puede cerrarse dentro de diez años, seis meses o la semana que viene.

¿Cuánto es suficiente?

Utilizando ese taburete de tres patas como símbolo de la planificación de la jubilación, no me siento bien pidiendo a Dios que sostenga el taburete si no me he esforzado por poner una pata o dos. Pero tampoco me siento bien tomándolo todo en mis manos, sin dejar necesidades materiales para que Dios provea y sin necesidad de confiar en Él ni de orar por Su provisión en el futuro. ¿Cómo podemos orar de corazón: «Danos hoy nuestro pan de cada día», cuando somos dueños de la panadería?

Muchos asesores financieros me dirían que no estoy acumulando lo suficiente para la jubilación. Pero cuando leo las Escrituras, me pregunto si estoy acumulando demasiado. Vivo en esta tensión y supongo que nunca se resolverá. Pero también sé que, sea cual sea la postura que adopte con la planificación financiera, debo dejar espacio —mucho espacio— para Dios. Es en Él, no en un fondo de jubilación, en quien debo confiar.

El rico insensato tomó cartas en el asunto. Planificó su jubilación, pero no su camino con Dios. Nunca consultó con el Creador del universo qué debía hacer con su dinero el resto de su vida. No quiero ser un pobre insensato por no planificar el futuro. Pero tampoco quiero ser un rico insensato al planificar en exceso. Sobre todo, quiero hacer planes para el futuro *correcto*, el eterno. Quiero preguntar cómo se amortizará cada inversión, no solo dentro de treinta años, sino dentro de treinta millones de años.

Muchos de nosotros hemos acumulado no solo reservas financieras, sino también posesiones valiosas. En cualquier momento, no solo nuestros ahorros, sino también nuestros demás bienes materiales, deberían considerarse juego limpio para la distribución divina. Deberíamos ser especialmente rápidos a la hora de evaluar los objetos de lujo. Las antigüedades, el arte, las monedas y otras colecciones pueden tener un gran valor financiero (pero solo temporal). Podrían utilizarse con fines estratégicos en el reino de Dios, pero no cuando están guardados en una caja fuerte, detrás de un expositor cerrado o colgados de una pared.

¿Nos está llamando Dios a liquidar algunos de estos objetos e invertirlos en Su reino? ¿Estamos dispuestos a buscar Su voluntad en la oración diligente y la meditación bíblica? Si algo de lo que tenemos está fuera del alcance de Dios, si no es juego limpio para el diálogo en oración, seamos sinceros: no somos administradores, somos malversadores. No estamos sirviendo a Dios; estamos jugando a ser Dios. Si consideramos «nuestros» fondos de jubilación fuera del alcance de Dios, estamos actuando como propietarios, no como administradores. Cuando pedimos a Dios que dirija nuestra vida, tenemos que ponerlo todo sobre la mesa.

Charles Spurgeon escribe:

> Los cristianos a menudo buscan ayuda y consejo en el hombre, y estropean la noble sencillez de su confianza en su Dios. [...] Si no puedes confiar en Dios para lo temporal, ¿cómo te atreves a confiar en Él para lo espiritual? ¿Puedes confiar en Él para la redención de tu alma, y no depender de Él para algunas misericordias menores? ¿No basta Dios para tu necesidad, o es Su omnímoda suficiencia demasiado estrecha para tus necesidades? [...] ¿Está cansado Su corazón? ¿Se habrá acortado Su brazo? Si es así, busca otro Dios; pero si Él es infinito, omnipotente, fiel, verdadero y omnisapiente,

> ¿por qué te afanas tanto en buscar otra confianza? ¿Por qué rastrillas la tierra para encontrar otro cimiento, cuando este es lo suficientemente fuerte como para soportar todo el peso que puedas construir sobre él? [...] Deja que los cimientos arenosos de la confianza terrenal sean la elección de los necios, pero tú, como quien prevé la tormenta, construye para ti un lugar permanente sobre la Roca de los siglos.[4]

¿Es tan esencial ahorrar grandes cantidades de dinero para la jubilación como se nos dice constantemente? Al leer 2 Corintios 8:3-15, ¿puedes captar algún indicio sobre la necesidad o la sabiduría de ahorrar dinero para la jubilación? Los cristianos macedonios no tenían prácticamente nada material y, sin embargo, dieron por encima de sus posibilidades hasta el punto de empobrecerse. Si ellos no necesitaban pensar en el mañana, ¿por qué nosotros —con toda nuestra riqueza material— necesitamos preocuparnos tanto por acumular tesoros terrenales para dentro de treinta años?

Si se pusiera a disposición de las iglesias y los ministerios cristianos incluso una cuarta parte de los fondos inmovilizados hoy en los programas de jubilación de todos los cristianos, las misiones mundiales podrían impulsarse de un modo sin precedentes.

Podemos utilizar legítimamente los programas de jubilación para un buen fin, pero ¿no son una herramienta más que el Proveedor puede utilizar para Sus buenos propósitos? Dios —no nuestra cuenta jubilatoria— es la fuente de nuestro bienestar futuro. La verdad es que no necesitamos programas de jubilación. No digo que no podamos utilizarlos o que no debamos tenerlos; pero, como hijos de Dios, no los *necesitamos.* Nuestros hermanos de otras épocas no tenían programas de jubilación, y tampoco los tiene la mayoría de los cristianos de hoy en otros lugares. Sin embargo, Dios ha sido absolutamente suficiente para satisfacer sus necesidades.

¿Cuánto ahorro para la jubilación es realmente suficiente? Una vez más, debemos considerar las alternativas disponibles para invertir en la eternidad. No es exagerado decir que si se pusiera a disposición de las iglesias y los ministerios cristianos incluso una cuarta parte de los fondos inmovilizados hoy en los programas de jubilación de todos los cristianos, las misiones mundiales podrían impulsarse de un modo sin precedentes. No es solo por el valor del dinero, sino porque junto con la entrega de tal tesoro iría la entrega de los corazones y la correspondiente oración y compromiso que Dios podría utilizar para alcanzar el mundo.

La sociedad en general (y los asesores financieros en particular) apela constantemente a nuestros miedos e inseguridades. Una viuda rica me habló de varias amigas cuyos maridos también han muerto y que están sentadas sobre grandes fortunas. Dijo: «Siempre que debatimos si deberíamos dar más, enseguida entramos en el "síndrome de la mujer de la bolsa": hablamos como si, a menos que tengamos millones guardados, fuéramos a acabar en la calle». Irónicamente, dar no es una causa de inseguridad, sino una cura para ella, porque dirige nuestros corazones hacia el Único digno de plena confianza, y cumple las condiciones de buscar primero Su reino para que podamos depender de Él para que nos provea también materialmente (Mat. 6:33).

¿Cuánto es demasiado? No puedo responder a esta pregunta por ti. Ya me cuesta bastante tratar de resolverlo. Pero sí sé que cada uno de nosotros debe hacerse esa pregunta. También deberíamos alejarnos de los ruidos distractores del mundo, sintonizar nuestro oído con la Palabra de Dios y escuchar en silencio Su respuesta. Y deberíamos escuchar las voces que aportan un equilibrio de principios bíblicos, no las que siguen ciegamente el ejemplo de la cultura popular en lugar de examinar seriamente lo que enseña la Biblia.

¿Jubilación de qué y para qué?

¿De dónde hemos sacado nuestros conceptos sobre la jubilación? ¿Qué leemos en las Escrituras sobre ahorrar para la jubilación? Intenta hacer un estudio bíblico sobre el tema... ¡te garantizo que no te llevará mucho tiempo! ¿Cuántas personas en otros lugares y épocas de la historia han podido siquiera *considerar* la opción de la jubilación o de ahorrar dinero para más de veinte años? Normalmente, vemos la planificación financiera desde una perspectiva cultural, no bíblica.

Cuando se trata del «sueño de la jubilación», debemos preguntarnos: «¿De quién es el sueño?». Puede que sea el sueño americano, pero ¿es el de Dios? Para algunas personas, la jubilación ha sustituido al regreso de Cristo como la «bendita esperanza», el principal acontecimiento futuro que esperamos.

Cuando un hombre se jubila a los sesenta y cinco años, los estudios demuestran que sus probabilidades de sufrir un infarto mortal se duplican inmediatamente. Nuestras mentes y cuerpos no se hicieron para un día arbitrario de parada. En ninguna parte de las Escrituras vemos que Dios pida a las personas sanas que dejen de trabajar. Por supuesto, es perfectamente legítimo trabajar sin cobrar. Es tu opción dedicarte al ministerio y al trabajo voluntario en lugar de a tu trabajo actual. Pero mientras Dios nos tenga en este mundo, tiene trabajo que hacer para nosotros. Las horas pueden ser más cortas, el trabajo diferente, la paga menor o inexistente. Pero no quiere que tomemos mentes y cuerpos aún productivos y los tumbemos permanentemente en una playa, los perdamos en un campo de golf o los encerremos en un salón oscuro viendo programas de juegos.

Si has ahorrado para la jubilación y ya no necesitas trabajar a cambio de un sueldo, entonces trabaja para Dios, la Iglesia, los pobres o los niños desfavorecidos. Y no olvides la gran oportunidad que tienes de convertirte en un misionero autosuficiente durante dos, cinco, diez o veinte años. Si sigues aquí, Dios no ha terminado contigo. De hecho, tus años más fructíferos de ministerio pueden estar por llegar. Eso es cierto tanto si estás en una residencia de ancianos como en cualquier otro lugar. Dios tiene un ministerio único para ti aquí y ahora. No mates el tiempo, igual que no quemarías el dinero. En cambio, inviértelo en la eternidad.

Fundaciones cristianas: Ahorrar, invertir y dar

Nunca hubo tanta riqueza en manos de cristianos. Y nunca hubo tantas fundaciones cristianas.[5] Las fundaciones son organizaciones sin fines de lucro que conceden subvenciones a organizaciones y ministerios benéficos, incluidas las escuelas y las artes. Las fundaciones son profesionales de la concesión de subvenciones. Disponen de su propio capital o patrimonio, potenciado por los intereses devengados y a veces complementado con donaciones. Un importante asesor de fundaciones afirma: «Los pequeños donantes son el motor que hace funcionar el reino de Dios. Aportan la mayor parte de la ayuda, pero rara vez más de 1000 dólares por persona al año. Proporcionan el apoyo en la oración. Animan a las personas de la organización. Y proporcionan estabilidad financiera a una organización».[6]

Las fundaciones cristianas mantienen una cierta cantidad de capital generador de intereses, el cual se dona, a menudo cada año. Normalmente, el capital se mantiene intacto. A veces, las fundaciones donan el mínimo legal del 5 % anual, lo que significa que su capital crece cada año en lugar de disminuir. Por tanto, los activos de la fundación suelen aumentar cada año. (O cuando la bolsa baja, pueden reducirse considerablemente). Los particulares, las familias o las empresas pueden crear fundaciones. A menudo están dirigidas por profesionales remunerados que deciden cuánto dar, quién debe recibirlo y cómo debe distribuirse. Las fundaciones suelen hacer lo que los particulares no pueden. Hacen incursiones arriesgadas fuera de los medios habituales de funcionamiento de un ministerio, incursiones que pueden tener grandes beneficios para el reino.

Muchas personas adineradas que quieren implicar a sus hijos en las donaciones familiares ven en las fundaciones una forma de hacerlo. La gente solía crear fundaciones para que duraran para siempre. Últimamente, sin embargo, cada vez más gente crea fundaciones que distribuirán el valor principal del fondo en un plazo de quince o veinticinco años tras la muerte del otorgante. Este enfoque garantiza que el fondo será administrado por personas que conocían al donante y sus deseos, y evita la situación trágicamente habitual en la que los donantes crearon hace tiempo fundaciones para apoyar a universidades cristianas que desde entonces se han convertido, en el mejor de los casos, en nominalmente cristianas y a veces incluso anticristianas.

Algunos cristianos ricos, en lugar de crear fundaciones, hacen sus donaciones directamente en vida. Lo hacen dentro de un proceso de planificación patrimonial que reduce su patrimonio a medida que envejecen y deja tras de sí mucho menos de lo que podrían haber dejado.

En algunos casos, las fundaciones aportan no solo dinero, sino también experiencia. Pueden ofrecer sabiduría cuando trabajan con ministerios que pueden no estar acostumbrados a recibir grandes donativos o a llevar a cabo grandes proyectos financiados de forma independiente.

Las fundaciones cristianas han hecho mucho bien y, sin duda, Dios guía a Su pueblo hacia distintas decisiones. Sin embargo, todos los que estén pensando en crear una fundación deberían plantearse las siguientes preguntas.[7] Son igualmente pertinentes para todos nosotros —incluso a menor escala— que tenemos ahorros, planes de jubilación, propiedades inmobiliarias y otras inversiones que pensamos o esperamos donar algún día al reino de Dios.

1. ¿Hasta qué punto nuestra autoestima está ligada a nuestro patrimonio neto? ¿Hasta dónde es importante el reconocimiento y el estatus que obtenemos de los receptores de donativos? ¿Es retener fondos en una fundación una forma de obtener reconocimiento? (Si es así, entonces no estamos dando realmente, estamos comprando poder y estatus bajo la apariencia de dar). Si lo regaláramos todo, ¿dejarían de cortejarnos las organizaciones? ¿Estamos dispuestos a vivir con ello?
2. ¿Invertir dinero en una fundación nos permite un control al que no estamos dispuestos a renunciar? ¿Es nuestra decisión de depositar importantes activos en una fundación un intento egocéntrico de obtener lo mejor de dos mundos: ser generosos y, al mismo tiempo, tener riqueza y poder? Al crear una fundación, ¿estamos intentando controlar algún día nuestra riqueza acumulada desde el más allá?
3. ¿Por qué ha confiado nuestro Dios soberano a los cristianos de hoy mayores recursos financieros que en ningún otro momento de la historia? ¿Es para cubrir *posiblemente* las necesidades dentro de veinte o treinta años o para cubrir *definitivamente* las necesidades de hoy?

La primera iglesia de Jerusalén no retenía recursos para protegerse de posibles necesidades futuras. En cambio, utilizaba sus recursos para satisfacer las necesidades presentes y reales (Hech. 2:44-45; 4:34-35). Si la iglesia de Jerusalén hubiera conservado más de sus bienes, quizá habría necesitado menos ayuda de otros más adelante. Sin embargo, Dios proporcionó el excedente para satisfacer las necesidades presentes de los demás, permitiendo que otros ayudaran cuando llegara el momento de las necesidades futuras (2 Cor. 8:14-15). ¿Por qué deberíamos aferrarnos a lo que no necesitamos cuando Dios dice que la razón por la que se nos ha confiado es para distribuirlo entre los necesitados? (2 Cor. 9:11).

¿Tiene una generación la responsabilidad de evangelizar el mundo y alimentar a los pobres de la siguiente generación? ¿O cada generación tiene la responsabilidad de alcanzar y cuidar a los suyos? ¿Acaso el Dios de la providencia no sabe cuánto se necesita y cuándo? Si tomamos gran parte de lo que ha provisto ahora y lo guardamos para satisfacer necesidades futuras, ¿habrá un déficit para satisfacer las necesidades presentes? Si el mundo está ahora lleno de personas perdidas y moribundas, ¿es apropiado aplazar nuestras ofrendas actuales para poder llegar *posiblemente* a personas perdidas y moribundas dentro de veinte años? Dada la urgencia actual, ¿no deberíamos suponer que Dios ha proporcionado los recursos de hoy para las necesidades de hoy? ¿Y no deberíamos confiar en que Él proveerá para las necesidades futuras cuando llegue el momento? John Wesley dijo: «Aquel que gobernó el mundo antes de que yo naciera se ocupará de él igualmente cuando yo haya muerto. Mi parte consiste en mejorar el momento presente».

La pauta del Nuevo Testamento es clara: los cristianos daban para cubrir las necesidades reales y presentes a medida que surgían. No vemos ningún ejemplo de que retuvieran riquezas para posibles necesidades futuras.

4. ¿Acaso perpetuar sin fin una fundación no garantiza que la mayor parte de la fortuna se esfume cuando vuelva Cristo? ¿No se conseguiría más para el reino donando ahora un porcentaje mayor del capital o teniendo un plan de reducción progresiva que culmine con la donación de *todos* los activos, no solo de una parte de ellos?
5. Algunos argumentarían que muchos ministerios no están preparados para recibir grandes cantidades de dinero de golpe. Pero las distribuciones pueden repartirse entre docenas de ministerios valiosos, de modo que ninguno reciba más de lo que pueda manejar. Si los activos de una fundación son excepcionalmente grandes, quizás deban reducirse progresivamente a lo largo de un período de años. Pero si las necesidades son reales y las oportunidades actuales, ¿no sugiere el peso de la evidencia que deberíamos distribuir nuestros activos en lugar de conservarlos? ¿No deberíamos suponer que dar *ahora* es la mejor forma de actuar, y que posponer nuestras donaciones debería ser la excepción, no la norma?
6. Si Dios nos dio la capacidad de ganar dinero, ¿por qué deberíamos dejar a otros gran parte de la responsabilidad de darlo? ¿Estamos

seguros de que, tras nuestra muerte, la próxima generación tendrá las mismas prioridades que nosotros?

Aunque confiemos plenamente en nuestros hijos adultos —como Nanci y yo sin duda hacemos—, ¿no hay mejores formas de enseñarles a dar que dejarles una gran fortuna para que la vayan regalando poco a poco después de nuestra muerte? Cuando nuestras hijas eran adolescentes, delegamos en ellas la responsabilidad de elegir los ministerios que recibirían fondos de los derechos de autor de nuestros libros (que son propiedad de nuestro ministerio y distribuidos por él). Una vez, designamos 10 000 dólares para que cada una los donara, y ellas hicieron llamadas telefónicas y consultaron información en Internet, informándose sobre las posibilidades de inversión eterna y orientando sus corazones hacia diversos ministerios. Volvimos a hacerlo poco después de que se casaran. Ellas y sus maridos tuvieron la alegría de regalar otros 10 000 dólares de derechos de autor, en este caso obtenidos de una novela que escribieron conmigo.[8]

Pero ¿en qué medida ayuda realmente a los hijos adultos a desarrollar un corazón para dar y para las misiones ponerlos en el consejo de la fundación para que puedan regalar «nuestro dinero» durante el resto de sus vidas? ¿No deberían aprender primero a dar observando nuestro ejemplo de distribuir el dinero en lugar de guardarlo, y luego dando realmente el dinero que Dios decida confiarles *a ellos* a través de su propio trabajo? (La donación delegada solo sirve hasta cierto punto). ¿Qué mejor modelo de dar podemos mostrar a nuestros hijos que dar hoy?

7. ¿Es realmente mejor dar los intereses de cinco millones de dólares durante veinte años que dar los cinco millones de dólares de capital el primer año? Si nos aferramos al dinero, ¿creemos realmente que Wall Street puede superar al Dios que promete un 10 000 % de interés por el dinero que se le da?
8. ¿Realmente quieres cargar sobre ti y sobre tus hijos las cargas innecesarias de la distribución de la riqueza, cuando en lugar de eso podrías regalar fácilmente el dinero?

Frederick T. Gates, que fue el principal asesor filantrópico de John D. Rockefeller Sr., dijo lo siguiente de Rockefeller: «Ni en la intimidad de su hogar, ni en la mesa, ni en los pasillos de su iglesia, ni durante las horas de trabajo, ni en ninguna parte estaba a salvo de una insistente súplica. Era constantemente perseguido, acechado y acosado casi como un animal salvaje». Aunque pocos de nosotros tenemos riquezas como los Rockefeller, muchos sabemos lo que es ser perseguidos por otros —incluidos muchos buenos ministerios— que intentan convencernos de que los apoyemos.

Reflexiones sobre la donación aplazada

En referencia al templo en ruinas, Dios dice: «Este pueblo dice: "No ha llegado el tiempo, el tiempo de que la casa del Señor sea reedificada"» (Hag. 1:2). Después, pregunta: «¿Es acaso tiempo para que ustedes habiten en sus casas artesonadas mientras esta casa está desolada?».

En la escala de prioridades, ¿ponemos en primer lugar la obra del reino de Dios, o nos dedicamos principalmente a construir nuestro reino personal? Dios reprendió a Israel por aplazar la financiación de Su obra diciéndole que «no ha llegado el tiempo». Mientras tanto, ellos financiaban agresivamente sus propios proyectos, como construir y amueblar sus bonitas casas artesonadas.

Si hoy guardas dinero pensando que más adelante tendrás más para dar, te estás engañando a ti mismo.

No dijeron: «No reconstruiremos el templo». Tenían *intención* de hacerlo... con el tiempo. Pero dijeron: «No es el momento». Muchos cristianos hacen declaraciones similares. Tenemos la intención de dar generosamente al reino de Dios *más adelante*, después de ocuparnos de cosas más urgentes (cosas centradas en nosotros mismos).

Si hoy guardas dinero pensando que más adelante tendrás más para dar, te estás engañando a ti mismo. La economía puede fracasar, puedes volverte dependiente del dinero al que te has aferrado, y tu corazón se quedará en la tierra con tu dinero en lugar de seguirlo hasta el cielo. Los que no dan siguen sin dar hasta el momento en que dan. Tener la intención de dar en algún momento es radicalmente distinto a dar realmente.

Dios relaciona los problemas financieros de Israel con su falta de dar para hacer la obra de Dios: «¡Consideren bien sus caminos! Siembran mucho, pero recogen poco; comen, pero no hay suficiente para que se sacien; beben, pero no hay suficiente para que se embriaguen; se visten, pero nadie se calienta; y el que recibe salario, recibe salario en bolsa rota» (Hag. 1:5-6). No es que Dios niegue siempre la bendición material a los que no dan. Puede proporcionar la misma cantidad a los dadores y a los no dadores, pero para un dador llegará mucho más lejos. Para un no dador, el dinero —por mucho que sea— desaparece, como si lo metiera en un monedero agujereado.

«"Esperan mucho, pero hay poco; y lo que traen a casa, Yo lo aviento. ¿Por qué?", declara el Señor de los ejércitos. "Por causa de Mi casa que está desolada, mientras cada uno de ustedes corre a su casa"» (Hag. 1:9). Creemos que salimos ganando si no damos. Pero Dios dice exactamente lo contrario. Dice que el que no da se maldice a sí mismo. Dios dice: «Por tanto, por causa de ustedes, los cielos han retenido su rocío y la tierra ha retenido su fruto. Llamé a la sequía sobre la tierra, sobre los montes, sobre el trigo, sobre el vino nuevo, sobre el aceite, sobre lo que produce la tierra, sobre los hombres, sobre el ganado y sobre todo el trabajo de sus manos» (Hag. 1:10-11).

Una ofrenda aplazada suele ser obediencia aplazada, y la obediencia aplazada es desobediencia. Charles Spurgeon tenía algo que decir al respecto:

> Las almas maleducadas escatiman sus contribuciones al ministerio y a las operaciones misioneras, y llaman a tal ahorro buena economía; poco se imaginan que así se están empobreciendo. Su excusa es que deben cuidar de sus propias familias, y olvidan que descuidar la casa de Dios es el camino seguro para traer la ruina a sus propias casas. Nuestro Dios tiene un método en la providencia por el cual puede hacer que nuestros esfuerzos tengan éxito más allá de nuestras expectativas, o puede hacer fracasar nuestros planes para nuestra confusión y consternación; con un giro de Su mano puede dirigir nuestro barco por un canal provechoso, o hacerlo encallar en la pobreza y la bancarrota. Las Escrituras enseñan que el Señor enriquece a los generosos y deja que los avaros descubran que retener tiende a la pobreza. En una amplia esfera de observación, he notado que los cristianos más generosos que he conocido han sido siempre los más felices y, casi invariablemente, los más prósperos. He visto al donante liberal alcanzar una riqueza con la que nunca había soñado; y he visto con la misma frecuencia al rufián mezquino y poco generoso descender a la pobreza con la misma parsimonia con la que pensaba ascender. Los hombres confían a los buenos administradores sumas cada vez mayores, y lo mismo sucede a menudo con el Señor; Él da por carretadas a los que dan por fanegas.
>
> Donde no se otorga riqueza, el Señor hace que lo poco sea mucho por el contentamiento que el corazón santificado siente en una porción de la que se ha dedicado el diezmo al Señor.[9]

Los seguros

La naturaleza y las implicaciones de los seguros

El seguro es una garantía contra las pérdidas. Al adquirir una póliza de seguro por un precio comparativamente pequeño, el comprador tiene la seguridad de recuperarse de una gran pérdida, en caso de que se produzca. Se pueden asegurar posesiones o personas. Se pueden asegurar casas, coches, edificios, barcos, colecciones, armas, libros, negocios y casi cualquier otra cosa, incluso las manos de músicos profesionales o las carreras de deportistas. Las formas más comunes son los seguros médicos, de invalidez y de vida.

Los seguros tienen ventajas evidentes. Por una cantidad asequible, alguien puede evitar pérdidas considerables. Si se produce un robo, un incendio, un accidente, una enfermedad o la muerte, la gente se alegra mucho de tener un seguro. Si estas cosas no ocurren, se alegran aún más. Se alegran de haber comprado el seguro solo por la tranquilidad.

Las leyes exigen un seguro mínimo de responsabilidad civil para los automóviles. Hay normativas sobre escrituras, permisos y préstamos que exigen un seguro contra incendios para las casas. En esos casos, el seguro no es un problema. Simplemente debemos obedecer la ley (Rom. 13:1-7).

¿Hay algún principio bíblico que sugiera que el seguro tiene desventajas? Uno es la pérdida de nuestra percepción de la necesidad de confiar en Dios. Las Escrituras enseñan que Dios desea desarrollar nuestro carácter mediante pruebas y pérdidas. Si todo —salvo los objetos de valor sentimental— se restaura cuando se quema una casa o sobreviene una catástrofe, nos ahorramos muchos disgustos. Pero ¿nos «salvamos» también de la necesidad de confiar en un Dios soberano?

Si mi auto sufre un accidente, su sustitución está garantizada. Si caigo enfermo, se pagará al médico y al hospital. Si permanezco enfermo, mi familia recibirá un ingreso completo. Si muero, mi familia estará atendida durante muchos años. Por supuesto, la pérdida mental y emocional puede ser considerable, pero si mis pólizas de seguro son suficientes, no existe una pérdida material significativa. La situación es segura; tan segura, de hecho, que la provisión de Dios puede parecer innecesaria.

Seguro de empresa y comunitario

Antes, la gente tenía que confiar en que Dios se haría cargo de las facturas médicas cuando enfermaban. Si seguían enfermos, ellos y su familia tenían que depender de Dios, de la familia y de la comunidad cristiana para recibir apoyo material y personal. Una persona que se lesionaba y ya no podía trabajar recibía ayuda de su familia, su iglesia, sus vecinos y su comunidad. Su «seguro» era su propia participación en la comunidad. La gente se preocupaba, ayudaba y oraba. Dios actuaba a través de estas relaciones personales para satisfacer no solo las necesidades materiales, sino también las emocionales y espirituales. Si alguien moría, otros se acercaban para ayudar a cuidar de la familia. Con el seguro, todo eso cambió. ¿Pero el cambio es para mejor?

Hace cien años, si se quemaba una casa, los vecinos y los miembros de la iglesia se unían y daban de sus bienes de tiempo y dinero y ayudaban a reconstruirla. (Lo has visto en las películas, entre los *amish*, o en *La familia Ingalls*, ¿verdad?). Pero ahora, la compañía de seguros se encarga de eso.

Los amigos, vecinos y miembros de la iglesia pueden sentirse mal y ofrecer un breve apoyo emocional, pero luego vuelven a sus propias vidas, apenas afectados y mínimamente implicados con sus vecinos que sufren.

Hoy en día, alguien que sufre un accidente es indemnizado por el seguro de desempleo, el seguro de indemnización por accidente laboral o el seguro de invalidez. Como «se ocupan de ellos», otras personas no se implican.

Para distinguir entre estas dos fuentes de atención, llamemos al seguro contractual emitido por una compañía de seguros «seguro de empresa», y llamemos a la prestación espontánea emitida por una comunidad, ya sea geográfica o espiritual, «seguro comunitario». La historia ha demostrado que, a medida que se generaliza el seguro de empresa, el papel del seguro comunitario se minimiza y, en última instancia, casi se elimina. Si una persona tiene un seguro de empresa suficiente, apenas percibe la necesidad de un seguro comunitario.

La desaparición del seguro comunitario no es solo un problema del seguro de empresa, sino también del sinfín de programas gubernamentales que reparten dinero sin proporcionar la atención holística que se produce de forma natural en una red de relaciones establecidas. La culpa no es solo del gobierno o de los proveedores de seguros corporativos, sino también de los miembros de la comunidad, que no se dan cuenta de que siguen siendo necesarios. Los seguros no solo alejan a la gente de las relaciones de apoyo, sino que también intervienen en el vacío creado por las personas que se alejan de las relaciones.

Independientemente de quién tenga la culpa, se ha producido una trágica erosión de la comunidad, de las relaciones eclesiales y del compromiso. Los acontecimientos naturales de la vida que antes unían a las personas ya no lo hacen. Como todo está solucionado, la gente rara vez se implica de forma significativa en la vida de los demás.

«¿Pero no puede Dios obrar a través de una compañía de seguros como puede hacerlo a través de una iglesia o una comunidad?». Dios puede obrar a través de cualquier cosa. Pero desea trabajar a través de las personas de forma personal, no simplemente a través de un enorme fondo impersonal de activos que emite cheques impresos por ordenador de una parte a otra del país.

Conozco a agentes de seguros que son excepcionalmente amables, compasivos y serviciales. Puede que vayan más allá del deber en el desempeño de su trabajo. Pero tal vez no sean miembros de la iglesia, y a menudo ni siquiera son vecinos de sus clientes. Aunque lo sean, el dinero que distribuyen no es suyo; es de la empresa. Ha sido pagado (no aportado amorosamente) por un millón de personas que no se conocen, ni les importa conocerse.

El seguro médico

El seguro médico fue efectivamente obligatorio durante un tiempo, aunque a partir de 2019 volvió a ser opcional en Estados Unidos. Podemos considerar este seguro de varias maneras. En primer lugar, si tenemos en cuenta los exorbitantes costos médicos de nuestra sociedad, parece peligroso e irresponsable no tener seguro médico. Al fin y al cabo, si todo el mundo paga por tener un seguro médico, ¿por qué debería la familia, la iglesia o la sociedad pagar la cuenta de alguien que podría haber comprado un seguro médico pero decidió no hacerlo?

Nuestro ministerio proporciona un seguro médico, y estoy agradecido por ello. Aunque no me lo proporcionaran, elegiría tenerlo. Aunque me ha movido a tomar esta decisión la cruda realidad de la escalada de los costos sanitarios y las historias de casos que han supuesto cientos de miles de dólares en facturas médicas, creo que la situación no es ideal.

¿Qué *sería* lo ideal? Una comunidad cristiana que se autoasegurara espontáneamente. No me refiero a una situación en la que todos firmen contratos y paguen primas a la iglesia, ni a una en la que la iglesia actúe como compañía de seguros de manera formal. Me refiero a una relación en la que la iglesia asume la responsabilidad de cuidar de sus miembros enfermos o discapacitados, tal como hizo en el siglo I y siempre hizo hasta la historia reciente, cuando la sociedad empezó a proporcionar alternativas a la atención eclesiástica.

Tanto si se mantiene un gran fondo de benevolencia como si se aceptan ofrendas especiales cuando surgen necesidades, la Iglesia debe estar ahí para satisfacerlas. La Iglesia, no la industria aseguradora, es el cuerpo de Cristo. Jesús dijo que las puertas del infierno no prevalecerían contra la *Iglesia*, no contra las compañías de seguros. Dios puede proveer como quiera. Pero Su plan ideal es proveer a través de Su Iglesia.

Piensa en lo que ocurriría si las enormes sumas que pagan los cristianos en primas de seguros se entregaran voluntariamente a las iglesias. Gran parte de este dinero podría destinarse inmediatamente a la causa de alcanzar el mundo para Cristo y alimentar a los hambrientos. El resto podría acumularse, si esta pareciera la mejor manera, y ahorrarse con un interés significativo. A medida que surgieran necesidades, se podría disponer del dinero. Tal vez podrían conseguirse los mismos resultados mediante ofrendas especiales.

Varias iglesias podrían unirse dentro de una comunidad. Aparte de las posibles ventajas económicas de un acuerdo así, el pueblo de Dios actuaría como pueblo de Dios: unido en el ministerio e implicado personalmente en la vida de los necesitados. Se vería a Dios obrar a través de ellos, como hizo en la iglesia primitiva.

Me han dicho que las comunidades *amish* funcionan así. He oído hablar de algunas iglesias que funcionan así, aunque nunca he visto ninguna de primera mano. El problema para una iglesia pequeña sería la posibilidad de una factura hospitalaria enorme, pero las iglesias más grandes —o una comunidad de iglesias que trabajen juntas— tendrían una base de apoyo más amplia, con lo que se reduciría mucho el riesgo individual.

¿Qué *sería* lo ideal? Una comunidad cristiana que se autoasegurara espontáneamente [...] en la que la iglesia asume la responsabilidad de cuidar de sus miembros enfermos o discapacitados, tal como hizo en el siglo I y siempre hizo hasta la historia reciente.

Desde 1993, Christian Care Ministry tiene un programa llamado Medi-Share, un grupo autorregulado con más de 45 000 miembros de 13 denominaciones diferentes. Los miembros, entre los que hay muchos profesionales de la salud, comparten las facturas médicas de los demás sin fines de lucro. Esta alternativa al seguro permite a muchos hogares ahorrar miles de dólares cada año y ha ayudado a sus miembros de los cincuenta estados a pagar decenas de millones de dólares en facturas médicas. Aunque no puede garantizar la cobertura, el grupo afirma que ningún tratamiento elegible ha quedado nunca sin pagar.[10]

Hay otros ministerios que comparten la asistencia sanitaria, como Samaritan Ministries.[11] No son compañías de seguros, sino alternativas de menor costo que exigen una cuota anual razonable más una participación mensual en los gastos reales de los afiliados. Uno de los objetivos declarados de su existencia es la mayordomía: «La mayoría de los miembros pueden reducir significativamente sus gastos médicos anuales, lo que les deja más ingresos para dar a la obra del Señor».[12] La organización también educa y fomenta estilos de vida saludables, y niega la cobertura de procedimientos moralmente objetables, como los abortos.

Aunque nuestra familia no forma parte de un acuerdo de este tipo, creo que hay mucho que decir sobre este tipo de organización. En lugar de aceptar siempre el *statu quo* de la sociedad, deberíamos pedir a Dios que nos muestre alternativas más bíblicas.

El seguro de vida

El seguro de vida es, en realidad, un seguro de fallecimiento, porque se paga a la muerte del asegurado. El objetivo principal del seguro de vida es sustituir los ingresos del asegurado. Si alguna vez has asistido a una presentación de ventas de seguros, sabrás que el agente te explicará cómo debes tener una determinada cantidad de seguro para que tus dependientes puedan ser atendidos con tu nivel de vida actual (teniendo en cuenta la inflación) durante otros cinco, diez o veinte años después de tu muerte. Normalmente, el agente resumirá los resultados en una impresión informática, sugiriendo una enorme cantidad de cobertura que requiere grandes primas de seguro.

Pero ¿dónde encaja Dios en todo esto? Si un hombre muere mañana, parece razonable en esta economía disponer de una cantidad moderada de fondos destinados a atender muchas de las necesidades básicas de su familia. En cambio, proporcionarles una enorme cantidad de dinero que se asignará durante los próximos quince años, hasta que sus hijos crezcan, y otros treinta años, hasta que pueda morir su mujer, parece demasiado. Si el seguro de vida es adecuado, su finalidad debe ser mantener a la familia *durante una temporada*, no protegerla contra cualquier eventualidad y, desde luego, no *beneficiarla* con la partida de su ser querido.

Algunos desempleados angustiados me han dicho que, debido a sus cuantiosas pólizas de seguro de vida, valen más para su familia muertos que vivos. Uno de ellos se planteó seriamente el suicidio por esta misma razón. Algo va terriblemente mal cuando la vía más eficaz de provisión material de un hombre para su familia es su propia muerte.

Cuando muera, no quiero que la Iglesia diga: «Randy era un buen proveedor: todas las necesidades de su mujer están cubiertas». Quiero que se den cuenta de que mi esposa tiene necesidades y seguirá teniéndolas. Sí, puede que me haya ocupado de algunas de sus necesidades materiales continuas mediante una casa, algunos ahorros, algunos fondos de jubilación y una modesta póliza de seguro de vida. Pero necesitará la ayuda, el apoyo, la sabiduría, el consejo y el ánimo continuos de la Iglesia, igual que mis hijos lo habrían necesitado cuando eran más jóvenes. De hecho, en algún momento, mis seres queridos podrían necesitar también ayuda material. ¿Sería eso tan terrible? *¿No está bien necesitar a veces la ayuda de otros miembros del cuerpo de Cristo?*

Una y otra vez, he visto a cristianos mantener distancia con hermanos dolientes porque creen que la compañía de seguros, el gobierno, un hospicio o alguna organización de benevolencia se ocupa de ellos. Cuando se trata de cuidar de sus necesitados, incluso algunas sectas pseudocristianas humillan a los evangélicos.

Los agentes de seguros de vida no tienen en cuenta muchas cosas que podrían ocurrir y probablemente ocurrirán en los próximos cinco, diez o veinte años. Una de ellas, espero, sería que mi mujer volviera a casarse. Por supuesto, esto no es seguro, y podría tardar varios años. (¡Y agradezco que no haya elegido ya a alguien!). Creo que a menudo no es sano que una mujer aporte una gran cantidad de dinero a un segundo matrimonio. Aunque muchos hombres no han aportado un seguro de vida que habría sido de gran ayuda para sus esposas, muchos otros han aportado tanto que en realidad va en su contra. (Por ejemplo, los hijos pueden verse perjudicados cuando se les prodigan muchas posesiones y vacaciones que la familia no podía permitirse cuando papá vivía).

Nuestros hijos necesitan saber que Dios es quien cubrirá sus necesidades. Tener un seguro suficiente para ser responsable es una cosa. Pero jugar a ser Dios teniendo en cuenta todos los escenarios futuros imaginables y, por tanto, asegurando en exceso, es otra.

¿Es el seguro una herramienta de Dios o un sustituto de Dios?

El mayor peligro de los seguros es que socavan fácilmente nuestra dependencia de Dios. Debo evaluar cuidadosamente mis motivos a la hora de comprar un seguro. ¿Es un medio de provisión dado por Dios? ¿O es un medio que hace obsoleta la confianza e innecesario a Dios? Cuanto más propenso soy a confiar en los seguros, más probable es que deba tener menos, no más.

Los reyes de Israel pagaban tributo a las potencias extranjeras, a los reyes de Egipto y Siria. Isaías los condenó por confiar en los poderes mundanos y no en Dios (Isa. 30:1-2). ¿Es la dependencia del poder mundano de las corporaciones aseguradoras un acto de independencia del Dios que promete proveer a quienes confían en Él? ¿Es el seguro colectivo un equivalente financiero de la Torre de Babel? ¿Es un sustituto de Dios? ¿Estamos utilizando los seguros, los ahorros y nuestro plan de jubilación como un medio horizontal para conseguir la seguridad económica de nuestra familia sin tener que mirar verticalmente a Dios? ¿Es una forma de cubrir nuestras bases en caso de que Dios no cumpla? ¿Es el seguro un medio por el que la fe se vuelve obsoleta y Dios innecesario? Si nuestras bases financieras están cubiertas, ¿realmente tenemos que depender de Dios?

¿Habría comprado Jesús una póliza de seguros si hubiera habido una disponible? ¿Y los apóstoles? Si no, ¿por qué no? En caso afirmativo, ¿de qué tipo y por cuánto?

Esta es la cuestión de fondo: ¿Es el seguro una herramienta legítima de Dios o un sustituto ilegítimo de Él? ¿Es una provisión o un ídolo? Estas preguntas solo pueden responderse en nuestros corazones, pero necesitamos hacerlas.

¿Habría comprado Jesús una póliza de seguros si hubiera habido una disponible? (En efecto, cuando Jesús murió, confió a Su madre al cuidado del apóstol Juan). ¿Y los apóstoles? Si no, ¿por qué no? En caso afirmativo, ¿de qué tipo y por cuánto? Dado que en las Escrituras no se menciona ningún paralelismo con los tipos de pólizas de seguro que compramos hoy en día, es imposible demostrar que los seguros sean correctos o incorrectos. Algunos considerarían el seguro como una forma legítima de proveer para su familia. Otros lo ven como una falta de dependencia de Dios. En ambos casos, podría cometerse el pecado de presunción.

Nuestra propia elección ha sido utilizar los seguros con moderación. Naturalmente, contratamos un seguro cuando la ley lo exige. Cuando teníamos autos propios (ahora son del ministerio), no teníamos seguro de colisión, porque costaba más de lo que valían los autos. Antes de que pasara a formar parte de nuestro paquete retributivo, elegimos un seguro médico de alto deducible y bajo costo. Nunca hemos tenido seguro de invalidez ni hipotecario. Nuestro ministerio nos proporciona un seguro de vida. (Normalmente, salvo algunas excepciones, el seguro de vida a término tiene más sentido financiero que el de vida entera).

En resumen, tenemos seguro... más que algunos, menos que otros. Queremos ser responsables, pero dejando mucho espacio para Dios. También queremos poder utilizar para el reino de Dios el dinero que, de otro modo, se destinaría a pagar primas adicionales.

No intento establecer una norma que deban seguir los demás. Cada uno debe medir su situación y sus convicciones. Nanci y yo no tenemos deudas, y nuestras hijas ya son mayores y están casadas. Nuestros padres han fallecido o son económicamente independientes. Hay que tener en cuenta muchos factores a la hora de tomar una decisión sobre el seguro. A veces, pienso que deberíamos tener un poco más de seguro; otras, que deberíamos tener menos. Esta tensión es saludable. A medida que crecemos en Cristo, seguimos evaluando. Pero estamos decididos a seguir Su guía lo mejor que podamos discernirla.

¿Por qué preocuparse?

«Pero busquen primero Su reino y Su justicia, y todas estas cosas [lo que comen, beben y se ponen] les serán añadidas» (Mat. 6:33). A diferencia de los paganos que «buscan ansiosamente todas estas cosas» y «se [preocupan] por el día de mañana», a los creyentes se les dice que sigan a Cristo, vivan una vida radical de fe y confíen en que Dios proveerá (Mat. 6:25-34). En este pasaje, Jesús dice que Dios cuida de las aves. Sin embargo, las aves no fueron creadas a imagen de Dios. Cristo no murió por las aves. El Espíritu Santo no habita en las aves. Las aves no reinarán con Cristo. ¡Pero nosotros sí! Entonces, Cristo les pregunta a Sus discípulos: «¿No son ustedes de mucho más valor que ellas?» (Mat. 6:26). Si cuida de las criaturas menos valiosas, ¿no cuidará de nosotros, que somos mucho más valiosos?

Por supuesto, las aves se ocupan de su futuro inmediato mediante el trabajo: construyen nidos y obtienen alimento para sus crías. Pero no mantienen un nido en las montañas y otro en la playa. Tampoco llenan sus bodegas de gusanos liofilizados. Las aves hacen el trabajo para el que Dios las creó; cantan cuando trabajan, no acaparan y confían instintivamente en que su Creador cuidará de ellas. ¿Deberíamos hacer menos nosotros, que conocemos la gracia de Dios?

Contrasta esto con el argumento de un seguro de vida que se aprovecha de las ansiedades que Jesús nos dijo que no debíamos tener. (No todos los agentes de seguros adoptan este enfoque; muchos son honestos y no manipuladores). Jesús dice: «Acepta mi soberanía y mi bondad, y no tendrás que preocuparte por el mañana. Confía en mí». El agente dice: «Compra nuestra póliza y no tendrás que preocuparte por el mañana. Confía en mí». Debemos preguntarnos si Dios ofrece una cobertura adecuada. ¿Tendrá recursos para respaldar la oferta?

Todos confiamos en algo. Cuanto más fiable sea el objeto de nuestra confianza, menos tendremos que preocuparnos. La bolsa no es Dios, el *Wall Street Journal* no es la Biblia, tu gestor de activos no es tu sacerdote y los expertos financieros no son profetas. (¡A los profetas los mataban cuando sus profecías no se cumplían!). Eso no significa que la bolsa sea mala, pero sí que no es digna de confianza. Puede andar bien durante un día, un mes, un año o incluso unas décadas. Pero como la bolsa es incierta, solo puede producir ansiedad cuando se convierte en el objeto de nuestra confianza. Dios es el único objeto totalmente digno de confianza. Por tanto, es el único que no puede traicionar nuestra confianza.

Todos confiamos en algo. Cuanto más fiable sea el objeto de nuestra confianza, menos tendremos que preocuparnos.

¿Por qué nos cuesta tanto aceptar esta verdad? Si creemos que Dios puede crearnos, redimirnos y llevarnos a través de la muerte para pasar la eternidad con Él, ¿por qué no podemos tomarle la palabra cuando dice que cubrirá nuestras necesidades materiales?

Si Dios te pide hoy que compartas tus recursos con otro, no debes decir: «No puedo, Señor, porque no sé de dónde proceden mis propias provisiones». Sí, sabes de dónde vienen. Vienen de Dios. Puede que no conozcas la forma que adoptará esta provisión, pero sí conoces la Fuente. Como la viuda pobre que no tenía reservas de dinero, sabes que Dios cuidará de ti, aunque no haya recursos visibles.

Si Dios tiene el control de todo, y cuida de Sus hijos, y da todo lo necesario a los que caminan con Él; y si tú eres Su hijo y estás caminando con Él, ¿por qué preocuparse? De todos modos, preocuparse nunca ayuda en nada, pero ha hecho mucho daño.

Lo más importante: la dependencia

En cada uno de los temas tratados en este capítulo —el ahorro, la jubilación y los seguros—, las cuestiones son las mismas. ¿Estos instrumentos reducen o aumentan nuestro sentido de dependencia de Dios? ¿Reducen o aumentan nuestra flexibilidad y apertura a la dirección de Dios? Considerando lo que el dinero gastado en estas cosas haría si se invirtiera ahora en el reino de Dios, ¿se está utilizando bien ese dinero?

Si no tenemos ahorros o fondos de jubilación o seguros, ¿es porque confiamos conscientemente en Dios y damos sustancialmente para suplir las necesidades de los demás? ¿O es porque somos perezosos, indisciplinados e irresponsables? Dios honra al peregrino sacrificado de la fe, pero no honra al necio perezoso. No se habría sentido complacido con el rico insensato por despilfarrar su dinero en lugar de atesorarlo. De cualquier modo, el hombre no habría invertido sus bienes en el reino de Dios. A veces, hay una delgada línea entre la fe y la insensatez.

¿Recuerdas a la familia misionera que tomó sus ahorros para la jubilación y lo invirtió todo en la misión? Sugiero que Dios mira a estas personas de forma muy distinta que al cristiano que gasta su dinero en indulgencias a corto plazo sin pensar en ahorrar para las necesidades venideras o para el futuro de su familia. Ambos pueden no tener nada en una determinada etapa de la vida, pero la obligación voluntaria de Dios para con uno es muy distinta de la que tiene para con el otro. A los que buscan primero Su reino y dan sacrificialmente de sus bienes a Su reino, les promete proveer en lo material (Mat. 6:32-33; Fil. 4:19).

Por mucho que choque con la opinión predominante, no podemos permitirnos desestimar la exhortación de William MacDonald:

> Las reservas son muletas y puntales que se convierten en un sustituto de la confianza en el Señor. No podemos confiar cuando podemos ver. Una vez que decidimos proveer para nuestro futuro, nos encontramos con estos problemas. ¿Cuánto será suficiente? ¿Cuánto tiempo viviremos? ¿Habrá depresión? ¿Habrá inflación? ¿Tendremos facturas médicas elevadas?
>
> Es imposible saber cuánto será suficiente. Por eso nos pasamos la vida amasando riquezas para proveer para unos pocos años de jubilación. Mientras tanto, le hemos robado a Dios y hemos gastado nuestra propia vida en buscar seguridad donde no se puede encontrar.
>
> Cuánto mejor es trabajar diligentemente para cubrir nuestras necesidades actuales, servir al Señor al máximo, poner todo lo que esté por encima de las necesidades presentes en la obra del Señor y confiar en Él para el futuro.[13]

Podemos optar por tener cuentas de ahorro, fondos de jubilación y pólizas de seguro. Pero, si lo hacemos, tengamos cuidado de tener solo lo suficiente para evitar dar por sentado a Dios, pero nunca demasiado como para no tener que confiar en Él.

CAPÍTULO 19

Las apuestas, las inversiones y las herencias

Evita el pecado antes que la pérdida.

RICHARD MATHER

Si quieres dejar muchas riquezas a tus hijos, déjalos al cuidado de Dios. No les dejes riquezas, sino virtud y habilidad. Porque si tienen la confianza de las riquezas, no les importará nada más, ya que tendrán el medio de ocultar la maldad de sus caminos en sus abundantes riquezas.

JUAN CRISÓSTOMO

Los juegos de azar

Cuando escribí la versión original de este libro en 1988, no vi la necesidad de prestar mucha atención a los juegos de azar. ¡Los tiempos han cambiado!

Hace poco, estaba dando un largo paseo en bicicleta cuando me detuve en una tienda para comprar agua embotellada. La tienda estaba llena: diez personas hacían cola delante de mí. No entendía por qué. De repente, el encargado anunció: «La máquina está estropeada. No podemos vender más billetes de la lotería». En cuestión de segundos, las diez personas que estaban delante de mí salieron por la puerta. «¿Puedo ayudarlo?», dijo el encargado, mientras yo seguía de pie a cinco metros de distancia.

Los gobiernos estatales gastan cientos de millones de dólares al año persuadiendo a la gente para que compre billetes de lotería. Anuncian el premio mayor, pero no revelan las astronómicas probabilidades; en cambio, dan las probabilidades de ganar el premio menor. Las loterías son una versión controlada por el gobierno de los antiguos juegos de números del centro de las ciudades, que se aprovechaban de los más vulnerables a las estafas para hacerse ricos rápidamente. En el pasado, el gobierno consideraba los juegos de números como un acto delictivo. Los autores iban a la cárcel. Ahora, el propio gobierno es el autor. Si tenemos en cuenta que el 43 % de las personas que llaman a la línea nacional para apostadores son adictas al juego de lotería, rápidamente se hace evidente que el Estado, que se supone que debe proteger a sus ciudadanos, se ha convertido en un agente de su destrucción.[1]

Una generación de jóvenes está creciendo con la convicción de que el juego es una diversión inocente y normal que vale la pena, a pesar de que el juego engendra pobreza, rupturas familiares, delincuencia, consumo de drogas, abuso del alcohol, desempleo y suicidio.

Los anuncios de la lotería de Illinois, colocados en las vallas publicitarias del barrio más pobre de Chicago, decían: «Este podría ser tu billete de salida». Es la peor ética —y una ofensa a Dios— tentar a los pobres para que despilfarren el poco dinero que tienen. Dar falsas esperanzas explota a los pobres.

Muchos cristianos han seguido este mismo camino de irresponsabilidad y adicción. Los líderes cristianos dudan en hablar en contra por miedo a parecer legalistas o herir susceptibilidades. Sin embargo, la naturaleza destructiva del juego es tan importante que no abordar esta cuestión equivale a no pastorear a personas que necesitan orientación.

Hay una diferencia entre correr riesgos razonables y apostar. El juego es un atajo al modelo creado por Dios de trabajar para ganar dinero. En el juego, la riqueza no se distribuye en función del trabajo, el servicio o la necesidad personal, solo por azar.

El pastor Barry Arnold comenzó así un mensaje sobre el juego de azar:

> Si tuvieras la opción de participar en una actividad que contribuyera de forma incontrovertible y directa al aumento de la delincuencia: hurtos, robos, malversaciones, quiebras, maltrato infantil, violencia doméstica y suicidio, ¿participarías?
>
> Si existiera la *posibilidad* de que el entretenimiento que eligieras hoy pudiera —dentro de quince años— destruir el matrimonio de tu hija y contribuir a su condena por girar cheques sin fondos; si tu entretenimiento pudiera dar lugar al encarcelamiento de tu hijo por malversación de fondos, o llevarlo a abandonar a sus hijos, ¿seguirías adelante y elegirías ese entretenimiento, o harías otra cosa?
>
> Los estadounidenses apuestan cada año más dinero del que gastan en comestibles. Entre el 5 y el 8 % de los adolescentes estadounidenses ya son adictos al juego; el 75 % de los jugadores patológicos admiten haber cometido al menos un delito grave para mantener su hábito; el 18 % de las personas alojadas por las misiones del centro de la ciudad son indigentes como consecuencia del juego; los jefes de policía de todo el país advierten que dondequiera que se introduzca el juego, incluso en las ciudades pequeñas, se produce delincuencia.[2]

Irónicamente, muchas iglesias utilizan el juego, como el bingo y las rifas, para recaudar fondos. En lugar de ofrecer a la gente alternativas a las adicciones, estas iglesias invitan involuntariamente a desarrollarlas.

Aunque es cierto que algunas personas son capaces de jugar sin perder el control, otras son extremadamente vulnerables a la naturaleza adictiva del juego, y no hay forma de saber de antemano quiénes serán esas personas. Nadie espera convertirse en una estadística, pero toda la industria del juego está diseñada para atrapar adictos.[3] Y el índice de recuperación es notoriamente bajo. Jugadores Anónimos afirma que menos del 10 % de los jugadores compulsivos que han seguido un tratamiento son capaces de resistirse a volver a jugar.

La ambición del ludópata es ganar. Pero ganar se consigue a costa de los demás. Los premios mayores se construyen a partir de las pérdidas de otros jugadores. El juego se nutre de los crédulos, indisciplinados y perezosos. Las arcas se llenan con los ingresos de personas que deberían haber utilizado su dinero para fines constructivos. Irónicamente, el estado acaba repartiendo fondos de ayuda a muchas de las mismas personas que compran billetes de lotería. Intenta explicar que el juego es una diversión inocente a un niño que lleva dos días sin comer porque sus padres se gastan el dinero para alimentos en billetes de lotería y casinos.

Los estados son famosos por señalar todo lo bueno que hacen con el dinero de la lotería: ayudar a las escuelas, mejorar los barrios, proteger a una especie en peligro. ¿Qué tal proteger a las familias amenazadas por el juego? La gente no juega para mejorar las escuelas y ayudar a los ancianos, así que dejemos de fingir. El estado explota los defectos de carácter de sus ciudadanos y luego se da palmaditas en la espalda por todo lo bueno que hace con el dinero. En vez de escabullirnos avergonzados por explotar a los débiles, nos arrogamos la superioridad moral por hacerlo.

Como dice una pegatina para el parachoques: «La lotería es un impuesto para la gente mala en matemáticas». Las probabilidades de que te caiga un rayo son mayores que las de ganar una lotería multimillonaria. Pero incluso si un ludópata acaba ganando, ha violado los medios de provisión de Dios. Es el trabajo duro y sabio el que reporta beneficios económicos (Prov. 14:23).

Una de las grandes ironías del juego es que la inmensa mayoría de la gente pierde dinero, y los pocos que ganan descubren que el dinero no los hace felices, e incluso puede arruinarles la vida. Un estudio de 1999 informó que «seis meses después de ganar la lotería, es probable que no seas más feliz que si te hubieras quedado paralítico en un accidente de coche».[4] Como dijo el ganador de 6,5 millones de libras esterlinas: «Tengo la piscina, la mansión, el Jaguar... pero lo único que me ha traído mi premio de lotería es miseria. [...] Pronto te das cuenta de que tienes tantos problemas cuando eres rico como cuando no tienes ni dos céntimos».[5]

Dios es celoso de nuestros afectos, y exige que solo Él sea el centro de nuestra adoración (Ex. 20:3-5). Confiar en el juego es idolatría. Solo Jesús debe ser nuestro amo (1 Cor. 6:12). Los juegos de azar ofrecen falsas esperanzas. La Escritura nos dice que pongamos nuestra esperanza en Dios (Sal. 42:5, 11). Dios nos dice que trabajemos para ganarnos la vida, no que juguemos con las probabilidades y busquemos atajos para conseguir riqueza (Prov. 28:19-20). Dios es suficiente para suplir todas nuestras necesidades (Fil. 4:19).

> Una de las grandes ironías del juego es que la inmensa mayoría de la gente pierde dinero, y los pocos que ganan descubren que el dinero no los hace felices, e incluso puede arruinarles la vida.

Jesús dice que nuestro corazón sigue a nuestros tesoros (Mat. 6:21). Cuando destinamos dinero al juego, nuestro corazón se ve arrastrado al juego. Las Escrituras nos advierten contra la codicia (Deut. 5:21) y nos llaman al contentamiento (Fil. 4:11-12). El juego alimenta lo primero e impide lo segundo.

Se nos ordena amar al prójimo (Mat. 22:39). Aprovecharse de las debilidades de los demás con la esperanza de obtener ganancias es lo contrario de amar al prójimo. En el juego, la ganancia de una persona es la pérdida de muchas.

Sin embargo, muchos cristianos ven el juego como una diversión inocente. Quizás ayude aplicar la prueba de la recompensa. Dios recompensará a Sus hijos por trabajar duro en cualquier empleo honesto, ganar dinero, utilizarlo sabiamente y compartirlo con generosidad. ¿Te imaginas estar ante el tribunal y que Jesús te recompense por apostar? (Si no es así, ¿te dice algo eso?).

Las inversiones

Las inversiones y los principios bíblicos

Aunque el juego viola los principios bíblicos, hay otras acciones en la vida que implican riesgo, pero que siguen siendo legítimas. Las Escrituras no enseñan directamente que debamos invertir, pero sí proporcionan ilustraciones sobre la inversión, incluidas las empresas inmobiliarias (Prov. 31:16). Jesús habla ilustrativamente de invertir para obtener beneficios económicos (Mat. 25:14-29; Luc. 19:12-26). Esto sugiere que aprueba las inversiones sabias, y desde luego indica que no las prohíbe. Su mandato de invertir en la eternidad, acumulando tesoros en el cielo y no en la tierra, relativiza nuestras inversiones terrenales, pero no las excluye.

Invertir no solo reporta beneficios al inversor (a veces, ni siquiera eso). También reporta beneficios a la empresa en la que hemos invertido. Un cristiano debe evitar invertir en cualquier empresa que obtenga sus beneficios de personas que hacen lo que no deben. Por ejemplo, en la mayoría de los casos creo que la gente no debería pedir una segunda hipoteca sobre su casa. Por consiguiente, para mí, invertir en segundas hipotecas de alto rendimiento sería un intento de beneficiarme de las malas decisiones de otros. No me sentiría bien haciéndolo.

Los fondos de inversión, las inversiones más comunes hoy en día, distribuyen el dinero de sus inversores en una amplia gama de empresas, algunas de las cuales hacen cosas con el dinero que un cristiano no aprobaría. ¿Podemos con buena conciencia invertir dinero cuando incluso una pequeña parte se destina a financiar abortos o a las industrias del tabaco y el alcohol? Por supuesto, hay una diferencia: el aborto siempre es malo, mientras que el consumo de tabaco y alcohol no es intrínsecamente malo, pero a menudo resulta imprudente y destructivo. El tema es que hay cuestiones más básicas que si una inversión genera dinero o no. Es un desafío examinar exactamente adónde va el dinero en un fondo de inversión. Pero somos los administradores del dinero de Dios. ¿No es razonable que Él espere que invirtamos Su dinero en empresas que no contribuyan a financiar la impiedad?

Inversión basada en valores

Las iglesias y los ministerios suelen agradecer cualquier donativo, independientemente de cómo se haya obtenido. Del mismo modo, muchos cristianos no evalúan la fuente de sus ingresos por inversiones. Dios opera con un estándar diferente: «No traerás la paga de una ramera ni el sueldo de un perro a la casa del Señor tu Dios para cualquier ofrenda votiva, porque los dos son abominación para el Señor tu Dios» (Deut. 23:18).

A Dios sí le importa de dónde procede el dinero. A menudo, una iglesia o ministerio no puede conocer el origen de sus contribuciones. El principio bíblico se aplica principalmente al que hace la donación, no al que la recibe. Pero cuando los pastores y líderes saben que algo procede de una fuente que desagrada a Dios, deben abordar la cuestión, tanto por el bien de los donantes —y de aquellos cuyas vidas se ven afectadas por sus elecciones— como por el de la iglesia o el ministerio. Si esta norma se aplica a la procedencia de los fondos entrantes, seguramente se aplica aún más a dónde elegimos poner nuestro dinero.

La pionera de la «inversión socialmente responsable», Amy Domini, estableció criterios éticos que se ajustaban a su perspectiva liberal para eliminar las inversiones en empresas ofensivas. Durante un período de ocho años, el rendimiento bursátil de las empresas elegidas superó al del índice Standard & Poor's 500. Por supuesto, aunque no lo hubieran hecho, la conciencia debería prevalecer sobre el pragmatismo. Cito este ejemplo porque muchos cristianos evangélicos se encogen de hombros y dicen: «Es demasiado difícil controlar las inversiones; además, la inversión basada en valores produciría escasos rendimientos». Pero si las personas que creen en las preocupaciones medioambientales y las que se oponen a la energía nuclear y a la producción de armas (entre las que se encuentran algunos cristianos) tienen convicciones lo bastante fuertes como para no invertir en esas cosas, ¿no deberíamos tener también la fortaleza de poner nuestro dinero donde está nuestra moral los que nos oponemos al aborto, la pornografía, la intolerancia anticristiana y la comercialización del sexo y la violencia entre los niños?

Considera Efesios 5:1-11, que culmina con el mandato: «no participen en las obras estériles de las tinieblas, sino más bien, desenmascárenlas». ¿Cómo podemos justificar la inversión en empresas que comercializan las obras infructuosas de las tinieblas? ¿Financiar el mal no es una clara violación de la advertencia de no establecer un yugo desigual con las tinieblas (2 Cor. 6:14-18)?

Desde luego, no es fácil seguir la pista de esto cuando hay tantas empresas con tantos nombres. La mayoría de los cristianos pensarían que está mal invertir en la revista *Playboy*. Pero la empresa de Internet Telescan, con sede en Houston, está especializada en herramientas de recuperación de datos que utiliza en colaboración con los sitios web de *Playboy*.[6] ¿Pero quién lo sabría si viera a Telescan en una larga lista de empresas en las que invierte su fondo de inversión?

Hewlett-Packard apoya a *Planned Parenthood*, el mayor proveedor de abortos del país. Rick's Cabaret International (símbolo NASDAQ: RICK) es una empresa pública autodescrita como un «principal club nocturno para adultos que ofrece entretenimiento en toples». En *Putting Your Money Where Your Morals Are* [Coloca tu dinero donde están tus valores], Scott Fehrenbacher enumera muchas empresas censurables en las que invierten los fondos de inversión. Entre ellas está Tenet (símbolo NYSE: THC), la segunda mayor cadena de centros hospitalarios del país, algunos de los cuales practican abortos electivos con ánimo de lucro; y American Express (símbolo NYSE: AXP), que utiliza fondos de sus accionistas para promover activamente causas homosexuales.[7]

Muchos fondos de inversión invierten en Disney, propietaria de ABC, ESPN y A&E, así como de los estudios cinematográficos Miramax, Touchstone y Hollywood Pictures. Miramax ha producido películas rebosantes de sexo heterosexual y homosexual, violaciones y asesinatos innecesarios. *Pulp Fiction* [Tiempos violentos] y *Priest* [El vengador] se burlan de los cristianos y figuran entre las películas más ofensivas de la última década, ¡y son productos de Disney! Peter y Rochelle Schweizer, en su libro *Disney: The Mouse Betrayed* [Disney: el ratón traicionado], documentan lo que muchos califican de pedofilia en la película *Kids* [Vidas perdidas], de Disney Miramax.[8]

A veces, negarse a hacer negocios con una empresa puede conseguir más que vender acciones. Un asesor financiero me escribió la siguiente nota:

> Cuando veo que una empresa como Levi's se opone a los valores cristianos básicos, puedo vender mis acciones, pero si esto hace bajar el precio, el mercado encontrará que tiene un precio atractivo y se comprarán acciones para que vuelva a su nivel original. Por otra parte, puedo optar por no comprar productos de Levi's. Esta acción tiene un impacto directo en su rentabilidad. Es cierto que yo no compro suficientes pares de vaqueros en un año como para obligarlos a cerrar, pero probablemente pueda convencer a un número suficiente de mis amigos para que hagan sus compras en otro sitio, lo que se traducirá en menores ganancias. Si la rentabilidad de Levi's es baja, entonces su valor ha caído, y se convertirá en una inversión mucho menos atractiva. Incluso podría llegar al punto de que el mercado «pagano» rehuyera las acciones porque hay otras más atractivas, lo que a menudo conduce a un cambio en la dirección de la empresa... con suerte, gente con mejores valores.
>
> Por desgracia, como cristianos tendemos a sensibilizarnos selectivamente con determinadas organizaciones, y luego transferimos nuestro apoyo económico a otras que no tenemos forma de investigar. ¿Qué apoyan las otras empresas que fabrican vaqueros? ¿Cuáles son sus prácticas empresariales? ¿Dan beneficios a las parejas del mismo sexo y apoyan a *Planned Parenthood*? ¿Lo sé? ¿Cuánto tiempo debo dedicar a la investigación?

Estas preguntas son válidas, pero deberían motivarnos a reflexionar *más* sobre esta cuestión, no menos. Independientemente de que hagamos bajar el valor de una empresa vendiendo acciones, seguimos siendo responsables de dónde ponemos el dinero de Dios. Por ejemplo, quienes poseían ciertos fondos de inversión de Fidelity en 2002 (entre los que había muchos cristianos) pueden haber contribuido, sin saberlo, a apoyar al gobierno de Sudán, un régimen genocida que esclavizó y persiguió sistemáticamente a los cristianos durante décadas. Varias denominaciones cristianas invirtieron en Talisman Energy, una enorme empresa petrolera canadiense que poseía una participación del 25 % en un consorcio petrolero sudanés. Vanguard y el estado de Nueva York fueron algunos de los que se desprendieron de Talisman después de que grupos antiesclavistas presionaran al respecto. En aquel momento, me uní a muchos otros para dirigir mis preocupaciones a Fidelity:

> Escribo para protestar por la inversión de Fidelity en Talisman Energy, y por su falta de voluntad para abordar las consecuencias de esta inversión.

> Talisman es un importante socio financiero del gobierno sudanés, un régimen que el Congreso califica de «genocida». El dinero que invierten en Talisman permite al gobierno sudanés lanzar feroces incursiones esclavistas contra la población civil negra del sur de Sudán. Las fuerzas gubernamentales violan en grupo a mujeres y niñas, y han secuestrado a miles para someterlas a la esclavitud y a intentos de conversión forzosa al islam.
>
> Talisman agrava el problema al llenar las arcas de la guerra de Sudán con los beneficios del petróleo y al crear una razón más para desalojar las tierras ricas en petróleo del sur de Sudán. Por este motivo, muchos fondos destacados han desinvertido en Talisman, entre ellos TIAA-CREF, Vanguard y el Estado de Nueva York.
>
> Pero Fidelity no ha seguido su ejemplo, y ahora es uno de los mayores accionistas de Talisman. Argumentan que Fidelity no puede responsabilizarse de las acciones de las empresas de su cartera. Pero si estuviéramos en otro momento de la historia, ¿invertiría Fidelity en plantaciones de algodón del sur o en fábricas de municiones nazis? Espero que no.
>
> Animo a Fidelity a desinvertir inmediatamente en Talisman. Si no lo hace, no tendré más remedio que disuadir a las personas de mi círculo de influencia de tener relación alguna con Fidelity.

En respuesta a las crecientes críticas, Talisman vendió su participación en el petróleo sudanés a una filial de la compañía petrolera nacional de la India en 2002, y la propia Talisman fue adquirida por Repsol, una compañía petrolera española, en 2015.

Scott Fehrenbacher argumenta persuasivamente que es un error que los cristianos inviertan el dinero de Dios en música que promueve el asesinato y la violación (por ejemplo, financiando el rap *gangsta*), películas descaradamente inmorales, videojuegos que salpican de sangre, pornografía, bares donde se baila desnudo, aborto, alcoholismo y adicción al tabaco.[9] Algunas empresas, incluido el gran conglomerado propietario de MTV, se dedican activamente a destrozar las convicciones y la moral cristianas. Que invirtamos el dinero de Dios en empresas que patrocinan filosofías y actividades anticristianas parece impensable. Sin embargo, ocurre todos los días.

El cristiano promedio cuyo programa de jubilación está en fondos de inversión o acciones gestionadas por otros no tiene ni idea de adónde va realmente el dinero de Dios. Los fondos de inversión sirven para separar al inversor de las empresas en las que invierte.

La Asociación Menonita de Ayuda Mutua tiene invertidos más de mil millones de dólares en el Fondo de Crecimiento MMA Praxis. Sin embargo, «más del 30 % de los activos del fondo estaban invertidos en empresas implicadas en el aborto o la pornografía y en empresas que promovían específicamente la homosexualidad con sus políticas internas».[10]

La inversión basada en valores no es un concepto nuevo:

> Ya en el siglo XIX, los cuáqueros se retiraron de las relaciones comerciales y de las asociaciones implicadas en el comercio de esclavos. En la década de 1920, las iglesias y denominaciones estadounidenses decidieron evitar activamente que su dinero se invirtiera en «acciones de pecado», definidas entonces como pertenecientes a empresas que fabricaban productos relacionados con el alcohol, el tabaco y el juego.[11]

Algunos de nuestros fondos de jubilación están invertidos en una empresa cuyos principios rectores establecen que «evitan invertir en empresas implicadas en prácticas contrarias a los principios judeocristianos», en particular el aborto y la pornografía.[12] Algunos años, este fondo concreto ha tenido un rendimiento inferior al *Standard & Poor's 500*, y en otros lo ha superado. Hemos permanecido con ella en los años de bajo rendimiento porque creemos en su compromiso de no financiar nunca lo que deshonra a Cristo.

El cristiano promedio cuyo programa de jubilación está en fondos de inversión o acciones gestionadas por otros no tiene ni idea de adónde va realmente el dinero de Dios.

No será fácil, pero si somos mayordomos de Dios, debemos asumir la responsabilidad de investigar —y elegir cuidadosamente— dónde ponemos el dinero de Dios. Confieso que algunos de los fondos de inversión en los que tenemos inversiones pueden incluir participaciones inmorales, porque no dispongo del tiempo ni de los conocimientos necesarios para hacer esta investigación y solo he actuado basándome en la información que he recibido. La mayoría de nosotros necesitamos confiar en otros para esto. La pregunta es: ¿quiénes son esos otros y cómo podemos recibir de ellos información precisa sobre estas cuestiones?

Si un número suficiente de cristianos adoptara un enfoque basado en los valores, podríamos ver un cambio de prioridades entre algunos fondos de inversión o corredurías, de modo que pudiéramos confiarles nuestras inversiones con más prudencia. Pero aunque seamos los únicos que lo hagamos, nuestra responsabilidad como administradores es para con Dios, y Él es quien, en última instancia, nos evaluará y recompensará.

¿Cuánto riesgo es apropiado?

Algunos fondos de inversión son conservadores, y se esfuerzan por lograr un crecimiento constante y consistente. Otros son más volátiles, con mayor potencial de crecimiento y de pérdida. ¿Qué nivel de riesgo debemos asumir con el dinero de Dios?

Las Escrituras enseñan un principio de inversión que se opone a la especulación precipitada. «Los proyectos del diligente ciertamente son ventaja, pero todo el que se apresura, ciertamente llega a la pobreza» (Prov. 21:5). Los inversores deseosos de enriquecerse con inversiones de alto rendimiento y alto riesgo se exponen a la pérdida y a la desilusión.

«Quien ahorra, poco a poco se enriquece» (Prov. 13:11, NVI). Muchos cristianos no se contentan con reunir dinero poco a poco. En consecuencia, han perdido mucho dinero —por no hablar del sueño— en inversiones de las que estaban seguros que los harían ricos.

Cuanto mayor es el rendimiento potencial de cualquier inversión, mayor es su riesgo. Vi un prospecto que prometía a los inversores que su dinero se multiplicaría por diez en el plazo de un año: ¡un rendimiento del 1000 %! Ahora bien, ¿por qué esta empresa pagaría en efecto un interés del 1000 % por el dinero de los inversores si podía obtener un préstamo bancario por menos del 10 % de interés? La respuesta es que la proposición era tan arriesgada (o ilegítima) que ningún banco la aceptaría. (Recuerda, los bancos prosperan prestando dinero. Cuando se niegan a prestar, hay buenas razones).

Toda inversión implica un riesgo. Los agricultores asumen riesgos cuando plantan sus semillas. No están seguros del tiempo ni del mercado para su cosecha. No tienen ninguna garantía de que su cosecha no se pierda en un tornado o en una plaga de insectos, ni de que sus graneros no ardan. La vida implica riesgos. Algunos riesgos son necesarios, razonables y merece la pena correrlos. Otros no lo son.

¿Invertir es apostar?

No toda asunción de riesgos es un juego de azar. Pero si el riesgo es lo suficientemente grande, cruza la línea. El mercado bursátil implica ciertamente un riesgo. Sin embargo, para algunos es un lugar razonable para invertir, sobre todo si eligen las acciones con cuidado. Por supuesto, por muy cuidadosos que seamos, es posible perder mucho dinero, incluso todo. Cada década aproximadamente, el mercado sufre una gran caída que debería recordarnos que no podemos contar con un movimiento ascendente constante. Algunas personas se sienten cómodas invirtiendo capital riesgo en empresas jóvenes y emergentes, asumiendo más riesgo con la posibilidad de mayores beneficios. (Además, al respaldar a empresas jóvenes, estos inversores prestan posiblemente un valioso servicio a la sociedad). Asumir riesgos de este tipo requiere cierto tipo de personalidad: una personalidad que no sea propensa a preocuparse.

Los que invierten en bolsa deben tener la paciencia y el desprendimiento suficientes para que las inversiones no se conviertan en su objetivo principal, distrayéndolos de su propósito único como seguidores de Cristo. Cualquier cristiano cuyo corazón y felicidad suban y bajen con la bolsa no tiene por qué invertir en ella. Pero como nuestros corazones seguirán a nuestros tesoros (Mat. 6:21), invertir sin preocupaciones no es algo natural.

Ocasionalmente, he invertido pequeñas cantidades de dinero. Hace quince años, cuando era pastor, invertí 600 dólares en una determinada empresa informática. Tres meses después, había triplicado su valor. Una mañana, decidí vender y quedarme con los beneficios. Cuando estaba a punto de hacer la llamada, sonó el teléfono. Alguien de nuestra iglesia estaba en el hospital. Tenía que ir inmediatamente. Pasé todo el día con una de las familias de nuestra iglesia. A la mañana siguiente, cuando llamé para vender las acciones, descubrí que en un día el valor de las acciones había bajado drásticamente. Mi visita al hospital me había costado 800 dólares.

Afortunadamente, pude darme cuenta de que Dios estaba en aquella llamada del hospital. Ministrar a una familia necesitada era mucho más importante que el dinero. No tenía que preocuparme por la «pérdida». Seguía teniendo 400 dólares de ventaja (aunque el mismo principio se aplicaría si lo hubiera perdido todo). La cuestión es que era el dinero de Dios, no el mío. Él no iba a preocuparse por ello, ¿por qué iba a hacerlo yo?

Si invertimos, debemos comprender el riesgo y sentirnos cómodos con él. Cuando evaluamos si invertir o no, tenemos que fijarnos no solo en el dinero, sino también en la cantidad de tiempo, energía y compromiso emocional que requiere. A veces, el dinero es el menor costo de la inversión.

Muchos cristianos no se contentan con reunir dinero poco a poco. En consecuencia, han perdido mucho dinero —por no hablar del sueño— en inversiones de las que estaban seguros que los harían ricos.

Un consejero financiero cristiano me habló de una inversión en tierras que hizo con su hermano. Primero, describió la dificultad de hacer frente a los pagos. Luego habló de todo el tiempo y la energía que necesitó para desarrollar el terreno, en el que pensaba constantemente. La empresa supuso una enorme tensión para su familia, que enfermó a su mujer. Por último, las tensiones de la asociación destruyeron su relación con su hermano. Habían estado unidos antes de la compra, pero siguen distanciados al día de hoy. Mi amigo dijo: «Parecía una gran inversión, pero el precio que acabamos pagando fue enorme».

Algunas inversiones funcionan como un sueño. Otras, como esta, resultan ser una pesadilla. Siempre debemos contar el costo, incluso los costos potenciales que no son tan obvios cuando fluye la adrenalina del sueño de inversión.

¿Por qué invierto?

Nada es una inversión a menos que pueda reportar beneficios. Además, debes tener la intención de canjearla finalmente por ese beneficio. De lo contrario, no es más que una compra. Así, por ejemplo, salvo raras excepciones, no «invertimos» en un anillo de boda, ni «invertimos» en un coche, ni «invertimos» en una cabaña en la montaña. Si pretendemos quedarnos con estos objetos, no son inversiones, son compras.

El asesor financiero Larry Burkett cita cuatro malas razones básicas para invertir:

- la codicia (1 Tim. 6:9)
- la envidia (Sal. 73:3)
- el orgullo (1 Tim. 6:17)
- la ignorancia (Prov. 14:7)[13]

Las inversiones no deben estar motivadas por el miedo y la inseguridad, porque Dios promete satisfacer nuestras necesidades materiales. Si inviertes simplemente para mejorar tu reino personal, no el de Dios, tu razón para invertir es bíblicamente poco sólida. Estás siendo rico para ti mismo y no para Dios (Luc. 12:21). Si inviertes para multiplicar los activos que, con el tiempo, puedan proveer a tu familia, a los necesitados y a los fines del ministerio, esas pueden ser buenas motivaciones. Muchas fundaciones y particulares invierten parte del capital y destinan las ganancias a causas del reino. Pero debemos preguntarnos si Dios es un inversor cualificado. Si le diera no solo los intereses, sino también el capital, ¿no podría multiplicarlo en la vida de los demás mejor de lo que podría hacerlo yo, o un gestor de fondos de inversión?

Una vez que hemos entregado el dinero, está seguro en manos de Dios. Sin embargo, mientras lo conservemos, incluso con las mejores intenciones, existe la posibilidad de que nos abandone o de que lo abandonemos antes de que podamos desprendernos de él. Muchos cristianos han descubierto esta verdad por las malas a través de las caídas de la bolsa, las adquisiciones de empresas y las quiebras corporativas. Muchas personas han prosperado en sus inversiones y, como consecuencia, han aumentado sus donaciones. Y puede que eso sea exactamente lo que Dios quiere. Sin embargo, la forma más segura y sin riesgos de invertir en la eternidad no es hacer inversiones terrenales, sino hacer lo que hizo la viuda pobre: dar ahora para el reino de Dios.

Pautas para invertir

Nunca arriesgues dinero que no puedas permitirte perder. Nunca tomes decisiones de inversión desinformadas o precipitadas. Nunca tomes ninguna decisión financiera importante sin tener en cuenta los posibles costos financieros, mentales, emocionales y espirituales. Recuerda que alguien con millones de dólares en inversiones puede estar más esclavizado que alguien que no tiene ninguna inversión.

Si somos malos administradores, primero tenemos que aprender la responsabilidad financiera básica, lo cual incluye cómo dar y cómo salir de deudas. Lamentablemente, algunas personas que invierten mucho también están muy endeudadas, incluso con tarjetas de crédito. Para estas personas, existe una propuesta infalible que les proporcionará un rendimiento garantizado del 12, 15 o 18 % sin ningún riesgo. Lo único que tienen que hacer es tomar el dinero que podrían poner en inversiones y, en cambio, pagar sus tarjetas de crédito. No tiene sentido buscar inversiones potencialmente rentables mientras se incurre en pérdidas sustanciales debido a las deudas.

EVITA INVERSIONES DESASTROSAS. El típico plan para hacerse rico rápidamente ofrece enormes beneficios con un riesgo mínimo. Suele implicar una oportunidad sin precedentes, un gran avance en un área de la que sabes poco. Puede tratarse de bienes inmuebles en otra parte del país, un nuevo microchip que revolucionará la industria informática o un descubrimiento que curará el cáncer.

Normalmente, un amigo (que ha oído hablar de ellas a un primo, cuyo cuñado es un mago de las finanzas y dice que esto es el próximo Microsoft) te llama la atención sobre estas inversiones. Suele ser sincero y cree de verdad que te está ayudando. La persona que vende la operación te hace sentir que te está haciendo un favor al permitirte esta increíble oportunidad. Hace hincapié en que debes tomar una decisión en los próximos días. Te quedas impresionado cuando esta persona bien informada te asegura: «Es una gran oportunidad de inversión». (¿Has oído alguna vez a alguien intentar vender algo llamándolo «una pésima oportunidad de inversión»?)

Una empresa cristiana de inversiones celebró un seminario en una universidad cristiana cercana. Presentaron una oportunidad de inversión segura demasiado buena como para dejarla pasar. Una pareja de nuestra iglesia se subió al tren, al igual que muchos otros. Sacaron todos sus ahorros y los invirtieron. Poco después, el inversor cristiano y su empresa cristiana desaparecieron con el dinero cristiano de todos. Lo más trágico de esta historia es que es muy común. He oído la misma historia, con nombres y lugares diferentes, una y otra vez.

Cuando estábamos en un pequeño grupo de estudio bíblico con otras cinco parejas, nuestra discusión una tarde se volcó al dinero. Una pareja compartió entre lágrimas que habían perdido todos sus ahorros para la jubilación en una mala inversión. Otra dijo que habían invertido en unos condominios que nunca llegaron a materializarse y perdieron casi todo su dinero. La siguiente pareja contó sus enormes pérdidas por una inversión. Una cuarta pareja contó que habían avalado un préstamo a un respetado empresario cristiano, que estaban seguros de que lo pagaría. No lo hizo y ellos se hicieron responsables de la deuda. Años después, este hombre cobraba un sueldo tremendo y vivía en la opulencia, pero no les había devuelto ni un céntimo y probablemente nunca lo haría.

Se trataba de cuatro parejas cristianas de un grupo de seis que habían experimentado por separado situaciones financieras desastrosas. Lo más sorprendente no eran las pérdidas en sí mismas, sino la pesada carga que habían supuesto para los corazones y las mentes de las parejas, sus relaciones y sus matrimonios. Mientras estudiábamos las Escrituras aquella noche, nos impresionó la enorme desviación de dinero, tiempo y energía que podrían haberse invertido en el reino de Dios. Cuán fácilmente se pierden los tesoros confiados a los hombres y cuán seguros para siempre están los confiados a Dios (Mat. 6:19-21).

Las pérdidas por inversiones imprudentes parecen aún más frecuentes en la comunidad cristiana que fuera de ella. Lo atribuyo a la «credibilidad espiritual» que proyecta la gente por el mero hecho de llamarse cristianos. ¿Quién creería que un cristiano —que dirige la oración, cita las Escrituras y se dirige a un público bajo el techo de una iglesia o de un colegio cristiano— mentiría, engañaría y robaría? (O, en el mejor de los casos, sería un necio). Como en el mundo secular se esperan más esas cosas, a veces la gente es más suspicaz, precavida y menos crédula.

> Las pérdidas por inversiones imprudentes parecen aún más frecuentes en la comunidad cristiana que fuera de ella.

Es especialmente trágico cuando pastores y líderes cristianos participan de inversiones para hacerse ricos rápidamente. En su sinceridad, quizás incluso pensando en las ganancias del reino, influyen en otros para que se involucren. Un pastor pidió una segunda hipoteca sobre su casa para invertir en un proyecto dirigido por un miembro de la iglesia. Siguiendo el ejemplo del pastor, otras familias se implicaron. Al cabo de un año, todo el dinero se había perdido. Otro pastor habló abiertamente de la oportunidad de invertir en un invento concreto de un cristiano local que, con toda seguridad, iba a reportar enormes beneficios. Mucha gente lo siguió, pensando que si el pastor estaba implicado, debía estar todo bien. Una vez más, todo el dinero desapareció.

Por supuesto, no toda inversión en la que se pierde dinero es deshonesta. Una inversión puede ser completamente honesta pero imprudente. Del mismo modo, es posible que una inversión imprudente supere las probabilidades y gane dinero, o que una inversión inteligente acabe perdiendo dinero.

Existe el desafortunado mito de que si nuestros corazones son rectos, Dios nos bendecirá automáticamente, aunque nuestras cabezas estén vacías en lo que se refiere a principios empresariales sólidos. Debemos tener cuidado de no presumir del favor de Dios y esperar que nos saque de apuros ante decisiones imprudentes. Dice el refrán: «Nace un tonto cada minuto». A menudo, según parece, esos tontuelos se encuentran en la Iglesia.

Algunas personas suponen erróneamente que existen leyes que las protegen contra las malas inversiones. Sin embargo, como muchas malas inversiones son totalmente honestas, e incluso algunas deshonestas son legales, esto sencillamente no es cierto. En el mejor de los casos, un proyecto ilegal puede acabar con el procesamiento de los responsables. Rara vez los inversores recuperan su dinero.

OBTÉN UN SABIO ASESORAMIENTO FINANCIERO. David declaró: «Bendeciré al SEÑOR que me aconseja» (Sal. 16:7). «También Tus testimonios son mi deleite; ellos son mis consejeros» (Sal. 119:24). En última instancia, podemos obtener el mejor consejo financiero de la Palabra de Dios. Si lo hacemos, a menudo descubriremos que nos da perspectivas radicalmente distintas de las de los consejeros humanos (seculares y cristianos). Los muchos principios bíblicos tratados en este libro son mucho más importantes que el consejo independiente mío o de otros, más allá de su experiencia financiera. Aun así, se puede ganar mucho buscando un consejo sabio:

- Porque mejor es la sabiduría que las joyas, y todas las cosas deseables no pueden compararse con ella. (Prov. 8:11)
- El camino del necio es recto a sus propios ojos, pero el que escucha consejos es sabio. (Prov. 12:15)
- Cuando falta el consejo, fracasan los planes; cuando abunda el consejo, prosperan. (Prov. 15:22)
- Escucha el consejo y acepta la corrección, para que seas sabio el resto de tus días. (Prov. 19:20)
- Las palabras del sabio oídas en quietud son mejores que los gritos del gobernante entre los necios. (Ecl. 9:17)

Estos pasajes dejan claro que debemos buscar varios consejeros, no solo uno, cuando tomemos decisiones importantes. La cuestión no es solo la cantidad, sino la calidad: deben ser verdaderamente sabios. Puesto que la sabiduría empieza por temer a Dios (Prov. 9:10), normalmente estos consejeros deben ser cristianos que caminan con Dios y viven según Sus principios. El consejo de los impíos no debe ser nuestra norma (Sal. 1:1). Tras sopesar las Escrituras y el consejo de los demás, debemos pedir sabiduría a Dios. Él promete dárselas a quienes la buscan (Sant. 1:5).

Es mucho más fácil encontrar un consejero financiero cristiano que un consejero financiero bíblico. Los asesores financieros deben ser evaluados no solo por su fe profesada, sino también por su conocimiento de las Escrituras, su comprensión de las finanzas, su historial, su carácter y sus habilidades.

Suele ser mejor recibir asesoramiento sobre inversiones de asesores financieros con honorarios fijos que de vendedores a comisión. Es muy difícil que los asesores financieros den consejos objetivos cuando tienen productos específicos que vender. Que te recomienden alternativas que serían mejores para ti, pero con las que ellos ganarían menos dinero —o no ganarían nada— es más de lo que puedes esperar razonablemente. En general, no intentarán engañarte, pero naturalmente reducirán las opciones a las alternativas que les hagan ganar dinero. (Al fin y al cabo, se ganan la vida vendiendo determinadas oportunidades de inversión). Tienen un interés personal en persuadirte para que tomes una decisión en su beneficio, que puede no ser el tuyo. Esa es otra razón por la que hay que pedir consejo sabio a más de una persona (Prov. 11:14; 24:6).

Los estudios demuestran que muchos fondos de inversión «sin carga» (los que no tienen comisión de venta) funcionan tan bien como los fondos «con carga», que pueden cobrar una comisión inicial del 5 % o una comisión final del 3 % que va a parar al representante de ventas. Con un fondo con comisión inicial del 5 %, tu inversión debe aumentar un 5 % solo para terminar sin pérdidas. Solo entonces podrás empezar a ganar dinero. Míralo de este modo: Si dos corredores corren cien metros y a uno le dan una ventaja de cinco metros a la salida, ¿cuál tiene más probabilidades de ganar? En cambio, un fondo sin carga no te retrasa desde el principio. Eso es estupendo para ti, pero no para tu asesor, que no recibirá ninguna comisión. En un acuerdo basado en honorarios, es más probable que obtengas un buen asesoramiento no vinculado a ningún producto concreto, pagarás por la orientación solo cuando la recibas, y los honorarios serán normalmente mucho menores que una comisión.

También es importante buscar consejo espiritual de personas que puedan aconsejarte dónde poner tu dinero a trabajar en el reino de Dios. Una vez más, sin embargo, debes ser consciente de los intereses creados. Dos mujeres adineradas se acercaron a mí y me preguntaron si les aconsejaría periódicamente sobre qué ministerios cristianos apoyar. Me contaron las malas experiencias que habían tenido con ministerios que habían obtenido sus nombres como «posibles donantes adineradas» y las habían presionado para que dieran. El único modo de aconsejar a estas mujeres con integridad era asegurarme de que no tenía nada que ganar con ellas. Establecí una sencilla regla básica: Estaría encantado de aconsejarlas, pero no debían hacer nada en mi beneficio material, ni siquiera invitarme a comer. Solo cuando eliminamos la posibilidad de cualquier interés personal por mi parte, sentí que podían confiar en mí y que yo podía confiar en mí mismo.

Una vez que hayas recibido consejo, la decisión es tuya. Si dudas de la sabiduría o de lo correcto de invertir en algo, no debes proceder, porque «todo lo que no procede de fe, es pecado» (Rom. 14:23).

CONSULTA A TU CÓNYUGE. Hablen de los asuntos detenidamente con su cónyuge antes de hacer una inversión o cualquier compromiso financiero. «La mujer prudente viene del SEÑOR» (Prov. 19:14). Muchos maridos han tomado decisiones imprudentes actuando por su cuenta. O no dicen nada a su mujer o ignoran sus reservas, que deberían haber sido vistas como un mensaje de Dios para que se frenaran, oraran y pensaran con más cuidado. Las consecuencias a largo plazo son graves cuando una pareja está dividida en las decisiones financieras. Siempre habrá culpa cuando no hay acuerdo.

Cuatro de cada cinco mujeres casadas serán viudas algún día. Como la mujer sobrevivirá a su marido el 80 % de las veces, es esencial que él la incluya en las decisiones financieras importantes.

Hombre, si murieras hoy, ¿sabría tu esposa qué hacer con las finanzas de tu familia? ¿Tiene acceso y entiende el testamento (o fideicomiso), las cuentas bancarias, las inversiones y las pólizas de seguro? La ignorancia financiera es una presión más que ella no necesitará.

Uno de los mejores regalos que un marido puede dejar a su mujer son instrucciones (tanto orales como escritas) sobre lo que necesitará saber sobre sus finanzas si él muere antes que ella. También debería disponer de alguien de confianza que la asesore en caso necesario. (Cuantos más arreglos financieros puedan determinarse de antemano, incluidos los arreglos funerarios prepagos, mejor). Por supuesto, a veces la esposa sabe mucho más que su marido sobre las finanzas familiares. Se aplicaría exactamente lo mismo.

Dejar dinero

La herencia

La transferencia de riqueza más importante de la historia de la humanidad se está produciendo hoy, a medida que la generación estadounidense de la Segunda Guerra Mundial traspasa dinero y posesiones a sus herederos. ¿Cuánto ha amasado esta generación en pensiones, ahorros, acciones, pólizas de seguros y bienes inmuebles? Las estimaciones varían entre siete y diez *billones* de dólares estadounidenses.[14] Si las transferencias patrimoniales siguen al ritmo actual (puede que sí o puede que no), en 2015 más de catorce billones de dólares habrán pasado de padres a hijos.

Incluso un modesto patrimonio de clase media —compuesto por un terreno, una casa, muebles, fondos de jubilación, ahorros, colecciones y otros objetos de valor— suele valer medio millón de dólares, y a veces mucho más.

«El hombre bueno deja herencia a los hijos de sus hijos» (Prov. 13:22). En tiempos del Antiguo Testamento, transmitir la propiedad de la tierra a hijos y nietos era vital. Sin ella, las generaciones siguientes no podían dedicarse a la agricultura ni a la ganadería. Muchas personas vivían en un nivel de subsistencia. La mayoría era demasiado pobre para comprar tierras. Sin herencia, podían acabar esclavizados o incapaces de cuidar de sus padres y abuelos, que normalmente vivían en la propiedad con ellos hasta que morían.

Sin embargo, hoy en Estados Unidos, las cosas son muy distintas. Las herencias suelen ser ganancias inesperadas que llegan a personas que viven separadas de sus padres, tienen sus propias carreras, son independientes económicamente y ya tienen más de lo que necesitan. La mayoría de las veces no llevan adelante el negocio familiar o, si lo llevan, no necesitan una ganancia inesperada para seguir haciéndolo. Tienen fuentes de ingresos fiables generadas por su propio trabajo, habilidades, ahorro e inversión. Cuando estas personas heredan una granja, una casa u otros bienes inmuebles, ¿qué ocurre con ellos? Normalmente, liquidan el bien o lo utilizan como otra fuente de ingresos. No necesitan la tierra ni el dinero. Tenerlo significará simplemente aumentar su nivel de vida, a veces de manera drástica.

> Las herencias suelen ser ganancias inesperadas que llegan a personas que [...] ya tienen más de lo que necesitan.

Los primogénitos hebreos tenían derecho legal a una porción doble de la herencia (Deut. 21:17). Si un hombre moría sin hijos, la herencia pasaba a sus hijas; si no tenía hijas, a sus hermanos; si no tenía hermanos, a sus parientes más cercanos (Núm. 27:1-11). En última instancia, la tierra no podía perderse para una línea familiar, pues volvía a ellos en el año del Jubileo, cuando se cancelaban todas las deudas.

En aquella época, las hijas solían permanecer en casa de su padre, o vivían con sus maridos, disfrutando de los beneficios de sus tierras. Normalmente, la herencia de un padre no iba a parar a sus hijas, muy probablemente para no interferir con la responsabilidad de sus maridos de mantenerlas. Como padre de hijas, considero importante no dejar dinero que interfiera en la responsabilidad de mis yernos de mantener a mis hijas. ¿Cómo me atrevería a quitarles el privilegio que forma el carácter y la vocación divina de trabajar duro para cuidar de sus familias? Muchos padres bienintencionados han causado graves conflictos matrimoniales al dejar dinero a sus hijos mayores. El dinero que es «de él» y «de ella» divide el matrimonio y fomenta una independencia malsana. Los matrimonios que heredan patrimonio no deben mantenerlo separado el uno del otro.

Los que citan las Escrituras para demostrar que los padres deben dejar una herencia a los hijos no suelen seguir las directrices bíblicas de dejar solo a los hijos varones, una doble porción al primogénito, etc. Parece incoherente decir que se debe dejar una herencia porque lo dice la Biblia, pero luego dar media vuelta y hacerlo de forma muy distinta a lo que la Biblia indica. Un enfoque mejor es comprender las razones de la herencia, y luego verlas no como normas que hay que obedecer de forma legalista, sino como principios subyacentes que debemos sopesar seriamente.

En una sociedad con tanta riqueza y oportunidades como la nuestra, creo que en la mayoría de los casos los padres cristianos deberían plantearse seriamente dejar la mayor parte de su patrimonio a iglesias, ministerios paraeclesiásticos, misiones y otros fines del reino, dejando solo una pequeña parte a sus hijos. Nuestros hijos deberían trabajar duro, planificar y experimentar la alegría de confiar en Dios. Dejemos que Dios decida cuánto proveer a nuestros hijos adultos. El dinero que hemos generado bajo la provisión de Dios no les pertenece: le pertenece a Él.

Los principios y ejemplos del Nuevo Testamento sugieren que, en primer lugar, no debemos esforzarnos por dejar un gran patrimonio. Si lo hacemos, es una prueba de que hemos acaparado la provisión de Dios en lugar de compartirla. John Wesley ganó mucho dinero con sus libros, así como con algunos himnos. Sin embargo, a su muerte, su patrimonio solo ascendía a veintiocho libras.

Wesley se quedó con tan poco no por una mala planificación, sino por una buena planificación; no porque lo hubiera despilfarrado, sino porque lo había entregado generosamente a la causa de Cristo. El objetivo declarado de Wesley había sido que le quedara lo menos posible al morir. Al final de su vida, escribió en su diario: «No dejé dinero a nadie en mi testamento, porque no lo tenía».[15] ¡Qué contraste con los cristianos que mueren con vastos patrimonios que podrían haberse invertido en el reino desde el principio, ya que Dios proveyó los bienes!

Las Escrituras nos ordenan dar. Jesús elogia a la viuda pobre no por almacenar monedas y destinarlas al templo en su testamento, sino por darlas. No le dice al joven rico: «Deja tus bienes a los pobres»; le dice: «Vende cuanto tienes y da a los pobres». Dios no llama a todos Sus seguidores a hacer esto. Pero sí nos llama a dar, y principalmente *ahora*: antes de morir, no después.

¿A quién dejamos el dinero de Dios?

Por mucho que demos antes de morir, *todos* dejaremos algo de dinero y posesiones. (¡Incluso John Wesley dejó aquellas veintiocho libras!). Tenemos la responsabilidad de elegir ahora dónde es probable que esos bienes hagan más bien. Se trata de una decisión que no debemos posponer. El 70 % de los estadounidenses mueren sin testamento. Y muchos de los que sí tienen testamento harían bien en revisarlo radicalmente tras reevaluar los principios bíblicos y considerar los hechos actuales sobre las herencias.

Se está transmitiendo una enorme cantidad de riqueza a personas que no están en absoluto preparadas para gestionarla. Cualquiera puede gastar dinero, pero pocos pueden manejarlo bíblicamente. Es irresponsable traspasar dinero y bienes a cualquiera —incluidos los hijos adultos— que haya demostrado que es incapaz de manejarlo fielmente pensando en la eternidad. No deberíamos dar fondos sustanciales a quienes no tienen la madurez suficiente para manejarlos, igual que no entregaríamos un suministro ilimitado de caramelos a un niño de cinco años.

Si no seguimos una política de gestión bíblica del dinero, pueden ocurrir cosas desastrosas. Podemos perder la oportunidad de invertir los bienes de Dios en Su reino. Podemos causar un daño irreparable a nuestros hijos. Si dejamos a nuestros hijos adultos un gran patrimonio, lo mejor que puede ocurrir es que ellos y nuestros nietos lo utilicen sabiamente de un modo que forje su carácter e influya en la eternidad. Las peores cosas que podrían ocurrir son mucho más numerosas: Puede dañar su carácter, quitarles el incentivo para trabajar, hacerlos presuntuosos, minar su confianza en Dios, tentarlos a vivir en el lujo, dañar las relaciones familiares y malgastar los recursos de Dios, por nombrar solo algunas. Cuando Ron Blue aborda este tema, plantea tres preguntas sobre la transferencia de riqueza:

1. ¿Cuáles son las mejores y las peores cosas que pueden ocurrir?
2. ¿Hasta qué punto son graves?
3. ¿Qué probabilidad hay de que ocurran?

La gente suele declarar que su época de mayor bendición fue cuando eran más jóvenes y tenían mucho menos para vivir. Dicen que fue entonces cuando desarrollaron el carácter, la disciplina, el autocontrol y la confianza en Dios. Qué ironía que estas mismas personas leguen grandes cantidades de dinero a sus hijos, robándoles lo que podría haber sido *su* mayor época de bendición y desarrollo del carácter.

Un patrimonio suele ponerse en fideicomiso hasta que los hijos alcanzan cierta edad. Los hijos saben que el dinero va a llegar, y para entonces toda esperanza de una vida normal ha desaparecido. En la mayoría de los casos, sin embargo, ambos progenitores no fallecen mientras los hijos son menores. La herencia suele llegar en algún momento entre los veinte y los sesenta años de los hijos.

En lugar de dejar una herencia, algunos optan por dar grandes cantidades de dinero a sus hijos ahora. Algunos compran bonitas casas a los hijos recién casados, lo cual solo los presiona para que adopten un estilo de vida acorde con su nuevo vecindario. ¿No deberíamos, en cambio, confiar a nuestros hijos adultos al Señor, orar por ellos, ayudarlos económicamente cuando haya una necesidad real, pero nunca prodigarles dinero que pueda fomentar elecciones de estilo de vida inapropiadas o prematuras?

El multimillonario Andrew Carnegie dijo: «El todopoderoso dólar legado a un niño es una todopoderosa maldición. Ningún hombre tiene derecho a incapacitar a su hijo con una carga como una gran riqueza. Debe enfrentarse directamente a esta pregunta: ¿estará mi fortuna a salvo con mi hijo y estará mi hijo a salvo con mi fortuna?».[16]

La segunda pregunta de Carnegie es inquietante. Durante muchos años he tenido la oportunidad de hablar e interactuar con creyentes adinerados, y me han impresionado las desgarradoras historias que he oído sobre los efectos devastadores de recibir una gran herencia. En *The Legacy of Inherited Wealth* [El legado de la riqueza heredada], escrito por dos herederas ricas, diecisiete herederos adultos relatan las bendiciones y maldiciones de su riqueza heredada. Sus historias sugieren que las maldiciones superan con creces a las bendiciones. Aunque estas personas intentaban encontrar el lado bueno de la riqueza heredada, eran mucho más convincentes cuando hablaban del lado oscuro. La frustración, la ira, la duda, la inseguridad y el resentimiento —todos ellos relacionados con el hecho de crecer rico o enriquecerse por herencia— afloran repetidamente. Si estás pensando en dejar una riqueza importante a tus hijos —o estás criando a tus hijos en la opulencia— deberías leer ese libro. Puede que te convenza de que cambies de estrategia. Como mínimo, te alertará sobre las minas terrestres que supone transmitir riqueza a los hijos en nuestra cultura.[17]

> «El todopoderoso dólar legado a un niño es una todopoderosa maldición. Ningún hombre tiene derecho a incapacitar a su hijo con una carga como una gran riqueza».
> ANDREW CARNEGIE

Solía creer que el argumento más fuerte contra la transmisión de riqueza a nuestros hijos es la gran cantidad de personas necesitadas a las que se podría ayudar si se regalara el dinero. Pero además de la oportunidad perdida de hacer el bien que representa la riqueza heredada, ahora veo el importante daño que a menudo se hace a los herederos. Esto es cierto no solo en el caso de los muy ricos, que ya he mencionado, sino también en la transmisión de la riqueza de la clase media.

Independientemente de que una persona tenga dieciocho, treinta y ocho o cincuenta y ocho años, la expectativa de recibir importantes cantidades de dinero (o de recibirlas realmente) puede tentarla a dejar de trabajar o a holgazanear y acostumbrarse a tener y hacer lo que le plazca. Si una persona no era irresponsable antes, probablemente lo será ahora. (Cuanto más joven se es al heredar la riqueza, más grave es el daño). La riqueza no ganada magnifica las viejas tentaciones y produce muchas nuevas. Vuelve a las personas improductivas y perezosas, robándoles carácter, juicio e iniciativa.

La riqueza heredada tiende a hacer a la gente infeliz, codiciosa y cínica. ¿Y quién necesita trabajar duro cuando hay tanto dinero? Las nuevas tentaciones a menudo conducen a las adicciones. Dar dinero a un derrochador descuidado es como echar gasolina al fuego. Y nada divide más rápidamente a los hermanos que una gran herencia. Dejar más al reino de Dios y menos a los hijos económicamente independientes no es solo un acto de amor hacia Dios, sino también hacia ellos.

Considera las palabras de algunas personas que sabían un poco sobre el manejo de la riqueza:

> Frederick T. Gates (asesor de John D. Rockefeller Sr.): «¡Tu fortuna está subiendo, subiendo como una avalancha! ¡Debes distribuirla más rápido de lo que crece! Si no lo haces, te aplastará a ti, a tus hijos y a los hijos de tus hijos».
>
> Cornelius Vanderbilt: «La riqueza heredada es una muerte tan segura para la ambición como la cocaína para la moralidad».
>
> Henry Ford: «Las fortunas tienden a la autodestrucción, al destruir a quienes las heredan».[18]

Y, por supuesto, Dios dice: «La herencia adquirida de prisa al principio, no será bendecida al final» (Prov. 20:21).

Nanci y yo conocíamos a una pareja que había terminado su formación misionera y estaba a punto de dirigirse al campo misionero, cuando de repente la esposa heredó una importante fortuna de un tío que no tenía hijos. Estaban entusiasmados, pensando que ahora podrían convertirse en misioneros autosuficientes. Cuando me pidieron consejo, les dije que creía que necesitaban la rendición de cuentas y el apoyo en la oración que supondría contar con colaboradores financieros. Les aconsejé que no salieran por su cuenta. En cambio, les sugerí que regalaran la mayor parte del dinero, agradeciendo a Dios la oportunidad de invertir en la eternidad. Así podrían seguir adelante, sin distracciones, con sus planes para el campo misionero.

Al final, hicieron lo que haría la mayoría: se quedaron con la mayor parte del dinero. La esposa abrió su propia cuenta, porque el dinero era en realidad «de ella». A lo largo de los años siguientes, su relación cayó en picada: sus hijos sufrieron por los excesos, se hicieron acusaciones terribles y el matrimonio acabó en un divorcio desordenado. Evidentemente, el dinero no era el único problema, pero tuvo un gran impacto negativo en la familia. Lo que parecía una bendición —que *podría* haber sido una bendición si hubieran regalado la mayor parte del dinero— resultó ser una maldición.

He oído a Ron Blue preguntar: «¿Conoces algún ejemplo de patrimonio transferido con éxito a la tercera y cuarta generaciones?». Como asesor financiero, Ron se encuentra en una posición en la que podría ver cómo las familias transfieren su patrimonio, pero no puede dar más de uno o dos ejemplos.

Si los herederos tienen éxito tras recibir una herencia, nunca sabrán si podrían haberlo conseguido por sí mismos trabajando duro y confiando en Dios. El dinero de la familia siempre los hará cuestionarse su propia competencia, así como la provisión de Dios.

Los padres cristianos que sigan convencidos de que deben dejar grandes riquezas a sus hijos deberían considerar la siguiente estrategia: Confía a tus hijos una pequeña parte de tu patrimonio mientras vivas. En función de cómo manejen estos fondos, puedes desarrollar convicciones sobre cuánto dinero dejarles cuando ya no estés. Solo se confiará mucho a quienes demuestren ser fieles con poco (Luc. 16:10). Si lo poco que les das ahora les hace un poco de daño, puedes estar seguro de que darles mucho después les hará mucho daño.

No debemos transferir riqueza a nuestros hijos a menos que les hayamos transferido con éxito la sabiduría. Sin sabiduría, la riqueza no solo se malgastará, sino que perjudicará a nuestros hijos el 100 % de las veces. Haré una afirmación que puede parecer increíble, pero la creo firmemente. Si yo fuera el diablo y quisiera arruinar a un grupo de cristianos, intentaría que sus padres les dejaran grandes cantidades de dinero. Así de convencido estoy de los peligros y las tentaciones de la riqueza inmerecida. Todo lo que he aprendido a lo largo de los años me ha convencido de que, en la mayoría de los casos, los hijos que heredan riquezas habrían estado mucho mejor si el dinero se hubiera puesto en una pila y se hubiera quemado. No recomiendo esa estrategia, pero creo de corazón que la afirmación es cierta.

Afortunadamente, no tenemos que quemar nuestro dinero ni arruinar la vida de nuestros hijos. En cambio, podemos dar más dinero mientras vivimos, y dejar la mayor parte de lo que nos quede a iglesias y ministerios cristianos. Como dice Ron Blue: «Da mientras vivas, así sabrás adónde va».

¿Qué es justo o qué es correcto?

Por mucho que una pareja pretenda dejar a sus hijos o nietos, la mayoría dice: «Para ser justos, tenemos que dejar la misma cantidad de dinero a cada uno». Si todos los hijos o nietos son igual de espirituales, igual de buenos administradores y viven en las mismas circunstancias, lo adecuado es dejarles la misma herencia. Sin embargo, puede haber diferencias significativas en la administración, las actitudes, las capacidades, las obligaciones, la salud y las necesidades de nuestros descendientes, cualquiera de las cuales puede exigir que les dejemos cantidades distintas. Debemos amar a nuestros hijos y nietos por igual, pero eso no significa que debamos tratarlos igual.

Dejar una cantidad importante de dinero a un hijo que sabes que es derrochador o caprichoso es financiar su pecado y su pena. Si no pagarías a un traficante de drogas, no contratarías a una prostituta, no malgastarías el dinero en el juego ni se lo darías a una secta anticristiana, ¿por qué dejarías dinero a alguien que probablemente lo utilizará para esos mismos fines? Creo que es inmoral dejar dinero a personas que han demostrado que son moralmente incapaces de manejarlo de forma que honre a Cristo.

Un joven preocupado por la equidad le dice a Jesús: «Maestro, dile a mi hermano que divida la herencia conmigo» (Luc. 12:13). Jesús le advierte: «Estén atentos y cuídense de toda forma de avaricia; porque aun cuando alguien tenga abundancia, su vida no consiste en sus bienes» (Luc. 12:15). Luego cuenta la parábola del rico insensato que había acaparado sus bienes y estaba a punto de morir, que culmina con la pregunta de Dios al rico: «¿para quién será lo que has provisto?» (Luc. 12:20).

Cuando se trata de dejar una herencia, la cuestión no es qué es justo, sino qué es correcto. La verdadera cuestión es esta: ¿*Necesitarán* tus hijos tu dinero y lo *utilizarán* sabiamente? Si la respuesta a la primera pregunta es negativa, no deberías sentirte obligado a dejárselo. Si la respuesta a la segunda pregunta es negativa, deberías sentirte obligado a *no* dejárselo. Si las respuestas difieren de un hijo a otro, debes establecer las condiciones del reparto en consecuencia.

Gran parte de este proceso de evaluación —y los posibles sentimientos heridos que puedan surgir por diferencias en la herencia— pueden evitarse dando y dejando a Dios la mayor parte de lo que nos ha confiado.

He visto familias destrozadas por pelearse por una herencia. Las relaciones entre hermanos se han arruinado permanentemente porque: «No es justo. Él recibió dinero y yo me quedé con una casa que no puedo vender», o «Ella se llevó esa silla antigua que yo quería», o «¿Dónde estaba ella cuando mamá estuvo enferma?» o «No es justo que él haya conseguido tanto como yo cuando ni siquiera tiene una familia a la que cuidar». Este tipo de discusiones y lloriqueos por cosas que no les pertenecían en primer lugar no solo es desagradable, sino que también se puede evitar en gran medida con un poco de previsión, comunicación y un testamento claramente redactado.

Los padres pueden elegir objetos de significado personal para dejar a cada miembro de la familia y dar el resto al reino de Dios. Cuanto menos se deje a los hijos, menos habrá por lo que pelear. Por supuesto, el tipo de personas que se pelearían por lo que pertenecía a sus padres fallecidos probablemente no utilizarían esos bienes para gloria de Dios. Ninguna cantidad de dinero los apaciguaría ni les haría cambiar. De hecho, solo serviría para alimentar sus vicios. Esos hijos necesitan oración y orientación. Lo que desde luego no necesitan es más dinero.

Conferencias familiares sobre la herencia

Si los padres deciden donar la mayor parte o la totalidad de su patrimonio al reino de Dios, deben explicar sus planes a sus hijos. Esto evitará falsas expectativas y liberará a sus hijos de resentimientos posteriores y de sentimientos de culpa actuales derivados de lo que podrían imaginar que tienen que ganar con la muerte de sus padres. Aunque saben que no deberían hacerlo, los hijos adultos suelen pensar y esperar con impaciencia todo el dinero y las posesiones que les corresponderán cuando mueran sus padres. Algunos se endeudan ahora porque saben (o creen saber) que les va a tocar una lotería virtual cuando mueran sus padres. Cuanto antes se aplaquen estas actitudes, mejor.

Recomiendo celebrar una conferencia familiar o escribir detalladamente cuál es tu plan, y luego pedir a cada hijo adulto que te dé su respuesta. Estuve con dos padres ricos y su hijo, que tenía poco más de veinte años, mientras discutían cuánto debían regalar y cuánto debían dejarle a él. Al principio fue incómodo, pero como era un joven piadoso, les dio libertad, reconociendo que era su dinero, no el suyo, y animándolos a dar generosamente y a no sentir que tenían que dejárselo a él.

Hemos tenido conversaciones similares con nuestras hijas, que son mujeres espirituales en las que confiamos plenamente. Nanci y yo tenemos la intención de dejarles lo suficiente para que les sirva de modesta ayuda, pero *no* lo suficiente para cambiar su estilo de vida o socavar su necesidad de planificar y orar con sus maridos y depender de ellos para proveer. Se lo hemos comunicado y ellos comprenden y están de acuerdo con nuestro plan de donar la mayor parte de nuestro patrimonio al reino de Dios. Nuestras hijas y sus maridos son algunas de las personas más comprometidas con el reino y más responsables financieramente que conocemos. Pero es el dinero de Dios, no el *nuestro* ni el *suyo*. Depende de Él, no de nosotros, confiarles la riqueza que considere apropiada. Él conoce la cantidad adecuada que deben manejar. Nosotros no. No queremos alterar Su designio sobre sus vidas pasándoles el dinero que Él quiere que administremos y distribuyamos.

Míralo de este modo: Supón que tienes un gestor de dinero, al que pones a cargo de todos tus activos financieros. (Algunos lectores tienen una persona así). Ahora, imagina que tu gestor financiero muere. ¿Qué pensarías si te enteraras de que ha dejado todo *tu* dinero a *sus* hijos? Sería impensable, ¿verdad? ¿Por qué? Porque cuando muere un gestor financiero, el dinero pasa al propietario, no a los hijos del gestor. La lógica debería ser obvia si hablamos en serio cuando decimos que Dios es el propietario, y si no hablamos en serio, ¡será mejor que lo admitamos ahora y realineemos nuestra forma de pensar con la de la Biblia!

En una conferencia sobre la donación generosa, Dois Rosser y su hija Cindy contaron la historia de cuando Dois y su esposa convocaron a sus hijos mayores a una reunión especial.[19] Él les explicó que no recibirían mucha herencia, porque pensaba utilizar la mayor parte para construir edificios para iglesias pobres de todo el mundo. La hija de Dois dijo que su padre estaba nervioso porque no quería que sus hijos pensaran que no los quería.

¿Cómo respondieron los hijos? Cindy dijo: «Papá y mamá siempre vivieron así. Nos enseñaron una fuerte ética del trabajo. Sabíamos que teníamos que utilizar bien nuestros dones. La herencia era algo obvio para nosotros. No nos sentimos desheredados. Un modelo de vida generosa es mi gran herencia de mis padres, y lo celebro más de lo que puedo decirte. Si hay algo que quiero que tengan mis hijos es un corazón generoso. Mamá y papá nos dieron el modelo de que el dinero no nos pertenecía a ninguno de nosotros, sino a Dios».

Desde entonces, la organización creada con el patrimonio de la familia Rosser en 1988, International Cooperating Ministries, ha construido más de 1100 iglesias en 17 países, además de 6 centros de formación, un seminario y una escuela de posgrado.[20] No solo los Rosser, sino también sus hijos y nietos se han alegrado, han participado y se han beneficiado de lo que Dios ha hecho invirtiendo el patrimonio familiar en la eternidad. Esta decisión redundó en beneficio de todos, ¡incluidas las personas de los diecisiete países necesitados!

Los familiares que responden negativamente a la decisión de dejar dinero a la causa de Cristo en lugar de a ellos demuestran un carácter que prueba que no están cualificados para heredar en primer lugar. Los cristianos comprometidos serán los primeros en decir: «Eso es maravilloso, papá y mamá. ¡Adelante! Y gracias por ser un gran ejemplo para nosotros».

¿Qué pensarías si te enteraras de que ha dejado todo *tu* dinero a *sus* hijos?

Un hombre rico me dijo que se había sentado con sus hijos e hijas y sus cónyuges y les había explicado que iba a regalar la mayor parte de su patrimonio. Lo que quedara a su muerte, dijo, iría a parar a ministerios cristianos. La familia dijo que lo entendía. Después, su yerno lo llevó aparte. El joven le dijo: «Gracias; ahora sé que realmente depende de mí mantener a tu hija».

Probablemente, este joven había creído hasta entonces que cualquier cosa que hiciera para mantener a su familia palidecería en comparación con lo que su suegro acabaría dejándoles. De repente, estaba exactamente donde Dios lo quería: en el puesto principal de responsabilidad de su familia.

Pablo dice que Dios da a algunos de nosotros «abundancia» para que podamos dar a los que tienen menos, para que ellos no tengan «escasez» y nosotros no tengamos «demasiado» (2 Cor. 8:14-15).

Cuando pregunto a la gente si sus hijos realmente necesitan más dinero, los padres casi siempre responden que no.

«¿Qué esperarías que hicieran tus hijos con la herencia?», pregunto.

«Bueno, sería estupendo que lo regalaran a quienes realmente lo necesitan». «Pero si Dios te ha confiado el dinero, y regalarlo es lo que sabes que es correcto, ¿por qué no lo haces?».

Si quieres el consejo de tus hijos sobre dónde darlo, pregúntales ahora para que puedas tenerlo en cuenta cuando redactes o revises tu testamento, o liquides bienes para regalarlos. (¿Por qué no les pides que te recomienden algunos destinatarios dignos que puedas designar en el testamento?).

Incluso los hijos más piadosos pueden no dar la mayor parte de lo que heredan. Razonan: «Papá y mamá nos dejaron esto, así que supongo que pretendían que lo usáramos en nosotros mismos». ¡Oí a alguien decir que se sentía obligado a gastar su herencia para honrar los deseos de sus padres!

Nadie quiere y confía en sus hijos más que Nanci y yo. Pero nuestro amor y nuestra confianza se han demostrado de formas que hacen insignificante lo que les dejamos en nuestro testamento. Es hora de romper con los patrones de nuestra cultura de herencia sin discernimiento. Estableciendo un nuevo modelo de mayordomía, podemos ayudar a nuestros hijos y a nuestras iglesias a pensar en términos de eternidad. Quizás dentro de unas generaciones, lo que ahora parece tan radical a la mayoría de mis lectores les parecerá evidente. ¿No sería estupendo?

Muchos de los multimillonarios del mundo han dejado enormes herencias, pero también una herencia de codicia, autoindulgencia, traición, adulterio, arrogancia, esnobismo y egocentrismo. Por otra parte, innumerables cristianos no han dejado ninguna herencia material a sus hijos, sino una herencia piadosa de carácter y valores espirituales. Un legado así es infinitamente más valioso que una gran herencia. Muchos hijos adultos que han recibido una gran herencia monetaria están resentidos con sus padres. La mayoría de los que han recibido una gran herencia espiritual alaban a Dios por sus padres.

El testamento

La ejecución de tu testamento según tus instrucciones es el resultado final de tu mayordomía en la tierra. Un testamento válido y por escrito es un instrumento mediante el cual puedes asegurarte de que se cumplirán tus intenciones.

Más de tres de cada diez estadounidenses morirán antes de jubilarse. Diez de cada diez acabarán muriendo. Sin embargo, siete de cada diez estadounidenses mueren sin testamento. Cuando no hay testamento, los tribunales toman decisiones importantes que la mayoría de la gente querría haber tomado por sí misma, como quiénes deben ser los tutores de los hijos y adónde deben ir exactamente los bienes. Algunas personas redactan su propio testamento, pero incluso los testamentos redactados por un abogado no son caros si se tiene en cuenta la finalidad vital que tienen. La alternativa más costosa es no hacer testamento.

Una vez redactados, los testamentos deben actualizarse periódicamente. Cuando nuestras hijas eran pequeñas, nuestro testamento establecía que un tercio de la herencia se repartiera entre nuestras hijas, mantenida en fideicomiso por sus tutores designados, mencionados por su nombre en el testamento. (Obviamente, habíamos preguntado a los tutores con antelación, para que esto no fuera una sorpresa). La mayor parte de ese dinero se destinaría probablemente a sus estudios universitarios, si así lo decidían. Otro tercio se dejaba directamente a sus tutores para que lo utilizaran como consideraran oportuno en el cuidado de toda la familia, incluidos sus propios hijos. (Así se preveía y evitaba el problema de que los «hijos nuevos» tuvieran más recursos que los otros). El último tercio se destinaba a nuestra iglesia, una décima parte de la herencia al fondo general de la iglesia y el resto a misiones mundiales bajo la dirección de nuestros ancianos.

Después de que nuestras hijas se casaran en 2001, revisamos el testamento para dejar una modesta cantidad designada como regalo a nuestras hijas y sus maridos y a los futuros nietos. El resto se destina a nuestra iglesia, las misiones mundiales, la ayuda contra el hambre, los niños de la calle, los ministerios de prisiones y otros ministerios.[21] Por supuesto, cuando las necesidades o las circunstancias de la familia vuelvan a cambiar, podemos revisar nuestro testamento en consecuencia.

¿Dejar dinero es lo mismo que dar dinero?

Dejar un patrimonio a la iglesia, a un ministerio cristiano o a una fundación no es realmente «dar», al menos no en el sentido pleno. Dar es una elección de desprendernos de lo que podríamos haber conservado. Pero cuando morimos, no tenemos más remedio que dejarlo. Quedárnoslo no es una opción. Creo que Dios nos concederá misericordiosamente recompensas en el cielo por lo que hagamos y demos antes de morir, no por lo que otros hagan con lo que hemos dejado después de morir (aunque sea por instrucciones nuestras).

Puede impresionarnos oír que alguien ha dejado millones de dólares al reino de Dios. Pero morir con tanto dinero *podría* indicar que la persona se lo había estado reteniendo a Dios. (Yo no soy quién para juzgar). Podría demostrar una falta de voluntad para confiar en Dios mientras seguimos afrontando las incertidumbres de la vida. Digo esto para sugerir que no debemos considerar que dejar dinero en nuestro testamento sea verdadera generosidad. «Está decretado que los hombres mueran una sola vez, y después de esto, el juicio» (Heb. 9:27). Recibimos recompensa por lo que realmente hacemos en la tierra. No es lo mismo dejar instrucciones sobre lo que *otros* deben hacer después de que nos vayamos con lo que *una vez* gestionamos, que regalarlo mientras aún estamos aquí. La muerte no es tu mejor oportunidad de dar; es el final de tu oportunidad de dar. Dios recompensa los actos de fe realizados mientras aún vivimos.

He descubierto que este concepto es difícil de entender para algunos, así que permíteme que intente explicarlo. Supongamos que dejo en mi testamento una petición escrita para que mi amigo Steve le diga: «Te perdono» a alguien que me hizo daño. Puede parecer un bonito gesto, pero ¿no querría Dios que confiara en Él lo suficiente como para ofrecer yo mismo ese perdón mientras aún esté aquí? Si Dios me recompensara por dejarle esa petición (ciertamente es libre de hacer lo que le plazca), seguramente me recompensaría más por hacerlo de verdad en lugar de que otro lo hiciera en mi nombre. ¿No es así?

> La muerte no es tu mejor oportunidad de dar; es el final de tu oportunidad de dar. Dios recompensa los actos de fe realizados mientras aún vivimos.

Para ponerlo en un contexto bíblico, ¿habría celebrado Jesús en el mismo grado la acción de la mujer que entregó sus dos últimas monedas si hubiera muerto ese día y hubiera dejado en su testamento esas dos monedas a la caridad del templo? No lo creo. Claro que se alegraría de que las hubiera dejado en su testamento en lugar de malgastarlas o dejarlas para fines impíos, pero no creo que su recompensa hubiera sido comparable, porque su acción no habría requerido ni fe ni sacrificio.

Ciertamente, incontables millones de personas se han beneficiado de las donaciones realizadas por la Fundación Maclellan y la Fundación DeMoss, entre otras. Muchos darán testimonio de ello, y yo mismo he visto el fruto. Pero si todo el dinero disponible se hubiera regalado en vida de los fundadores para ayudar a alimentar a la gente y difundir el evangelio, sus testimonios habrían sido igual de sólidos, ¿no? Es cierto que actualmente hay mucho más en las fundaciones, porque *no* se donó todo en vida de alguien, ni siquiera a la muerte del fundador. Se han ganado muchos intereses sobre el capital. Pero recuerda que Dios podría haber multiplicado la pequeña cantidad donada hace años, con un interés del 10 000 % (Mat. 19:29).

¿Es posible que Dios confíe la cantidad que sabe que se necesita para cada generación y que no debamos ahorrar dinero para hacer el trabajo del reino de las generaciones futuras? (Sobre todo, teniendo en cuenta que, cuando Cristo vuelva, todos los cientos de millones de dólares depositados en fundaciones, fondos de benevolencia, cuentas y herencias carecerán de valor).

La cuestión es cuánto debemos dejar, y cuánto tiempo debemos posponer dar lo que podríamos dar hoy. Se ha hecho mucho bien con el dinero designado en testamentos a iglesias y ministerios cristianos. Pero que algo sea bueno no significa que sea lo *mejor*. Quizás sea mejor regalar parte o incluso la mayor parte de nuestros bienes mientras aún vivimos y podemos ejercer la confianza en Dios y aplicar la sabiduría en nuestras decisiones sobre dónde dar el dinero.

Antes de comprar algo que pensaba regalar, el rey David insistió en pagar el precio completo. «No tomaré para el SEÑOR lo que es tuyo, ni ofreceré un holocausto que no me cueste nada» (1 Crón. 21:24). Dios recompensa el sacrificio y la fe. *Dar* es elegir desprenderse de algo, mientras que *dejar* es simplemente controlar el destino de lo que de todos modos no podemos conservar. Como nos hemos aferrado a esos tesoros hasta el último momento posible —literalmente, hasta nuestro último aliento en la tierra—, dejarlos atrás no parece un gesto de generosidad digno de gran recompensa.

Ciertamente, es posible que seamos recompensados por haber elegido dejar dinero a una causa digna cuando muramos. Pero no veo ninguna prueba bíblica de ello. Sí sabemos que la Escritura no dice: «Ponme a prueba en esto dejando tus bienes después de morir y verás si no abro las compuertas del cielo». Sí dice eso de nuestras ofrendas actuales. No dice: «Deja y se te dejará en la medida que dejes». Pero sí dice: «Den, y les será dado en la medida en que den».

Dar y dejar son dos cosas distintas. Dar es desprenderse *voluntariamente* de un bien; dejar es más parecido a que te roben. En cierto sentido, la muerte es como un ladrón que nos arrebata nuestros bienes de forma rápida, completa y sin previo aviso. Supongamos que alguien roba un millón de dólares de mi cuenta bancaria y lo dona para alimentar a los hambrientos. Podría decirse que el millón hará tanto bien de ese modo como si yo mismo lo hubiera dado voluntariamente. ¿Sería recompensado yo? No. Aunque consiguiera convencer al ladrón mientras salía por la puerta de que utilizara mi dinero para alguna buena causa, nadie consideraría que yo realicé un acto de donación.

Jesús tenía una voluntad distinta para Pedro que para Juan, y tiene una voluntad única para cada uno de nosotros. Thomas Maclellan y Art DeMoss y sus familias han hecho sin duda mucho bien al reino de Cristo, pues han seguido la dirección particular de Cristo para ellos a través de las fundaciones que llevan sus nombres. La guía del Señor para otros —teniendo en cuenta los mismos principios bíblicos y tratando con menos o más bienes— puede ser muy diferente.

Retrasar las donaciones como estrategia para la futura construcción del reino es arriesgado. Podríamos aferrarnos a los bienes por miedo a desprendernos de ellos o por falta de voluntad para ceder el control al Señor. Mientras tengamos dinero a nuestro alcance, no solo corremos el peligro de perder los bienes, sino también de cambiar de opinión o dejarnos seducir por el estatus, el prestigio y el reconocimiento de controlar (o de que nuestro nombre figure en la distribución de) lo que pertenece a Dios.

El rey David dijo: «no he visto al justo desamparado, ni a su descendencia mendigando pan» (Sal. 37:25). ¿Por qué? ¿Porque sus padres les dejaron mucho dinero o transmitieron una gran riqueza a sus hijos? No, es porque el justo «todo el día es compasivo y presta», por lo cual «su descendencia es para bendición» (Sal. 37:26).

En el año 390 d. C., Juan Crisóstomo dijo lo siguiente a los padres cristianos: «Si quieren dejar muchas riquezas a sus hijos, déjenlos al cuidado de Dios. No les dejen riquezas, sino virtud y habilidad».

CAPÍTULO 20

La lucha contra el materialismo en la familia cristiana

«Si hubiera crecido», se dijo, «habría sido un niño terriblemente feo, pero creo que es un cerdo bastante guapo». Y se puso a pensar en otros niños que conocía y que podrían hacer muy bien de cerdos.

LEWIS CARROLL, *LAS AVENTURAS DE ALICIA EN EL PAÍS DE LAS MARAVILLAS*

Solo hay tres maneras de enseñar a un niño. La primera es con el ejemplo, la segunda es con el ejemplo y la tercera es con el ejemplo.

ALBERT SCHWEITZER

En Zambia, un hombre se compra un traje nuevo y una moto. Mientras tanto, su mujer y sus hijos sufren desnutrición. Su hijo menor muere de hambre ante sus ojos. Si no hubiera comprado el traje o si hubiera vendido la moto, podría alimentar a su familia durante un año.

Al otro lado del Atlántico, en Estados Unidos, un hombre elige trabajar veinte horas extras a la semana mientras su mujer acepta un trabajo para aumentar sus ya cuantiosos ingresos. Comen en los mejores restaurantes, pertenecen a un club de élite y visten a sus hijos a la última moda. Le regalan a su hija un caballo caro por su duodécimo cumpleaños y a su hijo un auto nuevo cuando cumple dieciséis. Sus hijos tienen computadoras, equipos de música y equipos de esquí caros. Los padres planean enviar a sus hijos a las universidades más prestigiosas. El padre no tiene tiempo para charlas personales, devociones familiares ni la iglesia. De hecho, los hijos apenas ven a su padre más que unos minutos al día, pero saben que su chequera siempre está ahí.

Dos países, dos hombres, dos materialistas más parecidos de lo que pensamos. El primer hombre comparecerá ante Dios y rendirá cuentas por la preciosa esposa e hijos que permitió que sufrieran y murieran antes que renunciar al prestigio y el placer de sus cosas. El segundo hombre rendirá cuentas por otra forma mortal de abuso: la negligencia espiritual hacia su familia, cuyas necesidades más profundas sacrificó en el altar de su propio deseo de dinero, posesiones y estatus. Responderá por criar a sus hijos en un entorno de excesiva indulgencia que ha deformado tanto sus valores que probablemente nunca se recuperarán.

En el día del juicio, ninguna persona pensante querría ponerse en el lugar de ninguno de los dos.

El materialismo en el hogar cristiano

Las Escrituras afirman que es responsabilidad de los padres mantener a sus hijos. Si un cristiano decide no mantener a sus hijos o a otros familiares necesitados, reniega de la fe y se convierte en algo peor que un incrédulo (1 Tim. 5:8). Del mismo modo, es responsabilidad de los hijos adultos, no del Estado ni de una compañía de seguros, cuidar de sus padres y otros familiares en su vejez o enfermedad (Mar. 7:10-12; 1 Tim. 5:8, 16).

Jesús rechaza cualquier intento «espiritual» de excusar la incapacidad de mantener materialmente a la propia familia (Mar. 7:9-13). Cuando hay seres queridos que necesitan nuestra ayuda, Dios nos llama a dar a Él *y* a ellos. Cristo no estaba demasiado ocupado muriendo por los pecados del mundo como para tomarse el tiempo y la preocupación de confiar el bienestar de Su madre a uno de Sus propios apóstoles, que a partir de ese momento se aseguró de que sus necesidades fueran suplidas (Juan 19:26-27).

Affluenza

Una cosa es mantener a nuestros hijos. Otra cosa es asfixiarlos con posesiones hasta convertirlos en materialistas egocéntricos. Un número alarmante de niños de hogares cristianos crecen aferrándose a todos los objetos que caen en sus manos. Los niños criados en una atmósfera así —que incluye a la mayoría de los niños de Estados Unidos— están aquejados de una enfermedad mortal, llamada *affluenza*:

> La *affluenza* es una extraña enfermedad que afecta a los hijos de padres acomodados. Aunque tienen todo lo que el dinero puede comprar, los niños muestran todos los síntomas de la pobreza abyecta: depresión, ansiedad, pérdida de sentido y desesperación por el futuro. La *affluenza* explica el escape hacia el alcohol, las drogas, el robo en tiendas y el suicidio entre los hijos de los ricos. Es más frecuente cuando los padres están ausentes del hogar e intentan comprar el amor de sus hijos.[1]

Pensemos en la típica Navidad estadounidense. Cuando la carrera anual de obstáculos por los abarrotados centros comerciales culmina el Gran Día, ¿cuál es el fruto? Encontramos un reguero de papel de regalo destrozado y una pila de juguetes rotos, abandonados y poco apreciados. Lejos de estar llenos de un espíritu de agradecimiento por todo lo que significa la Navidad, los niños se sienten codiciosos, malhumorados, quisquillosos, hoscos y desagradecidos, precisamente porque se les ha dado mucho.

Amamos a nuestros hijos. También lo hacen sus abuelos y abuelas, tíos y tías, primos y amigos. Parece que todos pensamos que el amor se mide dando cosas. Decimos que no es así, pero seguimos actuando como si lo fuera. Nuestros hijos no funcionan con pilas. Sus necesidades más profundas son espirituales, mentales y emocionales, y estas necesidades no pueden satisfacerse con luces parpadeantes y casitas de muñecas. A veces nos damos cuenta, pero pronto lo olvidamos. Otra Navidad, otro cumpleaños, y de nuevo sumergimos a nuestros hijos en *cosas*. Al hacerlo, les inculcamos una perspectiva de la vida directamente contraria a las Escrituras que intentamos enseñarles en casa y en la iglesia.

Las cosas que habríamos apreciado profundamente en cantidades pequeñas o moderadas se vuelven poco atractivas o incluso repugnantes en cantidades excesivas. Igual que a un hombre que se ha atiborrado en un banquete le repugna pensar en la comida, el que se atiborra de cosas materiales pierde la consideración y el respeto por ellas. Al final, le da igual lo que les ocurra. La frecuente falta de respeto de los niños por sus posesiones y las de los demás es consecuencia directa del exceso de indulgencia.

Cuando confundimos dar cosas materiales con impartir gracia, hacemos un gran daño a nuestros hijos. Los niños que crecen obteniendo la mayor parte de lo que desean tienen un futuro predecible. A menos que aprendan a superar su educación, harán un mal uso del crédito, dejarán de pagar sus deudas y serán malos empleados. Funcionarán como miembros irresponsables de su familia, iglesia y sociedad. Se apresurarán a culpar a los demás, harán pucheros por sus desgracias y creerán que su familia, su iglesia, su país y su empleador —si lo tienen— les deben algo. Tras haber aconsejado a numerosos adultos de este tipo, estoy convencido de que muchos de ellos son así porque sus padres, sinceros pero equivocados, los mimaron en exceso.

Los padres que malcrían a sus hijos por «amor» deberían darse cuenta de que están cometiendo actos de maltrato infantil. Aunque no hay leyes contra este tipo de maltrato —al menos, no leyes creadas por el hombre—, este maltrato espiritual puede provocar tantos daños personales y sociales a largo plazo como el peor de los maltratos físicos.

Un consejero cristiano aconsejó a los padres que si no daban a sus hijos tantas posesiones materiales como sus amigos, eso los volvería en contra de la fe cristiana. ¿De dónde saca alguien una perspectiva tan distorsionada? Desde luego, no de la Palabra de Dios.

Hoy en día, muchas familias cristianas se abstienen de seguir el llamado de Dios a un estilo de vida más sencillo o estratégico porque no quieren privar a sus hijos de ventajas materiales. Mientras tanto, privan a sus hijos de innumerables ventajas espirituales y eternas.

Si decidieras trasladarte a un campo misionero remoto, puede que tus hijos no tuvieran deportes organizados, bailes escolares, una bonita bicicleta o un coche, pero las ventajas espirituales podrían ser enormes. Como padres cristianos, debemos aprender a elegir lo que es mejor en la tierra (para nosotros y para nuestros hijos) a la luz del sistema de valores del cielo. Nuestra preocupación debe ser un estándar de vida eterno. Este tipo de perspectiva es contagiosa dentro de una familia. Un sistema de valores eterno es la mayor herencia que podemos dar a nuestros hijos.

Basándose en el principio de que gratificar un deseo innecesariamente solo tiende a aumentarlo, John Wesley formuló las siguientes preguntas a los padres bienintencionados:

- ¿Por qué deberían comprarles más orgullo o lujuria, más vanidad o deseos necios y dañinos?
- ¿Por qué han de gastar más para aumentar sus tentaciones y asechanzas, y atravesarlos con más penas?[2]

Los padres como modelos

Todo lo que se aprende en la vida, desde los métodos de afrontamiento hasta los modales en la mesa, se aprende en familia. Las familias son el corazón y el alma de la sociedad. El hogar, y no la escuela, es el principal lugar de aprendizaje. En el hogar se forma el carácter, se desarrollan los hábitos y se forjan los destinos.

Todas las buenas perspectivas y hábitos financieros que se fomentan en este libro se desarrollan mejor mediante el modelado paterno. Los niños aprenden más eficazmente no solo de lo que decimos, sino de lo que hacemos. Nuestras acciones hablan más alto que las palabras, a veces tan alto que nuestros hijos no pueden oír nada de lo que decimos. La formación de nuestros hijos sobre el dinero y las posesiones empieza al nacer. Para bien o para mal, somos sus tutores, cada hora de cada día. De manera consciente o inconsciente, los formamos continuamente, grabando en ellos nuestros valores como si dibujáramos con un palillo en cemento húmedo. Albert Schweitzer lo expresa de esta manera: «Solo hay tres maneras de enseñar a un niño. La primera es con el ejemplo, la segunda es con el ejemplo y la tercera es con el ejemplo».[3]

Hace muchos años, cuando mis hijas tenían dos y cuatro años, las llevé a desayunar. Mientras volvíamos al auto, me sorprendió ver que las dos llevaban palillos en la boca. Entonces me llevé la mano a la boca y vi que yo también tenía un palillo. Inconscientemente, por costumbre, había tomado aquel palillo al salir del restaurante. Mis hijas pequeñas, que en aquel momento probablemente no sabían para qué servía un palillo, se habían subido al mostrador y habían imitado mi acción.

Recordé que, cuando yo era pequeño, mi padre llevaba a menudo un palillo en la boca. Hasta el día de hoy, incluso cuando no necesito ninguno, suelo tomar un palillo cuando salgo de un restaurante. Y aquí estaban mis propias hijas haciendo lo mismo. Esta es la esencia de la paternidad. Los niños imitan todo lo que hacemos, sea importante o no, sano o malsano. A veces, nuestros hijos no nos escucharán. Rara vez, dejarán de imitarnos.

Aunque no me crie en un hogar cristiano, y aunque mi madre se convirtió en la inspiración espiritual de nuestra familia cuando vino a Cristo después que yo, doy gracias a Dios por un padre que nunca compraba lo que no podía permitirse, no derrochaba el dinero, elegía cuidadosamente sus inversiones y no me dejaba —aunque era generoso— tener todo lo que quería. No siempre se propuso enseñarme estos hábitos, pero su ejemplo me causó una impresión indeleble.

> Si decidieras trasladarte a un campo misionero remoto, puede que tus hijos no tuvieran deportes organizados, bailes escolares, una bonita bicicleta o un coche, pero las ventajas espirituales podrían ser enormes.

La comunicación entre cónyuges

¿Qué hacemos si nuestro cónyuge se siente inseguro por la cantidad de dinero que queremos dar al Señor? Este es un viaje que maridos y mujeres deben recorrer juntos. Uno de los cónyuges puede tener el don de dar, ¡y el otro puede tener el don de ceder!

Cuando hay ofrendas especiales en la iglesia, Nanci y yo proponemos cada uno una cifra y luego comparamos los números. Normalmente, nos quedamos con la cifra más alta. Hace años, uno de nosotros siempre tenía la cifra más alta. Pero ahora es distinto. A veces, uno de los dos llega a la cantidad más alta; a veces es el otro.

A menudo, me hacen la siguiente pregunta: «¿Qué debo hacer? Quiero diezmar y dar ofrendas voluntarias, pero mi marido no es cristiano y dice que no. Hace que sea incómodo para mí y para los niños».

Mi propia madre estuvo en esta situación desde el día en que vino a Cristo hasta que el Señor se la llevó a casa doce años después. Primera de Pedro 3:1-6 dice que la esposa debe ser sumisa, incluso con su marido no salvo. No debes dar dinero que tu marido te haya prohibido explícitamente. Si realmente dieras si pudieras, Dios seguirá recompensando tu actitud de corazón.

Si tienes ingresos aparte, puedes decirle a tu marido que crees que Dios quiere que des y que sería un error no hacerlo. Puede que ceda a regañadientes, pero con el tiempo verá las bendiciones de dar. Aunque no tengas ingresos, pregúntale a tu marido si te permitiría empezar a dar algo, quizá 60 dólares al mes. Dile que estás dispuesta a reducir tus gastos discrecionales —y a hacer sacrificios— para liberar dinero para dar.

Dile lo que dicen las Escrituras en Malaquías 3:10 y Lucas 6:38 sobre la promesa de Dios de bendecir y Su desafío de ponerlo a prueba para ver qué ocurre cuando damos. Pregúntale si aceptaría que dieras así durante al menos un año (o seis meses, o tres). Al cabo de ese tiempo, decidan juntos si están mejor o peor. Si están mejor —o incluso si él admite que no hay diferencia perceptible—, estás en condiciones de pedir que aumente la cantidad que das para que puedas disfrutar más de la bendición de Dios. Una persona puede recibir indirectamente las bendiciones que Dios da a su cónyuge (1 Cor. 7:14).

Como este es un tema en el que Dios nos invita a ponerlo a prueba, pídele que se lo demuestre a tu cónyuge. Algunos han descubierto que, al insistir con delicadeza en dar, aunque sea una cantidad menor de la que habrían elegido, en lugar de que dar se convirtiera en la cuestión divisoria que imaginaban, en realidad fue el primer paso para que su pareja viniera a Cristo. Si tu cónyuge es cristiano, tienes derecho, basándote en su profesión de fe, a adoptar una postura más firme para animarlo a seguir a Cristo contigo en este terreno. Por supuesto, debes seguir siendo respetuoso.

Puedes cultivar un espíritu de entrega en tus hijos. Aunque a mi padre, que no era cristiano, no le gustaba que diera como nuevo cristiano, reconoció que tenía derecho a dar porque era dinero que me había ganado. Ya sean pequeños o mayores, los niños pueden liberarse del materialismo dando.

Si no tuvieras ningún otro motivo para dar, hacerlo por tus hijos sería razón suficiente. Romper las ataduras del materialismo en tu vida —mediante la generosidad y la elección moderada de un estilo de vida— será uno de los mayores regalos que puedas hacer a tus hijos.

No hay ningún sustituto para ti

Hacer regalos a los niños suele ser un sustituto de prestarles atención personal. Muchos niños reciben una casita de juegos, luego un tren, luego esquís, luego una moto, luego un coche, todo ello para compensar que sus padres —a menudo el padre— no están disponibles para pasar tiempo con ellos. Todo lo que damos a nuestros hijos es un pobre sustituto de nosotros mismos.

Hablé con un hombre cristiano que ama a su mujer y a sus cinco hijos y quiere lo mejor para ellos. Trabaja duro para que puedan tener una casa bonita, muchas cosas y dinero suficiente para que los hijos vayan a la universidad. De hecho, ¡trabaja tanto que los tres últimos años no ha tenido tiempo de irse de vacaciones con su familia! Los hijos de este hombre están creciendo con muchas cosas materiales. Trágicamente, también crecen sin un padre.

Es el tiempo que pasamos con nuestros hijos lo que dejará impresiones duraderas, no el dinero que les hayamos dado. Nuestros hijos no recordarán tanto lo que hicimos *por* ellos como lo que hicimos *con* ellos.

Casi el 40 % de los niños estadounidenses son criados por padres solteros. Algunos de los mejores padres que conozco son padres solteros, pero una de sus mayores tentaciones —a menudo subconsciente— es intentar compensar la pérdida de atención paterna de sus hijos dándoles cada vez más cosas materiales. Cuando hay un divorcio y el progenitor que no tiene la custodia se convierte en un Papá Disneylandia (o en una Mamá Montaña Mágica), los padres tienden a intentar superarse mutuamente regalando cosas materiales. El verdadero perdedor es el niño, que crece saciado de cosas pero hambriento de amor y disciplina.

Cambiar la Navidad

¿Podemos cambiar el modelo de materialismo en nuestros hogares? Ciertamente. Tomemos la Navidad, por ejemplo. Podemos comprar mucho menos. Podemos hacer los regalos a mano, fijar un presupuesto y comprar los regalos con antelación para evitar el enervante ajetreo por las tiendas. Cualquier cambio es bueno si nos ayuda a centrarnos en Cristo y no en nosotros mismos. Podemos visitar a los que no pueden salir de casa o llevar comida a los necesitados, para centrarnos en dar más que en recibir.

Si dejamos de centrarnos en el receptor humano y lo hacemos en el dador divino, la Navidad puede convertirse en un símbolo del corazón dadivoso de Dios, en lugar de las manos codiciosas de la gente.

Mi esposa organizaba a menudo una fiesta de «Feliz Cumpleaños, Jesús» para nuestras hijas y sus amigos. Cada niño llevaba un regalo hecho personalmente para Jesús. (Después de todo, ¿de quién es el cumpleaños?). Un año, unas noches antes de Navidad, nuestra familia se sentó alrededor de una mesa iluminada con velas, tomados de la mano. Luego, cada uno de nosotros compartió lo que apreciaba del Señor. Después de orar juntos y cantar villancicos, fuimos compartiendo lo que cada uno apreciaba de los demás. Fue una velada inolvidable.

Si un niño recibe cuatro regalos, se pueden repartir en cada uno de los cuatro días anteriores a Navidad. En la noche de Navidad, después de leer las Escrituras y cantar villancicos, cada dador puede presentar su regalo por turnos al destinatario. En la tranquilidad y sencillez de la celebración, podemos orar y expresar nuestro agradecimiento a Dios por el mayor de Sus regalos, el Señor Jesús. Si dejamos de centrarnos en el receptor humano y lo hacemos en el dador divino, la Navidad puede convertirse en un símbolo del corazón dadivoso de Dios, en lugar de las manos codiciosas de la gente.

Esto es solo el principio. Quizá desees hacer cambios más radicales en tu Navidad. Un noviembre, cuando nuestro pastor de misiones habló a nuestra iglesia de los cristianos necesitados de Sudán, una familia tras otra decidieron espontáneamente renunciar a los regalos de Navidad y dar a la iglesia de Sudán. Mi familia estaba entre ellos, y fue una Navidad maravillosa, que mejoró al saber que habíamos dado a lo que importaba en lugar de intercambiar más cosas que no necesitábamos. Pero aunque sigas intercambiando regalos, puedes hacer que la Navidad sea diferente. No seas víctima del materialismo del mundo. Adora a Cristo con sencillez.

Cómo enseñar a tus hijos sobre el dinero

«Instruye al niño en el camino que debe andar, y aun cuando sea viejo no se apartará de él» (Prov. 22:6). Deuteronomio 6:6-9 describe el proceso de formación como formal e informal. Debemos «enseñar» a nuestros hijos y «hablar» de los principios de las Escrituras a medida que surjan ocasiones a lo largo del día. A menudo, las conversaciones informales abrirán una puerta a la instrucción formal, y viceversa.

Cada experiencia que tus hijos tengan con el dinero es una oportunidad de enseñanza. Algunas lecciones las aprenderán por las malas. Si ponen la lengua en una bombilla caliente una vez, probablemente no volverán a hacerlo. Los niños que pierden o estropean su posesión favorita por descuido aprenderán una valiosa lección. Lo mismo ocurre con los que ven la alegría en los ojos de otro como resultado de algo que le han dado. A menudo, los padres pueden ayudar verbalizando la lección. Pero no hay sustituto para las propias experiencias de nuestros hijos y las impresiones que dejan, tanto agradables como dolorosas.

Cuando estamos atentos a la vida, surgen infinitas oportunidades de enseñanza. Cuando nuestras hijas eran pequeñas, iban a menudo con nosotros a la «máquina de dinero» de nuestro banco, situada en un supermercado. Nos veían meter la tarjeta. Salía dinero. Todo parecía tan fácil. Una vez les expliqué que no íbamos a hacer algo porque no teníamos suficiente dinero. Una de las niñas dijo: «Ve a la máquina de dinero y saca más». Esta fue una oportunidad para discutir qué es exactamente el dinero, cómo debemos trabajar para ganarlo y que no hay una cantidad infinita disponible. Debemos dedicar tiempo y esfuerzo a explicarlo, sobre todo en esos momentos de enseñanza en que se despierta el interés de un niño. No hace falta que seas elocuente, simplemente explícalo. Los niños lo entenderán.

A menudo, no tenemos ni idea de lo profundamente que afectamos a nuestros hijos con nuestros comentarios despreocupados y sin pensar. Una noche, cuando una de mis hijas tenía siete años, oró: «Querido Señor, te agradezco mucho que no seamos ni demasiado ricos ni demasiado pobres». Esto me alegró, pero también me sorprendió: ¿de dónde había salido? Mientras pensaba en ello, recordé que probablemente seis meses antes había compartido brevemente con ella un versículo de Proverbios: «No me des pobreza ni riqueza» (Prov. 30:8). Lo apliqué a una situación que vimos mientras íbamos en el auto. Hacía tiempo que había olvidado aquella conversación. Evidentemente, mi hija no.

Los otros maestros de nuestros hijos

La sociedad es mucho más agresiva que nosotros a la hora de enseñar a nuestros hijos sobre el dinero. Si quieres vivir una experiencia educativa, dedica una mañana de sábado a ver dibujos animados y programas infantiles. Fíjate especialmente en los anuncios. La publicidad se dirige directamente a los niños, inundándolos de una perspectiva materialista y animándolos sutilmente a manipular a sus padres para que compren productos de moda.

Aunque a muchos padres, entre los que me incluyo, les preocupan los valores sexuales erróneos que enseña la televisión, igualmente peligrosos son los valores materiales erróneos. Ahora hay más padres cristianos que enseñan a sus hijos lo que Dios dice sobre el sexo. Aplaudo esto. Pero debemos prestar la misma atención a enseñarles lo que Dios dice sobre el dinero y las posesiones.

Podemos desarrollar el discernimiento y la capacidad de decisión de nuestros hijos preguntándoles allí mismo qué dice un anuncio y cuál es realmente su finalidad. Pregúntales: «¿Qué importancia crees que tienen estas cosas para Dios?» y «¿Cómo mejorarían tu carácter o tu vida espiritual si las poseyeras?». No descartes estos anuncios por tontos: háblalos con tus hijos. Solo con diálogo y entrenamiento pueden aprender a discernir los fundamentos defectuosos del insistente materialismo de la sociedad.

Una noche, mis hijas me pidieron que jugáramos al popular juego de mesa llamado El juego de la VIDA. Había visto y oído hablar de él, pero nunca lo había jugado. Alguien les había prestado el juego a las niñas, y habían estado jugando de a ratos durante unos días antes de que decidieran enseñarle a papá a jugar. A medida que el juego avanzaba y yo empezaba a entenderlo, me sorprendió lo bien que reflejaba la mentalidad materialista de nuestra sociedad. Una de mis hijas se sintió decepcionada cuando cayó en un espacio que la convertía en profesora en vez de médica o abogada, ¡a pesar de que en la vida real quería ser profesora! ¿Por qué la decepción? Porque significaba que recibiría un salario menor durante el resto de la partida. Y el dinero, al fin y al cabo, es de lo que trata El juego de la VIDA (y, para mucha gente, la *vida*).

El juego de la VIDA, como la vida misma, presenta la elección de si debemos tener hijos. Pero como hay una cantidad mínima de dinero —pero no de hijos— necesaria para ganar el juego, mis hijas elegían sistemáticamente el dinero en vez de los hijos. Cuando yo elegí hijos en vez de dinero, pensaron que era una mala decisión, ¡sin tener en cuenta las implicaciones personales de si su madre y yo no hubiéramos tomado esa misma «mala decisión» en la vida! Elegir a los hijos podría significar perder la partida, ¿y quién juega a un juego con la intención de perder? Evidentemente, este pequeño juego de mesa no solo reflejaba valores: ¡los inculcaba!

Resultó ser una excelente oportunidad de enseñanza. Nanci y yo compartimos con nuestras hijas la infinitamente mayor consideración que las Escrituras tienen por los hijos que por el dinero. Les explicamos que «ganar» y «triunfar» son muy distintos a los ojos de Dios de a los del mundo. No pude evitar pensar en todos los padres cristianos a los que no se les ocurriría dejar que sus hijos jugaran con una tabla Ouija o vieran videos sexualmente explícitos, pero que no lo pensarían dos veces antes de dejarles jugar a El juego de la VIDA (o algún equivalente) sin abordar su descarado materialismo.

Rodeados de tanta instrucción antibíblica sobre el dinero, los padres necesitamos aliados fuertes. Nuestras iglesias pueden hacer mucho para enseñar a niños, jóvenes y adultos los principios bíblicos básicos de la mayordomía. Sermones, clases, seminarios especiales, debates en grupos pequeños, grupos de apoyo a los padres, programas de radio orientados a la familia, libros y cintas: todas estas son vías potenciales para desafiar y equipar a los padres para que enseñen a sus hijos en esta área vital. Los padres y los alumnos mayores podrían beneficiarse de la lectura y el debate de partes de este libro o de mi librito sobre la donación, *El principio del tesoro.*

Dado que Jesús, el Maestro por excelencia, dedicó tanto tiempo a hablar del dinero, las escuelas cristianas parecen un lugar natural para dedicar una unidad de estudio al dinero. Qué mejor contexto para explicar qué es el dinero, para qué sirve, qué dice Dios sobre él y cómo ganarlo, darlo, ahorrarlo y gastarlo. A los niños mayores se les podrían enseñar temas que van desde cómo manejar una chequera hasta cómo funciona la economía. La clase podría crear su propio producto, venderlo en una feria escolar y donar las ganancias a los misioneros. Esto señalaría las formas positivas de generar riqueza y la importancia de utilizarla con generosidad y sabiduría. Lo mismo podrían hacer las familias que educan en casa. Las posibilidades son infinitas, pero debemos empezar por convencernos de la importancia real del tema.

El siguiente capítulo ofrece sugerencias prácticas que los padres pueden aplicar para enseñar a sus hijos los principios y prácticas de la mayordomía bíblica.

Afrontar la mortalidad

Antes de salir de viaje, a veces les decía a mis hijas: «No espero que ocurra nada, pero recuerda que, si pasa algo, volveré a verte en el cielo».

La mortalidad es un hecho de la vida. ¿Qué ganamos —y qué ganan nuestros hijos— si fingimos que no lo es? Yo voy a morir. Tú también. Nuestros hijos también. No sabemos cuándo, pero sí sabemos que ocurrirá; a menos, claro está, que Cristo regrese durante nuestra vida. Volverá, pero a lo largo de los siglos todavía no lo ha hecho, aunque innumerables personas creían que volvería antes de que murieran.

¿Cuántos hijos —de diez años o de cuarenta— han quedado traumatizados por la pérdida repentina de uno de sus padres? Cuando papá y mamá hablan abiertamente de la inevitabilidad de la muerte, es un regalo para sus hijos. Si los padres cristianos recuerdan a sus hijos cristianos que lo peor que puede ocurrir en la muerte es una separación temporal, es tranquilizador. Su relación no puede terminar, solo interrumpirse. Lo que seguirá finalmente —ya sea en horas, días, años o décadas— es una gran reunión, maravillosa más allá de lo imaginable.[4]

La mortalidad es un hecho de la vida. ¿Qué ganamos —y qué ganan nuestros hijos— si fingimos que no lo es?

No es morboso ni inapropiado hablar de estas cosas con tu familia. La negación de la verdad, no la verdad en sí, es el caldo de cultivo de la ansiedad. Uno de los mayores regalos que puedes conceder a tus seres queridos es la anticipación sincera del reencuentro en el mundo mejor, aquel para el cual fuimos creados.

Excursión a un vertedero

¿Cómo podemos enseñar a nuestros hijos el vacío del materialismo de una forma directa y memorable? Prueba a llevarlos a visitar un desguace o un vertedero. Puede ser un gran acontecimiento familiar. (Las colas son más cortas que en los parques de atracciones, la entrada es gratuita y a los niños les encanta). Enséñales todos los montones de «tesoros» que alguna vez fueron regalos de Navidad y de cumpleaños. Señala las cosas que cuestan cientos de dólares, por las que se pelean los niños, por las que se pierden amistades, por las que se sacrifica la honradez y por las que se rompen matrimonios. Enséñales los diversos brazos y piernas y restos de muñecas maltratadas, robots oxidados y artilugios electrónicos que ahora yacen inservibles tras su breve vida útil. Indícales que la mayor parte de lo que posee tu familia estará un día en un desguace como este. Lee 2 Pedro 3:10-14, que nos dice que todo será consumido por el fuego. Luego, haz esta reveladora pregunta: «Cuando todo lo que poseíamos yazca abandonado, roto e inservible, ¿qué habremos hecho que dure para la eternidad?».

Criando dadores

Deberíamos criar una generación de dadores, no de acumuladores. Pero la próxima generación está creciendo en medio de —y heredando— una enorme riqueza. No tienen tradición de dar, ni visión de invertir en la eternidad, ni sentido de que el propósito de Dios para que prosperen no es que puedan vivir en el lujo, sino que puedan ayudar a sus iglesias, a los pobres y llegar a los perdidos.

Todas las estadísticas que he visto indican que cuanto más joven es una persona en Estados Unidos (personas con edad suficiente para tener al menos algunos recursos), menos tiende a dar: no menos en *total* (eso sería atribuible a ingresos menores), sino menos en *proporción* a lo que tiene. Qué acusación contra nosotros, como padres e iglesias, que no estemos formando a nuestros hijos para dar. Lo mejor que podríamos hacer por ellos sería inculcarles el hábito de dar. Dar no debería ser una asignatura optativa añadida a la vida espiritual; debería ser una asignatura obligatoria en el núcleo mismo del currículo de la vida. Si nuestros hijos no aprenden de nosotros a dar, ¿quién les enseñará?

> Instruye al niño en el camino que debe andar, y aun cuando sea viejo no se apartará de él. (Prov. 22:6, NVI)
>
> ... enséñales esto a tus hijos, y a los hijos de tus hijos. (Deut. 4:9, RVC)
>
> Y Yo lo he escogido para que mande a sus hijos y a su casa después de él que guarden el camino del Señor, haciendo justicia y juicio... (Gén. 18:19)
>
> Que hemos oído y conocido, y que nuestros padres nos han contado. No lo ocultaremos a sus hijos, sino que contaremos a la generación venidera las alabanzas del Señor, Su poder y las maravillas que hizo. Porque Él estableció un testimonio [...], y puso una ley [...], la cual ordenó a nuestros padres que enseñaran a sus hijos, para que la generación venidera lo supiera, aun los hijos que habían de nacer, y estos se levantaran y lo contaran a sus hijos, para que ellos pusieran su confianza en Dios, y no se olvidaran de las obras de Dios sino que guardaran Sus mandamientos. (Sal. 78:3-7)

Muchas personas que quieren que sus hijos desarrollen corazones para Dios pasan por alto la única cosa que Jesús dice explícitamente que moverá los corazones de nuestros hijos hacia el cielo: dar (Mat. 6:19-21). Los niños a los que no se les enseña a dar —con el ejemplo de sus padres, las discusiones familiares y la orientación personal— ven mermada su capacidad de vivir para

Cristo. A esta generación hay que mostrarle la alegría de dar y enseñarle la disciplina de dar. Para potenciar su generosidad, también hay que enseñarles a evitar las deudas y a controlar los gastos. Nuestro deber para con nuestros hijos es claro: «Críenlos en la disciplina e instrucción del Señor» (Ef. 6:4). En el próximo capítulo, abordaré formas prácticas de ayudar a nuestros hijos a convertirse en dadores.

En la película *Carrozas de fuego*, el atleta olímpico Eric Liddell dice: «Creo que Dios me hizo con un propósito... y cuando corro, siento Su placer». Cuando nuestros hijos dan, deben sentir nuestro placer, y aprender a sentir también el placer de Dios.

CAPÍTULO 21

Cómo enseñar a los hijos sobre el dinero y las posesiones

Tener un hijo ingrato duele más que un colmillo de serpiente.
WILLIAM SHAKESPEARE

Cuanto menos gastaba en mí mismo y más daba a los demás, más llena de felicidad y bendición estaba mi alma.
HUDSON TAYLOR

Este capítulo es una continuación práctica del anterior. Supone que te has comprometido a enseñar a tus hijos a ser buenos y generosos administradores financieros.

Aprender por las malas

Los niños aprenden con la experiencia, tanto la buena como la mala. Por eso, mi esposa y yo permitimos de vez en cuando que nuestras hijas tomaran malas decisiones financieras, como gastar impulsivamente. Esto era difícil para mí. Mi impulso era explicarles siempre a mis hijas por qué debían conservar su dinero en vez de malgastarlo en esta chuchería o en aquel paseo en caballito de sesenta segundos. Pero descubrí que si siempre era decisión de sus padres, aunque practicaban la obediencia a regañadientes, no aprendían sabiduría.

Cuando de vez en cuando empezamos a dejarles comprar algunas de las cosas que querían, empezaron a aprender por sí mismas, a la fuerza. Cuando llegaba algo de verdadero valor, no podían permitirse comprarlo. Mientras tanto, la baratija que habían comprado el mes pasado estaba perdida, rota o ya no les interesaba. Ahora querían comprar un libro que pudieran conservar y leer y compartir, pero no podían porque el dinero gastado en los placeres fugaces de los anillos de plástico y las pegatinas de colores se había ido para siempre.

Debemos tener cuidado de no sacar de apuros a nuestros hijos diciéndoles: «Bueno, supongo que has aprendido la lección, así que te compraré lo que quieres». Al contrario, la única forma de que los niños aprendan la lección es dejándoles afrontar las consecuencias de sus propios gastos imprudentes. Si conseguimos no interferir en las leyes naturales de la vida, los errores pueden ser los mejores maestros de nuestros hijos.

Cuando un niño pierde o rompe un juguete, un padre que se compadece del niño suele sustituir el juguete por otro nuevo. Mientras tanto, se priva al niño de aprender cómo funciona la vida. Hay que cuidar las cosas, porque perderlas o romperlas tiene consecuencias. Si se eliminan las consecuencias, se aprende la lección equivocada: «No pasa nada por ser descuidado porque de todos modos consigues lo que quieres». El comportamiento erróneo se refuerza en lugar de corregirse.

Cuando un niño pierde o rompe un juguete, un padre que se compadece del niño suele sustituir el juguete por otro nuevo. Mientras tanto, se priva al niño de aprender cómo funciona la vida.

Si un niño de doce años despilfarra el dinero del almuerzo escolar, ¿qué deben hacer sus padres? Nada. El niño debe ganar más dinero, utilizar el que ha ahorrado o quedarse sin comer. Las lecciones de la vida son muy sencillas y eficaces, ¡si nos mantenemos al margen!

«Pero ¿y si no fuera culpa del niño? ¿Y si alguien le rompe el juguete o le roba el dinero?». ¿No hay muchas pérdidas y desgracias en la vida que no son culpa de la persona, pero que hay que aceptar y afrontar? Un niño cuyos juguetes son sustituidos y cuyo dinero es repuesto por los padres nunca aprende cómo funciona la vida. No se lo está preparando para el mundo real de la administración.

Supón que tu hijo quiere una bicicleta. Podrías conseguirle una bicicleta usada decente en una venta de garaje por veinte dólares o incluso gratis si averiguas un poco. Pero quizás esto no sea suficiente para él. Quiere una bicicleta nueva como las de sus amigos. Una forma de enseñarle el costo de tener cosas bonitas es decirle que, si realmente la quiere, le prestarás el dinero al tipo de interés vigente. Elabora con él un plan de pagos, mostrándole cuánto le costará realmente esa bicicleta de cien dólares y cuánto tardará en pagarla.

Llegados a este punto, puede que se eche atrás en el trato. Si es así, bien por él. Pero si no lo hace, déjalo que siga adelante. Cuando pague la deuda con tareas varias —quizá dentro de seis meses— nunca olvidará el costo del préstamo. Para entonces, una bicicleta usada —algo en lo cual ya se transformó su bicicleta brevemente bella— le parecerá mucho más atractiva. La lección que aprenda puede darle sabiduría más adelante a la hora de comprar un auto, una casa o cualquier otra cosa.

Los hijos, el trabajo y el dinero

A Nanci y a mí nos complace ver que nuestras hijas y sus maridos toman sistemáticamente decisiones financieras sabias y generosas. Estamos agradecidos de que los padres de nuestros dos yernos ayudaran a inculcarles este mismo tipo de sabiduría. Es un legado duradero y precioso.

Como padres, debemos ayudar a nuestros hijos a aprender a asociar el dinero con el trabajo. El dinero y las posesiones no caen del cielo. Se ganan con el trabajo: un trabajo bueno, duro y bien hecho. Podemos animar a nuestros hijos a trabajar haciendo diversas tareas, fabricar cosas y venderlas. Podemos enseñarles que el trabajo puede ser significativo y divertido, además de rentable económicamente.

Un error frecuente que cometen los padres es repartir dinero a los hijos arbitrariamente a lo largo de la vida. Esto les enseña a creer que el dinero no tiene costo, que llega fácil o automáticamente. Como resultado, disocian el dinero del trabajo. Empiezan a imaginar que tienen derecho a tener dinero aunque no hayan trabajado para conseguirlo. Es este pensamiento erróneo el que más tarde lleva a las personas sin discapacidad a la asistencia social. Aunque el gobierno fomenta este tipo de mentalidad de limosna, la actitud en sí —trágicamente— suele aprenderse en casa.

Los niños siempre apreciarán mucho más las bicicletas, el equipo deportivo y la ropa favorita si han trabajado para conseguirlos. El hijo que recibe un auto nuevo como regalo en su decimoctavo cumpleaños va a tener un sistema de valores muy distinto del que trabaja duro, ahorra y toma su propia decisión de comprar un coche usado de 2000 dólares en lugar de uno de 15 000.

Aunque el dinero debe asociarse al trabajo, no todo el trabajo debe asociarse al dinero. No siempre debe pagarse a los niños por sus tareas. Sin embargo, hay muchos «extras» que pueden ser legítimamente recompensados con dinero. Hay trabajos fuera de casa que los niños pueden realizar a medida que crecen, como lavar coches, cortar el césped y hacer de niñera.

Sea como sea, es importante que enseñemos a nuestros hijos una ética del trabajo. Por otra parte, es igualmente importante que los niños aprendan a poner el trabajo y otros compromisos en el lugar que les corresponde. Cuando era pastor de jóvenes, vi a muchos adolescentes sufrir espiritualmente porque faltaban con frecuencia a la iglesia, al grupo de jóvenes y a retiros especiales debido a trabajos, deportes, música, actividades escolares y otros compromisos. Aunque todo esto puede ser bueno, algo va mal cuando, como consecuencia, un estudiante pierde oportunidades vitales de cultivar su vida espiritual. Cualquier joven a quien sus padres animen o permitan poner otras ocupaciones por encima del ministerio, el compañerismo y la enseñanza de las Escrituras, pondrá en práctica esos mismos principios como un miembro adulto de la iglesia, si es que no está demasiado ocupado ganando dinero como para ir a la iglesia.

El ahorro

Los niños aprenden el valor del dinero y la disciplina del autocontrol ahorrando. Si tu banco no permite cuentas pequeñas, es posible ingresar el dinero de tus hijos en tu cuenta y llevar un libro de ingresos y retiros entre ellos y tú. Págales el mismo tipo de interés que tú ganas. Les impresionará saber de primera mano que ahorrar dinero produce aún más dinero. En cuanto tengan suficiente para abrir su propia cuenta, es lo ideal.

Los niños necesitan razones e incentivos para ahorrar. Si quieren un objeto importante, por ejemplo un telescopio, ayúdalos a desarrollar un plan para ahorrar durante seis meses o un año. Quizás puedan ahorrar quince o treinta dólares al mes. Ayúdalos a pensar en trabajos para conseguir este objetivo. Si siguen con su plan de ahorrar dinero durante un largo período de tiempo, comprar ese telescopio no será una decisión impulsiva. Y una vez que lo hayan ganado, será más probable que lo cuiden bien.

Hay que enseñarles a los niños a ahorrar tanto a corto como a largo plazo. Pueden ahorrar para ir a patinar este fin de semana. O pueden estar ahorrando para comprar un saco de dormir dentro de tres meses o tener dinero para gastar en unas vacaciones familiares importantes dentro de un año.

Muchos padres saben lo que es que los adolescentes vayan a eventos escolares costosos. Los chicos pueden querer comprarse vestidos caros o alquilar esmóquines e ir a restaurantes elegantes. Padres frustrados me han contado que, entre la ropa y la cena, es habitual que esas veladas cuesten varios cientos de dólares.

Cualquier padre que pague automáticamente la cuenta de estos eventos no les está haciendo un favor a sus hijos. Si tus hijos adolescentes creen que estos eventos merecen tanto dinero, tienen que procurárselo ellos mismos, con meses de antelación si es necesario. Solo entonces comprenderán el costo. Cuando trabajar por algo es la única alternativa, es sorprendente la cantidad de opciones creativas que se les ocurren a los jóvenes y aun así pasarlo bien, como pedir prestada ropa bonita, utilizar ropa «vieja» y elegir un sitio «barato» para cenar. Por supuesto, si a los padres no les importa gastar grandes cantidades de dinero en una sola salida nocturna, sus hijos aprenderán los mismos valores.

Ayudamos a nuestras hijas a ir a la universidad, igual que nuestros padres nos ayudaron a nosotros. Sin embargo, no creo que los padres deban pagar automáticamente toda la educación universitaria de sus hijos. A veces, no pueden. Pero incluso cuando pueden, en algunos casos sería mejor que no lo hicieran. Cuando los jóvenes pasan un año después de la escuela secundaria trabajando para ganar dinero para la universidad, desarrollan el carácter y la responsabilidad financiera.

Una familia de nuestra iglesia prometió pagar exactamente la mitad del costo de la educación universitaria de sus hijos. Su hijo fue a la universidad y lo pasó muy bien, pero suspendió tres asignaturas. Así que modificaron su acuerdo. Tendría que pagar toda la matrícula por adelantado y presentar su boletín de notas al final del curso. En ese momento, le reembolsarían la mitad del costo de todos los cursos en los que obtuviera una C o más. Son padres sabios que ven la importancia del incentivo y la responsabilidad. Entienden lo que muchos padres no entienden: que la calidad de la educación universitaria suele mejorar drásticamente cuando el estudiante participa sustancialmente en su pago.

No creo que los padres deban pagar automáticamente toda la educación universitaria de sus hijos.

Sugiero una cuenta de ahorro separada para la universidad de los hijos, en la que tanto los padres como los hijos contribuyan regularmente desde que son pequeños. En algunos casos, es posible hacerlo conforme a la Ley de Donaciones Uniformes a Menores del gobierno federal (en Estados Unidos), de modo que los intereses generados por esta cuenta tributen por los ingresos de los hijos en lugar de por los de los padres. Normalmente esto significa que los impuestos serán mucho más bajos o inexistentes, dependiendo de los ingresos totales del hijo.

Como algunos ahorros pueden canalizarse en inversiones, también se puede enseñar a los niños el mercado de valores. Cuando yo estaba en primaria, recogiendo bayas y cosechando coliflores en verano, mi padre me animó a que tomara parte del dinero y lo invirtiera en acciones. Fue muy interesante y gratificante. Aunque gané bastante dinero con las transacciones, incluso si no lo hubiera hecho habría valido la pena. Llegué a comprender a una edad temprana cómo funcionan el mercado de valores y nuestra economía. Ese conocimiento me ha sido muy útil desde entonces.

Dar

La lección más fundamental que cualquier niño puede aprender sobre finanzas —incluso más importante que ahorrar— es la lección de dar. Como padres, debemos enseñar a nuestros hijos a dar. No se trata simplemente de tomar nuestro dinero y dárselo a nuestro hijo para que lo ponga en la ofrenda. En tal caso, el niño no está dando, sino simplemente entregando nuestro regalo. Para que sea realmente dar, debe proceder de lo que realmente pertenece al niño.

Enseñamos a nuestras hijas a diezmar desde la más tierna infancia. No importaba de dónde procedieran sus ingresos, incluso como regalo, el 10 % pertenecía al Señor y era intocable. Si el abuelo les daba diez dólares por Navidad, la pregunta nunca era: «¿Qué puedo hacer con diez dólares?», sino: «¿Qué puedo hacer con nueve dólares?».

He leído varias fuentes que dicen rotundamente: «No exijas a tus hijos que diezmen». No estoy de acuerdo. Ese consejo no tiene más sentido para mí que decir: «No obligues a tus hijos a lavarse las manos antes de comer, ni a llevar abrigo en un día frío y ventoso, ni a guardar sus juguetes, ni a ir a la iglesia».

A los que dicen: «Pero dar debe ser de corazón, no impuesto por otra persona», les respondería: «Pero dar también es un hábito, y como todos los buenos hábitos, puede y debe cultivarse». No hay mejor manera de que un padre cultive la generosidad que convirtiéndola en una de las prácticas habituales de la familia.

Conozco a personas criadas con el diezmo que no dejarían de diezmar al igual que no dejarían de lavarse los dientes. El diezmo está tan arraigado en su familia que sus hijos nunca expresan el deseo de renunciar a él. Sería tan impensable no diezmar como no cerrar la puerta del refrigerador, no cerrar el grifo o no orar antes de comer. Por supuesto, atenerse a una rutina no es garantía de espiritualidad. Pero el santo hábito de dar es como los santos hábitos del estudio de la Biblia, la oración, el testimonio y la hospitalidad. Estas cosas deben formar parte de nuestro estilo de vida. Los que se crían sin estos hábitos están en gran desventaja al intentar desarrollarlos de adultos.

Cuando nuestras hijas tenían tres y cinco años, empezamos a darles un salario de cincuenta centavos a la semana. Lo llamábamos «salario» porque tenían que hacer determinadas tareas para recibirlo. La «mesada» suele significar repartir fondos con regularidad sin una responsabilidad acorde. Cinco de cada cincuenta centavos eran sagrados, destinados al Señor. A menudo, decidían dar más que eso, y las animábamos a hacerlo, recordándoles que la verdadera ofrenda empieza después del diezmo.

Pero cuando nuestras hijas elegían dar más, lo hacían plenamente conscientes de que habían trabajado para conseguir ese dinero y que darlo les dejaría menos dinero para gastar. No interveníamos para recompensarlas por su generosidad compensándolas por lo que les había costado. Hacerlo habría sido quebrantar la esencia de dar. Debemos dejar que Dios recompense como quiera, a Su tiempo y a Su manera, y no interferir.

Cuando una de las niñas decía: «Esta semana quiero dar toda mi mesada», teníamos cuidado de no sofocar su espíritu enseñándole a ser «razonable». Queríamos que nuestras hijas dieran lo que su corazón les pidiera. Si esto significaba dar «irrazonablemente» como la viuda de Marcos 12 y los creyentes macedonios de 2 Corintios 8, que así fuera. ¡Eso las pondría en buena compañía! (De hecho, por mucho que den, nuestros hijos seguirán viviendo en una riqueza inimaginable en comparación con estas cifras bíblicas).

Cuando las niñas tenían siete y cinco años, les di a cada una tres tarros que había etiquetado con sus nombres y las denominaciones «Ofrenda», «Ahorro» y «Gastos». Les dije que cada vez que ganaran su sueldo (que por entonces era de un dólar a la semana) debían poner primero al menos el 10 % en el tarro de «Ofrenda», y luego distribuir el resto entre los otros dos tarros como quisieran. Pero una vez que ponían dinero en el tarro de la Ofrenda, incluso más allá del diezmo, estaba dedicado al Señor y no podían retirarlo. Todos los domingos por la mañana, vaciaban el tarro de la Ofrenda y lo llevaban a la caja de ofrendas de la iglesia.

Una vez que metían dinero en el Ahorro, no debían sacarlo ni gastarlo, salvo para algún gasto especial próximo. Sin embargo, podían transferir dinero de Ahorro o Gastos a Ofrenda, o de Gastos a Ahorro. Los tarros estaban alineados y se podía hacer lo siguiente: Podían transferir dinero a cualquier tarro de la izquierda, pero nunca a un tarro de la derecha.

Nunca olvidaré la noche en que expliqué este nuevo sistema a mis hijas. Estaban tan entusiasmadas que enseguida tomaron el dinero que ya tenían y lo distribuyeron entre los tarros. Colocaron los tarros a la perfección en sus cómodas y se pasaron horas calculando cosas con papel y lápiz mientras se les enfriaba la cena. Mi hija de siete años me pidió que le enseñara a calcular porcentajes en nuestra calculadora. Escribía en etiquetas, completamente por su cuenta: «Ofrendar: 20 centavos a la semana», «Ahorrar: 30 centavos a la semana» y «Gastar: 50 centavos a la semana». Durante años, el uso de estos tarros estimuló las conversaciones sobre la gestión de su dinero. Este sencillo sistema probablemente dio lugar a más educación financiera que cualquier otra cosa que hiciéramos Nanci y yo.

Los niños no pueden aprender a administrar el dinero a menos que tengan dinero que administrar y a menos que ese dinero se gane con su esfuerzo. Nunca insistiré demasiado en este punto: los padres que reparten el dinero según el momento no están enseñando a sus hijos a administrarlo correctamente.

La familia dadivosa

Un hombre me escribió: «Mi mujer y yo hemos enseñado a nuestros hijos desde pequeños a dar regularmente a Dios y a los fines de Su reino. Nuestra familia ha sido bendecida con cuatro jóvenes adultos que aman a Jesús, y creo que nuestra fidelidad al dar ha contribuido a ello. Los beneficios de Dios no siempre son económicos».

Cuando pedí a un grupo que compartiera sus historias de dar, un hombre, Daniel J. Arnold, me dijo: «Dar para la gloria del Señor Jesucristo y la expansión de Su reino en la tierra se ha convertido en el propósito común de nuestra familia, nuestra comisión. Comprobamos la voluntad de Dios para nosotros en la oración y nos ponemos de acuerdo sobre cada donativo. Dar nos introduce en una vida de fe y confianza en Dios». Como todo lo demás en el hogar, la mayordomía se *contagia* tanto como se enseña.

Recomiendo que las familias participen juntas en proyectos misioneros especiales. Los miembros de la familia pueden trabajar juntos para ayudar económicamente, orar y mantener correspondencia con un misionero, una familia necesitada o un huérfano en el extranjero. Tomar conciencia de las necesidades de otros lugares recuerda a nuestros hijos la increíble abundancia de Estados Unidos y nuestra oportunidad de compartirla con los necesitados.

Tomar conciencia de las necesidades de otros lugares recuerda a nuestros hijos la increíble abundancia de Estados Unidos y nuestra oportunidad de compartirla con los necesitados.

Si estás planeando unas vacaciones familiares importantes, ¿por qué no visitar un campo misionero? Combina la diversión con la educación y el estímulo a las familias misioneras de la iglesia (siempre que no sea un inconveniente para ellas). Cuando Karina y Angela tenían ocho y seis años, Nanci y yo las llevamos durante dos meses a visitar a cinco familias misioneras de nuestra iglesia en Inglaterra, Austria, Grecia, Egipto y Kenia, todo ello por menos dinero del que muchos estadounidenses se gastan en un auto. Ninguno de nosotros olvidará jamás el impacto del viaje en sí o la planificación, el trabajo, el orar y el ahorrar para ello. Primero tuvimos la emoción de ver cómo Dios proveía y luego de ver Su apasionante obra en aquellos fascinantes países. Sacamos a las niñas de la escuela durante esos dos meses, pero aprendieron mucho más viajando de lo que habrían aprendido en el aula. Este viaje las formó no solo para la vida, sino para la eternidad.

Enseñar autocontrol a nuestros hijos

Pocas cosas podemos enseñar a nuestros hijos más valiosas que la disciplina de decir «no». Debemos modelar la gratificación diferida y enseñar la disciplina de evitar gastos cuando el dinero podría cumplir un propósito más elevado si se ofrendara, se ahorrara o se utilizara de forma más inteligente. El autocontrol es una de las virtudes cristianas más elevadas (Gál. 5:22-23; Tito 2:1-12).

Un predicador contó esta historia: «Un día le pregunté al Señor: "¿Qué es para ti un millón de años?". Dios respondió: "Para mí, hijo, solo es un segundo". Entonces le pregunté: "¿Qué es para ti un millón de dólares?". Dios dijo: "Para mí solo es un centavo, hijo". Entonces le dije: "Bueno, Señor, ¿qué tal si me das un millón de dólares?". "Claro, hijo", respondió Dios. "Pero tendrás que esperar un segundo"».[1]

A veces tenemos que esperar más de lo que queremos, pero eso es lo que forja nuestro carácter y nuestro autocontrol. Los niños necesitan ayuda para desarrollar la resistencia a las ventas. Son, por naturaleza, gastadores impulsivos. La autodisciplina no les surge de forma natural. Cada vez que decimos que no a nuestros hijos sobre un helado, un caramelo o un juguete nuevo, podemos enseñarles algo importante:

- Para que las cosas sean especiales, deben ser la excepción, no la regla.
- Hay valores más elevados que la gratificación inmediata.
- Hay mejores formas de utilizar el dinero de Dios que seguir nuestros impulsos.

Los niños educados así suelen seguir el mismo patrón de toma de decisiones cuando están solos. El autocontrol que los niños aprenden en un área se traslada a otras. Los niños que aprenden a decir no a las compras innecesarias tienen muchas más probabilidades de decir no a la inmoralidad, el alcohol, las drogas o el hurto.

Los niños cuyos padres no les dan todo lo que quieren están invariablemente más contentos que sus homólogos malcriados. Piden cosas con menos frecuencia y, cuando lo hacen, son mucho más selectivos. Cuando sus padres les dicen que no, pueden aceptar un no porque son conscientes de que no se saldrán con la suya ni rogando ni insistiendo. (Solo conseguirán que les impongan disciplina). Los niños acostumbrados a conseguir lo que quieren pasan continuamente el tiempo perfeccionando sus habilidades para manipular a sus padres.

Sin duda, a veces los padres deben decir que sí a las peticiones de sus hijos. En el contexto de una buena administración, dar a nuestros hijos puede enseñar la lección de la generosidad, no de la indulgencia. La tacañería es un modelo tan negativo como la indulgencia. El equilibrio es la clave. Nuestro objetivo no es ser tacaños obsesionados con el dinero y preocupados por cada gasto, sino administradores alegres, responsables y generosos de la abundancia de Dios. El objetivo de ser cuidadosos con el dinero de Dios es liberar más recursos para utilizarlos con los fines del reino. Un maravilloso efecto secundario es que también forja un carácter más semejante al de Cristo.

Los gastos

Los niños pueden aprender a comprar con inteligencia, mirando a su alrededor y no comprando lo primero que ven. Podemos enseñarles a comparar valores y a descubrir los mejores lugares para comprar. Para evitar los gastos impulsivos, nuestra familia tiene la norma de no hacer compras importantes a menos que lo hayamos considerado durante al menos varios meses. Si seguimos queriendo algo cuatro meses después, ya no es un gasto impulsivo.

Sugiero menos compras de entretenimiento. Deambular sin rumbo por centros comerciales produce gastos innecesarios. Puede generar descontento mirar todos los últimos modelos de cosas que no necesitamos y que, de todos modos, no podemos permitirnos. Recomiendo una «excursión» familiar a un centro comercial con un fin concreto, pero no para comprar algo. Mira todas las cosas, y luego pregúntate a ti mismo y a tus hijos si realmente merece la pena el costo a la luz de qué más se podría hacer con el dinero, especialmente para ayudar a los demás e invertir en el reino de Dios.

Un día, paseé por un centro comercial, identificando los productos de las tiendas que podían describirse como cosas que necesitaba en contraposición a cosas que podría desear. El resultado fue más sorprendente de lo que esperaba. Aparte de unos pocos alimentos y la ropa más básica, el 99,9 % restante de los artículos no eran necesarios. Cuando llevé a nuestras hijas al mismo tipo de recorrido, su trabajo consistía en identificar «artículos de necesidad» en contraposición a «artículos de deseo». Se divirtieron mucho y volvieron a casa dándose cuenta de las pocas necesidades y los muchos deseos que tenemos.

Una forma eficaz de enseñar a los niños a gastar correctamente el dinero es mostrarles cómo lo gastas tú. Cuando los niños tienen diez años, o incluso menos, ya son lo bastante mayores para que se les permita participar en el presupuesto familiar.

Una técnica consiste en llevar a casa un sueldo entero en billetes de un dólar (explícale *eso* al cajero del banco). O puedes utilizar dinero de juguete para ilustrar lo mismo. Pon el dinero en montones para mostrar cuánto se destina a qué gastos mensuales. Este planteamiento permite a los niños visualizar en qué se gasta el dinero de la familia. Los ayuda a comparar lo que es caro y lo que no, lo que es prioritario y lo que no.

Algunas cosas sorprenderán a los niños, y te harán preguntas mutuamente esclarecedoras. Probablemente reevaluarán su presupuesto y harán algunos cambios saludables. Comparar la cantidad que regalas con la que gastas en ti puede traer especial convicción.

Puede que tus hijos vean las cosas desde una perspectiva responsable por primera vez. Los niños a los que se les ha dicho que apaguen las luces cuando salen de una habitación o que cierren la puerta principal tras de sí, de repente lo entienden cuando ven el montón de dinero que se destina a pagar la factura de la luz. Los niños pueden oír las palabras de sus padres, pero hasta que no visualizan lo que significan, las palabras no calan realmente.

Mirar tu declaración fiscal ayuda a calibrar tu perspectiva espiritual. Por ejemplo, cuánto gastas en intereses comparado con cuánto das dice mucho sobre lo que crees. ¿Deduces más por los intereses de tus deudas que por tus donaciones benéficas? Enseña a tus hijos tu declaración fiscal, no solo para su instrucción, sino también para la tuya.

Responsabilidad progresiva

Como padres, nuestro propósito supremo no es simplemente dar a nuestros hijos comida y cobijo durante los primeros veinte años de vida. Nuestro propósito es presentar un día ante el Señor, la Iglesia y el mundo jóvenes adultos maduros que sean buenos siervos, buenos administradores y buenos ciudadanos.

A medida que los niños crecen, deben ir destetándose económicamente de sus padres. Sobre todo a medida que se acercan al final de la escuela secundaria, los hijos deberían ir ganando progresivamente más dinero y aceptando más responsabilidad por sus finanzas. A los diez años, la mayoría de los niños podría tener su propia cuenta de ahorros. A los doce años, podrían tener un trabajo de verano a tiempo parcial. A los dieciséis, podrían tener su propia cuenta corriente. A los diecisiete, podrían pagarse su propio transporte, actividades recreativas y parte de su ropa. Por supuesto, esto variará mucho según las necesidades familiares, las preferencias, las oportunidades de trabajo y el desarrollo del niño.

Después de que los hijos terminan el bachillerato, y en los inicios de su segunda década, puede ser razonable proporcionarles comida y alojamiento. Pero debemos discernir cuándo esto deja de ser saludable y empieza a desarrollar malos hábitos de dependencia que serán difíciles de romper cuando por fin tengan que desenvolverse en el mundo real. También debemos darnos cuenta de que lo que es bueno para un niño puede ser malo para otro.

El objetivo es ayudar a nuestros hijos a ser cada vez más independientes de nosotros, lo que debería conducir a una dependencia cada vez mayor del Señor. La dependencia no se elimina, simplemente se transfiere. A medida que confiamos a nuestros hijos más y más responsabilidad económica, deberíamos ver que se vuelven más y más dignos de confianza económica. A medida que demuestren que son dignos de confianza, Dios también les confiará cada vez más.

Permíteme repetir para enfatizar lo que he dicho antes: Los padres no debemos transferir riqueza a nuestros hijos adultos si antes no les hemos transferido sabiduría. Sin sabiduría, la transmisión de riqueza no solo será un despilfarro, sino que perjudicará a nuestros hijos el 100 % de las veces.

Recompensas como incentivos

En el capítulo 9, vimos que Dios utiliza un sistema de refuerzo positivo, tanto mediante la concesión de recompensas a corto plazo como mediante la promesa de recompensas a largo plazo. Aunque Dios ha incorporado en cada uno de nosotros la necesidad de incentivos y motivación mediante recompensas, algunos padres no siguen Su pauta con los hijos. El Dr. James Dobson aborda el tema de las recompensas en *Atrévete a disciplinar*:

> Los adultos son reacios a utilizar recompensas porque las consideran una fuente de soborno. Nuestro medio de enseñanza más viable es ignorado a causa de un malentendido filosófico. Toda nuestra sociedad se basa en un sistema de refuerzo, pero no queremos aplicarlo donde más se necesita: con los niños pequeños.[2]

El gran éxito de *Awana*, los *Boy Scouts*, las *Girl Scouts* y otros programas infantiles similares se debe en gran medida a su énfasis en los logros. Esto se manifiesta en parches, insignias, rangos y otras recompensas tangibles. Por supuesto, como todo lo bueno, esto puede llevarse al extremo. Pero como todos los niños han sido creados para madurar mediante una motivación adecuada, debemos orientar nuestra formación a motivarlos de la forma más eficaz hacia los fines más saludables.

> El gran éxito de *Awana*, los *Boy Scouts*, las *Girl Scouts* y otros programas infantiles similares se debe en gran medida a su énfasis en los logros.

Dios nos recompensa por lo que hacemos, por cómo lo hacemos y por qué lo hacemos (1 Cor. 4:2, 5). Como tener una buena actitud a veces requiere un trabajo considerable, periódicamente recompensamos a nuestras hijas de pequeñas formas materiales simplemente por sus actitudes. Pero aunque la actitud siempre es importante, también es apropiado recompensar a los niños por acciones y tareas concretas realizadas.

Por supuesto, no todas las recompensas son materiales. Así como Dios les dice «bien hecho» a Sus siervos fieles, la alabanza de un padre es la mayor recompensa para un hijo. Las mayores sonrisas de nuestras hijas surgían cuando las elogiábamos por sus acciones y actitudes. Y cuando les dábamos una recompensa material, a menudo la vinculábamos a una experiencia que fomentaba las relaciones, como un desayuno con papá o un helado con toda la familia. Nuestras hijas sabían que no se estaban ganando nuestro amor. Pero también sabían que era posible obtener aprobación y otras recompensas mediante sus fieles esfuerzos. Sin esta formación, nunca sabrían cómo funcionar responsablemente en sus familias, vocaciones o en su servicio a Cristo, el Recompensador supremo (Heb. 11:6).

Niños que comparten

La mayoría de los padres pueden identificarse con este lamento: «Ojalá Jaimito supiera compartir». A veces nos horrorizan y avergüenzan las muestras de avaricia y posesividad de nuestros hijos. Queremos que aprendan a compartir, pero con demasiada frecuencia no les proporcionamos un modelo para hacerlo.

La mayoría de nosotros compramos una herramienta o un utensilio de cocina que solo utilizaremos unas pocas veces al año, en lugar de pedírselo prestado a un vecino. Esta decisión provoca dos cosas: genera un gasto innecesario y elude el desarrollo de una relación con el prójimo que se cultivaría de forma natural compartiendo recursos. También forma a nuestros hijos para que piensen y vivan de forma independiente en lugar de interdependiente.

¿Qué aprenden nuestros hijos cuando nos oyen quejarnos de que hemos prestado a alguien nuestro auto y nos lo han devuelto sucio o abollado? Puede que incluso nos hayan oído decir: «Es la última vez que prestamos nuestra tienda al grupo de jóvenes». Sin embargo, si consideramos que nuestros bienes pertenecen realmente a Dios, estaremos encantados de prestar nuestro coche o una tienda, aunque nos demos cuenta de que pueden volver un poco estropeados. Pero eso forma parte de compartir. Para aprender a compartir de verdad, los niños deben vernos hacerlo. No debemos limitarnos a hablar de compartir. Debemos compartir.

La hospitalidad es una de las formas más fuertes de enseñar a nuestros hijos. Abriendo nuestras casas a los demás y siendo amables anfitriones, enseñamos a nuestros hijos tanto a compartir como a disfrutar de los frutos de compartir. Ven de primera mano el valor de animar a otras personas y acercarse a ellas mediante el uso desinteresado de las posesiones. Puede que incluso recuerdes con tus hijos a algunas de las personas a las que has abierto tu casa y te preguntes si, sin saberlo, han hospedado a algún ángel disfrazado (Heb. 13:2).

Niños agradecidos

«Tener un hijo ingrato duele más que un colmillo de serpiente». Cualquier padre que tenga uno sabe exactamente lo que quería decir Shakespeare. En medio de la abundancia que siempre han conocido y con la naturaleza pecaminosa que siempre han tenido, nuestros hijos no serán agradecidos de forma natural. Debemos enseñarles a ser agradecidos.

«Bendice, alma mía, al Señor, y no olvides ninguno de Sus beneficios» (Sal. 103:2). Como padres, podemos marcar el camino contando nuestras bendiciones delante de los niños y expresando abiertamente nuestro agradecimiento a Dios por todo lo que ha hecho por nosotros. Debemos tener cuidado de no anular esto quejándonos cuando las cosas no salen como queremos. ¿Qué aprenden nuestros hijos cuando nos oyen decir: «Qué lástima que haya tenido que llover hoy», o «Este tonto auto siempre se estropea», o «Es el segundo año consecutivo que no me suben el sueldo»?

A menudo pedíamos a nuestras hijas por la noche que identificaran una serie de cosas por las que estaban agradecidas y que Dios había hecho por ellas ese mismo día. Al principio, esto puede resultar difícil, pero con el tiempo desarrolla una mirada sensible a las formas en que Dios cuida de nosotros. A la cabeza de esta lista de cosas por las que dar gracias está Dios mismo, nuestro amoroso Redentor. Después están la familia, los amigos y la iglesia que nos ha dado.

Los niños también pueden dar gracias por las cosas materiales, por algo más que juguetes: por un cuerpo que funciona, una cama en la que dormir, una casa en la que vivir, por el aire, el sol, la lluvia, la belleza de las flores y los árboles. Pueden dar gracias por un país en el que son libres de rendir culto y compartir su fe. Dar gracias por todas estas cosas hace que sus corazones no se dirijan a las cosas en sí, sino a Aquel que las proporciona generosamente. La atención no se centra en los dones, sino en el Dador. Entonces, incluso cuando el cuerpo duele, la cama está dura y la casa está fría y cruje, permanece la seguridad constante de que Dios sigue ahí y sigue siendo fiel.

A medida que los niños desarrollan el agradecimiento por su comida y otras provisiones, pueden aprender a verlas no como cosas que llegan con facilidad y se van rápido, sino como provisiones personales de un Padre celestial amoroso. De lo contrario, en esta sociedad de usar y tirar, de platos de papel, pañuelos de papel, cucharas de plástico y desechables de todo tipo, es difícil desarrollar un aprecio adecuado por las cosas.

Los obstáculos al agradecimiento son muchos. Pero deben superarse en nuestros hogares cristianos, donde debemos dar gracias en toda circunstancia (1 Tes. 5:18). No te disculpes nunca por insistir en que tus hijos o nietos adquieran el anticuado hábito de decir por favor y gracias. A los niños a los que no se les enseñan estas cortesías básicas, los adultos les están fallando.

Dejar un legado

Nada interferirá más en la relación de nuestros hijos con Dios —o incluso les impedirá tener esa relación— que una vida centrada en las cosas. Nuestro mayor legado a nuestros hijos es ayudarles a desarrollar su vida interior, su yo espiritual, su corazón para Dios. Debemos entrelazar estas lecciones con la construcción de un carácter fuerte, una fibra moral y unos valores bíblicos sólidos que puedan soportar los golpes de una sociedad materialista y sin Dios.

Aunque muchos padres dejarán a sus hijos una gran herencia, nosotros podemos dejarles lo que realmente importa: una herencia de sabiduría y generosidad. Así podrán transmitir este legado a sus propios hijos y a los hijos de sus hijos. Las generaciones piadosas y un impacto eterno pueden ser el resultado de nuestros sencillos actos de fiel mayordomía, no solo del dinero, sino también de los hijos que Dios nos confía.

CONCLUSIÓN

¿Cómo seguimos?

Continuamente me resulta necesario guardarme de ese amor natural por la riqueza y la grandeza que nos impulsa siempre, cuando aplicamos nuestra doctrina general a nuestro propio caso, para reclamar una excepción.
WILLIAM WILBERFORCE

El antagonismo entre la vida y la conciencia puede eliminarse de dos maneras: mediante un cambio de vida o mediante un cambio de conciencia.
LEÓN TOLSTÓI

En este capítulo final, introduciré algunas ideas nuevas, pero sobre todo recogeré y resumiré puntos y principios clave que servirán de base para un desafío final.

Uno de los artículos más notables sobre el dinero que he leído procede de una fuente poco probable: el novelista Stephen King, un escritor más conocido por sus relatos de terror que por sus ideas teológicas. En un artículo de la revista *Family Circle*, rompe con el espíritu del materialismo argumentando apasionadamente a favor de dar, no por altruismo, sino por interés propio. Aunque no escribe desde una perspectiva eterna, King se da cuenta intuitivamente no solo de que dar es correcto, sino también de que es inteligente. No reconoce la gloria de Dios, el bien de los demás ni la recompensa eterna del dador como razones superiores para dar, pero reconoce que dar aporta un propósito trascendente y placer aquí y ahora:

> Hace un par de años descubrí lo que significa «no puedes llevártelo contigo». Lo descubrí mientras estaba tirado en una zanja al borde de una carretera comarcal, cubierto de barro y sangre y con la tibia de la pierna derecha asomando por el lateral de mis vaqueros como la rama de un árbol derribado en una tormenta. Tenía una MasterCard en la cartera, pero cuando estás tirado en una zanja con cristales rotos en el cabello, nadie acepta MasterCard.

> Llegamos desnudos y sin dinero. Puede que estemos vestidos cuando salimos, pero estamos igual de pelados. ¿Warren Buffet? Se va a ir pelado. ¿Bill Gates? Se va a ir pelado. ¿Tom Hanks? Se va a ir pelado. ¿Steve King? Pelado. Ni un solo centavo.
>
> Todo el dinero que ganas, todas las acciones que compras, todos los fondos de inversión que negocias... son todos espejismos. Seguirá siendo un cuarto de hora tarde, tanto si das la hora en un Timex como en un Rolex. [...]
>
> Así que quiero que consideres hacer de tu vida un largo regalo para los demás. ¿Y por qué no? De todos modos, todo lo que tienes es prestado. Lo único que perdura es lo que transmites. [...]
>
> [Este mundo necesitado] no es un cuadro bonito, pero tenemos el poder de ayudar, el poder de cambiar. ¿Y por qué deberíamos negarnos? ¿Porque nos lo vamos a llevar con nosotros? Por favor.
>
> Dar no es por el receptor o el regalo, sino por el dador. Es *para* el dador. Uno no abre la cartera para mejorar el mundo, aunque es lindo cuando eso ocurre; uno lo hace para mejorarse a uno mismo. [...]
>
> Una vida de dar —no solo dinero, sino tiempo y espíritu— compensa. Nos ayuda a recordar que puede que nos vayamos pelados, pero que ahora mismo nos va bien. Ahora mismo tenemos el poder de hacer un gran bien a los demás y a nosotros mismos.
>
> Así que te pido que empieces a dar, y que continúes cuando empieces. Creo que al final descubrirás que has recibido mucho más de lo que nunca tuviste, y que has hecho más bien del que jamás soñaste.[1]

Contrasta la perspectiva de Stephen King con la de un asistente habitual a mi iglesia, que envió la siguiente carta anónima en respuesta a un sermón sobre dar:

> Nunca me decepcionó tanto un servicio como el del domingo. Tengo una amiga incrédula que conseguí que viniera conmigo, ¿y sobre qué predicaste? ¡Sobre el dinero! ¡Te aseguro que no le impresionó! ¿Y por qué el dinero, cuando hay tantas cosas bellas para decir? Será mejor que reconsideres esos mensajes en el futuro. Deja el dinero a Dios, y Él se encargará de todo, créeme. Me encanta esta iglesia y normalmente me gustan los sermones, pero ese fue horrible.

El escritor remató la carta con ese don de retorcer el cuchillo tan típico de las cartas anónimas: «Un cristiano al que le encanta ir a la iglesia a oír la Palabra».

Uno de nuestros otros pastores predicó ese mensaje, y puedo decir objetivamente que fue bíblico y exacto. Muchos apreciaron el mensaje. Pero la reacción de esta persona es tristemente común. Algunos que imaginan que «les encanta oír la Palabra» se ofenden cuando se les enseña lo que la Palabra dice en realidad, cuando amenaza sus cómodas suposiciones y estilos de vida.

¿Es la solución ahorrarse una reacción defensiva evitando el tema del dinero? ¡No! Si hemos de proclamar «todo el propósito de Dios» (Hech. 20:27), entonces nuestros pastores y maestros deben abordar este tema al que la Escritura dedica tanta atención.

Cuando las iglesias y las organizaciones paraeclesiásticas abordan el tema de la ofrenda, un error frecuente y fundamental es vincular la enseñanza a un proyecto o necesidad concretos. Predicamos sobre dar porque la ofrenda ha bajado o para iniciar una campaña de recaudación de fondos para un edificio. O enviamos un folleto sobre la ofrenda junto con una carta que dice que nuestro ministerio o escuela cerrará si no recibimos 50 000 dólares en las próximas cuatro semanas. El resultado es que la gente considera la instrucción de dar simplemente como una herramienta de recaudación de fondos, un medio para alcanzar nuestros objetivos personales o institucionales. (De hecho, a menudo es precisamente así). Recomiendo programar los mensajes sobre dar cuando no haya peticiones especiales para dar o proyectos especiales a los cuales dar.

En una sociedad preocupada por el dinero y las posesiones, los cristianos estarán continuamente expuestos a una forma de pensar y de vivir equivocada. Ciertamente, no podemos esperar que la comunidad cristiana se tome en serio las Escrituras si los pastores no las enseñan y aplican con claridad.

Animo a los lectores a que pidan a sus pastores que traten estos temas desde el púlpito. La mayoría de los pastores saben que este tema es importante, pero se sienten cohibidos al abordarlo por iniciativa propia. Agradecerán tal invitación. (Este libro podría servirles de recurso; de hecho, algunos pastores han predicado usándolo como base). Los grupos pequeños y las clases de la escuela dominical deben debatir estas cuestiones.

Los cristianos deben discipularse unos a otros en la administración financiera. Los creyentes jóvenes necesitan ver encarnados los principios bíblicos de estilo de vida. Los que han aprendido por las malas la esclavitud de las deudas deben advertir a los demás. Las parejas jóvenes necesitan oír a sus mayores hablar de su alegría al dar, y de cómo Dios lo ha utilizado en su familia. Hay que animar a maridos y esposas a que hablen de estas verdades y actúen en consecuencia. (Un paso que di como pastor fue compilar y distribuir un folleto de testimonios financieros de diez familias de la iglesia).

Mi pequeño libro *El principio del tesoro: Descubra el secreto del dador alegre* está siendo muy utilizado en iglesias, ministerios y estudios bíblicos. Muchas iglesias han utilizado la edición anterior de este libro en sus estudios bíblicos para grupos pequeños. Crown Financial Ministries ofrece estudios bíblicos sobre mayordomía para las iglesias.

Desafío a las universidades bíblicas, a las universidades cristianas de artes liberales y a los seminarios a que desarrollen cursos centrados en una teología bíblica de la mayordomía y la ofrenda. Necesitamos mucho más que una clase sobre presupuestos y planificación financiera. Precisamos una teología del dinero y las posesiones centrada en la Biblia y en Cristo, que aborde los problemas críticos a los que se enfrenta todo cristiano.

Elevar el listón

Creo que la comunidad cristiana debería estar llena de personas que pusieran límites a su estilo de vida, regalando todo lo que superara esa cantidad. Algunos llaman a esto «fijar una línea de meta». Eso significa que si ganamos una cantidad predeterminada de dinero o ahorramos una cantidad determinada, se acabó. No acumularemos más. Regalaremos todo lo demás. Eso no es dar con sacrificio; es dar según nuestra capacidad. Sin embargo, según la mayoría de nuestros criterios, es tan radical que quizás no conozcamos a nadie que viva así.

Al contemplar la posibilidad de ajustar nuestro estilo de vida según las necesidades que vemos a nuestro alrededor, deberíamos considerar el ejemplo de John Wesley tras su conversación con la joven camarera (que mencioné en el capítulo 16).

> Para invertir la marea del materialismo en la comunidad cristiana, necesitamos desesperadamente modelos audaces de vida centrada en el reino.

Tal vez a raíz de este incidente, Wesley predicó que los cristianos no debían limitarse a diezmar, sino que debían regalar todos los ingresos extra una vez que se hubieran ocupado de la familia y los acreedores. Creía que, al aumentar los ingresos, debían aumentar las *ofrendas* de un cristiano, no su estilo de vida. Comenzó esta práctica en Oxford y la mantuvo durante toda su vida. Incluso cuando sus ingresos ascendieron a miles de libras, vivía con sencillez y donaba rápidamente lo que le sobraba. Temía acumular tesoros en la tierra, por lo que el dinero se destinaba a obras de caridad con la misma rapidez con que entraba.

La práctica de Wesley está en consonancia con las Escrituras (2 Cor. 8:14; 9:11). Dios nos permite poner nuestros nombres en Su cuenta y determinar nuestros propios salarios como administradores de Su dinero. Muchos de nosotros sobrevaloramos nuestro servicio, pagándonos demasiado. ¿No sería mejor vivir con menos y que Dios nos recompensara, que vivir con más de lo que Dios destinó a fines más elevados?

Aprender del ejemplo de los demás

En Romanos 12:6-8, Pablo enumera siete dones espirituales, que incluyen profetizar, servir, enseñar, mostrar misericordia y dar. Estoy convencido de que, de todos estos, dar es el don sobre el cual menos se piensa y discute. Es el don más profundamente enterrado en la iglesia occidental. Vemos con regularidad el don de enseñar y sabemos cómo es. Oímos testimonios sobre sanidades milagrosas, matrimonios restaurados, paternidad con éxito y casi todo lo demás menos el dar generosamente. Conocemos a los guerreros de la oración y a los estudiantes de la Biblia, pero rara vez oímos historias de personas que dan la mayor parte de sus ingresos al Señor. Si está bien conocer y seguir el ejemplo de los guerreros de la oración, ¿por qué no de los guerreros de la generosidad?

Por supuesto, todos estamos llamados a servir, mostrar misericordia y dar, aunque no tengamos esos dones. Pero creo que en distintas épocas de la historia, Dios ha distribuido soberanamente ciertos dones de forma más amplia según las necesidades y oportunidades del momento (como el don de la misericordia durante las plagas).

Supongamos que Dios quisiera cumplir Su plan de evangelización mundial y ayudar a un número sin precedentes de personas que sufren. ¿Qué don esperaríamos que distribuyera ampliamente? El don de dar. ¿Y qué esperaríamos que proporcionara a aquellos a quienes ha dado ese don? Una riqueza sin precedentes para satisfacer todas esas necesidades y hacer avanzar Su reino.

Mira a tu alrededor. ¿No es eso exactamente lo que Dios ha hecho? La pregunta es: ¿qué hacemos con la riqueza que nos ha confiado para llegar a los perdidos y ayudar a los que sufren?

Compartir nuestras historias de ofrendas

Las personas responden mejor cuando tienen ejemplos tangibles que pueden seguir en sus líderes y en sus compañeros (Núm. 7:3; 1 Crón. 29:9; 2 Crón. 24:10).

Para invertir la marea del materialismo en la comunidad cristiana, necesitamos desesperadamente modelos audaces de vida centrada en el reino. Debemos glorificar a Dios, no a las personas. Pero debemos ver y oír otras historias de dar o nuestra gente no aprenderá a dar.

Las Escrituras nos dicen que demos, pero no para ser vistos por los demás (Mat. 6:1). Eso no significa que esté mal contar nuestras historias. Ciertamente, debemos tener cuidado de evitar el orgullo, como en cualquier otro ámbito. Pero Jesús también dice: «Así brille la luz de ustedes delante de los hombres, para que vean sus buenas acciones y glorifiquen a su Padre que está en los cielos» (Mat. 5:16). Nos ordena que dejemos que los demás vean nuestras buenas obras, no para que nos alaben a nosotros, sino para que alaben a nuestro Padre. Todo se reduce a quién se lleva el mérito.

De hecho, si doy con un corazón alegre, creyendo en la promesa de Cristo de que es más bienaventurado dar que recibir, creyendo que obtendré tesoros celestiales por cada tesoro terrenal que entregue, eso despoja a mi ofrenda de orgullo. ¿Por qué iba a sentirme orgulloso de hacer lo que más me conviene eternamente? Y si otras personas se enteran de que doy, ¿por qué habría de sentirme orgulloso? Si tuviera sed y encontrara agua clara y fría y dijera a los demás que la estoy bebiendo, ¿sería motivo de orgullo? Motivo de alegría, sí, pero no de orgullo.

Mediante una desafortunada interpretación errónea de la enseñanza bíblica, hemos escondido el dar bajo una cesta (ver el apéndice E, «¿Hay que mantener siempre en secreto las donaciones?»). Como resultado, no estamos enseñando a los cristianos a dar. Y debido a eso, les falta alegría y propósito.[2]

Antes mencioné que cuando nuestro pastor de misiones regresó de Sudán, habló a nuestra iglesia de la desesperada necesidad y de las oportunidades de marcar una diferencia. La gente respondió de todo corazón. La clase de cuarto grado de nuestra escuela recaudó miles de dólares mediante proyectos de trabajo. Una niña de sexto grado tomó los cincuenta dólares que había ahorrado para jugar en un equipo de baloncesto y los donó para ayudar a los creyentes sudaneses. Una familia había ahorrado varios cientos de dólares para ir a Disneylandia. Sus hijos les preguntaron si podían donar el dinero para ayudar a los cristianos perseguidos. Al poco tiempo, la gente había donado 60 000 dólares para ayudar en Sudán. Nunca recaudamos una ofrenda. Fue contagioso, desde la base. La gente contaba sus historias de donaciones. Y cuando lo hacían, emocionaba y animaba al cuerpo a dar más.

El rey David contó al pueblo exactamente cuánto había dado para construir el templo. También se hicieron públicas las cantidades exactas de oro y piedras preciosas aportadas por los dirigentes. «Entonces el pueblo se alegró porque habían contribuido voluntariamente, porque de todo corazón hicieron su ofrenda al Señor» (1 Crón. 29:9). El pueblo solo podía alegrarse porque sabía lo que sus líderes habían dado. Solo podían seguir el ejemplo de generosidad de sus líderes porque eran conscientes de lo mucho que habían dado. A menos que aprendamos a contarnos humildemente nuestras historias de dar, nuestras iglesias no aprenderán a dar.

Un sentido de destino

Es probable que el hecho de que estés leyendo estas palabras forme parte del plan de Dios para cambiar tu vida y, a su vez, para cambiar la historia y la eternidad. ¿Te parece exagerado? No lo creo.

Recuerda lo que dijo Mardoqueo a Ester: «Porque si permaneces callada en este tiempo, alivio y liberación vendrán de otro lugar para los judíos, pero tú y la casa de tu padre perecerán. ¿Y quién sabe si para una ocasión como esta tú habrás llegado a ser reina?» (Est. 4:14).

Al igual que Ester estaba en una posición privilegiada, casi todos los que leen este libro lo están. ¿Tienes estudios y sabes leer y escribir? ¿Tienes comida, ropa, vivienda, un auto y algunos aparatos electrónicos? Entonces estás entre los privilegiados, los verdaderamente ricos del mundo.

¿Por qué te ha confiado Dios el privilegio de la riqueza? Precisamente para una ocasión como esta. Un ministerio llama a un grupo de sus donantes clave «El remanente de la historia». ¿Existe un sentido exagerado de la importancia en este término? No lo creo. Dar a las grandes causas de Dios es una vocación y un privilegio que debería infundirnos un sentido de destino.

No es casualidad que vivas en este momento y lugar de la historia. Vuelve a recordarte por qué el Dios de la providencia te ha confiado tanto: «la abundancia de ustedes suple la necesidad de ellos [...]. Ustedes serán enriquecidos en todo para toda liberalidad» (2 Cor. 8:14; 9:11). ¿Es ese tu destino? ¿Te está llamando Dios a ser un dador más generoso? ¿Te está llamando a ser un evangelista del «dar con generosidad», compartiendo con los demás la alegría liberadora de dar? ¿Qué libros quiere que leas? ¿Qué estudios quiere que dirijas en tu iglesia? ¿A quién quiere que invites a qué conferencia sobre la generosidad?[3]

¿Te está llamando Dios a ser un dador más generoso? ¿Te está llamando a ser un evangelista del «dar con generosidad», compartiendo con los demás la alegría liberadora de dar?

¿Está Dios levantando hoy un gran ejército de dadores? Si es así, ¿que nos haya confiado tanta riqueza no es acaso una prueba persuasiva de que nos ha llamado a formar parte de ese ejército?

Hace años, muchos hacían la oración de Jabes: «Bendíceme y ensancha mi territorio» (1 Crón. 4:10). ¿Por qué no orar esa oración sobre tu forma de dar? ¿Por qué no fijas una cifra con la que puedas vivir, y luego le dices a Dios que todo lo que te proporcione por encima de esa cantidad se lo devolverás?

Hace décadas, Scott Lewis fue retado por Bill Bright a dar un millón de dólares para ayudar a cumplir la Gran Comisión.[4] Esta cantidad era irrisoria para Scott: mucho más allá de lo que podía imaginar, porque su negocio de maquinaria generaba unos ingresos anuales de menos de 50 000 dólares.

Scott había dado 17 000 dólares el año anterior, pero Bill le retó a fijarse el objetivo de dar 50 000 dólares el año siguiente. Scott se quedó boquiabierto. ¿Cómo iba a dar el año siguiente más de lo que había ganado en todo ese año? Sin embargo, él y su mujer decidieron pedir a Dios que les diera lo suficiente para hacerlo. Y Él lo hizo. No muchos años después, habían dado el millón de dólares completo, y desde entonces no han parado. Su modo de vida no cambió mucho, pero sí la cantidad de sus donaciones.

La carga de la prueba

Para muchos, su filosofía de las finanzas parece ser: «Ya que lo tengo, ¿por qué no gastarlo?». Una filosofía más bíblica sería: «Ya que lo tengo, ¿por qué no darlo?». La carga de la prueba debería recaer en gastar, no en dar. La pregunta no es: ¿Por qué deberíamos dar? Eso es evidente. La pregunta es: ¿Por qué *no deberíamos* dar? ¿Y cómo se sostienen nuestras respuestas ante las Escrituras?

Dada nuestra abundancia, la carga de la prueba debería recaer siempre en mantener, no en dar. ¿Por qué no darías? Erramos al partir del supuesto de que debemos conservar o gastar el dinero que Dios nos confía. Dar debería ser la opción por defecto. A menos que haya una razón de peso para gastarlo o guardarlo, deberíamos darlo.

Hace poco, alguien me dijo que debía tener cuidado de no excederme haciendo demasiado hincapié en dar. Me advirtió que podría llevar a extremos y desequilibrios, y que la gente podría empezar a descuidar las necesidades materiales de su familia. Le dije que, al observar mi vida y la de los demás, ¡veo poco peligro de que eso ocurra!

¿Realmente creemos que nos presentaremos ante el tribunal de Cristo y lo oiremos decir: «Tengo esto contra ti: has dado demasiado; en vez de eso, ¡deberías haberlo gastado en ti mismo!»? Jesús nunca llamó tonto a alguien por dar demasiado y quedarse con poco. Sí llamó tonto a alguien por quedarse con demasiado y dar demasiado poco (Luc. 12:20-21).

Mientras lees estas palabras, la prosperidad de Estados Unidos puede continuar o puede estar erosionándose seriamente o mostrando señales contradictorias. No tenemos forma de saber cuánto durará la prosperidad. ¿Por qué no dar la abundancia mientras aún podamos? ¿Por qué no dar hasta que nuestros corazones estén más en el reino de Dios que en nuestro proyecto de remodelación, aventura empresarial, vacaciones soñadas o plan de jubilación? ¿Por qué no preguntar a Dios si quiere que pospongamos la construcción de la casa de nuestros sueños aquí, puesto que nuestro Esposo ya está construyendo la verdadera casa de nuestros sueños en el cielo? Mientras tanto, podemos utilizar los fondos de Dios para construir algo que no se esfume.

Pablo exhorta a los corintios a seguir el ejemplo de los macedonios: «procuren también sobresalir en esta gracia de dar» (2 Cor. 8:1-7, NVI). Luego dice a los corintios que otros serán animados a seguir su ejemplo (2 Cor. 9:12-14). Los individuos, las familias y las iglesias pueden establecer cabezas de playa de estilo de vida estratégico, gasto disciplinado y ofrendas generosas de mentalidad global. Mediante el ejemplo contagioso, podemos reclamar más territorio para Cristo del que jamás soñamos posible.

Un renacimiento de la generosidad y de la vida estratégica es un renacimiento de la gracia potenciada por Dios. A medida que el cuerpo de Cristo se tome en serio el aprendizaje y la puesta en práctica de las instrucciones de Dios sobre el dinero y las posesiones, se promoverá la causa de Cristo y se exaltará Su persona.

Desviarse del verdadero problema

A veces, los cristianos se desvían de su misión central por preocupaciones financieras ilegítimas o secundarias. Un ejemplo es el movimiento de protesta contra los impuestos, que ahora incluye a miles de cristianos de todo el país, muchos de los cuales utilizan sus contactos eclesiásticos para propagar su causa. Normalmente, se niegan a pagar el impuesto sobre la renta, alegando innumerables razones por las que los impuestos son injustos e inconstitucionales. Lo hacen a pesar de que, en una sociedad mucho más injusta, Pablo ordenó a los cristianos romanos que obedecieran a su gobierno y pagaran sus impuestos (Rom. 13:1-7).

Cuando le preguntaron por el impuesto que había que pagar a César, Jesús desvió la atención hacia algo más importante (Mar. 12:13-17). La cuestión de pagar impuestos a César es insignificante comparada con la necesidad que tiene una persona de entregar toda su vida a Dios. Jesús dice que hay que pagar el impuesto, pero subraya que hay cosas mucho más elevadas de las que debemos ocuparnos.

Los impuestos, como otros mil temas, son cuestiones secundarias para el verdadero discípulo. Aunque algunos impuestos son ciertamente irrazonables e injustos, tanto Jesús como Pablo dijeron que pagar impuestos es un deber. Podemos oponernos al sistema, apoyar la legislación para cambiarlo y presionar activamente para que se reduzcan los impuestos, pero debemos pagarlos. En cualquier caso, nuestra preocupación por la injusticia no debe convertirse en nuestro centro de atención.

¿Dar ahora o dar después?

La gente pregunta: «¿Debo dar ahora o debo guardarlo, esperando que mis inversiones vayan bien y tenga más para dar dentro de uno o dos años?».

Una respuesta pertinente es: «¿Cuándo quieres experimentar la bendición de Dios?» y «¿Quieres estar seguro de que el dinero va al reino de Dios o estás dispuesto a arriesgarte a que nunca vaya?».

Si no damos ahora, corremos verdaderos riesgos:

- *La economía puede cambiar y tendremos menos para dar.* Dios dice que no sabemos lo que va a pasar mañana, y desde luego no sabemos cuánto dinero vamos a ganar (Sant. 4:13-17). Innumerables inversores han estado absolutamente seguros de obtener grandes beneficios con un dinero que, en cambio, desapareció de la noche a la mañana.

- *Nuestros corazones pueden cambiar y puede que no sigamos dando.* Zaqueo dijo: «Voy a dar ahora mismo mis bienes». Si lo dejas para más tarde, el mismo corazón que te impulsa a dar hoy puede persuadirte más tarde de que no lo hagas. ¿Por qué? Porque, como resultado de posponer el dar, los intereses personales de tu corazón aumentan en la tierra y disminuyen en el cielo.
- *Nuestra vida puede acabar antes de que hayamos dado lo que pretendíamos.* No creo que nunca sea malo dar ahora. Con un interés del 10 000 % (Mat. 19:29), Dios puede producir rendimientos mucho mayores por el dinero invertido hoy en el cielo que los que puedan producir Wall Street o los bienes inmuebles. Cuando estemos ante Dios, no nos dirá: «Te equivocaste cuando me diste todo ese dinero antes de que la Bolsa alcanzara su máximo».

En llamas

Cuando vuelva el Señor, ¿qué pasará con todo el dinero que hay en cuentas bancarias, programas de jubilación, herencias y fundaciones? Arderá como la madera, el heno y la paja, cuando podría haberse dado a cambio de oro, plata y piedras preciosas imperecederas (1 Cor. 3:11-15). El dinero que podría haberse utilizado para alimentar a los hambrientos y cumplir la Gran Comisión se quemará.

John Wesley dijo: «El dinero nunca se queda conmigo. Me quemaría si lo hiciera. Me lo quito de las manos lo antes posible, para que no se introduzca en mi corazón». El objetivo de Wesley era dar tan generosamente como para no dejar prácticamente nada al morir. Consiguió su objetivo. Mientras aún tenía valor, cambió su «moneda confederada» por tesoros en el cielo.

> Cuando vuelva el Señor, ¿qué pasará con todo el dinero que hay en cuentas bancarias, programas de jubilación, herencias y fundaciones?

De vez en cuando, me hago esta inquietante pregunta: ¿Cuánto dinero confederado me quedará cuando muera o Cristo vuelva?

¿Has jugado alguna vez a uno de esos juegos de cartas en los que gana el que se queda antes sin cartas? Al final de la partida, cada carta que quede cuenta en tu contra. El sueño americano es morir con el mayor número posible de cartas en la mano. Pero quizá lo hayamos entendido al revés. Quizá nuestra estrategia debería ser como la de John Wesley: no quedarnos con todas esas cartas al final de nuestra vida.

Es curioso que la Iglesia se haya convertido en la más tacaña precisamente en el momento de la historia en que

Dios ha provisto con mayor generosidad. Se habla mucho del fin de los tiempos, y mucha gente parece creer que Cristo volverá durante su vida. Pero, ¿por qué la expectativa del regreso de Cristo no ha influido radicalmente en nuestra generosidad? ¿Por qué las personas que creen en el pronto regreso de Cristo se apresuran tanto a construir sus propios imperios financieros —que la profecía nos dice que perecerán— y son tan lentas para construir el reino de Dios?

Depositar esta vida en la cuenta de la eternidad

Cuando Hudson Taylor abrió una cuenta bancaria para la Misión Interior de China, el formulario de solicitud pedía una lista de bienes. Se dice que Taylor escribió lo siguiente como suma total de sus bienes: «Diez libras y todas las promesas de Dios». Nuestros mayores recursos son espirituales, no materiales. Vienen de otro mundo, no de este.

Una mañana, estaba en un restaurante cuando una mujer irritada entró por la puerta y se quejó en voz alta a su amiga: «Los limpiaparabrisas no están funcionando otra vez en mi Porsche, y el Audi está en reparación. ¡Estoy harta!».

Sonreí, pero al mismo tiempo me entristecí por aquella pobre mujer. (Sí, *pobre* mujer.) Qué contraste con el creyente con perspectiva eterna:

> ... he aprendido a contentarme cualquiera que sea mi situación. Sé vivir en pobreza, y sé vivir en prosperidad. En todo y por todo he aprendido el secreto tanto de estar saciado como de tener hambre, de tener abundancia como de sufrir necesidad. Todo lo puedo en Cristo que me fortalece. (Fil. 4:11-13)

Pablo no dice que sea malo vivir en la abundancia, sino que el mismo secreto del contentamiento se aplica tanto entonces como cuando estamos en la pobreza. (Fíjate también que Pablo tuvo que *aprender* a contentarse, lo que significa que para él no era algo natural). El contentamiento no es producto de la abundancia material; es el resultado de nuestros recursos invisibles en Cristo. En el siglo III, Cipriano, obispo de Cartago, escribió esta descripción de los ricos:

> Su propiedad los sujetaba con cadenas [...] cadenas que apresaban su valor y ahogaban su fe y obstaculizaban su juicio y estrangulaban sus almas. [...] Si guardaran su tesoro en el cielo, no tendrían ahora un enemigo y un ladrón dentro de su casa. [...] Se consideran propietarios, cuando más bien son ellos los poseídos: esclavizados como están a su propia propiedad, no son los amos de su dinero, sino sus esclavos.[5]

Dios lleva un registro de lo que hacemos con Su dinero. En el momento en que nos encontremos con Cristo —en nuestra muerte o en Su regreso—, todas las cuentas quedarán congeladas, todos los bienes y gastos abiertos para la Auditoría Final. Y entonces será Dios mismo —el Propietario, Gerente y Auditor del Banco de la Eternidad— quien hará los desembolsos eternos basándose en cómo quede nuestra cuenta después de que se haya hecho el último depósito y se haya cerrado definitivamente la cuenta.

C. T. Studd era un rico y famoso atleta inglés que vendió todo su patrimonio, lo regaló y se fue al campo misionero a servir a Cristo. Resumió la perspectiva que lo motivaba: «Solo una vida, pronto pasará. Solo perdurará lo que se haga por Cristo».

¿A quién estamos siguiendo?

Después de que Cristo hiciera algunas declaraciones radicales sobre el dinero, «los fariseos, que eran amantes del dinero, oían todas estas cosas y se burlaban de Él» (Luc. 16:14). Los fariseos eran los conservadores religiosos de su época. La lección para nosotros es que podemos creer en las Escrituras, defenderlas, estar dispuestos a morir por ellas, y seguir siendo amantes del dinero que rechazan y se ofenden por las enseñanzas radicales de Cristo sobre el dinero y las posesiones.

Nuestros himnarios dicen mucho sobre seguir a Jesús. Nuestros bolsillos dicen aún más. ¿Qué significa que Dios haya confiado a los cristianos más riqueza que en toda la historia de la humanidad y que, sin embargo, muchos den menos que nunca a los fines del reino? Seguramente significa que estamos siguiendo a nuestra cultura, no a nuestro Cristo.

En la Iglesia occidental, la opulencia ha embotado nuestros sentidos. Aunque la Palabra de Dios reclama nuestra atención, seguimos viviendo sin pensar y sin sincronizarnos con la partitura musical de la eternidad.

G. Campbell Morgan, el famoso predicador, dijo lo siguiente:

> La medida del fracaso de la Iglesia es la medida en que se ha dejado influir por el espíritu de la época, porque no ha sido fiel a los hechos de su propia vida. A veces se nos dice hoy que lo que la Iglesia necesita supremamente es contagiarse del espíritu de la época. Mil veces no. Lo que la Iglesia necesita supremamente es corregir el espíritu de la época. La iglesia de Corinto, invadida por el espíritu de Corinto, se volvió anémica, débil y no supo transmitir el mensaje de Dios a Corinto. La iglesia de Dios en Londres, invadida por el espíritu de Londres, el materialismo, el militarismo, la sordidez y el egoísmo de Londres, es demasiado débil para salvar a Londres. [...]
>
> Si el fracaso de la Iglesia se debe a que el espíritu de la ciudad la ha invadido, el éxito de

> la Iglesia se debe a que el Espíritu de la Iglesia invade la ciudad. La Iglesia de Dios siempre fracasa cuando se amolda a los métodos, máximas y modales de la ciudad. La Iglesia de Dios siempre triunfa cuando, fiel a la naturaleza sobrenatural de su vida, se mantiene en perfecta separación de la ciudad. Solo así puede tocar y ayudar a la ciudad.[6]

En la Iglesia occidental, la opulencia ha embotado nuestros sentidos. Aunque la Palabra de Dios reclama nuestra atención, seguimos viviendo sin pensar y sin sincronizarnos con la partitura musical de la eternidad. Improvisamos nuestra propia interpretación del concierto, mientras un auditorio de ángeles y santos se estremece ante nuestra indiferencia ante la dirección del Director.

Con o sin nosotros, Dios se mueve. Está llevando a cabo el programa de Su reino. Está utilizando el tiempo, la energía, las habilidades y los recursos materiales de Sus discípulos de todo el mundo para tocar y cambiar vidas para toda la eternidad. La cuestión no es si Dios se está moviendo. La cuestión es si elegiremos sumarnos. Si no lo hacemos, todos perdemos, nosotros principalmente.

Una dura mirada a nosotros mismos

William MacDonald, en su libro *El verdadero discipulado*, hace las siguientes observaciones sobre la vida de fe:

> La voluntad de Dios es que nuestras vidas sean «una crisis perpetua de dependencia de Él». Frustramos Su voluntad en nuestras vidas cuando acumulamos tesoros en la tierra.
>
> La vida de fe no surge automáticamente cuando una persona se convierte en cristiana. Requiere una acción deliberada por su parte. Esto es especialmente cierto en una sociedad opulenta. El creyente debe ponerse en una situación en la que se vea obligado a confiar en Dios. [...] Solo cuando se deshace de sus reservas y otros falsos apoyos puede lanzarse verdaderamente mar adentro.[7]

¿Qué debemos pensar de tales palabras? ¿Son ingenuas e irresponsables, o fieles y verdaderas? ¿Depende la respuesta de la condición de nuestro corazón? MacDonald continúa:

> Dios derrama Sus bendiciones más selectas sobre quienes se preocupan de que nada se les pegue a las manos. Las personas que le dan más valor al día de escasez que a la agonía actual del mundo no obtendrán ninguna bendición de Dios. [...]
>
> Qué totalmente acorde con esta época de gracia es que vendamos nuestras preciadas posesiones —nuestros diamantes y

> otras joyas, nuestros cuadros originales, nuestros muebles antiguos, nuestra plata, nuestras colecciones de sellos— y pongamos lo recaudado a trabajar en la salvación de las almas de todo el mundo.[8]

No es sorprendente que los incrédulos se burlen de semejante propuesta. Pero ¿no es revelador que aquellos que profesan ser discípulos de Jesucristo se resistan, racionalicen y pontifiquen sobre por qué tal perspectiva es insensata o legalista? ¿No es simplemente que nos sentimos mucho más cómodos con las enseñanzas del mundo sobre el dinero y las posesiones que con las de Cristo? ¿Estamos realmente tan alejados del discipulado neotestamentario que lo que antes era elemental para cualquier verdadero cristiano ahora nos resulta extraño?

¿Por qué nos consolamos con cristianos célebres que juzgan el éxito según los criterios del mundo? ¿Por qué nos guiamos por personas tan llamativamente distintas de Jesús? ¿Por qué escuchamos a hombres que, de haber vivido en el siglo I, habrían vendido entradas para la alimentación de los cinco mil y cobrado una cuota por ver la resurrección de Lázaro?

¿No deberíamos admitir lo obvio: que el llamado del Nuevo Testamento al discipulado, la compasión y la entrega no deja espacio para la forma en que muchos de nosotros pensamos y vivimos? ¿Es hora de superar la postura teórica de «estaría dispuesto a renunciar a todo si Dios me lo pidiera» y empezar a renunciar realmente a cosas para hacer lo que nos ha ordenado?

¿Dónde están las voces proféticas de las iglesias que denuncian nuestra opulencia egocéntrica y nuestra indiferencia ante las necesidades mundiales y nos llaman a una generosidad gozosa que exalte a Cristo, ayude a los que sufren y llene nuestras almas hasta desbordarse?

¿Es injusto preguntarse si Jesús, si viviera hoy en Estados Unidos, se gastaría 40 000 dólares en un coche de lujo, dado el asombroso nivel de necesidades humanas y las alternativas de inversión eterna? Si nuestra respuesta es que Jesús no daría ese paso, ¿por qué lo daríamos nosotros, que estamos llamados a «seguir Sus pasos» (1 Ped. 2:21)?

Tolstói dijo: «El antagonismo entre la vida y la conciencia puede eliminarse con un cambio de vida o con un cambio de conciencia». Muchos de nosotros hemos optado por ajustar nuestras conciencias en lugar de nuestras vidas. Nuestros poderes de racionalización son ilimitados. Nos permiten vivir en el lujo y la indiferencia mientras otros, a los que podríamos ayudar si quisiéramos, mueren de hambre y van al infierno.

Si la afirmación anterior es ofensiva, ¿no lo es aún más la verdad que afirma? Los cristianos estadounidenses tenemos un acuerdo silencioso entre nosotros para no hablar de estas cosas. «Hacernos sentir culpables» unos a otros es el pecado imperdonable moderno. Pero ¿no deberíamos violar ese acuerdo en lugar de posponer la discusión hasta el tribunal de Cristo... donde nos encontraremos lamentablemente mal equipados para discutir con el Juez?

Podemos evitar el juicio posterior corrigiéndonos ahora: «si nos juzgáramos a nosotros mismos, no seríamos juzgados» (1 Cor. 11:31).

Si tememos parecer tontos por tomarnos en serio la visión neotestamentaria del dinero y las posesiones, deberíamos recordar lo que dice la Biblia sobre ser necios por Cristo (1 Cor. 1:18-31; 4:8-13). La cuestión no es *si* nos verán como tontos —eso está garantizado—, sino *cuándo* y *quién* nos verá como tontos. Es mejor que nos vean como tontos ahora otras personas —incluidos otros cristianos— que ser vistos como tontos para siempre a los ojos de la Audiencia de Uno cuyo juicio importa en última instancia.

Nuestra responsabilidad como administradores del dinero de Dios

En la antigüedad, solo a los eunucos se les confiaba el harén del rey. Otros hombres podían dejarse atrapar por pasiones hacia mujeres hermosas, pero el eunuco podía estar cerca de ellas sin violar la confianza del rey. Los cristianos debemos ser eunucos en lo que respecta al dinero y las posesiones. No debemos encapricharnos con ellos, ni dejarnos llevar por ellos, ni enredarnos con ellos. Estos recursos materiales forman parte de nuestra vida cotidiana; tratamos con ellos y los apreciamos por lo que son. Pero no ejercen sobre nosotros ninguna influencia cautivadora ni seductora.

El dinero y las posesiones son bienes cuando satisfacen nuestras necesidades básicas, sirven a los propósitos de Dios y nos permiten centrarnos en Cristo y en Su reino como objetos de nuestro deseo. Se convierten en pasivos cuando ellos mismos se transforman en objeto de nuestro deseo.

Hablando de la administración financiera, Jesús dice: «A todo el que se le haya dado mucho, mucho se demandará de él; y al que mucho le han confiado, más le exigirán» (Luc. 12:48).

En toda la historia de la humanidad, ¿se ha confiado alguna vez a los seguidores de Dios y de Cristo más de lo que tenemos? En consecuencia, ¿ha habido alguna vez una generación de creyentes a la que Dios vaya a exigirle más?

Antes he señalado que la persona que trabaja 40 años por 25 000 dólares al año maneja un millón de dólares a lo largo de su vida. Dios confía una fortuna incluso a

¿No es hora de que hagamos inventario de nuestros bienes? ¿Qué debemos liquidar ahora mientras podamos, y dónde debemos darlo para que marque una diferencia eterna?

quienes nos consideramos poco privilegiados. Responderemos ante Él sobre lo que hayamos hecho con eso (Rom. 14:12). ¿Adónde fue todo? ¿En qué lo gastamos? ¿Qué aportó para la eternidad?

Juan Crisóstomo, uno de los padres de la iglesia primitiva, advirtió a sus compañeros creyentes: «Se han apoderado de los recursos que pertenecen a Cristo y los consumen a la ventura. ¿No se dan cuenta de que tendrán que rendir cuentas?».

¿No es hora de que hagamos inventario de nuestros bienes? ¿Qué debemos liquidar ahora mientras podamos, y dónde debemos dar las ganancias para que marquen una diferencia eterna?

Debemos dejar de decir que la Escritura no es clara en este tema. Sí, deja espacio para las diferencias de estilo de vida. Pero no deja espacio en absoluto para el materialismo, la avaricia, la envidia, el orgullo, el egoísmo, el acaparamiento, el gasto irresponsable, el endeudamiento injustificable o la indiferencia ante las necesidades de los pobres o los perdidos. Cuando intentamos justificar cualquiera de estos pecados basándonos en «diferencias legítimas de estilo de vida», nos engañamos a nosotros mismos y a los demás, pero no a Dios.

Él nos ha dado en Cristo todos los recursos que necesitamos para obedecerle (2 Ped. 1:3). Si somos desobedientes, no es porque no podamos obedecer, sino porque no queremos. Charles Spurgeon dijo lo siguiente sobre la opulencia en la Iglesia:

> El cristiano deshonra mucho más a menudo su profesión en la prosperidad que en la adversidad. Ser próspero es peligroso. El crisol de la adversidad es una prueba menos severa para el cristiano que la olla refinadora de la prosperidad. ¡Oh, cuánta flacura de alma y descuido de las cosas espirituales se han producido mediante las mismas misericordias y generosidades de Dios! Sin embargo, esto no es una cuestión de necesidad, pues el apóstol nos dice que él sabía cómo abundar. Cuando tenía mucho, sabía cómo utilizarlo. La gracia abundante le permitió soportar una prosperidad abundante. Cuando tenía la vela llena, iba cargado con mucho lastre, y así flotaba con seguridad.[9]

Para algunos de nosotros, ha llegado el momento de ponernos de rodillas y pedir perdón a Dios por nuestro estilo de vida autoindulgente, nuestra indiferencia ante las necesidades humanas y nuestra miopía ante las cuestiones eternas. Para otros, es hora de avanzar alegremente en nuestro proceso de iluminación, aplicando cada vez más los principios bíblicos que hemos examinado. Para cada uno de nosotros, es hora de comprometernos o volver a comprometernos con una vida de discipulado obediente y estimulante, con todo lo que ello implica en el manejo del dinero y las posesiones de Dios. Es hora de dar la espalda al sueño americano de prosperidad ilimitada. Es hora de cambiar nuestros sueños materiales a corto plazo por los sueños del reino a largo plazo de Cristo resucitado.

Te insto a que aceptes la invitación de Cristo: «Den, y les será dado» (Luc. 6:38). Luego, cuando Dios te dé más, recuerda por qué: «Para toda liberalidad» (2 Cor. 9:11). Cuando des, experimentarás Su alegría. Cuando des, sentirás Su placer.

Tuve una conversación telefónica con un hombre que leyó recientemente *El principio del tesoro*. Tiene un negocio rentable y ahora cree por primera vez que sabe por qué Dios lo ha bendecido económicamente. No es para que pueda conducir autos más bonitos y vivir en una casa más hermosa. Es para darlo para construir el reino de Dios. Cuando le hablé de una docena de grupos misioneros diferentes, proyectos provida, ministerios penitenciarios y formas de ayudar a los cristianos perseguidos, se sintió conmovido por todas las maravillosas opciones de inversión. Terminó nuestra conversación decidido a liquidar más activos para ampliar drásticamente su cartera de inversiones eternas. Ojalá hubieras podido oír la emoción en su voz. No es un donante renuente y lleno de culpa. Es un hombre que se ha liberado de la esclavitud material. ¡Está encantado de haberse subido por fin al tren de lo que importa!

Te invito a que te unas a este hermano y aproveches con alegría los bienes que Dios te ha confiado. Marca una diferencia eterna. Envía tus tesoros al cielo, donde te esperarán a salvo. Cuando lo hagas, sentirás la libertad y percibirás la sonrisa de Dios.

No nos atrevamos a posponer la obediencia. Nada es más fugaz que el momento de la convicción. Si damos la espalda a ese momento, puede que la próxima vez no llegue hasta que estemos ante nuestro Señor, cuando será demasiado tarde para recuperar toda una vida de oportunidades desperdiciadas.

Al final de este capítulo he incluido un pacto financiero con Dios que quizá quieras hacer. Te animo a que lo leas con detenimiento y en oración. Puede que ya hayas hecho parte de este compromiso, o puede que no. Tal vez desees revisar la redacción para que sea algo que puedas afirmar plenamente. Pero si pones tu nombre en este pacto, te garantizo que nunca te arrepentirás.

Captar la eternidad

La escasa llama de esta vida parecerá apagarse con la muerte, pero al otro lado arderá con una intensidad repentina y eterna. A la luz de este conocimiento, debemos aprender a «no poner nuestra vista en las cosas que se ven, sino en las que no se ven», viviendo cada día a la luz del largo mañana (2 Cor. 4:18). A. W. Tozer dijo: «Cualquier posesión temporal puede convertirse en riqueza eterna. Todo lo que se entrega a Cristo queda inmediatamente tocado por la inmortalidad».[10]

Martín Lutero dijo: «He tenido muchas cosas en mis manos y las he perdido todas. Pero todo lo que he puesto en manos de Dios, eso aún lo poseo».

Dios nos dice que nos preparemos para el largo mañana utilizando nuestros cortos días presentes para cambiar los tesoros terrenales por los celestiales. En la eternidad, adoraremos a Dios con personas de todas las tribus, naciones y lenguas. Les daremos las gracias y ellos nos las darán a nosotros por los actos de fidelidad realizados por Cristo mientras vivíamos en la tierra. Contaremos nuestras historias y escucharemos las suyas, disfrutando del calor, compartiendo la alegría, con nuestro Señor como centro de atención. Qué privilegio. ¿Te cuesta levantarte de la cama por las mañanas? Si imaginarte escenas en el cielo no te da un propósito para vivir, ¡no sé qué lo hará!

Cinco minutos después de morir, comprenderemos qué es lo más importante y qué ha sido lo más importante todo el tiempo. Veremos con la claridad de la eternidad. Podemos quitarnos las anteojeras ahora, mientras aún nos queda vida terrenal por vivir, o esperar a que nos las quiten después de la muerte, cuando ya será demasiado tarde para volver atrás y cambiar lo que hemos hecho en la tierra.

Que lo que será más importante para nosotros cinco minutos después de morir se convierta en lo más importante para nosotros ahora.

UN PACTO FINANCIERO CON DIOS

Me someto al Señor Dios todopoderoso. Afirmo Su propiedad sobre mí y sobre todos los aspectos de mi vida. Declaro que «mi» dinero y mis posesiones son en realidad suyos. Reconozco que Dios es el propietario de todo y yo soy Su administrador, un gestor financiero de los bienes que me ha confiado.

Como símbolo de mi sumisión total a Dios, y como punto de partida de mi compromiso de dar, reservo el diezmo, el primer 10 % de cada cosa, como sagrado y perteneciente exclusivamente al Señor. Le devolveré todo el diezmo, teniendo cuidado de no robarle y de no incurrir en su maldición. Le devolveré, a través de Su Iglesia, las primicias de todo lo que me proporcione. Lo hago obedeciéndole y deseando Su bendición. Por fe, acepto el desafío de Dios: «Pónganme ahora a prueba en esto» (Mal. 3:10). Le pido que me muestre que es mucho mejor vivir con el 90 % con su bendición que con el 100 % sin ella.

Una vez que el diezmo me ha puesto en el buen camino, me embarco en una aventura cristiana de dar durante toda la vida. Más allá del diezmo, del 90 % que Dios me ha confiado, procuraré hacer generosas donaciones voluntarias según sienta que Él me guía. Reconozco que Dios me ha confiado riquezas no para que viva como un rey, sino «para toda liberalidad» (2 Cor. 9:11). Reconozco que puedo robarle a Dios no solo reteniendo el diezmo, sino dejando de dar las ofrendas que Él me pida.

Oro para que Dios me enseñe a dar con sacrificio para alimentar a los hambrientos, para llegar a los perdidos, para invertir en causas y ministerios dignos que se sometan a Cristo, y para utilizar Sus fondos sabia y bíblicamente (2 Cor. 8-9).

Me comprometo a mantenerme al margen de las ataduras financieras, para poder ser libre y servir a Dios con toda mi alma. Reconozco que no puedo llevarme conmigo los tesoros terrenales cuando abandone este mundo, y en cambio, me propongo acumularlos como tesoros celestiales, para gloria de Cristo y el bien eterno de los demás y el mío propio.

Reconociendo que el cielo es mi hogar y que Cristo es mi Señor, me comprometo a buscar Su guía y a hacer lo que me indique con Sus bienes.

Firmado: ____________________

Testigo: ____________________

Fecha: ____________________

APÉNDICE A

Integridad y responsabilidad financiera en iglesias y ministerios

En 2 Corintios 8, Pablo aconseja a la iglesia de Corinto sobre el manejo y la distribución correctos de los fondos de la iglesia, y sobre la necesidad de hacerlo de forma honrada y responsable. Los corintios estaban recogiendo una importante ofrenda para distribuirla entre los pobres de la lejana Jerusalén. Pablo les asegura que Tito, que sabían que era un hombre íntegro, y otro hombre de gran prestigio (no nombrado en el texto) habían sido «designado por las iglesias como nuestro compañero de viaje en esta obra de gracia» (2 Cor. 8:19).

Pablo menciona también a un tercer hermano cristiano, un hombre con credenciales igualmente impecables, que vigilaría el transporte de los fondos. Tito y estos dos hombres, que se unirían a Pablo y a su grupo, formaban una compañía de confianza para el manejo y la distribución de las ofrendas (2 Cor. 8:22-23).

Pablo asegura a los corintios que su grupo administraría los fondos «para la gloria del Señor mismo, y para manifestar nuestra buena voluntad» (2 Cor. 8:19). A Pablo no le molestaba la participación directa de los otros dos hombres de carácter aprobado en este proceso de vigilancia de los fondos. Al contrario, la acogió con satisfacción. De hecho, es probable que él iniciara su participación.

Los líderes cristianos que se resisten a rendir cuentas financieras se hacen sospechosos. Los líderes que depositan demasiada confianza en sí mismos no deberían contar con la confianza de los demás.

Hablé con un líder cristiano al que habían atrapado malversando fondos. Su caída se produjo cuando atravesaba una crisis financiera personal. Debido a la falta de controles y equilibrios, pudo «tomar prestado» dinero fácilmente de una cuenta que no le pertenecía. Racionalizó que lo devolvería más tarde. Muchos desastres financieros podrían evitarse estableciendo procedimientos cuidadosos que tuvieran en cuenta nuestra tendencia natural a pecar.

Conozco una gran iglesia en la que todos los cheques de los contribuyentes llevan un sello: «Pagar a la orden de la Iglesia de la Gracia, o de John

Smith, pastor» (no son nombres reales). En el mejor de los casos, este procedimiento genera sospechas. En algún momento, es casi seguro que supondrá una grave tentación para este pastor. Algún día, puede provocar su caída, dolor a la iglesia y daño a la reputación de Cristo. Todo esto sería innecesario, si solo se hubieran tomado las precauciones adecuadas.

Pablo dice: «teniendo cuidado de que nadie nos desacredite en esta generosa ofrenda administrada por nosotros» (2 Cor. 8:20). Se esforzó por incluir a otros hombres de carácter aprobado, tanto de dentro como de fuera de su propio grupo.

Pablo también dice: «nos preocupamos por lo que es honrado, no solo ante los ojos del Señor, sino también ante los ojos de los hombres» (2 Cor. 8:21). He aquí dos precauciones importantes para preservar la integridad financiera y la responsabilidad:

En primer lugar, debemos esforzarnos por hacer lo correcto. Un sistema de responsabilidad financiera puede parecer incómodo, lento o molesto. A veces, puede parecer innecesario. Pero es lo correcto, y por ello debemos esforzarnos por establecer controles y equilibrios adecuados.

En segundo lugar, no basta con que un líder diga: «Mi conciencia está tranquila ante el Señor». Nuestras acciones deben estar por encima de todo reproche, «no solo ante los ojos del Señor, sino también ante los ojos de los hombres». Sea cual sea el sistema de recaudación y distribución de fondos que elijamos, debe implicar conciencia y responsabilidad, con una pluralidad de hombres o mujeres con carácter aprobado (preferiblemente no elegidos entre sí, sino por una iglesia o circunscripción). Aunque dos miembros de una familia con carácter aprobado podrían sentarse juntos en un consejo, no hay lugar para el tipo de nepotismo que hace que algunas organizaciones estén repletas de parientes poco cualificados y amigos de la infancia que miran hacia otro lado en lugar de fomentar la responsabilidad.

Una de las preguntas más reveladoras que hay que hacerse en cualquier iglesia o ministerio es la siguiente: ¿Quién tiene el valor y la autoridad para decir a los que toman las decisiones que lo que están haciendo no es bíblico?

Según el investigador de misiones globales David B. Barrett, se calcula que las iglesias cristianas del mundo malversaron 16 000 millones de dólares en el año 2000, y que entre 1980 y 2000 se malversaron 75 000 millones de dólares. Barrett recomienda que «los cristianos tienen que intensificar el escrutinio de todos los fondos que posean su dinero e insistir en todas las salvaguardias y controles aceptados y en todos los procedimientos más estrictos».[1]

¿Hasta qué punto es transparente financieramente un ministerio? ¿Ocultan los dirigentes salarios, gastos y fuentes de ingresos? Cuando toman malas decisiones, ¿admiten y corrigen sus errores o los encubren? Los inversores responsables del reino deben hacerse estas preguntas, como parte de las

«Diecinueve preguntas que hacer antes de dar a cualquier organización» que figuran en las páginas 316-317.[2]

A la luz de las graves consecuencias de los descuidos del pasado, los líderes de cada iglesia y ministerio deberían revisar los pasos necesarios que deben dar para estar (y parecer) financieramente irreprochables a los ojos de Dios *y* de los hombres, aunque los pasos sean inauditos e inconvenientes.

El ECFA y otras organizaciones de rendición de cuentas

El Consejo Evangélico para la Responsabilidad Financiera (ECFA por sus siglas en inglés) se creó en 1979. Está formado por más de 1000 organizaciones benéficas, religiosas y educativas que pueden acogerse a la exención fiscal sin fines de lucro. El ECFA supervisa a sus miembros, investiga supuestos abusos y publica informes.[3]

Defiende las «Siete Normas de Administración Responsable», que incluyen una declaración doctrinal ortodoxa, un consejo de administración responsable, auditorías anuales y la evasión de conflictos de intereses.[4] El consejo exige a cada organización miembro que cumpla doce normas para la recaudación de fondos. Estas incluyen la comunicación honesta, el cumplimiento de la intención del donante y la presentación de informes específicos sobre los proyectos para los cuales se solicitan donativos. También prohíbe la remuneración porcentual de los recaudadores de fondos y prohíbe a los directivos de cualquier organización recibir regalías por cualquier producto utilizado para recaudar fondos o con fines promocionales.[5] El ECFA sostiene que «las buenas organizaciones benéficas responden de buen grado a preguntas difíciles» y ha formulado una Declaración de Derechos del Donante.[6]

Algunos ministerios, incluido el que yo dirijo, tienen razones legítimas para no pertenecer a la ECFA. En nuestro caso, soy el único empleado a tiempo completo de nuestro pequeño ministerio, y el costo de las auditorías y otros procedimientos para poder ser miembro de la ECFA, que sería mínimo para un ministerio más grande, resulta prohibitivo para algunos ministerios pequeños. Sin embargo, desde el principio de Eternal Perspective Ministries, nos hemos tomado en serio las directrices del ECFA y hemos procurado cumplirlas voluntariamente, incluso como organización no miembro. (Nuestra junta y nuestro contador revisan cuidadosamente nuestras prácticas financieras, y nuestros libros están abiertos a quienes pregunten).

La rendición de cuentas a los de fuera es importante. Pero debe comenzar internamente con la elección sabia y cuidadosa de los líderes. Debe incluir un compromiso con el liderazgo plural que no deje a una persona al mando rodeada de otras pasivas, en posición de malversar, despilfarrar o utilizar fondos para su beneficio personal.

Las pautas de gasto de algunas organizaciones cristianas son ejemplares. Son conscientes de que Dios es el propietario de sus bienes y de que los donativos económicos les han sido entregados por otros mayordomos que se sacrifican para promover el reino de Dios. Estos ministerios gastan su dinero cuidadosa y reflexivamente con vistas al fin para el cual se les ha dado.

A otras organizaciones cristianas no les importa proporcionar coches caros a sus ejecutivos, reservar vuelos en primera clase por todo el mundo, alojar a su personal en hoteles de lujo y cortejar a los donantes con cenas de 200 dólares. Los fondos son aportados a los ministerios de buena fe por personas que suponen que se utilizan con cuidado. Toda organización necesita miembros del personal que defiendan a los donantes y beneficiarios del ministerio.

Forbes ha publicado clasificaciones anuales de las organizaciones benéficas «mejores del país». Han reducido sus criterios de evaluación a tres índices simplistas, con diversas ponderaciones para determinar qué organización benéfica es la más eficiente. Sin embargo, los índices no son los mismos para cada publicación, e incluso cuando se corresponden, se calculan o ponderan de forma diferente.

Otras fuentes dan sus propias clasificaciones, basándose en índices calculados y en un sistema de clasificación para identificar a las que consideran más dignas de apoyo. Pero estos índices pueden ser engañosos. Por ejemplo, la Cruz Roja Americana recibió más de 500 millones de dólares en contribuciones tras los atentados terroristas del 11 de septiembre, sin gastar mucho en recaudar fondos. Cuando más tarde admitieron que solo 100 millones de dólares se destinaron a las familias de las víctimas, hubo indignación pública.[7] Sin embargo, cuando se comparó a la Cruz Roja con otras organizaciones benéficas, su puntuación fue muy buena, no porque fueran realmente más eficientes, sino porque habían recibido mucha publicidad gratuita.

Ministry Watch es un programa de *Wall Watchers,* dedicado a comparar y clasificar ministerios, y a dar información en áreas que incluyen la eficiencia y la transparencia.[8] Dado que su sistema de clasificación se basa en datos financieros derivados del formulario 990 del IRS o de los estados financieros auditados de cada organización, el terreno de juego está teóricamente nivelado para todas las organizaciones benéficas. Sin embargo, hay muchas cualidades intangibles que no pueden medirse solo con datos financieros. La eficacia del funcionamiento, por ejemplo, es muy diferente de la eficacia de la misión.

En el sector no lucrativo, es muy difícil evaluar índices y otros criterios numéricos de rendimiento. Aunque aplaudo a *Wall Watchers* y a otros por intentar que los ministerios rindan cuentas, no hay nada como la interacción personal con un ministerio para evaluar su misión, percibir de primera mano su latido y su visión, y valorar sus verdaderos logros.[9]

Las encuestas indican que 70 millones de personas pueden estar absteniéndose de dar a organizaciones sin fines de lucro porque no saben lo suficiente sobre ellas.[10] Con 50 000 nuevas organizaciones benéficas que surgen cada año, la rendición de cuentas es fundamental. Aun así, los donantes deben darse cuenta de que algunas organizaciones que ocupan un lugar destacado según ciertos criterios no están realizando un trabajo tan vital o centrado en Cristo como otras que pueden estar peor clasificadas.

APÉNDICE B

El uso de fondos del ministerio para edificios

¿Los edificios son un gasto legítimo del ministerio? Si es así, ¿qué tipo de edificios y cuántos? Algunas iglesias tienen edificios que valen poco más que la típica casa particular de uno de sus miembros. Otras tienen terrenos y edificios de más de 100 millones de dólares (y algunos ministerios paraeclesiásticos tienen incluso más). ¿Puede justificarse esta gran acumulación de riqueza material a la luz de las necesidades del mundo?

En su libro *The Golden Cow* [La vaca de oro], John White cuenta una historia que refleja mis propios pensamientos sobre los edificios:

> Hace muchos años, una noche bajo la lluvia, me quedé mirando con asombro las paredes de lo que entonces era la sede de la China Inland Mission en Londres. Había leído muchos libros de la CIM... y me había emocionado y animado la forma en que Dios había suplido las necesidades de la misión «solo mediante la oración a Dios». Aquella noche, mientras miraba la sucia pero sólida pared de ladrillo, alargué la mano para tocarla. Parecía algo sagrado.
>
> La CIM no era otra cosa que una organización humana bendecida y utilizada por Dios. Pero, para mí, los muros eran un monumento impresionante y tangible de la realidad de la respuesta de Dios a la fe. Era como si Dios mismo los hubiera puesto allí. «Esto es lo que Dios hizo», dije encendido, sintiendo la solidez de los ladrillos húmedos mientras el asombro invadía todo mi cuerpo. «Un sólido monumento a la respuesta de Dios a la fe». Hoy en día, hay muchos supuestos monumentos a la fe en todo el mundo. A la gente le gustaría que creyéramos que Dios los levantó en respuesta a la oración de fe. No lo creo. Muchos son monumentos al ingenio humano, a los conocimientos de relaciones públicas y a la publicidad inteligente, a la habilidad para exprimir a los incautos cristianos. Y como no necesitaríamos depender de los conocimientos de relaciones públicas y de la publicidad inteligente si creyéramos de verdad en Dios, supongo que es correcto decir que los edificios de los que hablo son monumentos a la incredulidad más que monumentos a la

fe. Los contemplamos con un orgullo comprensible (pero culpable). Lo hemos conseguido. No necesitamos nada. ¡Que Dios se apiade de nosotros![1]

Gastar dinero en edificios para los ministerios no es intrínsecamente bueno ni malo. En algunos casos, Dios es glorificado sin duda a través de la financiación, la construcción y el uso de un edificio. En otros casos, a través del endeudamiento masivo, la desunión, la extravagancia, el orgullo y el mal uso se deshonra a Dios.

Oigo a la gente criticar a las iglesias locales por sus edificios. «Si ese dinero se hubiera dado a los pobres o se hubiera utilizado para misiones, se podrían lograr cosas mucho mayores». Esto a veces es cierto. Por otra parte, al satisfacer las necesidades de una congregación en crecimiento, un edificio puede servir a fines de evangelización y edificación, ampliando y profundizando la base de operaciones de modo que, en última instancia, se dedique mucho más dinero, oración e implicación personal a las misiones y a los pobres de lo que se habría hecho de otro modo.

He estado en ambos lados del dilema del edificio. Como joven creyente, sentado en una congregación, no me inspiraban los proyectos de construcción. Pensaba que mi dinero podría destinarse mejor directamente a las misiones, así que lo daba casi todo a grupos paraeclesiásticos. Hacía mucho hincapié en que la iglesia primitiva no tenía edificios. Ahora veo que este es un argumento mucho menos relevante, porque Dios nos ha colocado en un lugar y una época distintos a los de la Iglesia del primer siglo, con nuestras propias necesidades y oportunidades.

Durante mis catorce años como pastor, mi perspectiva cambió. Vi no solo la centralidad de la iglesia local, sino también cómo los edificios pueden ser herramientas valiosas que facilitan eficazmente el ministerio. A menudo, tiene tanto sentido que una iglesia construya un edificio como que una familia en crecimiento encuentre una casa adecuada a sus necesidades.

A lo largo de los años, los edificios de nuestra iglesia se han utilizado constantemente. Nuestro edificio principal, de veinte años de antigüedad, se utiliza para el culto los sábados por la noche y los domingos, y para todo, desde bodas y funerales hasta baloncesto y recreos escolares a lo largo de la semana. Hemos impartido clases de escuela dominical en todas partes, incluidas las oficinas del personal y los almacenes. Las aulas construidas para veinte albergan a veces a cincuenta, así que seguimos construyendo. Los grupos de jóvenes se reúnen en diferentes noches de la semana, porque no hay espacio suficiente. Todas las aulas —e incluso una cocina— se han utilizado para nuestra escuela primaria. Sin duda, estas prácticas instalaciones han mejorado mucho nuestro ministerio y nuestra presencia en la comunidad.

Hace algunos años, construimos una oficina de la iglesia y un centro ministerial. Cuando nos trasladamos de los remolques alquilados al edificio de oficinas, descubrimos que nuestra comunicación y eficacia habían mejorado mucho, y que podíamos satisfacer mejor las necesidades de nuestra gente.

Sí, podríamos funcionar sin nuestros edificios, igual que una familia puede arreglárselas sin su casa utilizando tiendas de campaña o viviendo en casa del vecino. Durante los cinco primeros años de nuestra iglesia, utilizamos instalaciones alquiladas y nos fue bien. Sin embargo, descubrimos que nos impedían realizar muchos ministerios importantes que nuestros propios edificios nos han permitido. Creo que estos edificios prácticos y atractivos —pero no extravagantes— han sido un sabio uso de los fondos de la iglesia y una verdadera inversión en la eternidad.

Por otra parte, debemos tener cuidado continuamente de que la construcción de un edificio no nos reste donativos para satisfacer las necesidades y evangelizar a nuestra comunidad y el mundo. Debemos luchar conscientemente contra las racionalizaciones que alejan a las iglesias y organizaciones de la construcción del reino de Cristo para construir el suyo propio. Ciertamente, algo va desesperadamente mal cuando una iglesia gasta más dinero en pagar los intereses de sus préstamos para la construcción que en las misiones mundiales. Si el gasto en misiones disminuye durante un programa de construcción, esto habla mal de las prioridades de una iglesia.

No creo que ninguna iglesia deba gastar millones de dólares en edificios sin considerar en oración si, en su lugar, sería mejor plantar iglesias anexas. Por supuesto, las iglesias anexas también necesitan instalaciones, pero la frescura y vitalidad de una nueva obra con nuevos líderes suele ser una alternativa rentable a los costosos edificios, que a veces provocan una pérdida de enfoque del ministerio y pueden socavar el desarrollo eficaz de los nuevos líderes de la iglesia.

Rick Warren, pastor de una de las mayores iglesias de Estados Unidos, dice lo siguiente sobre los edificios de las iglesias:

> Es un grave error pensar que todo lo que hace la iglesia —adoración, discipulado, ministerio, evangelización y comunión— debe hacerse entre las cuatro paredes de un edificio eclesiástico. De hecho, estoy convencido de que los edificios de las iglesias son un obstáculo importante para el crecimiento exponencial y que los programas de construcción masiva suelen ser un despilfarro de dinero.
>
> En la actualidad, se están planificando y construyendo en Estados Unidos varias docenas de edificios eclesiásticos extremadamente grandes, pero creo que son los últimos de los dinosaurios. La historia ha demostrado una y otra vez que las generaciones futuras nunca llenan los templos cavernosos de las

generaciones anteriores. Por ejemplo, cada vez que se reconstruyó el Tabernáculo de Spurgeon (tres veces) se redujo su tamaño. La lista de grandes catedrales vacías sería bastante larga. Dios quiere hacer algo nuevo en cada generación. Bendice a las personas ungidas, no a los edificios.

También debemos recordar que el período de mayor crecimiento del cristianismo fue durante los primeros 300 años, cuando no existían edificios eclesiásticos. Y hoy en día, todos los movimientos de plantación de iglesias del mundo se multiplican rápidamente sin tener un edificio físico.

Los edificios deben ser herramientas para el ministerio, no monumentos. He dicho repetidamente a nuestra congregación que Saddleback nunca construirá un edificio que no pueda derribarse si nos impide llegar a más gente. Las iglesias deben centrarse en edificar a las personas, ¡no en edificar edificios! De eso se trata tener un propósito. Es un proceso de edificación de personas. Edifica a tu gente antes que tu campanario.

Nuestra resistencia a construir edificios ha sido uno de los valores de Saddleback desde su creación hace veintiún años. Uno de los objetivos que nos fijamos en Saddlcback fue demostrar que no es necesario construir un edificio para hacer crecer una iglesia. ¡Por eso esperamos a que nuestra congregación tuviera una asistencia media de más de 10 000 personas antes de construir nuestro primer edificio! Creo que demostramos nuestro punto de vista. Solo porque estés creciendo no significa que debas construir un edificio nuevo o más grande. [...]

Reclutamos y conectamos a más de 2000 personas nuevas (que no estaban en ninguno de nuestros grupos existentes) en nuevos grupos de estudio bíblico en un solo fin de semana. Nunca habríamos considerado siquiera cifras como esa si hubiéramos intentado ubicarlos a todos en nuestro campus.

Me opongo rotundamente a construir CUALQUIER tipo de instalación que solo se vaya a utilizar una o dos veces por semana. Es una mala administración del dinero de Dios construir unas instalaciones solo porque el pastor quiere hablar a todo el mundo a la vez.

De hecho, he aquí un pequeño secreto: ¡Solo a los pastores les gustan los servicios religiosos enormes!

La gente normal prefiere servicios de tamaño más moderado, lo suficientemente grandes como para que los cantos sean estupendos, pero no una multitud abrumadora. Por eso prefiero tener un edificio de 200 plazas y llenarlo con cinco servicios que tener un auditorio

> de 1000 plazas que se llene solo una vez a la semana y quede vacío el resto de los días. [...]
>
> Te animo a que experimentes y busques formas de llegar a la gente y hacerla crecer de forma más rápida y barata, sin edificios. No permitas que la metodología tradicional, el ladrillo y el cemento, o la falta de ellos, te impidan centrarte en lo que más importa: ¡las vidas transformadas![2]

En la medida en que las instalaciones de una iglesia puedan ser atractivas y a la vez funcionales y económicas, estoy a favor de los edificios atractivos. Aprecio el deseo de crear una atmósfera de adoración. Pero el culto no requiere extravagancias. Tanto en la iglesia como en un ministerio paraeclesiástico, creo que los edificios deben construirse solo según sea necesario, de forma sólida pero económica, y de modo que permitan el máximo uso ministerial, lo que significa mucho más que un día a la semana.

Los edificios presentan el peligro de externalizar la iglesia, haciéndonos olvidar que *nosotros* —y no las instalaciones que construimos— somos la morada de Dios. Siempre que la Iglesia considera las instalaciones de culto como Israel consideraba el templo, da un dramático paso atrás.

Los edificios opulentos suelen ser monumentos al ego de un hombre, una organización o una congregación. Teniendo en cuenta las oportunidades de invertir en la eternidad, llegar a los perdidos y cuidar de los pobres —dando así gloria al Único que la merece—, tales edificios, en mi opinión, no tienen cabida entre el pueblo de Dios.

APÉNDICE C

Prestar dinero, cobrar intereses y firmar un préstamo como garante

Hay muchos motivos posibles para prestar dinero. Uno es satisfacer la necesidad de otra persona; otro es beneficiarse del préstamo cobrando intereses. No hay nada intrínsecamente malo en prestar. Estar en condiciones de hacer un préstamo es una señal de la bendición de Dios (Deut. 28:12). El justo da y presta (Sal. 37:21, 26). Dios aprueba a la persona generosa que presta con liberalidad (Sal. 112:5).

En ciertos casos, los prestamistas perdonaban las deudas con gracia (Mat. 18:32-33). En Israel, cada cincuenta años se celebraba el año del Jubileo, en el que se perdonaban todas las deudas (Deut. 15:1-3; Neh. 10:31).

Jesús afirma que cuando prestamos, no debemos esperar el reembolso (Luc. 6:34-35). Sin embargo, el prestatario está moralmente obligado a efectuar el pago (Sal. 37:21). Pero nosotros, en el espíritu de dar, debemos prestar como podríamos dar, sin esperar nada a cambio. Si querremos forzar la devolución, en primer lugar no deberíamos prestar.

En la oración de los discípulos se incluye la conocida pero poco practicada frase: «Y perdónanos nuestras deudas, como también nosotros hemos perdonado a nuestros deudores» (Mat. 6:12).

El prestamista debe evaluar el carácter del prestatario. Distribuir dinero a manos de un drogadicto, un jugador compulsivo o un sectario es irresponsable. Además, debemos sopesar si un préstamo es lo que realmente necesita el posible prestatario. Dados los muchos peligros de la deuda, ¿ayudamos realmente a otras personas endeudándolas con nosotros? Prestar dinero para ayudar a alguien que carece de disciplina financiera es como intentar apagar un incendio con gasolina.

Deberíamos calcular los efectos del préstamo en nuestras relaciones. Aunque podamos imaginar que prestar dinero hará que la gente se encariñe con nosotros, la experiencia suele demostrar lo contrario. Una de las mejores definiciones de un amigo distante es «un amigo íntimo que te debe dinero». Si alguien te irrita y deseas no volver a verlo, ¡dale un préstamo!

Cobrar intereses

En el Antiguo Testamento, las estipulaciones regían los préstamos. Aunque se podían tener garantías, estaba prohibido tomar una garantía esencial, como una prenda necesaria para calentarse en las noches frías (Ex. 22:26-27; Deut. 24:10-17).

Cobrar intereses es el medio por el cual un prestamista se beneficia de un prestatario. Era una práctica común en Babilonia, Roma y muchas culturas antiguas. En Israel, se podía cobrar intereses a los extranjeros, pero no como medio de explotación (Deut. 23:19-20). Los préstamos a otros judíos debían ser siempre sin intereses (Ex. 22:25; Lev. 25:35-37; Deut. 23:20).

Tanto si se cobran intereses como si no, debe haber un espíritu de gracia al prestar (Deut. 15:8, 10). Nadie debe aprovecharse de la desgracia ajena. Debemos prestar principalmente para ayudar al prestatario, no para ayudarnos a nosotros mismos. Ni siquiera debemos llevar a nuestro hermano a los tribunales para recuperar nuestras pérdidas, porque es mejor experimentar la pérdida que llevar el conflicto con un hermano ante los incrédulos (1 Cor. 6:1-7).

Israel tenía una economía en gran medida no inflacionaria. El dinero de un prestamista valía lo mismo para él cuando se le devolvía que cuando lo prestó. Tal vez en una economía inflacionista se cobrarían intereses para igualar la tasa de inflación. Pero incluso si esto no se hace, el corazón bondadoso no discutirá por pérdidas menores cuando su propósito al prestar es extender gracia, no exigir el reembolso.

A lo largo de la historia de la Iglesia, los maestros cristianos han adoptado una postura firme contra la exigencia de usura en un préstamo con el fin de obtener un beneficio personal. Aunque hoy en día se piensa que la usura consiste en cobrar un interés excesivo, en realidad la palabra significaba cobrar cualquier interés. Ambrosio, obispo de Milán del siglo IV, dijo: «Si alguien comete usura, comete robo y ya no tiene vida». Juan Calvino declaró que los prestamistas profesionales debían ser prohibidos en la iglesia. Martín Lutero dijo: «Después del diablo, no hay mayor enemigo humano en la tierra que el avaro y usurero, pues desea estar por encima de todos».[1]

Sin embargo, Jesús habló sin condenar de ganar intereses mediante un depósito a un prestamista (Luc. 19:23). Aunque se trataba de una referencia en una parábola y no implica necesariamente aprobación, parece improbable que utilizara como ilustración positiva algo que creía que estaba mal.

Parece que cobrar intereses no es malo en sí. Podría ser apropiado para las instituciones crediticias, pero no para los particulares si están prestando a otros creyentes para ayudarlos a cubrir sus necesidades. Si se cobran intereses, quizás no deberían superar la tasa de inflación actual.

Hay un momento para prestar, otro para dar y otro para no hacer ni lo uno ni lo otro. Si la necesidad no es legítima, no debo ni dar ni prestar. Si la necesidad es legítima, no el resultado de una elección imprudente en la que hay una lección que aprender, podría dar en lugar de prestar. Si, por el contrario, la necesidad es real pero un regalo contribuiría a la irresponsabilidad o a la pérdida de dignidad de alguien, un préstamo podría ser la mejor solución.

Debo tener cuidado de no fomentar el endeudamiento de mi hermano a menos que contraer la deuda sea absolutamente necesario. Lo último que necesita una persona endeudada es más deuda. Cuando las necesidades son legítimas, una política cristiana debe ser dar libremente. Si la situación lo amerita, puedo hacer un préstamo, pero solo con el mismo espíritu de ayuda con el que haría un regalo.

Firmar los préstamos de otra persona

Firmar un préstamo como garante es asumir la responsabilidad de las deudas de otra persona para garantizar a un acreedor que el prestatario no dejará de pagar. Si la persona a la que he salido de garante no realiza los pagos, me hago legalmente responsable de todo el pasivo.

Las Escrituras son muy claras sobre esta firma como garante; nos dicen que no lo hagamos:

> Ciertamente sufrirá el que sale fiador por un extraño, pero el que odia salir fiador está seguro. (Prov. 11:15)
>
> No estés entre los que dan fianzas, entre los que salen de fiadores de préstamos. Si no tienes con qué pagar, ¿por qué han de quitarte la cama de debajo de ti? (Prov. 22:26-27)

De hecho, si ya hemos puesto una fianza por nuestro prójimo, se nos dice que debemos ir al acreedor, humillarnos, suplicar y no permitirnos dormir hasta que nos liberen de la obligación, como una gacela del cazador o un ave del lazo del que caza (Prov. 6:1-5). Asumir la responsabilidad de la deuda de otro es demostrar mal juicio (Prov. 17:18). Si dudas de esta enseñanza de las Escrituras, ten en cuenta que no menos del 50 % de los avalistas acaban pagando parte o la totalidad de la deuda de la otra persona.[2]

Cuando firmo por otra persona, estoy diciendo: «Responderé por todas las decisiones financieras de esta persona, acertadas o desacertadas. Ahora soy responsable legal y económicamente de lo que él decida hacer».

Si tu deseo es ayudar a alguien, dale el dinero directamente, préstaselo... u ofrécele un buen consejo. La mayoría de las veces, en primer lugar, no debería endeudarse. Cuando alguien te pida que seas avalista, el mejor favor que puedes hacerle —tanto a él como a ti mismo— es simplemente decirle que no.

APÉNDICE D

Pautas prácticas para controlar el gasto

Para muchas personas, gastar dinero es un comportamiento adictivo similar al alcoholismo o el juego. Con el gasto compulsivo, el verdadero enemigo está en nuestro interior. Tenemos que sustituir nuestra preocupación por la gratificación a corto plazo y tomar nuestras decisiones de gasto desde una perspectiva a largo plazo. Debemos sustituir nuestra autoindulgencia por el autocontrol, que es un fruto del Espíritu Santo (Gál. 5:23). «Como ciudad invadida y sin murallas es el hombre que no domina su espíritu» (Prov. 25:28). Sin autocontrol, nuestras vidas se hacen vulnerables a innumerables ataques.

Las siguientes directrices están pensadas para ayudarte a ejercer el autocontrol en el gasto. Pueden ayudarte a ser un mejor administrador de los recursos de Dios y a liberar fondos para utilizarlos con fines del reino:

1. Date cuenta de que nada es un buen negocio si no puedes permitírtelo. Pagar 120 000 dólares por una casa que vale 150 000 parece una oferta excelente. Pagar 80 dólares por un par de esquís apenas usados que cuestan 400 nuevos parece un gran negocio. Pero si no podemos permitírnoslos, sencillamente no importa. Siempre es una mala elección gastar dinero en un «buen negocio» que no podemos permitirnos.

2. Reconoce que Dios no está detrás de todos los buenos negocios. Supongamos que nos lo podemos permitir. ¿Significa eso que debemos comprarlo? El autocontrol a menudo significa rechazar buenas ofertas en cosas que realmente queremos porque Dios puede tener otros planes mejores para Su dinero.

3. Comprende la diferencia entre gastar dinero y ahorrar dinero. Ahorrar es apartar dinero para un fin futuro. El dinero ahorrado se queda en nuestra cartera o en el banco. Puede utilizarse para otros fines, incluidas nuestras necesidades o las de los demás. El dinero que se gasta sale de nuestras manos y ya no está a nuestra disposición. Como dije en el capítulo 17, si compramos un jersey de 80 dólares en rebaja por 30, y pensamos que acabamos de ahorrar 50 dólares, sencillamente no entendemos el concepto de ahorro. ¿Dónde están los 50 dólares que creemos haber ahorrado? No existen. Lo único que hemos hecho es gastar treinta. Si seguimos «ahorrando» así, ¡pronto estaremos arruinados!

4. Fíjate en el costo a largo plazo, no solo en el gasto a corto plazo. Si compramos un buen equipo de música, también acabaremos comprando muchos discos. Si algo se rompe, pagamos para que lo reparen. Si compramos un auto nuevo, nos preocupamos por las abolladuras y contratamos un seguro para arreglarlas. Si adquirimos un cachorro «gratis», inmediatamente tenemos que empezar a gastar 20 dólares al mes en comida para perros, y cuando nos damos cuenta, estamos invirtiendo 1200 dólares en una valla y pagándole 400 al veterinario para que le cosa las heridas de una pelea de perros. A lo largo de un año o dos, podemos gastar varios miles de dólares en nuestro cachorro gratis. (Como amante de los perros, ¡hablo por experiencia!). Considera el costo por adelantado. Todo acaba siendo más caro de lo que parece a primera vista.

5. Ora antes de gastar. Cuando algo es una necesidad legítima, Dios lo proveerá. ¿Cuántas veces hacemos justicia por mano propia y gastamos impulsivamente antes de pedir a Dios que nos lo proporcione? ¿Con qué frecuencia compramos algo —ya sea que lo consideremos un «deseo» o una «necesidad»— una semana o un mes antes de que Dios nos lo hubiera proporcionado gratis o a un costo mínimo, si solo se lo hubiéramos pedido?

Mi amigo quería una buena bicicleta estática. Incluso eligió el modelo exacto, una Tunturi, con un precio de venta al público de 350 dólares. Pero en vez de salir a comprarla, me dijo que estaba orando para que Dios le proporcionara esa bicicleta exacta. Al no gastarse el dinero, tendría más para dar. Unos días después, estaba en una tienda de segunda mano y me quedé estupefacto al ver una bicicleta Tunturi, el modelo exacto que quería mi amigo. Parecía que nunca se había usado. Llamé a mi amigo y consiguió la bicicleta exacta que había pedido, y pagó 25 dólares en vez de 350.

Hice algo parecido cuando finalmente desistí de comprar una revista *Time* original de 1947 con C. S. Lewis en la portada. Había subastado por ella en eBay varias veces, pero siempre se salía de mi presupuesto. Una noche, tras perder otra oferta, pensé: *Señor, estoy perdiendo el tiempo. Te he pedido que me ayudes a ganar una subasta, pero nunca te he pedido que me proporciones realmente la revista. Es una cosa pequeña, y probablemente no debería quererla tanto. Pero te la estoy pidiendo. Si quieres que la tenga, tendrás que proporcionármela sin costo alguno.*

Estaba prácticamente seguro de que nunca la conseguiría, pero me sentí bien al entregar mi deseo al Señor. Algún tiempo después, una persona que había leído algunos de mis libros, al ver lo a menudo que citaba a C. S. Lewis, ¡me regaló la revista! No podía creerlo, hasta que recordé cómo había orado por ella. Dios me proporcionó con gracia, sin costo alguno, esto que no necesitaba, pero que deseaba. Si hubiera ofertado lo suficiente para conseguirlo antes, nunca me habría sentido tan conmovido por la respuesta de Dios a mi oración.

A menudo, compramos lo que queremos o renunciamos a lo que queremos, cuando existe una tercera alternativa: pedir a Dios que nos lo proporcione. Si no nos lo da, muy bien; Él sabe qué es lo mejor. Pero ¿por qué no le damos una oportunidad?

Esperar elimina la mayoría de las compras impulsivas. Muchas cosas que hoy resultan atractivas, dos meses después ya no tienen interés. Mira las ventas de garaje y te harás una idea. Establecer un período de espera le da a Dios la oportunidad de proporcionarnos lo que queremos, de darnos algo diferente o mejor, o de mostrarnos que no lo necesitamos y que deberíamos utilizar el dinero de otra manera.

6. Examina cada compra a la luz de su potencial para el ministerio. Cada vez que gastamos dinero, ganamos algo y perdemos algo. Lo que perdemos no es solo dinero, sino lo que se podría haber hecho con ese dinero si se hubiera utilizado de otra manera. Cuando gastamos 20 dólares —o 100 o 1000— en algo, debemos sopesar el valor de estas cosas frente a lo que ese mismo dinero podría haber hecho si se hubiera utilizado de otra manera; por ejemplo, para alimentar a los hambrientos o para evangelizar a los perdidos.

No digo esto para inducir un sentimiento de culpa, sino para indicar lo obvio: siempre que el dinero se utiliza de una manera, impide que se utilice de otra. Debemos sopesar y medir las distintas alternativas de cómo utilizamos el dinero de Dios. A veces, elijo gastar el dinero en cosas innecesarias que siguen pareciendo buenas y útiles. A veces, me siento bien al respecto; a veces, me parece cuestionable. A menudo, sin embargo, hay una línea clara que creo que no estaría bien que cruzara. Por ejemplo, no puedo justificar gastarme miles de dólares en joyas cuando ese mismo dinero podría mantener con vida a personas o alcanzarlas con el evangelio. No digo que esté mal que los demás tengan joyas bonitas. Estoy diciendo que las joyas, como todo lo demás, deben someterse al escrutinio de la conciencia, del Espíritu Santo y de la Palabra de Dios. Estoy compartiendo mis convicciones sobre mi vida y mi mayordomía. No respondes ante mí, sino ante Dios. Ninguno de nosotros debe imponer sus normas personales a los demás, pero debemos pedir a Dios que nos dirija cuando se trata de manejar Su dinero.

7. Comprende y resiste la naturaleza manipuladora de la publicidad. El gasto responsable dice sí a las necesidades reales y no a la mayoría de las necesidades «creadas». Tenemos muchas menos necesidades de las que creemos. La tentación de gastar más de la cuenta es inmensa. La publicidad se nutre de infundir descontento. Su objetivo es crear una ilusión de necesidad, estimular el deseo, hacer que nos sintamos insatisfechos con lo que Dios nos ha proporcionado. La gente obtiene maestrías en persuadirnos para que compremos cosas que no necesitamos. La publicidad agranda nuestros deseos diciéndonos: «Necesitas este auto», «No te querrán a menos que lleves este tipo de ropa» y «No te divertirás a menos que utilices este producto».

La publicidad es seductora y manipuladora. Nos programa. Debemos rechazar conscientemente sus afirmaciones y rebatirlas con la Palabra de Dios, que nos dice lo que realmente necesitamos y lo que no. Deberíamos apartarnos de la publicidad que fomenta la codicia o el descontento. Eso puede significar menos televisión, menos hojear los catálogos de venta y los anuncios de los periódicos, y menos deambular sin rumbo por los centros comerciales.

8. Aprende a alejarte de las cosas que quieres pero no necesitas. Una vez, recibí un cheque grande e inesperado. Después de dar una parte al Señor, aún me quedaban 2000 dólares. Al poco tiempo, estaba mirando algo que había deseado pero que nunca había podido justificar. El precio era de 1995 dólares. Lo examiné, comparé precios, volví al día siguiente y consideré seriamente la posibilidad de comprarlo. Pero en mi corazón no había paz cuando consideraba lo que ese dinero podría hacer por el reino de Dios. Finalmente, decidí que no debía hacer la compra. Cuando me di la vuelta y me alejé, ocurrió algo inesperado. De repente, me invadió una profunda sensación de alivio y alegría. No me había dado cuenta de cómo me había poseído aquel objeto. Liberarme de él fue la primera bendición; saber la diferencia eterna que marcaría el dinero fue la segunda bendición. (Conozco a personas piadosas que poseen este mismo objeto, que deliberadamente no voy a identificar. Puede que tú tengas la misma experiencia en relación con algo que yo poseo, pero que Dios no pretende que poseas).

9. Date cuenta de que las pequeñas cosas suman. Como el agua de un grifo que gotea, el dinero se escurre entre nuestras manos. Los pequeños goteos no parecen gran cosa, pero suman litros. Un dólar por aquí y diez por allá; una hamburguesa por aquí y un cafecito por allá; alquileres de video y rondas de golf y herramientas extra y ropa nueva. Estas cosas pueden parecer intrascendentes, pero suman cientos de dólares al mes y miles al año que podrían utilizarse para fines del reino. Si una piscina está llena de filtraciones, puedes bombear más agua, pero nunca será suficiente hasta que se arreglen esas filtraciones. Podemos recibir más y más ingresos, pero hasta que no arreglemos las pequeñas fugas en nuestros hábitos de gasto, nunca podremos desviar el flujo de dinero hacia fines más elevados.

10. Establece un presupuesto y vive de acuerdo con él. Imagina que confías una gran suma a un gestor de dinero, diciéndole que saque solo lo necesario para vivir y que luego invierta sabiamente la mayor parte en tu nombre. Unos meses después, lo llamas para ver cómo van las inversiones. Avergonzado por tu llamada, admite: «No hay inversiones. No queda nada de tu dinero». Sorprendido, preguntas: «¿Adónde ha ido todo?». Con timidez, tu gestor de dinero responde: «Bueno, se me ocurren algunos gastos aquí y allá, pero en general, realmente no lo sé. Hubo esto y aquello, y cuando me di cuenta, todo había desaparecido».

¿Qué pensarías? ¿Cómo te sentirías? ¿Cómo piensa y se siente Dios cuando a final de mes no queda nada del dinero que nos confió, y ni siquiera sabemos adónde fue a parar? Si algunos de nosotros dirigiéramos una empresa y manejáramos su dinero como hacemos con el de Dios, ¡iríamos a la cárcel!

«Conoce bien la condición de tus rebaños, y presta atención a tu ganado; porque las riquezas no son eternas, ni perdurará la corona por todas las generaciones» (Prov. 27:23-24). Los rebaños y las manadas son las unidades básicas de riqueza del ganadero. Dios está diciendo: conoce cuáles son tus bienes y sabe adónde van.

Debemos controlar nuestra gestión de los bienes de Dios. Si no tenemos planes bien pensados sobre qué hacer con el dinero de Dios, ten por seguro que miles de personas sí tienen planes para él. Si no lo aprovechamos nosotros, otros se lo llevarán y nosotros acabaremos teniendo una venta de garaje.

Dos pasos prácticos pueden ayudarnos mucho a controlar nuestros gastos: registrar los gastos y hacer un presupuesto. Estos pasos nos ayudarán a detectar las áreas problemáticas clarificando nuestros hábitos de gasto. Fomentarán un diálogo sano sobre lo que hacemos con nuestro dinero y nos ayudarán a desarrollar hábitos de gasto cuidadosos. Esto mejorará nuestra salud mental y conyugal, porque el desorden financiero es una de las principales causas de estrés personal y familiar.

Para algunos, la forma más práctica de hacer un presupuesto es el sistema de sobres. Cuando se cobra el sueldo, el dinero va a parar a sobres con designaciones escritas en ellos: comida, gasolina, basura, ocio, ropa, etc. Si llega el día diez del mes y no queda nada en el sobre de ocio, se acabó el cine y salir a comer afuera. Si gastamos de más en un área, debemos gastar de menos en otra para compensar. (Pero si en lugar de eso gastamos el dinero de la ropa, nos pasará factura cuando necesitemos comprar ropa). El sistema de sobres puede parecer una reliquia del pasado, pero nos enseña que hay un fondo en el pozo, que los recursos son limitados. Es una lección inestimable.

Te recomiendo que tomes uno de los libros prácticos sobre finanzas que tratan de la elaboración de presupuestos.[1] Esos libros muestran cómo hacer un registro cuidadoso de los gastos para que puedas averiguar adónde va tu dinero. Mientras tanto, puedes determinar adónde crees que debería ir. Esta será la base de tu presupuesto, que incluirá cuánto has decidido dar y ahorrar y cuánto tienes disponible para gastar.

Vivir con un presupuesto liberará mucho dinero. He conocido a familias que siguen un presupuesto y les va bien con unos ingresos anuales de 25 000 dólares. Me he reunido con otros que ganan 25 000 dólares al mes y siempre están en crisis financiera. Lo más importante no es cuánto dinero ganamos, sino cómo lo gestionamos.

APÉNDICE E

¿Hay que mantener siempre en secreto las donaciones?

En el capítulo 16, sugiero que compartamos testimonios sobre donaciones para ayudar al cuerpo de Cristo a crecer en la gracia de dar. Antes, me oponía a este tipo de divulgación —como muchos siguen haciendo— porque Jesús dice: «Pero tú, cuando des limosna, que no sepa tu mano izquierda lo que hace tu derecha, para que tu limosna sea en secreto; y tu Padre, que ve en lo secreto, te recompensará» (Mat. 6:3-4).

Cuando recibió un recibo fiscal automático de su iglesia que indicaba que no había dado dinero el año anterior, un hombre se indignó. Dijo que obedecía a las Escrituras al no permitir que su mano izquierda supiera lo que había dado su mano derecha. Dar debía ser tan secreto, pensó, que ni siquiera él debía saber cuánto daba. Una mirada más atenta a este pasaje, y al resto de la Escritura, demuestra que esta no es una interpretación válida.

En Mateo 6, Jesús trata de las motivaciones, algo que la élite religiosa no solía examinar. Empieza con la amplia categoría de «actos de rectitud», y luego pasa a tres de esos actos: dar, orar y ayunar. No se trata de una lista exhaustiva. En sus enseñanzas, los rabinos solían hablar en grupos de tres. Jesús podría haber añadido la lectura de la Biblia, dar de comer a los pobres o educar a los hijos. Hoy en día, podríamos incluir ir a viajes misioneros o asistir a una universidad o iglesia concretas. La idea es que cualquier «acto de rectitud» (o distintivo de espiritualidad) puede otorgarnos un estatus espiritual a los ojos de los demás.

El versículo más importante, el que establece todo el pasaje, es el primero: «Cuídense de no practicar su justicia delante de los hombres para ser vistos por ellos» (Mat. 6:1). La frase operativa es «para ser vistos por ellos». No se trata de una prohibición de que los demás se enteren de nuestras ofrendas, oraciones, ayunos, estudios bíblicos, alimentación de los pobres, trabajo misionero o asistencia a la iglesia. Más bien, es una orden de no hacer estas cosas para recibir el reconocimiento de los hombres. Jesús continúa: «De otra manera [es decir, si hacen cosas buenas para ganar la aprobación humana] no tendrán recompensa de su Padre que está en los cielos». El problema no es hacer cosas buenas pensando en la recompensa, sino *buscar la recompensa de los hombres en vez de la de Dios.*

Luego Jesús dice: «Por eso, cuando des limosna, no toques trompeta delante de ti, como hacen los hipócritas en las sinagogas y en las calles, para ser alabados por los hombres» (Mat. 6:2). Tocar la trompeta puede parecer una tontería. No hay constancia de que se hiciera realmente. Parece satírico o humorístico, una caricatura de las cosas menos obvias (para nosotros, en todo caso) que hacemos para llamar la atención. Pero Cristo se centra en la razón por la que los hipócritas llaman la atención sobre lo que han hecho: «para ser alabados por los hombres». Una vez más, el argumento de Cristo no es que nuestra generosidad no deba verse nunca, sino solo que jamás debemos divulgarla o alardear de ella para obtener el reconocimiento humano. Cuando eso ocurre, «en verdad les digo que ya han recibido su recompensa» (Mat. 6:5).

Si damos para conseguir las alabanzas de los hombres, conseguiremos lo que buscamos: edificios universitarios con nuestro nombre, invitaciones a cenar de jefes de ministerios, nuestros nombres inscritos en bancos o ladrillos, nombramientos para juntas directivas o ver nuestros nombres en una placa y en el periódico. Pero al conseguir lo que buscamos, perderemos lo que deberíamos haber buscado: la aprobación de Dios.

Veamos los versículos con los que empezamos: «Pero tú, cuando des limosna, que no sepa tu mano izquierda lo que hace tu derecha, para que tu limosna sea en secreto» (Mat. 6:3-4).

Se trata de una figura retórica. Es una hipérbole, una exageración deliberada, que habría quedado inmediatamente clara para los oyentes. Que la orden de Cristo no puede ser literal es evidente, porque una mano carece de la capacidad de saber nada, y el cerebro de la persona sabría inevitablemente lo que hacían tanto la mano derecha como la izquierda. No existe un centro de inteligencia en una mano por oposición a la otra, ni el cerebro tiene la capacidad de retener información de una mano mientras la revela a la otra. No somos capaces de accionar un interruptor para que no sepamos que estamos dando o que hemos dado.

Entonces, ¿qué quiere decir Cristo? Da en silencio, discretamente. No tosas ruidosamente mientras das. No eches de golpe tu ofrenda en el plato. Coloca el cheque en la ofrenda o envíalo por correo sin llamar la atención. Dobla el cheque. Mantén el sobre cerrado. Da con un espíritu de humildad y sencillez, como un acto de adoración. No des para poner tu nombre en una lista. No des con espíritu de autocomplacencia. No te quedes meditando en tu ofrenda, obsesionándote en ella, construyéndote un santuario mental. En otras palabras, no hagas una gran producción, ni a la vista de los demás ni en la intimidad de tu propio corazón.

Este versículo no puede significar que debamos —ni siquiera que podamos— ser inconscientes de nuestras propias limosnas, como tampoco podríamos serlo de nuestras oraciones, ayunos, lecturas bíblicas o evangelización.

Sugerir que lo hace eliminaría los elementos de discernimiento y reflexión a la hora de dar, orar, ayunar y todas las demás disciplinas espirituales.

¿Puede significar este versículo que siempre es malo que los demás sepan que hemos dado? No. Hechos 2:45 habla de cristianos que vendían sus posesiones y daban a los necesitados. ¿Sabían los demás que habían hecho esto? En muchos casos, la respuesta sería obvia. Estas personas se conocían: si ya no tenías tus camellos, tu abrigo o tu carreta de bueyes, la gente averiguaría por qué. Hechos 4:32-35 nos habla de más personas que liquidaron bienes. La mayoría de los nombres, que no significarían nada para nosotros, no están registrados, pero seguramente eran conocidos en aquella época.

Pero algunos dadores fueron nombrados incluso para nuestro beneficio. Hechos 4:36-37 nos dice que Bernabé vendió un campo y llevó el dinero a los pies de los apóstoles. Si Bernabé buscaba estatus y prestigio, su motivación era errónea. Pero, desde luego, es falso decir que estaba mal que los demás fueran conscientes de su donación, ¡porque la propia Escritura la revela! El acto de generosidad de Bernabé era comúnmente conocido entre los creyentes y quedó pública y permanentemente registrado en Hechos.

¿El reconocimiento público tentó a otros a dar por motivos equivocados? Desde luego, como vemos en el siguiente pasaje (Hech. 5:1-11). Ananías y Safira dieron por motivos equivocados. Luego mintieron para que su donativo pareciera mejor de lo que era. Pero el posible abuso de algo no anula su legitimidad. El cuerpo de Cristo puede beneficiarse de ver modelos abiertos de donación generosa como el de Bernabé. El mundo puede beneficiarse de ver la generosidad de la Iglesia como un testimonio atractivo de la gracia de Cristo. Los riesgos de revelar las donaciones de una persona a veces se ven superados por los beneficios de la revelación.

Antes, en el mismo sermón, Jesús dice: «Así brille la luz de ustedes delante de los hombres, para que vean sus buenas acciones y glorifiquen a su Padre que está en los cielos» (Mat. 5:16). Aquí se nos ordena que dejemos que los hombres vean nuestras buenas acciones, y no que las ocultemos. Dar es una buena acción, ¿no? Este pasaje y Mateo 6 se equilibran mutuamente. Hay un momento para que dar se vea, pero solo en el momento adecuado y por los motivos adecuados.

Tenemos que dejar de poner la generosidad en una clase aparte. Si doy un mensaje sobre evangelismo, interpretación bíblica o paternidad, corro el riesgo de enorgullecerme. Pero puede que siga siendo la voluntad de Dios que comparta con la iglesia lo que Dios me ha enseñado en estas áreas. Pablo se pone a sí mismo como ejemplo: «Sean imitadores de mí, como también yo lo soy de Cristo» (1 Cor. 11:1). Podría escribir libros y hablar en público por motivos equivocados, aunque le pido a Dios que no sea así. Podría enviar correos electrónicos con motivos equivocados, para buscar la aprobación del hombre, no la de Dios. Pero escribo libros y hablo y envío correos electrónicos de todos modos, en parte porque si nos abstuviéramos de hacer todo lo que podríamos hacer con un motivo equivocado, nunca haríamos nada en absoluto. (Si tu pastor solo predicara cuando no existiera la tentación del orgullo, nunca predicaría).

Si Cristo estableció un principio en Mateo 6:2-4 según el cual los demás nunca deben saber lo que alguien da, entonces los miembros de la iglesia primitiva lo quebrantaron en Hechos 4:36-37. No hay forma de evitarlo. Números 7 enumera los nombres de los donantes del tabernáculo. En 1 Crónicas 29, leemos exactamente cuánto dieron los dirigentes de Israel para construir el templo, y luego dice: «Entonces el pueblo se alegró porque habían contribuido voluntariamente, porque de todo corazón hicieron su ofrenda al SEÑOR» (1 Crón. 29:9). Filemón 1:7 es probablemente una referencia a la generosa donación de Filemón, y 2 Corintios 8:2-3 es definitivamente una referencia a la generosa donación de los macedonios. Al tratar de comprender el significado de Mateo 6:2-4, debemos considerar el consejo completo de las Escrituras, tal como se revela en estos otros pasajes.

En Mateo 6, está claro que lo que es cierto respecto a dar también lo es respecto a orar y ayunar. Jesús dice en el versículo 6: «cuando ores, entra en tu aposento, y cuando hayas cerrado la puerta, ora a tu Padre que está en secreto». Está alejando el péndulo de las oraciones egoístas, interesadas y para mejorar la imagen, por las que eran famosos los fariseos. Pero ¿quería decir que toda oración debe ser privada? No. Las Escrituras contienen muchos ejemplos de oración pública y colectiva. Cada vez que un pastor o un líder de alabanza ora en la iglesia, cada vez que los padres oran con sus hijos, o los maridos con sus esposas, o las familias antes de cenar, o alguien ora con la persona que está siendo llevada a Cristo, se demuestra la falsedad de la idea de que siempre es malo ser visto u oído por los demás cuando oras.

Jesús nos dice que oremos en secreto, y Dios nos recompensará (Mat. 6:6). Sin embargo, reunirse para orar en grupo es ciertamente importante (Mat. 18:19-20). Dios quiere que oremos en secreto a veces, pero no otras. Quiere que demos en secreto unas veces, pero otras no. Todo depende de las motivaciones de nuestro corazón y del propósito de lo que se revela.

Del mismo modo que Mateo 6:6 no significa que siempre esté mal dejar que los demás te oigan orar, Mateo 6:3-4 no significa que siempre esté mal dejar que los demás estén al tanto de tus ofrendas. Puesto que Jesús agrupa el dar, el orar y el ayunar como los tres actos de justicia en este pasaje, lo que se aplica a uno se aplica a los otros.

Cuando la viuda pobre dio, lo hizo públicamente: Jesús pudo ver las dos monedas. La utilizó como ilustración pública (Luc. 21:1-4). Así pues, era correcto que diera en público, y era correcto que se dijera a la gente la cantidad exacta de su donativo. Sus motivos eran correctos. La revelación pública no anuló su buen corazón.

Aunque la confidencialidad en los registros de donaciones tiene sentido, crea otra tentación. Muchos creyentes se aprovechan del velo de la intimidad utilizándolo como manto para su desobediencia al no dar. Con todo lo que se habla hoy en día sobre la responsabilidad, ¿qué hacemos en las iglesias para responsabilizarnos unos a otros de dar generosamente? La gente puede darse cuenta si no obedeces el mandamiento de Hebreos 10:25 de asistir a la iglesia, pero ¿cómo se van a dar cuenta si no das?

El cuerpo de Cristo necesita que su luz brille ante los hombres, y necesitamos modelos de cada disciplina espiritual. No debemos permitir que el riesgo de nuestro orgullo nos impida revelar fielmente la obra de Dios en este ámbito de nuestras vidas. Y si debemos guardar silencio para evitar nuestro propio orgullo, deberíamos apoyar a otros que puedan dar testimonio humildemente de la fidelidad de Cristo en su dadivosidad.

Dios mira el corazón. Solo Él conoce los verdaderos motivos de nuestras ofrendas (1 Cor. 4:5). Las Escrituras nunca dicen que un dador no reciba recompensa eterna por el mero hecho de que otros sepan de su donativo. Los donantes podrían ser conocidos y aun así haber dado para complacer a Dios, no a los hombres.

Más que nada, lo que puede obligarnos a tragarnos nuestro orgullo es hablar de dar cuando corremos el riesgo de que parezca que nos estamos dando palmaditas en la espalda. El motivo por el que *no* hablamos de dar no siempre es la humildad. A veces es el miedo, la duda y, sí, incluso el orgullo. Expresar con vulnerabilidad a los demás dónde nos encontramos en nuestra peregrinación hacia la generosidad puede ser un acto de humildad. Siempre debemos comprobar nuestros motivos, pero desde luego no tiene por qué ser un acto de orgullo.

No debemos presumir de nuestro estudio de la Biblia, oración, evangelización, paternidad o donación, pero tampoco debemos ocultar estas cosas. Es más fácil que la gente siga las huellas (lo que hacemos) que los mandatos (lo que decimos). Si no estamos dispuestos a hablar abierta y humildemente de nuestras ofrendas, ¿cómo podemos esperar que surjan dadores? La Iglesia tiene muchos ejemplos de consumidores; necesitamos ver ejemplos de dadores. Hebreos 10:24 nos dice que «consideremos cómo estimularnos unos a otros al amor y a las buenas obras». Solo podemos sentirnos estimulados por lo que vemos.

GUÍA DE ESTUDIO

Dinero, posesiones y eternidad

LECCIÓN 1

¿Por qué el dinero es tan importante para Dios?

Tarea de lectura: prefacio, capítulo 1

¿Qué dice la Biblia sobre nuestro dinero?

¿Por qué dedica la Biblia tanta atención al dinero y a las posesiones?

Cómo nos relacionamos con el dinero y las posesiones es la historia de nuestra vida. Lo que necesitamos en este viaje es una hoja de ruta que nos ayude a comprender la perspectiva de Dios y nos enseñe a tomar decisiones eternamente significativas. La clave para nuestro uso del dinero y las posesiones es una perspectiva correcta: una perspectiva eterna. En esta lección, examinaremos algunos pasajes bíblicos clave que nos ayudarán a desentrañar la visión de Dios sobre nuestras finanzas y objetivos económicos.

Lean y debatan los siguientes pasajes de las Escrituras. (Según el número de personas del grupo, pueden dividirlo en subgrupos de tres o más, asignando a cada uno un pasaje para que lo estudie durante diez o doce minutos antes de informar de sus respuestas al grupo mayor. Los informes deberían limitarse a cinco minutos cada uno).

1. Lucas 3:7-14. En este pasaje, Juan el Bautista exhorta enérgicamente a una multitud de interrogadores sobre cómo vivir y cómo dar.

    a. Lucas 3:11. Basándonos en este versículo, ¿a quién pertenecen nuestras posesiones y riquezas? ¿De qué manera nuestra posesión de riquezas implica una responsabilidad aparte de nuestro propio disfrute?

    b. Lucas 3:12-14. ¿Qué responsabilidades especiales tienen las personas que trabajan con dinero? ¿Cuál es la responsabilidad de toda persona a la que se le paga por trabajar?

c. Basándonos en Lucas 3:7-14, ¿qué podemos concluir sobre el dinero y las posesiones que se nos confían? ¿Cuáles son los peligros de utilizarlos mal?

2. Lucas 19:1-10. ¿Qué principios sobre el uso adecuado del dinero podemos extraer de la historia de Jesús y Zaqueo?

3. Mateo 19:16-30. En este pasaje, Jesús le dice a un hombre rico que dé un paso radical con respecto a su riqueza. ¿Qué podemos concluir sobre la riqueza y nuestra disposición de depender de Cristo?

4. Hechos 19:18-20. En este pasaje, vemos una respuesta radical a la riqueza mal adquirida o inadecuada. ¿En qué situaciones podrían verse impulsados hoy los cristianos nuevos (o maduros) a dar esos pasos?

5. Hechos 2:42-47. Este pasaje recoge un ejemplo de verdadera comunidad en el contexto de la comunión cristiana. ¿Qué principios podemos extraer de este pasaje que nos ayuden a descubrir cuál es la intención de Dios para nuestras actitudes y acciones en relación con el dinero y las posesiones?

6. Hechos 4:32-35. ¿De qué manera nuestro agradecimiento a Dios por nuestra salvación debería suscitar una generosidad inusitada, mucho más allá de las exigencias de la ley del Antiguo Testamento?

En las siguientes lecciones, trataremos de formar una visión bíblica del plan de Dios sobre cómo utilizamos nuestro dinero y nuestras posesiones para promover Su reino.

ORACIÓN: *Señor, concédenos vislumbrar tu perspectiva sobre el dinero, las posesiones y la eternidad. Ayúdanos a entender tu plan para nosotros... y para todo lo que nos has confiado.*

LECCIÓN 2

El ascetismo y el materialismo: Dos caminos equivocados

Tarea de lectura: capítulos 2 y 3

El dinero siempre es malo.

El dinero siempre es bueno.

Estas dos perspectivas del dinero son igualmente incorrectas. Aun así, debemos examinarlas detenidamente para llegar a una comprensión bíblica del dinero y las posesiones. En esta lección, consideraremos dos cosmovisiones opuestas: el ascetismo y el materialismo.

Lean y debatan los siguientes pasajes de las Escrituras. (Según el número de personas del grupo, pueden dividirlo en subgrupos de tres o más, asignando a cada uno un pasaje para que lo estudie durante diez o doce minutos antes de informar de sus respuestas al grupo mayor. Los informes deberían limitarse a cinco minutos cada uno).

Cada uno de los siguientes pasajes arroja una luz especial sobre el concepto de ascetismo, la idea de que lo espiritual es bueno y lo físico es malo.

1. Proverbios 30:8-9. ¿Qué dice la Escritura sobre la negación de los bienes materiales? ¿Qué tipo de daño espiritual puede causar el ascetismo?

2. Lucas 7:36-50. ¿Qué dice Jesús sobre el disfrute y el aprecio de los dones materiales? ¿Cómo se relacionan en este relato los valores espirituales del amor y el perdón con un acto físico de bondad?

3. 1 Timoteo 4:3-5. ¿Cuáles son las claves para un uso adecuado de los dones que se nos han dado?

4. 1 Timoteo 6:17. ¿Cómo crea este pasaje una alternativa equilibrada al materialismo y al ascetismo?

5. Comenten otros ejemplos de ascetismo equivocado (de *Dinero, posesiones y eternidad* u otras fuentes). ¿En qué se diferencian del sabio equilibrio de las Escrituras?

6. Lucas 12:15. Si el ascetismo no es la respuesta a cómo debemos tratar las cosas materiales, ¿qué hay del extremo opuesto: el materialismo? Jesús advierte claramente contra el materialismo: «Estén atentos y cuídense de toda forma de avaricia; porque aun cuando alguien tenga abundancia, su vida no consiste en sus bienes» (Luc. 12:15). ¿Qué significa para ti esta advertencia? ¿Qué relación tiene con tus elecciones y prioridades?

7. Lucas 12:13-21. Lean la parábola del rico insensato y debatan la siguiente afirmación: La codicia no es un pasatiempo inofensivo, sino una grave ofensa a Dios. Así como el que mira con lujuria es adúltero (Mat. 5:28) y el que odia es homicida (1 Jn. 3:15), el avaro es idólatra (Col. 3:5). ¿Qué tiene la codicia que la convierte en idolatría? Utilicen anécdotas del libro u otras fuentes para ilustrarlo.

8. Lucas 16:19-31. Lean la parábola del hombre rico y Lázaro y debatan la «doctrina de la inversión»: el hecho de que en la eternidad muchas personas se encontrarán en la condición opuesta a la que experimentaron durante su vida en la tierra. Dramaticen un diálogo entre un hombre rico de hoy en día (tal vez un director general o un asesor financiero) y un «Lázaro» (un pobre o un vagabundo). ¿Cómo debería afectar la doctrina de la inversión a nuestra visión de la sociedad actual?

ORACIÓN: *Señor, todas las cosas proceden de ti, y te devolvemos lo que siempre ha sido tuyo.*

LECCIÓN 3

Los peligros del materialismo

Tarea de lectura: capítulo 4

Lean los siguientes pasajes de las Escrituras y coméntenlos a la luz de la siguiente afirmación: *El materialismo consiste en las dos cosas que Dios más odia: la idolatría y el adulterio.* (Según el número de personas del grupo, pueden dividirlo en subgrupos de tres o más, asignando a cada uno un pasaje para que lo estudie durante diez o doce minutos antes de informar de sus respuestas al grupo mayor. Los informes deberían limitarse a cinco minutos cada uno).

1. Isaías 57:3-9; Jeremías 3:1-10; Ezequiel 16:1-48. Los profetas del Antiguo Testamento se apresuraron a señalar la infidelidad de Israel, demostrada por su conversión a los ídolos. ¿De qué manera se han convertido las posesiones en ídolos o «amantes» para nosotros hoy en día?

2. Eclesiastés 2:1-11. El vacío y la falta de sentido son fruto del materialismo desenfrenado. ¿Cuáles son algunos ejemplos en nuestra sociedad del vacío producido por la codicia excesiva? Si es posible, identifiquen imágenes de revistas que ilustren la pérdida de sentido. (Pista: Cuanto más «sofisticada» sea la revista, más anuncios encontrarán de lujos vacíos, mostrados por modelos con expresiones hastiadas). ¿De qué manera estaba Salomón capacitado para sacar conclusiones sobre el materialismo?

3. 1 Timoteo 6:9-10. ¿Qué dice este pasaje sobre una vida dedicada al dinero y a las posesiones? ¿Qué dice sobre los efectos de una vida así en nuestra fe en Dios?

4. ¿Qué les llama la atención de estas afirmaciones? Lean y comenten las siguientes citas de cinco hombres ricos.

John D. Rockefeller: «He ganado muchos millones, pero no me han traído felicidad».

W. H. Vanderbilt: «El cuidado de 200 millones de dólares es suficiente para matar a cualquiera. No hay placer en ello».

John Jacob Astor: «Soy el hombre más miserable de la tierra».

Henry Ford: «Era más feliz cuando hacía el trabajo de un mecánico».

Andrew Carnegie: «Los millonarios rara vez sonríen».

5. Isaías 10:1-3; Jeremías 5:27-28; 15:13; Oseas 12:8; Amós 5:11; Miqueas 6:12. ¿Por qué el rico justo es un fenómeno tan raro?

6. Enumeren adjetivos o frases para completar la siguiente oración: El materialismo es____.
(Pidan a cada miembro de la clase que aporte al menos una palabra o frase).

ORACIÓN: *Señor, concédenos ojos para ver el atractivo del dinero y las posesiones por lo que realmente es, y para desearte más que nunca.*

LECCIÓN 4

El materialismo, la Iglesia y el evangelio

Tarea de lectura: capítulos 5 y 6

En Miqueas 3:11, el Señor denuncia que tanto los sacerdotes como los profetas estaban corrompidos por el dinero. En 1 Pedro 5:2, Pedro recuerda a los líderes de la Iglesia que deben caracterizarse por el afán de servir, no por la codicia de dinero. Pablo insiste en que ningún amante del dinero está cualificado para ser líder eclesiástico (1 Tim. 3:3). Entonces, ¿cómo se introdujo el materialismo en la Iglesia para causar el daño que está causando actualmente?

Los predicadores del evangelio del materialismo pueden pensar que están justificados al relacionar la prosperidad con la vida cristiana, pero ¿cuál es la verdadera perspectiva?

1. Los siguientes pasajes describen un vínculo entre la riqueza material y la bendición de Dios. Léanlos, coméntenlos y elijan una palabra clave de cada pasaje.

   Abraham: Génesis 13:1-7; Isaac: Génesis 26:12-14; Jacob: Génesis 30:43; José: Génesis 39:2-6; Salomón: 1 Reyes 3:13; Job: Job 42:10-17.

2. Deuteronomio 15:10; Proverbios 3:9-10; 11:25; Malaquías 3:8-12. ¿Qué bendiciones se prometen a quienes dan fielmente de sus finanzas?

3. Deuteronomio 28. El Antiguo Testamento advierte contra los peligros de la riqueza. ¿Qué maldiciones alcanzarán a quienes no obedezcan a Dios?

4. Salmo 37:35-36; Eclesiastés 7:15; Lucas 15:1-2; Juan 9:34. Los cristianos no son los únicos que experimentan la prosperidad. Consideren a los fariseos de la época de Jesús. ¿Cómo demuestran sus vidas que la prosperidad no implica espiritualidad?

5. Mateo 10:16-20; Marcos 10:42-45; Lucas 14:33; Juan 15:18-20; 2 Timoteo 3:12; 1 Pedro 5:9. Según estos versículos, ¿serán siempre prósperos los cristianos?

6. Mateo 5:45; 19:23-24. ¿Qué enseñó Jesús sobre la doctrina de la prosperidad?

7. Filipenses 1:29; 2:5-11; 3:7-8. ¿Cuál era la opinión del apóstol Pablo sobre la prosperidad?

ORACIÓN: *Padre, concédenos tu paz respecto a lo que nos has proporcionado, y ayúdanos a utilizarlo para tu gloria.*

LECCIÓN 5

Las dos tesorerías: La tierra y el cielo

Tarea de lectura: capítulo 7

Jesús siempre tuvo en mente dos reinos: dos tesorerías, dos perspectivas y dos amos. Podemos acumular tesoros en la tierra o en el cielo. Lo que más valoremos —lo temporal o lo eterno— determinará lo que hagamos con el dinero de Dios.

1. ¿En qué se basa Jesús para argumentar en contra de acumular tesoros en la tierra? ¿En qué se basa para argumentar a favor de acumular tesoros en el cielo? (Pista: ¿Sobre la base de lo correcto frente a lo incorrecto o de lo inteligente frente a lo necio?) ¿Por qué es importante?

2. Verdadero o falso: *Jesús dice que no debemos acumular tesoros para nosotros mismos.* Si están de acuerdo, expliquen por qué. Si no están de acuerdo, enmienden la afirmación para que sea correcta.

3. ¿Por qué adquirimos un interés personal en aquello en lo que ponemos nuestros tesoros?

4. Mateo 6:21. Según Jesús, ¿cómo podemos desarrollar más un corazón para los pobres, los perdidos, los cristianos que sufren u otros en la Iglesia?

5. «Invertiremos» en el reino que elijamos. Enumeren varias formas en las que la gente invierte en este mundo. Después, enumeren formas de invertir en el reino de Dios.

6. Mateo 13:44. ¿Qué significa para los cristianos de hoy «vender todo lo que tenemos» para buscar el tesoro celestial supremo? Si alguien del grupo ha leído *El principio del tesoro*, de Randy Alcorn, pídele que resuma el mensaje de ese libro.

7. Filipenses 3:7-11. ¿Qué dice Pablo sobre el tesoro de este mundo? ¿De qué maneras es Cristo mismo nuestro tesoro como cristianos? ¿En qué sentido son otros nuestro tesoro? ¿Está bien considerar las recompensas eternas como nuestros tesoros?

ORACIÓN: *Señor, ayúdanos a aprender a reubicar nuestros tesoros de la tierra en el cielo.*

LECCIÓN 6

La tarea del administrador

Tarea de lectura: capítulos 8 y 9

El diccionario Webster dice que un administrador es alguien empleado para gestionar asuntos domésticos; un agente fiscal; alguien que supervisa la provisión y distribución de fondos. Somos llamados a ser administradores de los bienes de Dios, agentes de nuestro bienestar espiritual eterno y del bienestar de los demás. Lee la sección titulada «La pérdida de la percepción de lo eterno» (págs. 120-22). Oren juntos la oración de David en el Salmo 39.

1. Proverbios 24:12; Jeremías 17:10; Hechos 17:31; Romanos 2:12-16; 1 Pedro 4:5. ¿Cuáles son algunas características de Dios, nuestro Amo y Juez? ¿Qué implicaciones tienen estas características para nuestra conducta diaria?

2. Mateo 10:28; 13:40-42; 25:41-46; Marcos 9:43-44; Lucas 16:22-31. ¿Qué palabras te vienen a la mente para describir los horrores del infierno?

3. Apocalipsis 5:11-13; 7:15; 19:9; 21:19-21; 22:5; Lucas 22:29-30. ¿Qué dicen estos versículos sobre lo que le espera al creyente después de la muerte? ¿Qué palabras utilizarían para describir el cielo?

4. Repasen los dos gráficos de la página 141 ¿Hay grados de recompensa en el cielo? Debatan la relación entre la regeneración y las recompensas. (Esta discusión los ayudará a resumir muchos de los puntos del capítulo 9).

5. Mateo 6:1-18. Hablen sobre cómo las tres disciplinas del ayuno, la limosna y la oración pueden ayudarnos a renunciar a nuestras propias posesiones, poder y placer en esta vida, y a lograr propósitos más elevados para el reino de Dios.

6. ¿Las posesiones, el poder y el placer son siempre malos, o pueden ser buenos? ¿Cómo podemos demostrar en las Escrituras que a veces son buenos? Hagan una tabla de Posesiones–Poder–Placer, enumerando las cosas de cada categoría que tienen su lado «malo», así como un lado bueno eterno.

ORACIÓN: *Después de enumerar tantos elementos como sea posible en la pregunta 6, concluyan con una oración conversacional alrededor de la sala, pidiendo una sabia administración de todas estas cosas.*

LECCIÓN 7

Administradores y peregrinos

Tarea de lectura: capítulos 10 y 11

La mayordomía no es una subcategoría de la vida cristiana. La mayordomía *es* la vida cristiana. ¿Qué es la mayordomía? Es el uso de todo lo que Dios nos ha confiado: la vida, el tiempo, los talentos, el dinero, las posesiones, la familia y Su gracia.

1. Lucas 16:1-13. Lean la parábola del administrador astuto, a menudo llamado «mayordomo infiel». En la página 159 encontrarán varias interpretaciones diferentes de la parábola. ¿Qué creen que significa el pasaje? ¿Qué mensaje sacan de él para su vida?

2. Lucas 16:10. Jesús declara: «El que es fiel en lo muy poco, es fiel también en lo mucho; y el que es injusto en lo muy poco, también es injusto en lo mucho». ¿Qué significa esto?

3. Lucas 16:11-12, 17, 19. Identifiquen la palabra clave en cada uno de estos versículos.

4. Mateo 25:14-30. Lean la parábola de los talentos. ¿De qué manera apoya esta parábola la enseñanza central de Lucas 16?

5. Lucas 19:11-27. Lean la parábola de las diez minas. ¿Qué otras ideas sobre la mayordomía encontramos aquí?

6. De un lado del cuadro, escriban «El Amo». Del otro lado, escriban «El Siervo» o «Mayordomo». En los lugares apropiados, enumeren las «lecciones relativas al amo», que se encuentran en la página 164 y las «lecciones relativas al siervo», que se encuentran en las páginas 164-66.

7. Lean juntos las lecciones generales de las parábolas sobre la mayordomía de las páginas 166-68 ¿Cuál de estas lecciones les parecen especialmente significativa en este momento de sus vidas?

8. Además de los dos reinos, las Escrituras nos enseñan que hay dos pactos y dos «países» (este mundo y nuestro hogar celestial). Como aún no hemos llegado a nuestro verdadero hogar, somos «peregrinos» en la tierra, un país extranjero. Las cosas materiales son valiosas para los peregrinos, pero solo en la medida en que facilitan su misión. Si eres cristiano, ¿qué implicaciones tiene el hecho de que el cielo, y no la tierra, sea tu hogar? ¿Cómo debería afectar eso tus donaciones y decisiones financieras?

9. Verdadero o falso, y explica por qué: «En el sentido más verdadero, los peregrinos cristianos tenemos lo mejor de ambos mundos. Nos alegramos siempre que este mundo nos recuerda al otro, y nos consolamos siempre que no lo hace».

ORACIÓN: *Señor, ayúdanos a ser embajadores fieles mientras te servimos en esta tierra extranjera, sin olvidar nunca que, aunque nos dirigimos a casa, aún no estamos allí.*

LECCIÓN 8

El diezmo y las ofrendas

Tarea de lectura: capítulos 12 y 13

El diezmo es la décima parte «de la tierra, de la semilla de la tierra o del fruto del árbol» (Lev. 27:30). Pertenece al Señor, no a nosotros. Esto se aplica a *todo*, no solo a algunas cosas. Es consagrado, para ser apartado y entregado a Dios, y no utilizado para ningún otro fin.

1. Malaquías 3:8-10. ¿Es posible robar a Dios lo que es suyo por derecho? Observen que Malaquías hace referencia no solo a los diezmos, sino también a las ofrendas voluntarias. ¿Podemos robar a Dios reteniendo ofrendas?

2. Génesis 14:20; 28:22; Deuteronomio 14:23. Observen que el diezmo comenzó con Abraham y Jacob. ¿Cuál es la finalidad declarada del diezmo?

3. Mateo 23:23; Lucas 11:42. Jesús apoyaba el diezmo, como se muestra en Su diálogo con los fariseos, pero esperaba algo más que la obediencia exterior. ¿Qué dice Jesús que debe acompañar al diezmo?

4. ¿Qué quiere decir el autor cuando afirma que el diezmo es el «piso» de la ofrenda y las «ruedas de entrenamiento» de la ofrenda?

5. Hechos 2:44-45; 4:32-37. Los primeros cristianos a menudo iban mucho más allá del diezmo y compartían todo lo que tenían. ¿El «dar por gracia» del Nuevo Testamento baja el listón del diezmo del Antiguo Testamento o lo eleva? ¿Por qué creen que el cristiano estadounidense promedio da solo una cuarta parte de lo que se exigía al israelita más pobre?

6. Busquen cada uno de los siguientes pasajes y expliquen lo que dicen sobre cómo debemos dar. Además, para cada referencia, expliquen el contexto específico y la intención:

> Marcos 14:3-9; 1 Corintios 16:2; 2 Corintios 8:11; 9:7; 2 Crónicas 24:10; 2 Corintios 8:5; Marcos 12:43-44; Hechos 11:29; 2 Samuel 24:24; 2 Corintios 8:3; Mateo 6:1, 4; Santiago 2:1-5.

7. Volvamos a Malaquías 3:8-10. ¿Se les ocurre algún otro lugar de las Escrituras en el que Dios nos invite a ponerlo a prueba? Dios parece decir: «¿Por qué no me obedecen y me dan la oportunidad de mostrarles cómo los bendeciré?». ¿Han puesto a prueba a Dios con el diezmo y la ofrenda generosa? Si es así, ¿qué han aprendido? Si no, ¿qué les impide dar a Dios la oportunidad de mostrarles lo que puede hacer en este terreno?

8. Lucas 6:38. ¿Qué está diciendo Jesús? A la luz de este pasaje, ¿cómo responderían a alguien que dijera: «La promesa de Dios de proveer económicamente a los dadores solo estaba destinada a los israelitas bajo la ley»?

9. Existe un debate sincero sobre si el diezmo es un punto de partida bíblico o lógico para la ofrenda cristiana, pero no debería haber debate sobre la ofrenda voluntaria, que se practica claramente tanto en el Antiguo como en el Nuevo Testamento. ¿Crees que muchas personas necesitan las ruedas de entrenamiento del diezmo para ponerse en marcha en la bicicleta de dar?

ORACIÓN: *Dios, concédenos tu gracia para aprender la práctica y la alegría de devolverte.*

LECCIÓN 9

Dar: Tender una mano a los necesitados

Tarea de lectura: capítulos 14 y 15

El cuidado de los pobres es un tema importante de las Escrituras.

1. Levítico 19:9-10; Deuteronomio 15:10-11. Lean en voz alta estas advertencias de la ley mosaica sobre las provisiones para los pobres. ¿Por qué debemos dar a los pobres? ¿Qué nos dicen estos versículos sobre Dios? ¿Qué nos dicen sobre nuestra situación en la tierra?

2. Lucas 19:8; 10:36-37. Si toda persona es nuestro prójimo, como enseñó Jesús, ¿qué lecciones concretas podemos aprender de estos versículos? Compárenlos con Proverbios 19:17; 22:9; 28:27.

3. Lucas 4:18-19. Jesús vino a predicar el evangelio —la buena noticia— a los pobres, los ciegos y los oprimidos. Lean en voz alta la parábola del banquete de Lucas 14:12-23. ¿En qué se parece esta historia a nuestra situación actual, en la que los necesitados parecen más abiertos a un evangelio de ayuda y esperanza?

4. ¿Qué efecto tiene nuestra comprensión de la parábola del banquete sobre nuestra responsabilidad personal de dar? A la luz de las prioridades de Cristo, ¿cómo evaluamos las muchas buenas causas que solicitan donativos constantemente? ¿Cómo podemos utilizar nuestra comprensión para ayudar a influir en las donaciones de nuestra iglesia a dichos fondos?

5. Repasen las páginas 289-90 y comenten algunas sabias directrices para los cristianos que recaudan y utilizan fondos. Examinen la lista de cualidades para evaluar un ministerio u organización paraeclesiástica (ver págs. 316-17). ¿Por qué es importante cada uno de ellos en relación con las enseñanzas y normas bíblicas?

6. Como individuos, y como iglesia, ¿cómo podríamos calificarnos en nuestra perspectiva eterna respecto a la vida, el ministerio y los recursos?

ORACIÓN: *Señor, concédenos claridad de propósito, sabiduría de acción y fidelidad en nuestras ofrendas.*

LECCIÓN 10

Un estilo de vida fiel

Tarea de lectura: capítulo 16

¿Tenemos derecho, como cristianos, a ganar grandes cantidades de dinero? Si ganamos mucho dinero, ¿tenemos derecho a aferrarnos a él? ¿Estamos llamados a renunciar a toda nuestra riqueza y a «vivir por fe»? ¿Existe un estilo de vida de «término medio»? En relación con estas preguntas, la Escritura nos da directrices útiles para hacer, usar y dar lo que poseemos.

1. Lean y comenten los versículos siguientes. ¿Cómo se aplica la sabiduría de cada versículo a nuestra vida actual? Proverbios 12:11; 13:4; 14:23; Eclesiastés 9:10; 1 Tesalonicenses 4:11-12; 2 Tesalonicenses 3:10; Tito 3:14. ¡La manera que Dios tiene de que ganemos dinero es trabajando! Pero entonces, ¿qué debemos hacer con ese dinero? Debatan la sección sobre la propiedad privada de los bienes (ver págs. 323-24).

2. Marcos 1:16-20. ¿Qué estilo de vida cristiano está implícito aquí?

3. Marcos 2:14-15. ¿En qué se diferencia este planteamiento en su estilo de discipulado?

4. Marcos 8:34-37. ¿Qué dicen estos versículos sobre nuestra «cruz», una vez que hemos determinado cuál es? ¿Seguir a Cristo de esta forma tan radical debe afectar siempre a nuestro dinero y posesiones?

5. Marcos 10:17-31. Hablen sobre los dos errores comunes en la interpretación de este pasaje (pág. 328).

6. 1 Timoteo 6:17-19. ¿Todas las personas ricas deben renunciar a serlo? ¿Qué deben hacer «en toda ocasión»?

7. Según Peter H. Davids, «Un estilo de vida bíblico se reconocerá necesariamente a sí mismo como opuesto a los valores y al estilo de vida imperantes en su cultura. Está informado por una visión diferente de la realidad». ¿Qué significa esto?

ORACIÓN: *Gracias, Señor, por tu verdadera visión de la realidad y por el poder de darte y servirte de acuerdo con esa realidad.*

LECCIÓN 11

Pedir prestado, ahorrar, invertir

Tarea de lectura: capítulos 17, 18 y 19

Si utilizan esta guía de estudio como parte del plan de estudios de una clase, pidan a tres estudiantes que lean uno de los capítulos asignados e informen a la clase de las principales conclusiones que el autor presenta sobre estos importantes temas de responsabilidad financiera.

1. Capítulo 17:

   a. ¿Qué dicen las Escrituras sobre las deudas?

   b. ¿Cuáles son los escollos más probables para los cristianos, o para las iglesias, que se enfrentan a la cuestión de pedir prestado o prestar?

   c. ¿Cómo podría el salir de deudas convertirse en una cuestión espiritual?

2. Capítulo 18:

   a. ¿Cuándo ahorrar implica una buena mayordomía?

   b. ¿Cuáles son los peligros de la acumulación?

   c. ¿Cuál debe ser nuestra visión de la jubilación (nuestro uso del tiempo y del dinero en ese período de la vida y nuestra reserva de dinero para entonces)? ¿Es una cuestión en la que no se trata de «todo o nada», sino de esforzarse por encontrar un equilibrio bíblico?

d. ¿Es realmente necesario para un cristiano tener un seguro? ¿Por qué sí o por qué no? ¿En qué casos el seguro es una buena idea, y en qué casos puede ser una mala idea?

3. Capítulo 19:

a. ¿Son compatibles los juegos de azar con la vida cristiana? ¿Es realmente malo comprar un billete de lotería o hacer pequeñas apuestas en un casino?

b. ¿Qué enseñan las Escrituras sobre las inversiones?

c. ¿La vida de alto riesgo debe ser algo normal para un cristiano?

d. A la luz de la eternidad, ¿a quién pertenece nuestra riqueza: a nosotros, a nuestros herederos o a Dios? ¿Tiene esto implicaciones sobre dónde querría Dios que dejáramos Su riqueza? ¿Cuál es la diferencia entre la cultura hebrea y la nuestra en cuanto al significado y las repercusiones de la herencia?

ORACIÓN: *Señor, enséñanos día a día a valorar el dinero y las posesiones que nos has confiado (no dado), a ser buenos administradores de lo que parece nuestro, y a ser capaces de desprendernos de ello cuando nos llames a hacerlo.*

LECCIÓN 12

El materialismo en la familia cristiana

Tarea de lectura: capítulo 20

La Escritura afirma que es responsabilidad de los padres proveer materialmente a sus hijos. Descuidar el sustento de nuestras familias implica negar nuestra fe y ser juzgados peor que un incrédulo (1 Tim. 5:8). Jesús rechazó cualquier explicación «espiritual» de no ocuparse materialmente de la propia familia (Mar. 7:9-13).

1. En el capítulo 19, Randy Alcorn rechaza la idea de que los cristianos deban dejar normalmente grandes cantidades de dinero a sus hijos adultos. Pregunta: «¿Qué pensarías si tu administrador financiero muriera y les dejara todo tu dinero a sus hijos?». ¿Estás de acuerdo o en desacuerdo en que, la mayoría de las veces, los ingresos no ganados perjudican a la gente en lugar de ayudarla?

2. ¿Estás de acuerdo o en desacuerdo con la siguiente idea? *Los padres deben demostrar que aman por igual a sus hijos adultos dejándoles cantidades iguales de dinero y posesiones.*

3. Albert Schweitzer señala: «Solo hay tres formas de enseñar a un niño. La primera es con el ejemplo, la segunda es con el ejemplo y la tercera es con el ejemplo». Es una exageración, pero ¿cuánta verdad contiene? Pon algún ejemplo de tu vida o de la de tus hijos o nietos.

4. La casa en la que vives, las escuelas a las que van tus hijos, el auto que conduces: todo ello les transmite un mensaje a tus hijos. ¿Cuál es ese mensaje? ¿Es posible que envíen mensajes diferentes según cómo los veas y utilices?

5. ¿Qué les dice tu estilo de vida a tus hijos sobre la importancia que das a las cosas materiales en relación con la obra de Dios y el reino de Dios?

6. ¿De qué manera dar rompe el dominio del materialismo?

7. ¿Qué aprendiste de tus padres sobre dar? ¿Qué enseñaste —o enseñas— a tus hijos sobre dar? Si tus hijos son mayores, ¿qué sugerencias ofrecerías a los padres de niños más pequeños a la hora de educarlos para que sean dadivosos?

ORACIÓN: *Señor, ábrenos los ojos ante lo que nos cuesta ver: cualquier cosa que pueda convertirse en un ídolo y apartarnos de tu voluntad. Te lo pedimos por el bien de nuestros hijos y por el nuestro propio.*

LECCIÓN 13

Un resumen

Tarea de lectura: capítulo 21 y conclusión (y apéndices seleccionados)

Si utilizas esta guía de estudio como parte del plan de estudios de una clase, trae bolígrafos o lápices y papel blanco normal para tus alumnos para esta sesión de clase.

1. Repasen el capítulo 21 y la conclusión.

    a. ¿Qué afirmaciones consideran más significativas?

    b. ¿Con qué afirmaciones no están de acuerdo?

    c. ¿Qué les dan ganas de hacer estos capítulos?

2. Pide a cada uno que escriba una carta a su(s) hijo(s) o a otra persona sobre la que tenga responsabilidad o influencia, que resuma las lecciones sobre la responsabilidad financiera cristiana. (Deja en claro que no se le pedirá a nadie que lea su carta en voz alta, por lo que son libres de ser lo más sinceros posible con sus consejos y amonestaciones. Sin embargo, puedes dejar un tiempo al final de la clase —unos quince minutos— para los voluntarios que quieran compartir algunas de las conclusiones a las que han llegado y cómo han podido compartirlas en situaciones concretas con sus hijos).

3. Pide a los grupos que lean en silencio sus propias cartas (imaginando que se las escribió un padre o mentor hace veinte o treinta años y apoyándose en el ejemplo de una vida de responsabilidad espiritual y financiera), y que respondan las siguientes preguntas: ¿En qué cambiaría tu vida si hubieras sabido estas cosas? ¿Qué puedes hacer todavía para poner en práctica algunos de estos principios?

4. ¿Qué apéndice te ha parecido más interesante? Elige uno de los apéndices que creas que contiene material importante. Resúmelo o elige una sección subrayada para leerla al grupo.

5. Lee en voz alta la sección final del libro, «Captar la eternidad», en las páginas 481-82 sustituye la última oración por esta otra adaptada.

ORACIÓN: *Señor, que lo que será más importante para nosotros cinco minutos después de morir sea lo más importante para nosotros ahora.*

NOTAS

Prefacio

1. Barna Research Group, 5 de junio de 2001, www.barna.org.
2. Randy Alcorn, *The Treasure Principle* (Sisters, OR: Multnomah, 2001).
3. Crown Financial Ministries, www.crown.org, 800-722-1976.
4. «Dollars & Percents», *Stewardship Matters* (Christian Stewardship Association) 2, n.º 1 (1998): 11.

Capítulo 1: El dinero: ¿Por qué es tan importante para Dios?

1. Larry Burkett, «Good Financial Stewardship», *Religions & Liberty* (julio–agosto): 1.

Capítulo 2: La debilidad del ascetismo

1. Philip Yancey, *Money* (Portland, OR.: Multnomah, 1985), 3.
2. Citado por Leland Ryken, *Worldly Saints* (Grand Rapids, MI: Zondervan, 1986), 63.
3. Richard Foster, *Money, Sex, and Power: The Challenge of the Disciplined Life* (San Francisco: Harper & Row, 1985), 24-25.
4. Eugene Peterson, *Working the Angles: The Shape of Pastoral Integrity* (Grand Rapids, MI: Eerdmans, 1987), 9-10; y Dallas Willard, *The Spirit of the Disciplines: Understanding How God Changes Lives* (San Francisco: Harper & Row, 1988).
5. Tim Hansel, *When I Relax I Feel Guilty* (Elgin, Ill.: David C. Cook, 1981), 43.
6. Randy Alcorn, *In Light of Eternity: Perspectives on Heaven* (Colorado Springs, CO: WaterBrook, 1999).
7. Richard Foster, *Freedom of Simplicity* (San Francisco: Harper & Row, 1981), 52-73.
8. Ryken, 58.
9. *Ibid.*, 61.
10. *Ibid.*, 70.
11. *Ibid.*, 61.
12. Holmes Rolston, *Stewardship in the New Testament Church* (Richmond, VA: John Knox Press, 1950), 129-30.

Capítulo 3: La naturaleza del materialismo

1. Al Gustafson y Robyn Johnson, «The Spiritual Measure of Money», *The Works* (verano de 2000): 27.
2. Gwen Kinkead, «On a Fast Track to the Good Life», *Fortune*, 7 de abril de 1980, 74-84.

3. *Affluenza* fue producida por KCTS/Seattle y Oregon Public Broadcasting, www.pbs.org/kcts/affluenza/show.html.
4. A.W. Tozer, *The Pursuit of God* (Harrisburg, PA: Christian Publications, 1958), 21-22.
5. *Merriam Webster's Collegiate Dictionary*, 10ª ed., «materialism».
6. Michael S. Hamilton, «We're in the Money: How Did Evangelicals Get So Wealthy, and What Has It Done to Us?», *Christianity Today*, 12 de junio de 2000, 36.

Capítulo 4: Los peligros del materialismo

1. Herbert Schlossberg, *Idols for Destruction* (Nashville, TN: Nelson, 1983), 88-89.
2. Agustín, *Confesiones*, IX, 1.
3. Leland Ryken, *Worldly Saints* (Grand Rapids, MI: Zondervan, 1986), 62.
4. Blaise Pascal, *Pensées*, (pensamiento #425), trad. ing. W. F. Trotter (Nueva York: E. P. Dutton, 1958), 113.
5. John Steinbeck, citado en Richard Halverson, *Perspective*, 24 de junio de 1987.
6. Thomas Carlyle, *On Heroes, Hero-Worship, and the Heroic in History* (1840), citado en *Bartlett's Familiar Quotations*, 15º ed. (Boston: Little, Brown and Company, 1980), 474.
7. Citado en Bruce Wilkinson, «Walk Thru Eternal Rewards» seminario y cuadernillo (Atlanta, GA: Walk Thru the Bible Ministries, 1987).
8. Aaron Beck, *The American Journal of Psychiatry*, mayo de 1985.
9. La cifra real en el test era 40 000 dólares, pero eso fue en 1985. Un equivalente actual más cercano sería 60 000 dólares.
10. John Piper, *Desiring God* (Portland, OR: Multnomah, 1987), 156.
11. Adaptado de Alexander Maclaren, *The God of the Amen* (Nueva York: Funk and Wagnall, *s.d.*); citado por Steve Halliday & William Travis, en *How Great Thou Art* (Sisters, OR: Multnomah, 1999), 301.
12. David E. Neff, «Drunk on Money», *Christianity Today*, 8 de abril de 1988: 15.
13. *Ibid.*
14. Randy C. Alcorn, *Christians in the Wake of the Sexual Revolution* (Portland OR: Multnomah, 1985), 153-54. Fuera de catálogo.
15. Piper, 157.
16. John Wesley, citado en Charles Edward White, «Four Lessons on Money from One of the World's Richest Preachers», *Christian History* 19 (verano de 1988): 21-22.
17. Randy Alcorn, *The Treasure Principle: Discovering the Secret of Joyful Giving* (Sisters, OR: Multnomah, 2001), 51.

Capítulo 5: El materialismo en la Iglesia

1. Michael S. Hamilton, «We're in the Money: How Did Evangelicals Get So Wealthy, and What Has It Done to Us?», *Christianity Today*, 12 de junio de 2000: 36.
2. Algunos buenos recursos que han surgido en los últimos años (los cuales, por desgracia, apoyan mis conclusiones iniciales) incluyen Athena Dean, *Consumed by Success* (Mukilteo, WA: WinePress Books, 1997) y *All That*

Glitters Is Not God: Breaking Free from the Sweet Deceit of Multilevel Marketing (Mukilteo, WA: WinePress Books, 1998); Robert L. Fitzpatrick, *False Profits: Seeking Financial and Spiritual Deliverance in Pyramid Schemes and Multi-Level Marketing* (Lighthouse Point, FL: Herald Press, 1997); Amy Chen Mills, «Shaking the Money Tree», www.metroactive.com/papers/metro/10.03.96/cover/multilevel-9640.html; y Dean Van Druff, «What's Wrong With Multi-Level Marketing?», www.vandruff.com/mlm.html.

3. Muchas operaciones de *marketing* multinivel utilizan ahora el término *marketing* de redes, aunque sus definiciones del término pueden variar. Debido a estas variaciones, prefiero utilizar el término más antiguo, *marketing* multinivel. Al referirme a las prácticas de *marketing* multinivel, no me refiero a las «estafas piramidales» basadas en el enfoque multinivel en cadena, en las que se recluta a otras personas para que envíen su dinero con la esperanza de llegar a la cima y recibir enormes beneficios. Aunque hay un elemento piramidal en algunas empresas de ventas multinivel, las pirámides en sí son ilegales, mientras que las organizaciones legítimas de ventas multinivel no lo son.
4. Ruth Carter, *Amway Motivational Organizations: Behind the Smoke and Mirrors* (Winter Park, FL: Backstreet Publishing, 1999).
5. Gene A. Getz, *A Biblical Theology of Material Possessions* (Chicago: Moody Press, 1990), 27.

Capítulo 6: La teoría de la prosperidad: El evangelio de la riqueza

1. John Piper, *Desiring God* (Portland, OR: Multnomah, 1987), 163-64.
2. John Wesley, citado en Charles Edward White, «Four Lessons on Money from One of the World's Richest Preachers», *Christian History* 19 (verano de 1988): 22.
3. «Quick Quotes on Money», *Christian History* 7 (1987): 2, 4.
4. *Ibid.*

Capítulo 7: Dos tesoros, dos perspectivas, dos amos

1. A. W. Tozer, «The Transmutation of Wealth», en *Born after Midnight* (Harrisburg, PA: Christian Publications, 1959), 106.
2. John White, *The Cost of Commitment* (Downers Grove, IL: InterVarsity Press, 1976), 47.
3. John Bunyan, como aparece citado en Bruce Wilkinson, «Walk Thru Eternal Rewards» seminario y cuadernillo (Atlanta, GA: Walk Thru the Bible Ministries, 1987).
4. Randy Alcorn, *The Treasure Principle: Discovering the Secret of Joyful Giving* (Sisters, OR: Multnomah, 2001), 13.

Capítulo 8: El destino eterno del mayordomo

1. Estas incluyen *Deadline* (Sisters, OR: Multnomah, 1993), *Dominion* (Multnomah, 1995), *Edge of Eternity* (Colorado Springs, CO: WaterBrook, 1998), y *A salvo en casa* (Miami, FL: Editorial Unilit, 2003).
2. Randy Alcorn, *In Light of Eternity: Perspectives on Heaven* (Colorado Springs, CO: WaterBrook, 1999), 2-3.

3. Para encontrar material sobre el cielo y las recompensas eternas, incluidas preguntas y respuestas comunes, ver www.epm.org/resources/category/heaven.
4. Donald Gray Barnhouse como aparece citado en Bruce Wilkinson, «Walk Thru Eternal Rewards», seminario y cuadernillo (Atlanta, GA: Walk Thru the Bible Ministries, 1987).

Capítulo 9: Las recompensas eternas del mayordomo

1. John Bunyan, «The Resurrection of the Dead, and Eternal Judgment», http://philologos.org/eb-jb/Resurrection/dead05.htm.
2. Aquí estoy en deuda con el seminario de Bruce Wilkinson, «Walk Thru Eternal Rewards», que dio a un grupo pequeño en el Western Seminary en Portland, Oregón, en 1987.
3. John Bunyan, «Paul's Departure and Crown», www.chapellibrary.org/johnbunyan/text/bun-paul.pdf.
4. William Wilberforce, *Real Christianity* (Portland, OR: Multnomah, 1982), 65.
5. C. S. Lewis, *The Weight of Glory* (Nueva York: Macmillan, 1980), 17-18, 3-4.
6. Richard Baxter, «The Saints' Everlasting Rest», en *The Practical Works of Richard Baxter* (Grand Rapids, MI: Baker, 1981), 39-40.

Capítulo 10: El mayordomo y el amo

1. Ben Patterson, *The Grand Essentials* (Waco, TX: Word, 1987), 17.
2. Gene A. Getz, *A Biblical Theology of Material Possessions* (Chicago: Moody Press, 1990), 65-66.
3. Randy Alcorn, *In Light of Eternity: Perspectives on Heaven* (Colorado Springs, CO: WaterBrook Press, 1999).
4. Ray Boltz, «Thank You», Gaither Music/ASCAP, 1988.
5. C. S. Lewis, *The World's Last Night, and other essays* (Nueva York: Harcourt Brace Jovanovich, 1952), 112-113.
6. John Wesley, citado en Charles Edward White, «Four Lessons on Money from One of the World's Richest Preachers», *Christian History* 19 (verano de 1988): 23.
7. Bill Mencarow, carta a Randy Alcorn, octubre de 2001, utilizada con permiso.

Capítulo 11: La mentalidad de peregrino

1. C. S. Lewis, *Mere Christianity* (Nueva York: Macmillan, 1972), 118.
2. A. W. Tozer, «The World to Come» en *Of God and Men* (Harrisburg, PA: Christian Publications, 1960), 127, 129-30.
3. Lewis, *Mere Christianity* (Nueva York: Macmillan, 1960), 120.
4. C. S. Lewis, *God in the Dock* (Grand Rapids, MI: Eerdmans, 1970), 150.
5. Lewis, *Mere Christianity*, 104.
6. C. S. Lewis, *The Last Battle* (Nueva York: Macmillan, 1956), 172.
7. C. S. Lewis, *The Problem of Pain* (Nueva York: Macmillan, 1948), 115.

Capítulo 12: El diezmo: Las ruedas de entrenamiento para ofrendar

1. The Barna Update, 5 de junio de 2001, www.barna.org.
2. Cifras del Servicio de Impuestos Internos (IRS), la Organización Gallup y *Giving USA*, una publicación de la American Association of Fundraising Counsel (AAFRC).

3. The Barna Update, 5 de junio de 2001, www.barna.org.
4. Os Guinness, *Doing Well and Doing Good: Money, Giving, and Caring in a Free Society* (Colorado Springs, CO: NavPress, 2001), 17.
5. Ireneo, citado en John David, *Your Wealth in God's World* (Phillipsburg, NJ: Presbyterian and Reformed, 1984), 113.
6. *Dictionary of Christian Antiquities*, vol. 2, citado en Fletcher Spruce, *You Can Be a Joyful Tither* (Kansas City, MO: Beacon Hill Press, 1966), 19.
7. *Dictionary of Christian Antiquities.*
8. Don McClanen, *The Tithe as Teacher: An Energizing Force* (Gaithersburg, MD: Ministry of Money, 1980), 1-2.
9. *Ibid.*, 3.

Capítulo 13: Ofrendar: Corresponder a la gracia de Dios

1. P. E. Hughes, citado en K. F. W. Prior, *God and Mammon* (Filadelfia, PA: Westminster Press, 1965), 17.
2. Justino Mártir, citado en Virgil Vogt, *Treasure in Heaven* (Ann Arbor, MI: Servant Books, 1982), 85.
3. Ver los estudios bíblicos de Crown Financial Ministries sobre la mayordomía y la generosidad, www.crown.org, 888-972-7696.
4. Karl Barth, *Church Dogmatics* (Edinburgh: T & T Clark, 1957), vol. 4.1, 41.
5. *Los Angeles Times*, 25 de octubre de 1990.
6. A. W. Tozer, *That Incredible Christian* (Harrisburg, PA: Christian Publications, 1964), 105.
7. Fred Smith Sr., «The Gift of Giving», The Gathering Newsletter 4, n.º 3 (19 de agosto de 2000).
8. Si deseas recibir una tarjeta gratuita en la que se exponen los principios bíblicos sobre cómo dar, envía un sobre franqueado con tu dirección a Eternal Perspective Ministries: 39085 Pioneer Blvd., Suite 206, Sandy, OR 97055, o visita www.epm.org/store/product/wallet-giving-cards.
9. Ver los estudios bíblicos de Crown Financial Ministries sobre la mayordomía y la generosidad, www.crown.org, 888-972-7696.

Capítulo 14: Ayudar a los pobres y alcanzar a los perdidos

1. Claude Rosenberg Jr., *Wealthy and Wise: How You and America Can Get the Most out of Your Giving* (Boston: Little, Brown, and Company, 1994), 13-17.
2. Ralph Waldo Emerson, «Self-Reliance», en *Essays and Lectures* (Nueva York: Library of America, 1983), 261-62.
3. Ver Ronald Nash, *Poverty and Wealth* (Westchester, Ill.: Crossway, 1986); John Jefferson Davis, *Your Wealth in God's World* (Phillipsburg, NJ: Presbyterian and Reformed Publishing, 1984); Brian Griffith, *The Creation of Wealth* (Downers Grove, IL: InterVarsity Press, 1984); y R. C. Sproul Jr., *Money Matters* (Carol Stream, IL: Tyndale House, 1985).
4. Os Guinness, *Doing Well and Doing Good: Money, Giving, and Caring in a Free Society* (Colorado Springs, CO: NavPress, 2001), 128.
5. *Ibid.*
6. *Ibid.*

7. John Wesley, citado en Charles Edward White, «Four Lessons on Money from One of the World's Richest Preachers», *Christian History* 19 (verano de 1988): 24.
8. Para información sobre cómo ministrar a cristianos perseguidos, ver www.epm .org/safelyhome.
9. Mark Galli, «Did You Know?», *Christian History* 39 (Vol. XII, n.º 3).
10. Jacques Ellul, *Money and Power* (Downers Grove, IL: InterVarsity Press, 1984), 151-52.
11. Mobilization Division, U.S. Center for World Mission, Pasadena, CA, correo electrónico al autor, 22 de febrero de 2002.
12. Elisabeth Elliot, *Through Gates of Splendor* (Carol Stream, IL: Tyndale House, 1987), 176.
13. Eternal Perspective Ministries tiene a disposición del público una lista de tales organizaciones, a pedido: info@epm.org, 503-668-5200.
14. David Bryant, *In the Gap* (Ventura, CA: Regal, 1975), 13.

Capítulo 15: Las finanzas del ministerio y la recaudación de fondos

1. Randy Alcorn, «Nineteen Questions to Ask Before You Give to Any Organization», www.epm.org/19questions.
2. Juan Crisóstomo, citado en *Christian History* 7, n.º 2 (1987): 23.
3. Mel Rees, «Church Fund-raising», *Ministry* (julio de 1985): 4.
4. Garry Friesen aborda esta y otras posibles debilidades del enfoque de la promesa de fe en su libro *Decision Making and the Will of God* (Portland, OR: Multnomah, 1980), 361-67.
5. David R. High, *Kings & Priests* (Oklahoma City: Books for Children of the World, 1997), 26, 18.
6. Foster Church, «Legendary preacher enraptures audience», *The Oregonian, s.d.*
7. Eugene Habecker, «Biblical Guidelines for Asking and Giving», *Christianity Today* (15 de mayo de 1987): 34.
8. *Ibid.*, 374-75.
9. Para ver nuestros diecisiete principios fundacionales, entra a www.epm.org /finances.
10. Michael S. Hamilton, «Money!», *Christianity Today* (22 de junio de 2000): 38-43.
11. *Ibid.*, 39.
12. Elisabeth Elliot, *A Chance to Die: The Life and Legacy of Amy Carmichael* (Old Tappan, NJ: Revell, 1987), 153.
13. Larry Eskridge y Mark A. Noll, ed., *More Money, More Ministry: Money and Evangelicals in Recent North American History* (Grand Rapids, MI: Eerdmans, 2000), 105.
14. J. C. Pollack, *Moody: A Biographical Portrait of an Evangelist* (Nueva York: Macmillan, 1963), 296-98.
15. Eskridge y Noll, 106.
16. Ken Waters, «The Art & Ethics of Fund-raising», *Christianity Today* (3 de diciembre de 2001): 56.
17. Eskridge y Noll, 137-38.
18. Waters, 55.

19. Carta de Richard Stearns al editor de *Christianity Today*, 3 de diciembre de 2001. El Sr. Stearns le envió al autor una copia de su carta completa.
20. Algunas de las preguntas éticas planteadas aquí surgieron a raíz de un folleto de dos páginas de la ECFA titulado «Perceptions of Fund-raising Techniques» [Percepciones de las técnicas de recaudación de fondos», Winchester, VA, *s.d.*
21. Roy Menninger, hablando en la conferencia Council on Foundations Annual Conference de 1981; citado de «Best Practices For Philanthropists», un artículo provisto por World Vision.
22. Jim Cymbala, *Fresh Wind, Fresh Fire*, (Grand Rapids, MI: Zondervan, 1997), 70.
23. Oradores contratados por honorarios, en Christianspeakers.com.
24. «Quick Quotes on Money», *Christian History* 7 (1987): 2, 4.
25. Lee el artículo completo en www.epm.org/19questions.
26. Eternal Perspective Ministries se complacen en recomendar una amplia variedad de organizaciones —que trabajan en distintos ministerios en diversas partes del mundo— en las que creemos firmemente. Con mucho gusto te ayudaremos a ponerte en contacto con los tipos de ministerios en los que podrías tener un interés especial y que utilizarán los fondos con los que contribuyas para gloria de Dios. Consulta nuestra lista en www.epm.org/recommended o contáctanos a info@epm.org, 503-668-5200, o 39085 Pioneer Blvd., Suite 206, Sandy, OR 97055.

Capítulo 16: Ganar dinero, poseer bienes y elegir un estilo de vida

1. Aquí, estoy en deuda con Gregory L. Waybright, «Discipleship and Possessions in the Gospel of Mark» (disertación doctoral, Marquette University, 1984).
2. Lisa Whelchel, *The Facts of Life and Other Lessons My Father Taught Me* (Sisters, OR: Multnomah, 2001), 57-60.
3. Global Mapping International, *GMI World* (invierno de 2002): 6.
4. L. P. Smith, citado en David E. Neff, «Drunk on Money», *Christianity Today* (8 de abril de 1988): 15.
5. Randy Alcorn, *The Treasure Principle: Discovering the Secret of Joyful Giving* (Sisters, OR: Multnomah, 2001), 56.
6. John Piper, *Desiring God* (Portland, OR: Multnomah, 1986), 166-67.
7. *Ibid.*, 157.
8. Charles Edward White, «Four Lessons on Money from One of the World's Richest Preachers», *Christian History* 19 (verano de 1988): 24.
9. Ralph Winter, «Reconsecration to a Wartime, not a Peacetime, Lifestyle», en *Perspectives on the World Christian Movement*, ed. Ralph Winter y Steven Hawthorne (Pasadena, CA: William Carey Library, 1981), 814.
10. Ralph Winter, «Penetrating the Last Frontiers», *Christian History* 7, n.º 2 (1987): 30.
11. Peter H. Davids, «New Testament Foundations for Living More Simply», en *Living More Simply*, ed. Ronald J. Sider (Downers Grove, Ill.: InterVarsity Press, 1980), 51.

Capítulo 17: Las deudas: Pedir prestado y prestar

1. Larry Burkett, *How to Use Your Money Wisely* (Chicago: Moody Press, 1986), 76.
2. Ron Blue, *Master Your Money* (Nashville, TN: Thomas Nelson), 116, 118.

3. Christine Dugas, «Paying Off Cards Saves a Bundle», *USA Today*, 27 de septiembre de 1996, secc. B, pág. 7.
4. Brian O'Connell, «The Average US Credit Card Debt by Income and Age», *TheStreet*, 3 de abril de 2020, credit-card-debt-14863601.
5. Dr. y Sra. Howard Taylor, *Hudson Taylor and China Inland Mission: The Growth of a Work of God*, vol. 2 (Singapur: Overseas Missionary Fellowship, 1918; reimp. 1988), 54.
6. Mel Sumrall, entrevista personal, 27 de mayo de 1993.
7. Jeff Berg y Jim Burgess, *The Debt-Free Church* (Chicago: Moody Press, 1996), 54.
8. *Ibid.*, 15-23.
9. Esta lista está adaptada de una carta inédita de Barry Arnold, 2001, y de *The Debt-Free Church.*

Capítulo 18: Los ahorros, la jubilación y los seguros

1. Ron Blue, *Master Your Money* (Nashville, TN: Thomas Nelson, 1986), 13.
2. William MacDonald, *True Discipleship* (Kansas City, KS: Walterick Publishers, 1976), 97.
3. Larry Burkett, *How to Use Your Money Wisely* (Chicago: Moody Press, 1986), 26.
4. Charles Spurgeon, *Morning and Evening* (New Kensington, PA: Whitaker House, 2001): 7 de marzo, noche.
5. Estoy en deuda con Tom McCallie de Maclellan Foundation por parte de esta información sobre las fundaciones.
6. Tomado de un correo electrónico de Tom McCallie, 3 de enero de 2002.
7. Aquí estoy en deuda con un artículo escrito por Paul Eshleman, que me enviaron en 2001, titulado «Motivation for Giving»; también con Gary Latainer, por su artículo «Current Versus Deferred Giving: What Do the Scriptures Teach?», *Biblical Perspectives on Giving* (junio de 2001): 1.
8. Angela Alcorn, Karina Alcorn y Randy Alcorn, *The Ishbane Conspiracy* (Sisters, OR: Multnomah, 2001).
9. Spurgeon, *Morning and Evening,* 26 de octubre, mañana
10. *The Christian Care Ministry*, P. O. Box 120099, West Melbourne, FL, 32912-0099, 866-880-8957, http://medi-share.org.
11. Ver www.samaritanministries.org.
12. *The Christian Care Ministry Medi-Share Program 2001 Guidelines*, 8. www .biblicalhealthcare.com/pdf/2001guidelines.pdf.
13. MacDonald, 96-97.

Capítulo 19: Las apuestas, las inversiones y las herencias

1. Ronald A. Reno, «Lotteries in the United States: A Brief Overview», preparado para la Gambling Impact Study Commission, *Citizen Link*, www.family.org.
2. Barry Arnold, «Odds Are, You Lose», un sermón predicado en Good Shepherd Community Church, 10-11 de julio de 1999. Texto completo disponible en www .epm.org/gambling.
3. *Ibid.*
4. Raj Persaud, «Forget It All», *The Independent* (Londres), 3 de junio de 1999, 9.
5. *Ibid.*

6. Scott Fehrenbacher, *Putting Your Money Where Your Morals Are* (Nashville, TN: Broadman and Holman), 50.
7. *Ibid.*, 53.
8. Peter y Rochelle Schweizer, *Disney: The Mouse Betrayed* (Washington, D.C.: Regency, 1998), 112.
9. Fehrenbacher, *Put Your Money Where Your Morals Are.*
10. *Ibid.*, 101.
11. *Ibid.*, 88.
12. The Timothy Plan, www.timothyplan.com, 800-846-7526.
13. Larry Burkett, *How to Use Your Money Wisely* (Chicago: Moody Press, 1986), 66.
14. Os Guinness, *Doing Well and Doing Good: Money, Giving, and Caring in a Free Society* (Colorado Springs, CO: NavPress, 2001), 18.
15. Richard Foster, *Freedom of Simplicity* (San Francisco, CA: Harper & Row, 1981), 66.
16. Andrew Carnegie, citado en Howard Dayton, *Your Money: Frustration or Freedom?* (Carol Stream, IL: Tyndale House, 1979), 65.
17. Barbara Blouin y Katherine Gibson, *The Legacy of Inherited Wealth* (Blacksburg, VA: Trio Press, 1995).
18. Guinness, 197-98.
19. Generous Giving Conference, 2 de marzo de 2002, Sarasota, FL., www.generousgiving.org.
20. International Cooperating Ministries, 606 Aberdeen Rd, Hampton, VA. 23661, 757-827-6704, www.icmmbc.org.
21. Si deseas una lista de los ministerios que recomendamos, visita nuestro sitio *web*: www.epm.org/orgs.html, contáctanos a info@epm.opg, o al 503-668-5200.

Capítulo 20: La lucha contra el materialismo en la familia cristiana

1. David L. McKenna, «Financing the Great Commission», *Christianity Today,* 15 de mayo de 1987: 28.
2. John Wesley, «The Use of Money», citado en Charles Edward White, «Four Lessons on Money from One of the World's Richest Preachers», *Christian History* 19 (verano de 1988): 23.
3. Albert Schweitzer, citado en Malcolm MacGregor, *Training Your Children to Handle Money* (Minneapolis, MN: Bethany Fellowship, 1980), 111.
4. Ver Randy Alcorn, *In Light of Eternity: Perspectives on Heaven* (Colorado Springs, CO: WaterBrook, 1999).

Capítulo 21: Cómo enseñar a los hijos sobre el dinero y las posesiones

1. Randy Alcorn, *Dominion* (Sisters, OR: Multnomah, 1996), 165.
2. James Dobson, *Dare to Discipline* (Carol Stream, IL: Tyndale House Publishers, 1970), 56.

Conclusión: ¿Cómo seguimos?

1. Stephen King, «What You Pass On», *Family Circle*, 1 de noviembre de 2001, 156.
2. Randy Alcorn, «Is it wrong to let others know how much we give...?», www.epm.org/knowgive.

3. Recomiendo ampliamente las conferencias de Generous Giving, www.generousgiving.org, 423-755-2399.
4. Randy Alcorn, *The Treasure Principle: Discovering the Secret of Joyful Giving* (Sisters, OR: Multnomah, 2001), 65-66.
5. Cipriano, citado en Art Beals, *Beyond Hunger* (Portland, OR: Multnomah, 1985), 166-67
6. G. Campbell Morgan, *Living Messages of the Books of the Bible* (Old Tappan, NJ: Revell, *s.d.*), 120, 123.
7. William MacDonald, *True Discipleship* (Kansas City: Walterick Publishers, 1975), 92-93.
8. *Ibid.*, 108.
9. Charles Spurgeon, *Morning and Evening*, 10 de febrero, mañana, Christian Focus Publications, Escocia.
10. A. W. Tozer, «The Transmutation of Wealth», *Born after Midnight* (Harrisburg, PA: Christian Publications, 1959), 107.

Apéndice A: Integridad y responsabilidad financiera en iglesias y ministerios

1. David B. Barrett, George T. Kurian, y Todd M. Johnson, *World Christian Trend* (Pasadena, CA: William Carey Library, 2001).
2. Randy Alcorn, «Nineteen Questions to Ask Before You Give to Any Organization», www.epm.org/19questions.
3. Evangelical Council for Financial Accountability, 440 West Jubal Early Drive, Suite 130, Winchester, VA, 22601; 800-323-9473; www.ecfa.org.
4. www.ecfa.org.
5. *Ibid.*
6. Folleto «The Giver's Guide», ECFA, Winchester, VA.
7. «Too Much 9/11 Giving», *Christianity Today*, 7 de enero de 2002, 15.
8. Ministry Watch, www.ministrywatch.com.
9. En Eternal Perspective Ministries a menudo nos piden recomendaciones sobre cuáles creemos que son algunos de los mejores ministerios. Reconociendo nuestras propias limitaciones, nos complace compartir nuestra opinión con quienes nos preguntan. Contáctanos en EPM escribiendo a info@epm.org, llamando a 503-6685200, o entrando a www.epm.org/recommended. Jamás recomendaremos que tus donaciones sean para nosotros, sino para otros.
10. «Five-star Ratings of Faith-based Organizations Available at Ministrywatch.com», Comunicado de prensa, 30 de mayo de 2001.

Apéndice B: El uso de fondos del ministerio para edificios

1. John White, *The Golden Cow* (Downers Grove, IL.: InterVarsity Press, 1979), 65-66.
2. Rick Warren's Ministry Toolbox, n.º 66, 4 de septiembre de 2002.

Apéndice C: Prestar dinero, cobrar intereses y firmar un préstamo como garante

1. *Christian History* (1987), 7(2):18.
2. Howard Dayton, *Your Money: Frustration or Freedom?* (Carol Stream, IL: Tyndale House, 1979), 50.

Apéndice D: Pautas prácticas para controlar el gasto

1. Ron Blue, *Master Your Money* (Nashville, TN: Thomas Nelson, 1997); Larry Burkett, *Debt-Free Living: How to Get Out of Debt (And Stay Out)* (Chicago: Moody Press, 2001); Larry Burkett, *Complete Financial Guide for Young Couples* (Wheaton, IL: Victor Books, 1989); y Howard Dayton, *Your Money Counts: The Biblical Guide to Earning, Spending, Saving, Investing, and Getting Out of Debt* (Carol Stream, IL: Tyndale House, 1997).

ÍNDICE DE REFERENCIAS BÍBLICAS

Génesis 1:28 156
Génesis 2:2-3 204
Génesis 2:17 146
Génesis 3:1-7 148
Génesis 13:1-7 84
Génesis 14:20 197
Génesis 16:2 351
Génesis 18:19 446
Génesis 18:25 123
Génesis 26:12-14 84
Génesis 28:22 197
Génesis 30:43 84
Génesis 39:2-6 84
Génesis 41:25-57 374
Génesis 50:20 170

Éxodo 16:16-20 379
Éxodo 20:2-3 39
Éxodo 20:3-5 406
Éxodo 20:15 39, 323
Éxodo 20:17 39, 323
Éxodo 22:22-23 262
Éxodo 22:25 498
Éxodo 22:26-27 498
Éxodo 23:3 262
Éxodo 23:6 262
Éxodo 23:9 262
Éxodo 23:10 262
Éxodo 23:11 323
Éxodo 23:15 197
Éxodo 23:16 197
Éxodo 34:22 197
Éxodo 35:10 322
Éxodo 35:21 228
Éxodo 35:26 228
Éxodo 35:29 198, 228
Éxodo 35:30–36:1 322
Éxodo 35:5–36:2 363
Éxodo 36:2-7 156
Éxodo 36:3 228
Éxodo 36:4-7 199
Éxodo 36:5-7 200
Éxodo 36:6-7 363

Levítico 12:6-8 86
Levítico 19:9-10 258
Levítico 19:23-25 197
Levítico 22:18-23 198
Levítico 25:8-17 323
Levítico 25:16 323
Levítico 25:23 168, 323
Levítico 25:35-37 498
Levítico 27:30 196

Números 7 510
Números 7:3 469
Números 11:18-20 51
Números 13:1–14:45 368
Números 15:3 198
Números 15:20-21 197
Números 18:12 197
Números 18:21 197
Números 18:24 197
Números 22:4-35 38
Números 27:1-11 420

Deuteronomio 4:9 446
Deuteronomio 5:21 406
Deuteronomio 6:1-15 56
Deuteronomio 6:6-9 442
Deuteronomio 7:9 146
Deuteronomio 8:7-9 183
Deuteronomio 8:7-18 84
Deuteronomio 8:13-14 334
Deuteronomio 8:17-18 250
Deuteronomio 8:18 56, 169, 255
Deuteronomio 10:14 168
Deuteronomio 11:1 146

Deuteronomio 11:8-12 183
Deuteronomio 12:6 198
Deuteronomio 12:17 198
Deuteronomio 12:17-18 197
Deuteronomio 14:22-27 23
Deuteronomio 14:23 197, 201
Deuteronomio 14:24-26 18
Deuteronomio 14:28-29 197, 266
Deuteronomio 15:1-3 323, 497
Deuteronomio 15:2 349
Deuteronomio 15:8 498
Deuteronomio 15:9-11 323
Deuteronomio 15:10 84, 498
Deuteronomio 15:10-11 258
Deuteronomio 15:12 349
Deuteronomio 16:15 23
Deuteronomio 17:14-20 59
Deuteronomio 17:16-17 38
Deuteronomio 18:1-2 186
Deuteronomio 18:4 197
Deuteronomio 21:17 420
Deuteronomio 22:8 204
Deuteronomio 23:18 407
Deuteronomio 23:19-20 498
Deuteronomio 23:20 498
Deuteronomio 24:10-17 498
Deuteronomio 24:14-15 322
Deuteronomio 25:13-16 322
Deuteronomio 26:12-13 197
Deuteronomio 28:1-13 84
Deuteronomio 28:2 182
Deuteronomio 28:2-9 146
Deuteronomio 28:7 182
Deuteronomio 28:11 182
Deuteronomio 28:12 497
Deuteronomio 28:14-68 84
Deuteronomio 28:44-45 349
Deuteronomio 28:58-67 146
Deuteronomio 30:20 146
Deuteronomio 31:20 56
Deuteronomio 32:15-18 56

Josué 1:15 182

Jueces 8:22-27 312
Jueces 8:23 312
Jueces 8:27 312

1 Samuel 2:7 27, 169
1 Samuel 2:12-16 198

2 Samuel 24:24 230

1 Reyes 3:13 84
1 Reyes 21:1-3 323
1 Reyes 21:16 323
1 Reyes 21:19 323

2 Reyes 4:1 350
2 Reyes 5:20-27 38

1 Crónicas 4:10 88
1 Crónicas 21:24 432
1 Crónicas 29:3 201
1 Crónicas 29:6 363
1 Crónicas 29:6-8 201
1 Crónicas 29:6-9 240
1 Crónicas 29:9 201, 363, 469, 470, 510
1 Crónicas 29:11-12 168
1 Crónicas 29:12 169
1 Crónicas 29:14 201
1 Crónicas 29:16-18 201
1 Crónicas 29:17 363

2 Crónicas 24:10 232, 469
2 Crónicas 26:6-16 56
2 Crónicas 31:5 197

Esdras 1:4 198
Esdras 1:5-6 199, 364
Esdras 1:6 198
Esdras 2:68-69 364
Esdras 3:5 198
Esdras 7:16 198, 364
Esdras 8:28 198

Nehemías 5:3-5 350
Nehemías 10:31 497

Ester 4:14 246, 471

Job 1:8 85
Job 1:9 96
Job 1:21-22 97
Job 2:9-10 97
Job 12:5 57
Job 41:11 168, 171
Job 42:7 85
Job 42:10-17 84

Salmo 1:1 418
Salmo 8:6-7 156
Salmo 11:4-6 124
Salmo 16:7 417
Salmo 16:11 148
Salmo 24:1-2 168
Salmo 27:14 352
Salmo 34:8 48
Salmo 36:7-9 48
Salmo 37:21 350, 368, 497
Salmo 37:25 433
Salmo 37:26 433, 497
Salmo 37:35 84
Salmo 39:4-7 121
Salmo 39:5 336
Salmo 39:6 40
Salmo 42:1-2 48
Salmo 42:5 406
Salmo 42:11 406
Salmo 49:5-6 56
Salmo 49:12 40
Salmo 50:10-12 168
Salmo 52:7 56
Salmo 62:10 333
Salmo 63:1 48
Salmo 73:3 84, 414
Salmo 73:12 84
Salmo 78:3-7 446
Salmo 90:12 40
Salmo 90:17 108, 110
Salmo 103:2 461
Salmo 103:8-18 142
Salmo 112:5 497
Salmo 119:24 417
Salmo 139:23-24 246
Salmo 140:12 262

Proverbios 1:13-15 348
Proverbios 3:9 197
Proverbios 3:9-10 84, 146
Proverbios 3:27-28 350, 368
Proverbios 5:18-19 23
Proverbios 6:1-5 349, 499
Proverbios 6:6-8 373
Proverbios 6:6-11 381
Proverbios 8:11 417
Proverbios 9:10 417
Proverbios 10:4 264
Proverbios 11:4 55
Proverbios 11:14 418
Proverbios 11:15 499
Proverbios 11:24-25 240
Proverbios 11:25 84
Proverbios 11:28 377
Proverbios 12:11 322
Proverbios 12:15 417
Proverbios 13:4 322
Proverbios 13:11 412
Proverbios 13:22 420
Proverbios 14:7 414
Proverbios 14:23 322, 405
Proverbios 15:6 182
Proverbios 15:22 369, 417
Proverbios 16:8 322
Proverbios 16:18 308
Proverbios 16:26 265
Proverbios 17:18 348, 499
Proverbios 19:14 419
Proverbios 19:15 265
Proverbios 19:17 258
Proverbios 19:20 417
Proverbios 20:4 264, 322
Proverbios 20:10 322
Proverbios 20:21 424
Proverbios 21:5 412
Proverbios 21:13 267
Proverbios 21:17 264
Proverbios 21:20 373, 381
Proverbios 22:6 442, 446
Proverbios 22:7 299, 349
Proverbios 22:9 258
Proverbios 22:26-27 348, 499

Proverbios 22:27 367
Proverbios 23:4-5 147
Proverbios 24:6 418
Proverbios 24:11-12 140
Proverbios 24:12 123, 129
Proverbios 24:30-34 264
Proverbios 25:28 501
Proverbios 26:28 302
Proverbios 27:1 358
Proverbios 27:13 348
Proverbios 27:23-24 505
Proverbios 28:19-20 406
Proverbios 28:20 333
Proverbios 28:23 302
Proverbios 28:27 258
Proverbios 30:8 443
Proverbios 30:8-9 27, 56, 241, 335
Proverbios 31:16 406

Eclesiastés 2:1-11 53
Eclesiastés 2:10 53
Eclesiastés 2:11 54
Eclesiastés 3:11 181
Eclesiastés 4:5 264
Eclesiastés 5:10 54
Eclesiastés 5:10-15 53
Eclesiastés 5:12 53
Eclesiastés 5:15 41, 107
Eclesiastés 7:15 84
Eclesiastés 8:8 120
Eclesiastés 9:17 417
Eclesiastés 12:14 123, 129

Isaías 10:1-3 57
Isaías 14:12-14 125
Isaías 30:1-2 397
Isaías 30:18 352
Isaías 40:6-8 40, 121
Isaías 53:9-10 123
Isaías 55:1 55
Isaías 57:3-9 46
Isaías 58:6-10 268
Isaías 58:7 258
Isaías 58:10-11 259

Jeremías 2:11-13 50
Jeremías 3:1-10 46
Jeremías 5:27-28 57
Jeremías 12:1 84
Jeremías 15:13 57
Jeremías 17:10 123
Jeremías 22:13 322
Jeremías 22:16 269
Jeremías 23:28-29 xvi

Ezequiel 16:1-48 46
Ezequiel 28:4-5 50

Daniel 2:21 56

Oseas 12:8 57
Oseas 13:4-6 56
Oseas 13:6 51

Amós 2:6-7 262
Amós 5:11 57
Amós 5:11-12 262
Amós 5:24 57
Amós 8:4-6 262

Miqueas 3:11 283
Miqueas 6:12 57

Hageo 1:2 390
Hageo 1:2-11 356
Hageo 1:5-6 243, 390
Hageo 1:9 390
Hageo 1:9-11 213, 243
Hageo 1:10-11 391
Hageo 2:8 168

Malaquías 3:8-10 196
Malaquías 3:8-12 84, 202
Malaquías 3:9 213
Malaquías 3:10 245, 356, 440, 483
Malaquías 3:10-12 146
Malaquías 3:16 127

Mateo 3:17 85
Mateo 5:3-12 42

Mateo 5:6 48
Mateo 5:11-12 182
Mateo 5:16 237, 469, 509
Mateo 5:17-48 205
Mateo 5:23-24 235
Mateo 5:25-26 350, 368
Mateo 5:28 39
Mateo 5:29-30 23
Mateo 5:45 85
Mateo 6:1 237, 469, 507
Mateo 6:1-4 42
Mateo 6:1-18 28, 149, 183
Mateo 6:2 292, 508
Mateo 6:2-3 299
Mateo 6:2-4 510
Mateo 6:3-4 507, 508, 510
Mateo 6:4 237
Mateo 6:5 508
Mateo 6:5-6 139
Mateo 6:6 238, 510
Mateo 6:12 497
Mateo 6:16-18 42
Mateo 6:19 110, 331
Mateo 6:19-21 126, 139, 144, 148, 149, 188, 250, 369, 380, 416, 446
Mateo 6:19-24 103, 107
Mateo 6:20 115, 146
Mateo 6:21 112, 207, 234, 248, 406, 413
Mateo 6:22-23 113
Mateo 6:24 46
Mateo 6:25-34 53, 353, 398
Mateo 6:26 398
Mateo 6:26-29 334
Mateo 6:32-33 400
Mateo 6:33 214, 351, 379, 381, 385, 398
Mateo 7:12 95
Mateo 8:11 25, 126, 161
Mateo 8:20 85, 182
Mateo 10:8 271
Mateo 10:16-20 86
Mateo 10:28 124
Mateo 10:29 162
Mateo 10:38 9
Mateo 11:19 30
Mateo 11:20-24 124, 140
Mateo 12:25 91
Mateo 12:36 123
Mateo 13:7 61
Mateo 13:22 61, 90
Mateo 13:41-42 124
Mateo 13:44 105
Mateo 13:44-45 157
Mateo 13:52 157
Mateo 16:24-27 138
Mateo 16:26 40
Mateo 16:27 146
Mateo 17:3 161
Mateo 18:19-20 238, 510
Mateo 18:23-24 350
Mateo 18:23-35 157
Mateo 18:32-33 497
Mateo 19:12 23
Mateo 19:16-22 249
Mateo 19:16-30 4, 516
Mateo 19:21 4, 132, 138
Mateo 19:22 5
Mateo 19:23 5, 333
Mateo 19:23-24 46, 85
Mateo 19:23-25 5
Mateo 19:25 85
Mateo 19:27-30 140, 148
Mateo 19:29 116, 137, 431, 474
Mateo 20:1-16 157
Mateo 20:20-28 148
Mateo 21:33-46 157
Mateo 22:37-38 278
Mateo 22:39 406
Mateo 23:12 42
Mateo 23:23 204, 207
Mateo 25:14-29 406
Mateo 25:14-30 157, 163
Mateo 25:21 132
Mateo 25:21-23 138
Mateo 25:23 139
Mateo 25:28-29 139
Mateo 25:31-46 261
Mateo 25:34-35 260
Mateo 25:41-42 260
Mateo 25:41-46 124
Mateo 25:46 124

Mateo 26:6-12 31
Mateo 26:14-16 38
Mateo 26:47-50 38
Mateo 27:3-10 38
Mateo 27:57-61 30

Marcos 1:16-20 325
Marcos 2:14 325
Marcos 3:13-19 326
Marcos 4:19 90, 333
Marcos 5:18 326
Marcos 5:20 326
Marcos 6:8-11 327
Marcos 7:9-13 436, 537
Marcos 7:10-12 436
Marcos 8:34 9
Marcos 8:34-37 327
Marcos 9:33-34 221
Marcos 9:43-44 124
Marcos 10:17-21 182
Marcos 10:17-31 327
Marcos 10:21 328, 345
Marcos 10:22 345
Marcos 10:23 345
Marcos 10:23-25 51
Marcos 10:25 345
Marcos 10:28 325
Marcos 10:29-30 91, 92, 146, 345
Marcos 10:30 92, 174
Marcos 10:35-41 221
Marcos 10:42-44 149
Marcos 10:42-45 86
Marcos 10:45 283
Marcos 12:1-12 157
Marcos 12:13-17 473
Marcos 12:41 9
Marcos 12:41-42 9
Marcos 12:43-44 7, 9, 236
Marcos 14:3-9 224
Marcos 14:6 224
Marcos 14:7 261
Marcos 14:9 224

Lucas 1:53 42
Lucas 2:22-24 86
Lucas 3:7-14 6
Lucas 4:1-13 148
Lucas 4:18-19 259
Lucas 6:20, 25 42
Lucas 6:20-25 86
Lucas 6:22-23 132, 138
Lucas 6:23 147
Lucas 6:34-35 497
Lucas 6:35 132, 138, 144
Lucas 6:38 92, 213, 214, 241, 245, 356, 440, 481
Lucas 7:34 30
Lucas 7:36-50 31
Lucas 7:41-43 157
Lucas 8:1-3 330
Lucas 8:2-3 30
Lucas 8:14 90
Lucas 9:28-33 127
Lucas 9:46 221
Lucas 10:30-37 257
Lucas 10:34 257
Lucas 10:37 257
Lucas 12:13 426
Lucas 12:15 39, 426
Lucas 12:16-20 381
Lucas 12:16-21 40, 157, 380
Lucas 12:18-19 375
Lucas 12:20 426
Lucas 12:20-21 8, 375, 472
Lucas 12:21 40, 414
Lucas 12:32-33 146, 325
Lucas 12:33 109
Lucas 12:42-44 148
Lucas 12:48 479
Lucas 14:12-14 140, 259, 306
Lucas 14:13-14 132, 138, 144
Lucas 14:14 138
Lucas 14:16-24 63
Lucas 14:24 63
Lucas 14:27 9
Lucas 14:28-30 157, 364, 367
Lucas 14:33 86, 330
Lucas 15:1-2 85
Lucas 15:8-10 158
Lucas 15:11-32 158
Lucas 16:1-13 158, 163

Lucas 16:8-9 159
Lucas 16:9 21, 126
Lucas 16:10 162, 425
Lucas 16:11 162
Lucas 16:12 163
Lucas 16:13 21
Lucas 16:14 476
Lucas 16:19-31 41, 86, 158, 261
Lucas 16:21 41
Lucas 16:22-31 124, 161
Lucas 16:25 41
Lucas 18:9-14 158
Lucas 18:18-30 4
Lucas 18:29-30 92
Lucas 19:8 257
Lucas 19:9 4
Lucas 19:11-27 157, 163
Lucas 19:12-26 406
Lucas 19:15-19 148
Lucas 19:17 139, 163
Lucas 19:17-19 128
Lucas 19:17-24 138
Lucas 19:19 139, 163
Lucas 19:23 498
Lucas 19:26 139
Lucas 20:9-19 157
Lucas 20:45-47 124, 140
Lucas 21:1-4 510
Lucas 22:24 221
Lucas 22:35-36 327
Lucas 24:39 161

Juan 2:1-11 30
Juan 2:13-17 75
Juan 2:16 76
Juan 3:16 141
Juan 4:34-38 158
Juan 4:53 91
Juan 5:24 142
Juan 5:28-29 129
Juan 6:12 339
Juan 7:37-38 48
Juan 8:44 125
Juan 9:2 85
Juan 9:3 85
Juan 9:34 85
Juan 10:28-29 141
Juan 12:1-8 31
Juan 12:43 147
Juan 13:3-16 221
Juan 13:29 259
Juan 13:35 93, 237
Juan 14:2-3 125, 160, 188, 369
Juan 14:13-14 359
Juan 14:26 335
Juan 15:18-20 86
Juan 16:33 86
Juan 17:15-16 30
Juan 19:26-27 325, 436
Juan 19:38-42 30
Juan 20:24-29 124
Juan 20:27 161
Juan 21:1-3 325
Juan 21:22 334

Hechos 2:44-45 6, 221, 387
Hechos 2:45 509
Hechos 2:45-47 98
Hechos 3:6 80
Hechos 4:13 80
Hechos 4:32-35 6, 366, 516
Hechos 4:32-37 221
Hechos 4:33 204
Hechos 4:34 366
Hechos 4:34-35 280, 387
Hechos 4:36-37 509
Hechos 5:1-10 240
Hechos 5:1-11 38, 71, 509
Hechos 5:3-5 222
Hechos 6:1 222
Hechos 6:2-6 222
Hechos 8:18-21 39, 65
Hechos 8:18-22 306
Hechos 8:20 66
Hechos 8:27 331
Hechos 9:4 261
Hechos 9:16 87
Hechos 9:36 259
Hechos 10:1-4 234
Hechos 10:2-4 259

Hechos 11:27-30 259
Hechos 11:28-30 338
Hechos 11:29 235
Hechos 12:12 331
Hechos 16:16 57
Hechos 16:19 57
Hechos 17:11 xvi
Hechos 17:31 123
Hechos 19:18-20 6
Hechos 20:27 467
Hechos 20:35 232
Hechos 28:7 330

Romanos 2:3-5 124
Romanos 2:6 132, 138
Romanos 2:10 132, 138
Romanos 2:12-16 123
Romanos 3:22 141
Romanos 3:23 123
Romanos 5:3-4 28
Romanos 6:1-23 141
Romanos 6:23 123, 141
Romanos 8:1 142
Romanos 8:17 186, 331
Romanos 8:18 115
Romanos 8:20-22 20
Romanos 8:31 130
Romanos 8:31-39 142
Romanos 10:13-14 272
Romanos 10:13-15 271
Romanos 11:33 90
Romanos 12:2 13, 369
Romanos 12:6 56
Romanos 12:6-8 469
Romanos 12:8 299
Romanos 12:13 269, 330
Romanos 13:1-7 280, 392, 473
Romanos 13:7 299
Romanos 13:8 349, 360, 371
Romanos 14:3-4 166
Romanos 14:10-12 129
Romanos 14:12 9, 159, 166, 480
Romanos 14:23 419
Romanos 16:23 330

1 Corintios 1:18-31 479
1 Corintios 1:26-29 331
1 Corintios 1:26-31 57
1 Corintios 3:6-7 291
1 Corintios 3:8 141
1 Corintios 3:10-15 141, 160
1 Corintios 3:11-15 474
1 Corintios 3:12-15 129, 139, 141, 142
1 Corintios 3:15 133, 139
1 Corintios 4:2 142, 156, 172, 460
1 Corintios 4:5 123, 137, 142, 307, 460, 511
1 Corintios 4:7 56
1 Corintios 4:8 88
1 Corintios 4:8-13 88, 479
1 Corintios 4:10 88
1 Corintios 5:9-10 30
1 Corintios 6:1-7 498
1 Corintios 6:2-3 128
1 Corintios 6:3 138
1 Corintios 6:12 406
1 Corintios 6:19-20 168
1 Corintios 7:3-5 23
1 Corintios 7:14 440
1 Corintios 7:23 349
1 Corintios 9:3-12 282
1 Corintios 9:14 282
1 Corintios 9:18 283
1 Corintios 9:22 301
1 Corintios 9:24-25 139, 143
1 Corintios 9:24-27 106
1 Corintios 9:27 139, 141
1 Corintios 11:1 509
1 Corintios 11:31 479
1 Corintios 12:21-23 331
1 Corintios 13:3 268
1 Corintios 15:3 269
1 Corintios 15:42-54 161
1 Corintios 16:1-2 367
1 Corintios 16:1-4 288
1 Corintios 16:2 225, 235, 280
1 Corintios 16:15 91
1 Corintios 16:19 332

2 Corintios 1:8 287
2 Corintios 1:11 288

2 Corintios 4:7-12 87
2 Corintios 4:16-18 144
2 Corintios 4:17 115, 140
2 Corintios 4:18 346, 481
2 Corintios 5:4 184
2 Corintios 5:6-8 126
2 Corintios 5:8 191
2 Corintios 5:9 146
2 Corintios 5:9-10 129, 144
2 Corintios 5:10 9, 129, 130, 141, 160
2 Corintios 5:10-11 146
2 Corintios 5:20 184, 323
2 Corintios 5:21 123, 141
2 Corintios 6:3-10 88
2 Corintios 6:10 92
2 Corintios 6:14-18 408
2 Corintios 8 374
2 Corintios 8–9 335, 483
2 Corintios 8:1-2 339
2 Corintios 8:1-5 366
2 Corintios 8:1-7 240, 472
2 Corintios 8:2-3 229, 510
2 Corintios 8:3-15 384
2 Corintios 8:4 229
2 Corintios 8:5 234
2 Corintios 8:7 230
2 Corintios 8:8 342
2 Corintios 8:9 234, 244
2 Corintios 8:11 227
2 Corintios 8:13-14 93
2 Corintios 8:14 232, 247, 271, 337, 338, 342, 344, 371, 379, 468, 471
2 Corintios 8:14-15 241, 335, 388, 428
2 Corintios 8:19 485
2 Corintios 8:20 486
2 Corintios 8:21 486
2 Corintios 8:22-23 485
2 Corintios 9:6 241
2 Corintios 9:7 11, 224, 228, 232, 299
2 Corintios 9:8 93
2 Corintios 9:10 93
2 Corintios 9:10-11 241, 335, 337
2 Corintios 9:11 93, 247, 271, 344, 388, 481, 483
2 Corintios 9:12-14 472
2 Corintios 9:15 234
2 Corintios 11:23-29 88
2 Corintios 11:27 182
2 Corintios 12:7-10 89
2 Corintios 13:5 246

Gálatas 1:6-10 100
Gálatas 2:10 260
Gálatas 3:24 205
Gálatas 5:22-23 456
Gálatas 5:23 501
Gálatas 6:6 282
Gálatas 6:7 166, 265
Gálatas 6:9 138
Gálatas 6:9-10 144
Gálatas 6:10 260
Gálatas 6:11 89

Efesios 1:18 90
Efesios 2:7 127
Efesios 2:8-9 141
Efesios 2:8-10 131
Efesios 4:15 303
Efesios 4:28 339
Efesios 5:1-11 408
Efesios 5:31-32 187
Efesios 6:4 447
Efesios 6:5-8 322
Efesios 6:5-9 144
Efesios 6:8 132, 138
Efesios 6:12 342

Filipenses 1:4-5 274
Filipenses 1:29 87
Filipenses 2:5-11 87
Filipenses 2:9 144
Filipenses 2:15 366
Filipenses 2:24-30 90
Filipenses 3:7-8 87
Filipenses 3:7-11 106
Filipenses 3:20 183
Filipenses 4:1 139
Filipenses 4:10-19 288
Filipenses 4:11-12 406
Filipenses 4:11-13 475

Filipenses 4:12 301
Filipenses 4:17 108, 115
Filipenses 4:19 90, 287, 400, 406

Colosenses 1:27 90
Colosenses 2:16 204
Colosenses 2:23 30
Colosenses 3:1-2 125, 128, 179
Colosenses 3:1-17 30
Colosenses 3:5 39, 46
Colosenses 3:22-25 144
Colosenses 3:23-24 322
Colosenses 3:25 130
Colosenses 4:2-4 274

1 Tesalonicenses 2:19 139
1 Tesalonicenses 4:11-12 322, 324
1 Tesalonicenses 5:2-4 189
1 Tesalonicenses 5:18 462

2 Tesalonicenses 1:9 124
2 Tesalonicenses 3:10 265, 322
2 Tesalonicenses 3:12 324

1 Timoteo 3:3 283, 290
1 Timoteo 3:4-5 367
1 Timoteo 3:6 50
1 Timoteo 3:8 290
1 Timoteo 3:12 367
1 Timoteo 4:1 24
1 Timoteo 4:1-5 30
1 Timoteo 4:2 24
1 Timoteo 4:3-5 24
1 Timoteo 5:3 266
1 Timoteo 5:3-5 267
1 Timoteo 5:8 322, 436
1 Timoteo 5:10 330
1 Timoteo 5:16 436
1 Timoteo 5:17-18 282
1 Timoteo 5:23 90
1 Timoteo 6:9 333, 414
1 Timoteo 6:9-10 20, 46, 333
1 Timoteo 6:10 39
1 Timoteo 6:17 53, 56, 90, 343, 414
1 Timoteo 6:17-18 182
1 Timoteo 6:17-19 144, 331
1 Timoteo 6:18-19 108

2 Timoteo 2:3-6 115
2 Timoteo 2:4 63
2 Timoteo 2:5 144
2 Timoteo 2:12 86, 127, 138, 144
2 Timoteo 2:21 291
2 Timoteo 3:12 86, 182
2 Timoteo 4:6-8 106, 139
2 Timoteo 4:7-8 144
2 Timoteo 4:8 189
2 Timoteo 4:13 23
2 Timoteo 4:20 90

Tito 1:11 283-284
Tito 2:1-12 456
Tito 3:5 141
Tito 3:14 322

Filemón 1:7 510

Hebreos 1:14 126
Hebreos 4:12 xvi
Hebreos 4:13 123, 165
Hebreos 6:10 131
Hebreos 6:12 183
Hebreos 8:6 182
Hebreos 9:15 182
Hebreos 9:27 122, 430
Hebreos 10:12-18 142
Hebreos 10:24 231, 342, 511
Hebreos 10:25 190, 511
Hebreos 10:30-31 146
Hebreos 10:34 183, 188, 331
Hebreos 10:34-36 138
Hebreos 10:35-39 183
Hebreos 11:6 146, 461
Hebreos 11:8-10 185
Hebreos 11:8-16 150
Hebreos 11:10 126
Hebreos 11:13 183, 184
Hebreos 11:13-16 115, 183, 185
Hebreos 11:14 126
Hebreos 11:16 126, 183, 185

Hebreos 11:24-27 186
Hebreos 11:26 143
Hebreos 11:35-40 189
Hebreos 12:1 130
Hebreos 12:1-2 190
Hebreos 12:2 144
Hebreos 12:5-11 141
Hebreos 12:22 183
Hebreos 12:28 146
Hebreos 13:2 161, 461
Hebreos 13:14 190

Santiago 1:2-4 141
Santiago 1:5 368, 418
Santiago 1:9 331
Santiago 1:9-12 42
Santiago 1:12 139
Santiago 1:27 260
Santiago 2:1-5 239, 302
Santiago 2:1-9 332
Santiago 2:1-13 262
Santiago 2:5 182
Santiago 2:12 120
Santiago 2:14-16 260
Santiago 2:17-18 132
Santiago 2:22 132
Santiago 2:24 132
Santiago 2:26 132
Santiago 3:13 132
Santiago 4:1-3 39
Santiago 4:4 184
Santiago 4:13-17 248, 282, 473
Santiago 4:14 121, 353
Santiago 5:1-5 378
Santiago 5:1-6 42, 57
Santiago 5:2 90
Santiago 5:4-5 322

1 Pedro 1:4 110, 186
1 Pedro 1:4-9 115
1 Pedro 1:6 182
1 Pedro 1:6-7 291
1 Pedro 1:17 184
1 Pedro 2:9 186, 190, 366
1 Pedro 2:11 183, 184
1 Pedro 2:12 366
1 Pedro 2:20 28
1 Pedro 2:21 478
1 Pedro 3:1-6 439
1 Pedro 4:5 123
1 Pedro 4:9 330
1 Pedro 5:1-4 139
1 Pedro 5:2 283, 290
1 Pedro 5:9 86
1 Pedro 5:10 115

2 Pedro 1:3 130, 480
2 Pedro 1:10-11 132
2 Pedro 1:11 160
2 Pedro 1:13 184
2 Pedro 2:13 123
2 Pedro 3:7 105
2 Pedro 3:10-13 247
2 Pedro 3:10-14 189, 445
2 Pedro 3:11-12 120
2 Pedro 3:11-14 138

1 Juan 2:16 148
1 Juan 2:28 140
1 Juan 3:2 141
1 Juan 3:15 39
1 Juan 3:16-19 260

2 Juan 8 139, 141

Apocalipsis 2:10 139
Apocalipsis 2:23 129
Apocalipsis 2:26-28 138
Apocalipsis 3:11 139
Apocalipsis 3:17-18 49
Apocalipsis 3:21 127, 138
Apocalipsis 4:10 139
Apocalipsis 5:9-10 270
Apocalipsis 6:9-11 127
Apocalipsis 7:9 270
Apocalipsis 7:9-10 128
Apocalipsis 11:18 137
Apocalipsis 13:6 125
Apocalipsis 14:13 127, 131
Apocalipsis 18:4-7 47

Apocalipsis 18:7 42
Apocalipsis 18:16-17 47
Apocalipsis 18:17 90
Apocalipsis 18:20 47
Apocalipsis 19:7-8 131
Apocalipsis 19:9 161
Apocalipsis 20:6 138
Apocalipsis 20:10 124
Apocalipsis 20:11-15 129
Apocalipsis 20:12-15 124
Apocalipsis 21:1-5 20
Apocalipsis 21:2 160
Apocalipsis 21:4 128, 188
Apocalipsis 21:6 49
Apocalipsis 21:12-14 127
Apocalipsis 21:16 160
Apocalipsis 22:3 127
Apocalipsis 22:5 127
Apocalipsis 22:12 141
Apocalipsis 22:17 49, 55

ÍNDICE TEMÁTICO

A

abnegación 22, 27, 28, 150, 151
acaparamiento 375, 378, 379, 380, 480
- ejemplo de Israel en el desierto 379
- peligros del 375
- acaparamiento vs. ahorro 379

administrador astuto, parábola del 158, 159, 162, 163, 527
ahorrar 7, 14, 281, 369, 374, 375, 376, 377, 379
- enseñar a los hijos a 443
- para la jubilación 380
- para posibles desastres 377
- razones para 375
- ahorrar vs. acaparar 379

ahorros
- qué dice la Biblia 373

amo, el
- lecciones sobre 163-164

Ananías y Safira 38, 71, 222, 240, 509
año de la liberación 323
año del Jubileo 323, 349, 420, 497
Antiguo Testamento
- enseñanza sobre dar 198, 200
- y la prosperidad 83

ascetismo 17-31
- debilidad del 17-18
- el lado bueno del 25
- insuficiencias del 26-31
- Jesucristo y el 30
- Madre Teresa y el 25-26
  - mentalidad de peregrino y el 187
  - Pablo y el 24, 30

autocontrol
- enseñar a los hijos al respecto 452, 456
- pautas para controlar los gastos 501-505

B

Bakker, Jim 76, 77, 78, 150
Bakker, Tammy Faye 76, 77
bolsa, la
- y los riesgos 412

buen samaritano, el 257

C

capitalismo 14, 36, 255, 256
- y la pobreza 255

cartas de recaudación de fondos 67, 293
celebridades cristianas 69, 314
cielo 41-43, 106, 124, 133-134
- diferencias eternas en el 139-140
- experiencia del creyente en el 124-128, 161
- juicio del creyente en el 128
- tesoros en el 103-115, 125, 135, 174

codicia 38, 46
- enseñar a los hijos sobre compartir 461

compartir
- enseñar a los hijos al respecto 461

compartir nuestras posesiones 5, 222-223
comprar una casa 353, 360
conferencias de donantes 300
consejeros financieros 417-419
- acuerdo basado en honorarios vs. acuerdo basado en comisión 418

Consejo Evangélico para la Responsabilidad Financiera (ECFA) 296, 487
coronas 138-139
- corona de gloria 139
- corona de justicia 139
- corona de la vida 139
- corona del gozo 139
- cuidar nuestras 139
- la corona incorruptible 139

crianza
dejar un legado 462
Cuenta Individual de Jubilación 116
cuidado de los pobres
la iglesia primitiva y el 259
qué dice la Biblia sobre el 258-269

D

dar
«dar por gracia» 205-207
«guerreros de la generosidad» 469
compartir nuestras historias 469, 507-511
comunicación entre cónyuges 439
cuarenta preguntas para hacerle a Dios 246-251
ejemplo de John Wesley 340-341
en Estados Unidos 202-203
enseñar a los hijos sobre 446, 453
los pobres y 244-245
Pablo y 93, 225, 228, 230, 234, 241
para la iglesia local 278
para las organizaciones seculares 277
para los pobres 4, 254-258
pautas del Nuevo Testamento 224-240
pospuesto 390, 430, 473
proporcionado 235
qué dice el Antiguo Testamento sobre 198, 200
con regularidad 225
sacrificial 229
secreto 237-238, 507-511
voluntario 228
vs. diezmo 196
y la Gran Comisión 269-275
dar a los pobres 254-258
dar a organizaciones ministeriales
pautas para 315-317
dar con sacrificio 7
deuda 347-371
consecuencias de la 358
las iglesias y la 363
peligros de la 355-359
préstamos para hipoteca 353
tarjetas de crédito y la 361
«mentalidad de deuda» 351
el diezmo y la 212
ilusiones sobre la 359
naturaleza de la 348
preguntas sobre la 351-352
qué dice la Biblia 348
salir de la 368
día del juicio 122-124, 137
diez minas, parábola de las 163
diezmo de almacén 279
diezmo, el 195-219
argumentos comunes contra 210
beneficios de 208
¿bruto o neto? 210
comunicación entre cónyuges 439
de almacén 279
definición de 196
deudas y 212
enseñar a los hijos 453
Jesucristo y 207
la iglesia primitiva y 208
las primicias 197
legalismo y 205, 211
ley vs. gracia 203
los pobres y 244-245
salir de las deudas y 369
valor del 201
vs. ofrendas 196
y la iglesia local 278
Dinero (Mamón) 21, 46, 117
dinero y posesiones
la iglesia primitiva y 222
relación de 222
dinero y salvación 4-6
dinero, el 46
cobrar interés 497
cuando Jesucristo regrese 474
dejar vs. dar 430
dos caras de 19-20
enseñar a los hijos sobre 442, 449-463
Jesucristo enseñando sobre 4-5, 7-8, 21, 103, 156
los hijos, el trabajo y 451

naturaleza de 18
prestar 497-499
qué dice la Biblia sobre 3
Dios
un pacto financiero con 483
doctrina de la inversión 41

E

edificios eclesiásticos 66, 363-368
beneficios de no pedir prestado para 366
responsabilidad financiera en 485-489
uso de fondos del ministerio para construir 491-495
engaños en recaudaciones de fondos 293, 296
escándalo de Nueva Era 290
escritura fantasma, ética de la 307
Espíritu Santo 6
guía en el estilo de vida 335
estafas para hacerse rico rápidamente 403
estilo de vida
de hospitalidad 330
ejemplo de John Wesley 257-258
lleno de deudas 358
mentalidad de guerra 342
pedirle guía al Espíritu Santo 335
qué dice la Biblia sobre 322-327
que honra a Dios 331
vivir con sencillez (vida estratégica) 336
estilo de vida que honra a Dios 331
eternidad 40-41, 113
captar la 481
el largo mañana 122
el tiempo y la 181-191
pérdida de la percepción de lo eterno 120
ética
de la escritura fantasma 307
del respaldo pago de los famosos 303
evangelio de la salud y la riqueza 83
problemas con el 96

F

finanzas del ministerio 315-317
salario de los pastores 282
firmar un préstamo como garante 497-499
fondos de inversión
sin carga vs. con comisión inicial 418
Fundación para la Filantropía de la Nueva Era 290
fundaciones caritativas 386-389

G

gastos
enseñar a los hijos al respecto 458
gracia vs. ley en el diezmo 203
gran banquete, parábola del 63
Gran Comisión, la
dar y 269-275

H

herencia 419-433
conferencias familiares 427
dejar un legado 462
el testamento 429
hijos
cambiar la Navidad 441
el trabajo y el dinero 451
enseñar sobre compartir 461
enseñar sobre dar 446
enseñar sobre el ahorro 452
enseñar sobre el autocontrol 452, 456, 501-505
enseñar sobre el dinero 442
enseñar sobre el dinero y las posesiones 449-463
enseñar sobre el materialismo 445
enseñar sobre la gratitud 461
enseñar sobre la hospitalidad 461
enseñar sobre la responsabilidad progresiva 459
enseñar sobre los gastos 458, 501-505
los padres como modelos 438
mesada vs. salario 454
otros maestros 443

usar las recompensas como incentivos 460
y el materialismo 436
hipoteca, pedir prestado para 353
honorarios del orador 69, 312
hospitalidad
enseñar a los hijos sobre 461
estilo de vida de 330

I

idolatría 46, 48
iglesia local, la
dar a 279
el diezmo y 279
las primicias y 279
recaudación de fondos en 278
iglesia primitiva, la 222
actitud hacia el dinero y las posesiones 6
el cuidado de los pobres 259
salud y riqueza en 87
y el diezmo 208
y el dinero y las posesiones 222
y la propiedad privada 6
y las ofrendas voluntarias 208
y sus líderes 80
Iglesia, la
comparada con el mundo 81
materialismo en 65-82
iglesias
proyectos de construcción 363-368
y la deuda 363
independencia financiera 376
infierno 124
juicio del incrédulo en el 124
integridad financiera 71
interés, cobrar 497-499
inversión basada en valores 407
invertir 406-419
¿cuánto riesgo es apropiado? 412
basado en valores 407
evitar el desastre 415
la bolsa 412
pautas 415

J

Jesucristo
tribunal de 130, 472
enseñanzas sobre el dinero 4-5, 7-8, 21, 156
enseñanzas sobre la prosperidad 84, 90-92
y el ascetismo 30
y el diezmo 207
joven rico 4-5
jubilación, la
ahorrar para
Jubileo, año del 323, 349, 420
juegos de azar 403-406
juicio 122
de los incrédulos en el infierno 124
del creyente en el cielo 128
día del 122, 137
y la muerte 122

L

la mesada vs. el salario
los niños y 454
legalismo
y el diezmo 205, 211
Ley de Donaciones Uniformes a Menores 453
ley vs. gracia en el diezmo 203

M

Madre Teresa 253
y el ascetismo 25-26
Mamón 21, 117, 159
marketing multinivel 71-75
engaño en 73-74
materialismo religioso 65-82
materialismo, el 18, 22, 33-44, 45-82
consecuencias de 49-64
en la iglesia 76
enseñar a los hijos sobre 445
los hijos y 436
lucha en la familia cristiana 435-447
marketing multinivel y 71-75
Navidad y 436
origen de 36-37

Pablo y 23
qué dice la Biblia sobre 38-43, 45-48
mayordomía 156-177
definición 156
pacto financiero con Dios 483
pautas para la vida 315
lecciones sobre el siervo 164-168
mayordomo infiel, parábola del 158
mayordomo, el
autoridad y responsabilidad del 156
lecciones respecto a 164
mentalidad de peregrino 324, 357
y el ascetismo 187
ministerios paraeclesiásticos
ofrendas voluntarias en 278
responsabilidad financiera en 485-489
uso de fondos ministeriales para edificios 491-495
misioneros
recaudación de fondos 289
misiones
a corto plazo 272
apoyo 272
mortalidad 40-41
muerte 119, 132-133
y el juicio 122
Müller, George 292
directrices para la recaudación de fondos 289

N

Nuevo Testamento
comprensión de la riqueza 90
pautas para dar 224-240
y la prosperidad 85-86

O

obras 129-132, 137, 142
ofrenda aplazada
ofrenda voluntaria 198-200
la iglesia primitiva y las 208
ministerios paraeclesiásticos y las 278

P

Pablo
y dar 93, 225, 228, 230, 234, 241
y dar a la iglesia local 280
y el ascetismo 23, 30-31
y el materialismo 23
y la prosperidad 87
«teología de la adversidad» 88
parábolas de Jesús
el administrador astuto 158
el gran banquete 63
el mayordomo infiel 158
el rico insensato 8, 40, 375, 426
el rico y Lázaro 41
el tesoro escondido en el campo 105
la viuda pobre 7-8
las diez minas 163
los talentos 163
pastores
poner en un pedestal 70
salarios 282
y los ingresos externos 283
placer, posesiones y poder
eternos 149
temporales 148
teología de la prosperidad y 150
planificación fiscal 14
planificación patrimonial 419-433
conferencias familiares 427
el testamento 429
pobres, los
¿ayudar o subsidiar? 263
dar y 244-245
diezmo y 244-245
qué dice la Biblia sobre 258-269
pobreza
capitalismo y 255
qué dice la Biblia al respecto 27
voto de 25, 27, 29
posesiones, las
compartir 222-224
enseñar a los hijos sobre 449-463
qué dice la Biblia sobre 322-327
préstamo para hipoteca 353
primicias 197-198
salir de la deuda y las 369
y el diezmo 197

y la iglesia local 278
y la propiedad de Dios 197
promesas de fe
recaudar fondos mediante compromisos de donación y 281
Propiedad
la iglesia primitiva y la 6
lecciones sobre el amo 163-164
privada 6, 222, 323-327, 330
propiedad de Dios 155, 168, 323
lecciones sobre la 170
transferir el título de propiedad 177
y las primicias 197
propiedad privada de los bienes 6, 323-327, 330
propiedad privada, la 222, 325
la iglesia primitiva y 6
prosperidad, la
el Antiguo Testamento y 83
el Nuevo Testamento y 86
Jesucristo y 84, 90-92
Pablo y 87
proyectos de construcción
uso de los fondos del ministerio para 491-495

R

recaudación de apoyo 289
recaudación de fondos
competencia por los fondos de donantes 287
compromisos de donación y promesas de fe 281
conferencias de donantes 300
en la iglesia local 278
historia de la recaudación evangélica 292
pautas de George Müller 289
regalos y primas 291, 301-302
relaciones entre ministerios y donantes 302
respaldos pagos de famosos 303
telemercadeo 298
uso de presión 290
recompensa eterna 106, 132
recompensas
coronas 138
Dios y 460
eternas 132
vs. regeneración 141
y la salvación 141
recompensas como incentivos 460
red PTL 76-77
regalos y primas
herramientas de recaudación de fondos 291, 301-302
regeneración vs. recompensas 141
reino de Dios 105, 108
responsabilidad
como administradores del dinero de Dios 479
responsabilidad, financiera
en iglesias y ministerios 485-489
rico insensato, parábola del 8, 40, 375, 426
rico y Lázaro, parábola de 41
riesgo 415
¿cuánto es apropiado? 412
riqueza, la
concepción neotestamentaria de 90
Roberts, Oral 77-78, 283

S

salvación 4
y las recompensas 141
seguro 391-401
comunitario 392
de empresa 392
de vida 395
médico 394
seguro de vida 395
seguro médico 394
alternativas 395
síndrome de la celebridad cristiana 314
socialismo 256-257
Swaggart, Jimmy 77-78, 150

T

talentos, parábola de los 163
tarjetas de crédito, las 361
pautas para usar 363
salir de deudas y 369

técnicas de recaudación de fondos
    67-68, 81, 281, 293
telemercadeo 298
teología de la prosperidad 83-100
    el cielo en la tierra 182
    y el placer, las posesiones y el poder 150
tesoro escondido en el campo, parábola
    del 105
tesoros en el cielo 40, 103-116, 124, 135
tesoros en la tierra 103-116, 135
testamentos 429
tiempo y eternidad 181-191
trabajo, el
    los hijos y el dinero 451
    qué dice la Biblia sobre 322
tribunal de Cristo 130, 472

U

universidades cristianas
    publicidad falsa y 311

V

verdadera riqueza 105
vida 179
vida estratégica 336
vida eterna 4
vida sencilla 336
viuda pobre, parábola de la 7-8

W

Wesley, John
    ejemplo de dar 340
    y la prosperidad 95

Z

Zaqueo 4-5
    ejemplo de 256-257

SOBRE EL AUTOR

RANDY ALCORN es autor, y fundador y director de Eternal Perspective Ministries (EPM), una organización sin fines de lucro dedicada a enseñar los principios de la Palabra de Dios y a ayudar a la Iglesia a ministrar a las personas no alcanzadas, no alimentadas, no nacidas, no educadas, no reconciliadas y no apoyadas de todo el mundo. Su ministerio se centra en comunicar la importancia estratégica de utilizar nuestro tiempo, dinero, posesiones y oportunidades terrenales para invertir en ministerios que satisfagan necesidades y cuenten para la eternidad. Lo consigue analizando, enseñando y aplicando la verdad bíblica.

Antes de fundar EPM en 1990, Randy fue pastor durante catorce años. Es licenciado en Teología y máster en Estudios Bíblicos por la Universidad de Multnomah, doctor *honoris causa* por el Seminario Occidental de Portland, Oregón, y ha enseñado en las facultades adjuntas de ambos. Autor de éxitos de librería del *New York Times*, Randy ha escrito más de sesenta libros; entre ellos, *El cielo*, *El principio del tesoro* y la galardonada novela *A salvo en casa*. Se han vendido más de diez millones de ejemplares de sus libros, los cuales se han traducido a más de setenta idiomas.

Randy ha escrito para muchas revistas, incluida *Eternal Perspectives*, de EPM. Es activo en Facebook, Twitter e Instagram y ha aparecido como invitado en más de 700 programas de radio, televisión y en línea.

Randy reside en Gresham, Oregón, con su esposa Nanci. Tienen dos hijas casadas y son los orgullosos abuelos de cinco nietos. A Randy le gusta pasar tiempo con su familia, andar en bicicleta, bucear, la fotografía submarina, la investigación y la lectura.

Puedes ponerte en contacto con Eternal Perspective Ministries entrando a www.epm.org, escribiendo a 39085 Pioneer Blvd., Suite 206, Sandy, OR 97055, o llamando al 503-668-5200.

Sigue a Randy en Facebook y Twitter: @randyalcorn; en Instagram: @randyalcorn_epm; y en su blog: www.epm.org/blog.